# Theoretische Informatik

# Lizenz zum Wissen.

Sichern Sie sich umfassendes Technikwissen mit Sofortzugriff auf tausende Fachbücher und Fachzeitschriften aus den Bereichen: Automobiltechnik, Maschinenbau, Energie + Umwelt, E-Technik, Informatik + IT und Bauwesen.

Exklusiv für Leser von Springer-Fachbüchern: Testen Sie Springer für Professionals 30 Tage unverbindlich. Nutzen Sie dazu im Bestellverlauf Ihren persönlichen Aktionscode C0005406 auf
*www.springerprofessional.de/buchaktion/*

Jetzt
30 Tage
testen!

Springer für Professionals.
Digitale Fachbibliothek. Themen-Scout. Knowledge-Manager.

- 🔑 Zugriff auf tausende von Fachbüchern und Fachzeitschriften
- ⏱ Selektion, Komprimierung und Verknüpfung relevanter Themen durch Fachredaktionen
- ✎ Tools zur persönlichen Wissensorganisation und Vernetzung

*www.entschieden-intelligenter.de*

Springer für Professionals

 Springer

Juraj Hromkovič

# Theoretische Informatik

Formale Sprachen, Berechenbarkeit,
Komplexitätstheorie, Algorithmik,
Kommunikation und Kryptographie

5., überarbeitete Auflage

Juraj Hromkovič
ETH Zürich
Zürich, Schweiz

ISBN 978-3-658-06432-7          ISBN 978-3-658-06433-4 (eBook)
DOI 10.1007/978-3-658-06433-4

Die Deutsche Nationalbibliothek verzeichnet diese Publikation in der Deutschen Nationalbibliografie; detaillierte bibliografische Daten sind im Internet über http://dnb.d-nb.de abrufbar.

Springer Vieweg
Die erste Auflage erschien unter dem Titel „Algorithmische Konzepte der Informatik".
© Springer Fachmedien Wiesbaden 2001, 2004, 2007, 2011, 2014

Das Werk einschließlich aller seiner Teile ist urheberrechtlich geschützt. Jede Verwertung, die nicht ausdrücklich vom Urheberrechtsgesetz zugelassen ist, bedarf der vorherigen Zustimmung des Verlags. Das gilt insbesondere für Vervielfältigungen, Bearbeitungen, Übersetzungen, Mikroverfilmungen und die Einspeicherung und Verarbeitung in elektronischen Systemen.

Die Wiedergabe von Gebrauchsnamen, Handelsnamen, Warenbezeichnungen usw. in diesem Werk berechtigt auch ohne besondere Kennzeichnung nicht zu der Annahme, dass solche Namen im Sinne der Warenzeichen- und Markenschutz-Gesetzgebung als frei zu betrachten wären und daher von jedermann benutzt werden dürften.

Gedruckt auf säurefreiem und chlorfrei gebleichtem Papier

Springer Vieweg ist eine Marke von Springer DE. Springer DE ist Teil der Fachverlagsgruppe Springer Science+Business Media.
www.springer-vieweg.de

Mit einer Weisheit,

die keine Träne kennt,

mit einer Philosophie,

die nicht zu lachen versteht,

und einer Größe,

die sich nicht vor Kindern verneigt,

will ich nichts zu tun haben.

Khalil Gibran

Meinen Eltern

# Vorwort

Dieses Buch ist eine einfache Einführung in algorithmische Grundkonzepte der Theoretischen Informatik. Die Theoretische Informatik ist weltweit ein fester Bestandteil des Informatikstudiums. Im Unterschied zu den ingenieursmäßig geprägten Gebieten der Praktischen und der Technischen Informatik hebt die Theoretische Informatik mehr die naturwissenschaftlichen und mathematischen Aspekte der Informatik hervor. Gerade die mathematische Prägung ist oft ein Grund dafür, dass die Theoretische Informatik für zu schwer gehalten wird und dadurch ein nicht gerade beliebter Teil der Ausbildung ist. Der Schwierigkeitsgrad der Theoretischen Informatik ist aber meiner Meinung nach nicht der einzige Grund ihrer Unbeliebtheit, insbesondere wenn die Studierenden in ihrer Beurteilung außerdem noch das Prädikat „schwach motiviert" oder sogar „langweilig" verwenden. Das könnte auch damit zusammenhängen, dass sich die Einführung in die Theoretische Informatik im Grundstudium an vielen deutschen Hochschulen auf den klassischen Stoff der Berechenbarkeit, der Theorie der formalen Sprachen und der abstrakten Komplexitätstheorie beschränkt. Dass man dabei überwiegend nur die Konzepte und Ansichten, die vor dem Jahr 1970 entstanden sind, vermittelt, dürfte alleine nicht schlimm sein. Es führt aber oft dazu, dass man mit einer einzigen Motivation zu viele Vorlesungen der Art Definition – Satz – Beweis absolvieren muss und so halbiert sich die Wichtigkeit dieser Motivation in den Augen der Studierenden mit jeder weiteren Vorlesung, die anknüpft, ohne eine eigene Motivation zu bringen.

Um Abhilfe von diesem Zustand zu schaffen, muss man sich die Entwicklung der Theoretischen Informatik in den letzten 30 Jahren ansehen. Es geht dabei nicht nur darum, dass man in dieser Zeit tiefere Resultate und viele neue Konzepte entwickelt hat, sondern insbesondere darum, dass die Theorie immer mehr auf die Bedürfnisse der Praxis eingegangen ist. Dadurch sind die Anwendungen der Theorie direkter geworden und die Anschaulichkeit der Motivationen ist stark gestiegen. Die Theoretische Informatik liefert nicht-triviales Know-How, das in vielen Fällen faszinierende und überraschende Anwendungen ermöglicht. Es ist nicht möglich, in einem Einführungskurs alle derartigen spektakulären Erkenntnisse zu präsentieren, weil einige ein zu tiefes Verständnis der Materie fordern, als dass sie im Vordiplom als Ziel gestellt werden können. Aber es gibt genügend Ideen, die in einer Einführung darstellbar sind, und die wesentlich die Denkweise eines Informatikers prägen können und sollten. Dieses Buch ist ein Versuch des Autors, zumindest teilweise seine Vision einer modernen Einführung in die algorithmischen Gebiete der Theoretischen Informatik zu realisieren. Dabei folgt er der Richtung, die in der englischsprachigen Literatur Mike Sipser und in der deutschsprachigen Literatur Ingo Wegener eingeschlagen haben, und die im Wesentlichen auf den oben präsentierten Gedanken basiert. Die klassischen Teile der Berechenbarkeit und Komplexitätstheorie sind hier reduziert und dafür einige wichtige Konzepte aus dem Bereich der Algorithmik, Randomisierung, Kommunikation und Kryptographie eingesetzt.

Die Strategien dieses Buches heißen „Einfachheit" und „Weniger ist manchmal mehr". Für uns ist die Prägung des intuitiven, informellen Verständnisses der Materie genau so wichtig wie präzise Formalisierung, detaillierte Beweisführungen und Begründungen. Didaktisch geht das Buch immer langsam vom Einfachen zum Komplizierten vor. Wir versuchen, die Anzahl der Begriffe und Definitionen zu minimieren, auch wenn wir dadurch auf die Präsentation einiger wichtiger Konzepte und Resultate verzichten müssen. Die Idee dahinter ist, dass es wichtiger ist, die unterschiedlichen konzeptuellen Denkweisen und Methoden zu präsentieren, als ein „vollständiges" Bild einer abgeschlossenen mathematischen Theorie zu zeichnen. Da die Argumentation in diesem Buch nicht nur auf der formalen mathematischen Ebene geführt wird, sondern insbesondere auf das intuitive Verständnis der Materie baut, ist das Buch auch als Lehrmaterial für Fachhochschulen und Studierende, die Informatik nicht als Hauptfach studieren, gut geeignet.

Hilfreiche Unterstützung Anderer hat zu der Entstehung dieses Lehrbuches wesentlich beigetragen. Besonderer Dank gilt Dirk Bongartz, Hans-Joachim Böckenhauer und Alexander Ferrein für sorgfältiges Korrekturlesen und zahlreiche Verbesserungsvorschläge. Herzlicher Dank geht an Dietmar Berwanger, Volker Claus, Georg Schnitger, Erich Valkema und Peter Widmayer für Bemerkungen und anregende Diskussionen. Alexander Ferrein und Manuel Wahle danke ich für die sorgfältige Einbettung des Manuskripts in LaTeX. Mein tiefster Dank gilt Frau Stefanie Laux vom Teubner Verlag für die hervorragende und konstruktive Zusammenarbeit. Herzlichst danke ich Ingrid Zámečníková für die Illustrationen, den einzigen vollkommenen Teil des Buches, und Tanja für ihre Zitatensammlung.

Aachen, 2001                                                                                  Juraj Hromkovič

Die Köpfe von Menschen soll man nicht
mit Fakten, Namen und Formeln füllen.
Um so etwas zu lernen,
braucht man nicht in die Schule zu gehen.
Der Zweck der Erziehung ist,
dem Menschen das Denken beizubringen,
und so eine Ausbildung, die keine Lehrbücher ersetzen können.

A. Einstein

# Vorwort zur zweiten Auflage

Es freut mich sehr, dass diese alternative Einführung in die Theoretische Informatik so gut von Kollegen und Studenten angenommen wurde. Ich möchte hier zunächst allen denen herzlich danken, die Zeit gefunden haben, ihre Meinungen über das Buch sowie einige Verbesserungswünsche und Erweiterungsvorschläge zu äußern. Ich habe dieses Buch mit Sorgfalt geschrieben, weil ich wusste, dass der Inhalt des Buches den Rahmen der traditionellen Vorstellung der Grundlagen der Theoretischen Informatik sprengt. Deshalb habe ich befürchtet, dass es viele Kollegen als einen Verstoß gegen überwiegend akzeptierte Darstellungen der Informatikgrundlagen im Grundstudium bewerten würden. Außer den vielen positiven Kommentaren, die meine Sorgen schrumpfen ließen, fand ich am Erfreulichsten (als eine echte Bestätigung des Buchkonzeptes), dass die Leser sich überwiegend gerade die Erweiterung der nicht-klassischen Gebiete wie Randomisierung und Kommunikation gewünscht haben. Ich nahm diese Herausforderung mit Freude an und habe versucht, gleich die erste Möglichkeit zu nutzen, für die zweite Auflage das Buch sorgfältig zu überarbeiten und zu erweitern.

Das Kapitel Randomisierung wurde um einen neuen Abschnitt ergänzt, der die Methode der Fingerabdrücke zum Entwurf von zufallsgesteuerten Algorithmen als einen wichtigen Spezialfall der Anwendung der Methode der häufigen Zeugen präsentiert. Die Methode der Fingerabdrücke wurde an dem randomisierten Äquivalenztest für zwei Polynome illustriert.

Im Kapitel Kommunikation und Kryptographie kamen zwei neue Abschnitte dazu. Der Abschnitt Digitale Unterschriften zeigt eine sehr wichtige kommerzielle Anwendung des vorgestellten Konzeptes der Public-Key-Kryptosysteme. Dabei machen wir darauf aufmerksam, dass im Rahmen der klassischen Kryptographie keine Möglichkeit besteht, digitale Unterschriften ohne hohes Fälschungsrisiko zu leisten. Damit ist das kryptographische Konzept der öffentlichen Schlüssel eine Basis, ohne die man sich heute den sich dynamisch entwickelnden Bereich des E-Commerce gar nicht vorstellen kann. Der zweite neue Abschnitt zeigt einen Entwurf eines effizienten Telefonnetzes. Die Zielsetzung ist dabei, die Problemstellungen und geeignete Methoden zur Lösung der gestellten Probleme im Bereich der Kommunikation in Netzen am Beispiel eines eleganten Netzentwurfes zu illustrieren.

Einige Kollegen haben sich gewünscht, in diesem Lehrmaterial auch den Beweis des Satzes von Cook zu lesen. Obwohl es sich um eines der grundlegendsten Resultate der Informatik handelt, vertrete ich weiter die Meinung, dass dieses Resultat einen zu schweren Beweis für das Grundstudium besitzt. Trotzdem habe ich mich entschieden, den Beweis einzufügen, um dem besonders interessierten Studierenden die Möglichkeit zu geben, diese grundsätzlich wichtige Beweistechnik kennenzulernen. Da ich diesen Beweis nun einbetten wollte, habe ich versucht, durch eine langsame Entwicklung der Beweisidee den Schwierigkeitsgrad des Beweises abzumildern. Deswegen entstanden drei Seiten über die Beschreibung von Texten und Spielkonfigurationen durch Boole'sche Formeln, die als eine Vorbereitung für den Beweis des Satzes von Cook dienen sollen. Nach dieser Einführung konzentriert sich der Beweis nur auf eines, und zwar wie man die Semantik der Berechnungen durch die Formeln effizient ausdrücken kann.

Außer den drei oben beschriebenen Erweiterungen wurden an vielen Stellen Korrekturen und Verbesserungen eingearbeitet, um die Anschaulichkeit und die Verständlichkeit der Beweise zu erhöhen. Nennenswert sind die neuen graphischen Darstellungen zu den Beweisen des Satzes von Rice und der Sätze über die Anwendung der Kolmogorov-Komplexität in der Theorie der Berechenbarkeit.

Aachen, im Oktober 2003                                                    Juraj Hromkovič

Wenn du nicht auf das Unerwartete wartest,
findest du nichts Edles,
nichts, was schwer zu finden ist.

Heraklit

# Vorwort zur dritten Auflage

Gleich am Anfang möchte ich mich bei den zahlreichen Kollegen bedanken, die sich Zeit für das Lesen und Kommentieren der zweiten Auflage genommen haben. Dabei war der am häufigsten geäußerte Wunsch, zusätzlich das Thema Grammatiken zu behandeln. Obwohl dieses Thema bereits sehr gut in mehreren Lehrbüchern behandelt wurde,[1] enthält die dritte Auflage nun ein neues Kapitel über Grammatiken und die Chomsky-Hierarchie. Somit bietet dieses Lehrbuch den Dozenten ein fast vollständiges Angebot an klassischen Themen, das durch einige neuere Konzepte bereichert wird. Auf diese Weise ist dieses Material sowohl für die Kollegen geeignet, die sich auf die klassischen Grundlagen der Informatik konzentrieren, als auch für diejenigen, die in der Einführungsveranstaltung über „Theoretische Informatik" nicht-klassische Gebiete vorstellen wollen.

Das neue Kapitel stellt Grammatiken als Mechanismen zur Erzeugung von Wörtern vor, und somit als eine Alternative zur endlichen Darstellung von Sprachen. Die Schwerpunkte liegen auf dem Studium von kontextfreien Sprachen, die von zentralem Interesse für den Compilerbau sind, und auf der Äquivalenz zwischen Grammatiken und Turingmaschinen. Das Kapitel über Grammatiken steht ganz am Ende des Buches, aber dies bedeutet nicht, dass man dieses Thema am Ende der Veranstaltung präsentieren müsste. Die Teile über reguläre und kontextfreie Grammatiken können direkt im Anschluss an Kapitel 3 über endliche Automaten behandelt werden. Nach Kapitel 4 über Turingmaschinen hat man schon alle notwendigen Vorkenntnisse, um das ganze neue Kapitel zu meistern.

Wir sind der Meinung, dass es für eine erfolgreiche Vorbereitung auf eine Prüfung notwendig ist, beliebige Teile des Lerntextes inhaltlich korrekt wiedergeben zu können und leichte Abwandlungen der im Buch vorkommenden Aufgaben lösen zu können. Um die wichtigsten Grundkenntnisse hervorzuheben und dem Studierenden eine Selbstkontrolle zu ermöglichen, haben wir die Zusammenfassungen am Ende der Kapitel um eine Liste von Kontrollfragen erweitert. Wir empfehlen allen Dozenten zusätzlich, die genauen Anforderungen für das Studium gemäß ihrer eigenen Zielsetzungen schriftlich festzuhalten.

---

[1]Dies war auch der Hauptgrund, warum wir auf die Darstellung dieser Thematik in den ersten zwei Auflagen verzichtet haben.

Außer der oben beschriebenen Erweiterung wurden an einigen Stellen Korrekturen und verbesserte Erklärungen eingearbeitet. In diesem Zusammenhang möchte ich mich bei Christoph Zimmerli und Laurent Zimmerli für ausführliches Korrekturlesen der zweiten Auflage herzlich bedanken. Bester Dank geht an Hans-Joachim Böckenhauer und Julian Tschannen für sorgfältige Korrekturen des neuen Kapitels und an Martin Jaggi und Philipp Zumstein für einige Verbesserungsvorschläge. Bei Nicolas Born und Manuel Wahle bedanke ich mich für ihre Unterstützung bei der LATEX-Bearbeitung der dritten Auflage. Besonderer Dank geht an Ulrich Sandten vom Teubner Verlag für eine sehr gute und konstruktive Zusammenarbeit, in der keine Tabus für neue Wege gegolten haben.

Mein herzlichster Dank geht an Karl Frey. Seine didaktischen Konzepte waren für mich die interessanteste fachdidaktische Auseinandersetzung und die größte didaktische Bereicherung in den letzten drei Jahren.

Zürich, im Juni 2007                                                             Juraj Hromkovič

Die Kreativität
ist eine Abweichung von der Norm
bei einer vollständigen Beherrschung der Norm.

Juraj Popovňák

# Vorwort zur vierten Auflage

Die vierte Auflage beinhaltet keine wesentlichen Änderungen im Vergleich zur dritten Auflage. Dafür wurden aber zahlreiche kleine Verbesserungen vorgenommen. Hier möchte ich meinen besten Dank an Bernhard Brodowsky, Martin Kaufmann, Noah Heusser, Enrico Kravina, Oli Frank, Simon Eugster, Ilya Vassilenko, Jan-Filip Zagalak und Philipp Zumstein für das aufmerksame Lesen und Kommentieren der verbesserungswürdigen Stellen richten.

Ein besonders herzlicher Dank geht an Emo Welzl für mehrere Jahre erfolgreicher Zusammenarbeit bei der gemeinsamen Durchführung der Vorlesung „Theoretische Informatik" an der ETH und an Dennis Komm und Björn Steffen für die unaufhörliche Hilfe bei den ständigen Versuchen, die Lehrunterlagen und somit auch dieses Buch zu verbessern.

Zürich, im September 2010

Juraj Hromkovič

Die Vollkommenheit
besteht aus Kleinigkeiten,
doch die Vollkommenheit selbst
ist keine Kleinigkeit.

Michelangelo

# Vorwort zur fünften Auflage

In dieser Auflage wurden viele kleinere Verbesserungen eingearbeitet, während sich der Inhalt des Buches im Wesentlichen nicht geändert hat. Ferner wurde die Darstellung vollständig überarbeitet. Was hinzugekommen ist, ist überwiegend kontextuelles Wissen, das es ermöglicht, die Informatik und die Mathematik als starke Forschungsinstrumente zur Wissensgenerierung mit ihren Möglichkeiten und Grenzen anzusehen. Die Darstellung der Informatik im Rahmen der Entwicklung der gesamten Wissenschaft ermöglicht es, die Einführung in die Informatikgrundlagen, die vorher von manchen als zu mathematisch-technisch und somit oftmals langweilig empfunden wurde, als eine faszinierende Entdeckungsreise zu gestalten.

Herzlich bedanken möchte ich mich bei Knut Baganz, Joël Bohnes, Jérôme Dohrau, Manuela Fischer, Manuel Kohler, Sacha Krug, Benjamin Richner, Hannes Rösti, Jasmin Smula, Björn Steffen, Emo Welzl, Jochen Zehnder und ganz besonders Daniel Schmitter für unzählige Verbesserungsvorschläge.

Mein besonderer Dank gilt Hans-Joachim Böckenhauer und Dennis Komm, die enorm viel Zeit und große Sorgfalt aufgewendet haben, um mir viele wertvolle Vorschläge für qualitative Verbesserungen vieler Erklärungen zu unterbreiten, und die bei ihrer Umsetzung mitgewirkt haben.

Zürich, im August 2014                                        Juraj Hromkovič

# Inhaltsverzeichnis

Wenn du ein Schiff bauen willst,
so trommle nicht Männer zusammen,
um Holz zu beschaffen,
Aufträge zu vergeben oder Arbeit zu verteilen,
sondern wecke in ihnen die Sehnsucht
nach dem weiten, endlosen Meer!

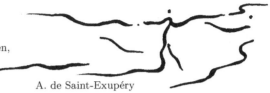

A. de Saint-Exupéry

# 1 Einleitung

## 1.1 Informatik als wissenschaftliche Disziplin

Jeder, der Informatik studiert oder ausübt, sollte sich von Zeit zu Zeit die Frage stellen, wie er die Informatik definieren würde, und wie er die Rolle der Informatik im Kontext aller Wissenschaft, allgemeiner Bildung und der täglichen Praxis sieht. Wichtig ist dabei, dass sich mit tieferem Verständnis der Natur der Informatik auch unsere Vorstellung über die Informatik weiterentwickelt. Deswegen ist es insbesondere für die Studierenden im Grundstudium sehr wichtig, dass sie sich nach jedem Semester mit ihrer eigenen Vorstellung über Informatik beschäftigen. Eine Hilfe zu einer solchen Auseinandersetzung zwischen eigener Vorstellung und neu erworbenen Kenntnissen soll diese Einleitung bieten.[1]

Versuchen wir zuerst die Frage „*Was ist Informatik?*" zu beantworten. Eine genaue Spezifikation einer wissenschaftlichen Disziplin zu geben, ist eine schwierige Aufgabe, die man selten vollständig erfüllen kann. Üblicherweise versucht man, Informatik mit der folgenden allgemeinen Aussage zu beschreiben.

> *Informatik ist die Wissenschaft der algorithmischen Darstellung, Verarbeitung, Speicherung und Übertragung von Information.*

Obwohl diese meist akzeptierte Definition der Informatik die Information und die Algorithmen als die Hauptobjekte der Untersuchung der Informatik festlegt und den Umgang mit diesen als Ziel der Untersuchung formuliert, sagt sie nicht genug über die Natur der Informatik und über die in der Informatik benutzten Methoden aus. Eine weiterführende Frage für die Klärung der Substanz der Informatik ist die folgende:

> *Welchen Wissenschaften kann man die Informatik zuordnen? Ist sie Metawissenschaft (wie Philosophie und Mathematik), Geisteswissenschaft, Naturwissenschaft oder Ingenieurwissenschaft?*

---

[1]Man beachte, dass das Folgende nur den persönlichen Ansichten und dem Wissensstand des Autors entspricht und keinen Anspruch auf absolute Wahrheit erhebt.

Die Antwort auf diese Frage klärt nicht nur das Objekt der Untersuchung, sondern sie legt auch die Methodik und die Beiträge der Informatik fest. Die Antwort ist, dass die Informatik keiner dieser Wissenschaftsgruppen vollständig zugeordnet werden kann. Die Informatik besitzt sowohl Aspekte einer Metawissenschaft, einer Naturwissenschaft als auch einer Ingenieurwissenschaft. Wir geben hier eine kurze Begründung für diese Behauptung.

Wie die Philosophie und die Mathematik studiert die Informatik allgemeine Kategorien wie

> *Determinismus, Nichtdeterminismus, Zufall, Information, Wahrheit, Unwahrheit, Komplexität, Sprache, Beweis, Wissen, Kommunikation, Approximation, Algorithmus, Simulation usw.*

und trägt zu ihrem Verständnis bei. Mehreren dieser Kategorien hat die Informatik einen neuen Inhalt und eine neue Bedeutung gegeben.

Eine Naturwissenschaft (im Unterschied zur Philosophie und Mathematik) studiert konkrete natürliche Objekte und Prozesse, bestimmt die Grenze zwischen Möglichem und Unmöglichem und erforscht die quantitativen Gesetze der Naturprozesse. Sie modelliert, analysiert und überprüft die Glaubwürdigkeit erzeugter Modelle durch Experimente. Alle diese Aspekte einer Naturwissenschaft finden sich auch in der Informatik. Die Objekte sind Information und Algorithmen (Programme, Rechner) und die Prozesse sind die physikalisch existierenden Prozesse der Informationsverarbeitung. Versuchen wir dies an der Entwicklung der Informatik zu dokumentieren.

Die historisch erste wichtige Forschungsfrage der Informatik war die folgende Frage von philosophischer Bedeutung:

> *Existieren wohldefinierte Aufgaben, die man automatisch (durch einen Rechner, fernab der Leistungsfähigkeit heutiger oder zukünftiger Rechner) nicht lösen kann?*

Die Bemühungen, diese Frage zu beantworten, führten zur Gründung der Informatik als eigenständiger Wissenschaft. Die Antwort auf diese Frage ist positiv, und wir kennen heute viele praktisch relevante Aufgaben, die man gerne algorithmisch (automatisch) lösen möchte, die man aber algorithmisch nicht lösen kann. Das liegt aber nicht daran, dass bisher niemand einen Algorithmus (ein Programm) zur Lösung dieser Aufgaben entwickelt hat, sondern daran, dass man solche Programme nie entwickeln wird, weil ihre Nichtexistenz mathematisch bewiesen wurde.

Nachdem man Methoden entwickelt hat, um Aufgaben danach zu klassifizieren, ob für sie ein Programm als algorithmische Lösung existiert oder nicht, stellt man sich folgende naturwissenschaftliche Frage: *Wie schwer sind konkrete algorithmische Aufgaben?* Die Schwierigkeit einer Aufgabe misst man aber nicht darin, wie schwer ein Programm für die Aufgabe zu entwickeln ist oder wie umfangreich das Programm ist. Die Schwierigkeit einer Aufgabe misst man als den Aufwand, den man leisten muss, um die Aufgabe für konkrete Eingaben algorithmisch zu lösen. Man stellte fest, dass es beliebig schwere Aufgaben gibt, sogar solche, für deren Lösung man mehr Energie braucht, als im ganzen bekannten Universum zur Verfügung steht. Es existieren also Aufgaben, für deren Lösung man zwar

Programme schreiben kann, was aber nichts hilft, weil ein Lauf eines solchen Programms mehr Zeit benötigt, als seit dem Urknall bis heute vergangen ist. Die bloße Existenz eines Programms für eine untersuchte Aufgabe bedeutet also nicht, dass diese Aufgabe *praktisch* algorithmisch lösbar ist.

Die Bemühungen, die Aufgaben in *praktisch lösbare* und *praktisch unlösbare* zu unterteilen, führten zu einigen der faszinierendsten mathematisch-naturwissenschaftlichen Erkenntnissen, die in der Informatik entdeckt worden sind.

Als ein Beispiel solcher Resultate können wir zufallsgesteuerte Algorithmen betrachten. Die Programme (Algorithmen), wie wir sie benutzen, sind deterministisch. Die Bedeutung des Wortes „deterministisch" ist, dass das Programm und die Problemeingabe vollständig die Arbeit des Programms determinieren. In jedem Augenblick ist in Abhängigkeit der aktuellen Daten eindeutig, was die nächste Aktion des Programms sein wird. Zufallsgesteuerte Programme dürfen mehrere Möglichkeiten für die Umsetzung ihrer Arbeit haben; welche Möglichkeit ausgewählt wird, wird zufällig entschieden. Es sieht so aus, als ob ein zufallsgesteuertes Programm von Zeit zu Zeit eine Münze wirft und abhängig davon, ob Kopf oder Zahl gefallen ist, eine entsprechende Strategie für die Suche nach dem richtigen Resultat wählt. Ein zufallsgesteuertes Programm hat daher mehrere unterschiedliche Berechnungen für eine Eingabe. Im Unterschied zu deterministischen Programmen, die immer eine zuverlässige Berechnung des richtigen Resultats liefern, dürfen einige Berechnungen des zufallsgesteuerten Programms auch falsche Resultate liefern. Das Ziel ist, die Wahrscheinlichkeit einer falschen Berechnung nach unten zu drücken, was in gewissem Sinne bedeuten könnte, dass man versucht, den proportionalen Anteil der Berechnungen mit falschem Resultat klein zu halten.

Auf den ersten Blick sieht ein zufallsgesteuertes Programm unzuverlässig gegenüber deterministischen Programmen aus, und man kann fragen, wozu es gut sein sollte. Es existieren aber Probleme von großer praktischer Bedeutung, bei denen der schnellste deterministische Algorithmus auf dem schnellsten heutigen Rechner mehr Zeit zur Berechnung der Lösung brauchen würde als die Zeit, die seit dem Urknall bis heute vergangen ist. Die Aufgabe scheint also praktisch unlösbar zu sein. Und dann passiert ein „Wunder": ein zufallsgesteuerter Algorithmus, der die Aufgabe in ein paar Minuten auf einem gewöhnlichen Personalcomputer mit einer Fehlerwahrscheinlichkeit von 1 durch 1000 Milliarden löst. Kann man ein solches Programm für unzuverlässig halten? Ein deterministisches Programm, das eine Aufgabe in einem Tag berechnet, ist unzuverlässiger als unser zufallsgesteuertes Programm, weil die Wahrscheinlichkeit des Auftretens eines Hardwarefehlers während einer 24-stündigen Arbeit viel höher ist als die Wahrscheinlichkeit einer fehlerhaften Ausgabe des schnellen zufallsgesteuerten Programms. Ein konkretes Beispiel von hoher praktischer Bedeutung ist das Problem des Primzahltests. In der alltäglichen Anwendung kryptographischer Public-Key-Protokolle muss man große Primzahlen generieren, wobei groß rund 700 Dezimalziffern bedeutet. Alle klassischen deterministischen Algorithmen für den Primzahltest basieren auf der Überprüfung der Teilbarkeit der gegebenen Zahl $n$. Aber schon die Anzahl der Primzahlen kleiner als $\sqrt{n}$ für eine so große Zahl $n$ ist größer als die Anzahl der Protonen im bekannten Universum und deshalb sind solche Algorithmen praktisch uninteressant. Die Weiterentwicklung der Algorithmik hat in diesem Jahrhundert zu einem neuen deterministischen Algorithmus geführt, der rund $n^6$

Operationen braucht, um eine Zahl mit $n$ Dezimalstellen erfolgreich als Primzahl zu identifizieren. Bei einer gegebenen Zahl mit 700 Dezimalziffern würde dies bei heutigen Standardrechnern noch immer einen Aufwand von mehreren Jahren bedeuten. Aber es gibt mehrere zufallsgesteuerte Algorithmen, die den Primzahltest in einigen Minuten auf einem PC realisieren. Ein anderes spektakuläres Beispiel ist ein Kommunikationsprotokoll für den Vergleich der Inhalte zweier Datenbanken, die auf zwei weit entfernten Rechnern gespeichert sind. Man kann mathematisch beweisen, dass jedes deterministische Kommunikationsprotokoll, das die Äquivalenz der Inhalte überprüft, ungefähr so viele Bits bei der Kommunikation zwischen beiden Rechnern austauschen muss, wie die Datenbank enthält. Betrachten wir jetzt den Fall, dass die Datenbanken eine Größenordnung von $10^{12}$ Bits haben. So viele Bits zu versenden ist ein großer Aufwand. Ein zufallsgesteuertes Kommunikationsprotokoll kann diesen Äquivalenztest mit der Versendung einer Nachricht, die kürzer als 2000 Bits ist, realisieren. Die Fehlerwahrscheinlichkeit des Tests ist dabei kleiner als 1 zu 1000 Milliarden.

Warum so etwas überhaupt möglich ist, ist ohne Informatikvorkenntnisse nur schwer zu erklären. Die Suche nach den wahren Gründen für die Stärke der Zufallssteuerung ist eine faszinierende mathematisch-naturwissenschaftliche Forschungsaufgabe. Wichtig zu bemerken ist, dass auch hier die Natur unser bester Lehrmeister sein kann, weil in der Natur mehr zufallsgesteuert abläuft als man glauben würde. Informatiker können viele Beispiele für Systeme geben, bei denen die gewünschten Eigenschaften und Verhaltensweisen nur durch das Konzept der Zufallssteuerung erreicht werden können. In solchen Beispielen muss jedes deterministische „hundert Prozent zuverlässige" System mit dem erwünschten Verhalten aus Milliarden Teilsystemen bestehen, die alle richtig miteinander kooperieren müssen. Ein solch komplexes System, bei dem viele Teilsysteme immer korrekt arbeiten, kann praktisch nicht realisiert werden, und falls ein Fehler auftritt, ist es eine fast unlösbare Aufgabe, ihn zu finden. Man braucht gar nicht darüber nachzudenken, wie hoch die Entwicklungs- und Herstellungskosten eines solchen Systems sein würden. Auf der anderen Seite kann man ein solches System zu geringen Kosten mit dem gewünschten Verhalten durch ein kleines zufallsgesteuertes System realisieren, bei dem alle Funktionen jederzeit überprüfbar sind und die Wahrscheinlichkeit eines fehlerhaften Verhaltens so klein ist, dass man sich in der Anwendung keine Sorgen darüber machen muss.

Trotz der naturwissenschaftlichen Aspekte der Informatik, die wir gerade illustriert haben, ist die Informatik für die meisten Informatiker eine typische anwendungs- und problemorientierte Ingenieurwissenschaft. Die Informatik umfasst nicht nur die technischen Aspekte des Engineering, wie

*Organisation des Entwicklungsprozesses (Phasen, Meilensteine, Dokumentation), Formulierung strategischer Ziele und Grenzen, Modellierung, Beschreibung, Spezifikation, Qualitätssicherung, Testen, Einbettung in existierende Systeme, Wiederverwendung und Werkzeugunterstützung,*

sondern auch die Managementaspekte wie zum Beispiel

*Teamorganisation und -leitung, Kostenvoranschlag und Kostenaufschlüsselung, Planung, Produktivität, Qualitätsmanagement, Abschätzung von Zeitrahmen und Fristen, Zeit zur Markteinführung, Vertragsabschluss und Marketing.*

Eine Informatikerin oder ein Informatiker sollte auch ein echter pragmatischer Praktiker sein. Bei der Konstruktion sehr komplexer Software- oder Hardwaresysteme muss man oft die Entscheidung gefühlsmäßig bezüglich eigener Erfahrung treffen, weil man keine Chance hat, die komplexe Realität vollständig zu modellieren und zu analysieren.

Wenn man sich das, was wir bisher über die Informatik geschildert haben, durch den Kopf gehen lässt, könnte man den Eindruck bekommen, dass das Studium der Informatik zu schwer ist. Mathematikkenntnisse sind erforderlich und die naturwissenschaftlichen sowie die ingenieurmäßigen Aspekte des Denkens sind gleichermaßen erwünscht. Das mag stimmen, aber das ist auch der größte Vorteil dieser Ausbildung. Die größte Schwäche heutiger Wissenschaft ist eine zu enge Spezialisierung, die dazu führt, dass sich viele Wissenschaften zu unabhängig voneinander entwickelt haben. Die Wissenschaften entwickelten eigene Sprachen, die oft sogar für benachbarte Wissenschaften nicht mehr verständlich sind. Es geht so weit, dass die standardisierte Art der Argumentation in einer Wissenschaft in einer anderen Wissenschaft als eine oberflächliche und unzulässige Begründung eingestuft wird. Das macht die propagierte interdisziplinäre Forschung ziemlich schwierig. Die Informatik ist in ihrem Kern interdisziplinär. Sie orientiert sich an der Suche nach Problemlösungen in allen Bereichen des wissenschaftlichen und alltäglichen Lebens, bei denen man Rechner anwendet oder anwenden könnte, und bedient sich dabei eines breiten Spektrums von Verfahren, das von präzisen formalen Methoden der Mathematik bis hin zum erfahrungsmäßigen „Know-How" der Ingenieurdisziplinen variiert. Die Möglichkeit, gleichzeitig unterschiedliche Wissenschaftssprachen und Arten des Denkens zusammenhängend in einer Disziplin zu erlernen, ist das Wichtigste, was die Informatikabsolventen in ihrer Ausbildung bekommen sollen.

## 1.2 Eine faszinierende Theorie

Dieses Buch ist der elementaren Einführung in die algorithmischen Gebiete der Theoretischen Informatik gewidmet. Die Theoretische Informatik ist eine faszinierende Wissenschaftsdisziplin, die durch spektakuläre Ergebnisse und hohe Interdisziplinarität wesentlich zur Entwicklung unserer Weltanschauung beigetragen hat. Statistisch gesehen gehört aber die Theoretische Informatik nicht gerade zu den Lieblingsfächern der Studierenden. Viele Studierende bezeichnen die Theoretische Informatik sogar als eine Hürde, die man überwinden muss, um einen Informatik-Universitätsabschluss zu erhalten. Für diese Einstellung gibt es sicherlich mehrere Gründe. Ein Grund dafür ist, dass die Theoretische Informatik von allen Informatikbereichen am stärksten mathematisch geprägt ist und so einen höheren Schwierigkeitsgrad besitzt. Dazu kommt oft noch, dass die Studierenden mit einer falschen Vorstellung des Informatikstudiums angetreten sind und dass wir, die Dozenten der Informatik, die theoretischen Veranstaltungen nicht immer attraktiv genug verkaufen. Zuviel Druck auf eine saubere Darstellung der kleinsten technischen Details mathematischer Beweise und zu wenig Raum für Motivationen, Zusammenhänge, informelle Ideenentwicklung in geschichtlichem Rahmen und direkte Anwendungsmöglichkeiten können das Studium auch der faszinierendsten Wissenschaftsgebiete versäuern.

In der obigen Beschreibung der Informatik als einer Wissenschaft mit vielen Gesichtern haben wir schon indirekt die Wichtigkeit der Theoretischen Informatik dargestellt.

Weil es aber noch weitere wichtige Gründe für die Unverzichtbarkeit des Studiums der Theoretischen Informatik in der Informatikausbildung gibt, möchten wir die wichtigsten systematisch auflisten.

*1. Philosophische Tiefe*

Die Theoretische Informatik erforscht Kenntnisse und bildet neue Konzepte und Begriffe, die die ganze Wissenschaft in ihren tiefsten Grundlagen beeinflussen. Die Theoretische Informatik gibt partielle oder vollständige Antworten auf Fragen philosophischer Tiefe wie:

- Existieren Probleme, die nicht automatisch (algorithmisch) lösbar sind? Falls ja, wo liegt die Grenze zwischen automatisch Lösbarem und automatisch Unlösbarem?

- Wie kann man ein zufälliges Objekt definieren?

- Können nichtdeterministische und zufallsgesteuerte Prozesse etwas, was die deterministischen nicht können? Ist Nichtdeterminismus und Zufall stärker (effizienter) als Determinismus?

- Wie kann man die Schwierigkeit von Aufgaben definieren?

- Wo ist die Grenze der „praktischen" automatischen Lösbarkeit?

- Was ist ein mathematischer Beweis, und ist es schwerer, mathematische Beweise algorithmisch zu finden, als gegebene Beweise algorithmisch auf Korrektheit zu überprüfen?

Wichtig ist dabei zu bemerken, dass viele dieser Fragestellungen eigentlich ohne die formalen Konzepte der Algorithmen und Berechnungen nicht formulierbar waren. So hat die Theoretische Informatik die Sprache der Wissenschaften auch um neue Begriffe bereichert und dadurch zur Entwicklung der Wissenschaftssprache beigetragen. Mehrere bekannte Grundkategorien der Wissenschaft wie Determinismus, Zufall und Nichtdeterminismus haben neue Bedeutung gewonnen, und so wurden unsere allgemeinen Ansichten über die Welt beeinflusst.

*2. Praxisnähe und spektakuläre Ergebnisse*

Die Theoretische Informatik ist praxisrelevant. Auf der einen Seite liefert sie Erkenntnisse methodologischer Natur, die unsere ersten groben Entscheidungen bei der Bearbeitung algorithmischer Aufgaben steuern. Auf der anderen Seite liefert sie Konzepte und Methoden, die direkt praktisch umsetzbar sind und ohne die viele Anwendungen unmöglich wären. Neben dem schon erwähnten Konzept zufallsgesteuerter Algorithmen existieren noch viele andere „Wunder", die in der Theoretischen Informatik entstanden sind. Es gibt schwere Optimierungsprobleme, bei denen man durch eine Abschwächung der Forderung, eine optimale Lösung zu liefern, einen gewaltigen Sprung von einer unrealisierbaren Menge Rechnerarbeit zu einer Angelegenheit von ein paar Minuten machen kann. Dabei braucht die Abmilderung der Forderung oft nicht groß zu sein. Wir dürfen die Berechnung einer Lösung fordern, deren Qualität nur sehr wenig von der Qualität einer optimalen Lösung abweicht. Würden Sie glauben, dass es möglich ist, jemanden vom Besitz eines Geheimnisses (zum Beispiel eines Passwortes) zu überzeugen, ohne ein einziges Bit der

Information über dieses Geheimnis zu verraten? Würden Sie glauben, dass zwei Personen in einem Gespräch bestimmen können, wer von ihnen älter ist, ohne dem anderen das eigene Alter zu verraten? Würden Sie glauben, dass man mathematische Beweise von mehreren tausend Seiten Länge fast mit hundertprozentiger Zuverlässigkeit auf Korrektheit überprüfen kann, obwohl man diese gar nicht liest und nur einige wenige zufällig ausgewählte Bits (Buchstaben) des Beweises ansieht? Alles das, was wir oben erwähnt haben, ist möglich. Dies zeigt nicht nur, dass man dank der Theorie Dinge realisieren kann, die man vorher vielleicht für unmöglich gehalten hat, sondern auch, dass die Forschung in der Theoretischen Informatik voller Spannung und Überraschungen ist und dass man auch mit Theoretischer Informatik begeistern kann.

*3. Lebensdauer von Kenntnissen*
Durch die schnelle Entwicklung der Technologien ändert sich die Welt der berufspraktischen Informatik ständig. Die Hälfte der dort erworbenen Kenntnisse über Produkte ist in fünf Jahren so veraltet, dass man mit ihnen nichts mehr anfangen kann. Daher gäbe ein Studium, das sich überproportional dem Wissen über Produkte widmet, keine hinreichende Berufsperspektive. Andererseits haben die Konzepte und Methoden der Theoretischen Informatik im Durchschnitt eine wesentlich längere Lebensdauer von mehreren Jahrzehnten. Ein Absolvent der Informatik kann auf dieses Know-How lange aufbauen.

*4. Interdisziplinarität*
Die Theoretische Informatik ist stark interdisziplinär und kann sich in vielen spannenden Gebieten an Forschung und Entwicklung beteiligen. Genomprojekte, medizinische Diagnostik, Optimierung in allen Gebieten der Wirtschaft und technischen Wissenschaften, automatische Spracherkennung und Weltraumforschung sind nur einige Beispiele eines großen Spektrums von Möglichkeiten. Neben diesen wesentlichen Beiträgen der Informatik für andere Wissenschaften gibt es auch Möglichkeiten faszinierender Beiträge anderer Wissenschaften für die Informatik. Das Studium der Berechnungen auf der Ebene der Mikroteilchen, die den Gesetzen der Quantenmechanik folgen, hat als Hauptthema die Fragestellung, ob man in der Mikrowelt gewisse Berechnungen (Aufgabenlösungen) effizient realisieren kann, die in der Makrowelt nicht effizient realisierbar sind. Das theoretische Modell eines Quantenrechners ist bereits ausgearbeitet, aber die Möglichkeit einer praktischen Realisierung ist für Physiker eine große Herausforderung mit unbekanntem Ausgang. Unabhängig davon, ob dieses Projekt Erfolg haben wird, sind die Gesetze der Mikrowelt so überraschend und so kontraintuitiv für die Menschen, die ihre Erfahrungen in der Makrowelt gesammelt haben, dass man noch mit vielen „Wundern" durch die Anwendung der Kenntnisse der Quantentheorie rechnen muss. Schon heute ist klar, dass man in der Mikrowelt sicher kommunizieren kann, da jeder Versuch, die Kommunikation abzuhören, sofort vom Sender entdeckt und abgewehrt werden kann. Ein anderes spannendes Gebiet ist das Rechnen mit DNA-Molekülen. DNA-Moleküle sind Informationsträger und daher sollte es nicht überraschen, dass man sie zur Informationsspeicherung und -übertragung benutzen kann. Heute wissen wir schon, dass man durch chemische Operationen auf DNA-Molekülen die Arbeit von Rechnern nachahmen kann. Dies ist nicht nur theoretisch klar, mehrere solcher Simulationen von Berechnungen durch DNA-Moleküle wurden schon in Laboratorien realisiert. Es ist nicht auszuschließen, dass eines Tages einige DNA-Moleküle die ganze Arbeit eines Rechners übernehmen können.

*5. Denkweise*

Die Mathematiker begründen die Sonderrolle der Mathematik in der Ausbildung mit der Entwicklung, Bereicherung und Prägung einer Denkweise, die der allgemeinen Entwicklung einer Persönlichkeit zugute kommen sollte. Falls dieser Beitrag der Mathematik anerkannt wird, dann muss man die Wichtigkeit der Informatik für die allgemeine Bildung und die Bereicherung um neue Denkweisen in gleichem Maße akzeptieren. Während sich in letzter Zeit die Mathematikausbildung leider zu stark auf das Erlernen korrekter Beweisführung reduziert hat, fördert die Theoretische Informatik auch die Modellierung der Realität und die Suche nach Konzepten und Methoden zur Lösung konkreter Probleme. In Verbindung mit dem pragmatischen Denken eines guten Praktikers ist dies das Wesentliche, was das Studium den Informatikern bieten kann.

## 1.3 Für die Studierenden

Dieses Buch ist in erster Linie für Sie bestimmt. Der Sinn des Buches ist nicht nur, Ihnen einige grundlegende Konzepte der Informatik zu vermitteln, sondern es ist auch ein Versuch, Sie für die Informatik zu begeistern. Wie weit diese Zielsetzungen erfüllt werden, bleibt Ihnen zu beurteilen.

In den ersten Teilen dieses Kapitels habe ich versucht, Sie davon zu überzeugen, dass Informatik eine faszinierende Wissenschaft ist, eine Wissenschaft, die einem sehr viel Spaß, Spannung und Freude bereiten kann. Dass es viele Leute gibt, die die Arbeit in der Theoretischen Informatik richtig genießen, möchte ich an einigen mündlich überlieferten (möglichen) Ausschnitten aus den Lehr- und Forschungsveranstaltungen eines meiner Freunde illustrieren.

- „Und wenn sich dieser verdammte Fehlerfaktor dann immer noch nicht unter 0.5 drücken lässt, dann werden wir andere Saiten aufziehen. Der wird es noch bereuen, sich in mein Lernmodell getraut zu haben."

- „Also heute haben wir so ein Epsilon in die Knie gezwungen. Da war was am Dampfen, sag ich Euch. Erst haben wir eine Approximation draufgehetzt. Erst hat es ja noch ein bisschen gezuckt. Aber dann haben wir es mit einer semidefiniten Matrix stumpf erschlagen. Es war herrlich!"

- „Ihr sagt es, kein popliges, dahergelaufenes Lambda vergreift sich an unserem My, ohne dafür zu bezahlen. Wir machen es so richtig fertig. Es wird gar nicht wissen, wie ihm geschieht."

Halten Sie solche Emotionen zu einem mathematisch geprägten Thema für übertrieben? Ich nicht. Es ist ein riesiger Spaß, in einer solchen Vorlesung sitzen zu dürfen, und man begreift gleich, wo die Schwierigkeiten liegen, mit denen man zu kämpfen hat. Die Emotionen in Lehre und Forschung sind der Hauptantrieb. Wenn Sie eine emotionale Beziehung zu einem Lehrthema entwickeln können, sind sie schon auf der Erfolgstour. Wenn Sie bisher noch keine emotionale Beziehung zu irgendeinem Gebiet der Informatik gefunden haben, ist es höchste Zeit, sich auf die Suche zu begeben. Falls die Suche erfolglos bleiben sollte, wäre es angemessen, die Suche auf Wissenschaftsdisziplinen oder Aktivitäten außerhalb der Informatik zu erweitern.

Dieses Buch ist einigen Teilen der Theoretischen Informatik gewidmet. Warum hält man das Studium der Theoretischen Informatik für schwer? Es existiert kein leichter Weg zu einem tieferen Verständnis und zur Beherrschung von Methoden, die eindrucksvolle Anwendungen haben. Das sollte aber niemanden überraschen. Wenn jemand 100 Meter unter 10 Sekunden laufen oder über 8 Meter weit springen möchte, muss er auch lange Jahre ein ziemlich hartes Training absolvieren. Immer wenn man etwas Besonderes erreichen will, muss man etwas Besonderes dafür tun. Eine Wissenschaft zu erlernen ist keine Ausnahme, und vielleicht haben Sie noch zusätzlich die Motivationsschwierigkeit, dass Sie das Ziel während der Bemühung noch nicht genau sehen und seinen Wert nicht abschätzen können. Es wird also viel Ausdauer gefordert und insbesondere Bereitschaft, jedes Thema viele Male zu iterieren, um ein immer tiefer gehendes Verständnis für die Zusammenhänge zu entwickeln.

Dieses Buch soll Ihnen den Einstieg in die algorithmischen Teile der Theoretischen Informatik erleichtern. Dazu benutzen wir folgende drei Konzepte:

*1. Einfachheit und Anschaulichkeit*
Wir erklären alles, was einfach zu erklären ist, auch einfach. Wir vermeiden unnötige mathematische Abstraktionen, wir versuchen also so konkret zu sein, wie es nur geht. Dadurch schaffen wir den Einstieg mit elementaren Kenntnissen der Mathematik. Bei allen komplizierteren Überlegungen und Beweisen erklären wir zuerst die Zusammenhänge und Ideen auf eine anschauliche und informelle Weise und gehen erst dann zu formalen Begründungen über. An den mit $*$ gekennzeichneten Stellen empfehlen wir den Fachhochschulstudenten und Nicht-Informatikern, auf die formalen Beweise zu verzichten. Außerdem können diese Gruppen zum Beispiel auf den technischen Umgang mit dem formalen Modell der Turingmaschine im Teil Berechenbarkeit verzichten, und das Verständnis der Grundlagen der Theorie der Berechenbarkeit über die Argumentation auf der Ebene von Programmen (in einer beliebigen Programmiersprache) erreichen.

Die Anschaulichkeit ist uns wichtiger als die Präsentation der besten bekannten Ergebnisse. Wenn wir die Methoden und Beweisideen leichter mit schwächeren Resultaten erklären können, dann ziehen wir die Darstellung solcher Resultate der technischen und schwer durchschaubaren Präsentation stärkerer Resultate vor.

Im ganzen Buch folgen wir der Linie, stufenweise mit kleinen Schritten vom Einfachen zum Komplizierten zu gehen, und vermeiden so Gedankensprünge.

*2. „Weniger ist manchmal mehr" oder eine kontextsensitive Darstellung*
Viele Studienpläne und Lehrbücher gehen von der falschen Vorstellung aus, dem Leser in erster Linie ein gewisses Quantum an Information liefern zu müssen. In der Vorlesung oder in den Lehrmaterialien spielt man dann ein falsches Optimierungsspiel – in minimaler Zeit so viele Kenntnisse und Resultate wie möglich zu vermitteln. Dies führt oft zur Präsentation einer großen Menge von einzelnen Resultaten, die zu isoliert wirken. Dabei geht der Kontext der ganzen Veranstaltung verloren.

Die Philosophie dieses Buches ist eine andere. Wir wollen die Denkweise der Studierenden prägen. Deswegen ist uns die Anzahl der präsentierten Resultate nicht so wichtig. Wir konzentrieren uns auf die historische Entwicklung der informatischen Konzepte und Denkweisen, und die Präsentation von Definitionen, Resultaten, Beweisen und Methoden ist nur ein Mittel, um dieses Ziel zu erreichen. Deswegen nehmen wir gerne die Reduktion der Masse des Lernstoffes um 20–30 % im Vergleich zu standardisierten Vorlesungen in Kauf. Dafür widmen wir mehr Zeit den Motivationen, Zielsetzungen und Zusammenhängen zwischen der Praxis und den theoretischen Konzepten und insbesondere dem inneren Kontext der entwickelten Theorie. Einen besonderen Schwerpunkt legen wir auf die Bildung neuer Begriffe. Es ist nicht so, wie es vielleicht in einigen Vorlesungen mathematischer Natur aussehen könnte, dass die Terminologie vom Himmel gefallen ist. Die formal definierten Terme sind immer eine Approximation oder eine Abstraktion intuitiver Begriffe, deren Formalisierung wir brauchen, um überhaupt exakte Aussagen über gewisse Objekte und Erscheinungen formulieren zu können und um die Realisierung einer formal sauberen und eindeutigen Argumentation (Beweisführung) zu ermöglichen. Wir bemühen uns hier, die Gründe zu erläutern, warum man die Begriffe so wie hier und nicht anders formalisiert hat und wo die Grenzen ihres Nutzens liegen.

*3. Unterstützung iterativer Arbeitsweise*

An diese Strategie ist auch der Aufbau des Buches angepasst, der wiederholtes Nachdenken über präsentierte Konzepte fördert. Jedes Kapitel fängt mit dem Unterkapitel „Zielsetzungen" an, in dem das Lernziel des Kapitels in allen Zusammenhängen erläutert wird. Der Kern des Kapitels ist dann der Formalisierung der Ideen durch theoretische Konzepte und dem Studium im Rahmen dieser Konzepte gewidmet. Bei jedem wesentlichen neuen Schritt wird auf die wichtigsten Zusammenhänge mit deren Zielsetzungen aufmerksam gemacht. Jedes Kapitel endet mit einer kurzen Zusammenfassung und einem Ausblick. Dort werden noch einmal die wichtigsten Kenntnisse des Kapitels informell wiederholt und in Zusammenhang mit anderen Teilen der Theorie gebracht. Hier werden auch weitere Entwicklungen der theoretischen Konzepte und aus der Literatur bekannte tiefgreifende Resultate kurz erwähnt. Die Entfernung des Wissenstandes von den angestrebten Forschungszielen wird auch diskutiert.

Wie üblich wird das Erlernen des Buchinhaltes durch Übungen unterstützt. Die Übungen befinden sich hier nicht in einem gesonderten Kapitel, sondern sind direkt an den Stellen des Textes eingefügt, wo es am passendsten ist, über sie nachzudenken. Sie dienen zur Übung der Anwendungen der präsentierten Methoden sowie zur Vertiefung des Verständnisses des Lernstoffes.

Das Ziel des Autors ist nicht nur, die Informatik als eine faszinierende Wissenschaft vorzustellen, sondern Ihnen auch eine preiswerte Eintrittskarte in die algorithmischen Gebiete der Informatik anzubieten. Die Voraussetzungen für die Anwendung dieser Karte sind minimal. Erfahrungen mit der Programmierung im Umfang eines Semesters und elementare Kenntnisse der Mathematik sind hinreichend. Die Kenntnisse von Standardvorlesungen wie *Rechnerstrukturen* und *Algorithmen und Datenstrukturen* sind zwar nicht notwendig, aber sehr hilfreich für das Verständnis konzeptioneller Zusammenhänge.

## 1.4 Aufbau des Lehrmaterials

Außer dieser Einleitung umfasst das Buch neun weitere Kapitel. Kapitel 2 und 3 dienen als Einstieg. In ihnen lernt man die Sprache und Ausdrucksweisen der Theoretischen Informatik. Das Resultat der Arbeit eines Rechners kann man immer als eine Transformation eines Textes in einen anderen Text verstehen, weil wir die Eingaben und Ausgaben als

Texte darstellen. Kapitel 2 legt die Grundlagen für den Umgang mit Texten und benutzt sie, um die formale Spezifikation algorithmischer Aufgaben zu entwickeln. Außerdem beschäftigt sich Kapitel 2 mit der Frage, wie man die Menge des Informationsgehaltes eines Textes messen kann, und wann man einen Text (ein Objekt) als zufällig betrachten kann.

Kapitel 3 stellt die endlichen Automaten als das einfachste Berechnungsmodell vor. Das Ziel ist dabei nicht der Einstieg in die Automatentheorie, sondern nur eine Vorbereitung für die Definition eines formalen Modells von Algorithmen (Programmen). Wir nutzen endliche Automaten, um eine erste einfache Vorstellung der Kernbegriffe der Informatik wie Zustand und Konfiguration eines Berechnungsmodells, Berechnung, Berechnungsschritt, Determinismus, Nichtdeterminismus, Beschreibungskomplexität und Simulation zu vermitteln. Diese erleichtert es uns später, das Verständnis dieser Begriffe für das allgemeine Modell der Turingmaschine zu gewinnen.

Kapitel 4 ist der *Turingmaschine* als dem theoretischen Grundmodell des intuitiven Begriffes *Algorithmus* gewidmet. Weil der technische Umgang mit Turingmaschinen einer Programmierung im Maschinencode eines Rechners entspricht, versuchen wir diesen Teil auf das Notwendigste für das Verständnis und den Umgang mit den oben erwähnten Grundbegriffen zu beschränken.

Kapitel 5 beschäftigt sich mit der Theorie der Berechenbarkeit. Hier stellen wir uns die Frage, *welche Aufgaben man algorithmisch (automatisch) lösen kann und welche nicht*, und präsentieren einige Methoden, mit deren Hilfe wir diese Frage für einige konkrete Aufgaben beantworten. Hier arbeiten wir auf zwei Ebenen. Die erste Ebene führt die Argumentation nur anhand eines intuitiven Verständnisses des Begriffes Programm, die zweite Ebene argumentiert formal über Turingmaschinen.

Kapitel 6 ist der Komplexitätstheorie gewidmet. Hier stellt man sich die Frage, *wie man die Schwierigkeit algorithmischer Aufgaben misst*, und ob es *beliebig schwere algorithmisch lösbare Aufgaben* gibt. Die Schwierigkeit (Berechnungskomplexität) messen wir als die zur Lösung algorithmischer Aufgaben notwendige Menge der Rechnerarbeit. Zuerst präsentieren wir einige wichtige Grundkenntnisse, auf deren formale Beweise wir wegen ihres Schwierigkeitsgrades in diesem Kurs verzichten. Danach zeigen wir das Konzept der NP-Vollständigkeit als eine Methode zur Klassifizierung algorithmischer Aufgaben in einfache (praktisch lösbare) und schwere Aufgaben. Das Konzept basiert auf dem Studium der Beziehung zwischen nichtdeterministischen und deterministischen Berechnungen, welches eines der Kernforschungsthemen der Theoretischen Informatik ist. In gewissem Rahmen zeigen wir, dass die Schwierigkeit (Komplexität), etwas nichtdeterministisch zu lösen, der Schwierigkeit einer Korrektheitsprüfung (Verifikation) eines mathematischen Beweises und die deterministische Art, Lösungen zu suchen, der Erzeugung mathematischer Beweise entspricht. Daher ist die Frage, ob nichtdeterministische Berechnungen effizienter als deterministische sein können, äquivalent zu der Frage, ob es einfacher ist, einen gegebenen Beweis zu verifizieren, als ihn zu erzeugen.

Kapitel 7 beschäftigt sich mit der Algorithmentheorie.[2] Dieses Kapitel ist eine Fortsetzung von Kapitel 6 und stellt folgende Frage: Was kann man mit Aufgaben machen,

---

[2]Dabei handelt es sich nicht um Teile der Vorlesung *Algorithmen und Datenstrukturen* oder einer klassischen Vorlesung über Algorithmen.

die so schwer sind, dass der beste Algorithmus Jahre bräuchte, um diese zu lösen? Hier präsentieren wir Ansätze wie *pseudopolynomielle Algorithmen, lokale Suche, Approximationsalgorithmen* und *Heuristiken* wie *Simulated Annealing*, die in der Praxis solche Probleme oft bewältigen. Wir erklären die methodologischen Grundlagen solcher Methoden, die darauf basieren, dass man durch kleine Änderungen der Lösungsanforderungen oder Aufgabenspezifikation einen gewaltigen Sprung macht von einer physikalisch unrealisierbaren Menge Arbeit zu einer Angelegenheit von ein paar Minuten. Zum Beispiel können Approximationsalgorithmen gewaltige Komplexitätssprünge ermöglichen. Dort weicht man von der Forderung ab, eine optimale Lösung zu berechnen, und geht über zur Berechnung einer Lösung, deren Qualität sich von der Qualität einer optimalen Lösung nicht allzu viel unterscheidet.

Im Fall der schon in Abschnitt 1.1 erwähnten zufallsgesteuerten Algorithmen ist man von der Forderung nach richtigen Lösungen mit hundertprozentiger Sicherheit zu der schwächeren Forderung der Korrektheit mit großer Wahrscheinlichkeit übergegangen. Das Konzept der Randomisierung (Zufallssteuerung) gehört zweifellos zu den Basiskonzepten der in Kapitel 7 präsentierten Algorithmik. Weil es heute von essentieller Bedeutung für viele theoretische und praktische Kernbereiche der Informatik ist, widmen wir diesem Konzept aber ein eigenes Kapitel 8. Hier beschränken wir uns aber nicht nur auf die Präsentation einiger eindrucksvoller Beispiele effizienter zufallsgesteuerter Algorithmen wie zum Beispiel den randomisierten Primzahltest. Wir versuchen dem Leser auch die Gründe für den Erfolg der zufallsgesteuerten Algorithmen wenigstens teilweise zu erläutern. In diesem Rahmen stellen wir die Methode der häufigen Zeugen und die Methode der Fingerabdrücke als grundlegende Paradigmen des Entwurfs von zufallsgesteuerten Algorithmen vor.

Kapitel 9 ist Kommunikationsaufgaben gewidmet. Besonders in den letzten Jahren hat die Entwicklung der Technologie die Übertragung riesiger Mengen von Daten und Gesprächen ermöglicht. Deswegen sind die algorithmischen Ansätze zur Lösung von Kommunikationsaufgaben ein fester und sich dynamisch entwickelnder Bestandteil der Informatik geworden. Kapitel 9 bietet zunächst einen Ausblick auf die Thematik der sicheren Kommunikation. Wir beginnen mit ein paar Beispielen von Kryptosystemen und stellen das Konzept der Public-Key-Kryptosysteme vor. Wir verwenden dieses Konzept, um zu zeigen, wie man ohne Fälschungsrisiko digitale Unterschriften leisten kann. Dann präsentieren wir das Konzept der Zero-Knowledge-Beweissysteme, das auch eine wichtige Rolle in kryptographischen Anwendungen spielt. Wir schließen dieses Kapitel mit dem Entwurf eines leistungsfähigen Telefonnetzes ab, um die Problemstellungen in dem Bereich der Netzwerkkommunikation zu illustrieren.

Wie im Vorwort zur dritten Auflage schon vorgestellt wurde, ist das letzte Kapitel Grammatiken als Generierungsmechanismen von Sprachen gewidmet. Die Typen von Grammatiken klassifizieren wir nach Chomsky und setzen sie mit den entsprechenden Maschinenmodellen in Verbindung.

Das Tiefste, das wir erfahren können,
sind die Offenbarungen der Mystik.
Sie sind das fundamentalste Gefühl,
das an der Wiege aller wahren Kunst und Wissenschaft steht.
Wer es nicht kennt, kann sich nicht mehr wundern;
er erlebt das tiefe Staunen nicht mehr:
Er ist so gut wie tot ...
Wie eine erloschene Kerze ...

A. Einstein

# 2 Alphabete, Wörter, Sprachen und die Darstellung von Problemen

## 2.1 Zielsetzung

Die Rechner arbeiten im Prinzip mit Texten, die nichts anderes sind als Folgen von Symbolen aus einem bestimmten Alphabet. Die Programme sind Texte über dem Alphabet der Rechnertastatur, alle Informationen sind im Rechner als Folgen von Nullen und Einsen gespeichert, Eingaben und Ausgaben sind im Wesentlichen auch Texte (oder können zumindest als Texte dargestellt werden) über einem geeignet gewählten Alphabet. Aus dieser Sicht realisiert jedes Programm eine Transformation von Eingabetexten in Ausgabetexte.

Das erste Ziel von Kapitel 2 ist, den Formalismus für den Umgang mit Texten als Informationsträger einzuführen. Dieser liefert die notwendige Grundlage, um überhaupt formal die Grundbegriffe der Informatik wie algorithmisches Problem (Aufgabe), Algorithmus (Programm), Rechner, Berechnung, Eingabe, Ausgabe usw. definieren zu können. Die Grundbegriffe, die hier eingeführt werden, sind **Alphabet**, **Wort** und **Sprache**. Ein Teil unserer Aufgabe hier ist es, auch den Umgang mit diesen Begriffen zu üben und so einige grundlegende Operationen auf Texten zu erlernen.

Das zweite Ziel dieses Kapitels ist zu lernen, wie der eingeführte Formalismus zur formalen Darstellung algorithmischer Aufgaben genutzt werden kann. Dabei betrachten wir überwiegend zwei Klassen von Aufgaben, **Entscheidungsprobleme** und **Optimierungsprobleme**.

Das dritte und letzte Ziel dieses Kapitels ist, sich mit der Komprimierbarkeit von Texten zu beschäftigen. Wir führen hier den Begriff der **Kolmogorov-Komplexität** ein. Dank diesem können wir nicht nur über die kürzeste Darstellung von Objekten (Texten) und die Komprimierbarkeit von Darstellungen sprechen, sondern auch den Informationsinhalt von Texten messen und eine sinnvolle Definition des Attributs **zufällig** für Texte geben. Dies ist ein Beitrag der Informatik auf der philosophischen Ebene, weil er sinnvoll erklärt, wann ein Objekt oder eine Erscheinung als zufällig eingeordnet werden kann. Ein anderer wichtiger Punkt ist, dass die Kolmogorov-Komplexität ein wertvolles Instrument zur Untersuchung von Berechnungen ist, was auch an mehreren Stellen in diesem Buch deutlich gemacht wird.

## 2.2 Alphabete, Wörter und Sprachen

Bei der algorithmischen Datenverarbeitung repräsentieren wir die Daten und betrachteten Objekte durch Folgen von Symbolen. Genau wie bei der Entwicklung natürlicher Sprachen fangen wir mit der Festlegung von Symbolen an, die wir zur Darstellung der Daten verwenden wollen. Im Folgenden bezeichnet $\mathbb{N} = \{0, 1, 2, \ldots\}$ die Menge der natürlichen Zahlen.

**Definition 2.1.** *Eine endliche nichtleere Menge $\Sigma$ heißt* **Alphabet**. *Die Elemente eines Alphabets werden* **Buchstaben** (**Zeichen**, **Symbole**) *genannt.*

Die Bedeutung ist die gleiche wie bei natürlichen Sprachen: Das Alphabet wird verwendet, um eine schriftliche Darstellung einer Sprache zu erzeugen. Für uns ist nur wichtig zu wissen, dass wir uns beliebige, aber nur endlich viele Symbole aussuchen dürfen, um eine Darstellung untersuchter Objekte zu realisieren.

Wir präsentieren jetzt einige der hier am häufigsten benutzten Alphabete.

- $\Sigma_{\text{bool}} = \{0, 1\}$ ist das Boole'sche Alphabet, mit dem die Rechner arbeiten.

- $\Sigma_{\text{lat}} = \{a, b, c, \ldots, z\}$ ist das lateinische Alphabet.

- $\Sigma_{\text{Tastatur}} = \Sigma_{\text{lat}} \cup \{A, B, \ldots, Z, \sqcup, >, <, (, ), \ldots, !\}$ ist das Alphabet aller Symbole der Rechnertastatur, wobei $\sqcup$ das Leersymbol ist.

- $\Sigma_m = \{0, 1, 2, \ldots, m - 1\}$ für jedes $m \geq 1$ ist ein Alphabet für die $m$-adische Darstellung von Zahlen.

- $\Sigma_{\text{logic}} = \{0, 1, x, (, ), \wedge, \vee, \neg\}$ ist ein Alphabet, in dem man Boole'sche Formeln gut darstellen kann.

Im Folgenden definieren wir Wörter als Folgen von Buchstaben. Man bemerke, dass der Begriff **Wort** in der Fachsprache der Informatik einem beliebigen Text entspricht und nicht nur der Bedeutung des Begriffs Wort in natürlichen Sprachen.

**Definition 2.2.** *Sei $\Sigma$ ein Alphabet. Ein* **Wort** *über $\Sigma$ ist eine endliche (eventuell leere) Folge von Buchstaben aus $\Sigma$. Das* **leere Wort** $\lambda$ *ist die leere Buchstabenfolge. (Manchmal benutzt man $\varepsilon$ statt $\lambda$.)*

*Die* **Länge** $|w|$ *eines Wortes $w$ ist die Länge des Wortes als Folge, d. h. die Anzahl der Vorkommen von Buchstaben in $w$.*

$\Sigma^*$ *ist die Menge aller Wörter über $\Sigma$,* $\Sigma^+ = \Sigma^* - \{\lambda\}$.

Die Folge $0, 1, 0, 0, 1, 1$ ist ein Wort über $\Sigma_{\text{bool}}$ und über $\Sigma_{\text{Tastatur}}$, $|0, 1, 0, 0, 1, 1| = 6$. Das leere Wort $\lambda$ ist ein Wort über jedem Alphabet, $|\lambda| = 0$.

**Verabredung.** Wir werden Wörter ohne Komma schreiben, das heißt, statt der Folge $x_1, x_2, \ldots, x_n$ schreiben wir $x_1 x_2 \ldots x_n$. Statt $0, 1, 0, 0, 1, 1$ benutzen wir also im Folgenden die Darstellung 010011.

Das Leersymbol $\sqcup$ über $\Sigma_{\text{Tastatur}}$ ist unterschiedlich von $\lambda$, es gilt $|\sqcup| = 1$. Somit kann der Inhalt eines Buches oder ein Programm als ein Wort über $\Sigma_{\text{Tastatur}}$ betrachtet werden.

Es gilt

$$(\Sigma_{\text{bool}})^* = \{\lambda, 0, 1, 00, 01, 10, 11, 000, 001, 010, 100, 011, \ldots\}$$
$$= \{\lambda\} \cup \{x_1 x_2 \ldots x_i \mid i \in \mathbb{N},\ x_j \in \Sigma_{\text{bool}} \text{ für } j = 1, \ldots, i\}.$$

Wir sehen an diesem Beispiel, dass eine Möglichkeit, alle Wörter über einem Alphabet aufzuzählen, darin besteht, alle Wörter der Länge $i = 0, 1, 2, \ldots$ hintereinander zu schreiben.

**Aufgabe 2.1.** Bestimmen Sie für jedes $i \in \mathbb{N}$, wie viele Wörter der Länge $i$ über einem Alphabet $\Sigma$ existieren.

**Aufgabe 2.2.** Gegeben sei das Alphabet $\Sigma = \{0, 1, \#\}$. Seien $k, n$ positive ganze Zahlen mit $k \leq n$.

(a) Bestimmen Sie die Anzahl der verschiedenen Wörter der Länge $n$ mit genau $k$ Vorkommen des Symbols $\#$.

(b) Bestimmen Sie die Anzahl der verschiedenen Wörter der Länge $n$ mit höchstens $k$ Vorkommen des Symbols $\#$.

Wörter können wir benutzen, um unterschiedliche Objekte wie zum Beispiel Zahlen, Formeln, Graphen und Programme darzustellen. Ein Wort $x = x_1 x_2 \ldots x_n \in (\Sigma_{\text{bool}})^*$, $x_i \in \Sigma_{\text{bool}}$ für $i = 1, \ldots, n$, kann als die binäre Darstellung der Zahl

$$\text{Nummer}(x) = \sum_{i=1}^{n} x_i \cdot 2^{n-i}$$

betrachtet werden. Für eine natürliche Zahl $m \in \mathbb{N} - \{0\}$ bezeichnen wir mit $\text{Bin}(m) \in (\Sigma_{\text{bool}})^*$ die kürzeste[1] binäre Darstellung von $m$, also $\text{Nummer}(\text{Bin}(m)) = m$. Wir definieren $\text{Bin}(0) = 0$.

**Aufgabe 2.3.** Eine binäre Darstellung jeder positiven Zahl beginnt mit einer 1. Wie lang ist $\text{Bin}(m)$ bei einer gegebenen Zahl $m$?

**Aufgabe 2.4.** Sei $x \in \Sigma_m^*$ für ein $m \geq 1$. Betrachten Sie $x$ als $m$-adische Darstellung einer Zahl $\text{Nummer}_m(x)$. Wie berechnet man $\text{Nummer}_m(x)$?

Eine Zahlenfolge $a_1, a_2, \ldots, a_m,\ m \in \mathbb{N},\ a_i \in \mathbb{N}$ für $i = 1, \ldots, m$, kann man als

$$\text{Bin}(a_1)\#\text{Bin}(a_2)\# \cdots \#\text{Bin}(a_m) \in \{0, 1, \#\}^*$$

darstellen.

---

[1] Dies bedeutet lediglich, dass das erste Symbol von $\text{Bin}(m)$ eine 1 ist.

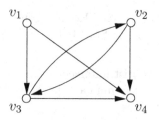

**Abbildung 2.1**

Sei $G = (V, E)$ ein gerichteter Graph mit der Knotenmenge $V$ und der Kantenmenge $E \subseteq \{(u, v) \mid u, v \in V, u \neq v\}$. Sei $n = |V|$ die Kardinalität von $V$. Wir wissen, dass wir $G$ durch eine Adjazenzmatrix $M_G$ repräsentieren können. $M_G = [a_{ij}]$ hat die Größe $n \times n$ und

$$a_{ij} = 1 \iff (v_i, v_j) \in E.$$

Daher bedeutet $a_{ij} = 1$, dass die Kante $(v_i, v_j)$ in $G$ vorhanden ist, und $a_{ij} = 0$ bedeutet, dass die Kante $(v_i, v_j)$ in $G$ nicht vorhanden ist. Eine Matrix können wir als ein Wort über dem Alphabet $\Sigma = \{0, 1, \#\}$ repräsentieren. Wir schreiben einfach die Zeilen von $M_G$ hintereinander und das Symbol $\#$ benutzen wir, um das Ende einer Zeile zu markieren.

Für den Graphen in Abbildung 2.1 ist die entsprechende Adjazenzmatrix

$$\begin{pmatrix} 0 & 0 & 1 & 1 \\ 0 & 0 & 1 & 1 \\ 0 & 1 & 0 & 1 \\ 0 & 0 & 0 & 0 \end{pmatrix}.$$

Die vorgeschlagene Kodierung als Wort über $\{0, 1, \#\}$ ist

0011#0011#0101#0000#.

Es ist klar, dass diese Darstellung eindeutig ist, was bedeutet, dass man aus der gegebenen Darstellung den Graphen eindeutig bestimmen kann.

**Aufgabe 2.5.** Die vorgeschlagene Darstellung eines Graphen als Wort über $\{0, 1, \#\}$ hat die Länge $n(n + 1)$ für einen Graphen mit $n$ Knoten. Überlegen Sie sich eine kürzere eindeutige Darstellung von Graphen über dem Alphabet $\{0, 1, \#\}$.

**Aufgabe 2.6.** Entwerfen Sie eine Darstellung für Graphen über dem Alphabet $\Sigma_{\text{bool}}$.

Bei algorithmischen Aufgaben sind die Eingaben oft gewichtete Graphen $G = (V, E, h)$, wobei $h$ eine Funktion von $E$ nach $\mathbb{N} - \{0\}$ ist. Informell bedeutet dies, dass jeder Kante $e \in E$ ein Gewicht (manchmal auch Kosten genannt) $h(e)$ zugeordnet ist. Wir wissen, dass auch solche Graphen durch Adjazenzmatrizen darstellbar sind. Auch in diesem Fall

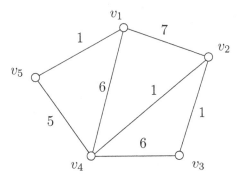

**Abbildung 2.2**

bedeutet $a_{ij} = 0$, dass die Kante[2] $\{v_i, v_j\}$ nicht vorhanden ist. Falls $\{v_i, v_j\} \in E$, dann ist $a_{ij} = h(\{v_i, v_j\})$ das Gewicht der Kante $\{v_i, v_j\}$.

In diesem Fall können wir die Gewichte $a_{ij} = h(\{v_i, v_j\})$ binär darstellen und durch #-Symbole abtrennen. Um das Ende einer Zeile zu bezeichnen, kann man zwei # hintereinander benutzen. Damit hat der gewichtete Graph in Abbildung 2.2 mit der Adjazenzmatrix

$$\begin{pmatrix} 0 & 7 & 0 & 6 & 1 \\ 7 & 0 & 1 & 1 & 0 \\ 0 & 1 & 0 & 6 & 0 \\ 6 & 1 & 6 & 0 & 5 \\ 1 & 0 & 0 & 5 & 0 \end{pmatrix}$$

die folgende Darstellung über $\{0, 1, \#\}$:

> 0#111#0#110#1##111#0#1#1#0##0#1#0#110#0##110#
> 1#110#0#101##1#0#0#101#0##.

Weil der betrachtete Graph ungerichtet ist, gilt $a_{ij} = a_{ji}$ für alle $i, j$. In unserer Darstellung bedeutet dies, dass die Information über das Gewicht jeder Kante in dem Wort doppelt vorkommt. Deswegen reicht es aus, nur die Matrixelemente oberhalb der Hauptdiagonalen zu betrachten. Das resultierende Wort über $\{0, 1, \#\}$ ist dann

> 111#0#110#1##1#1#0##110#0##101##.

Als letztes Beispiel betrachten wir die Darstellung Boole'scher Formeln, die nur die Boole'schen Operationen Negation ($\neg$), Disjunktion ($\vee$) und Konjunktion ($\wedge$) benutzen. Im Folgenden bezeichnen wir Boole'sche Variablen in Formeln als $x_1, x_2, \ldots$. Die Anzahl der möglichen Variablen ist unendlich und deswegen können wir $x_1, x_2, \ldots$ nicht als Buchstaben unseres Alphabets benutzen. Wir benutzen daher das Alphabet $\Sigma_{\text{logic}} = \{0, 1, x, (, ), \wedge, \vee, \neg\}$ und kodieren die Boole'sche Variable $x_i$ als das Wort $x\text{Bin}(i)$ für

---

[2]Die ungerichtete Kante zwischen $u$ und $v$ bezeichnen wir hier als $\{u, v\}$. Für eine gerichtete Kante von $u$ nach $v$ benutzen wir die übliche Bezeichnung $(u, v)$.

jedes $i \in \mathbb{N}$. Die restlichen Symbole der Formel übernehmen wir eins zu eins. Damit hat die Formel

$$(x_1 \vee x_7) \wedge \neg(x_{12}) \wedge (x_4 \vee x_8 \vee \neg(x_2))$$

die folgende Darstellung

$$(x1 \vee x111) \wedge \neg(x1100) \wedge (x100 \vee x1000 \vee \neg(x10)).$$

Eine nützliche Operation über Wörtern ist die einfache Verkettung zweier Wörter.

**Definition 2.3.** *Die **Verkettung** (**Konkatenation**) für ein Alphabet $\Sigma$ ist eine Abbildung* Kon: $\Sigma^* \times \Sigma^* \to \Sigma^*$, *so dass*

$$\mathrm{Kon}(x, y) = x \cdot y = xy$$

*für alle $x, y \in \Sigma^*$.*

Sei $\Sigma = \{0, 1, a, b\}$ und seien $x = 0aa1bb$ und $y = 111b$. Dann ist $\mathrm{Kon}(x, y) = x \cdot y = 0aa1bb111b$.

**Bemerkung 2.1.** Die Verkettung Kon über $\Sigma$ ist eine assoziative Operation über $\Sigma^*$, weil

$$\mathrm{Kon}(u, \mathrm{Kon}(v, w)) = u \cdot (v \cdot w) = uvw = (u \cdot v) \cdot w = \mathrm{Kon}(\mathrm{Kon}(u, v), w)$$

für alle $u, v, w \in \Sigma^*$. Ferner gilt für jedes $x \in \Sigma^*$:

$$x \cdot \lambda = \lambda \cdot x = x.$$

Also ist $(\Sigma^*, \mathrm{Kon})$ eine Halbgruppe (Monoid) mit dem neutralen Element $\lambda$.

Es ist klar, dass die Konkatenation nur für einelementige Alphabete kommutativ ist.

**Bemerkung 2.2.** Für alle $x, y \in \Sigma^*$ gilt:

$$|xy| = |x \cdot y| = |x| + |y|.$$

Im Folgenden werden wir die einfache Notation $xy$ an Stelle der Notationen $\mathrm{Kon}(x, y)$ und $x \cdot y$ bevorzugen.

**Definition 2.4.** *Für ein Wort $a = a_1 a_2 \ldots a_n$, wobei $a_i \in \Sigma$ für $i \in \{1, 2, \ldots, n\}$, bezeichnet $a^R = a_n a_{n-1} \ldots a_1$ die **Umkehrung** (**Reversal**) von $a$.*

**Aufgabe 2.7.** Sei $\Sigma$ ein Alphabet und seien $u, v \in \Sigma^*$. Beweisen oder widerlegen Sie:

$$(uv)^R = v^R u^R.$$

**Definition 2.5.** *Sei $\Sigma$ ein Alphabet. Für alle $x \in \Sigma^*$ und alle $i \in \mathbb{N}$ definieren wir die $i$-te **Iteration** $x^i$ von $x$ als*

$$x^0 = \lambda, \quad x^1 = x \quad und \quad x^i = xx^{i-1}.$$

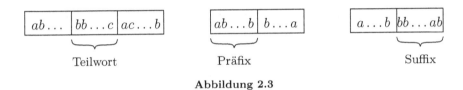

Abbildung 2.3

So ist zum Beispiel Kon$(aabba, aaaaa) = aabbaaaaa = a^2b^2a^6 = a^2b^2(aa)^3$. Wir sehen, dass uns die eingeführte Notation eine kürzere Darstellung von Wörtern ermöglicht.

Im Folgenden definieren wir Teilwörter eines Wortes $x$ als zusammenhängende Teile von $x$ (Abbildung 2.3).

**Definition 2.6.** *Seien $v, w \in \Sigma^*$ für ein Alphabet $\Sigma$.*

- *$v$ heißt ein **Teilwort** von $w \iff \exists x, y \in \Sigma^*: w = xvy$.*

- *$v$ heißt ein **Präfix** von $w \iff \exists y \in \Sigma^*: w = vy$.*

- *$v$ heißt ein **Suffix** von $w \iff \exists x \in \Sigma^*: w = xv$.*

- *$v \neq \lambda$ heißt ein **echtes** Teilwort (Präfix, Suffix) von $w$ genau dann, wenn $v \neq w$ und $v$ ein Teilwort (Präfix, Suffix) von $w$ ist.*

Es gilt $(abc)^3 = abcabcabc$, und das Wort $abc$ ist ein echtes Präfix von $(abc)^3$. Das Wort $bc$ ist ein echtes Suffix von $(abc)^3$.

**Aufgabe 2.8.** Sei $\Sigma$ ein Alphabet und sei $x \in \Sigma^n$ für ein $n \in \mathbb{N} - \{0\}$. Wie viele unterschiedliche Teilwörter kann $x$ höchstens haben? Zählen Sie alle unterschiedlichen Teilwörter des Wortes $abbcbbab$ auf.

**Definition 2.7.** *Seien $x \in \Sigma^*$ und $a \in \Sigma$. Dann ist $|x|_a$ definiert als die Anzahl der Vorkommen von $a$ in $x$.*

*Für jede Menge $A$ bezeichnet $|A|$ die Kardinalität von $A$ und $\mathcal{P}(A) = \{S \mid S \subseteq A\}$ die Potenzmenge von $A$.*

Also ist $|abbab|_a = 2$, $|11bb0|_0 = 1$. Für alle $x \in \Sigma^*$ gilt

$$|x| = \sum_{a \in \Sigma} |x|_a.$$

In diesem Buch brauchen wir oft eine feste Ordnung aller Wörter über einem gegebenen Alphabet. Die günstigste Möglichkeit für uns ist, die folgende kanonische Ordnung zu betrachten.

**Definition 2.8.** *Sei $\Sigma = \{s_1, s_2, \ldots, s_m\}$, $m \geq 1$, ein Alphabet und sei $s_1 < s_2 < \cdots < s_m$ eine Ordnung auf $\Sigma$. Wir definieren die **kanonische Ordnung** auf $\Sigma^*$ für $u, v \in \Sigma^*$ wie folgt:*

$$u < v \iff |u| < |v|$$
$$\lor |u| = |v| \land u = x \cdot s_i \cdot u' \land v = x \cdot s_j \cdot v'$$
$$\textit{für irgendwelche } x, u', v' \in \Sigma^* \textit{ und } i < j.$$

Unter dem Begriff Sprache verstehen wir jede Menge von Wörtern über einem festen Alphabet.

**Definition 2.9.** *Eine* **Sprache** $L$ *über einem Alphabet* $\Sigma$ *ist eine Teilmenge von* $\Sigma^*$. *Das Komplement* $\boldsymbol{L^C}$ *der Sprache* $L$ *bezüglich* $\Sigma$ *ist die Sprache* $\Sigma^* - L$.
$\boldsymbol{L_\emptyset} = \emptyset$ *ist die* **leere Sprache**.
$\boldsymbol{L_\lambda} = \{\lambda\}$ *ist die einelementige Sprache, die nur aus dem leeren Wort besteht.*
*Sind* $L_1$ *und* $L_2$ *Sprachen über* $\Sigma$, *so ist*

$$\boldsymbol{L_1 \cdot L_2} = \boldsymbol{L_1 L_2} = \{vw \mid v \in L_1 \text{ und } w \in L_2\}$$

*die* **Konkatenation** *von* $L_1$ *und* $L_2$. *Ist* $L$ *eine Sprache über* $\Sigma$, *so definieren wir*

$$\boldsymbol{L^0} := L_\lambda \text{ und } \boldsymbol{L^{i+1}} = L^i \cdot L \text{ für alle } i \in \mathbb{N},$$

$$\boldsymbol{L^*} = \bigcup_{i \in \mathbb{N}} L^i \text{ und } \boldsymbol{L^+} = \bigcup_{i \in \mathbb{N}-\{0\}} L^i = L \cdot L^*.$$

$L^*$ *nennt man den* **Kleene'schen Stern** *von* $L$.

Die folgenden Mengen sind Sprachen über dem Alphabet $\Sigma = \{a, b\}$:

- $L_1 = \emptyset$,

- $L_2 = \{\lambda\}$,

- $L_3 = \{\lambda, ab, abab\}$,

- $L_4 = \Sigma^* = \{\lambda, a, b, aa, \ldots\}$,

- $L_5 = \Sigma^+ = \{a, b, aa, \ldots\}$,

- $L_6 = \{a\}^* = \{\lambda, a, aa, aaa, \ldots\} = \{a^i \mid i \in \mathbb{N}\}$,

- $L_7 = \{a^p \mid p \text{ ist eine Primzahl}\}$,

- $L_8 = \{a^i b^{2i} a^i \mid i \in \mathbb{N}\}$,

- $L_9 = \Sigma$,

- $L_{10} = \Sigma^3 = \{aaa, aab, aba, abb, baa, bab, bba, bbb\}$.

Die Menge aller grammatisch korrekten Texte im Deutschen ist eine Sprache über $\Sigma_{\text{Tastatur}}$ und die Menge aller syntaktisch korrekten Programme in C++ ist eine Sprache über $\Sigma_{\text{Tastatur}}$.
Man bemerke, dass $\Sigma^i = \{x \in \Sigma^* \mid |x| = i\}$, und dass $L_\emptyset L = L_\emptyset = \emptyset$, $L_\lambda \cdot L = L$.

**Aufgabe 2.9.** Sei $L_1 = \{\lambda, ab, b^3 a^4\}$ und $L_2 = \{ab, b, ab^2, b^4\}$. Welche Wörter liegen in der Sprache $L_1 L_2$?

Unser nächstes Ziel ist, den Umgang mit Sprachen ein wenig zu üben. Weil Sprachen Mengen sind, haben die üblichen Operationen Vereinigung ($\cup$) und Schnitt ($\cap$) eine klare Bedeutung. Zu diesen Operationen haben wir die Konkatenation und den Kleene'schen Stern hinzugefügt. Die erste Frage, die wir uns stellen, ist, ob Distributivgesetze bezüglich $\cup$ und Konkatenation bzw. bezüglich $\cap$ und Konkatenation gelten. Für die Konkatenation und $\cup$ gibt uns das nächste Lemma 2.1 eine positive Antwort. Um den Beweis der Gleichheit von zwei Mengen (Sprachen) $A$ und $B$ zu führen, benutzen wir die üblichen Methoden der Mengentheorie. Wir zeigen nacheinander $A \subseteq B$ und $B \subseteq A$, was $A = B$ impliziert. Um $A \subseteq B$ zu zeigen, reicht es zu beweisen, dass für jedes Element $x \in A$ gilt, dass $x \in B$.

**Lemma 2.1.** *Seien $L_1, L_2$ und $L_3$ Sprachen über einem Alphabet $\Sigma$. Dann gilt*

$$L_1 L_2 \cup L_1 L_3 = L_1 (L_2 \cup L_3).$$

*Beweis.* Zuerst zeigen wir $L_1 L_2 \cup L_1 L_3 \subseteq L_1(L_2 \cup L_3)$. Die Bemerkungen in geschweiften Klammern sind die Begründung für den vorangegangenen Schritt.
Es gilt: $L_1 L_2 \subseteq L_1(L_2 \cup L_3)$, weil

$$
\begin{aligned}
L_1 L_2 &= \{xy \mid x \in L_1 \wedge y \in L_2\} && \{\text{Definition der Konkatenation}\} \\
&\subseteq \{xy \mid x \in L_1 \wedge y \in L_2 \cup L_3\} && \{\text{weil } L_2 \subseteq L_2 \cup L_3\} \\
&= L_1 \cdot (L_2 \cup L_3). && \{\text{Definition der Konkatenation}\}
\end{aligned}
$$

Analog zeigt man $L_1 L_3 \subseteq L_1(L_2 \cup L_3)$. Daraus folgt $L_1 L_2 \cup L_1 L_3 \subseteq L_1(L_2 \cup L_3)$.
Jetzt zeigen wir die Inklusion $L_1(L_2 \cup L_3) \subseteq L_1 L_2 \cup L_1 L_3$. Sei im Folgenden $x \in L_1(L_2 \cup L_3)$. Dann gilt

$$
\begin{aligned}
&x \in \{yz \mid y \in L_1 \wedge z \in L_2 \cup L_3\} \\
&\quad \{\text{Definition der Konkatenation}\} \\
\Longrightarrow\ &\exists y \in L_1 \wedge \exists z \in L_2 \cup L_3, \text{ so dass } x = yz \\
\Longrightarrow\ &\exists y \in L_1 \wedge (\exists z \in L_2 \vee \exists z \in L_3), \text{ so dass } x = yz \\
&\quad \{\text{Definition von } \cup\} \\
\Longleftrightarrow\ &(\exists y \in L_1 \wedge \exists z \in L_2 : x = yz) \vee (\exists y \in L_1 \wedge \exists z \in L_3 : x = yz) \\
&\quad \{\text{Distributivgesetz für } \wedge, \vee\} \\
\Longleftrightarrow\ &(x \in \underbrace{\{yz \mid y \in L_1 \wedge z \in L_2\}}_{L_1 L_2}) \vee (x \in \underbrace{\{yz \mid y \in L_1 \wedge z \in L_3\}}_{L_1 L_3}) \\
&\quad \{\text{Definition der Konkatenation}\} \\
\Longleftrightarrow\ &x \in L_1 L_2 \cup L_1 L_3. \quad \{\text{Definition von } \cup\} \hfill \square
\end{aligned}
$$

Jetzt wollen wir uns mit der Frage nach der Gültigkeit des Distributivgesetzes für die Konkatenation und den Schnitt beschäftigen. Vielleicht ist es auf den ersten Blick überraschend, dass hier die Antwort im allgemeinen negativ ist. Es gilt nur eine Inklusion, die wir zuerst zeigen.

**Lemma 2.2.** *Seien $L_1, L_2, L_3$ Sprachen über einem Alphabet $\Sigma$. Dann gilt*

$$L_1(L_2 \cap L_3) \subseteq L_1 L_2 \cap L_1 L_3.$$

*Beweis.* Sei $x \in L_1(L_2 \cap L_3)$. Dies ist äquivalent zu

$$x \in \{yz \mid y \in L_1 \wedge z \in L_2 \cap L_3\}$$
$$\{\text{Definition der Konkatenation}\}$$
$$\Longleftrightarrow \exists y, z \in \Sigma^*, y \in L_1 \wedge (z \in L_2 \wedge z \in L_3), \text{ so dass } x = yz$$
$$\{\text{Definition von } \cap\}$$
$$\Longleftrightarrow \exists y, z \in \Sigma^*, (y \in L_1 \wedge z \in L_2) \wedge (y \in L_1 \wedge z \in L_3) : x = yz$$
$$\Longrightarrow \exists y, z \in \Sigma^*, (yz \in L_1 L_2) \wedge (yz \in L_1 L_3) : x = yz$$
$$\{\text{Definition der Konkatenation}\}$$
$$\Longleftrightarrow x \in L_1 L_2 \cap L_1 L_3. \quad \{\text{Definition von } \cap\} \qquad \square$$

Um zu zeigen, dass $L_1(L_2 \cap L_3) \supseteq L_1 L_2 \cap L_1 L_3$ nicht im allgemeinen gilt, reicht es, drei konkrete Sprachen $U_1$, $U_2$ und $U_3$ zu finden, so dass $U_1(U_2 \cap U_3) \subsetneqq U_1 U_2 \cap U_1 U_3$. Die Idee für die Suche nach solchen $U_1$, $U_2$, $U_3$ beruht auf der Tatsache, dass die einzige Implikation in dem Beweis von Lemma 2.2 nicht umgekehrt werden kann. Wenn ein Wort $x$ in $L_1 L_2$ und auch in $L_1 L_3$ liegt, bedeutet das noch nicht $x = yz$, wobei $y \in L_1$ und $z \in L_2 \cap L_3$. Es kann passieren, dass es zwei verschiedene Zerlegungen von $x$ gibt, so dass gilt $x = y_1 z_1 = y_2 z_2$ mit $y_1 \neq y_2$ und $y_1 \in L_1$, $z_1 \in L_2$ und $y_2 \in L_1$, $z_2 \in L_3$.

**Lemma 2.3.** *Es existieren $U_1$, $U_2$, $U_3 \in (\Sigma_{\text{bool}})^*$, so dass*

$$U_1(U_2 \cap U_3) \subsetneqq U_1 U_2 \cap U_1 U_3.$$

*Beweis.* Zuerst wählen wir $U_2 = \{0\}$ und $U_3 = \{10\}$. Damit ist $U_2 \cap U_3 = \emptyset$ und damit auch $U_1(U_2 \cap U_3) = \emptyset$ für jede Sprache $U_1$. Jetzt reicht es aus, $U_1$ so zu wählen, dass $U_1 U_2 \cap U_1 U_3$ nicht leer wird. Wir setzen $U_1 = \{\lambda, 1\}$. Dann ist $U_1 U_2 = \{0, 10\}$, $U_1 U_3 = \{10, 110\}$ und damit $U_1 U_2 \cap U_1 U_3 = \{10\}$. $\qquad \square$

**Aufgabe 2.10.** Seien $L_1$, $L_2$ und $L_3$ Sprachen über dem Alphabet $\{0\}$. Gilt

$$L_1(L_2 \cap L_3) = L_1 L_2 \cap L_1 L_3?$$

**Aufgabe 2.11.** Seien $L_1 \subseteq \Sigma_1^*$ und $L_2, L_3 \subsetneqq \Sigma_2^*$ für zwei Alphabete $\Sigma_1$ und $\Sigma_2$ mit $\Sigma_1 \cap \Sigma_2 = \emptyset$. Gilt

$$L_1(L_2 \cap L_3) = L_1 L_2 \cap L_1 L_3?$$

**Aufgabe 2.12.** Existieren Sprachen $L_1$, $L_2$ und $L_3$, so dass $L_1(L_2 \cap L_3)$ endlich und $L_1 L_2 \cap L_1 L_3$ unendlich ist?

Im Folgenden üben wir noch den Umgang mit dem Kleene'schen Stern.

**Beispiel 2.1.** Wir wollen beweisen, dass $\{a\}^*\{b\}^* = \{a^i b^j \mid i,j \in \mathbb{N}\}$ ist. Zuerst zeigen wir $\{a\}^*\{b\}^* \subseteq \{a^i b^j \mid i,j \in \mathbb{N}\}$. Sei $x \in \{a\}^*\{b\}^*$. Dann gilt

$$x = yz, \text{ wobei } y \in \{a\}^* \wedge z \in \{b\}^*$$

$\{\text{Definition der Konkatenation}\}$

$$\implies x = yz, \text{ wobei } (\exists k \in \mathbb{N}: y \in \{a\}^k) \wedge (\exists m \in \mathbb{N}: z \in \{b\}^m)$$

$\{\text{Definition des Kleene'schen Sterns}\}$

$$\iff x = yz, \text{ wobei } (\exists k \in \mathbb{N}: y = a^k) \wedge (\exists m \in \mathbb{N}: z = b^m)$$

$$\iff \exists k, m \in \mathbb{N}, \text{ so dass } x = a^k b^m$$

$$\implies x \in \{a^i b^j \mid i,j \in \mathbb{N}\}.$$

Jetzt zeigen wir $\{a^i b^j \mid i,j \in \mathbb{N}\} \subseteq \{a\}^*\{b\}^*$. Sei $x \in \{a^i b^j \mid i,j \in \mathbb{N}\}$. Dann gilt

$$x = a^r b^l \text{ für irgendwelche Zahlen } r, l \in \mathbb{N}$$

$$\implies x \in \{a\}^*\{b\}^*, \text{ weil } a^r \in \{a\}^*, b^l \in \{b\}^*. \qquad \diamond$$

**Aufgabe 2.13.** Beweisen oder widerlegen Sie: $(\{a\}^*\{b\}^*)^* = \{a,b\}^*$.

**Definition 2.10.** *Seien $\Sigma_1$ und $\Sigma_2$ zwei beliebige Alphabete. Ein **Homomorphismus** von $\Sigma_1^*$ nach $\Sigma_2^*$ ist jede Funktion $h\colon \Sigma_1^* \to \Sigma_2^*$ mit den folgenden Eigenschaften:*

(i) *$h(\lambda) = \lambda$ und*

(ii) *$h(uv) = h(u) \cdot h(v)$ für alle $u, v \in \Sigma_1^*$.*

Wir beobachten leicht, dass es zur Spezifikation eines Homomorphismus reicht, $h(a)$ für alle Buchstaben $a \in \Sigma_1$ festzulegen.

**Aufgabe 2.14.** Sei $h$ ein Homomorphismus von $\Sigma_1^*$ nach $\Sigma_2^*$. Beweisen Sie mit Hilfe der Induktion, dass für jedes Wort $x = x_1 x_2 \ldots x_m$, $x_i \in \Sigma_1$ für $i = 1, \ldots, m$,

$$h(x) = h(x_1) h(x_2) \ldots h(x_m).$$

Betrachten wir $h(\#) = 10$, $h(0) = 00$ und $h(1) = 11$. Es ist klar, dass $h$ ein Homomorphismus von $\{0, 1, \#\}^*$ nach $(\Sigma_{\text{bool}})^*$ ist. Zum Beispiel gilt

$$h(011\#101\#) = h(0)h(1)h(1)h(\#)h(1)h(0)h(1)h(\#)$$
$$= 0011111011001110.$$

Wir können $h$ benutzen, um jede eindeutige Darstellung irgendwelcher Objekte über $\{0, 1, \#\}$ in eine neue eindeutige Darstellung dieser Objekte über $\Sigma_{\text{bool}}$ zu überführen.

**Aufgabe 2.15.** Definieren Sie einen Homomorphismus von $\{0, 1, \#\}^*$ nach $(\Sigma_{\text{bool}})^*$, der unendlich viele unterschiedliche Wörter aus $\{0, 1, \#\}^*$ auf das gleiche Wort aus $(\Sigma_{\text{bool}})^*$ abbildet.

**Aufgabe 2.16.** Definieren Sie einen injektiven Homomorphismus von $(\Sigma_{\text{logic}})^*$ nach $(\Sigma_{\text{bool}})^*$, um eine eindeutige Darstellung Boole'scher Formeln über $\Sigma_{\text{bool}}$ zu erzeugen.

**Aufgabe 2.17.** Seien $\Sigma_1$ und $\Sigma_2$ zwei Alphabete. Sei $h$ ein Homomorphismus von $\Sigma_1^*$ nach $\Sigma_2^*$. Für jede Sprache $L \subseteq \Sigma_1^*$ definieren wir

$$h(L) = \{h(w) \mid w \in L\}.$$

Seien $L_1, L_2 \subseteq \Sigma_1^*$. Beweisen oder widerlegen Sie die folgende Aussage:

$$h(L_1)h(L_2) = h(L_1L_2).$$

## 2.3 Algorithmische Probleme

Bevor wir den intuitiven Begriff Algorithmus durch das Modell der Turingmaschine formal definieren, werden wir statt Algorithmus den Begriff Programm benutzen. Wir setzen voraus, dass der Leser weiß, was ein Programm ist. In welcher Programmiersprache es geschrieben ist, spielt hier keine Rolle. Wenn wir Programme als Algorithmen betrachten, fordern wir jedoch, dass ein solches Programm für jede zulässige Eingabe hält und eine Ausgabe liefert. Daher ist es für einen Algorithmus unzulässig, in eine Endlosschleife zu laufen. Mit dieser Voraussetzung realisiert ein Programm (Algorithmus) $A$ typischerweise eine Abbildung

$$A \colon \Sigma_1^* \to \Sigma_2^*$$

für irgendwelche Alphabete $\Sigma_1$ und $\Sigma_2$. Dies bedeutet, dass

(i) die Eingaben als Wörter kodiert sind,

(ii) die Ausgaben als Wörter kodiert sind und

(iii) $A$ für jede Eingabe eine eindeutige Ausgabe bestimmt.

Für jeden Algorithmus $A$ und jede Eingabe $x$ bezeichnen wir mit $A(x)$ die Ausgabe des Algorithmus $A$ für die Eingabe $x$. Wir sagen, dass zwei Algorithmen (Programme) $A$ und $B$ **äquivalent** sind, falls beide über dem gleichen Eingabealphabet $\Sigma$ arbeiten und $A(x) = B(x)$ für alle $x \in \Sigma^*$.

Im Folgenden präsentieren wir einige grundlegende Klassen algorithmischer Probleme. Wir beginnen mit den Entscheidungsproblemen, die man üblicherweise benutzt, um die Theorie der Berechenbarkeit und die Komplexitätstheorie aufzubauen.

**Definition 2.11.** *Das **Entscheidungsproblem** $(\Sigma, L)$ für ein gegebenes Alphabet $\Sigma$ und eine gegebene Sprache $L \subseteq \Sigma^*$ ist, für jedes $x \in \Sigma^*$ zu entscheiden, ob*

$$x \in L \text{ oder } x \notin L.$$

*Ein Algorithmus $A$ **löst** das Entscheidungsproblem $(\Sigma, L)$, falls für alle $x \in \Sigma^*$ gilt:*

$$A(x) = \begin{cases} 1, & \text{falls } x \in L, \\ 0, & \text{falls } x \notin L. \end{cases}$$

*Wir sagen auch, dass $A$ die Sprache $L$ **erkennt**.*

Wenn für eine Sprache $L$ ein Algorithmus existiert, der $L$ erkennt, werden wir sagen, dass $L$ **rekursiv** ist.[3]

Wir benutzen häufig eine Sprache $L \subseteq \Sigma^*$, um eine gewisse Eigenschaft von Wörtern aus $\Sigma^*$ (oder von Objekten, die durch die Wörter dargestellt sind) zu spezifizieren. Die Wörter, die in $L$ sind, haben diese Eigenschaft und alle Wörter aus $L^{\complement} = \Sigma^* - L$ haben diese Eigenschaft nicht.

Üblicherweise stellen wir ein Entscheidungsproblem $(\Sigma, L)$ wie folgt dar:

*Eingabe:* $x \in \Sigma^*$.
*Ausgabe:* $A(x) \in \Sigma_{\mathrm{bool}} = \{0, 1\}$, wobei

$$A(x) = \begin{cases} 1, & \text{falls } x \in L \text{ (Ja, } x \text{ hat die Eigenschaft),} \\ 0, & \text{falls } x \notin L \text{ (Nein, } x \text{ hat die Eigenschaft nicht).} \end{cases}$$

Beispielsweise ist $(\{a, b\}, \{a^n b^n \mid n \in \mathbb{N}\})$ ein Entscheidungsproblem, das man auch folgendermaßen darstellen kann:

*Eingabe:* $x \in \{a, b\}^*$.
*Ausgabe:* Ja, falls $x = a^n b^n$ für ein $n \in \mathbb{N}$.
           Nein, sonst.

**Beispiel 2.2.** Ein bekanntes und praktisch wichtiges Entscheidungsproblem ist der **Primzahltest** $(\Sigma_{\mathrm{bool}}, \{x \in (\Sigma_{\mathrm{bool}})^* \mid \mathrm{Nummer}(x) \text{ ist eine Primzahl}\})$. Die übliche Darstellung ist

*Eingabe:* $x \in (\Sigma_{\mathrm{bool}})^*$.
*Ausgabe:* Ja, falls $\mathrm{Nummer}(x)$ eine Primzahl ist.
           Nein, sonst.                                                    $\Diamond$

**Beispiel 2.3.** Sei $L = \{x \in (\Sigma_{\mathrm{Tastatur}})^* \mid x \text{ ist ein syntaktisch korrektes Programm in} $ C++$\}$. Wir können folgendes Problem betrachten, das eine Teilaufgabe des Compilers ist.

*Eingabe:* $x \in (\Sigma_{\mathrm{Tastatur}})^*$.
*Ausgabe:* Ja, falls $x \in L$.
           Nein, sonst.                                                    $\Diamond$

**Beispiel 2.4.** Das **Problem des Hamiltonschen Kreises (HK)** ist $(\Sigma, \mathrm{HK})$, wobei $\Sigma = \{0, 1, \#\}$ und

$$\mathrm{HK} = \{x \in \Sigma^* \mid x \text{ kodiert einen ungerichteten Graphen,}$$
$$\text{der einen Hamiltonschen Kreis enthält.}[4]\}. \qquad \Diamond$$

---

[3]Die Rekursivität ist ein wichtiger Begriff und deswegen geben wir später mit dem formalen Modell der Berechnung einer Turingmaschine eine formal präzise Definition dieses Begriffes.

[4]Zur Erinnerung: Ein Hamiltonscher Kreis eines Graphen $G$ ist ein geschlossener Weg (Kreis), der jeden Knoten von $G$ genau einmal enthält.

**Beispiel 2.5.** Das **Erfüllbarkeitsproblem aussagenlogischer Formeln (ERF)** ist $(\Sigma_{\text{logic}}, \text{ERF})$ mit

$$\text{ERF} = \{x \in (\Sigma_{\text{logic}})^* \mid x \text{ kodiert eine erfüllbare Boole'sche Formel}\}. \qquad \Diamond$$

Eine wichtige Teilklasse von Entscheidungsproblemen ist die Klasse der Äquivalenzprobleme. Das Äquivalenzproblem für Programme besteht zum Beispiel darin, für zwei Programme $A$ und $B$ in irgendeiner festen Programmiersprache (also für die Eingabe $(A, B) \in (\Sigma_{\text{Tastatur}})^*$) zu entscheiden, ob $A$ und $B$ äquivalent sind. Ein anderes Beispiel ist, für zwei Boole'sche Formeln zu entscheiden, ob beide Formeln die gleiche Boole'sche Funktion darstellen.

**Definition 2.12.** *Seien* $\Sigma$ *und* $\Gamma$ *zwei Alphabete. Wir sagen, dass ein Algorithmus* $A$ *eine* **Funktion** *(**Transformation**)* $f \colon \Sigma^* \to \Gamma^*$ *berechnet* (**realisiert**)*, falls*

$$A(x) = f(x) \text{ für alle } x \in \Sigma^*.$$

Entscheidungsprobleme sind spezielle Fälle von Funktionsberechnungen, weil das Lösen eines Entscheidungsproblems bedeutet, die charakteristische Funktion[5] einer Sprache zu berechnen. Auf den ersten Blick könnte man den Eindruck bekommen, dass die Berechnung von Funktionen die allgemeinste Darstellung algorithmischer Probleme ist. Die folgende Definition zeigt, dass das nicht der Fall ist.

**Definition 2.13.** *Seien* $\Sigma$ *und* $\Gamma$ *zwei Alphabete, und sei* $R \subseteq \Sigma^* \times \Gamma^*$ *eine Relation in* $\Sigma^*$ *und* $\Gamma^*$. *Ein Algorithmus* $A$ **berechnet** $R$ *(oder* **löst das Relationsproblem** $R$)*, falls für jedes* $x \in \Sigma^*$, *für das ein* $y \in \Gamma^*$ *mit* $(x, y) \in R$ *existiert, gilt:*

$$(x, A(x)) \in R.$$

Man bemerke, dass es hinreichend ist, für jedes gegebene $x$ eins von potenziell unendlich vielen $y$ mit $(x, y) \in R$ zu finden, um ein Relationsproblem zu lösen. Die folgenden Beispiele zeigen, dass die Relationsprobleme nicht nur eine mathematische Verallgemeinerung der Berechnung von Funktionen darstellen, sondern dass wir viele derartige Probleme in der Praxis haben.

Sei $R_{\text{fac}} \subseteq (\Sigma_{\text{bool}})^* \times (\Sigma_{\text{bool}})^*$, wobei $(x, y) \in R_{\text{fac}}$ genau dann, wenn entweder Nummer$(y)$ ein Faktor[6] von Nummer$(x)$ ist, oder $y = 1$, wenn Nummer$(x)$ eine Primzahl ist, oder $y = 0$, wenn $x \in \{0, 1\}$. Eine anschauliche Darstellung dieses Relationsproblems könnte wie folgt aussehen.

*Eingabe:* $x \in (\Sigma_{\text{bool}})^*$.
*Ausgabe:* $y \in (\Sigma_{\text{bool}})^*$, wobei

$$\text{Nummer}(y) = \begin{cases} 0, & \text{falls } x = 0 \text{ oder } x = 1, \\ 1, & \text{falls } x \text{ ist eine Primzahl}, \\ k, & \text{sonst, wobei } k \text{ ein Faktor von Nummer}(x) \text{ ist.} \end{cases}$$

---

[5]Die charakteristische Funktion $f_L$ einer Sprache $L \subseteq \Sigma^*$ ist eine Funktion von $\Sigma^*$ nach $\{0, 1\}$ mit $f_L(x) = 1$ genau dann, wenn $x \in L$.
[6]Eine Zahl $a$ ist ein Faktor einer Zahl $b$, falls $a$ die Zahl $b$ teilt und $a \notin \{1, b\}$.

Ein anderes schweres Problem ist die Beweiserstellung. Es sei $R_{\text{Beweis}} \subseteq (\Sigma_{\text{Tastatur}})^* \times (\Sigma_{\text{Tastatur}})^*$, wobei $(x, y) \in R_{\text{Beweis}}$, wenn entweder $x$ eine wahre Aussage in einer bestimmten mathematischen Theorie kodiert und $y$ einen Beweis der durch $x$ kodierten Aussage darstellt oder $y = {\sqcup}$, wenn $x$ keine wahre Aussage darstellt.

Für uns sind aber die Optimierungsprobleme, die einen Spezialfall von Relationsproblemen darstellen, von zentralem Interesse. Um die Struktur von Optimierungsproblemen anschaulich darzustellen, benutzen wir folgende Beschreibung statt der Relationsdarstellung. Informell bestimmt eine Eingabe $x$ eines Optimierungsproblems eine Menge $\mathcal{M}(x)$ zulässiger Lösungen für $x$. Damit bekommen wir auch eine Relation $R$ mit $(x, y) \in R$, wenn $y$ eine zulässige Lösung von $x$ ist. Aber dieses $R$ ist nicht das zu lösende Relationsproblem. Die Eingabe $x$ bestimmt zusätzlich noch den Preis für jedes $y$ mit der Eigenschaft $(x, y) \in R$. Die Ausgabe zu $x$ muss eine zulässige Lösung mit dem günstigsten (je nach Aufgabenspezifizierung minimalen oder maximalen) Preis sein.

**Definition 2.14.** *Ein **Optimierungsproblem** ist ein 6-Tupel $\mathcal{U} = (\Sigma_I, \Sigma_O, L, \mathcal{M}, \text{cost}, \text{goal})$, wobei:*

(i) *$\Sigma_I$ ist ein Alphabet (genannt **Eingabealphabet**),*

(ii) *$\Sigma_O$ ist ein Alphabet (genannt **Ausgabealphabet**),*

(iii) *$L \subseteq \Sigma_I^*$ ist die Sprache der **zulässigen Eingaben** (als Eingaben kommen nur Wörter in Frage, die eine sinnvolle Bedeutung haben). Ein $x \in L$ wird ein **Problemfall** (**Instanz**) **von $\mathcal{U}$** genannt.*

(iv) *$\mathcal{M}$ ist eine Funktion von $L$ nach $\mathcal{P}(\Sigma_O^*)$, und für jedes $x \in L$ ist $\mathcal{M}(x)$ die **Menge der zulässigen Lösungen für $x$**,*

(v) *$\text{cost}$ ist eine Funktion, $\text{cost}\colon \bigcup_{x \in L}(\mathcal{M}(x) \times \{x\}) \to \mathbb{R}^+$, genannt **Kostenfunktion**,*

(vi) *$\text{goal} \in \{Minimum, Maximum\}$ ist das **Optimierungsziel**.*

*Eine zulässige Lösung $\alpha \in \mathcal{M}(x)$ heißt **optimal** für den Problemfall $x$ des Optimierungsproblems $U$, falls*

$$\text{cost}(\alpha, x) = \mathbf{Opt}_{\mathcal{U}}(x) = \text{goal}\{\text{cost}(\beta, x) \mid \beta \in \mathcal{M}(x)\}.$$

*Ein Algorithmus A **löst** $\mathcal{U}$, falls für jedes $x \in L$*

(i) *$A(x) \in \mathcal{M}(x)$,   {$A(x)$ ist eine zulässige Lösung des Problemfalls $x$ von $\mathcal{U}$.}*

(ii) *$\text{cost}(A(x), x) = \text{goal}\{\text{cost}(\beta, x) \mid \beta \in \mathcal{M}(x)\}.$*

*Falls $\text{goal} = Minimum$, ist $\mathcal{U}$ ein **Minimierungsproblem**; falls $\text{goal} = Maximum$, ist $\mathcal{U}$ ein **Maximierungsproblem**.*

In der Definition eines Optimierungsproblems als 6-Tupel hat das Eingabealphabet $\Sigma_I$ die gleiche Bedeutung wie das Alphabet von Entscheidungsproblemen, d. h., $\Sigma_I$ benutzt man, um die Instanzen von $\mathcal{U}$ darzustellen. Analog benutzt man das Ausgabealphabet $\Sigma_O$ für die Darstellung von Ausgaben (zulässigen Lösungen). Die Sprache $L \subseteq \Sigma_I^*$ ist die Menge der Darstellungen von Problemfällen. Dies bedeutet, dass wir uns auf das Optimierungsproblem und nicht auf das Entscheidungsproblem $(\Sigma_I, L)$ konzentrieren und dass wir voraussetzen, dass eine Eingabe aus $\Sigma_I^* - L$ nie vorkommen wird.

Ein Problemfall $x \in L$ formuliert meistens eine Menge von Einschränkungen und $\mathcal{M}(x)$ ist die Menge von Objekten (zulässigen Lösungen zu $x$), die diese Einschränkungen erfüllen. In der Regel bestimmt der Problemfall $x$ auch, wie hoch die Kosten $\text{cost}(\alpha, x)$ für jedes $\alpha \in \mathcal{M}(x)$ sind. Die Aufgabe ist, in der Menge der zulässigen Lösungen $\mathcal{M}(x)$ zu $x$ eine optimale zu finden. Die typische Schwierigkeit ist, dass die Menge $\mathcal{M}(x)$ eine so große Mächtigkeit hat, dass es unmöglich ist, alle zulässigen Lösungen aus $\mathcal{M}(x)$ zu generieren und deren Kosten zu vergleichen.

Um die Spezifikation konkreter Optimierungsprobleme zu veranschaulichen, lassen wir oft die Spezifikation von $\Sigma_I$, $\Sigma_O$ und die Darstellung von Daten über $\Sigma_I$ und $\Sigma_O$ aus. Wir setzen einfach voraus, dass die typischen Daten wie Zahlen, Graphen oder Formeln in der oben präsentierten Darstellung vorkommen. Dadurch reduzieren wir die Definition eines Optimierungsproblems auf die Spezifikation folgender vier Objekte:

- die Menge der Problemfälle $L$, also die zulässigen Eingaben,

- die Menge der Einschränkungen, gegeben durch jeden Problemfall $x \in L$, und damit $\mathcal{M}(x)$ für jedes $x \in L$,

- die Kostenfunktion,

- das Optimierungsziel.

**Beispiel 2.6. Das Traveling-Salesman-Problem (TSP).**
Die Aufgabe besteht darin, in einem gegebenen kantengewichteten, vollständigen Graphen einen Hamiltonschen Kreis mit minimalen Kosten zu finden.

*Eingabe:* Ein kantengewichteter vollständiger Graph $(G, c)$, wobei $G = (V, E)$, $V = \{v_1, \ldots, v_n\}$ für ein $n \in \mathbb{N} - \{0\}$, und $c: E \to \mathbb{N} - \{0\}$.
{Strikt formal ist die Eingabe jedes Wort $x \in \{0, 1, \#\}^*$, so dass $x$ einen gewichteten, vollständigen Graphen $(G, c)$ darstellt}
*Einschränkungen:* Für jeden Problemfall $(G, c)$ ist $\mathcal{M}(G, c)$ die Menge aller Hamiltonschen Kreise von $G$. Jeder Hamiltonsche Kreis lässt sich durch ein $(n + 1)$-Tupel von Knoten $v_{i_1}, v_{i_2}, \ldots, v_{i_n}, v_{i_1}$ darstellen, wobei $(i_1, \ldots, i_n)$ eine Permutation von $\{1, 2, \ldots, n\}$ ist. Man beachte, dass diese Darstellung nicht eindeutig ist.
{Eine streng formale Darstellung von $\mathcal{M}(G, c)$ wäre die Menge aller Wörter $y_1 \# y_2 \# \ldots \# y_n \in \{0, 1, \#\}^* = \Sigma_O^*$ mit $y_i \in \{0, 1\}^+$ für $i = 1, 2, \ldots, n$ und {Nummer$(y_1)$, Nummer$(y_2), \ldots,$ Nummer$(y_n)\} = \{1, 2, \ldots, n\}\}$
*Kosten:* Für jeden Hamiltonschen Kreis $H = v_{i_1}, v_{i_2}, \ldots, v_{i_n}, v_{i_1} \in \mathcal{M}(G, c)$ ist

$$\text{cost}((v_{i_1}, \ldots, v_{i_n}, v_{i_1}), (G, c)) = \sum_{j=1}^{n} c(\{v_{i_j}, v_{i_{(j \bmod n)+1}}\}),$$

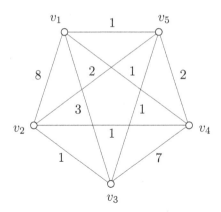

**Abbildung 2.4**

d. h., die Kosten jedes Hamiltonschen Kreises entsprechen der Summe der Gewichte aller seiner Kanten.
*Ziel: Minimum.*

Für den Problemfall von TSP aus Abbildung 2.4 gilt:

$$\text{cost}((v_1, v_2, v_3, v_4, v_5, v_1), (G, c)) = 8 + 1 + 7 + 2 + 1 = 19,$$
$$\text{cost}((v_1, v_5, v_3, v_2, v_4, v_1), (G, c)) = 1 + 1 + 1 + 1 + 1 = 5.$$

Der Hamiltonsche Kreis $v_1$, $v_5$, $v_3$, $v_2$, $v_4$, $v_1$ ist die einzige optimale Lösung zu diesem Problemfall von TSP. $\diamondsuit$

Das TSP ist ein schweres Optimierungsproblem. In der Anwendung erscheinen aber oft nur Problemfälle, die gewisse gute Eigenschaften haben und für die man bei der Suche nach einer guten Lösung bessere Chancen hat. Wir sagen, dass ein Optimierungsproblem $\mathcal{U}_1 = (\Sigma_I, \Sigma_O, L', \mathcal{M}, \text{cost}, \text{goal})$ ein **Teilproblem** des Optimierungsproblems $\mathcal{U}_2 = (\Sigma_I, \Sigma_O, L, \mathcal{M}, \text{cost}, \text{goal})$ ist, falls $L' \subseteq L$ ist. Auf diese Weise definieren wir auch das **metrische TSP** (**$\Delta$-TSP**) als ein Teilproblem von TSP. Das bedeutet, dass die Einschränkungen, die Kosten und das Ziel genauso definiert sind wie bei TSP, nur die Menge der Eingaben (Problemfälle) wird folgendermaßen eingeschränkt: Jeder Problemfall $(G, c)$ von $\Delta$-TSP erfüllt die sogenannte **Dreiecksungleichung**, was bedeutet, dass

$$c(\{u, v\}) \leq c(\{u, w\}) + c(\{w, v\})$$

für alle Knoten $u, v, w$ von $G$. Dies ist eine natürliche Eigenschaft, die besagt, dass die direkte Verbindung zwischen $u$ und $v$ nicht teurer sein darf als beliebige Umwege (Verbindungen über andere Knoten). Man bemerke, dass der Problemfall in Abbildung 2.4 die Dreiecksungleichung nicht erfüllt.

**Aufgabe 2.18.** Beweisen Sie, dass $|\mathcal{M}((G, c))| = (n - 1)!/2$, wenn $G$ ein Graph mit $n$ Knoten ist, wobei $n > 2$.

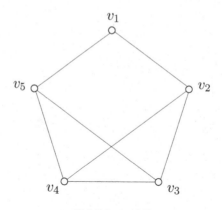

**Abbildung 2.5**

Eine **Knotenüberdeckung** eines Graphen $G = (V, E)$ ist jede Knotenmenge $U \subseteq V$, so dass jede Kante aus $E$ zu mindestens einem Knoten aus $U$ inzident[7] ist. Die Menge $\{v_2, v_4, v_5\}$ ist zum Beispiel eine Knotenüberdeckung des Graphen aus Abbildung 2.5, weil jede Kante mindestens zu einem dieser drei Knoten inzident ist. Die Menge $\{v_1, v_2, v_3\}$ ist keine Knotenüberdeckung des Graphen aus Abbildung 2.5, weil die Kante $\{v_4, v_5\}$ durch keinen der Knoten $v_1$, $v_2$ und $v_3$ bedeckt wird.

**Aufgabe 2.19.** Das Knotenüberdeckungsproblem (minimum vertex cover problem, **MIN-VC**) ist ein Minimierungsproblem, bei dem man für einen gegebenen (ungerichteten) Graphen $G$ eine Knotenüberdeckung mit minimaler Kardinalität sucht.

(a) Bestimmen Sie die Menge aller Knotenüberdeckungen des Graphen aus Abbildung 2.5.

(b) Geben Sie die formale Beschreibung des MIN-VC an. Spezifizieren Sie dabei die Darstellung der Eingaben und der Ausgaben über dem Alphabet $\{0, 1, \#\}$.

**Beispiel 2.7. Das Problem der maximalen Clique (MAX-CL).**
Eine Clique eines Graphen $G = (V, E)$ ist jede Teilmenge $U \subseteq V$, so dass $\{\{u, v\} \mid u, v \in U, u \neq v\} \subseteq E$ (die Knoten von $U$ bilden einen vollständigen Teilgraphen von $G$). Das Problem der maximalen Clique ist, eine Clique mit maximaler Kardinalität zu finden.

*Eingabe:* Ein (ungerichteter) Graph $G = (V, E)$.
*Einschränkungen:* $\mathcal{M}(G) = \{S \subseteq V \mid \{\{u, v\} \mid u, v \in S, u \neq v\} \subseteq E\}$.
*Kosten:* Für jedes $S \in \mathcal{M}(G)$ ist $\mathrm{cost}(S, G) = |S|$.
*Ziel: Maximum.*                                                            ◇

**Aufgabe 2.20.** Ein Graph $T = (V, E')$ heißt **Spannbaum** eines Graphen $G = (V, E)$, falls $T$ ein Baum (ein kreisfreier zusammenhängender Graph) und $E' \subseteq E$ ist. Das Gewicht eines Spannbaumes $T = (V, E')$ eines gewichteten Graphen $(G, c)$ entspricht der Summe $\sum_{e \in E'} c(e)$ aller Gewichte der Kanten in $E'$. Das Problem des minimalen Spannbaumes ist, für einen gewichteten Graphen $(G, c)$ einen Spannbaum mit minimalem Gewicht zu bestimmen. Geben Sie die formale Darstellung des Problems des minimalen Spannbaumes als Optimierungsproblem an.

---

[7]Eine Kante $\{u, v\}$ ist inzident zu ihren Endpunkten $u$ und $v$.

Tabelle 2.1

| $x_1$ | $x_2$ | $x_3$ | $x_1 \vee x_2$ | $\overline{x}_1 \vee \overline{x}_2 \vee \overline{x}_3$ | $\overline{x}_2$ | $x_2 \vee x_3$ | $x_3$ | $\overline{x}_1 \vee \overline{x}_3$ | # erfüllte Klauseln |
|---|---|---|---|---|---|---|---|---|---|
| 0 | 0 | 0 | 0 | 1 | 1 | 0 | 0 | 1 | 3 |
| 0 | 0 | 1 | 0 | 1 | 1 | 1 | 1 | 1 | 5 |
| 0 | 1 | 0 | 1 | 1 | 0 | 1 | 0 | 1 | 4 |
| 0 | 1 | 1 | 1 | 1 | 0 | 1 | 1 | 1 | 5 |
| 1 | 0 | 0 | 1 | 1 | 1 | 0 | 0 | 1 | 4 |
| 1 | 0 | 1 | 1 | 1 | 1 | 1 | 1 | 0 | 5 |
| 1 | 1 | 0 | 1 | 1 | 0 | 1 | 0 | 1 | 4 |
| 1 | 1 | 1 | 1 | 0 | 0 | 1 | 1 | 0 | 3 |

## Beispiel 2.8. Maximale Erfüllbarkeit (MAX-SAT).

Sei $X = \{x_1, x_2, \ldots\}$ die Menge der Boole'schen Variablen. Die Menge der Literale über $X$ ist $\mathrm{Lit}_X = \{x, \overline{x} \mid x \in X\}$, wobei $\overline{x}$ die Negation von $x$ bezeichnet. Eine **Klausel** ist eine beliebige endliche Disjunktion von Literalen (zum Beispiel $x_1 \vee \overline{x}_3 \vee x_4 \vee \overline{x}_7$). Eine Formel ist in **konjunktiver Normalform (KNF)**, wenn sie eine Konjunktion von Klauseln ist. Ein Beispiel einer Formel über $X$ in KNF ist

$$\Phi = (x_1 \vee x_2) \wedge (\overline{x}_1 \vee \overline{x}_2 \vee \overline{x}_3) \wedge \overline{x}_2 \wedge (x_2 \vee x_3) \wedge x_3 \wedge (\overline{x}_1 \vee \overline{x}_3).$$

Das Problem der maximalen Erfüllbarkeit ist, für eine gegebene Formel $\Phi$ in KNF eine Belegung ihrer Variablen zu finden, die die maximal mögliche Anzahl von Klauseln von $\Phi$ erfüllt.

*Eingabe:* Eine Formel $\Phi = F_1 \wedge F_2 \wedge \cdots \wedge F_m$ über $X$ in KNF, wobei $F_i$ eine Klausel für $i = 1, \ldots, m$ ist, $m \in \mathbb{N} - \{0\}$.

*Einschränkungen:* Für jede Formel $\Phi$ über $\{x_{i_1}, x_{i_2}, \ldots, x_{i_n}\}$ ist

$$\mathcal{M}(\Phi) = \{0, 1\}^n.$$

{Jedes $\alpha = \alpha_1 \ldots \alpha_n \in \mathcal{M}(\Phi)$, $\alpha_j \in \{0, 1\}$ für $j = 1, \ldots, n$, stellt eine Belegung dar, die $x_{i_j}$ den Wert $\alpha_j$ zuordnet.}

*Kosten:* Für jedes $\Phi$ und jedes $\alpha \in \mathcal{M}(\Phi)$ ist $\mathrm{cost}(\alpha, \Phi)$ die Anzahl der Klauseln, die durch $\alpha$ erfüllt werden.

*Ziel: Maximum.*

Zu der oben gegebenen Formel $\Phi$ können wir in Tabelle 2.1 alle acht Belegungen der Variablen $x_1$, $x_2$, $x_3$ betrachten und dadurch die optimale Lösung bestimmen. Die optimalen Lösungen sind die Belegungen 001, 011 und 101, die 5 Klauseln von $\Phi$ erfüllen.    $\Diamond$

## Beispiel 2.9. Ganzzahlige Lineare Programmierung (integer linear programming, ILP).

Hier besteht die Aufgabe darin, für ein gegebenes System linearer Gleichungen und eine lineare Funktion von Unbekannten des linearen Systems eine Lösung dieses Systems zu berechnen, die minimal bezüglich der linearen Funktion ist.

*Eingabe:* Eine $(m \times n)$-Matrix $A = [a_{ij}]_{i=1, \ldots m, j=1, \ldots, n}$ und zwei Vektoren $b = (b_1, \ldots, b_m)^\top$ und $c = (c_1, \ldots, c_n)$ für $m, n \in \mathbb{N} - \{0\}$, wobei $a_{ij}, b_i, c_j$ ganze Zahlen für $i = 1, \ldots, m$ und $j = 1, \ldots, n$ sind.

*Einschränkungen:* $\mathcal{M}(A, b, c) = \{X = (x_1, \ldots, x_n)^\mathsf{T} \in \mathbb{N}^n \mid AX = b\}$.

$\{\mathcal{M}(A, b, c)$ ist die Menge aller Lösungsvektoren des linearen Systems $AX = b$, deren Elemente nur aus natürlichen Zahlen bestehen.$\}$

*Kosten:* Für jedes $X = (x_1, \ldots, x_n)^\mathsf{T} \in \mathcal{M}(A, b, c)$ ist

$$\mathrm{cost}(X, (A, b, c)) = \sum_{i=1}^{n} c_i x_i.$$

*Ziel: Minimum.*

Außer Entscheidungsproblemen und Optimierungproblemen betrachten wir auch algorithmische Probleme anderer Natur. Diese haben keine Eingabe, sondern die Aufgabe ist, ein Wort oder eine unendliche Reihenfolge von Symbolen zu generieren.

**Definition 2.15.** *Sei $\Sigma$ ein Alphabet, und sei $x \in \Sigma^*$. Wir sagen, dass ein Algorithmus $A$ das Wort $x$ **generiert**, falls $A$ für die Eingabe $\lambda$ die Ausgabe $x$ liefert.*

Das folgende Programm $A$ generiert das Wort 100111.

```
A:    begin
        write(100111);
      end
```

Das folgende Programm $A_n$ generiert das Wort $(01)^n$ für jedes $n \in \mathbb{N} - \{0\}$.

```
An:   begin
        for i = 1 to n do
          write(01);
      end
```

Ein Programm, das $x$ generiert, kann man als eine alternative Darstellung von $x$ betrachten. Damit kann man einige Wörter im Rechner als Programme, die diese Wörter generieren, speichern.

**Definition 2.16.** *Sei $\Sigma$ ein Alphabet, und sei $L \subseteq \Sigma^*$. $A$ ist ein **Aufzählungsalgorithmus für $L$**, falls $A$ für jede Eingabe $n \in \mathbb{N} - \{0\}$ die Wortfolge $x_1, x_2, \ldots, x_n$ ausgibt, wobei $x_1, x_2, \ldots, x_n$ die kanonisch $n$ ersten Wörter in $L$ sind.*

**Beispiel 2.10.** Seien $\Sigma = \{0\}$ und $L = \{0^p \mid p \text{ ist eine Primzahl}\}$.

*Eingabe: $n$.*
*Ausgabe: $0^2, 0^3, 0^5, 0^7, \ldots, 0^{p_n}$, wobei $p_n$ die $n$-te kleinste Primzahl ist.* ◇

**Aufgabe 2.21.** Beweisen Sie, dass eine Sprache $L$ genau dann rekursiv ist, wenn ein Aufzählungsalgorithmus für $L$ existiert.

## 2.4 Kolmogorov-Komplexität

In diesem Abschnitt wollen wir Wörter als Informationsträger betrachten und einen sinnvollen Weg zur Messung des Informationsgehaltes von Wörtern finden. Wir beschränken uns dabei auf Wörter über dem Alphabet $\Sigma_{bool}$. Die intuitive Grundidee könnte sein, einem Wort einen kleinen Informationsgehalt zuzuordnen, falls das Wort eine kurze Darstellung hat (komprimierbar ist), und einen großen Informationsgehalt, wenn es so unregelmäßig (irregulär) aussieht, dass man keine kürzere Darstellung des Wortes finden kann. So scheint das Wort

011011011011011011011011

mit der Darstellung $(011)^8$ einen kleineren Informationsgehalt als

010110100010110100111011010

zu haben. Die Erzeugung einer kürzeren Darstellung eines Wortes $x$ nennen wir eine *Komprimierung* von $x$.

Die erste Idee wäre, sich eine feste Komprimierungsmethode zu überlegen und dann die Länge des resultierenden komprimierten Wortes als Maß für den Informationsgehalt zu nehmen. Natürlich muss dabei gefordert werden, dass die resultierende Darstellung wieder ein Wort über $\Sigma_{bool}$ ist, weil es sicherlich keine Kunst ist, mit mächtigeren Alphabeten kürzere Darstellungen zu erzeugen.

**Aufgabe 2.22.** Finden Sie eine injektive Abbildung $H$ von $(\Sigma_{bool})^*$ nach $\{0, 1, 2, 3, 4\}^* = (\Sigma_5)^*$, so dass

$$|x| \geq 2 \cdot |H(x)| - 1$$

für jedes $x \in (\Sigma_{bool})^*$, $|x| \geq 4$. Welchen Komprimierungsfaktor kann man erreichen, wenn man statt $\Sigma_5$ das Alphabet $\Sigma_m$ für ein $m > 5$ nimmt?

Wenn wir als mögliche Komprimierung die Ausnutzung der Wiederholungen der Teilwörter betrachten wollen, bekommen wir zuerst Wörter über dem Alphabet $\{0, 1, (, )\}$ wie zum Beispiel $(011)1000$ für $(011)^8$ oder

$(0)1010(010)1(01)1101$   für $(0)^{10}(010)^1(01)^{13}$.

Um diese wieder über $\Sigma_{bool}$ zu kodieren, können wir einen Homomorphismus von $\{0, 1, (, )\}^*$ nach $(\Sigma_{bool})^*$ wie folgt definieren:

$$h(0) = 00, \quad h(1) = 11, \quad h(\,(\,) = 10 \quad \text{und} \quad h(\,)\,) = 01.$$

So bekommt das Wort $(011)^8$ die Darstellung

100011110111000000.

Das Problem ist, dass man unendlich viele mögliche Komprimierungsmechanismen betrachten kann. Welcher soll dann aber der richtige sein? Wir können zum Beispiel die vorgestellte Komprimierung noch so verbessern, dass wir die Darstellung von Potenzen noch komprimieren. So kann ein Wort $(011)^{1048576}$ kürzer als $(011)^{2^{20}}$ dargestellt werden. Diese Strategie kann man natürlich beliebig fortsetzen, um kurze Darstellungen für Wörter wie $(01)12^{2^n}$, $(01)^{2^{2^{2^n}}}$, ... zu generieren. Dies bedeutet, dass, egal welche dieser Komprimierungen wir nehmen, immer eine weitere Komprimierung existiert, die für unendlich viele Wörter bessere Resultate liefert. Daher können wir, um ein objektives Maß für den Informationsgehalt von Wörtern zu bekommen, keine dieser Strategien verfolgen.

Es kommt noch schlimmer. Betrachten wir folgende Komprimierungsmethode. Für jedes $x \in (\Sigma_{\text{bool}})^*$ können wir Nummer$(x)$ eindeutig als seine Faktorisierung

$$p_1^{i_1} \cdot p_2^{i_2} \cdot \cdots \cdot p_k^{i_k}$$

für Primzahlen $p_1 < p_2 < \cdots < p_k$, $i_1, i_2, \ldots, i_k \in \mathbb{N} - \{0\}$ für $j = 1, 2, \ldots, k$ ausdrücken. Eine mögliche Darstellung von $p_1^{i_1} \cdot p_2^{i_2} \cdot \cdots \cdot p_k^{i_k}$ über $\{0, 1, (, )\}$ ist

$$\text{Bin}(p_1)(\text{Bin}(i_1))\text{Bin}(p_2)(\text{Bin}(i_2)) \ldots \text{Bin}(p_k)(\text{Bin}(i_k)).$$

Mit der Anwendung des Homomorphismus $h$ bekommen wir wieder eine binäre Darstellung. Die schlechte Nachricht ist, dass diese Komprimierungsmethode unvergleichbar mit der vorherigen Methode der Wörterpotenzen ist. Also komprimiert die erste Methode für einige Wörter besser als die zweite und umgekehrt.

**Aufgabe 2.23.** Finden Sie zwei Wörter $x, y \in (\Sigma_{\text{bool}})^*$, so dass

(i) die Komprimierungsmethode der Teilwörterpotenzen eine wesentlich kürzere Darstellung für $x$ liefert als die Methode der Primzahlzerlegung und

(ii) die Komprimierungsmethode der Primzahlzerlegung für $y$ zu einer wesentlich kürzeren Darstellung führt als die Methode der Teilwörterpotenzen.

Eine Definition des Komplexitätsmaßes muss robust sein in dem Sinne, dass die gemessene Komplexität eine breite Gültigkeit hat und daher unter unterschiedlichen Rahmenbedingungen genutzt werden kann. Bei einer Variierung der Komplexität in Abhängigkeit von der Komprimierungsmethode würde eine Festlegung auf eine Methode keine Möglichkeit zu allgemeinen Aussagen über den Informationsgehalt von Wörtern geben. Ein Ausweg aus dieser scheinbaren Sackgasse hat Kolmogorov durch folgende Definition gefunden. Es ist dabei wichtig zu beobachten, dass die Lösung unseres Komprimierungsproblems ohne die vorherige Einführung des Begriffs Algorithmus (Programm) nicht möglich gewesen wäre.

**Definition 2.17.** *Für jedes Wort* $x \in (\Sigma_{\text{bool}})^*$ *ist die* **Kolmogorov-Komplexität $K(x)$** *des Wortes $x$ das Minimum der binären Längen der Pascal-Programme, die $x$ generieren.*

Wir wissen, dass uns ein Übersetzer für Pascal zu jedem Pascal-Programm seinen Maschinencode generiert, der ein Wort über $(\Sigma_{\text{bool}})^*$ ist. Für jedes Wort $x$ betrachten wir also alle (unendlich vielen) Maschinencodes von Programmen, die $x$ generieren und die Länge eines kürzesten ist die Kolmogorov-Komplexität von $x$.[8] Ist $K(x)$ ein guter Kandidat für die Definition des Informationsgehaltes von $x$? Wenn es um die

---

[8]Man bemerke, dass es mehrere unterschiedliche kürzeste Programme für $x$ geben kann.

Einbeziehung aller möglichen Komprimierungsmethoden geht, sicherlich ja. Wir können zu jeder Komprimierungsmethode, die zu $x$ eine komprimierte Darstellung $y$ produziert, ein Programm schreiben, das $y$ als Parameter (Konstante des Programms) beinhaltet, und das $x$ aus $y$ (basierend auf der Komprimierungsmethode) erzeugt. Bevor wir uns aber in diese Definition vertiefen, zeigen wir ein paar grundlegende Resultate über die Kolmogorov-Komplexität, um mehr Verständnis für dieses Komplexitätsmaß zu gewinnen.

Das erste Resultat stellt sicher, dass $K(x)$ nicht wesentlich länger sein darf als $|x|$, was natürlich erwünscht ist.

**Lemma 2.4.** *Es existiert eine Konstante d, so dass für jedes $x \in (\Sigma_{\mathrm{bool}})^*$*

$$K(x) \leq |x| + d.$$

*Beweis.* Für jedes $x \in (\Sigma_{\mathrm{bool}})^*$ nehmen wir folgendes Programm[9] $A_x$:

```
A_x:   begin
          write(x);
        end
```

Die Teile `begin`, `write`, `end` und Kommata des Programms $A_x$ sind gleich für jedes $x \in (\Sigma_{\mathrm{bool}})^*$ und die Länge ihrer Kodierung im Maschinencode bestimmt die (nicht zu große) Konstante $d$. Das Wort $x$ ist im Programm als $x$ binär dargestellt und leistet deswegen zur binären Darstellung von $A_x$ nur den Beitrag $|x|$.

Die letzte Frage, die noch zu beantworten bleibt, ist die folgende: „Wie erkennt man in der binären Darstellung des Programms $A_x$ den Teil, der $x$ entspricht?" Das Problem liegt darin, dass wir zum Beispiel die Symbole des benutzten Alphabets $\Sigma_{\mathrm{Tastatur}}$ durch Folgen von acht Nullen und Einsen binär darstellen, beispielsweise in ASCII-Kodierung. Das gilt natürlich auch für die Darstellung der Symbole 0 und 1 aus $\Sigma_{\mathrm{Tastatur}}$. Wenn wir aber die Nullen und Einsen von $x$ so repräsentieren würden, hätte $A_x$ die Länge $8 \cdot |x| + d$.

Um $x$ eins zu eins in $A_x$ darzustellen, geben wir am Anfang der binären Kodierung von $A_x$ zwei Zahlen $k$ und $l$ an. Diese werden wiederum mit einer ASCII-Kodierung dargestellt, voneinander beispielsweise durch ein Komma und vom eigentlichen Programm mit einem Semikolon getrennt. Die Zahl $k$ gibt die Länge des Präfixes der Kodierung bis zu der Stelle an, an der $x$ geschrieben wird. Die Zahl $l$ gibt die Länge des Suffixes der binären Kodierung von $A_x$ ab der Stelle an, an der das Wort $x$ steht. Damit ist $k$ die Länge der Kodierung von

```
begin write(
```

und $l$ ist die Länge der Kodierung von

```
); end
```

Das entsprechende Programm kann nun nicht mehr von einem Standard-Pascal-Compiler übersetzt werden, sondern erfordert einen Compiler, der diese Zahlen zunächst auswertet und das Programm anschließend übersetzt. Eine Alternative zur Angabe von $k$ und $l$ ist

---

[9]Zur Vereinfachung benutzen wir im Folgenden eine Pascal-ähnliche Programmiersprache, die zum Beispiel ohne Variablendeklaration auskommt.

es, dem Compiler in einer anderen Form mitzuteilen, dass das vorliegende Programm genau die gegebene Form besitzt.

Wichtig ist noch zu beobachten, dass die Zahlen $k$ und $l$ unabhängig von $x$ sind. Deswegen dürfen wir nicht statt $l$ die Länge $|x|$ von $x$ am Anfang der Kodierung angeben, weil $\mathrm{Bin}(|x|)$ die Länge $\lceil \log_2(|x|+1) \rceil$ hat, die von $x$ abhängig ist.  $\Box$

Regelmäßige Wörter haben natürlich eine kleinere Kolmogorov-Komplexität. Sei $y_n = 0^n \in \{0,1\}^*$ für jedes $n \in \mathbb{N} - \{0\}$. Das folgende Programm $Y_n$ generiert $y_n$.

```
Y_n:   begin
          for I = 1 to n do
             write(0);
       end
```

Alle Programme $Y_n$ sind gleich bis auf das $n$. Die Kosten für die binäre Kodierung $\mathrm{Bin}(n)$ von $n$ sind $\lceil \log_2(n+1) \rceil$. Also existieren Konstanten $c$ und $c'$, so dass

$$K(y_n) \leq \lceil \log_2(n+1) \rceil + c' = \lceil \log_2 n \rceil + c = \lceil \log_2 |y_n| \rceil + c$$

für alle $n \in \mathbb{N} - \{0\}$.

Betrachten wir jetzt $z_n = 0^{n^2} \in \{0,1\}^*$ für jedes $n \in \mathbb{N} - \{0\}$. Das folgende Programm $Z_n$ generiert das Wort $z_n$.

```
Z_n:   begin
          M := n;
          M := M × M;
          for I = 1 to M do
             write(0);
       end
```

Alle Programme $Z_n$ sind gleich bis auf das $n$. Beachte, dass $n$ die einzige Zahl (Konstante) ist, die in $Z_n$ vorkommt. Die Symbole $M$ und $I$ bezeichnen die Variablen, und für die Kodierung des Programms spielt es keine Rolle, wie groß die Zahlen sind, die den Variablen während der Ausführung des Programms zugewiesen werden. Wenn $d$ die Größe der Kodierungen von $Z_n$ bis auf das $n$ ist, erhalten wir

$$K(z_n) \leq \lceil \log_2(n+1) \rceil + d \leq \lceil \log_2(\sqrt{|z_n|}) \rceil + d + 1.$$

**Aufgabe 2.24.** Beweisen Sie die folgende Behauptung: Es existiert eine Konstante $c$, so dass für jedes $n \in \mathbb{N} - \{0\}$

$$K\left( (01)^{2^n} \right) \leq \lceil \log_2(n+1) \rceil + c = \left\lceil \log_2 \log_2 \left( \left| (01)^{2^n} \right| / 2 \right) \right\rceil + c.$$

**Aufgabe 2.25.** Geben Sie eine unendliche Folge von Wörtern $y_1, y_2, y_3, \ldots$ über $\Sigma_{\mathrm{bool}}$ mit folgenden Eigenschaften an:

(i) $|y_i| < |y_{i+1}|$ für alle $i \in \mathbb{N} - \{0\}$ und

(ii) es existiert eine Konstante $c$, so dass
$$K(y_i) \leq \lceil \log_2 \log_2 \log_2 |y_i| \rceil + c$$
für alle $i \in \mathbb{N} - \{0\}$ gilt.

**Aufgabe 2.26.** Beweisen Sie, dass für jede positive Zahl $m$ ein Wort $w_m$ existiert, so dass

$$|w_m| - K(w_m) > m.$$

Wir können auch den Informationsgehalt von Zahlen messen, indem wir die Kolmogorov-Komplexität ihrer Binärdarstellung messen.

**Definition 2.18.** *Die **Kolmogorov-Komplexität einer natürlichen Zahl** $n$ ist $K(n) = K(\text{Bin}(n))$.*

Das nächste Resultat zeigt, dass es auch nichtkomprimierbare Wörter im Sinne der Kolmogorov-Komplexität gibt.

**Lemma 2.5.** *Für jede Zahl $n \in \mathbb{N} - \{0\}$ existiert ein Wort $w_n \in (\Sigma_{\text{bool}})^n$, so dass*

$$K(w_n) \geq |w_n| = n,$$

*d. h., es existiert für jede Zahl $n$ ein nichtkomprimierbares Wort der Länge $n$.*

*Beweis.* Der Beweis basiert auf einer einfachen kombinatorischen Idee, die oft Anwendung findet. Wir haben genau $2^n$ Wörter $x_1, \ldots, x_{2^n}$ in $(\Sigma_{\text{bool}})^n$. Sei, für $i = 1, 2, \ldots, 2^n$, C-Prog$(x_i) \in \{0, 1\}^*$ der Maschinencode eines Programms Prog$(x_i)$, das $x_i$ generiert und $K(x_i) = |\text{C-Prog}(x_i)|$ (also ist Prog$(x_i)$ eines der kürzesten Programme, die $x_i$ generieren). Es ist klar, dass für zwei unterschiedliche Wörter $x_i$ und $x_j$ die Kodierungen C-Prog$(x_i)$ und C-Prog$(x_j)$ unterschiedlich sein müssen. Das bedeutet, dass wir $2^n$ unterschiedliche Maschinencodes C-Prog$(x_1)$, C-Prog$(x_2)$, ..., C-Prog$(x_{2^n})$ von kürzesten Programmen für $x_1, x_2, \ldots, x_{2^n}$ haben. Es genügt zu zeigen, dass mindestens einer der Maschinencodes eine Länge von mindestens $n$ haben muss.

Das kombinatorische Argument für die gewünschte Behauptung sagt einfach, dass es unmöglich ist, $2^n$ unterschiedliche Maschinencodes der Länge kleiner als $n$ zu haben. Jeder Maschinencode ist ein nichtleeres Wort über $(\Sigma_{\text{bool}})^*$. Die Anzahl der Wörter der Länge $i$ über $\Sigma_{\text{bool}}$ ist genau $2^i$. Daher ist die Anzahl aller unterschiedlichen nichtleeren Wörter über $\Sigma_{\text{bool}}$ mit einer Länge von höchstens $n - 1$

$$\sum_{i=1}^{n-1} 2^i = 2^n - 2 < 2^n.$$

Also muss es unter den $2^n$ Wörtern C-Prog$(x_1), \ldots,$ C-Prog$(x_{2^n})$ mindestens eines mit Länge von mindestens $n$ geben. Sei C-Prog$(x_j)$ ein solches Wort mit $|\text{C-Prog}(x_j)| \geq n$. Weil $|\text{C-Prog}(x_j)| = K(x_j)$, ist $x_j$ nicht komprimierbar. $\qquad \square$

**Aufgabe 2.27.** Beweisen Sie, dass für alle $i, n \in \mathbb{N} - \{0\}$, $i < n$, $2^n - 2^{n-i}$ unterschiedliche Wörter $x$ in $(\Sigma_{\text{bool}})^n$ existieren, so dass

$$K(x) \geq n - i.$$

**Aufgabe 2.28.** Beweisen Sie, dass es unendlich viele Zahlen $m$ gibt, so dass

$$K(m) \geq \lceil \log_2(m+1) \rceil - 1.$$

Kehren wir jetzt zurück zur Frage, ob die Kolmogorov-Komplexität ein genügend robustes Maß für den Informationsgehalt von Wörtern ist. Statt einer spezifischen Komprimierungsmethode haben wir ein formales Modell von Programmen genommen, das in sich alle möglichen Komprimierungsansätze implizit beinhaltet. Man kann aber die Festlegung auf eine Programmiersprache als zu große Einschränkung sehen. Wäre es für die Komprimierung einiger Wörter nicht günstiger, C++ oder Java statt Pascal zu betrachten? Spielt nicht die Festlegung einer Programmiersprache in der Definition der Kolmogorov-Komplexität eine ähnlich negative Rolle für die Robustheit der Messung des Informationsgehaltes wie die Festlegung einer Komprimierungsmethode? Die Antwort auf diese Fragen ist: Nein.

Wir zeigen im Folgenden einen Satz, der aussagt, dass die Festlegung auf eine Programmiersprache nur einen beschränkten Einfluss auf die Kolmogorov-Komplexität von Wörtern hat und daher unsere Festlegung auf Pascal in der Formalisierung des intuitiven Begriffs des Informationsgehalts akzeptiert werden kann.

Für jedes Wort $x$ über $\Sigma_{\text{bool}}$ und jede Programmiersprache $A$ sei $K_A(x)$ die Kolmogorov-Komplexität von $x$ bezüglich der Programmiersprache $A$ (die Länge des kürzesten Maschinencodes eines Programms in $A$, das $x$ generiert).

**Satz 2.1.** *Seien $A$ und $B$ Programmiersprachen. Es existiert eine Konstante $c_{A,B}$, die nur von $A$ und $B$ abhängt, so dass*

$$|K_A(x) - K_B(x)| \leq c_{A,B}$$

*für alle $x \in (\Sigma_{\text{bool}})^*$.*

*Beweis.* Wir wissen, dass wir für beliebige Programmiersprachen $A$ und $B$ einen Interpreter als ein Programm $U_{A \to B}$ in $B$ erstellen können, das jedes Programm aus $A$ in ein äquivalentes Programm in $B$ umschreibt und dann auf einer aktuellen Eingabe arbeiten lässt. Zur Vereinfachung kann man sich für die Wortgenerierung die Situation so vorstellen, dass $U_{A \to B}$ ein Programm $P$ in $A$ als einen Eingabeparameter bekommt und die gleiche Arbeit wie $P$ realisiert. Sei $c_{A \to B}$ die binäre Länge des Programms $U_{A \to B}$. Sei $P_x$ ein Programm in $A$, das $x$ generiert. Dann generiert das Programm $U_{A \to B}$ mit Eingabe $P_x$ das Wort $x$. Weil $U_{A \to B}$ mit Eingabe $P_x$ ein Programm in der Programmiersprache $B$ ist, gilt

$$K_B(x) \leq K_A(x) + c_{A \to B}. \tag{2.1}$$

Wenn man einen Übersetzer $U_{B \to A}$ von $B$ nach $A$ mit einer binären Länge $c_{B \to A}$ nimmt, bekommt man für jedes Wort $x \in (\Sigma_{\text{bool}})^*$

$$K_A(x) \leq K_B(x) + c_{B \to A}. \tag{2.2}$$

Wenn wir $c_{A,B}$ als das Maximum von $c_{A \to B}$ und $c_{B \to A}$ nehmen, implizieren (2.1) und (2.2), dass

$$|K_A(x) - K_B(x)| \leq c_{A,B}. \qquad \square$$

Nachdem wir die Kolmogorov-Komplexität als Maß des Informationsgehalts von Wörtern akzeptiert haben, wollen wir uns mit der Nützlichkeit dieses Begriffes beschäftigen. Die Kolmogorov-Komplexität hat viele Anwendungen, meistens als eine effiziente Methode für die Erstellung anschaulicher mathematischer Beweise. Im Folgenden präsentieren wir drei Anwendungen, für deren Verständnis keine besonderen Vorkenntnisse benötigt werden.

Die erste Anwendung ist auf der grundlegenden Ebene der Begriffserzeugung. Der Zufall ist einer der grundlegenden Begriffe der Wissenschaft und wir werden uns damit in Kapitel 8 über zufallsgesteuerte Algorithmen beschäftigen. Hier stellen wir uns die Frage, wann man ein Objekt oder seine Darstellung als Wort als zufällig bezeichnen kann. Dabei kann die klassische Wahrscheinlichkeitstheorie nicht helfen, weil sie nur den Zufallserscheinungen die Wahrscheinlichkeit ihres Eintreffens zuordnet. Wenn man zum Beispiel Wörter aus $(\Sigma_{bool})^n$ zufällig bezüglich einer uniformen Wahrscheinlichkeitsverteilung über $(\Sigma_{bool})^n$ ziehen möchte, dann hat jedes Wort die gleiche Wahrscheinlichkeit gezogen zu werden. Könnte man diese Wahrscheinlichkeiten mit der Zufälligkeit in Verbindung bringen? Dann wäre $0^n$ genauso zufällig wie ein unregelmäßiges Wort und das entspricht nicht der intuitiven Vorstellung des Attributs zufällig. Nach dem Wörterbuch sollte zufällig bedeuten: „nach keinem Plan gebaut". Ein zufälliges Objekt hat also eine chaotische Struktur, die keine Regularität besitzt. Und da sind wir mit unserem Begriff der Komprimierung und des Informationsgehalts gerade richtig. Ein Wort ist zufällig, wenn für dieses Wort keine komprimierte Darstellung existiert, wenn es keinen anderen Plan zu seiner Erzeugung gibt als seine vollständige Beschreibung. Deswegen ist die folgende Definition bisher die beste bekannte Formalisierung des informellen Begriffes *„zufällig"*.

**Definition 2.19.** *Ein Wort $x \in (\Sigma_{bool})^*$ heißt **zufällig**, falls $K(x) \geq |x|$. Eine Zahl $n$ heißt **zufällig**, falls $K(n) = K(\mathrm{Bin}(n)) \geq \lceil \log_2(n+1) \rceil - 1$.*

Die nächste Anwendung zeigt, dass die Existenz eines Programms, das ein Entscheidungsproblem $(\Sigma_{bool}, L)$ löst, zu gewissen Aussagen über die Kolmogorov-Komplexität der Wörter in $L$ führen kann. Wenn $L$ zum Beispiel keine zwei Wörter gleicher Länge enthält, dann ist die Kolmogorov-Komplexität jedes Wortes $x$ aus $L$ nicht viel größer als $\log_2 |x|$.

**Satz 2.2.** *Sei $L$ eine Sprache über $\Sigma_{bool}$. Sei, für jedes $n \in \mathbb{N} - \{0\}$, $z_n$ das $n$-te Wort in $L$ bezüglich der kanonischen Ordnung. Wenn ein Programm $A_L$ existiert, das das Entscheidungsproblem $(\Sigma_{bool}, L)$ löst, dann gilt für alle $n \in \mathbb{N} - \{0\}$, dass*

$$K(z_n) \leq \lceil \log_2(n+1) \rceil + c,$$

*wobei $c$ eine von $n$ unabhängige Konstante ist.*

*Beweis.* Für jedes $n$ entwerfen wir ein Programm $C_n$, das $z_n$ generiert. Jedes $C_n$ enthält $A_L$ als Teilprogramm.

```
Cₙ:    begin
          i = 0;
          x := λ;
          while i < n do
             begin
                Berechne A_L(x) mit dem Programm A_L;
                if A_L(x) = 1 then
                   begin
                      i := i + 1;
                      z := x;
                   end;
                x := Nachfolger von x in kanonischer Ordnung;
             end;
          write(z);
       end
```

Wir sehen, dass $C_n$ nacheinander die Wörter aus $(\Sigma_{\text{bool}})^*$ in kanonischer Ordnung generiert. Für jedes Wort $x$ überprüft $C_n$ mit dem Teilprogramm $A_L$, ob $x$ in $L$ ist oder nicht. Das Programm $C_n$ zählt die Anzahl der von $A_L$ akzeptierten Wörter. Es ist klar, dass die Ausgabe von $C_n$ das $n$-te Wort $z_n$ in $L$ ist.

Wir bemerken wieder, dass alle Programme $C_n$ gleich sind bis auf den Parameter $n$. Wenn wir die binäre Länge von $C_n$ bis auf den Teil, der $n$ darstellt, mit $c$ bezeichnen, dann ist die Länge von $C_n$ genau $c + \lceil \log_2(n+1) \rceil$ für jedes $n \in \mathbb{N}$. Das Resultat des Satzes folgt direkt aus dieser Beobachtung.                    □

Um ein typisches Missverständnis zu vermeiden, bemerken wir, dass die Länge des Programms $C_n$ nichts damit zu tun hat, wie viel Speicherplatz die Variablen $x$, $i$ und $z$ während der Arbeit von $C_n$ verbrauchen. Dass die Inhalte der Variablen von $C_n$ mit der Zeit wesentlich längere Darstellungen als der Maschinencode von $C_n$ haben können, spielt dabei keine Rolle, weil diese Werte nicht in die Beschreibung des Programms gehören. Der einzige Wert, der in die Beschreibung des Programms gehört, ist $n$. Aus der Sicht des Programms $C_n$ ist aber $n$ eine feste Konstante (Zahl) und wird daher als Teil des Maschinencodes von $C_n$ dargestellt. Im nächsten Kapitel werden wir die Beweisidee von Satz 2.2 vertiefen.

**Aufgabe 2.29.** Sei $p$ ein Polynom einer Variablen. Sei $L \subseteq (\Sigma_{\text{bool}})^*$ eine unendliche rekursive Sprache mit der Eigenschaft $|L \cap (\Sigma_{\text{bool}})^m| \leq p(m)$ für alle $m \in \mathbb{N} - \{0\}$. Sei, für alle $n \in \mathbb{N} - \{0\}$, $z_n$ das $n$-te Wort in $L$ bezüglich der kanonischen Ordnung. Wie kann man $K(z_n)$ in $|z_n|$ nach oben beschränken?

Die dritte und letzte Anwendung bezieht sich auf ein Resultat der Zahlentheorie, das enorm wichtig ist für den Entwurf zufallsgesteuerter Algorithmen. Für jede positive ganze Zahl $n$ sei $\text{Prim}(n)$ die Anzahl der Primzahlen kleiner gleich $n$. Der folgende grundlegende Satz der Zahlentheorie sagt, dass die Primzahlen relativ dicht zwischen den natürlichen Zahlen verstreut sind. Bei Unterstreichung der Primzahlen können wir diese Häufigkeit der Primzahlen in folgender Folge kleiner Zahlen

$$1, \underline{2}, \underline{3}, 4, \underline{5}, 6, \underline{7}, 8, 9, 10, \underline{11}, 12, \underline{13}, 14, 15, 16, \underline{17}, 18, \underline{19}, 20, 21, 22, \underline{23}, \ldots$$

Tabelle 2.2

| $n$ | $\mathrm{Prim}(n)$ | $\frac{\mathrm{Prim}(n)}{n/\ln n}$ |
|---|---|---|
| $10^3$ | 168 | $\approx 1{,}161$ |
| $10^6$ | 78498 | $\approx 1{,}084$ |
| $10^9$ | 50847478 | $\approx 1{,}053$ |

direkt beobachten. Im Folgenden bezeichnet $p_i$ immer die $i$-te kleinste Primzahl.

**Satz 2.3 (Primzahlsatz).**

$$\lim_{n\to\infty} \frac{\mathrm{Prim}(n)}{n/\ln n} = 1.$$

Der Primzahlsatz ist eine der bemerkenswertesten Entdeckungen der Mathematik. Er sagt, dass die Anzahl der Primzahlen ungefähr so schnell wächst wie die Funktion $n/\ln n$. Für „kleine" Werte von $n$ kann man $\mathrm{Prim}(n)$ genau berechnen. Tabelle 2.2 zeigt einige solcher Werte.

Wie nah $\mathrm{Prim}(n)$ an $n/\ln n$ herankommt, zeigt die Ungleichung

$$\ln n - \frac{3}{2} < \frac{n}{\mathrm{Prim}(n)} < \ln n - \frac{1}{2}$$

für alle $n \geq 67$.

**Aufgabe 2.30.** Sei $p_i$ die $i$-te kleinste Primzahl für alle $i \in \mathbb{N} - \{0\}$. Benutzen Sie Satz 2.3, um zu beweisen, dass

$$\lim_{n\to\infty} \frac{p_n}{n \ln n} = 1.$$

Die ursprünglichen Beweise dieses Satzes (diese sind vor mehr als 100 Jahren entstanden) waren sehr kompliziert und kamen nicht ohne die Benutzung komplexer Zahlen aus. Auch die später vereinfachten Beweise sind zu schwer, um sie hier zu präsentieren. Dies sollte nicht überraschen, denn die Frage, wie schnell die Funktion $\mathrm{Prim}(n)/(n/\ln n)$ mit wachsendem $n$ zu 1 konvergiert, hängt sehr stark mit der Riemann'schen Hypothese zusammen, einem der spektakulärsten offenen Probleme der Mathematik.

An dieser Stelle wollen wir die Nützlichkeit der Argumentation über die Kolmogorov-Komplexität zeigen, indem wir einen einfachen Beweis für eine schwächere Version des Primzahlsatzes geben. Diese einfachere Version des Primzahlsatzes ist aber stark genug, um für die meisten Anwendungen für den Entwurf zufallsgesteuerter Algorithmen hinreichend zu sein.

Wir zeigen zuerst ein fundamentales Resultat, das besagt, dass es unendlich viele Primzahlen mit bestimmten Eigenschaften gibt.

**Lemma 2.6.** *Sei $n_1, n_2, n_3, \ldots$ eine steigende unendliche Folge natürlicher Zahlen mit $K(n_i) \geq \lceil \log_2 n_i \rceil / 2$. Für jedes $i \in \mathbb{N} - \{0\}$ sei $q_i$ die größte Primzahl, die die Zahl $n_i$ teilt. Dann ist die Menge $Q = \{q_i \mid i \in \mathbb{N} - \{0\}\}$ unendlich.*

*Beweis.* Wir beweisen Lemma 2.6 indirekt. Angenommen, $Q = \{q_i \mid i \in \mathbb{N} - \{0\}\}$ ist eine endliche Menge. Sei $p_m$ die größte Primzahl in $Q$. Dann kann man jede Zahl $n_i$ eindeutig als

$$n_i = p_1^{r_{i,1}} \cdot p_2^{r_{i,2}} \cdot \cdots \cdot p_m^{r_{i,m}}$$

für irgendwelche $r_{i,1}, r_{i,2}, \ldots, r_{i,m} \in \mathbb{N}$ darstellen. Somit kann man ein einfaches Programm $A$ entwerfen, das für gegebene Parameter $r_{i,1}, r_{i,2}, \ldots, r_{i,m}$ die binäre Darstellung von $n_i$ erzeugt. Sei $c$ die binäre Länge des Programms $A$ außer der Darstellung der Parameter $r_{i,1}, \ldots, r_{i,m}$ (also die Darstellung des Teils von $A$, der für alle $i \in \mathbb{N}$ gleich ist). Dann gilt

$$K(n_i) \le c + 8 \cdot (\lceil \log_2(r_{i,1} + 1) \rceil + \lceil \log_2(r_{i,2} + 1) \rceil + \cdots + \lceil \log_2(r_{i,m} + 1) \rceil)$$

für alle $i \in \mathbb{N} - \{0\}$. Die multiplikative Konstante 8 kommt daher, dass wir für die Zahlen $r_{i,1}, r_{i,2}, \ldots, r_{i,m}$ dieselbe Kodierung verwenden wie für den Rest des Programms (zum Beispiel ASCII-Kodierung), damit ihre Darstellungen eindeutig voneinander getrennt werden können. Weil $r_{i,j} \le \log_2 n_i$ für alle $j \in \{1, 2, \ldots, m\}$ erhalten wir

$$K(n_i) \le c + 8m \cdot \lceil \log_2(\log_2 n_i + 1) \rceil$$

für alle $i \in \mathbb{N} - \{0\}$. Weil $m$ und $c$ Konstanten bezüglich $i$ sind, kann

$$\lceil \log_2 n_i \rceil / 2 \le c + 8m \cdot \lceil \log_2(\log_2 n_i + 1) \rceil$$

nur für endlich viele Zahlen $i$ gelten. Dies ist aber ein Widerspruch zu unserer Voraussetzung $K(n_i) \ge \lceil \log_2 n_i \rceil / 2$ für alle $i \in \mathbb{N} - \{0\}$.    $\square$

**Aufgabe 2.31.** In Lemma 2.6 setzen wir eine unendliche steigende Folge natürlicher Zahlen $n_1, n_2, n_3, \ldots$ mit der Eigenschaft $K(n_i) \ge \lceil \log_2 n_i \rceil / 2$ voraus. Wie weit kann man diese Voraussetzung abschwächen (d. h. $\lceil \log_2 n_i \rceil / 2$ verkleinern), ohne die Aussage von Lemma 2.6 zu verletzen?

Lemma 2.6 zeigt nicht nur, dass es unendlich viele Primzahlen geben muss, sondern sogar, dass die Menge der größten Primzahlfaktoren einer beliebigen unendlichen Folge natürlicher Zahlen mit nichttrivialer Kolmogorov-Komplexität unendlich ist. Wir werden dieses Resultat im Beweis der folgenden unteren Schranke für Prim$(n)$ benutzen.

**Satz 2.4.**[*]  *Für unendlich viele $k \in \mathbb{N}$ gilt*

$$\mathrm{Prim}(k) \ge \frac{k}{2^{17} \log_2 k \cdot (\log_2 \log_2 k)^2}.$$

*Beweis.* Sei $p_j$ die $j$-te kleinste Primzahl für alle $j \in \mathbb{N} - \{0\}$. Betrachten wir ein beliebiges $n \ge 2$. Sei $p_m$ der größte Primfaktor von $n$. Es ist klar, dass man aus $p_m$ und $n/p_m$ durch Multiplikation die Zahl $n$ generieren kann. Es geht auch mit noch weniger Information, nämlich $m$ und $n/p_m$, weil man für ein gegebenes $m$ einfach $p_m$ mit einem Programm bestimmen kann, das Primzahlen aufzählt.

Überlegen wir uns jetzt eine eindeutige und dabei kurze Darstellung des Paares $(m, n/p_m)$ als ein Wort über $\Sigma_{\mathrm{bool}}$. Wir können nicht einfach Bin$(m)$ und Bin$(n/p_m)$

konkatenieren, weil man dann nicht weiß, wo das Wort $\mathrm{Bin}(m)$ in $\mathrm{Bin}(m)\mathrm{Bin}(n/p_m)$ endet, und somit die Darstellung nicht eindeutig wird. Versuchen wir jetzt, $m$ anders zu kodieren. Sei $\mathrm{Bin}(m) = a_1 a_2 \ldots a_{\lceil \log_2(m+1) \rceil}$ für $a_i \in \Sigma_{\mathrm{bool}}$ für $i = 1, 2, \ldots, \lceil \log_2(m+1) \rceil$. Dann setzen wir

$$\overline{\mathrm{Bin}}(m) = a_1 0 a_2 0 a_3 0 \ldots a_{\lceil \log_2(m+1) \rceil - 1} 0 a_{\lceil \log_2(m+1) \rceil} 1.$$

Das Wort $\overline{\mathrm{Bin}}(m)\mathrm{Bin}(n/p_m)$ kodiert eindeutig $(m, n/p_m)$, weil das Ende der Kodierung von $m$ eindeutig durch die erste 1 an einer geraden Stelle bestimmt ist. Die Länge dieser Darstellung ist $2 \cdot \lceil \log_2(m+1) \rceil + \lceil \log_2((n/p_m)+1) \rceil$. Das ist uns aber noch zu lang und deswegen kodieren wir $(m, n/p_m)$ als

$$\overline{\mathrm{Bin}}(\lceil \log_2(m+1) \rceil)\mathrm{Bin}(m)\mathrm{Bin}(n/p_m).$$

Diese Darstellung ist eindeutig, weil das Ende von $\overline{\mathrm{Bin}}(\lceil \log_2(m+1) \rceil)$ eindeutig zu erkennen ist und $\overline{\mathrm{Bin}}(\lceil \log_2(m+1) \rceil)$ aussagt, dass die nächsten $\lceil \log_2(m+1) \rceil$ Bits zum Teilwort $\mathrm{Bin}(m)$ gehören. Die Länge dieser Kodierung ist

$$2 \lceil \log_2(\lceil \log_2(m+1) \rceil + 1) \rceil + \lceil \log_2(m+1) \rceil + \lceil \log_2((n/p_m)+1) \rceil.$$

Auf diesem Prinzip aufbauend kann man unendlich viele Verbesserungen durchführen, für den Satz reicht eine weitere. Wir repräsentieren definitiv das Paar $(m, n/p_m)$ als

$$\begin{aligned}\mathrm{Wort}&(m, n/p_m) \\ &= \overline{\mathrm{Bin}}(\lceil \log_2(\lceil \log_2(m+1) \rceil + 1) \rceil)\mathrm{Bin}(\lceil \log_2(m+1) \rceil)\mathrm{Bin}(m)\mathrm{Bin}(n/p_m).\end{aligned}$$

Damit ist offenbar

$$\begin{aligned}|\mathrm{Wort}(m, n/p_m)| = {} & 2 \cdot \lceil \log_2(\lceil \log_2(\lceil \log_2(m+1) \rceil + 1) \rceil + 1) \rceil \\ & + \lceil \log_2(\lceil \log_2(m+1) \rceil + 1) \rceil \\ & + \lceil \log_2(m+1) \rceil + \lceil \log_2((n/p_m)+1) \rceil.\end{aligned} \qquad (2.3)$$

Die Darstellung $\mathrm{Wort}(m, n/p_m)$ betrachten wir jetzt als die Komprimierung von $\mathrm{Bin}(n)$. Weil wir eine feste Komprimierungsstrategie betrachten, bekommen wir mit demselben Argument wie in Lemma 2.5 und in Aufgabe 2.27, dass für alle $i \in \mathbb{N} - \{0\}$ für mehr als die Hälfte aller Zahlen $n$ aus $\{2^i, 2^i + 1, \ldots, 2^{i+1} - 1\}$ die Länge von $\mathrm{Wort}(m, n/p_m)$ mindestens $i - 1 = \lceil \log_2(n+1) \rceil - 2$ ist. Analog hat mehr als die Hälfte der Zahlen aus $\{2^i, 2^i + 1, \ldots, 2^{i+1} - 1\}$ eine Kolmogorov-Komplexität von mindestens $\lceil \log_2(n+1) \rceil - 2$. Folglich existiert für alle $i \in \mathbb{N} - \{0\}$ eine Zahl $n_i$, $2^i \le n_i \le 2^{i+1} - 1$, mit

$$|\mathrm{Wort}(m, n_i/p_m)| \ge |\mathrm{Bin}(n_i)| - 2 = \lceil \log_2(n_i+1) \rceil - 2$$

und

$$K(n_i) \ge \lceil \log_2(n_i+1) \rceil - 2.$$

Also gibt es unendlich viele $n$ mit den Eigenschaften

$$|\mathrm{Wort}(m, n/p_m)| \ge \lceil \log_2(n+1) \rceil - 2 \qquad (2.4)$$

und

$$K(n) \geq \lceil \log_2(n+1) \rceil - 2. \tag{2.5}$$

Wenn wir (2.4) für ein solches $n$ in (2.3) einsetzen, erhalten wir

$$
\begin{aligned}
\lceil \log_2(n+1) \rceil - 2 \leq\ & 2 \cdot \lceil \log_2(\lceil \log_2(\lceil \log_2(m+1) \rceil + 1) \rceil + 1) \rceil \\
& + \lceil \log_2(\lceil \log_2(m+1) \rceil + 1) \rceil \\
& + \lceil \log_2(m+1) \rceil + \lceil \log_2((n/p_m) + 1) \rceil \\
\leq\ & 2 \cdot \lceil \log_2 \lceil \log_2 \lceil \log_2 m \rceil \rceil \rceil + 6 \\
& + \lceil \log_2 \lceil \log_2 m \rceil \rceil + 2 \\
& + \lceil \log_2 m \rceil + \lceil \log_2(n/p_m) \rceil + 2 \\
\leq\ & 2 \cdot \lceil \log_2 \log_2 \log_2 m \rceil + \lceil \log_2 \log_2 m \rceil + \lceil \log_2 m \rceil + 10 \\
& + \lceil \log_2(n/p_m) \rceil \\
& \{ \text{Es gilt } \lceil \log_2 x \rceil = \lceil \log_2 \lceil x \rceil \rceil, \text{ für den Beweis siehe [GKP94].} \} \\
\leq\ & 2 \cdot \log_2 \log_2 \log_2 m + \log_2 \log_2 m + \log_2 m + \log_2(n/p_m) + 15
\end{aligned}
$$

und somit

$$\log_2 n \leq 2 \cdot \log_2 \log_2 \log_2 m + \log_2 \log_2 m + \log_2 m + \log_2(n/p_m) + 17.$$

Weil $\log_2(n/p_m) = \log_2 n - \log_2 p_m$ folgt daraus

$$\log_2 p_m \leq 2 \cdot \log_2 \log_2 \log_2 m + \log_2 \log_2 m + \log_2 m + 17.$$

Daher ist

$$p_m \leq 2^{17} \cdot m \cdot \log_2 m \cdot (\log_2 \log_2 m)^2. \tag{2.6}$$

Wegen (2.5) erfüllt unsere unendliche Folge $n_1, n_2, n_3, \ldots$ die Voraussetzung von Lemma 2.6. Damit gilt (2.6) für unendlich viele $m$. Das bedeutet, dass die $m$-te Primzahl höchstens $2^{17} \cdot m \cdot \log_2 m \cdot (\log_2 \log_2 m)^2$ sein darf für unendlich viele $m$. Daher gibt es $m$ Primzahlen unter den ersten $2^{17} \cdot m \cdot \log_2 m \cdot (\log_2 \log_2 m)^2$ natürlichen Zahlen. Anders ausgedrückt ist

$$\text{Prim}\big(2^{17} \cdot m \cdot \log_2 m \cdot (\log_2 \log_2 m)^2\big) \geq m \tag{2.7}$$

für unendlich viele $m$.

Setzen wir jetzt die Substitution $k = 2^{17} \cdot m \cdot \log_2 m \cdot (\log_2 \log_2 m)^2$ in (2.7) ein. Weil $k \geq m$ ist, erhalten wir

$$
\begin{aligned}
\text{Prim}(k) \geq m &= \frac{k}{2^{17} \cdot \log_2 m \cdot (\log_2 \log_2 m)^2} \\
&\geq \frac{k}{2^{17} \cdot \log_2 k \cdot (\log_2 \log_2 k)^2}. \qquad \square
\end{aligned}
$$

**Aufgabe 2.32.** Betrachten Sie $\overline{\mathrm{Bin}}(\lceil \log_2(m+1)\rceil) \cdot \mathrm{Bin}(m) \cdot \mathrm{Bin}(n/p_m)$ als die Komprimierung von $n = p_m(n/p_m)$. Welche untere Schranke auf $\mathrm{Prim}(k)$ würde die Anwendung dieser Komprimierung im Beweis von Satz 2.3 liefern?

**Aufgabe 2.33.** Was für ein Resultat würde die Darstellung

$$\overline{\mathrm{Bin}}(\lceil \log_2(\lceil \log_2(\lceil \log_2(m+1)\rceil + 1)\rceil + 1)\rceil) \mathrm{Bin}(\lceil \log_2(\lceil \log_2(m+1)\rceil + 1)\rceil)$$
$$\cdot \mathrm{Bin}(\lceil \log_2(m+1)\rceil) \mathrm{Bin}(m) \mathrm{Bin}(n/p_m)$$

von $n = p_m \cdot (n/p_m)$ im Beweis von Satz 2.3 bringen?

**Aufgabe 2.34.*** Was ist die bestmögliche untere Schranke auf $\mathrm{Prim}(k)$, die man mit der Beweismethode von Satz 2.3 bekommen kann?

**Aufgabe 2.35.*** Sei $p_1, p_2, p_3, \ldots$ die aufsteigende Folge aller Primzahlen. Zeigen Sie mit Hilfe des Primzahlsatzes, dass eine Konstante $c$ existiert, so dass für alle $m \in \mathbb{N} - \{0\}$

$$K(p_m) \leq \lceil \log_2 p_m \rceil - \lceil \log_2 \log_2 p_m \rceil + c$$

gilt.

## 2.5 Zusammenfassung und Ausblick

In diesem Kapitel haben wir die Grundbegriffe Alphabet, Wort und Sprache eingeführt. Ein Alphabet ist eine beliebige nichtleere endliche Menge von Symbolen, genau wie bei der Schrift natürlicher Sprachen. Der Begriff Wort über einem Alphabet entspricht einem beliebigen Text, der aus den Symbolen des Alphabets besteht. Jede Menge von Wörtern über dem gleichen Alphabet nennt man Sprache.

Diese Grundbegriffe benutzt man in allen Bereichen der Datenverarbeitung. Dies fängt an bei der Spezifikation algorithmischer Aufgaben, wo die Eingaben und Ausgaben immer als Wörter dargestellt werden. Ein Entscheidungsproblem ist im Prinzip durch eine Sprache $L$ spezifiziert. Die Aufgabe ist es, zu entscheiden, ob ein gegebenes Wort in $L$ ist oder nicht. Ein Optimierungsproblem hat eine kompliziertere Struktur. Ein Eingabewort kodiert eine Menge von Anforderungen und die Kosten der Objekte (der zulässigen Lösungen), die die Anforderungen erfüllen. Meistens erfüllen sehr viele Lösungen diese Menge von Anforderungen, und man soll eine der optimalen bezüglich des Optimierungskriteriums (zum Beispiel die Lösung mit minimalen Kosten) als Ausgabe berechnen.

Eine vernünftige Möglichkeit, den Informationsgehalt von Wörtern über $\{0, 1\}$ zu messen, ist die Kolmogorov-Komplexität. Die Kolmogorov-Komplexität eines Wortes $x$ ist die binäre Länge des kürzesten Pascal-Programms, das $x$ generiert. Ein Programm, das $x$ generiert, kann man als eine komprimierte Darstellung von $x$ betrachten. Die Kolmogorov-Komplexität von $x$ ist also die Länge der kürzesten Komprimierung von $x$. Die Wörter, die man nicht komprimieren kann, kann man als zufällig betrachten. Es gibt unendlich viele zufällige Wörter über $\{0, 1\}$, für jede Länge mindestens eins. Die Kolmogorov-Komplexität hilft nicht nur, den Informationsgehalt von Wörtern und deren Grad der Zufälligkeit zu messen, sondern man kann sie als eine effiziente Methode zum Beweisen neuer Resultate verwenden.

Das Studium von Alphabeten, Wörtern, Sprachen und deren Darstellung ist das Thema der Theorie der formalen Sprachen. Diese Theorie ist eines der ältesten Gebiete der Informatik. Weil in der Informatik die zentralen Objekte wie Informationen, Programme, Aussagen (Sätze), Nachrichten, Speicherinhalte, Beweise und Berechnungen als Wörter dargestellt sind, liefert die Theorie der formalen Sprachen die Bausteine für viele andere Grundgebiete der Informatik wie Berechenbarkeit, Komplexitätstheorie, Algorithmik, Kryptographie, Compilerbau usw. In diesem Buch haben wir uns auf minimale Kenntnisse der Theorie der formalen Sprachen beschränkt, die hinreichend für die nächsten Kapitel sind. Ein Grund dafür ist auch, dass dem an der Theorie der formalen Sprachen Interessierten hervorragende Lehrbücher zur Verfügung stehen, und wir keinen Grund dafür sehen, das „hundertste" Buch zu diesem Thema zu liefern. Wärmstens empfehlen wir das erfolgreichste klassische Lehrbuch der Theoretischen Informatik, „Introduction to Automata Theory, Languages, and Computation" von Hopcroft und Ullman [HU79] und seine erweiterte neue Version [HMU06]. Ein anderes schön geschriebenes klassisches Buch ist [Sal73] von Salomaa. Von den neuesten deutschen Lehrbüchern können wir zum Beispiel Erk und Priese [EP00] und Wegener [Weg05] empfehlen.

Die Idee, die Kolmogorov-Komplexität zur Messung des Informationsgehaltes von Wörtern einzuführen, entstand in den 60er Jahren unabhängig bei Kolmogorov [Kol65, Kol68] und Chaitin [Cha66, Cha69, Cha74]. Den umfassendsten Überblick über dieses Thema bietet das Buch von Li und Vitányi [LV93], das leider für Anfänger sehr schwer lesbar ist. Anschauliche Beispiele ihrer Anwendung kann man bei Schöning [Sch95] finden.

**Kontrollaufgaben**

1. Sei $\Sigma = \{0, 1, 2, 3\}$ ein Alphabet. Seien $k, l$ und $n$ positive Zahlen, $k + l \leq n$. Wie viele Wörter über $\Sigma$ der Länge $n$ mit $k$ Symbolen 1 und $l$ Symbolen 0 gibt es?

2. Definieren Sie die Konkatenation von zwei Sprachen und den Kleene'schen Stern einer Sprache.

3. Seien $\Sigma_1$ und $\Sigma_2$ zwei Alphabete. Definieren Sie den Begriff des Homomorphismus von $\Sigma_1^*$ nach $\Sigma_2^*$. Warum ist jeder Homomorphismus $h$ durch $h(x)$ für jedes $x \in \Sigma_1$ vollständig determiniert?

4. Seien $L_1, L_2, L_3$ und $L_4$ beliebige Sprachen über einem Alphabet $\Sigma$. Beweisen oder widerlegen Sie die folgenden Behauptungen.

    (a) $(L_1 \cup L_2) \cdot (L_3 \cup L_4) = L_1 L_3 \cup L_1 L_4 \cup L_2 L_3 \cup L_2 L_4$,

    (b) $(L_1 \cap L_2) \cdot (L_3 \cap L_4) = L_1 L_3 \cap L_1 L_4 \cap L_2 L_3 \cap L_2 L_4$,

    (c) $(L_1 \cup L_2) \cdot (L_3 \cap L_4) = (L_1 L_3 \cap L_1 L_4) \cup (L_2 L_3 \cap L_2 L_4)$,

    (d) $(L_1 \cup L_2) \cdot (L_3 \cap L_4) = L_1(L_3 \cap L_4) \cup L_2(L_3 \cap L_4)$.

    Wenn eine Gleichung nicht für alle Sprachen gelten sollte, überprüfen Sie, ob mindestens eine Inklusion gilt.

5. Gilt die Gleichung
$$\{a, b\}^* = \{a\{b\}^*\}^* \cdot \{b\{a\}^*\}^*?$$

6. Beschreiben Sie informell die Bedeutung des Begriffes „Algorithmus".

7. Definieren Sie folgende algorithmische Grundaufgabenstellungen: Entscheidungsproblem, Optimierungsproblem und Aufzählungsproblem. Erklären Sie, was es bedeutet, diese Probleme zu lösen.

8. Wie hängt die Existenz eines Algorithmus für ein Entscheidungsproblem $(\Sigma, L)$ mit der Existenz eines Aufzählungsalgorithmus für $L$ zusammen?

9. Suchen Sie sich ein Optimierungsproblem aus und geben Sie seine vollständige formale Beschreibung an.

10. Definieren Sie die Kolmogorov-Komplexität von Wörtern über $\{0,1\}$ und erklären Sie, warum man sich gerade auf diese Art der Messung des Informationsgehaltes von Wörtern geeinigt hat.

11. Wie stark hängt die Definition der Kolmogorov-Komplexität von der Wahl der Programmiersprache ab?

12. Wie definiert man die Kolmogorov-Komplexität natürlicher Zahlen?

13. Sei $\Sigma = \{0,1,2,3,4,5,6,7,8,9\}$. Wie würden Sie die Kolmogorov-Komplexität von Wörtern über $\Sigma$ definieren?

    Betrachten Sie mehrere Möglichkeiten und diskutieren Sie ihre Vor- und Nachteile.

14. Warum ist die Kolmogorov-Komplexität eines Wortes $x$ nie wesentlich größer als $|x|$ und warum ist dies erwünscht?

15. Bei der Bestimmung einer oberen Schranke für die Kolmogorov-Komplexität $K(x)$ eines Wortes $x$ geht man meistens so vor, dass man ein Programm $P_x$ zur Generierung von $x$ entwickelt, um dann die binäre Länge des Programms zu messen. Hängt diese Messung von der Größe des Speichers ab, den $P_x$ während der Generierung von $x$ benutzt?

    Gibt es Unterschiede in der Messung der binären Länge der folgenden zwei Programme, die das gleiche Wort $0^{n^3}$ generieren?

$P_n^1$:
```
begin
    M := n;
    M := M × M × M;
    for I := 1 to M do
        write(0);
end
```

$P_n^2$:
```
begin
    M := n × n × n;
    for I := 1 to M do
        write(0);
end
```

16. Geben Sie eine unendliche Folge von Wörtern $y_1, y_2, y_3, \ldots$ über $\Sigma_{\text{bool}}$ mit folgenden Eigenschaften an:

    (i) $|y_i| < |y_{i+1}|$ für alle $i \in \mathbb{N} - \{0\}$ und

(ii) es existiert eine Konstante $c$, so dass

$$K(y_i) \leq \lceil \log_2 \sqrt{|y_i|} \rceil + c$$

für alle $i \in \mathbb{N} - \{0\}$ gilt.

17. Wie sieht es mit der Verteilung der Wörter aus $\{0,1\}^n$ bezüglich deren Kolmogorov-Komplexität aus? Wie viele wenig komprimierbare Wörter gibt es?

18. Erklären Sie ohne die formalen Beweise zu wiederholen, warum die Annahme der Existenz zu weniger Primzahlen (zum Beispiel $\mathrm{Prim}(k) \leq k/(\log_2 k)^2$) unter den natürlichen Zahlen zu einem Widerspruch führt. Was hat das mit der Darstellung der Zahlen durch ihre Primfaktorzerlegung zu tun?

Der Beweis einer hohen Bildung
ist die Fähigkeit, über komplexe Sachen
so einfach wie möglich zu sprechen.

R. Emerson

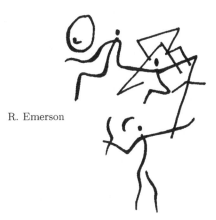

# 3 Endliche Automaten

## 3.1 Zielsetzung

Endliche Automaten sind das einfachste Berechnungsmodell, das man in der Informatik betrachtet. Im Prinzip entsprechen endliche Automaten speziellen Programmen, die gewisse Entscheidungsprobleme lösen und dabei keine Variablen benutzen. Endliche Automaten arbeiten in Echtzeit in dem Sinne, dass sie die Eingabe nur einmal von links nach rechts lesen, das Resultat steht sofort nach dem Lesen des letzten Buchstabens fest.

Der Grund, endliche Automaten hier zu behandeln, ist nicht der Einstieg in die Automatentheorie. Wir nutzen die endlichen Automaten zu didaktischen Zwecken, um auf einfache und anschauliche Weise die Modellierung von Berechnungen zu erläutern. Daher führen wir einige Grundbegriffe der Informatik wie Konfiguration, Berechnungsschritt, Berechnung, Simulation, Determinismus und Nichtdeterminismus für das Modell der endlichen Automaten mit dem Ziel ein, das grobe Verständnis für die allgemeine Bedeutung dieser Begriffe zu gewinnen. Dies sollte uns später die Entwicklung des Verständnisses dieser Begriffe im Zusammenhang mit einem allgemeinen Modell algorithmischer Berechnungen erleichtern.

Wir lernen also in diesem Kapitel, wie man eine Teilklasse von Algorithmen (Programmen) formal und dabei anschaulich modellieren und untersuchen kann. Neben dem ersten Kontakt mit den oben erwähnten Grundbegriffen der Informatik lernen wir auch, was es bedeutet, einen Beweis zu führen, der zeigt, dass eine konkrete Aufgabe in einer gegebenen Teilklasse von Algorithmen nicht lösbar ist.

## 3.2 Die Darstellungen der endlichen Automaten

Wenn man ein Berechnungsmodell definieren will, muss man folgende Fragen beantworten:

1. Welche elementaren Operationen, aus denen man die Programme zusammenstellen kann, stehen zur Verfügung?

2. Wie viel Speicher steht zur Verfügung und wie geht man mit dem Speicher um?

3. Wie wird die Eingabe eingegeben?

4. Wie wird die Ausgabe bestimmt (ausgegeben)?

Bei endlichen Automaten hat man keinen Speicher zur Verfügung außer dem Speicher, in dem das Programm gespeichert wird und dem Zeiger, der auf die angewendete Zeile des Programms zeigt. Das bedeutet, dass das Programm keine Variablen benutzen darf. Das mag überraschend sein, weil man fragen kann, wie man ohne Variablen überhaupt rechnen kann. Die Idee dabei ist, dass der Inhalt des Zeigers, also die Nummer der aktuellen Programmzeile, die einzige wechselnde Information ist, und dass man mit dieser Pseudovariablen auskommen muss.

Wenn $\Sigma = \{a_1, a_2, \ldots, a_k\}$ das Alphabet ist, über dem die Eingaben dargestellt sind, dann darf der endliche Automat nur den folgenden Operationstyp benutzen:

$$
\begin{aligned}
\texttt{select}\ & input = a_1\ \texttt{goto}\ i_1 \\
& input = a_2\ \texttt{goto}\ i_2 \\
& \vdots \\
& input = a_k\ \texttt{goto}\ i_k
\end{aligned}
$$

Die Bedeutung dieser Operation (dieses Befehls) ist, dass man das nächste Eingabesymbol liest und mit $a_1, a_2, \ldots, a_k$ vergleicht. Wenn es gleich $a_j$ ist, setzt das Programm die Arbeit in der Zeile $i_j$ fort. Die Realisierung dieses Befehls bedeutet automatisch, dass das gelesene Symbol gelöscht wird und man daher in der Zeile $i_j$ das nächste Symbol liest. Jede Zeile des Programms enthält genau einen Befehl der oben angegebenen Form. Wir nummerieren die Zeilen mit natürlichen Zahlen $0, 1, 2, 3, \ldots$ und die Arbeit des Programms beginnt immer in der Zeile 0. Wenn $\Sigma$ nur aus zwei Symbolen (zum Beispiel 1 und 0) besteht, kann man statt des Befehls `select` den folgenden Befehl `if ... then ... else` benutzen.

$$\texttt{if}\ input = 1\ \texttt{then goto}\ i\ \texttt{else goto}\ j.$$

Solche Programme benutzt man, um Entscheidungsprobleme zu lösen. Die Antwort ist durch die Zeilennummer bestimmt. Wenn ein Programm aus $m$ Zeilen besteht, wählt man eine Teilmenge $F$ von $\{0, 1, 2, \ldots, m-1\}$ aus. Wenn dann nach dem Lesen der gesamten Eingabe das Programm in der $j$-ten Zeile endet, und $j \in F$, dann akzeptiert das Programm die Eingabe. Wenn $j \in \{0, 1, 2, \ldots, m-1\} - F$, dann akzeptiert das Programm die Eingabe nicht. Die Menge aller akzeptierten Wörter ist die von dem Programm akzeptierte (erkannte) Sprache.

Betrachten wir als Beispiel folgendes Programm $A$, das Eingaben über dem Alphabet $\Sigma_{\text{bool}}$ bearbeitet.

```
0:      if input = 1 then goto 1 else goto 2
1:      if input = 1 then goto 0 else goto 3
2:      if input = 0 then goto 0 else goto 3
3:      if input = 0 then goto 1 else goto 2
```

Setzen wir $F = \{0, 3\}$. Das Programm $A$ arbeitet auf einer Eingabe 1011 wie folgt: Es startet in der Zeile 0, und geht in die Zeile 1, nachdem es eine 1 gelesen hat. Es liest eine

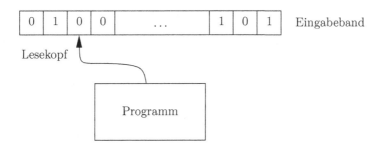

**Abbildung 3.1**

0 in der ersten Zeile und geht in die dritte Zeile. In der dritten Zeile liest es eine 1 und geht in die zweite Zeile, um in die dritte Zeile zurückzukehren beim Lesen einer weiteren 1. Die Berechnung ist beendet, und weil $3 \in F$ gilt, wird das Wort 1011 akzeptiert.

Mit endlichen Automaten verbindet man oft die schematische Darstellung aus Abbildung 3.1. In dieser Abbildung sehen wir die drei Hauptkomponenten des Modells: ein gespeichertes **Programm**, ein **Band** mit dem Eingabewort und einen **Lesekopf**, der sich auf dem Band nur von links nach rechts bewegen kann.[1] Das Band (auch Eingabeband genannt) betrachtet man als einen linearen Speicher für die Eingabe. Das Band besteht aus Feldern (Zellen). Ein Feld ist eine elementare Speichereinheit, die ein Symbol aus dem betrachteten Alphabet beinhalten kann.

Die oben beschriebene Klasse von Programmen benutzt man heute fast gar nicht mehr, um endliche Automaten zu definieren, weil diese Programme wegen des `goto`-Befehls keine schöne Struktur haben. Daher ist diese Modellierungsart nicht sehr anschaulich und für die meisten Zwecke auch sehr unpraktisch. Die Idee einer umgangsfreundlicheren Definition endlicher Automaten basiert auf folgender visueller Darstellung unseres Programms. Wir ordnen jedem Programm $A$ einen gerichteten markierten Graphen $G(A)$ zu. $G(A)$ hat genau so viele Knoten wie das Programm $A$ Zeilen hat, und jeder Zeile von $A$ ist genau ein Knoten zugeordnet, der durch die Nummer der Zeile markiert wird. Falls das Programm $A$ aus einer Zeile $i$ in die Zeile $j$ beim Lesen eines Symbols $b$ übergeht, dann enthält $G(A)$ eine gerichtete Kante $(i, j)$ mit der Markierung $b$. Weil unsere Programme ohne Variablen für jedes $a \in \Sigma$ in jeder Zeile einen `goto`-Befehl haben,[2] hat jeder Knoten von $G(A)$ genau den Ausgangsgrad[3] $|\Sigma|$. Abbildung 3.2 enthält den Graphen $G(A)$ für das oben beschriebene vierzeilige Programm $A$. Die Zeilen aus $F$ sind durch Doppelkreise als besondere Knoten von $G(A)$ gekennzeichnet. Der Knoten, der der Zeile 0 entspricht, wird durch einen zusätzlichen Pfeil (Abbildung 3.2) als der Anfangsknoten aller Berechnungen markiert.

Aus dieser graphischen Darstellung entwickeln wir jetzt die standardisierte formale Definition endlicher Automaten. Die graphische Darstellung werden wir aber weiterhin benutzen, weil sie eine sehr anschauliche Beschreibung endlicher Automaten bietet. Die

---

[1]Die komponentenartige Darstellung allgemeiner Berechnungsmodelle beinhaltet außerdem noch einen Speicher, Schreib- und Lesezugriffsmöglichkeiten auf diesen Speicher und eventuell ein Ausgabemedium.

[2]Jede Zeile ist ein `select` über alle Symbole des Alphabets.

[3]Der Ausgangsgrad eines Knotens ist die Anzahl der gerichteten Kanten, die den Knoten verlassen.

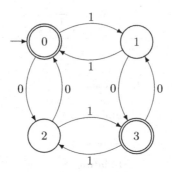

**Abbildung 3.2**

folgende formale Definition ist andererseits besser für das Studium der Eigenschaften endlicher Automaten und für die formale Beweisführung geeignet. Hierfür ändern wir teilweise die Terminologie. Was wir bisher als Zeile des Programms oder als Knoten des Graphen bezeichnet haben, werden wir im Weiteren als Zustand des endlichen Automaten bezeichnen. Die Kanten des Graphen, die den `goto`-Befehlen des Programms entsprechen, werden durch die sogenannte Übergangsfunktion beschrieben.

Man beachte, dass der folgenden Definition ein allgemeines Schema zugrunde liegt, das man bei der Definition beliebiger Rechnermodelle anwenden kann. Zuerst definiert man eine Struktur, die die exakte Beschreibung jedes Objekts aus der Modellklasse ermöglicht. Dann beschreibt man die Bedeutung (Semantik) dieser Struktur. Dies geschieht in folgender Reihenfolge. Zunächst definiert man den Begriff der Konfiguration. Eine Konfiguration ist die vollständige Beschreibung einer Situation (eines allgemeinen Zustands), in der sich das Modell befindet. Dann definiert man einen Schritt als einen Übergang aus einer Konfiguration in eine andere Konfiguration, wobei dieser Übergang durch eine elementare Aktion des Rechnermodells realisierbar sein muss. Eine Berechnung kann dann als eine Folge solcher Schritte gesehen werden. Wenn man eine Berechnung definiert hat, kann man jeder Eingabe das Resultat der Arbeit des Rechnermodells als Ausgabe zuordnen.

**Definition 3.1.** *Ein (deterministischer) **endlicher Automat** (**EA**) ist ein Quintupel* $M = (Q, \Sigma, \delta, q_0, F)$, *wobei*

*(i)* $Q$ *eine endliche Menge von **Zuständen** ist,*
  {vorher die Menge von Zeilen eines Programms ohne Variablen}

*(ii)* $\Sigma$ *ein Alphabet, genannt **Eingabealphabet**, ist,*
  {die Bedeutung ist, dass die zulässigen Eingaben alle Wörter über $\Sigma$ sind}

*(iii)* $q_0 \in Q$ *der Anfangszustand ist,*
  {vorher die Zeile 0 des Programms ohne Variablen}

*(iv)* $F \subseteq Q$ *die **Menge der akzeptierenden Zustände**[4] ist und*

---

[4]In der deutschsprachigen Literatur auch Endzustände genannt. Der Begriff „Endzustand" kann aber auch zu Missverständnissen führen, weil die Berechnungen in einem beliebigen Zustand enden können. Außerdem entspricht der Begriff „akzeptierender Zustand" der wahren Bedeutung dieser Zustände und der Bezeichnung bei anderen Berechnungsmodellen wie bei Turingmaschinen.

*(v)* $\delta$ *eine Funktion von* $Q \times \Sigma$ *nach* $Q$ *ist, die* **Übergangsfunktion** *genannt wird.*
{$\delta(q,a) = p$ bedeutet, dass $M$ in den Zustand $p$ übergeht, falls $M$ im Zustand $q$ das Symbol $a$ gelesen hat}

*Eine* **Konfiguration** *von* $M$ *ist ein Element aus* $Q \times \Sigma^*$.
{Wenn $M$ sich in einer Konfiguration $(q,w) \in Q \times \Sigma^*$ befindet, bedeutet das, dass $M$ im Zustand $q$ ist und noch das Suffix $w$ eines Eingabewortes lesen soll.}

*Die Konfiguration* $(q_0, x) \in \{q_0\} \times \Sigma^*$ *heißt die* **Startkonfiguration von** $M$ **auf** $x$.
{Die Arbeit (Berechnung) von $M$ auf $x$ muss in der Startkonfiguration $(q_0, x)$ von $x$ anfangen.}

*Jede Konfiguration aus* $Q \times \{\lambda\}$ *nennt man eine* **Endkonfiguration**.

*Ein* **Schritt** *von* $M$ *ist eine Relation (auf Konfigurationen)* $\vert\!\frac{}{M} \subseteq (Q \times \Sigma^*) \times (Q \times \Sigma^*)$, *definiert durch*

$$(q,w) \vert\!\frac{}{M} (p,x) \iff w = ax, \ a \in \Sigma \ und \ \delta(q,a) = p.$$

{Ein Schritt entspricht einer Anwendung der Übergangsfunktion auf die aktuelle Konfiguration, in der sich $M$ in einem Zustand $q$ befindet und ein Eingabesymbol $a$ liest.}

*Eine* **Berechnung** $C$ *von* $M$ *ist eine endliche Folge* $C = C_0, C_1, \ldots, C_n$ *von Konfigurationen, so dass* $C_i \vert\!\frac{}{M} C_{i+1}$ *für alle* $0 \leq i \leq n-1$. $C$ *ist die* **Berechnung von** $M$ **auf einer Eingabe** $x \in \Sigma^*$, *falls* $C_0 = (q_0, x)$ *und* $C_n \in Q \times \{\lambda\}$ *eine Endkonfiguration ist. Falls* $C_n \in F \times \{\lambda\}$, *sagen wir, dass* $C$ *eine* **akzeptierende Berechnung** *von* $M$ *auf* $x$ *ist, und dass* $M$ **das Wort** $x$ **akzeptiert**. *Falls* $C_n \in (Q - F) \times \{\lambda\}$, *sagen wir, dass* $C$ *eine* **verwerfende Berechnung** *von* $M$ *auf* $x$ *ist, und dass* $M$ **das Wort** $x$ **verwirft** **(nicht akzeptiert)**.
{Man bemerke, dass $M$ für jede Eingabe $x \in \Sigma^*$ genau eine Berechnung hat.}

*Die* **von** $M$ **akzeptierte Sprache** $L(M)$ *ist definiert als*

$$L(M) = \{w \in \Sigma^* \mid die\ Berechnung\ von\ M\ auf\ w\ endet\ in$$
$$einer\ Endkonfiguration\ (q, \lambda)\ mit\ q \in F\}.$$

$\mathcal{L}_{\mathrm{EA}} = \{L(M) \mid M$ *ist ein EA*$\}$ *ist die Klasse der Sprachen, die von endlichen Automaten akzeptiert werden.* $\mathcal{L}_{\mathrm{EA}}$ *bezeichnet man auch als die* **Klasse der regulären Sprachen**, *und jede Sprache* $L$ *aus* $\mathcal{L}_{\mathrm{EA}}$ *wird* **regulär** *genannt.*

Benutzen wir noch einmal das Programm $A$, um die gegebene Definition der endlichen Automaten zu illustrieren. Der zum Programm $A$ äquivalente EA ist $M = (Q, \Sigma, \delta, q_0, F)$ mit

$$Q = \{q_0, q_1, q_2, q_3\}, \Sigma = \{0, 1\}, F = \{q_0, q_3\} \ und$$
$$\delta(q_0, 0) = q_2, \delta(q_0, 1) = q_1, \delta(q_1, 0) = q_3, \delta(q_1, 1) = q_0,$$
$$\delta(q_2, 0) = q_0, \delta(q_2, 1) = q_3, \delta(q_3, 0) = q_1, \delta(q_3, 1) = q_2.$$

Anschaulicher kann man die Übergangsfunktion $\delta$ durch Tabelle 3.1 beschreiben.

Die anschaulichste Darstellung eines EA ist aber die schon angesprochene graphische Form (Abbildung 3.2), die man für den EA in die in Abbildung 3.3 gegebene Form umwandeln kann.

<table>
<tr><td colspan="3">Tabelle 3.1</td></tr>
</table>

| Zustand | Eingabe | |
|---|---|---|
| | 0 | 1 |
| $q_0$ | $q_2$ | $q_1$ |
| $q_1$ | $q_3$ | $q_0$ |
| $q_2$ | $q_0$ | $q_3$ |
| $q_3$ | $q_1$ | $q_2$ |

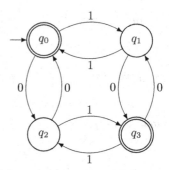

**Abbildung 3.3**

Die Berechnung von $M$ auf der Eingabe 1011 ist

$$(q_0, 1011) \underset{M}{\vdash} (q_1, 011) \underset{M}{\vdash} (q_3, 11) \underset{M}{\vdash} (q_2, 1) \underset{M}{\vdash} (q_3, \lambda).$$

Weil $q_3 \in F$, ist $1011 \in L(M)$.

Die folgende Definition führt Bezeichnungen ein, die den formalen Umgang mit endlichen Automaten erleichtern.

**Definition 3.2.** *Sei $M = (Q, \Sigma, \delta, q_0, F)$ ein endlicher Automat. Wir definieren $\underset{M}{\overset{*}{\vdash}}$ als die reflexive und transitive Hülle der Schrittrelation $\underset{M}{\vdash}$ von $M$; daher ist*

$$(q, w) \underset{M}{\overset{*}{\vdash}} (p, u) \iff (q = p \text{ und } w = u) \text{ oder } \exists k \in \mathbb{N} - \{0\},$$

*so dass*

*(i) $w = a_1 a_2 \ldots a_k u$, $a_i \in \Sigma$ für $i = 1, 2, \ldots, k$, und*

*(ii) $\exists r_1, r_2, \ldots, r_{k-1} \in Q$, so dass*
$$(q, w) \underset{M}{\vdash} (r_1, a_2 \ldots a_k u) \underset{M}{\vdash} (r_2, a_3 \ldots a_k u) \underset{M}{\vdash} \cdots (r_{k-1}, a_k u) \underset{M}{\vdash} (p, u).$$

*Wir definieren $\hat{\delta} \colon Q \times \Sigma^* \to Q$ durch:*

*(i) $\hat{\delta}(q, \lambda) = q$ für alle $q \in Q$ und*

*(ii) $\hat{\delta}(q, wa) = \delta(\hat{\delta}(q, w), a)$ für alle $a \in \Sigma$, $w \in \Sigma^*$, $q \in Q$.*

Die Bedeutung von $(q, w) \underset{M}{\overset{*}{\vdash}} (p, u)$ ist, dass es eine Berechnung von $M$ gibt, die ausgehend von der Konfiguration $(q, w)$ zu der Konfiguration $(p, u)$ führt. Die Aussage $\hat{\delta}(q, w) = p$ bedeutet, dass, wenn $M$ im Zustand $q$ das Wort $w$ zu lesen beginnt, dann endet $M$ im Zustand $p$ (also $(q, w) \underset{M}{\overset{*}{\vdash}} (p, \lambda)$). Daher können wir schreiben:

$$L(M) = \{w \in \Sigma^* \mid (q_0, w) \underset{M}{\overset{*}{\vdash}} (p, \lambda) \text{ mit } p \in F\}$$
$$= \{w \in \Sigma^* \mid \hat{\delta}(q_0, w) \in F\}.$$

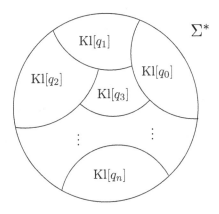

**Abbildung 3.4**

Betrachten wir jetzt den EA $M$ aus Abbildung 3.3. Versuchen wir, die Sprache $L(M)$ zu bestimmen. Wir können leicht beobachten, dass für Wörter, die eine gerade [ungerade] Anzahl von Einsen haben, $M$ die Berechnung in $q_0$ oder $q_2$ [$q_1$ oder $q_3$] beendet. Wenn die Anzahl der Nullen in einem $x \in \Sigma^*$ gerade [ungerade] ist, dann ist $\hat{\delta}(q_0, x) \in \{q_0, q_1\}$ [$\hat{\delta}(q_0, x) \in \{q_2, q_3\}$]. Diese Beobachtung führt zu folgender Behauptung.

**Lemma 3.1.** $L(M) = \{w \in \{0,1\}^* \mid |w|_0 + |w|_1 \equiv 0 \bmod 2\}$.

*Beweis.* Zuerst bemerken wir, dass jeder EA die Menge $\Sigma^*$ in $|Q|$ Klassen

$$\mathbf{Kl}[p] = \{w \in \Sigma^* \mid \hat{\delta}(q_0, w) = p\} = \{w \in \Sigma^* \mid (q_0, w) \underset{M}{\big|\overset{*}{-}} (p, \lambda)\},$$

aufteilt, und es ist klar, dass $\bigcup_{p \in Q} \mathrm{Kl}[p] = \Sigma^*$ und $\mathrm{Kl}[p] \cap \mathrm{Kl}[q] = \emptyset$ für alle $p, q \in Q$, $p \neq q$. In dieser Terminologie gilt

$$L(M) = \bigcup_{p \in F} \mathrm{Kl}[p].$$

Anders ausgedrückt ist die Relation $R_\delta$, die durch

$$x R_\delta y \iff \hat{\delta}(q_0, x) = \hat{\delta}(q_0, y)$$

definiert wird, eine Äquivalenzrelation auf $\Sigma^*$, die die endlich vielen Klassen $\mathrm{Kl}[p]$ bestimmt (Abbildung 3.4).

Daher ist ein sicherer Weg, $L(M)$ zu bestimmen, die Bestimmung von $\mathrm{Kl}[q_0]$, $\mathrm{Kl}[q_1]$, $\mathrm{Kl}[q_2]$ und $\mathrm{Kl}[q_3]$ unseres EA $M$. Zu dieser Bestimmung stellen wir die folgende Induktionsannahme auf:

$\mathrm{Kl}[q_0] = \{w \in \{0,1\}^* \mid |w|_0 \text{ und } |w|_1 \text{ sind gerade}\}$,

$\mathrm{Kl}[q_1] = \{w \in \{0,1\}^* \mid |w|_0 \text{ ist gerade}, |w|_1 \text{ ist ungerade}\}$,

$\mathrm{Kl}[q_2] = \{w \in \{0,1\}^* \mid |w|_0 \text{ ist ungerade}, |w|_1 \text{ ist gerade}\}$ und

$\mathrm{Kl}[q_3] = \{w \in \{0,1\}^* \mid |w|_0 \text{ und } |w|_1 \text{ sind ungerade}\}$.

Weil

$$Kl[q_0] \cup Kl[q_3] = \{w \in \{0,1\}^* \mid |w|_0 + |w|_1 \equiv 0 \bmod 2\},$$

ist die Behauptung von Lemma 3.1 eine direkte Folge unserer Induktionsannahme. Um den Beweis von Lemma 3.1 zu vervollständigen, reicht es also, die Induktionsannahme zu beweisen. Wir zeigen dies durch Induktion bezüglich der Eingabelänge.

1. *Induktionsanfang.*
   Wir beweisen die Induktionsannahme für alle Wörter der Länge kleiner gleich zwei.

   $\hat{\delta}(q_0, \lambda) = q_0$ und daher ist $\lambda \in Kl[q_0]$,

   $\hat{\delta}(q_0, 1) = q_1$ und daher ist $1 \in Kl[q_1]$,

   $\hat{\delta}(q_0, 0) = q_2$ und daher ist $0 \in Kl[q_2]$,

   $(q_0, 00) \vdash_M (q_2, 0) \vdash_M (q_0, \lambda)$ und daher ist $00 \in Kl[q_0]$,

   $(q_0, 01) \vdash_M (q_2, 1) \vdash_M (q_3, \lambda)$ und daher ist $01 \in Kl[q_3]$,

   $(q_0, 10) \vdash_M (q_1, 0) \vdash_M (q_3, \lambda)$ und daher ist $10 \in Kl[q_3]$,

   $(q_0, 11) \vdash_M (q_1, 1) \vdash_M (q_0, \lambda)$ und daher ist $11 \in Kl[q_0]$.

   Daher gilt die Induktionsannahme für die Wörter der Länge 0, 1 und 2.

2. *Induktionsschritt.*
   Wir setzen voraus, dass die Induktionsannahme für alle $x \in (\Sigma_{bool})^*$, $|x| \leq i$, gilt. Wir wollen beweisen, dass sie auch für Wörter der Länge $i + 1$ gilt. Den Induktionsschritt beweisen wir für alle $i \geq 2$, daher gilt die Induktionsannahme für alle Wörter aus $(\Sigma_{bool})^*$.

   Sei $w$ ein beliebiges Wort aus $(\Sigma_{bool})^{i+1}$. Dann ist $w = za$, wobei $z \in (\Sigma_{bool})^i$ und $a \in \Sigma_{bool}$. Wir unterscheiden vier Möglichkeiten bezüglich der Paritäten von $|z|_0$ und $|z|_1$.

   (a) Seien $|z|_0$ und $|z|_1$ beide gerade. Weil die Induktionsannahme $\hat{\delta}(q_0, z) = q_0$ für $z$ impliziert (daher ist $z \in Kl[q_0]$), erhalten wir

   $$\hat{\delta}(q_0, za) = \delta(\hat{\delta}(q_0, z), a) \underset{\text{Ind.}}{=} \delta(q_0, a) = \begin{cases} q_1, & \text{falls } a = 1, \\ q_2, & \text{falls } a = 0. \end{cases}$$

   Weil $|z1|_0$ gerade und $|z1|_1$ ungerade ist, entspricht $\hat{\delta}(q_0, z1) = q_1$ der Induktionsannahme $z1 \in Kl[q_1]$.

   Weil $|z0|_0$ ungerade und $|z0|_1$ gerade ist, stimmt das Resultat $\hat{\delta}(q_0, z0) = q_2$ mit der Induktionsannahme $z0 \in Kl[q_2]$ überein.

   (b) Seien $|z|_0$ und $|z|_1$ beide ungerade. Weil $\hat{\delta}(q_0, z) = q_3$ (daher ist $z \in Kl[q_3]$) bezüglich der Induktionsannahme für $z$, erhalten wir

   $$\hat{\delta}(q_0, za) = \delta(\hat{\delta}(q_0, z), a) \underset{\text{Ind.}}{=} \delta(q_3, a) = \begin{cases} q_2, & \text{falls } a = 1, \\ q_1, & \text{falls } a = 0. \end{cases}$$

Dies entspricht der Induktionsannahme, dass $z0 \in \mathrm{Kl}[q_1]$ und $z1 \in \mathrm{Kl}[q_2]$.

Die Fälle (c) und (d) sind analog und wir überlassen sie dem Leser als Übung.    □

**Aufgabe 3.1.** Vervollständigen Sie den Beweis der Induktionsannahme aus Lemma 3.1 (Fälle (c) und (d)).

**Aufgabe 3.2.** Sei $L = \{w \in (\Sigma_{\mathrm{bool}})^* \mid |w|_0$ ist ungerade$\}$. Entwerfen Sie einen EA $M$ mit $L(M) = L$ und beweisen Sie $L(M) = L$.

**Aufgabe 3.3.** Entwerfen Sie endliche Automaten für die Sprachen $\emptyset$, $\Sigma^*$ und $\Sigma^+$ für ein beliebiges Alphabet $\Sigma$. Geben Sie die formale Darstellung der Automaten als Quintupel, sowie die graphische Darstellung an.

Wenn ein EA $A$ genügend anschaulich und strukturiert dargestellt wird, kann man die Sprache $L(A)$ auch ohne eine Beweisführung bestimmen. In den meisten Fällen verzichtet man also auf einen formalen Beweis, wie er in Lemma 3.1 geführt wurde.[5] Aus Lemma 3.1 haben wir aber etwas Wichtiges für den Entwurf eines EA gelernt. Eine gute Entwurfsstrategie ist es, die Menge aller Wörter aus $\Sigma^*$ in Teilklassen von Wörtern mit gewissen Eigenschaften zu zerlegen und „Übergänge" zwischen diesen Klassen bezüglich der Konkatenation eines Symbols aus $\Sigma$ zu definieren. Betrachten wir diese Strategie für den Entwurf eines EA für die Sprache

$$U = \{w \in (\Sigma_{\mathrm{bool}})^* \mid |w|_0 = 3 \text{ und } (|w|_1 \geq 2 \text{ oder } |w|_1 = 0)\}.$$

Um $|w|_0 = 3$ verifizieren zu können, muss jeder EA $B$ mit $L(B) = U$ für die Anzahl der bisher gelesenen Nullen die Fälle $|w|_0 = 0$, $|w|_0 = 1$, $|w|_0 = 2$, $|w|_0 = 3$ und $|w|_0 \geq 4$ unterscheiden können. Gleichzeitig muss $B$ auch die Anzahl der bisher gelesenen Einsen zählen, um mindestens die Fälle $|w|_1 = 0$, $|w|_1 = 1$ und $|w|_1 \geq 2$ unterscheiden zu können. Daraus resultiert die Idee, die Zustandsmenge

$$Q = \{q_{i,j} \mid i \in \{0,1,2,3,4\}, j \in \{0,1,2\}\}$$

zu wählen. Die Bedeutung sollte folgende sein:
Für alle $j \in \{0,1\}$ und alle $i \in \{0,1,2,3\}$ ist

$$\mathrm{Kl}[q_{i,j}] = \{w \in (\Sigma_{\mathrm{bool}})^* \mid |w|_0 = i \text{ und } |w|_1 = j\}.$$

Für alle $i \in \{0,1,2,3\}$ ist

$$\mathrm{Kl}[q_{i,2}] = \{w \in (\Sigma_{\mathrm{bool}})^* \mid |w|_0 = i \text{ und } |w|_1 \geq 2\}.$$

Für $j \in \{0,1\}$ ist

$$\mathrm{Kl}[q_{4,j}] = \{w \in (\Sigma_{\mathrm{bool}})^* \mid |w|_0 \geq 4 \text{ und } |w|_1 = j\},$$
$$\mathrm{Kl}[q_{4,2}] = \{w \in (\Sigma_{\mathrm{bool}})^* \mid |w|_0 \geq 4 \text{ und } |w|_1 \geq 2\}.$$

---

[5]Man bemerke, dass dies der Situation entspricht, in der man gewöhnlicherweise des Aufwands wegen auf den formalen Beweis der Korrektheit eines entworfenen Programms verzichtet.

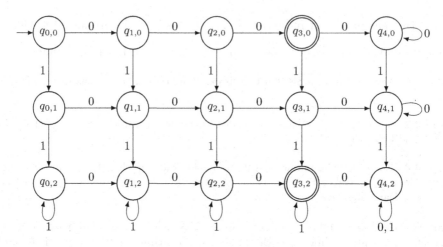

**Abbildung 3.5**

Es ist klar, dass $q_{0,0}$ der Anfangszustand ist. Die Übergangsfunktion von $B$ kann man direkt aus der Bedeutung der Zustände $q_{i,j}$ bestimmen, wie in Abbildung 3.5 gezeigt. Wir bemerken, dass

$$U = \text{Kl}[q_{3,0}] \cup \text{Kl}[q_{3,2}]$$

und setzen daher $F = \{q_{3,0}, q_{3,2}\}$.

**Aufgabe 3.4.**

(a) Beweisen Sie $L(B) = U$ für den EA $B$ aus Abbildung 3.5.

(b) Entwerfen Sie einen EA $A$ mit $L(A) = U$, so dass $A$ weniger Zustände als $B$ hat, und geben Sie zu jedem Zustand $q$ dieses Automaten die Klasse $\text{Kl}[q]$ an.

Die Methode zum Automatenentwurf, die auf der Bestimmung der Bedeutung der Zustände basiert, ist die grundlegendste Entwurfsstrategie für endliche Automaten. Deswegen präsentieren wir noch zwei anschauliche Anwendungen dieser Methode.

**Beispiel 3.1.** Unsere nächste Aufgabe ist, einen EA für die Sprache

$$L(0010) = \{x0010y \mid x, y \in \{0,1\}^*\}$$

zu entwerfen.

Hier ist der Entwurf ein bisschen schwieriger als bei einer Sprache, bei der alle Wörter mit 0010 anfangen müssen. Wir müssen feststellen, ob 0010 irgendwo in dem Eingabewort liegt. Die erste Idee ist die, dass der EA sich merken muss, welches Präfix von 0010 er gerade in den zuletzt gelesenen Buchstaben gefunden hat. Wenn das bisher gelesene Wort zum Beispiel 011**001** war, dann muss er sich merken, dass er schon 001 als Kandidaten gefunden hat, und wenn jetzt das nächste Symbol 0 ist, dann muss er akzeptieren. Wenn der EA das Präfix 1100 einer Eingabe gelesen hat, muss er sich merken, dass die letzten

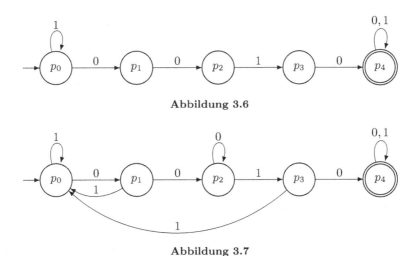

**Abbildung 3.6**

**Abbildung 3.7**

zwei Symbole 00 waren.[6] Damit ergeben sich fünf mögliche Zustände entsprechend den fünf Präfixen von 0010. Wir ziehen jetzt vor, deren Bedeutung anschaulich statt genau formal zu beschreiben.

Kl[$p_0$]:  Kein Präfix von 0010 ist ein nichtleeres Suffix des bisher
gelesenen Wortes $x$ (zum Beispiel $x = \lambda$ oder $x$ endet mit 11).

Kl[$p_1$]:  Die Wörter enden mit 0 und enthalten keinen längeren
Präfix von 0010 als ein Suffix (sie enden zum Beispiel mit 110).

Kl[$p_2$]:  Die Wörter enden mit 00.

Kl[$p_3$]:  Die Wörter enden mit 001.

Kl[$p_4$]:  Die Wörter enden mit 0010 oder beinhalten 0010 als Teilwort.

Aus diesen Klassenbeschreibungen erhalten wir die in Abbildung 3.6 dargestellte Teilstruktur des zu konstruierenden EA.

Dass die Folge 0010 gelesen werden muss, um den einzigen akzeptierenden Zustand $p_4$ zu erreichen, ist offensichtlich. Wenn der EA $p_4$ erreicht hat, hat er schon 0010 in der Eingabe gefunden und bleibt somit im akzeptierenden Zustand ($\delta(p_4, 0) = \delta(p_4, 1) = p_4$), egal was noch kommt. Das Lesen einer 1 in $p_0$ ändert nichts daran, dass wir noch kein Präfix von 0010 in den letzten Buchstaben gesehen haben. Um den EA zu vervollständigen, fehlen uns drei Pfeile aus den Zuständen $p_1, p_2$ und $p_3$ für das Lesen von 1 aus $p_1$ und $p_3$ und das Lesen von 0 aus $p_2$. Es gibt nur eine eindeutige Möglichkeit, dies korrekt zu machen (um $L(0010)$ zu erkennen) und diese ist in Abbildung 3.7 dargestellt.

In $p_1$ ist 0 das längste Suffix des gelesenen Wortes, das einem Präfix von 0010 entspricht. Wenn wir nun eine 1 lesen, müssen wir unsere Suche nach 0010 neu beginnen, weil eine 1 am Ende bedeutet, dass wir aktuell mit 01 kein Präfix von 0010 haben. Damit ist

$$\delta(p_1, 1) = p_0.$$

---

[6]Im Prinzip reicht es, die Zahl 2 zu speichern, weil das Wort 0010 bekannt ist und klar ist, dass 00 der Präfix der Länge 2 ist.

Wenn man in $p_2$ eine 0 liest, ändert sich nichts an der Tatsache, dass 00 das Suffix des gerade gelesenen Wortes ist und somit bleiben wir in $p_2$, also ist

$$\delta(p_2, 0) = p_2.$$

Wenn in $p_3$ eine 1 kommt, endet das gelesene Wort mit 11 und somit kann das Wort am Ende kein nichtleeres Suffix von 0010 enthalten. Der einzige mögliche Schluss ist

$$\delta(p_3, 1) = p_0.$$

Damit ist der EA vervollständigt.                                   ◇

**Aufgabe 3.5.** Geben Sie eine genaue formale Beschreibung der Klassen der Zustände des EA in Abbildung 3.7 an.

In Beispiel 3.1 haben wir einen EA in Abbildung 3.7 entworfen, der genau die Wörter akzeptiert, die das Wort 0010 als Teilwort enthalten. Der anstrengendste Teil des Entwurfs bestand in der Bestimmung der Kanten (Transitionen), wenn die Suche nach 0010 wegen einer Unstimmigkeit unterbrochen wurde. Dann musste man entscheiden, ob man die Suche neu anfangen soll oder ob das zuletzt gelesene Suffix noch ein kürzeres Präfix von 0010 enthält, und die weitere Suche musste dann von entsprechender Stelle fortgesetzt werden. Dass man da wirklich aufpassen muss, zeigt die Schwierigkeit der Klassenbeschreibung in Aufgabe 3.5. Man kann das Risiko in diesem Entwurfsprozess vermeiden, indem man sich entscheidet, einfach mehr Informationen über das gelesene Wort zu speichern. Eine Idee wäre, durch die Namen der Zustände alle kompletten Suffixe der Länge 4 zu speichern. Zum Beispiel sollte ein Zustand $q_{0110}$ alle Wörter enthalten, die mit 0110 enden. In dem Augenblick ist alles übersichtlich und die Beschreibung der Zustandsklassen einfach, aber wir bezahlen diese Transparenz mit der Automatengröße. Wir haben $2^4 = 16$ Zustände, um alle Suffixe der Länge 4 über $\{0, 1\}$ zu speichern. Das ist noch nicht alles. Es gibt auch kürzere Wörter, die natürlich kein Präfix der Länge 4 enthalten. Alle Wörter kürzer als 4 brauchen dann eigene Zustände, was

$$2^3 + 2^2 + 2^1 + 1 = 15$$

weitere Zustände ergibt. Weil das Zeichnen eines EA mit $16 + 15 = 31$ Zuständen sehr aufwendig ist, stellen wir eine Anwendung dieser Idee für die Suche nach einem kürzeren Teilwort vor.

**Beispiel 3.2.** Betrachten wir die Sprache

$$L = \{x110y \mid x, y \in \{0, 1\}^*\}.$$

Wie oben angedeutet, führen wir die Zustände $p_{abc}$ ein, wobei in $p_{abc}$ die Wörter landen, die mit dem Suffix $abc$ für $a, b, c \in \{0, 1\}$ enden. Dies ist noch nicht ganz genau, denn für $abc \neq 110$ nehmen wir ein Wort mit Suffix $abc$ in Kl$[p_{abc}]$ nur dann, wenn das Wort das Teilwort 110 nicht enthält. (In einem solchen Fall müsste aber die Akzeptanz eines solchen Wortes längst entschieden worden sein.) Wir beschreiben jetzt genau die Bedeutung aller Zustände:

$\mathrm{Kl}[p_{110}] = L = \{x \in \{0,1\}^* \mid x \text{ enthält das Teilwort } 110\}$,
$\mathrm{Kl}[p_{000}] = \{x000 \mid x \in \{0,1\}^* \text{ und } x000 \text{ enthält das Teilwort } 110 \text{ nicht}\}$,
$\mathrm{Kl}[p_{001}] = \{x001 \mid x \in \{0,1\}^* \text{ und } x001 \text{ enthält das Teilwort } 110 \text{ nicht}\}$,
$\mathrm{Kl}[p_{010}] = \{x010 \mid x \in \{0,1\}^* \text{ und } x010 \text{ enthält das Teilwort } 110 \text{ nicht}\}$,
$\mathrm{Kl}[p_{011}] = \{x011 \mid x \in \{0,1\}^* \text{ und } x011 \text{ enthält das Teilwort } 110 \text{ nicht}\}$,
$\mathrm{Kl}[p_{100}] = \{x100 \mid x \in \{0,1\}^* \text{ und } x100 \text{ enthält das Teilwort } 110 \text{ nicht}\}$,
$\mathrm{Kl}[p_{101}] = \{x101 \mid x \in \{0,1\}^* \text{ und } x101 \text{ enthält das Teilwort } 110 \text{ nicht}\}$,
$\mathrm{Kl}[p_{111}] = \{x111 \mid x \in \{0,1\}^* \text{ und } x111 \text{ enthält das Teilwort } 110 \text{ nicht}\}$.

Dann brauchen wir die Zustände

$$p_\lambda, p_0, p_1, p_{00}, p_{01}, p_{10} \text{ und } p_{11}$$

für kürzere Wörter, daher gilt

$$\mathrm{Kl}[p_\lambda] = \{\lambda\}, \mathrm{Kl}[p_0] = \{0\}, \mathrm{Kl}[p_1] = \{1\},$$
$$\mathrm{Kl}[p_{00}] = \{00\}, \mathrm{Kl}[p_{01}] = \{01\},$$
$$\mathrm{Kl}[p_{10}] = \{10\} \text{ und } \mathrm{Kl}[p_{11}] = \{11\}.$$

Der Startzustand ist offensichtlich der Zustand $p_\lambda$ und $p_{110}$ ist der einzige akzeptierende Zustand.

Der resultierende EA ist in Abbildung 3.8 gezeichnet. Die Verzweigungsstruktur (in der Informatik Baumstruktur genannt) oben gibt jedem Wort der Länge höchstens 3 einen anderen Zustand. Alle anderen Kanten (Transitionen) führen zu den untersten Zuständen $p_{abc}$. Wenn ein Wort $x001$ zum Beispiel um eine 0 zu $x0010$ verlängert wird, dann muss man aus $p_{001}$ in $p_{010}$ übergehen (d. h. $\delta(p_{001}, 0) = p_{010}$).

Deswegen sind die Kanten so gelegt, dass durch das Lesen eines weiteren Symbols immer der dem neuen Suffix der Länge 3 entsprechende Zustand erreicht wird. Die einzige Ausnahme ist der Zustand $p_{110}$. Da bleiben wir, unabhängig davon, welche Symbole noch gelesen werden, weil wir schon das Teilwort 110 in der Eingabe festgestellt haben und alle solchen Eingaben akzeptiert werden müssen.

Der Entwurf des EA in Abbildung 3.8 riecht auch nach viel Arbeit, aber die könnte lohnenswert sein, wenn man auf eine übersichtliche Weise einen EA für eine Sprache wie

$$L = \{x \in \{0,1\}^* \mid x \text{ enthält mindestens eines der Wörter } 000, 011$$
$$\text{oder } 110 \text{ als Teilwörter}\}$$

entwerfen möchte. Da reicht es aus, den EA aus Abbildung 3.8 zu nehmen, die aus $p_{000}$ und $p_{011}$ ausgehenden Kanten durch

$$\delta(p_{000}, 0) = \delta(p_{000}, 1) = p_{000} \quad \text{und} \quad \delta(p_{011}, 0) = \delta(p_{011}, 1) = p_{011}$$

zu ersetzen und

$$F = \{p_{000}, p_{011}, p_{110}\}$$

zu wählen.

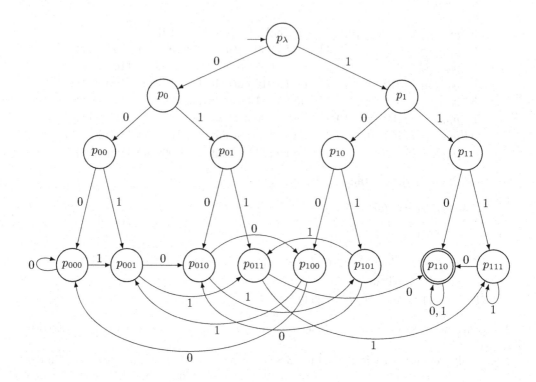

**Abbildung 3.8**

**Aufgabe 3.6.** Modifizieren Sie den Automaten aus Abbildung 3.8, um folgende Sprachen zu akzeptieren:

(a) $\{xyz \in \{0,1\}^* \mid y \in \{001, 010, 100\}, x, z \in \{0,1\}^*\}$,

(b)* $\{xyz \in \{0,1\}^* \mid y \in \{01, 100, 111\}, x, z \in \{0,1\}^*\}$,

(c) $\{x011 \mid x \in \{0,1\}^*\}$,

(d) $\{xz \in \{0,1\}^* \mid x \in \{0,1\}^*, z \in \{001, 010, 100\}\}$.

**Aufgabe 3.7.** Entwerfen Sie EA für folgende Sprachen:

(a) $\{x1111y \mid x, y \in \{0,1,2\}^*\}$,

(b) $\{x110110y \mid x, y \in \{0,1,2\}^*\}$,

(c) $\{x010101y \mid x, y \in \{0,1\}^*\}$,

(d) $\{x0y \mid x, y \in \{0,1\}^*\}$,

(e) $\{x0y1z \mid x, y, z \in \{0,1\}^*\}$,

(f) $\{x \in \{0,1\}^* \mid |x|_0 \geq 3\}$,

(g) $\{x \in \{0,1\}^* \mid 3 \leq |x|_1 \leq 5\}$,

(h)* $\{x001y101z \mid x, y, z \in \{0,1\}^*\}$,

(i) $\{x0011 \mid x \in \{0,1\}^*\}$,

(j) $\{x10011 \mid x \in \{0,1\}^*\}$,

(k) $\{1x11001 \mid x \in \{0,1\}^*\}$,

(l) $\{x11001y0 \mid x,y \in \{0,1\}^*\}$.

**Aufgabe 3.8.** Wenden Sie die Entwurfsstrategie aus Abbildung 3.8 an, um einen EA für folgende Sprachen zu entwerfen:

(a) $\{x \in \{0,1\}^* \mid x$ enthält $11$ als Teilwort oder endet mit dem Suffix $10\}$,

(b) $\{\lambda, 0, 11, x000 \mid x \in \{0,1\}^*\}$,

(c) $\{x \in \{0,1\}^* \mid x$ enthält $00$ oder $11$ als Teilwörter$\}$.

Bestimmen Sie die entsprechenden Zustandsklassen für alle entworfenen Automaten.

**Aufgabe 3.9.** Entwerfen Sie für jede der folgenden Sprachen einen EA:

(a) $\{w \in \{0,1,2\}^* \mid w = 002122x,\ x \in (\Sigma_{\text{bool}})^*\}$,

(b) $\{w \in \{a,b,c\}^* \mid w = yabcabc,\ y \in \{a,b,c\}^*\}$,

(c) $\{w \in \{a,b,c\}^* \mid w = xaabby,\ x,y \in \{a,b,c\}^*\}$,

(d) $\{w \in \{0,1\}^* \mid |w|_0 \equiv 1 \bmod 3$ und $w = x111y$ für $x,y \in \{0,1\}^*\}$,

(e) $\{abbxb^3y \mid x,y \in \{a,b\}^*\}$,

(f) $\{w \in \{a,b\}^* \mid w = abbz$ für ein $z \in \{a,b\}^*$ und $w = ub^3v$ mit $u,v \in \{a,b\}^*\}$,

(g) $\{xy \in \{0,1\}^* \mid y \in \{000, 010, 100, 101\}\}$,

(h) $\{xyz \in \{0,1\}^* \mid y \in \{001, 010, 101, 110\}\}$.

Die graphische Darstellung der Automaten ist zur Lösung der Aufgabe ausreichend. Geben Sie dazu zu jedem Zustand $q$ dieser Automaten die Klasse Kl[$q$] an.

## 3.3 Simulationen

Die Simulation ist einer der meist benutzten Begriffe der Informatik. Trotzdem wurde dieser Begriff nie durch eine formale Definition festgelegt. Der Grund dafür ist, dass man in unterschiedlichen Bereichen den Begriff der Simulation unterschiedlich auslegt. Die engste Interpretation dieses Begriffes fordert, dass jeder elementare Schritt der simulierten Berechnung durch einen Schritt der simulierenden Berechnung nachgemacht wird. Eine etwas schwächere Forderung ist, dass man einen Schritt der simulierten Berechnung durch mehrere Schritte simulieren darf. Eine noch schwächere Form verzichtet auf die Simulation einzelner Schritte und fordert nur, dass man gewisse wichtige Teile der Berechnung nachahmt. Die allgemeinste Definition fordert nur das gleiche Eingabe-Ausgabe-Verhalten und verzichtet vollständig auf die Simulation der Wege, die von den Eingaben zur entsprechenden Ausgabe führen.

In diesem Teilkapitel zeigen wir eine Simulation im engen Sinne. Wir zeigen, wie man die Berechnungen von zwei endlichen Automaten mit einem EA simultan Schritt für Schritt nachahmen kann.

**Lemma 3.2.** *Sei* $\Sigma$ *ein Alphabet und seien* $M_1 = (Q_1, \Sigma, \delta_1, q_{01}, F_1)$ *und* $M_2 = (Q_2, \Sigma, \delta_2, q_{02}, F_2)$ *zwei EA. Für jede Mengenoperation* $\odot \in \{\cup, \cap, -\}$ *existiert ein EA* $M$, *so dass*

$$L(M) = L(M_1) \odot L(M_2).$$

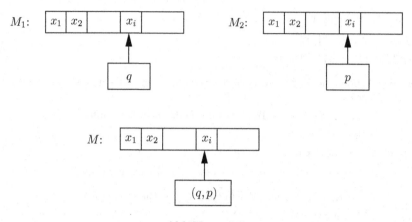

**Abbildung 3.9**

*Beweis.* Die Idee des Beweises ist, den EA $M$ so zu konstruieren, dass $M$ gleichzeitig die Arbeit der beiden Automaten $M_1$ und $M_2$ simulieren kann.[7] Die Idee der Simulation ist einfach. Die Zustände von $M$ werden Paare $(q, p)$, wobei $q$ ein Zustand von $M_1$ und $p$ ein Zustand von $M_2$ ist. Das erste Element von $(q, p)$ soll $q$ sein genau dann, wenn sich $M_1$ gerade im Zustand $q$ befindet. Analog soll das zweite Element des Zustandes von $M$ $p$ sein genau dann, wenn $M_2$ sich im Zustand $p$ befindet (Abbildung 3.9).

Den formalen Beweis führen wir in zwei Schritten durch. Zuerst geben wir eine formale Konstruktion des EA $M$ und beweisen dann, dass $M$ beide EA $M_1$ und $M_2$ simuliert.

*Konstruktion von $M$.*
Sei $M = (Q, \Sigma, \delta, q_0, F_\odot)$, wobei

(i) $Q = Q_1 \times Q_2$,

(ii) $q_0 = (q_{01}, q_{02})$,

(iii) für alle $q \in Q_1$, $p \in Q_2$ und $a \in \Sigma$, $\delta((q, p), a) = (\delta_1(q, a), \delta_2(p, a))$,

(iv) falls $\odot = \cup$, dann ist $F = F_1 \times Q_2 \cup Q_1 \times F_2$,
{Mindestens einer von $M_1$ und $M_2$ endet in einem akzeptierenden Zustand.}
falls $\odot = \cap$, dann ist $F = F_1 \times F_2$, und
{$M_1$ und $M_2$ müssen beide akzeptieren.}
falls $\odot = -$, dann ist $F = F_1 \times (Q_2 - F_2)$.
{$M_1$ muss akzeptieren und $M_2$ darf nicht akzeptieren.}

*Beweis der Behauptung $L(M) = L(M_1) \odot L(M_2)$.*
Um die Behauptung für jedes $\odot \in \{\cup, \cap, -\}$ zu beweisen, reicht es, die folgende Gleichheit zu zeigen:

$$\hat{\delta}((q_{01}, q_{02}), x) = (\hat{\delta}_1(q_{01}, x), \hat{\delta}_2(q_{02}, x)) \quad \text{für alle } x \in \Sigma^*. \tag{3.1}$$

---

[7]Im Prinzip hat $M$ auch keine andere Möglichkeit, weil die Möglichkeit, zuerst $M_1$ und dann $M_2$ zu simulieren, nicht besteht (die Eingabe steht nur einmal zum Lesen zur Verfügung).

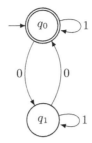

**Abbildung 3.10.** $M_1$

Wir beweisen (3.1) durch Induktion bezüglich $|x|$.

(a) *Induktionsanfang.*
   Falls $x = \lambda$, ist (3.1) offenbar erfüllt.

(b) *Induktionsschritt.*
   Wir beweisen für jedes $i \in \mathbb{N}$, dass, wenn (3.1) erfüllt ist für jedes $x \in \Sigma^*$ mit $|x| \leq i$, dann ist (3.1) erfüllt für jedes $w \in \Sigma^{i+1}$.
   Sei $w$ ein beliebiges Wort aus $\Sigma^{i+1}$. Dann ist $w = za$ für irgendwelche $z \in \Sigma^i$ und $a \in \Sigma$. Aus der Definition der Funktion $\hat{\delta}$ erhalten wir

$$
\begin{aligned}
\hat{\delta}((q_{01}, q_{02}), w) &= \hat{\delta}((q_{01}, q_{02}), za) \\
&= \delta(\hat{\delta}((q_{01}, q_{02}), z), a) \\
&\underset{(3.1)}{=} \delta((\hat{\delta}_1(q_{01}, z), \hat{\delta}_2(q_{02}, z)), a) \\
&\underset{\text{Def. } \delta}{=} (\delta_1(\hat{\delta}_1(q_{01}, z), a), \delta_2(\hat{\delta}_2(q_{02}, z), a)) \\
&= (\hat{\delta}_1(q_{01}, za), \hat{\delta}_2(q_{02}, za)) \\
&= (\hat{\delta}_1(q_{01}, w), \hat{\delta}_2(q_{02}, w)).
\end{aligned}
$$
□

**Aufgabe 3.10.** Sei $L \subseteq \Sigma^*$ eine reguläre Sprache. Beweisen Sie, dass auch $L^{\complement} = \Sigma^* - L$ eine reguläre Sprache ist.

Die vorgestellte Simulation bietet uns eine modulare Technik zum Entwurf endlicher Automaten. Dieser strukturierte Ansatz ist besonders für größere und komplexere Automaten geeignet, weil er nicht nur den Entwurfsprozess veranschaulicht, sondern auch die Verifikation des entworfenen Automaten vereinfacht. Die Idee der modularen Entwurfsstrategie ist, zuerst einfache Automaten für einfache Sprachen zu bauen und dann aus diesen „Bausteinen" den gesuchten EA zusammenzubauen. Wir illustrieren diese Entwurfsmethode durch das folgende Beispiel.

**Beispiel 3.3.** Seien $L_1 = \{x \in \{0,1\}^* \mid |x|_0 \text{ ist gerade}\}$, und $L_2 = \{x \in \{0,1\}^* \mid |x|_1 = 0 \text{ oder } |x|_1 \geq 3\}$. Wir bauen zuerst zwei endliche Automaten $M_1$ und $M_2$ mit $L(M_1) = L_1$ und $L(M_2) = L_2$, die in Abbildungen 3.10 und 3.11 dargestellt sind.
   Wie unsere Idee besagt, hat $M$ die Zustandsmenge

$$\{(q_0, p_0), (q_0, p_1), (q_0, p_2), (q_0, p_3), (q_1, p_0), (q_1, p_1), (q_1, p_2), (q_1, p_3)\}.$$

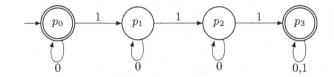

**Abbildung 3.11.** $M_2$

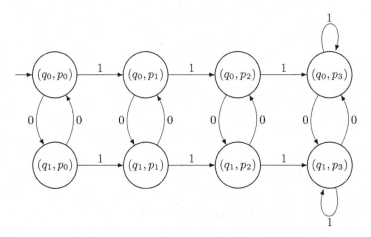

**Abbildung 3.12.** $M$

Um $M$ übersichtlich zu zeichnen, legen wir die Zustände von $M$ matrixartig auf ein Blatt Papier (Abbildung 3.12). Die erste Zeile beinhaltet Zustände mit der ersten Komponente $q_0$ und die zweite Zeile Zustände mit $q_1$ als erste Komponente. Die $i$-te Spalte für $i = 0, 1, 2, 3$ beinhaltet die Zustände mit der zweiten Komponente $p_i$.

Jetzt muss man anhand von $M_1$ und $M_2$ die Kanten (Übergänge) bestimmen. Zum Beispiel geht $M_1$ aus $q_0$ bei 0 in $q_1$ über und $M_2$ bleibt beim Lesen von 0 in $p_0$. Deswegen geht $M$ aus $(q_0, p_0)$ beim Lesen von 0 in $(q_1, p_0)$ über.

Nachdem auf diese Weise alle Kanten bezeichnet worden sind, beobachten wir in Abbildung 3.12, dass wir in den Spalten die Anzahl der Nullen modulo 2 rechnen und in den Zeilen die Anzahl Einsen von 0 bis 3 zählen. Also bedeutet der Zustand $(q_i, p_j)$ für $i \in \{0, 1\}, j \in \{0, 1, 2, 3\}$, dass das bisher gelesene Präfix $x$ genau $j$ Einsen beinhaltet (wenn $j = 3$ mindestens 3 Einsen) und $|x|_0 \bmod 2 = i$. Damit sind alle für uns wichtigen Merkmale der gelesenen Wörter in $M$ beobachtet (gespeichert).

Welche sind die akzeptierenden Zustände? Das hängt davon ab, was für eine Sprache wir akzeptieren wollen. Wenn wir zum Beispiel die Sprache

$$L_1 \cap L_2 = L(M_1) \cap L(M_2)$$

akzeptieren wollen, dann müssen wir genau dann akzeptieren wenn $M_1$ und $M_2$ beide akzeptieren. Das bedeutet, die akzeptierenden Zustände von $M$ sind genau die Zustände, bei denen beide Komponenten akzeptierende Zustände von $M_1$ und $M_2$ sind. Weil $q_0$ der einzige akzeptierende Zustand von $M_1$ ist und die akzeptierenden Zustände von $M_2$ die Zustände $p_0$ und $p_3$ sind, sind die akzeptierenden Zustände von $M$ die Zustände $(q_0, p_0)$ und $(q_0, p_3)$.

Wenn $M$ die Sprache

$$L_1 \cup L_2 = L(M_1) \cup L(M_2)$$

akzeptieren sollte, dann akzeptiert $M$ genau dann, wenn mindestens einer der endlichen Automaten $M_1$ und $M_2$ akzeptiert. Das bedeutet, dass die akzeptierenden Zustände von $M$ genau die Zustände sind, bei denen mindestens eine Komponente einem akzeptierenden Zustand von $M_1$ oder $M_2$ entspricht. Somit sind die akzeptierenden Zustände für $L_1 \cup L_2$ die folgenden Zustände:

$$(q_0, p_0), (q_0, p_1), (q_0, p_2), (q_0, p_3), (q_1, p_0), (q_1, p_3). \qquad \diamondsuit$$

**Aufgabe 3.11.** Betrachten Sie den EA $M$ aus Beispiel 3.3. Bestimmen Sie die Menge der akzeptierenden Zustände, wenn $M$ die folgenden Sprachen akzeptieren soll:

(a) $L(M_1) - L(M_2) = \{x \in \{0,1\}^* \mid x \in L(M_1) \text{ und } x \notin L(M_2)\}$,

(b) $L(M_2) - L(M_1)$,

(c) $\{0,1\}^* - (L(M_1) \cap L(M_2))$,

(d) $\{0,1\}^* - (L(M_1) \cup L(M_2))$,

(e) $(\{0,1\}^* - L(M_1)) \cup L(M_2)$,

(f) $(\{0,1\}^* - L(M_2)) \cap L(M_1)$.

**Aufgabe 3.12.** Nutzen Sie die Methode des modularen Entwurfs, um endliche Automaten für folgende Sprachen zu bauen:

(a) $\{x \in \{0,1\}^* \mid |x|_0 \bmod 3 = 1 \text{ und } |x|_1 \bmod 3 = 2\}$,

(b) $\{x \in \{0,1\}^* \mid |x|_0 \bmod 2 = 1 \text{ und } 1 \le |x|_1 \le 3\}$,

(c) $\{x \in \{0,1,2\}^* \mid |x|_0 \bmod 3 \in \{0,1\} \text{ und } (|x|_1 + |x|_2) \bmod 2 = 0\}$,

(d) $\{x \in \{0,1\}^* \mid |x|_1 \text{ ist gerade und } x \text{ enthält das Teilwort } 0101\}$,

(e) $\{x \in \{0,1\}^* \mid x = y00z11v \text{ für } y, z, v \in \{0,1\}^* \text{ und } |x|_0 \bmod 3 = 2\}$,

(f) $\{x \in \{0,1,a,b\}^* \mid x \text{ enthält das Teilwort } 111 \text{ oder das Teilwort } aba\}$,

(g) $\{x \in \{0,1\}^* \mid x \text{ beginnt mit dem Präfix } 011 \text{ und } x \text{ enthält } 100 \text{ als Teilwort}\}$,

(h) $\{x \in \{0,1\}^* \mid x \text{ enthält entweder } 0101 \text{ als Teilwort oder endet mit dem Suffix } 111\}$,

(i) $\{x \in \{0,1,2\}^* \mid |x|_0 \text{ ist gerade } \wedge |x|_1 \text{ ist ungerade } \wedge |x|_1 + |x|_2 \ge 2\}$,

(j) $\{x \in \{0,1\}^* \mid x \text{ enthält mindestens eines der folgenden Teilwörter: } 0011, 110\}$.

**Aufgabe 3.13.** Betrachten Sie die folgenden Sprachen:

$$L_1 = \{x \in \{0,1,2\}^* \mid |x|_0 \text{ ist gerade}\},$$
$$L_2 = \{x \in \{0,1,2\}^* \mid |x|_1 \text{ ist ungerade}\},$$
$$L_3 = \{x \in \{0,1,2\}^* \mid |x|_2 \text{ ist gerade}\}.$$

Bauen Sie drei endliche Automaten $M_1, M_2$ und $M_3$, so dass $L(M_1) = L_1, L(M_2) = L_2$ und $L(M_3) = L_3$. Können Sie jetzt mit der modularen Entwurfstechnik einen EA $M$ konstruieren, so dass

$$L(M) = (L_1 \cap L_2) \cup L_3?$$

## 3.4 Beweise der Nichtexistenz

Um zu zeigen, dass eine Sprache $L$ nicht regulär ist ($L \notin \mathcal{L}_{EA}$), genügt es zu beweisen, dass es keinen EA gibt, der die Sprache akzeptiert. Im Allgemeinen zu zeigen, dass von einer gewissen Klasse von Programmen (Algorithmen) eine konkrete Aufgabe nicht lösbar ist (kein Programm aus der Klasse löst die Aufgabe), gehört zu den schwersten Problemstellungen in der Informatik. Beweise solcher Aussagen nennen wir Beweise der Nichtexistenz. Im Unterschied zu konstruktiven Beweisen, bei denen man die Existenz eines Objekts mit gewissen Eigenschaften direkt durch eine Konstruktion eines solchen Objekts beweist (wir konstruieren zum Beispiel einen EA $M$ mit vier Zuständen, der eine gegebene Sprache akzeptiert), kann man bei den Beweisen der Nichtexistenz mit einer unendlichen Menge von Kandidaten (zum Beispiel allen endlichen Automaten) nicht so vorgehen, dass man alle Kandidaten einen nach dem anderen betrachtet und überprüft, dass keiner die gewünschten Eigenschaften hat. Um die Nichtexistenz eines Objekts mit gegebenen Eigenschaften in einer unendlichen Klasse von Kandidaten zu beweisen, muss man für gewöhnlich eine tiefgreifende Kenntnis über diese Klasse haben, die im Widerspruch zu den gewünschten Eigenschaften steht.

Weil die Klasse der endlichen Automaten eine Klasse sehr stark eingeschränkter Programme ist, sind die Beweise der Nichtexistenz der Art „es gibt keinen EA, der die gegebene Sprache $L$ akzeptiert" relativ leicht. Wir nutzen dies hier, um eine einfache Einführung in die Methodik der Erstellung von Beweisen der Nichtexistenz zu geben.

Wir wissen, dass endliche Automaten keine andere Speichermöglichkeit als den aktuellen Zustand (Nummer der aufgerufenen Programmzeile) besitzen. Das bedeutet für einen EA $A$, der nach dem Lesen zweier unterschiedlicher Wörter $x$ und $y$ im gleichen Zustand endet (also $\hat{\delta}(q_0, x) = \hat{\delta}(q_0, y)$), dass $A$ in Zukunft nicht mehr zwischen $x$ und $y$ unterscheiden kann. Mit anderen Worten bedeutet dies, dass für alle $z \in \Sigma^*$ gilt, dass

$$\hat{\delta}_A(q_0, xz) = \hat{\delta}_A(q_0, yz).$$

Formulieren wir diese wichtige Eigenschaft im folgenden Lemma.

**Lemma 3.3.** *Sei $A = (Q, \Sigma, \delta_A, q_0, F)$ ein EA. Seien $x, y \in \Sigma^*$, $x \neq y$, so dass*

$$(q_0, x) \left|\frac{*}{A}\right. (p, \lambda) \quad \text{und} \quad (q_0, y) \left|\frac{*}{A}\right. (p, \lambda)$$

*für ein $p \in Q$ (also $\hat{\delta}_A(q_0, x) = \hat{\delta}_A(q_0, y) = p$ ($x, y \in \mathrm{Kl}[p]$)). Dann existiert für jedes $z \in \Sigma^*$ ein $r \in Q$, so dass $xz$ und $yz \in \mathrm{Kl}[r]$, also gilt insbesondere*

$$xz \in L(A) \iff yz \in L(A).$$

*Beweis.* Aus der Existenz der Berechnungen

$$(q_0, x) \left|\frac{*}{A}\right. (p, \lambda) \quad \text{und} \quad (q_0, y) \left|\frac{*}{A}\right. (p, \lambda)$$

von $A$ folgt die Existenz folgender Berechnung auf $xz$ und $yz$:

$$(q_0, xz) \left|\frac{*}{A}\right. (p, z) \quad \text{und} \quad (q_0, yz) \left|\frac{*}{A}\right. (p, z)$$

für alle $z \in \Sigma^*$. Wenn $r = \hat{\delta}_A(p, z)$ (also wenn $(p, z) \vdash_A^* (r, \lambda)$ die Berechnung von $A$ auf $z$ ausgehend vom Zustand $p$) ist, dann ist die Berechnung von $A$ auf $xz$

$$(q_0, xz) \vdash_A^* (p, z) \vdash_A^* (r, \lambda)$$

und die Berechnung von $A$ auf $yz$

$$(q_0, yz) \vdash_A^* (p, z) \vdash_A^* (r, \lambda).$$

Wenn $r \in F$, dann sind beide Wörter $xz$ und $yz$ in $L(A)$. Falls $r \notin F$, dann sind $xz, yz \notin L(A)$. $\qquad\square$

Lemma 3.3 ist ein Spezialfall einer Eigenschaft, die für jedes (deterministische) Rechnermodell gilt. Wenn man einmal in den Berechnungen auf zwei unterschiedlichen Eingaben die gleiche Konfiguration[8] erreicht, dann ist der weitere Verlauf beider Berechnungen identisch. Im Fall eines Entscheidungsproblems bedeutet dies, dass entweder beide Eingaben akzeptiert werden oder beide verworfen werden. Lemma 3.3 kann man leicht anwenden, um die Nichtregularität mehrerer Sprachen zu zeigen. Sei $L = \{0^n 1^n \mid n \in \mathbb{N}\}$. Intuitiv sollte $L$ für jeden EA deswegen schwer sein, weil man die Anzahl der vorkommenden Nullen speichern sollte, um diese dann mit der Anzahl nachfolgender Einsen vergleichen zu können. Aber die Anzahl Nullen im Präfix $0^n$ kann beliebig groß sein und jeder EA hat eine feste Größe (Anzahl der Zustände). Also kann kein EA die vorkommenden Nullen in jedem Eingabewort zählen und wir brauchen nur formal auszudrücken, dass dieses Zählen erforderlich ist, um $L$ zu akzeptieren.

Wir zeigen indirekt, dass $L \notin \mathcal{L}_{\text{EA}}$. Sei $A = (Q, \Sigma_{\text{bool}}, \delta_A, q_0, F)$ ein EA mit $L(A) = L$. Man betrachte die Wörter

$$0^1, 0^2, 0^3, \dots, 0^{|Q|+1}.$$

Weil die Anzahl dieser Wörter $|Q| + 1$ ist, existieren $i, j \in \{1, 2, \dots, |Q| + 1\}$, $i < j$, so dass

$$\hat{\delta}_A(q_0, 0^i) = \hat{\delta}_A(q_0, 0^j).$$

Nach Lemma 3.3 gilt

$$0^i z \in L \iff 0^j z \in L$$

für alle $z \in (\Sigma_{\text{bool}})^*$. Dies gilt aber nicht, weil für $z = 1^i$ das Wort $0^i 1^i$ in $L$ liegt und das Wort $0^j 1^i$ nicht in $L$ ist.

**Aufgabe 3.14.** Zeigen Sie mit Hilfe von Lemma 3.3, dass folgende Sprachen nicht in $\mathcal{L}_{\text{EA}}$ sind:

(a) $\{w \in \{a, b\}^* \mid |w|_a = |w|_b\}$,

(b) $\{a^n b^m c^n \mid n, m \in \mathbb{N}\}$,

(c) $\{w \in \{0, 1, \#\}^* \mid w = x \# x \text{ für ein } x \in \{0, 1\}^*\}$,

(d) $\{x 1 y \in \{0, 1\}^* \mid |x| = |y|\}$.

---

[8] Dies gilt nur, wenn man eine Konfiguration als vollständige Beschreibung des allgemeinen Zustandes des Rechnermodells (einschließlich des noch erreichbaren Teils der Eingabe) betrachtet.

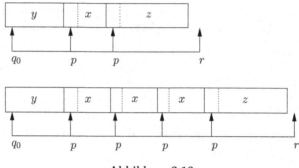

**Abbildung 3.13**

Um die Beweise der Nichtregularität konkreter Sprachen anschaulich und einfach zu machen, sucht man nach leicht überprüfbaren Eigenschaften, die jede reguläre Sprache erfüllen muss. Wenn eine Sprache $L$ eine solche Eigenschaft nicht besitzt, weiß man direkt, dass $L$ nicht regulär ist. Im Folgenden zeigen wir zwei solcher Methoden zum Beweis von Aussagen der Form $L \notin \mathcal{L}_{\text{EA}}$. Die erste Methode nennt man Pumping. Sie basiert auf folgender Idee. Wenn für ein Wort $x$ und einen Zustand $p$ eines EA $A$

$$(p, x) \vdash_A^* (p, \lambda)$$

gilt, dann gilt auch

$$(p, x^i) \vdash_A^* (p, \lambda)$$

für alle $i \in \mathbb{N}$. Also kann $A$ nicht unterscheiden, wie viele $x$ gelesen worden sind. Daher ist, wenn $\hat{\delta}_A(q_0, y) = p$ für ein $y \in \Sigma^*$ und $\hat{\delta}_A(p, z) = r$ für ein $z \in \Sigma^*$ (Abbildung 3.13),

$$(q_0, yx^i z) \vdash_A^* (p, x^i z) \vdash_A^* (p, z) \vdash_A^* (r, \lambda)$$

die Berechnung von $A$ auf $yx^i z$ für alle $i \in \mathbb{N}$ (also $\{yx^i z \mid i \in \mathbb{N}\} \subseteq \text{Kl}[r]$ für ein $r \in Q$). Dies bedeutet, dass $A$ entweder alle Wörter $yx^i z$ für $i \in \mathbb{N}$ akzeptiert (falls $r \in F$), oder dass $A$ kein Wort aus $\{yx^i z \mid i \in \mathbb{N}\}$ akzeptiert.

**Lemma 3.4 (Pumping-Lemma für reguläre Sprachen).** *Sei $L$ regulär. Dann existiert eine Konstante $n_0 \in \mathbb{N}$, so dass sich jedes Wort $w \in \Sigma^*$ mit $|w| \geq n_0$ in drei Teile $y$, $x$ und $z$ zerlegen lässt, das heißt $w = yxz$, wobei*

*(i) $|yx| \leq n_0$,*

*(ii) $|x| \geq 1$ und*

*(iii) entweder $\{yx^k z \mid k \in \mathbb{N}\} \subseteq L$ oder $\{yx^k z \mid k \in \mathbb{N}\} \cap L = \emptyset$.*

*Beweis.* Sei $L \subseteq \Sigma^*$ regulär. Dann existiert ein EA $A = (Q, \Sigma, \delta_A, q_0, F)$, so dass $L(A) = L$. Wir setzen $n_0 = |Q|$. Sei $w \in \Sigma^*$ mit $|w| \geq n_0$. Dann ist $w = w_1 w_2 \ldots w_{n_0} u$, wobei $w_i \in \Sigma$ für $i = 1, \ldots, n_0$ und $u \in \Sigma^*$. Betrachten wir die Berechnung

$$(q_0, w_1 w_2 w_3 \ldots w_{n_0}) \vdash_A (q_1, w_2 w_3 \ldots w_{n_0})$$
$$\vdash_A (q_2, w_3 \ldots w_{n_0}) \vdash_A \cdots \vdash_A (q_{n_0-1}, w_{n_0}) \vdash_A (q_{n_0}, \lambda) \qquad (3.2)$$

von $A$ auf $w_1 w_2 \ldots w_{n_0}$. In den $n_0 + 1$ Konfigurationen dieser Berechnung kommen $n_0 + 1$ Zustände $q_0, q_1, q_2, \ldots, q_{n_0}$ vor. Weil $|Q| = n_0$, existieren $i, j \in \{0, 1, \ldots, n_0\}$, $i < j$, so dass $q_i = q_j$. Daher lässt sich (3.2) als

$$(q_0, w_1 \ldots w_{n_0}) \underset{A}{\overset{*}{\vdash}} (q_i, w_{i+1} \ldots w_{n_0}) \underset{A}{\overset{*}{\vdash}} (q_i, w_{j+1} \ldots w_{n_0}) \underset{A}{\overset{*}{\vdash}} (q_{n_0}, \lambda) \tag{3.3}$$

darstellen. Wir setzen jetzt

$$y = w_1 \ldots w_i, \quad x = w_{i+1} \ldots w_j \quad \text{und} \quad z = w_{j+1} \ldots w_{n_0} u.$$

Es ist klar, dass $w = yxz$. Wir überprüfen die Eigenschaften (i), (ii) und (iii).

(i) $yx = w_1 \ldots w_i w_{i+1} \ldots w_j$ und daher $|yx| = j \leq n_0$.

(ii) Weil $i < j$ und $|x| = j - i$, ist $x \neq \lambda$ ($|x| \geq 1$).

(iii) Wenn man die Notation $y$ und $x$ statt $w_1 \ldots w_i$ und $w_{i+1} \ldots w_j$ in (3.3) verwendet, sieht die Berechnung von $A$ auf $yx$ wie folgt aus:

$$(q_0, yx) \underset{A}{\overset{*}{\vdash}} (q_i, x) \underset{A}{\overset{*}{\vdash}} (q_i, \lambda). \tag{3.4}$$

Die Berechnung (3.3) impliziert

$$(q_i, x^k) \underset{A}{\overset{*}{\vdash}} (q_i, \lambda)$$

für alle $k \in \mathbb{N}$. Dann ist für alle $k \in \mathbb{N}$

$$(q_0, yx^k z) \underset{A}{\overset{*}{\vdash}} (q_i, x^k z) \underset{A}{\overset{*}{\vdash}} (q_i, z) \underset{A}{\overset{*}{\vdash}} (\hat{\delta}_A(q_i, z), \lambda)$$

die Berechnung von $A$ auf $yx^k z$. Wir sehen, dass für alle $k \in \mathbb{N}$ die Berechnungen im gleichen Zustand $\hat{\delta}_A(q_i, z)$ enden. Falls also $\hat{\delta}_A(q_i, z) \in F$, dann akzeptiert $A$ alle Wörter aus $\{yx^k z \mid k \in \mathbb{N}\}$. Falls $\hat{\delta}_A(q_i, z) \notin F$, dann akzeptiert $A$ kein Wort aus $\{yx^k z \mid k \in \mathbb{N}\}$. $\qquad \square$

Wie wendet man Lemma 3.4 an, um zu zeigen, dass eine Sprache nicht regulär ist? Führen wir dies wieder am Beispiel der Sprache $L = \{0^n 1^n \mid n \in \mathbb{N}\}$ vor. Wir führen den Beweis indirekt. Sei $L$ regulär. Dann existiert eine Konstante $n_0$ mit den in Lemma 3.4 beschriebenen Eigenschaften, also muss jedes Wort mit einer Länge von mindestens $n_0$ eine Zerlegung besitzen, die die Eigenschaften (i), (ii) und (iii) erfüllt. Um zu zeigen, dass $L \notin \mathcal{L}_{\text{EA}}$, reicht es aus, ein hinreichend langes Wort zu finden, für das keine seiner Zerlegungen die Eigenschaften (i), (ii) und (iii) erfüllt. Wir wählen jetzt

$$w = 0^{n_0} 1^{n_0}.$$

Es ist klar, dass $|w| = 2n_0 \geq n_0$. Es muss eine Zerlegung $w = yxz$ von $w$ mit den Eigenschaften (i), (ii) und (iii) geben. Weil nach (i) $|yx| \leq n_0$ gilt, ist $y = 0^l$ und $x = 0^m$ für irgendwelche $l, m \in \mathbb{N}$. Nach (ii) ist $m \neq 0$. Weil $w = 0^{n_0} 1^{n_0} \in L$, ist $\{yx^k z \mid k \in \mathbb{N}\} = \{0^{n_0 - m + km} 1^{n_0} \mid k \in \mathbb{N}\} \subseteq L$. Das ist aber ein Widerspruch, weil $yx^0 z = yz = 0^{n_0 - m} 1^{n_0} \notin L$. (Es ist sogar so, dass $0^{n_0} 1^{n_0}$ das einzige Wort aus $\{yx^k z \mid k \in \mathbb{N}\}$ ist, das in $L$ liegt.)

Bei der Anwendung des Pumping-Lemmas ist es wichtig, dass wir das Wort $w$ frei wählen können, weil das Lemma für alle ausreichend langen Wörter gilt. Die Wahl des Wortes $w$ ist insbesondere wichtig aus folgenden zwei Gründen.

Erstens kann man für $w$ eine „schlechte" Wahl treffen in dem Sinne, dass man mit diesem Wort und der Pumping-Methode die Tatsache $L \notin \mathcal{L}_{EA}$ nicht beweisen kann. Für die Sprache $L = \{0^n 1^n \mid n \in \mathbb{N}\}$ ist ein Beispiel einer schlechten Wahl das Wort

$$w = 0^{n_0} \notin L.$$

Es besteht die Möglichkeit, das Wort $w$ wie folgt zu zerlegen:

$$w = yxz \quad \text{mit } y = 0, x = 0, z = 0^{n_0 - 2}.$$

Es ist offensichtlich, dass das Pumping-Lemma für dieses $w$ gilt, weil keines der Wörter in

$$\{yx^k z \mid k \in \mathbb{N}\} = \{0^{n_0 - 1 + k} \mid k \in \mathbb{N}\}$$

zu $L$ gehört und so die Eigenschaften (i), (ii) und (iii) erfüllt sind.

Zweitens kann man Wörter wählen, die den Beweis von $L \notin \mathcal{L}_{EA}$ zwar ermöglichen, aber nicht als günstig anzusehen sind, weil eine Menge Arbeit notwendig ist, um zu beweisen, dass keine Zerlegung des gewählten Wortes alle drei Eigenschaften (i), (ii) und (iii) erfüllt. Als Beispiel betrachten wir die Wahl des Wortes

$$w = 0^{\lceil n_0/2 \rceil} 1^{\lceil n_0/2 \rceil}$$

für die Sprache $L = \{0^n 1^n \mid n \in \mathbb{N}\}$. Während Eigenschaft (i) des Pumping-Lemmas für das Wort $0^{n_0} 1^{n_0}$ garantiert, dass $x$ nur aus Nullen besteht, kann $x$ für das Wort $0^{\lceil n_0/2 \rceil} 1^{\lceil n_0/2 \rceil}$ ein beliebiges nichtleeres Teilwort von $w$ sein. Wir können zwar ebenfalls $0^{\lceil n_0/2 \rceil} 1^{\lceil n_0/2 \rceil}$ benutzen, um $L \notin \mathcal{L}_{EA}$ zu zeigen, müssen dabei aber mindestens die folgenden drei Fälle möglicher Zerlegungen betrachten.

(i) $y = 0^i$, $x = 0^m$, $z = 0^{\lceil n_0/2 \rceil - m - i} 1^{\lceil n_0/2 \rceil}$
für ein $i \in \mathbb{N}$ und ein $m \in \mathbb{N} - \{0\}$, das heißt, $x$ besteht nur aus Nullen.
{In diesem Fall kann man das gleiche Argument wie für das Wort $w = 0^{n_0} 1^{n_0}$ nutzen, um zu zeigen, dass die Eigenschaft (iii) des Pumping-Lemmas nicht gilt.}

(ii) $y = 0^{\lceil n_0/2 \rceil - m}$, $x = 0^m 1^j$, $z = 1^{\lceil n_0/2 \rceil - j}$
für positive ganze Zahlen $m$ und $j$, daher enthält $x$ mindestens eine 0 und mindestens eine 1.
{In diesem Fall ist (iii) nicht erfüllt, denn $w = yxz \in L$ und $yx^2 z \notin L$ ($yx^2 z = 0^{\lceil n_0/2 \rceil} 1^j 0^m 1^{\lceil n_0/2 \rceil}$ hat nicht die Form $0^*1^*$).}

(iii) $y = 0^{\lceil n_0/2 \rceil} 1^i$, $x = 1^m$, $z = 1^{\lceil n_0/2 \rceil - i - m}$
für ein $i \in \mathbb{N}$ und ein $m \in \mathbb{N} - \{0\}$.
{In diesem Fall kann man die Anzahl der Einsen erhöhen, ohne die Anzahl der Nullen zu ändern, und somit ist $yx^l z \notin L$ für alle $l \in \mathbb{N} - \{1\}$.}

Also sehen wir, dass die Wahl des Wortes $0^{\lceil n_0/2 \rceil} 1^{\lceil n_0/2 \rceil}$ für den Beweis von $L \notin \mathcal{L}_{EA}$ zu viel mehr Arbeit führt als die Wahl des Wortes $0^{n_0} 1^{n_0}$.

**Aufgabe 3.15.** Beweisen Sie durch Anwendung des Pumping-Lemmas, dass die folgenden Sprachen nicht regulär sind:

(a) $\{ww \mid w \in \{0,1\}^*\}$,

(b) $\{a^n b^n c^n \mid n \in \mathbb{N}\}$,

(c) $\{w \in \{0,1\}^* \mid |w|_0 = |w|_1\}$,

(d) $\{a^{n^2} \mid n \in \mathbb{N}\}$,

(e) $\{a^{2^n} \mid n \in \mathbb{N}\}$,

(f) $\{w \in \{0,1\}^* \mid |w|_0 = 2|w|_1\}$,

(g) $\{x1y \mid x, y \in \{0,1\}^*, |x| = |y|\}$.

**Aufgabe 3.16.** Beweisen Sie folgende Version des Pumping-Lemmas:
Sei $L \subseteq \Sigma^*$ regulär. Dann existiert eine Konstante $n_0 \in \mathbb{N}$, so dass sich jedes Wort $w \in \Sigma^*$ mit $|w| \geq n_0$ in drei Teile $w = yxz$ zerlegen lässt, wobei

(i) $|xz| \leq n_0$,

(ii) $|x| \geq 1$ und

(iii) entweder $\{yx^k z \mid k \in \mathbb{N}\} \subseteq L$ oder $\{yx^k z \mid k \in \mathbb{N}\} \cap L = \emptyset$.

**Aufgabe 3.17.\*** Formulieren und beweisen Sie eine allgemeinere Form des Pumping-Lemmas, die Lemma 3.4 und das Lemma aus Aufgabe 3.16 als Spezialfälle beinhaltet.

Im Folgenden stellen wir eine Methode zum Beweis der Nichtregularität vor, die auf der Kolmogorov-Komplexität beruht. Sie zeigt auf eine andere Weise, dass endliche Automaten nicht beliebig lange zählen können (oder nicht so viele Informationen über das bisher gelesene Wort speichern können). Diese Methode basiert auf dem nächsten Satz, der zeigt, dass nicht nur alle Wörter einer regulären Sprache eine kleine Kolmogorov-Komplexität haben, sondern auch alle Suffixe von Wörtern einer regulären Sprache. Somit ist Satz 3.1 eine Verfeinerung von Satz 2.2 für reguläre Sprachen.

**Satz 3.1.\*** *Sei $L \subseteq (\Sigma_{\text{bool}})^*$ eine reguläre Sprache. Sei $L_x = \{y \in (\Sigma_{\text{bool}})^* \mid xy \in L\}$ für jedes $x \in (\Sigma_{\text{bool}})^*$. Dann existiert eine Konstante* const, *so dass für alle $x, y \in (\Sigma_{\text{bool}})^*$*

$$K(y) \leq \lceil \log_2(n+1) \rceil + \text{const},$$

*falls $y$ das $n$-te Wort in der Sprache $L_x$ ist.*

*Beweis.* Weil $L$ regulär ist, existiert ein EA $M$ mit $L(M) = L$. Die Idee des Beweises ist ähnlich dem Beweis von Satz 2.2, aber nicht gleich. Wenn wir den Beweis von Satz 2.2 genau verfolgen würden, würden wir in kanonischer Reihenfolge alle Wörter $z$ aus $(\Sigma_{\text{bool}})^*$ nacheinander generieren und für jedes Wort $xz$ durch die Simulation von $M$ auf $xz$ bestimmen, ob $xz \in L = L(M)$. Das $n$-te akzeptierte Wort der Form $xz$ bestimmt, dass $z$ das $n$-te Wort in $L_x$ ist. Die Schwäche dieses Ansatzes ist, dass man dem Programm zur Generierung von $y$ nicht nur $n$ und $M$ geben muss, sondern auch $x$. Das Wort $x$ kann aber eine beliebig große Komplexität $K(x)$ im Vergleich zu $K(y)$ haben.

Die Kernidee hier ist, dass wir einem Programm zur Generierung von $y$ das Wort $x$ gar nicht geben müssen. Es genügt, ihm den Zustand $\hat{\delta}(q_0, x)$ zu geben und dann die Simulation auf den generierten Wörtern $z$ immer aus $\hat{\delta}(q_0, x)$ zu starten.

Sei $y$ das $n$-te Wort in $L_x$ für ein $x \in (\Sigma_{\text{bool}})^*$. Das Programm $A_{x,y}$ zur Generierung von $y$ arbeitet wie folgt:

```
A_{x,y}:  begin
              z := λ;
              i := 0;
              while i < n do
                  begin
                      Simuliere die Arbeit von M aus dem Zustand δ̂(q₀, x) auf z;
                      if δ̂(δ̂(q₀, x), z) ∈ F then
                          begin
                              i := i + 1;
                              y := z;
                          end;
                      z := kanonischer Nachfolger von z;
                  end;
              write(y);
          end
```

Für alle $x, y$ ist $A_{x,y}$ gleich bis auf $n$ und den Zustand $\hat{\delta}(q_0, x)$. Aber den Zustand $\hat{\delta}(q_0, x)$ können wir in die Beschreibung von $M$ mit einem speziellen Zeiger auf $\hat{\delta}(q_0, x)$ einbetten. Weil es nur $|Q|$ viele Möglichkeiten für den Zeiger gibt, existiert eine Konstante $\text{const}_M$, die die Länge der vollständigen Beschreibung von $M$ mit dem Zeiger auf einen der Zustände (egal welchen) beinhaltet. Die Länge der Beschreibung von $A_{x,y}$ außer den Parametern $n$, $M$ und $\hat{\delta}(q_0, x)$ ist eine Konstante $d$ bezüglich $x$ und $y$. Die Zahl $n$ kann man mit $\lceil \log_2(n + 1) \rceil$ Bits darstellen. Also gilt

$$K(y) \le \lceil \log_2(n + 1) \rceil + \text{const}_M + d.$$

$\square$

Wir wenden Satz 3.1 an, um noch einmal $L = \{0^n 1^n \mid n \in \mathbb{N}\} \notin \mathcal{L}_{\text{EA}}$ indirekt zu beweisen. Sei $L$ regulär. Für jedes $m \in \mathbb{N}$ ist $1^m$ das erste Wort in der Sprache

$$L_{0^m} = \{y \mid 0^m y \in L\} = \{0^j 1^{m+j} \mid j \in \mathbb{N}\}.$$

Satz 3.1 folgend existiert eine Konstante $c$, die unabhängig von $x = 0^m$ und $y = 1^m$ und somit von $m$ ist, so dass

$$K(1^m) \le \lceil \log_2(1 + 1) \rceil + c = 1 + c.$$

Somit gilt für eine Konstante $d = 1 + c$

$$K(1^m) \le d \tag{3.5}$$

für alle $m \in \mathbb{N}$. Dies ist aber nicht möglich, weil

(i) die Anzahl aller Programme, deren Länge kleiner oder gleich $d$ sind, endlich ist (höchstens $2^d$) und

(ii) die Menge $\{1^m \mid m \in \mathbb{N}\}$ unendlich ist.

Eine andere Argumentation als zu sagen, dass endlich viele unterschiedliche Programme nicht unendlich viele unterschiedliche Wörter generieren können, ist, die Aussage aus Aufgabe 2.28 anzuwenden. Diese Aussage garantiert die Existenz unendlich vieler Zahlen $m$ mit $K(m) \geq \lceil \log_2(m+1) \rceil - 1$. Weil es ein $b \in \mathbb{N}$ gibt, so dass $|K(1^m) - K(m)| \leq b$ für alle $m \in \mathbb{N}$, steht $K(m) \geq \lceil \log_2(m+1) \rceil - 1$ für unendlich viele $m \in \mathbb{N}$ im Widerspruch zu (3.5).

**Aufgabe 3.18.** Wenden Sie Satz 3.1 an, um die Nichtregularität folgender Sprachen zu beweisen:

(a) $\{0^{n^2} \mid n \in \mathbb{N}\}$,

(b) $\{0^{2^{2n}} \mid n \in \mathbb{N}\}$,

(c) $\{w \in \{0,1\}^* \mid |w|_0 = 2 \cdot |w|_1\}$,

(d) $\{w \in \{0,1\}^* \mid w = xx \text{ für ein } x \in \{0,1\}^*\}$.

## 3.5 Nichtdeterminismus

Die standardmäßigen Programme sowie die bisher betrachteten endlichen Automaten sind Modelle deterministischer Berechnungen. Determinismus bedeutet in diesem Kontext, dass in jeder Konfiguration eindeutig festgelegt ist (determiniert ist), was im nächsten Schritt passieren wird. Daher bestimmen ein Programm (oder ein EA) $A$ und seine Eingabe $x$ vollständig und eindeutig die Berechnung von $A$ auf $x$. Nichtdeterminismus erlaubt in gewissen Konfigurationen eine Auswahl von mehreren Aktionen (Möglichkeiten, die Arbeit fortzusetzen). Dabei reicht es aus, wenn mindestens eine der Möglichkeiten zu dem richtigen Resultat führt. Dies entspricht einem auf den ersten Blick künstlichen Spiel, so, als ob ein nichtdeterministisches Programm immer die richtige Möglichkeit wählt. Diese Wahl einer von mehreren Möglichkeiten nennen wir **nichtdeterministische Entscheidung**. Für ein Entscheidungsproblem $(\Sigma, L)$ bedeutet dies, dass ein nichtdeterministisches Programm (nichtdeterministischer EA) $A$ eine Sprache $L$ akzeptiert, falls für jedes $x \in L$ mindestens eine akzeptierende Berechnung von $A$ auf $x$ existiert und für jedes $y \in \Sigma^* - L$ alle Berechnungen nicht-akzeptierend sind. Obwohl ein nichtdeterministisches Programm nicht zum praktischen Einsatz geeignet scheint (und wir kein Orakel haben, das uns helfen würde, die richtige nichtdeterministische Entscheidung zu treffen), hat das Studium nichtdeterministischer Berechnungen einen wesentlichen Beitrag geliefert zum Verständnis deterministischer Berechnungen und zur Untersuchung der Grenze der Möglichkeiten, Probleme algorithmisch zu lösen.

Die Zielsetzung dieses Teilkapitels ist es, Nichtdeterminismus im Modell der endlichen Automaten einzuführen und zu untersuchen. Dabei interessieren uns die für allgemeine Berechnungsmodelle zentralen Fragen, ob man nichtdeterministische Berechnungen deterministisch simulieren kann und falls ja, mit welchem Berechnungsaufwand.

Für Programme könnte man Nichtdeterminismus zum Beispiel mit einem Befehl „choose goto $i$ or goto $j$" einführen. Bei endlichen Automaten führen wir Nichtdeterminismus so

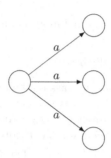

**Abbildung 3.14**

ein, dass wir einfach aus einem Zustand mehrere Übergänge für das gleiche Eingabesymbol erlauben (Abbildung 3.14).

**Definition 3.3.** *Ein* ***nichtdeterministischer endlicher Automat*** *(**NEA**) ist ein Quintupel* $M = (Q, \Sigma, \delta, q_0, F)$. *Dabei ist*

*(i)* $Q$ *eine endliche Menge,* ***Zustandsmenge*** *genannt,*

*(ii)* $\Sigma$ *ein Alphabet,* ***Eingabealphabet*** *genannt,*

*(iii)* $q_0 \in Q$ *der* ***Anfangszustand****,*

*(iv)* $F \subseteq Q$ *die Menge der* ***akzeptierenden Zustände*** *und*

*(v)* $\delta$ *eine Funktion[9] von* $Q \times \Sigma$ *nach* $\mathcal{P}(Q)$, ***Übergangsfunktion*** *genannt.*

{Wir beobachten, dass $Q$, $\Sigma$, $q_0$ und $F$ die gleiche Bedeutung wie bei einem EA haben. Ein NEA kann aber zu einem Zustand $q$ und einem gelesenen Zeichen $a$ auch mehrere Nachfolgezustände oder gar keinen haben.}

*Eine* ***Konfiguration*** *von M ist ein Element aus* $Q \times \Sigma^*$. *Die Konfiguration* $(q_0, x)$ *ist die* ***Startkonfiguration für das Wort*** *x.*

*Ein* ***Schritt von M*** *ist eine Relation* $\vdash_M \subseteq (Q \times \Sigma^*) \times (Q \times \Sigma^*)$, *definiert durch*

$$(q, w) \vdash_M (p, x) \iff w = ax \text{ für ein } a \in \Sigma \text{ und } p \in \delta(q, a).$$

*Eine* ***Berechnung von M*** *ist eine endliche Folge* $D_1, D_2, \ldots, D_k$ *von Konfigurationen, wobei* $D_i \vdash_M D_{i+1}$ *für* $i = 1, \ldots, k - 1$. *Eine* ***Berechnung von M auf*** *x ist eine Berechnung* $C_0, C_1, \ldots, C_m$ *von M, wobei* $C_0 = (q_0, x)$ *und entweder* $C_m \in Q \times \{\lambda\}$ *oder* $C_m = (q, ay)$ *für ein* $a \in \Sigma$, *ein* $y \in \Sigma^*$ *und ein* $q \in Q$, *so dass* $\delta(q, a) = \emptyset$. *Die Berechnung* $C_0, C_1, \ldots, C_m$ *ist eine* ***akzeptierende*** *Berechnung von M auf x, wenn* $C_m = (p, \lambda)$ *für ein* $p \in F$. *Falls eine akzeptierende Berechnung von M auf x existiert, sagen wir auch, dass* ***M das Wort*** *x* ***akzeptiert****.*

*Die Relation* $\vdash_M^*$ *ist die reflexive und transitive Hülle von* $\vdash_M$, *genau wie bei einem EA. Die Sprache*

$$L(M) = \{w \in \Sigma^* \mid (q_0, w) \vdash_M^* (p, \lambda) \text{ für ein } p \in F\}$$

---

[9]Alternativ kann man $\delta$ als Relation auf $(Q \times \Sigma) \times Q$ definieren.

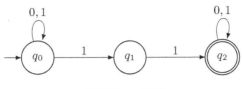

**Abbildung 3.15**

*ist die **von M akzeptierte Sprache**.*

Zu der Übergangsfunktion $\delta$ definieren wir die Funktion $\hat{\delta}$ von $Q \times \Sigma^*$ in $\mathcal{P}(Q)$ wie folgt:

(i) $\hat{\delta}(q, \lambda) = \{q\}$ für jedes $q \in Q$,

(ii) $\hat{\delta}(q, wa) = \{p \in Q \mid$ es existiert ein $r \in \hat{\delta}(q, w)$, so dass $p \in \delta(r, a)\}$
$= \bigcup_{r \in \hat{\delta}(q,w)} \delta(r, a)$ für alle $q \in Q, a \in \Sigma, w \in \Sigma^*$.

Wir sehen, dass ein Wort $x$ in $L(M)$ ist, wenn $M$ mindestens eine akzeptierende Berechnung auf $x$ hat. Bei einer akzeptierenden Berechnung auf $x$ wird wie bei einem EA gefordert, dass das ganze Wort $x$ gelesen wird und $M$ nach dem Lesen des letzten Buchstabens in einem akzeptierenden Zustand ist. Im Unterschied zu endlichen Automaten kann eine nicht akzeptierende Berechnung enden, auch wenn die Eingabe nicht vollständig gelesen wurde. Dies passiert, wenn der NEA in einem Zustand $q$ das Symbol $a$ liest und $\delta(q, a) = \emptyset$, d. h., wenn keine Möglichkeit existiert, die Berechnung fortzusetzen.

Der Definition von $\hat{\delta}$ folgend sehen wir, dass $\hat{\delta}(q_0, w)$ die Menge aller Zustände aus $Q$ ist, die aus $q_0$ durch das vollständige Lesen des Wortes $w$ erreichbar sind. Daher ist

$$L(M) = \{w \in \Sigma^* \mid \hat{\delta}(q_0, w) \cap F \neq \emptyset\}$$

eine alternative Definition der von $M$ akzeptierten Sprache.

Betrachten wir folgendes Beispiel eines NEA. Sei $M = (Q, \Sigma, \delta, q_0, F)$, wobei

$Q = \{q_0, q_1, q_2\}, \Sigma = \{0, 1\}, F = \{q_2\}$ und
$\delta(q_0, 0) = \{q_0\}, \delta(q_0, 1) = \{q_0, q_1\},$
$\delta(q_1, 0) = \emptyset, \delta(q_1, 1) = \{q_2\},$
$\delta(q_2, 0) = \{q_2\}, \delta(q_2, 1) = \{q_2\}.$

Auf die gleiche Weise wie bei endlichen Automaten stellen wir eine graphische Darstellung von $M$ (Abbildung 3.15) vor.

Das Wort 10110 ist in $L(M)$, weil

$(q_0, 10110) \vdash_{\overline{M}} (q_0, 0110) \vdash_{\overline{M}} (q_0, 110) \vdash_{\overline{M}} (q_1, 10) \vdash_{\overline{M}} (q_2, 0) \vdash_{\overline{M}} (q_2, \lambda)$

eine akzeptierende Berechnung von $M$ auf $x$ ist.

Um entscheiden zu können, ob ein NEA $M$ ein Wort $x$ akzeptiert, muss man alle Berechnungen von $M$ auf $x$ verfolgen. Eine anschauliche Darstellung aller Berechnungen von $M$ auf $x$ ist durch den sogenannten **Berechnungsbaum $\mathcal{B}_M(x)$ von $M$ auf $x$**

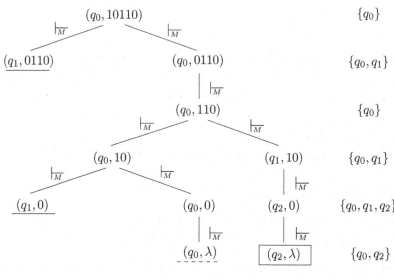

**Abbildung 3.16**

gegeben. Die Knoten des Baums sind Konfigurationen von $M$. Die Wurzel von $\mathcal{B}_M(x)$ ist die Anfangskonfiguration von $M$ auf $x$. Die Kinder eines Knotens $(q, \alpha)$ sind alle Konfigurationen, die man von $(q, \alpha)$ in einem Schritt erreichen kann (d. h. alle $(p, \beta)$, so dass $(q, \alpha) \vdash_M (p, \beta)$). Ein Blatt von $\mathcal{B}_M(x)$ ist entweder eine Konfiguration $(r, \lambda)$ oder eine Konfiguration $(s, a\beta)$ mit $a \in \Sigma$, wobei $\delta(s, a) = \emptyset$ (daher sind die Blätter Konfigurationen, aus denen kein weiterer Berechnungsschritt möglich ist). Bei dieser Darstellung entspricht jeder Weg von der Wurzel zu einem Blatt einer Berechnung von $M$ auf $x$. Daher entspricht die Anzahl der Blätter von $\mathcal{B}_M(x)$ genau der Anzahl unterschiedlicher Berechnungen von $M$ auf $x$.

**Aufgabe 3.19.** Entwerfen Sie einen NEA, der für jede Eingabe $x \in (\Sigma_{\text{bool}})^*$ genau $2^{|x|}$ unterschiedliche Berechnungen hat.

Ein Berechnungsbaum $\mathcal{B}_M(x)$ von $M$ aus Abbildung 3.15 auf dem Wort $x = 10110$ ist in Abbildung 3.16 dargestellt. Der Berechnungsbaum $\mathcal{B}_M(10110)$ hat vier Blätter. Die zwei Blätter $(q_1, 0110)$ und $(q_1, 0)$ entsprechen den Berechnungen, in denen es $M$ nicht gelungen ist, das Eingabewort vollständig zu lesen, weil $\delta(q_1, 0) = \emptyset$. Somit sind diese Berechnungen nicht akzeptierend. Das Blatt $(q_0, \lambda)$ und das Blatt $(q_2, \lambda)$ entsprechen zwei Berechnungen, in denen das Eingabewort 10110 vollständig gelesen wurde. Weil $q_2 \in F$, ist die Berechnung, die in $(q_2, \lambda)$ endet, eine akzeptierende Berechnung. Die Schlussfolgerung ist, dass $10110 \in L(M)$.

Weil $q_2$ der einzige akzeptierende Zustand von $M$ ist, und die einzige Möglichkeit, von $q_0$ zu $q_2$ zu gelangen, darin besteht, zwei Einsen hintereinander zu lesen, liegt die Vermutung nahe, dass $L(M)$ genau die Wörter der Form $x11y$, $x, y \in (\Sigma_{\text{bool}})^*$, enthält. Das folgende Lemma bestätigt unsere Vermutung.

**Lemma 3.5.** *Sei M der NEA aus Abbildung 3.15. Dann ist*

$$L(M) = \{x11y \mid x, y \in (\Sigma_{\text{bool}})^*\}.$$

*Beweis.* Wir beweisen diese Gleichheit zweier Mengen durch zwei Inklusionen.

(i) Zuerst beweisen wir $\{x11y \mid x, y \in (\Sigma_{\text{bool}})^*\} \subseteq L(M)$.

Sei $w \in \{x11y \mid x, y \in (\Sigma_{\text{bool}})^*\}$, d. h. $w = x11y$ für irgendwelche $x, y \in (\Sigma_{\text{bool}})^*$. Es reicht, die Existenz einer akzeptierenden Berechung von $M$ auf $w$ zu beweisen.

Da $q_0 \in \delta(q_0, 0) \cap \delta(q_0, 1)$, existiert für jedes $x \in (\Sigma_{\text{bool}})^*$ die folgende Berechnung von $M$ auf $x$:

$$(q_0, x) \mathrel{\vdash^*_M} (q_0, \lambda). \tag{3.6}$$

Da $q_2 \in \delta(q_2, 0) \cap \delta(q_2, 1)$, existiert für jedes $y \in (\Sigma_{\text{bool}})^*$ die folgende Berechnung von $M$ auf $y$:

$$(q_2, y) \mathrel{\vdash^*_M} (q_2, \lambda). \tag{3.7}$$

Daher ist die folgende Berechnung eine akzeptierende Berechnung von $M$ auf $x11y$:

$$(q_0, x11y) \mathrel{\vdash^*_M} (q_0, 11y) \mathrel{\vdash_M} (q_1, 1y) \mathrel{\vdash_M} (q_2, y) \mathrel{\vdash^*_M} (q_2, \lambda).$$

(ii) Wir beweisen $L(M) \subseteq \{x11y \mid x, y \in (\Sigma_{\text{bool}})^*\}$.

Sei $w \in L(M)$. Daher existiert eine akzeptierende Berechnung von $M$ auf $w$. Weil die Berechnung auf $w$ in $q_0$ anfangen und in $q_2$ enden muss[10] und der einzige Weg von $q_0$ zu $q_2$ über $q_1$ führt, sieht eine akzeptierende Berechnung von $M$ auf $w$ wie folgt aus:

$$(q_0, w) \mathrel{\vdash^*_M} (q_1, z) \mathrel{\vdash^*_M} (q_2, \lambda). \tag{3.8}$$

Jede Berechnung von $M$ kann höchstens eine Konfiguration mit dem Zustand $q_1$ beinhalten, weil $q_1$ in keiner Schleife von $M$ liegt. Wenn man einmal $q_1$ verlässt, kann man nicht wieder zu $q_1$ zurückkehren. Daher kann die Berechnung (3.8) genauer wie folgt dargestellt werden:

$$(q_0, w) \mathrel{\vdash^*_M} (q_0, az) \mathrel{\vdash_M} (q_1, z) \mathrel{\vdash_M} (q_2, u) \mathrel{\vdash^*_M} (q_2, \lambda), \tag{3.9}$$

wobei $z = bu$ für ein $b \in \Sigma_{\text{bool}}$. Die einzige Möglichkeit, in den Zustand $q_1$ zu gelangen, ist die Anwendung der Transition $q_1 \in \delta(q_0, 1)$, d. h. durch Lesen einer 1 im Zustand $q_0$, daher ist $a = 1$ in (3.9). Weil $\delta(q_1, 0) = \emptyset$ und $\delta(q_1, 1) = \{q_2\}$, ist die einzige Möglichkeit, einen Berechnungschritt aus $q_1$ zu realisieren, eine 1 zu lesen, das heißt $b = 1$. Folglich entspricht (3.9) der Berechnung

$$(q_0, w) \mathrel{\vdash^*_M} (q_0, 11u) \mathrel{\vdash_M} (q_1, 1u) \mathrel{\vdash_M} (q_2, u) \mathrel{\vdash^*_M} (q_2, \lambda).$$

Daher muss $w$ das Teilwort 11 beinhalten und somit gilt

$$w \in \{x11y \mid x, y \in (\Sigma_{\text{bool}})^*\}. \qquad \square$$

---

[10] Der Zustand $q_2$ ist der einzige akzeptierende Zustand von $M$.

**Aufgabe 3.20.** Entwerfen Sie für jede der folgenden Sprachen einen NEA:

(a) $\{1011x00y \mid x, y \in (\Sigma_{\text{bool}})^*\}$,

(b) $\{01, 101\}^*$,

(c) $\{x \in (\Sigma_{\text{bool}})^* \mid x$ enthält als Teilwörter 01011 und 01100$\}$,

(d) $\{x \in (\Sigma_{10})^* \mid \text{Nummer}_{10}(x)$ ist teilbar durch 3$\}$.

Bemühen Sie sich, den NEA so einfach wie möglich zu gestalten, d. h., minimieren Sie die Anzahl der Zustände (Knoten) und Transitionen (Kanten).

Sei $\mathcal{L}_{\text{NEA}} = \{L(M) \mid M \text{ ist ein NEA}\}$. Die zentrale Frage dieses Teilkapitels ist, ob $\mathcal{L}_{\text{NEA}} = \mathcal{L}_{\text{EA}}$, genauer, ob endliche Automaten die Arbeit nichtdeterministischer endlicher Automaten simulieren können. Diese Frage ist auch zentral für allgemeinere Berechnungs-modelle. Bisherige Erfahrungen zeigen, dass die Simulation von Nichtdeterminismus durch Determinismus nur dann realisierbar ist, wenn die Möglichkeit besteht, alle nichtdetermi-nistischen Berechnungen eines Modells $M$ auf einer Eingabe $x$ durch eine deterministische Berechnung nachzuahmen. Dies gilt auch für endliche Automaten. Die Idee der Simula-tion eines NEA $M$ durch einen EA $A$ basiert auf dem Prinzip der Breitensuche in den Berechnungsbäumen von $M$. Die erste wichtige Beobachtung für eine derartige Simulation ist, dass alle Konfigurationen eines Berechungsbaumes in einer Entfernung $i$ von der Wurzel das gleiche zweite Element haben (weil sie alle nach dem Lesen von genau den ersten $i$ Symbolen des Eingabewortes erreicht worden sind). Daher unterscheiden sich die Konfigurationen in der gleichen Entfernung von der Wurzel nur in den Zuständen. Obwohl die Anzahl der Konfigurationen in einer festen Entfernung $i$ von der Wurzel exponentiell in $i$ sein kann, bedeutet dies nicht, dass wir exponentiell viele Berechnungen simulieren müssen. Es gibt nur endlich viele Zustände des NEA und daher gibt es nur endlich viele unterschiedliche Konfigurationen in der Entfernung $i$. Wenn zwei unterschiedliche Knoten $u$ und $v$ des Berechnungsbaumes mit der gleichen Konfiguration $C$ markiert sind, sind die Teilbäume mit der Wurzel $u$ und $v$ identisch, und es reicht daher aus, nur in einem der beiden Teilbäume nach einer akzeptierenden Berechnung zu suchen (Abbildung 3.17). Mit anderen Worten reicht es für eine Simulation aus, für jede Entfernung $i$ von der Wurzel des Berechnungsbaumes $\mathcal{B}_M(x)$ die Menge der dort auftretenden Zustände zu bestimmen. Diese Menge ist aber nichts anderes als $\hat{\delta}(q_0, z)$, wobei $z$ das Präfix des Eingabewortes mit $|z| = i$ ist. Am rechten Rand von Abbildung 3.16 sind die Zustandsmengen $\hat{\delta}(q_0, \lambda) = \{q_0\}$, $\hat{\delta}(q_0, 1) = \{q_0, q_1\}$, $\hat{\delta}(q_0, 10) = \{q_0\}$, $\hat{\delta}(q_0, 101) = \{q_0, q_1\}$, $\hat{\delta}(q_0, 1011) = \{q_0, q_1, q_2\}$ und $\hat{\delta}(q_0, 10110) = \{q_0, q_2\}$ angegeben, die den erreichbaren Mengen von Zuständen nach dem Lesen des Präfixes einer Länge $i$ für $i \in \{0, 1, \ldots, 5\}$ entsprechen.

Diese Beobachtung führt dazu, dass man als Zustände des simulierenden (determinis-tischen) EA $A$ beliebige Teilmengen der Zustandsmenge des NEA $M = (Q, \Sigma, \delta, q_0, F)$ verwendet. Dies führt dazu, dass man die folgende Konstruktion des endlichen Automaten $A$ als **Potenzmengenkonstruktion** in der Automatentheorie bezeichnet. Ein Zustand $\langle P \rangle$ von $A$ für $P \subseteq Q$ wird die Bedeutung haben, dass nach der gegebenen Anzahl von Berechnungsschritten genau die Zustände aus $P$ in den Berechnungen von $M$ auf gegebener Eingabe erreichbar sind[11] ($P = \hat{\delta}(q_0, z)$). Ein Berechnungsschritt $A$ aus einem

---

[11]Wir benutzen die Bezeichnung $\langle P \rangle$ statt $P$, um immer deutlich zu machen, ob wir einen Zustand von $A$, der einer Menge von Zuständen von $M$ entspricht, oder eine Menge von Zuständen von $M$ betrachten.

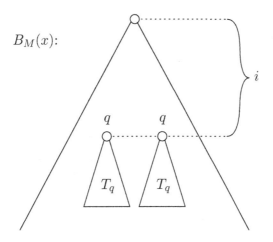

$B_M(x)$:

**Abbildung 3.17**

Zustand $\langle P \rangle$ für ein gelesenes Symbol $a$ bedeutet die Bestimmung der Menge $\bigcup_{p \in P} \delta(p,a)$, also aller Zustände, die aus irgendeinem Zustand $p \in P$ beim Lesen von $a$ erreichbar sind. Eine Formalisierung dieser Idee liefert der Beweis des nächsten Satzes.

**Satz 3.2.** *Zu jedem NEA M existiert ein EA A, so dass*

$$L(M) = L(A).$$

*Beweis.* Sei $M = (Q, \Sigma, \delta_M, q_0, F)$ ein NEA. Wir konstruieren einen EA $A = (Q_A, \Sigma_A, \delta_A, q_{0A}, F_A)$ wie folgt:

(i) $Q_A = \{\langle P \rangle \mid P \subseteq Q\}$,

(ii) $\Sigma_A = \Sigma$,

(iii) $q_{0A} = \langle \{q_0\} \rangle$,

(iv) $F_A = \{\langle P \rangle \mid P \subseteq Q \text{ und } P \cap F \neq \emptyset\}$,

(v) $\delta_A$ ist eine Funktion von $Q_A \times \Sigma_A$ nach $Q_A$, die wie folgt definiert ist. Für jedes $\langle P \rangle \in Q_A$ und jedes $a \in \Sigma_A$ ist

$$\delta_A(\langle P \rangle, a) = \left\langle \bigcup_{p \in P} \delta_M(p,a) \right\rangle$$
$$= \langle \{q \in Q \mid \exists p \in P, \text{ so dass } q \in \delta_M(p,a)\} \rangle.$$

Es ist klar, dass $A$ ein EA ist. Abbildung 3.18 zeigt den EA $A$, der sich nach dieser Potenzmengenkonstruktion aus dem NEA $M$ aus Abbildung 3.15 ergibt.[12]

---

[12]Man bemerke, dass die Zustände $\langle \emptyset \rangle$, $\langle \{q_1\} \rangle$, $\langle \{q_2\} \rangle$ und $\langle \{q_1, q_2\} \rangle$ in $A$ nicht aus $\langle \{q_0\} \rangle$ erreichbar sind, d. h., es gibt kein Wort, dessen Bearbeitung in einem dieser Zustände endet. Wenn wir also diese Zustände aus $A$ herausnehmen, wird das keinen Einfluss auf die von $A$ akzeptierte Sprache haben.

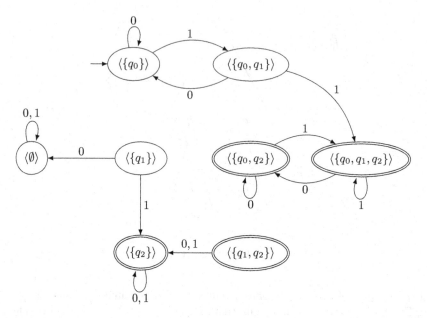

**Abbildung 3.18**

Um $L(M) = L(A)$ zu zeigen, reicht es, folgende Äquivalenz zu beweisen:

$$\forall x \in \Sigma^*: \hat{\delta}_M(q_0, x) = P \iff \hat{\delta}_A(q_{0A}, x) = \langle P \rangle. \tag{3.10}$$

Wir beweisen (3.10) mittels Induktion bezüglich $|x|$.

(i) *Induktionsanfang.*

Sei $|x| = 0$, das heißt $x = \lambda$.

Weil $\hat{\delta}_M(q_0, \lambda) = \{q_0\}$ und $q_{0A} = \langle\{q_0\}\rangle$, gilt (3.10) für $x = \lambda$.

(ii) *Induktionsschritt.*

Sei (3.10) gültig für alle $z \in \Sigma^*$ mit $|z| \leq m$, $m \in \mathbb{N}$. Wir beweisen, dass (3.10) auch für alle Wörter aus $\Sigma^{m+1}$ gilt.

Sei $y$ ein beliebiges Wort aus $\Sigma^{m+1}$. Dann ist $y = xa$ für ein $x \in \Sigma^m$ und ein $a \in \Sigma$. Nach der Definition der Funktion $\hat{\delta}_A$ gilt

$$\hat{\delta}_A(q_{0A}, xa) = \delta_A(\hat{\delta}_A(q_{0A}, x), a). \tag{3.11}$$

Wenn wir die Induktionsannahme (3.10) für $x$ anwenden, erhalten wir

$$\hat{\delta}_A(q_{0A}, x) = \langle R \rangle \iff \hat{\delta}_M(q_0, x) = R,$$

daher gilt

$$\hat{\delta}_A(q_{0A}, x) = \langle \hat{\delta}_M(q_0, x) \rangle. \tag{3.12}$$

Nach Definition (v) von $\delta_A$ gilt

$$\delta_A(\langle R \rangle, a) = \left\langle \bigcup_{p \in R} \delta_M(p, a) \right\rangle \qquad (3.13)$$

für alle $R \subseteq Q$ und alle $a \in \Sigma$. Zusammenfassend ist

$$\hat{\delta}_A(q_{0A}, xa) \underset{(3.11)}{=} \delta_A(\hat{\delta}_A(q_{0A}, x), a)$$

$$\underset{(3.12)}{=} \delta_A(\langle \hat{\delta}_M(q_0, x) \rangle, a)$$

$$\underset{(3.13)}{=} \left\langle \bigcup_{p \in \hat{\delta}_M(q_0, x)} \delta_M(p, a) \right\rangle$$

$$= \langle \hat{\delta}_M(q_0, xa) \rangle. \qquad \square$$

Im Folgenden sagen wir, dass zwei Automaten $A$ und $B$ **äquivalent** sind, falls $L(A) = L(B)$.

**Aufgabe 3.21.** Wenden Sie die Konstruktion aus Satz 3.2 an, um einen äquivalenten EA zu dem NEA aus Abbildung 3.19 zu erzeugen.

**Aufgabe 3.22.** Konstruieren Sie mittels Potenzmengenkonstruktion endliche Automaten zu den nichtdeterministischen endlichen Automaten, die Sie in der Bearbeitung der Aufgabe 3.20 (b) und (d) entworfen haben.

Die Folge von Satz 3.2 ist, dass $\mathcal{L}_{EA} = \mathcal{L}_{NEA}$, d. h., die (deterministischen) endlichen Automaten sind bezüglich der Sprachakzeptierung genauso stark wie die nichtdeterministischen endlichen Automaten. Wir bemerken aber, dass die durch Potenzmengenkonstruktion erzeugten endlichen Automaten wesentlich (exponentiell) größer sind als die gegebenen nichtdeterministischen endlichen Automaten. Die nächste Frage ist also, ob es Sprachen gibt, bei denen man für die Simulation von Nichtdeterminismus durch Determinismus unausweichlich mit einem exponentiellen Wachstum der Automatengröße bezahlen muss, oder ob eine andere Konstruktion existiert, die die Erzeugung kleinerer äquivalenter deterministischer Automaten sicherstellt. Wir zeigen jetzt, dass man die Potenzmengenkonstruktion im Allgemeinen nicht verbessern kann. Betrachten wir die folgende reguläre Sprache

$$L_k = \{x1y \mid x \in (\Sigma_{\text{bool}})^*, y \in (\Sigma_{\text{bool}})^{k-1}\}$$

für jedes $k \in \mathbb{N} - \{0\}$. Der NEA $A_k$ in Abbildung 3.19 akzeptiert $L_k$ auf die Weise, dass er für jedes Symbol 1 der Eingabe nichtdeterministisch im Zustand $q_0$ rät, ob dieses Symbol das $k$-te Symbol vor dem Ende der Eingabe ist. $A_k$ verifiziert dann deterministisch, ob diese Entscheidung korrekt war.

**Aufgabe 3.23.** Geben Sie eine formale Beschreibung des NEA $A_k$ aus Abbildung 3.19 und beweisen Sie, dass $A_k$ die Sprache $L_k$ akzeptiert. Konstruieren Sie für jedes $k \in \mathbb{N} - \{0\}$ einen EA $B_k$ mit $L_k = L(B_k)$.

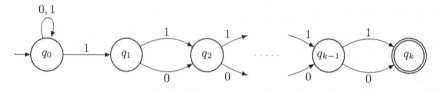

**Abbildung 3.19**

Der NEA $A_k$ hat $k+1$ Zustände. Wir beweisen jetzt, dass jeder EA, der $L_k$ akzeptiert, exponentiell viele Zustände bezüglich der Größe von $A_k$ haben muss.

**Lemma 3.6.** *Für alle $k \in \mathbb{N} - \{0\}$ muss jeder EA, der $L_k$ akzeptiert, mindestens $2^k$ Zustände haben.*

*Beweis.* Sei $B_k = (Q_k, \Sigma_{\text{bool}}, \delta_k, q_{0k}, F_k)$ ein EA mit $L(B_k) = L_k$. Um zu zeigen, dass $B_k$ mindestens $2^k$ viele Zustände haben muss, verwenden wir die gleiche grundlegende Idee, die wir in Abschnitt 3.4 für die Beweise der Nichtexistenz[13] benutzt haben. Wenn $\hat{\delta}_k(q_{0k}, x) = \hat{\delta}_k(q_{0k}, y)$ für irgendwelche Wörter $x$ und $y$ über $\Sigma_{\text{bool}}$, dann gilt für alle $z \in (\Sigma_{\text{bool}})^*$

$$xz \in L(B_k) \Longleftrightarrow yz \in L(B_k). \tag{3.14}$$

Die Idee des Beweises ist es, eine Menge $S_k$ von Wörtern zu finden, so dass für keine zwei unterschiedlichen Wörter $x, y \in S_k$ die Gleichung $\hat{\delta}_k(q_{0k}, x) = \hat{\delta}_k(q_{0k}, y)$ gelten darf. Dann müsste $B_k$ mindestens $|S_k|$ viele Zustände haben.[14]

Wir wählen $S_k = (\Sigma_{\text{bool}})^k$ und zeigen, dass $\hat{\delta}_k(q_{0k}, u)$ paarweise unterschiedliche Zustände für alle Wörter $u$ aus $S_k$ sind. Beweisen wir es indirekt. Seien

$$x = x_1 x_2 \ldots x_k \quad \text{und} \quad y = y_1 y_2 \ldots y_k, \quad \text{mit } x_i, y_i \in \Sigma_{\text{bool}} \text{ für } i = 1, \ldots, k,$$

zwei unterschiedliche Wörter aus $S_k = (\Sigma_{\text{bool}})^k$. Setzen wir

$$\hat{\delta}_k(q_{0k}, x) = \hat{\delta}_k(q_{0k}, y)$$

voraus. Weil $x \neq y$, existiert ein $j \in \{1, \ldots, k\}$, so dass $x_j \neq y_j$. Ohne Beschränkung der Allgemeinheit setzen wir $x_j = 1$ und $y_j = 0$ voraus. Betrachten wir jetzt $z = 0^{j-1}$. Dann ist

$$xz = x_1 \ldots x_{j-1} 1 x_{j+1} \ldots x_k 0^{j-1} \quad \text{und} \quad yz = y_1 \ldots y_{j-1} 0 y_{j+1} \ldots y_k 0^{j-1}$$

und daher $xz \in L_k$ und $yz \notin L_k$. Dies ist aber ein Widerspruch zu (3.14). Daher hat $B_k$ mindestens $|S_k| = 2^k$ viele Zustände. $\qquad\square$

---

[13]Dies sollte nicht überraschend sein, da wir im Prinzip auch einen Nichtexistenzbeweis führen. Wir beweisen, dass kein EA mit weniger als $2^k$ Zuständen für $L_k$ existiert.

[14]Wenn $|S_k|$ unendlich wäre, dann würde dies die Nichtexistenz eines EA für die gegebene Sprache bedeuten.

In dem Beweis des obigen Lemmas haben wir eine einfache Beweismethode eingeführt, mit der man untere Schranken für die Größe endlicher Automaten zur Akzeptierung konkreter regulärer Sprachen zeigen kann. Um diese Methode noch an einem einfachen Beispiel zu veranschaulichen, zeigen wir ihre Anwendung für die reguläre Sprache

$$L = \{x11y \mid x, y \in \{0, 1\}^*\},$$

die wir schon bei der Illustrierung der Potenzmengenkonstruktion in Abbildung 3.15 betrachtet haben. Um zu zeigen, dass jeder endliche Automat für $L$ mindestens drei Zustände hat, suchen wir uns die folgenden drei Wörter aus:

$$\lambda, 1, 11.$$

Jetzt sollen wir für jedes Paar $(x, y)$ aus unterschiedlichen Wörtern $x, y$ aus $S = \{\lambda, 1, 11\}$ zeigen, dass ein Wort $z$ existiert, so dass genau eines der Wörter $xz$ und $yz$ in $L$ ist (d. h., $x$ und $y$ erfüllen die Äquivalenz (3.14) nicht).
Für $x = \lambda$ und $y = 1$ wählen wir $z = 1$. Dann gilt

$$xz = 1 \notin L \quad \text{und} \quad yz = 11 \in L.$$

Daher ist $\hat{\delta}(q_0, \lambda) \neq \hat{\delta}(q_0, 1)$ für jeden endlichen Automaten, der $L$ akzeptiert.
Für $x = \lambda$ und $y = 11$ wählen wir $z = 0$. Dann gilt

$$xz = 0 \notin L \quad \text{und} \quad yz = 110 \in L$$

und deshalb müssen $\hat{\delta}(q_0, \lambda)$ und $\hat{\delta}(q_0, 11)$ auch unterschiedlich sein.
Für $x = 1$ und $y = 11$ wählen wir $z = \lambda$. Dann gilt

$$xz = 1 \notin L \quad \text{und} \quad yz = 11 \in L$$

und deshalb müssen $\hat{\delta}(q_0, 1)$ und $\hat{\delta}(q_0, 11)$ ebenfalls unterschiedlich sein.
Zusammengefasst müssen

$$\hat{\delta}(q_0, \lambda), \hat{\delta}(q_0, 1) \quad \text{und} \quad \hat{\delta}(q_0, 11)$$

paarweise unterschiedlich sein für jeden EA $A = (Q, \Sigma_{\text{bool}}, \delta, q_0, F)$, der $L$ akzeptiert.

**Aufgabe 3.24.** Betrachten Sie die Sprache $L = \{u11v \mid u, v \in \{0, 1\}^*\}$ und die drei Wörter $\lambda, 1, 11$. Bestimmen Sie für alle Paare $x, y$ von unterschiedlichen Wörtern aus $S = \{\lambda, 1, 11\}$ die Menge $Z(x, y) \subseteq (\Sigma_{\text{bool}})^*$, so dass für jedes $z \in Z(x, y)$

$$(xz \notin L \text{ und } yz \in L) \quad \text{oder} \quad (xz \in L \text{ und } yz \notin L).$$

**Aufgabe 3.25.** Betrachten Sie $L = \{x11y \mid x, y \in \{0, 1\}^*\}$. Wählen Sie $S'$ disjunkt zu $S = \{\lambda, 1, 11\}$ und wenden Sie $S'$ an, um zu zeigen, dass jeder EA für $L$ mindestens drei Zustände hat.

**Aufgabe 3.26.** Sei $L = \{x011y \mid x, y \in \{0, 1\}^*\}$.

(i) Konstruieren Sie einen NEA $M$ mit vier Zuständen für $L$ und beweisen Sie $L = L(M)$.

(ii) Wenden Sie auf $M$ die Potenzmengenkonstruktion an, um so einen (deterministischen) EA zu erhalten.

**Aufgabe 3.27.**\* Ein EA $A$ heißt **minimal** für die reguläre Sprache $L(A)$, wenn kein kleinerer (bezüglich der Kardinalität der Zustandsmenge) EA $B$ mit $L(A) = L(B)$ existiert. Konstruieren Sie minimale EA für die Sprachen aus Aufgabe 3.9 und beweisen Sie ihre Minimalität.

**Aufgabe 3.28.** Entwerfen Sie einen NEA $M$ mit höchstens sechs Zuständen, so dass $L(M) = \{0x \mid x \in \{0,1\}^*$ und $x$ enthält die Wörter 11 oder 100 als Teilwörter$\}$.

## 3.6 Zusammenfassung

In diesem Kapitel haben wir die endlichen Automaten als ein Modell sehr einfacher Berechnungen vorgestellt, die keine Variablen und damit keinen Speicher benutzen. Die Zielsetzung war aber nicht, die Automaten zu studieren, sondern an einem einfachen Beispiel das Definieren eines Berechungsmodells zu zeigen. Die Definition beginnt mit der Beschreibung der Komponenten und mit der Festlegung der grundlegenden Operationen (Aktionen) des Modells. Danach definiert man den Begriff der Konfiguration, die eine vollständige Beschreibung des allgemeinen Zustands des betrachteten Berechnungsmodells zu einem gegebenen Zeitpunkt ist. Die Durchführung eines Berechnungsschrittes entspricht der Anwendung einer elementaren Operation des Modells auf die aktuelle Konfiguration. So definiert man einen Schritt als einen Übergang aus einer Konfiguration $C$ zu einer anderen Konfiguration $D$. Der Unterschied zwischen $C$ und $D$ ist durch eine elementare Operation erzeugbar. Eine Berechnung beschreibt man als eine Folge von Konfigurationen mit der Eigenschaft, dass man aus jeder Konfiguration zu ihrer Nachfolgekonfiguration in einem Berechnungsschritt übergehen kann. Eine Berechnung auf einer Eingabe $x$ startet in einer initialen Konfiguration, in der $x$ als Eingabe zur Verfügung steht. Die letzte Konfiguration der Berechnung bestimmt das Resultat.

Bei endlichen Automaten handelt es sich um einfache Algorithmen zur Spracherkennung (zur Lösung von Entscheidungsproblemen), die sich beim Lesen von Eingabesymbolen zwischen (inneren) Zuständen aus einer endlichen Zustandsmenge bewegen. Ein endlicher Automat akzeptiert ein Eingabewort, wenn er sich nach den Lesen des letzten Buchstabens des Eingabewortes in einem akzeptierenden Zustand befindet.

Zu zeigen, dass ein Problem durch Algorithmen aus einer bestimmten Algorithmenklasse nicht lösbar ist, bedeutet, einen Nichtexistenzbeweis zu führen. Dies erfordert meistens ein tieferes Verständnis der Natur der betrachteten Algorithmenklasse. Im Fall der endlichen Automaten basieren die Beweise von $L \notin \mathcal{L}_{\mathrm{EA}}$ auf der Tatsache, dass die Vielfältigkeit der Wörter in $L$ so groß ist, dass man sie durch die Zerlegung von $\Sigma^*$ in endlich viele Klassen nicht charakterisieren kann. Mit anderen Worten reichen endlich viele Zustände als Speicher nicht aus, um alle wichtigen Eigenschaften (Charakteristika) der bisher gelesenen Präfixe von Eingabewörtern zu speichern. Diese Art der Argumentation kann man auch benutzen, um für eine gegebene Sprache $U \in \mathcal{L}_{\mathrm{EA}}$ eine untere Schranke für die Größe eines jeden EA $A$ mit $L(A) = U$ zu beweisen.

Nichtdeterministische Algorithmenmodelle (Rechnermodelle) erlauben im Unterschied zu deterministischen eine Auswahl von mehreren (endlich vielen) Aktionen in jedem Berechnungsschritt. Dadurch kann ein nichtdeterministischer Algorithmus exponentiell viele (bezüglich der Eingabelänge) unterschiedliche Berechnungen auf einer Eingabe haben. Die Interpretation der Arbeit eines nichtdeterministischen Algorithmus $A$ ist optimistisch

– wir setzen voraus, dass $A$ in jeder nichtdeterministischen Wahl eine richtige Entscheidung trifft, falls eine solche existiert. Dies bedeutet, dass ein nichtdeterministischer Algorithmus erfolgreich bei der Lösung eines Problems ist, wenn für jede Eingabeinstanz $x$ mindestens eine der Berechnungen von $A$ auf $x$ das richtige Resultat liefert, zusammen mit dem Beweis, dass dieses Resultat richtig ist. Bei einem Entscheidungsproblem $(\Sigma, L)$ bedeutet dies, dass $A$ für alle $x \in L$ mindestens eine akzeptierende Berechnung (mit der Aussage „$x \in L$") auf $x$ hat und alle Berechnungen von $A$ auf $y$ für jedes $y \notin L$ nichtakzeptierend sind (mit dem Resultat „$y \notin L$" enden). Im Allgemeinen kennen wir keine effizientere Art, nichtdeterministische Algorithmen $A$ durch deterministische Algorithmen $B$ zu simulieren, als alle möglichen Berechnungen von $A$ durch $B$ zu simulieren. Dies ist auch der Fall bei endlichen Automaten, wo die Simulation einer Breitensuche im Berechnungsbaum von $A$ auf gegebener Eingabe entspricht. Weil $B$ dabei nach dem Lesen eines Präfixes $z$ des Eingabewortes alle Zustände speichert, die $A$ beim Lesen von $z$ erreichen kann, nennt man die Konstruktion des EA $B$ aus dem NEA $A$ die Potenzmengenkonstruktion.

Dieses Kapitel ist nur einigen elementaren Aspekten der Automatentheorie gewidmet und erhebt deswegen keinen weiteren Anspruch, als eine Einführung in dieses Gebiet zu sein. Was die Kenntnisse der Klasse regulärer Sprachen anbelangt, liefert dieses Kapitel einen noch unwesentlicheren Beitrag. Reguläre Sprachen können nicht nur durch andere Automatenmodelle charakterisiert werden, sondern auch durch weitere wichtige Mechanismen, die nicht auf Maschinenmodellen (Berechnungsmodellen) basieren. Die wichtigsten Beispiele solcher Formalisierungen sind die regulären Grammatiken als Generierungsmechanismen und die algebraische Darstellung durch reguläre Ausdrücke. Für die Erweiterung der Kenntnisse über die Klasse der regulären Sprachen empfehlen wir wärmstens Hopcroft, Motwani und Ullman [HMU06].

## Kontrollaufgaben

1. Wie kann man das Modell des endlichen Automaten mit der Hilfe von Programmen erklären? Warum benutzen wir einen endlichen Automaten nicht zur Modellierung von Rechnern, obwohl die Rechner (wie auch alles andere, was wir kennen) endlich sind?

2. Definieren Sie einen EA formal als ein Quintupel und erklären Sie die Bedeutung der Grundbegriffe der Theorie der Berechnungen wie Konfiguration, Berechnungsschritt und Berechnung.

3. Erklären Sie, wie die Zustände eines endlichen Automaten $A$ die Menge aller Eingaben über $\Sigma^*$ in endlich viele Klassen zerlegen. Wie kann dies beim Entwurf und der Verifikation eines endlichen Automaten helfen? Zeigen Sie ein paar Beispiele.

4. Entwerfen Sie basierend auf der Bedeutung der Zustände endliche Automaten für folgende Sprachen:

    (a) $\{x1111y \mid x, y \in \{0, 1, 2, 3\}^*\}$,

    (b) $\{x110110y \mid x, y \in \{0, 1, 2\}^*\}$,

    (c) $\{x010101y \mid x, y \in \{0, 1\}^*\}$,

    (d) $\{x0y \mid x, y \in \{0, 1\}^*\}$,

    (e) $\{x0y1z \mid x, y, z \in \{0, 1\}^*\}$,

(f) $\{x \in \{0,1\}^* \mid |x|_0 \geq 3\}$,

(g) $\{x \in \{0,1\}^* \mid 3 \leq |x|_0 \leq 5\}$,

(h) $\{x001y101z \mid x, y, z \in \{0,1\}^*\}$,

(i) $\{x0011 \mid x \in \{0,1\}^*\}$,

(j) $\{x10011 \mid x \in \{0,1\}^*\}$,

(k) $\{1x11001 \mid x \in \{0,1\}^*\}$,

(l) $\{x11001y0 \mid x, y \in \{0,1\}^*\}$.

Wählen Sie sich drei dieser Sprachen aus und beweisen Sie mit Induktion die Korrektheit der von Ihnen entworfenen Automaten.

5. Entwerfen Sie Automaten für die folgenden Sprachen:

   (a) $\{x \in \{0,1\}^* \mid x$ enthält 11 als Teilwort oder endet mit dem Suffix 10$\}$,

   (b) $\{\lambda, 0, 11, x00 \mid x \in \{0,1\}^*\}$,

   (c) $\{x \in \{0,1\}^* \mid x$ enthält 00 oder 11 als Teilwort$\}$.

6. Erklären Sie, wie ein EA simultan mehrere endliche Automaten simulieren kann. Wenden Sie diese Simulationstechnik an, um den modularen Entwurf endlicher Automaten für folgende Sprachen zu realisieren:

   (a) $\{x \in \{0,1\}^* \mid |x|_1$ ist gerade und $x$ enthält das Teilwort 001$\}$,

   (b) $\{x \in \{0,1\}^* \mid x$ enthält das Teilwort 000 und $x$ enthält das Teilwort 111$\}$,

   (c) $\{x \in \{0,1,2\}^* \mid x$ enthält die Teilwörter 021 und 2110$\}$,

   (d) $\{x \in \{0,1\}^* \mid |x|_1 \bmod 3 = 1$ und $x$ endet mit dem Suffix 0011$\}$.

7. Erklären Sie die drei Methoden zum Beweis, dass eine Sprache keine reguläre Sprache ist.

8. Beweisen Sie, dass folgende Sprachen nicht regulär sind. Wenden Sie dabei jede der drei gelernten Methoden mindestens einmal an:

   (a) $\{0^{n^3} \mid n \in \mathbb{N}\}$,

   (b) $\{0^n 1^{2n} 0^n \mid n \in \mathbb{N}\}$,

   (c) $\{xy \in \{0,1\}^* \mid x$ ist ein nichtleeres Präfix von $y\}$,

   (d) $\{x2y \mid x, y \in \{0,1\}^*, |x|_1 = |y|_0\}$,

   (e) $\{0^{3^n} \mid n \in \mathbb{N}\}$.

9. Erklären Sie das Konzept nichtdeterministischer endlicher Automaten. Geben Sie ein Beispiel eines NEA an, der auf jeder Eingabe der Länge $n$ exponentiell viele unterschiedliche Berechnungen hat.

10. Erklären Sie, warum deterministische endliche Automaten nichtdeterministische endliche Automaten (trotz der Möglichkeit vieler Berechnungen auf einer Eingabe) simulieren können.

11. Für welche Sprachen ist es wesentlich einfacher einen NEA als einen EA zu entwerfen?

12. Entwerfen Sie nichtdeterministische endliche Automaten für folgende Sprachen:

    (a) $\{x1010y \mid x, y \in \{0,1\}^*\} \cup \{z010 \mid z \in \{0,1\}^*\}$,

    (b) $\{x \in \{0,1\}^* \mid x$ enthält 001 oder 110 als ein Teilwort$\}$,

    (c) $\{x \in \{0,1\}^* \mid |x|_1 \bmod 3 = 0$ oder $x = y101z$ für $y, z \in \{0,1\}^*\}$,

    (d) $\{x \in \{0,1,2\}^* \mid x$ enthält eines der Wörter 012, 00, 22, 111 als Teilwort$\}$.

Wenden Sie die Potenzmengenkonstruktion für mindestens einen der entworfenen NEAs an, um einen äquivalenten EA zu bauen.

13. Beweisen Sie, dass jeder EA für eine der folgenden Sprachen mindestens 4 Zustände hat.

    (a) $\{x \in \{0,1\}^* \mid |x| \bmod 4 = 2\}$,

    (b) $\{x0011y \mid x, y \in \{0,1\}^*\}$,

    (c) $\{01x10 \mid x \in \{0,1\}\}$,

    (d) $\{x \in \{0,1,2\}^* \mid |x|_0$ ist gerade und $|x|_1$ ist teilbar durch 3$\}$.

Können Sie für einige dieser Sprachen sogar eine höhere untere Schranke für die Anzahl der Zustände beweisen?

Die Menschen, die die Geduld haben,
auch einfache Sachen vollkommen zu machen,
gewinnen die Fähigkeit,
auch schwere Sachen einfach zu meistern.

F. Schiller

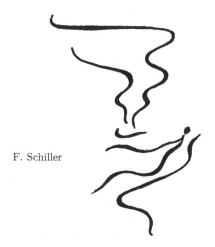

# 4 Turingmaschinen

## 4.1 Zielsetzung

Wenn man ursprünglich in der Mathematik einen Ansatz zur Lösung gewisser Probleme vermitteln wollte, hat man ihn als eine mathematische Methode formal genau beschrieben. Eine sorgfältige Beschreibung einer Methode hatte die Eigenschaft, dass ein Anwender gar nicht verstehen musste, warum die Methode funktioniert, und trotzdem die Methode erfolgreich zur Lösung seiner Probleminstanz verwenden konnte. Die einzige Voraussetzung für eine erfolgreiche Anwendung war das Verständnis des mathematischen Formalismus, in dem die Methode dargestellt wurde. Die Entwicklung des Rechners führte dazu, dass man Methoden zur Lösung von Problemen durch Programme beschreibt. Der mathematische Formalismus ist hier durch die benutzte Programmiersprache gegeben. Das wichtigste Merkmal aber bleibt. Der Rechner, der keinen Intellekt besitzt und daher kein Verständnis für das Problem sowie für die Methode zu seiner Lösung besitzt, kann das Programm ausführen und dadurch das Problem lösen. Deswegen können wir über automatische oder algorithmische Lösbarkeit von Problemen sprechen. Um zu zeigen, dass ein Problem automatisch lösbar ist, reicht es aus, eine Methode zu seiner Lösung zu finden und diese in Form eines Programms (Algorithmus) darzustellen. Deswegen kommen positive Aussagen über algorithmische (automatische) Problemlösbarkeit gut ohne eine Festlegung auf eine Formalisierung des Begriffs Algorithmus aus. Es reicht oft, eine Methode halb informell und grob zu beschreiben, und jedem wird klar, dass sich die Methode in die Form eines Programms umsetzen lässt. Daher ist es nicht verwunderlich, dass die Mathematik schon lange vor der Existenz von Rechnern die Lösbarkeit mathematischer Probleme mit der Existenz allgemeiner Lösungsmethoden (heute würden wir Algorithmen sagen) im Sinne von „automatischer Lösbarkeit" verknüpft hat.

Die Notwendigkeit der Formalisierung des Begriffs Algorithmus (Lösungsmethode) kam erst mit dem Gedanken, mathematisch die automatische Unlösbarkeit konkreter Probleme zu beweisen. Zu diesem Zweck hat man mehrere Formalismen entwickelt, die sich alle als äquivalent bezüglich des Begriffs „automatische (algorithmische) Lösbarkeit" erwiesen haben. Auch jede vernünftige Programmiersprache ist eine zulässige Formalisierung der automatischen Lösbarkeit. Aber solche Formalisierungen sind nicht so gut geeignet für Beweise der Nichtexistenz von Algorithmen für konkrete Probleme, weil sie wegen der Anwenderfreundlichkeit eine Menge komplexer Operationen (Befehle) enthalten. Daher braucht man sehr einfache Modelle, die nur ein paar elementare Operationen erlauben und trotzdem die volle Berechnungsstärke von Programmen beliebiger Programmiersprachen besitzen. Ein solches Modell, das sich in der Theorie zum Standard entwickelt hat, ist die Turingmaschine. Die Zielsetzung dieses Kapitels ist, dieses Modell vorzustellen und so die Basis für die Theorie der Berechenbarkeit (der algorithmischen Lösbarkeit) und für die Komplexitätstheorie in den nächsten Kapiteln zu schaffen.

Der Stoff dieses Kapitels ist in fünf Abschnitte unterteilt. Abschnitt 4.2 skizziert die historische Entwicklung, die schliesslich zur Formalisierung des Begriffs Algorithmus führte. Abschnitt 4.3 stellt das grundlegende Modell der Turingmaschine vor und übt den Umgang mit Turingmaschinen. Abschnitt 4.4 präsentiert die Mehrband-Varianten von Turingmaschinen, die das grundlegende Modell der abstrakten Komplexitätstheorie sind. In diesem Abschnitt wird auch die Äquivalenz zwischen Programmen in einer beliebigen Programmiersprache und Turingmaschinen diskutiert. Abschnitt 4.5 führt die nichtdeterministische Turingmaschine ein und untersucht die Möglichkeiten der Simulation nichtdeterministischer Turingmaschinen durch (deterministische) Turingmaschinen. Abschnitt 4.6 präsentiert eine mögliche Kodierung von Turingmaschinen als Wörter über dem Alphabet $\Sigma_{bool}$.

Bevor wir den Begriff des Algorithmus in der Form der Turingmaschine axiomatisch definieren, präsentieren wir die Überlegungen von Alan Turing, die zu dieser mathematischen Definition des Algorithmus geführt haben.

## 4.2 Auszug aus der Geschichte

Die Automatisierung im weiteren Sinne dieses Wortes begleitet die Entwicklung der menschlichen Zivilisation seit jeher. Das durch Beobachtungen, Experimente und Nachdenken erworbene Wissen hat man zur Erzeugung unterschiedlicher Produkte und zur Entwicklung diverser Vorgehensweisen in allen Bereichen des menschlichen Lebens genutzt (zum Beispiel für Heilungsprozeduren, Bauverfahren, Werkzeugherstellung etc.). Es war wichtig, dass man all diese Vorgehensweisen erfolgreich verwenden konnte, ohne zu verstehen, warum sie funktionieren und wie man das dazu nötige Wissen entdeckt hat. Zum Beispiel wusste man dank Pythagoras, dass ein durch drei Seiten der Längen 3, 4 und 5 Einheiten aufgespanntes Dreieck einen rechten Winkel zwischen den Katheten besitzt. Also erzeugten die Bauarbeiter rechte Winkel auf diese Weise. Sie brauchten dafür den Satz des Pythagoras gar nicht zu verstehen, von seinem Beweis mussten sie keine Ahnung haben. Diese Tatsache brachte der menschlichen Gesellschaft die Effizienz, die für ihre Weiterentwicklung maßgeblich war. Die Technik und die Informatik sind heute der Höhepunkt dieser Entwicklung. Es werden Produkte hergestellt, die auf Befehl (zum Beispiel auf Knopfdruck) eine gewünschte Tätigkeit ausüben.

Am Anfang des zwanzigsten Jahrhunderts war es noch so, dass zur Ausführung eines Algorithmus (einer Vorgehensweise) in der Regel ein Mensch notwendig war. Zum Beispiel gab es menschliche Rechner, die die entwickelten Methoden zur Berechnung ballistischer

Kurven umgesetzt haben. Die menschlichen Rechner wurden aus einer Gruppe von Personen zusammengesetzt, die all diejenigen mathematischen Operationen realisieren konnten, die in der Beschreibung des Algorithmus verwendet wurden.

Dies war die Zeit, zu der Alan Turing versuchte, den Begriff des Algorithmus mathematisch festzulegen. Er wollte keinen Computer bauen. Er wollte die Klasse derjenigen Methoden als Algorithmen definieren, die jeder dazu ausgebildete Mensch durchführen konnte. Seine Überlegungen beruhten auf der folgenden Strategie. Die atomaren Bausteine eines Algorithmus sind Operationen (elementare Basisinstruktionen wie zum Beispiel arithmetische Operationen). Man wählt nun einfach eine endliche Menge von Operationen aus, und alle Verfahren, die man aus diesen Operationen zusammensetzen kann, sind Algorithmen über dieser Klasse von Basisoperationen. Das Problem ist natürlich, dass man unbegrenzt viele solche Mengen von Operationen zu betrachten hat. Welche Eigenschaften muss eine solche Menge von Basisoperationen sinnvollerweise erfüllen?

1. Alle gewählten Basisoperationen sind eindeutig interpretierbar und jede von ihnen ist für einen Menschen vollständig erlernbar.

2. Alles, was wir intuitiv unter dem Begriff Algorithmus verstehen, muss man aus dieser Menge von Operationen zusammensetzen können.

Die erste Anforderung ist leicht zu erfüllen. Aus heutiger Sicht kann man die Befehle einer beliebigen Assemblersprache oder sogar einer höheren Programmiersprache nehmen und man ist sich sicher, dass Anforderung 1 erfüllt ist. Anforderung 2 kann man als die Forderung nach der Vollständigkeit der Menge von Operationen verstehen, sie ist nicht so einfach zu erfüllen. Egal, wie groß die Menge von Basisoperationen ist, die man nimmt, es kann immer vorkommen, dass jemand einen Algorithmus (etwas, das wir intuitiv als Algorithmus anerkennen, weil uns die Umsetzung klar ist) vorschlägt, den man nicht aus diesen Operationen zusammensetzen kann. Und dies war auch das Hauptproblem von Alan Turing. Er versuchte, die Vorgehensweise eines Mathematikers zu beschreiben, der in der formalen Logik arbeitet. Dieser benutzt ein Alphabet, um logische Behauptungen zu formulieren. Man kann sich dies so vorstellen, dass jede solche Behauptung in eine Zeile geschrieben wird. Die Länge dieser Zeilen darf man nicht durch eine Konstante beschränken, weil es für jede Zahl $n$ Behauptungen gibt, die man nicht als Text der Länge höchstens $n$ darstellen kann. Um jetzt aus bereits bestehenden Behauptungen etwas Neues zu folgern, darf der Mathematiker in einem Rechenschritt einen Teil des Textes durch etwas Äquivalentes ersetzen. Weil das menschliche Gehirn endlich ist, gibt es eine feste Konstante $d$, die beschränkt, wie lang der Teil eines Textes ist, den er auf einmal anschauen und somit bearbeiten kann. Die Anzahl solcher Textoperationen, die er durchführen will, ist endlich, aber nicht durch eine feste Konstante beschränkbar. Daraus schloss Alan Turing, dass der Mathematiker außer seinem endlichen Gehirn noch ein Blatt Papier als Hardware braucht, das in beiden Dimensionen unendlich ist, also eine unbegrenzte Anzahl von Rechenschritten (Anzahl von Zeilen) auf unbegrenzt langen Texten ermöglicht.

Danach vereinfachte Turing dieses Modell in zwei Schritten. Zunächst kann der Mathematiker mit einer Zeile Text auskommen, wenn er einen Radiergummi zur Hilfe nimmt, und damit die vorgenommenen Ersetzungen direkt an den entsprechenden Stellen durchführen kann. Damit ist anstatt des in zwei Dimensionen unbegrenzten Papierblatts nur noch ein Papierband nötig, ähnlich dem Band eines endlichen Automaten. Allerdings ist dieses Band unendlich lang.

Das Gehirn ist endlich und somit immer in einem von endlich vielen Zuständen, die man wie bei einem endlichen Automaten mit einer Zustandsmenge und einer Übergangsfunktion auf dieser Zustandsmenge simulieren kann. Die unbekannte Konstante $d$, die bestimmt, wie groß ein Teil des Textes sein darf, den der Mathematiker in einem Schritt austauschen kann, machte Turing aber auch noch Sorgen, weil dadurch die Anzahl möglicher Operationen exponentiell groß in $d$ war. Da entdeckte er, dass man jede solche Operation zum Textaustausch eines endlich langen Textes auch als eine Folge kleinerer Operationen ausführen kann, die nur ein Symbol lesen und danach das Symbol löschen oder gegen ein anderes Symbol austauschen. Auf diese Weise hat er alle semantischen Probleme beseitigt, die durch die Auswahl der benötigten Basisoperationen auftraten, weil man alle Operationen durch die Textoperationen auf einzelnen Symbolen und Herumlaufen mit dem Stift auf dem Band erledigen kann.

## 4.3  Das Modell der Turingmaschine

Eine Turingmaschine kann als eine Verallgemeinerung eines EA gesehen werden. Informell besteht sie (Abbildung 4.1) aus

(i)  einer endlichen Kontrolle, die das Programm enthält,

(ii)  einem unendlichem Band, das als Eingabeband, aber auch als Speicher (Arbeitsband) zur Verfügung steht, und

(iii)  einem Lese-/Schreibkopf, der sich in beiden Richtungen auf dem Band bewegen kann.

Die Ähnlichkeit zu einem EA besteht in der Kontrolle über einer endlichen Zustandsmenge und dem Band, das am Anfang das Eingabewort enthält. Der Hauptunterschied zwischen Turingmaschinen und endlichen Automaten besteht darin, dass eine Turingmaschine das Band auch als Speicher benutzen kann und dass dieses Band unendlich lang ist. Das erreicht man dadurch, dass der Lesekopf des EA durch einen Lese-/Schreibkopf ersetzt wird und dass man diesem Kopf auch die Bewegung nach links erlaubt. Eine elementare Operation von Turingmaschinen kann also als folgende Aktion beschrieben werden. Die Argumente sind

(i)  der Zustand, in dem sich die Maschine befindet, und

(ii)  das Symbol auf dem Feld des Bandes, auf dem sich der Lese-/Schreibkopf gerade befindet.

Abhängig von diesen Argumenten macht die Turingmaschine Folgendes. Sie

(i)  ändert den Zustand,

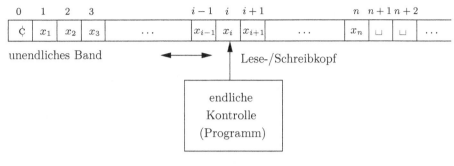

**Abbildung 4.1**

(ii) schreibt ein Symbol auf das Feld des Bandes, von dem gerade gelesen wurde[1] (dies kann man also als ein Ersetzen des gelesenen Symbols durch ein neues Symbol sehen), und

(iii) bewegt den Lese-/Schreibkopf ein Feld nach links oder rechts oder sie bewegt ihn gar nicht.

Wichtig dabei ist, dass

1. das Band auf der linken Seite das Randsymbol ¢ enthält, über das die Turingmaschine nach links nicht weiter gehen darf und welches nie durch ein anderes Symbol ersetzt werden darf (die Einführung eines linken Randes ermöglicht die Nummerierung der Felder des Bandes von links nach rechts, wobei wir dem Bandfeld mit dem Symbol ¢ die Nummer 0 zuordnen), und

2. das Band nach rechts unendlich ist,[2] wobei die nicht beschrifteten Felder das Leerfeld-Symbol ⊔ (manchmal auch Blanksymbol genannt) enthalten.

Jetzt geben wir die formale Beschreibung einer Turingmaschine in der Weise an, wie wir es bei der Definition von endlichen Automaten gelernt haben. Zuerst beschreiben wir die Komponenten und die elementaren Operationen. Dann wählen wir eine Darstellung von Konfigurationen und definieren den Berechnungsschritt als eine Relation auf Konfigurationen. Danach folgen die Definitionen der Berechnung einer Turingmaschine und der von einer Turingmaschine akzeptierten Sprache.

**Definition 4.1.** *Eine **Turingmaschine** (**TM**) ist ein 7-Tupel $M = (Q, \Sigma, \Gamma, \delta, q_0,$ $q_{\text{accept}}, q_{\text{reject}})$. Dabei ist*

*(i) $Q$ eine endliche Menge, die **Zustandsmenge von M** genannt wird,*

*(ii) $\Sigma$ das **Eingabealphabet**, wobei ¢ und das Blanksymbol ⊔ nicht in $\Sigma$ sind,*
   *{$\Sigma$ dient genau wie bei einem EA zur Darstellung der Eingabe.}*

---

[1] Wo sich der Lese-/Schreibkopf gerade befindet.

[2] Man bemerke, dass man in endlicher Zeit höchstens endlich viele Felder des Bandes beschriften kann und damit die aktuelle Speichergröße (die Anzahl der Nicht-⊔-Felder) immer endlich ist. Der Sinn der Forderung eines unbeschränkten Speichers ist nur, dass man nach Bedarf einen beliebig großen endlichen Speicher zur Verfügung hat.

*(iii)* $\Gamma$ *ein Alphabet,* **Arbeitsalphabet** *genannt, wobei* $\Sigma \subseteq \Gamma$, $\text{¢}$, $\sqcup \in \Gamma$, $\Gamma \cap Q = \emptyset$,
{$\Gamma$ enthält alle Symbole, die in Feldern des Bandes auftreten dürfen, d. h. die Symbole, die $M$ als Speicherinhalte (variable Werte) benutzt.}

*(iv)* $\delta \colon (Q - \{q_{\text{accept}}, q_{\text{reject}}\}) \times \Gamma \to Q \times \Gamma \times \{\text{L}, \text{R}, \text{N}\}$ *eine Abbildung,* **Übergangsfunktion von** $M$ *genannt, mit der Eigenschaft*

$$\delta(q, \text{¢}) \in Q \times \{\text{¢}\} \times \{\text{R}, \text{N}\}$$

*für alle* $q \in Q$,
{$\delta$ beschreibt die elementare Operation von $M$. $M$ kann eine Aktion $(q, X, Z) \in Q \times \Gamma \times \{\text{L}, \text{R}, \text{N}\}$ aus einem aktuellen Zustand $p$ beim Lesen eines Symbols $Y \in \Gamma$ durchführen, falls $\delta(p, Y) = (q, X, Z)$. Dies bedeutet den Übergang von $p$ nach $q$, das Ersetzen von $Y$ durch $X$ und die Bewegung des Kopfes entsprechend $Z$. $Z = \text{L}$ bedeutet die Bewegung des Kopfes nach links, $Z = \text{R}$ nach rechts und $Z = \text{N}$ bedeutet keine Bewegung. Die Eigenschaft $\delta(q, \text{¢}) \in Q \times \{\text{¢}\} \times \{\text{R}, \text{N}\}$ verbietet das Ersetzen des Symbols $\text{¢}$ durch ein anderes Symbol und die Bewegung des Kopfes nach links über die Randbezeichnung $\text{¢}$.}

*(v)* $q_0 \in Q$ *der* **Anfangszustand**,

*(vi)* $q_{\text{accept}} \in Q$ *der* **akzeptierende Zustand**,
{$M$ hat genau einen akzeptierenden Zustand. Wenn $M$ den Zustand $q_{\text{accept}}$ erreicht, akzeptiert $M$ die Eingabe, egal wo sich dabei der Kopf auf dem Band befindet. Aus $q_{\text{accept}}$ ist keine Aktion von $M$ mehr möglich.}

*(vii)* $q_{\text{reject}} \in Q - \{q_{\text{accept}}\}$ *der* **verwerfende Zustand**.
{Wenn $M$ den Zustand $q_{\text{reject}}$ erreicht, dann endet damit die Berechnung und $M$ verwirft die Eingabe. Das heißt insbesondere auch, dass $M$ nicht die komplette Eingabe lesen muss, um sie zu akzeptieren beziehungsweise zu verwerfen.}

Eine **Konfiguration** $C$ von $M$ ist ein Element aus

$$\mathbf{Konf}(\boldsymbol{M}) = \{\text{¢}\} \cdot \Gamma^* \cdot Q \cdot \Gamma^+ \cup Q \cdot \{\text{¢}\} \cdot \Gamma^+.$$

{Eine Konfiguration $\text{¢}w_1 q a w_2$, $w_1 \in \Gamma^*$, $w_2 \in \Gamma^*$, $a \in \Gamma$, $q \in Q$, (Abbildung 4.2) ist eine vollständige Beschreibung folgender Situation. $M$ ist im Zustand $q$, der Inhalt des Bandes ist $\text{¢}w_1 a w_2 \sqcup \sqcup \ldots$ und der Kopf steht auf dem Feld $|w_1| + 1$ des Bandes und liest das Symbol $a$. Eine Konfiguration $p \text{¢}w$, $p \in Q$, $w \in \Gamma^*$, beschreibt die Situation, in der der Inhalt des Bandes $\text{¢}w \sqcup \sqcup \ldots$ ist und der Kopf auf dem 0-ten Feld des Bandes steht und das Randsymbol $\text{¢}$ liest.[3]}

Eine **Startkonfiguration** *für ein Eingabewort* $x$ *ist* $q_0 \text{¢}x$.

*Ein* **Schritt von** $M$ *ist eine Relation* $\vdash_{\overline{M}}$ *auf der Menge der Konfigurationen (* $\vdash_{\overline{M}} \subseteq$ $\text{Konf}(M) \times \text{Konf}(M)$*) definiert durch*

---

[3]Man bemerke, dass man für die Darstellung der Konfigurationen zwischen mehreren guten Möglichkeiten wählen kann. Zum Beispiel könnte man die Darstellung $(q, w, i) \in Q \times \Gamma^* \times \mathbb{N}$ verwenden, um die Situation zu beschreiben, in der $M$ im Zustand $q$ ist, $w \sqcup \sqcup \ldots$ auf dem Band steht und der Kopf auf dem $i$-ten Feld des Bandes steht.

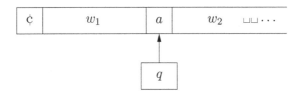

**Abbildung 4.2**

(i) $x_1x_2\ldots x_{i-1}qx_ix_{i+1}\ldots x_n \vdash_{M} x_1x_2\ldots x_{i-1}pyx_{i+1}\ldots x_n$,
falls $\delta(q,x_i) = (p,y,\mathrm{N})$ *(Abbildung 4.3(a))*,

(ii) $x_1x_2\ldots x_{i-1}qx_ix_{i+1}\ldots x_n \vdash_{M} x_1x_2\ldots x_{i-2}px_{i-1}yx_{i+1}\ldots x_n$,
falls $\delta(q,x_i) = (p,y,\mathrm{L})$ *(Abbildung 4.3(b))*,

(iii) $x_1x_2\ldots x_{i-1}qx_ix_{i+1}\ldots x_n \vdash_{M} x_1x_2\ldots x_{i-1}ypx_{i+1}\ldots x_n$,
falls $\delta(q,x_i) = (p,y,\mathrm{R})$ *für $i < n$ (Abbildung 4.3(c)) und*

(iv) $x_1x_2\ldots x_{n-1}qx_n \vdash_{M} x_1x_2\ldots x_{n-1}yp_{\sqcup}$,
falls $\delta(q,x_n) = (p,y,\mathrm{R})$ *(Abbildung 4.3(d))*.

*Eine **Berechnung von M** ist eine (potentiell unendliche) Folge von Konfigurationen $C_0, C_1, C_2, \ldots$, so dass $C_i \vdash_{M} C_{i+1}$ für alle $i = 0, 1, 2, \ldots$. Wenn $C_0 \vdash_{M} C_1 \vdash_{M} \cdots \vdash_{M} C_i$ für ein $i \in \mathbb{N}$, dann $C_0 \vdash^{*}_{M} C_i$.*

*Die **Berechnung von M auf einer Eingabe x** ist eine Berechnung, die mit der Startkonfiguration $C_0 = q_0 \mathord{\text{¢}} x$ beginnt und entweder unendlich ist oder in einer Konfiguration $w_1qw_2$ endet, wobei $q \in \{q_{\mathrm{accept}}, q_{\mathrm{reject}}\}$.*

*Die Berechnung von M auf x heißt **akzeptierend**, falls sie in einer akzeptierenden Konfiguration $w_1q_{\mathrm{accept}}w_2$ endet. Die Berechnung von M auf x heißt **verwerfend**, wenn sie in einer verwerfenden Konfiguration $w_1q_{\mathrm{reject}}w_2$ endet. Eine **nicht-akzeptierende** Berechnung von M auf x ist entweder eine verwerfende oder eine unendliche Berechnung von M auf x.*

*Die von der **Turingmaschine M akzeptierte Sprache** ist*

$$L(M) = \{w \in \Sigma^* \mid q_0 \mathord{\text{¢}} w \vdash^{*}_{M} yq_{\mathrm{accept}}z, \text{ für irgendwelche } y, z \in \Gamma^*\}.$$

*Wir sagen, dass M eine Funktion $F: \Sigma^* \to \Gamma^*$ **berechnet**, falls*

$$\text{für alle } x \in \Sigma^*: q_0 \mathord{\text{¢}} x \vdash^{*}_{M} q_{\mathrm{accept}} \mathord{\text{¢}} F(x).$$

*Eine Sprache $L \subseteq \Sigma^*$ heißt **rekursiv aufzählbar**, falls eine TM M existiert, so dass $L = L(M)$.*

$$\mathcal{L}_{\mathrm{RE}} = \{L(M) \mid M \text{ ist eine TM}\}$$

*ist die **Klasse aller rekursiv aufzählbaren Sprachen**.[4]*

*Eine Sprache $L \subseteq \Sigma^*$ heißt **rekursiv (entscheidbar)**,[5] falls $L = L(M)$ für eine TM M, für die für alle $x \in \Sigma^*$ gilt:*

---

[4]Die Bezeichnung $\mathcal{L}_{\mathrm{RE}}$ kommt vom englischen „recursively enumerable".

[5]Genauer müsste man sagen, dass das Entscheidungsproblem $(\Sigma, L)$ entscheidbar ist.

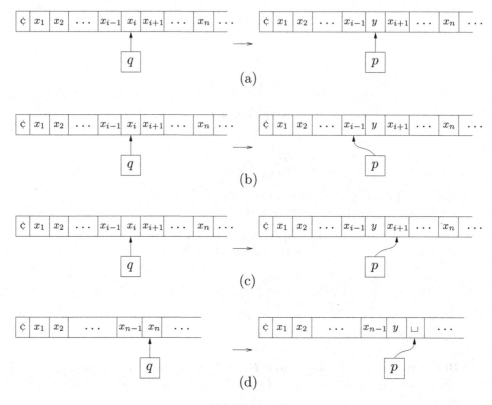

**Abbildung 4.3**

(i) $q_0 \mathcal{c} x \vdash^{*}_{M} y q_{\text{accept}} z$, $y, z \in \Gamma^*$, *falls* $x \in L$ *und*

(ii) $q_0 \mathcal{c} x \vdash^{*}_{M} u q_{\text{reject}} v$, $u, v \in \Gamma^*$, *falls* $x \notin L$.

{Dies bedeutet, dass $M$ keine unendlichen Berechnungen besitzt.}

Wenn (i) und (ii) gelten, sagen wir, dass $M$ **auf jeder Eingabe hält** oder dass $M$ **immer hält**.

{Eine TM, die immer hält, ist ein formales Modell des Begriffs Algorithmus.}

$$\mathcal{L}_{\text{R}} = \{L(M) \mid M \text{ ist eine TM, die immer hält}\}$$

*ist die* **Klasse der rekursiven (algorithmisch erkennbaren) Sprachen.**

Eine Funktion $F \colon \Sigma_1^* \to \Sigma_2^*$ *für zwei Alphabete* $\Sigma_1, \Sigma_2$ *heißt* **total berechenbar,** *falls eine TM* $M$ *existiert, die* $F$ *berechnet.*[6]

Die Turingmaschinen, die immer halten, repräsentieren die Algorithmen, die immer terminieren und die richtige Ausgabe liefern. So sind gerade die rekursiven Sprachen

---

[6]Beachten Sie, dass die TM $M$ immer hält.

(entscheidbaren Entscheidungsprobleme) die Sprachen (Entscheidungsprobleme), die algorithmisch erkennbar (lösbar) sind.

**Aufgabe 4.1.** Ändern Sie die Definition einer TM, indem Sie als Konfiguration die Tripel $(q, \mathbb{c}w, i) \in Q \times \{\mathbb{c}\}\Gamma^* \times \mathbb{N}$ nehmen. Ein Tripel $(q, \mathbb{c}w, i)$ beschreibt die Situation, wenn die TM im Zustand $q$ ist, der Bandinhalt $\mathbb{c}w_{\sqcup\sqcup\sqcup}\ldots$ ist und der Kopf auf das $i$-te Feld des Bandes zeigt. Geben Sie dann eine Definition des Schrittes und der Berechnung, die mit dieser Darstellung von Konfigurationen arbeitet.

Im Folgenden zeigen wir ein paar konkrete Turingmaschinen und ähnlich wie bei endlichen Automaten entwickeln wir eine anschauliche graphische Darstellung von Turingmaschinen. Sei

$$L_{\mathrm{Mitte}} = \{w \in (\Sigma_{\mathrm{bool}})^* \mid w = x1y, \text{ wobei } |x| = |y|\}.$$

Somit enthält $L_{\mathrm{Mitte}}$ alle Wörter ungerader Länge, die in der Mitte eine 1 haben.

**Aufgabe 4.2.** Beweisen Sie, dass $L_{\mathrm{Mitte}} \notin \mathcal{L}_{\mathrm{EA}}$.

Wir beschreiben eine TM $M$, so dass $L(M) = L_{\mathrm{Mitte}}$. Die Idee ist, zuerst zu überprüfen, ob die Eingabelänge ungerade ist und dann das mittlere Symbol zu bestimmen. Sei $M = (Q, \Sigma, \Gamma, \delta, q_0, q_{\mathrm{accept}}, q_{\mathrm{reject}})$, wobei

$$Q = \{q_0, q_{\mathrm{even}}, q_{\mathrm{odd}}, q_{\mathrm{accept}}, q_{\mathrm{reject}}, q_A, q_B, q_1, q_{\mathrm{left}}, q_{\mathrm{right}}, q_{\mathrm{middle}}\},$$
$$\Sigma = \{0, 1\},$$
$$\Gamma = \Sigma \cup \{\mathbb{c}, \sqcup\} \cup (\Sigma \times \{A, B\})$$

und

$$\delta(q_0, \mathbb{c}) = (q_{\mathrm{even}}, \mathbb{c}, \mathrm{R}),$$
$$\delta(q_0, a) = (q_{\mathrm{reject}}, a, \mathrm{N}) \text{ für alle } a \in \{0, 1, \sqcup\},$$
$$\delta(q_{\mathrm{even}}, b) = (q_{\mathrm{odd}}, b, \mathrm{R}) \text{ für alle } b \in \{0, 1\},$$
$$\delta(q_{\mathrm{even}}, \sqcup) = (q_{\mathrm{reject}}, \sqcup, \mathrm{N}),$$
$$\delta(q_{\mathrm{odd}}, b) = (q_{\mathrm{even}}, b, \mathrm{R}) \text{ für alle } b \in \{0, 1\},$$
$$\delta(q_{\mathrm{odd}}, \sqcup) = (q_B, \sqcup, \mathrm{L}).$$

Wir beobachten, dass nach dem Lesen eines Präfixes gerader (ungerader) Länge $M$ im Zustand $q_{\mathrm{even}}$ ($q_{\mathrm{odd}}$) ist. Wenn also $M$ das Symbol $\sqcup$ im Zustand $q_{\mathrm{even}}$ liest, ist das Eingabewort gerader Länge und muss verworfen werden. Wenn $M$ das Symbol $\sqcup$ im Zustand $q_{\mathrm{odd}}$ liest, geht $M$ in den Zustand $q_B$ über, in dem die zweite Phase der Berechnung anfängt. In dieser Phase bestimmt $M$ die Mitte des Eingabewortes, indem $M$ abwechselnd das am weitesten rechts stehende Symbol $a \in \{0, 1\}$ in $\binom{a}{B}$ umwandelt und das am weitesten links stehende Symbol $b \in \{0, 1\}$ durch $\binom{b}{A}$ ersetzt. Dieses kann

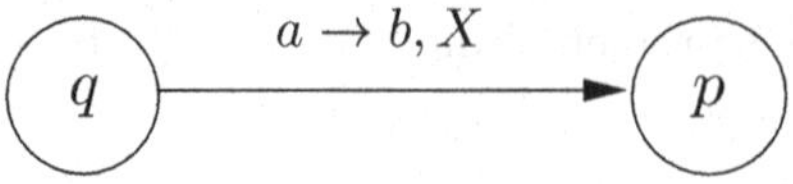

**Abbildung 4.4**

man mit folgenden Transitionen (Übergängen) realisieren:

$$\delta(q_B, a) = (q_1, \begin{pmatrix} a \\ B \end{pmatrix}, \mathrm{L}) \text{ für alle } a \in \{0, 1\},$$

$$\delta(q_1, a) = (q_{\text{left}}, a, \mathrm{L}) \text{ für alle } a \in \{0, 1\},$$

$$\delta(q_1, c) = (q_{\text{middle}}, c, \mathrm{R}) \text{ für alle } c \in \{\text{¢}, \begin{pmatrix} 0 \\ A \end{pmatrix}, \begin{pmatrix} 1 \\ A \end{pmatrix}\},$$

$$\delta(q_{\text{middle}}, \begin{pmatrix} 0 \\ B \end{pmatrix}) = (q_{\text{reject}}, 0, \mathrm{N}),$$

$$\delta(q_{\text{middle}}, \begin{pmatrix} 1 \\ B \end{pmatrix}) = (q_{\text{accept}}, 1, \mathrm{N}),$$

$$\delta(q_{\text{left}}, a) = (q_{\text{left}}, a, \mathrm{L}) \text{ für alle } a \in \{0, 1\},$$

$$\delta(q_{\text{left}}, c) = (q_A, c, \mathrm{R}) \text{ für alle } c \in \{\begin{pmatrix} 0 \\ A \end{pmatrix}, \begin{pmatrix} 1 \\ A \end{pmatrix}, \text{¢}\},$$

$$\delta(q_A, b) = (q_{\text{right}}, \begin{pmatrix} b \\ A \end{pmatrix}, \mathrm{R}) \text{ für alle } b \in \{0, 1\},$$

$$\delta(q_{\text{right}}, b) = (q_{\text{right}}, b, \mathrm{R}) \text{ für alle } b \in \{0, 1\},$$

$$\delta(q_{\text{right}}, d) = (q_B, d, \mathrm{L}) \text{ für alle } d \in \{\begin{pmatrix} 0 \\ B \end{pmatrix}, \begin{pmatrix} 1 \\ B \end{pmatrix}\}.$$

Die fehlenden Argumentpaare wie zum Beispiel $(q_{\text{right}}, \text{¢})$ können nicht auftreten, und deswegen kann man die Definitionen von $\delta$ so vervollständigen, dass man für alle fehlenden Argumente den Übergang nach $q_{\text{reject}}$ hinzunimmt.

Wenn man einen Befehl $\delta(q, a) = (p, b, X)$ für $q, p \in Q$, $a, b \in \Sigma$ und $X \in \{\mathrm{L}, \mathrm{R}, \mathrm{N}\}$ graphisch wie in Abbildung 4.4 darstellt, dann kann man die konstruierte TM $M$ wie in Abbildung 4.5 darstellen. Diese graphische Darstellung ist ähnlich zu der bei endlichen Automaten. Der Unterschied liegt nur in der Kantenbeschriftung, bei der zusätzlich zu dem gelesenen Symbol $a$ noch das neue Symbol $b$ und die Bewegungsrichtung $X$ notiert wird.

Betrachten wir jetzt die Arbeit von $M$ auf dem Eingabewort $x = 1001101$. Die erste Phase der Berechnung von $M$ auf $x$ läuft wie folgt:

$$q_0 \text{¢}1001101 \mathop{\vdash}\limits_{M} \text{¢}q_{\text{even}}1001101 \mathop{\vdash}\limits_{M} \text{¢}1q_{\text{odd}}001101 \mathop{\vdash}\limits_{M} \text{¢}10q_{\text{even}}01101$$

$$\mathop{\vdash}\limits_{M} \text{¢}100q_{\text{odd}}1101 \mathop{\vdash}\limits_{M} \text{¢}1001q_{\text{even}}101 \mathop{\vdash}\limits_{M} \text{¢}10011q_{\text{odd}}01$$

$$\mathop{\vdash}\limits_{M} \text{¢}100110q_{\text{even}}1 \mathop{\vdash}\limits_{M} \text{¢}1001101q_{\text{odd}\sqcup} \mathop{\vdash}\limits_{M} \text{¢}100110q_B1$$

Das Erreichen des Zustandes $q_B$ bedeutet, dass $x$ eine ungerade Länge hat. Jetzt wird $M$ abwechselnd die Symbole $a$ am rechten Rand durch $\begin{pmatrix} a \\ B \end{pmatrix}$ und am linken Rand durch $\begin{pmatrix} a \\ A \end{pmatrix}$ ersetzen.

$$\text{¢}100110q_B1 \mathop{\vdash}\limits_{M} \text{¢}10011q_10\begin{pmatrix} 1 \\ B \end{pmatrix} \mathop{\vdash}\limits_{M} \text{¢}1001q_{\text{left}}10\begin{pmatrix} 1 \\ B \end{pmatrix}$$

$$\mathop{\vdash}\limits_{M} \text{¢}100q_{\text{left}}110\begin{pmatrix} 1 \\ B \end{pmatrix} \mathop{\vdash}\limits_{M} \text{¢}10q_{\text{left}}0110\begin{pmatrix} 1 \\ B \end{pmatrix}$$

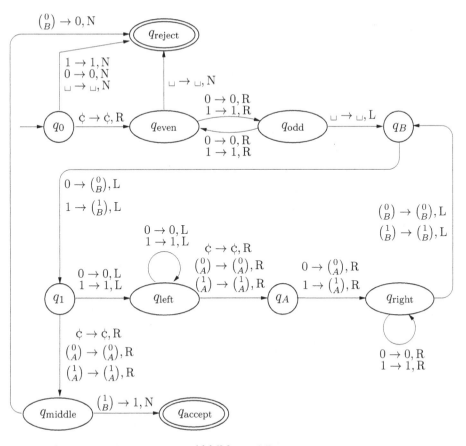

**Abbildung 4.5**

$$\vdash_M \ ¢1q_{\text{left}}00110\tbinom{1}{B} \vdash_M \ ¢q_{\text{left}}100110\tbinom{1}{B}$$

$$\vdash_M \ q_{\text{left}}¢100110\tbinom{1}{B} \vdash_M \ ¢q_A100110\tbinom{1}{B}$$

$$\vdash_M \ ¢\tbinom{1}{A}q_{\text{right}}00110\tbinom{1}{B} \vdash_M \ ¢\tbinom{1}{A}0q_{\text{right}}0110\tbinom{1}{B}$$

$$\vdash_M^* \ ¢\tbinom{1}{A}00110q_{\text{right}}\tbinom{1}{B} \vdash_M \ ¢\tbinom{1}{A}0011q_B0\tbinom{1}{B}$$

$$\vdash_M \ ¢\tbinom{1}{A}001q_11\tbinom{0}{B}\tbinom{1}{B} \vdash_M \ ¢\tbinom{1}{A}00q_{\text{left}}11\tbinom{0}{B}\tbinom{1}{B}$$

$$\vdash_M^* \ ¢q_{\text{left}}\tbinom{1}{A}0011\tbinom{0}{B}\tbinom{1}{B} \vdash_M \ ¢\tbinom{1}{A}q_A0011\tbinom{0}{B}\tbinom{1}{B}$$

$$\vdash_M \ ¢\tbinom{1}{A}\tbinom{0}{A}q_{\text{right}}011\tbinom{0}{B}\tbinom{1}{B}$$

$$\vdash_M^* \ ¢\tbinom{1}{A}\tbinom{0}{A}011q_{\text{right}}\tbinom{0}{B}\tbinom{1}{B}$$

$$\vdash_M \ ¢\tbinom{1}{A}\tbinom{0}{A}01q_B1\tbinom{0}{B}\tbinom{1}{B}$$

$$\vdash_M \ ¢\tbinom{1}{A}\tbinom{0}{A}0q_11\tbinom{1}{B}\tbinom{0}{B}\tbinom{1}{B}$$

$$\vdash_M^* \mathrm{\&cent;}\begin{pmatrix}1\\A\end{pmatrix}q_{\text{left}}\begin{pmatrix}0\\A\end{pmatrix}01\begin{pmatrix}1\\B\end{pmatrix}\begin{pmatrix}0\\B\end{pmatrix}\begin{pmatrix}1\\B\end{pmatrix}$$

$$\vdash_M \mathrm{\&cent;}\begin{pmatrix}1\\A\end{pmatrix}\begin{pmatrix}0\\A\end{pmatrix}q_A 01\begin{pmatrix}1\\B\end{pmatrix}\begin{pmatrix}0\\B\end{pmatrix}\begin{pmatrix}1\\B\end{pmatrix}$$

$$\vdash_M \mathrm{\&cent;}\begin{pmatrix}1\\A\end{pmatrix}\begin{pmatrix}0\\A\end{pmatrix}\begin{pmatrix}0\\A\end{pmatrix}q_{\text{right}}1\begin{pmatrix}1\\B\end{pmatrix}\begin{pmatrix}0\\B\end{pmatrix}\begin{pmatrix}1\\B\end{pmatrix}$$

$$\vdash_M \mathrm{\&cent;}\begin{pmatrix}1\\A\end{pmatrix}\begin{pmatrix}0\\A\end{pmatrix}\begin{pmatrix}0\\A\end{pmatrix}1q_{\text{right}}\begin{pmatrix}1\\B\end{pmatrix}\begin{pmatrix}0\\B\end{pmatrix}\begin{pmatrix}1\\B\end{pmatrix}$$

$$\vdash_M \mathrm{\&cent;}\begin{pmatrix}1\\A\end{pmatrix}\begin{pmatrix}0\\A\end{pmatrix}\begin{pmatrix}0\\A\end{pmatrix}q_B 1\begin{pmatrix}1\\B\end{pmatrix}\begin{pmatrix}0\\B\end{pmatrix}\begin{pmatrix}1\\B\end{pmatrix}$$

$$\vdash_M \mathrm{\&cent;}\begin{pmatrix}1\\A\end{pmatrix}\begin{pmatrix}0\\A\end{pmatrix}q_1\begin{pmatrix}0\\A\end{pmatrix}\begin{pmatrix}1\\B\end{pmatrix}\begin{pmatrix}1\\B\end{pmatrix}\begin{pmatrix}0\\B\end{pmatrix}\begin{pmatrix}1\\B\end{pmatrix}$$

$$\vdash_M \mathrm{\&cent;}\begin{pmatrix}1\\A\end{pmatrix}\begin{pmatrix}0\\A\end{pmatrix}\begin{pmatrix}0\\A\end{pmatrix}q_{\text{middle}}\begin{pmatrix}1\\B\end{pmatrix}\begin{pmatrix}1\\B\end{pmatrix}\begin{pmatrix}0\\B\end{pmatrix}\begin{pmatrix}1\\B\end{pmatrix}$$

$$\vdash_M \mathrm{\&cent;}\begin{pmatrix}1\\A\end{pmatrix}\begin{pmatrix}0\\A\end{pmatrix}\begin{pmatrix}0\\A\end{pmatrix}q_{\text{accept}}1\begin{pmatrix}1\\B\end{pmatrix}\begin{pmatrix}0\\B\end{pmatrix}\begin{pmatrix}1\\B\end{pmatrix}.$$

**Aufgabe 4.3.** Schreiben Sie die Berechnung der TM $M$ aus Abbildung 4.5 auf den Wörtern 010011 und 101 auf.

**Aufgabe 4.4.** Die TM $M$ aus Abbildung 4.5 arbeitet so, dass sie die ganze Zeit die Information über die ursprüngliche Eingabe behält. Nutzen Sie diese Eigenschaft aus, um $M$ zu einer TM $M'$ zu erweitern, so dass $L(M') = \{w \in \{0,1\}^* \mid w = x1x \text{ für ein } x \in \{0,1\}^*\}$.

Betrachten wir jetzt die Sprache $L_\mathcal{P} = \{0^{2^n} \mid n \in \mathbb{N} - \{0\}\} \subseteq \{0\}^*$. Eine TM, die $L_\mathcal{P}$ akzeptiert, kann folgende Strategie verfolgen:

1. Laufe über das Band von $\mathrm{\&cent;}$ bis zum ersten $\sqcup$ (von links nach rechts) und „lösche" jede zweite 0, d.h., ersetze sie durch $a$. Falls die Anzahl Nullen auf dem Band ungerade ist, halte im Zustand $q_{\text{reject}}$. Sonst, fahre fort mit Schritt 2.

2. Laufe über das Band von dem am weitesten links stehenden $\sqcup$ bis zum $\mathrm{\&cent;}$ und überprüfe, ob auf dem Band genau eine Null oder mehrere Nullen stehen.

   • Falls auf dem Band genau eine Null steht, akzeptiere.

   • Falls auf dem Band mindestens zwei Nullen stehen, wiederhole Schritt 1.

Die Idee dieser Strategie ist, dass man eine Zahl $2^i$ mit $i \geq 1$ solange ohne Rest durch 2 teilen kann, bis man 1 erhält. Eine mögliche Realisierung dieser Strategie in Form einer TM ist $A = (\{q_0, q_{\text{even}}, q_{\text{odd}}, q_1, q_2, q_3, q_{\text{accept}}, q_{\text{reject}}\}, \{0\}, \{0, a, \mathrm{\&cent;}, \sqcup\}, \delta_A, q_0, q_{\text{accept}}, q_{\text{reject}})$ mit der graphischen Darstellung in Abbildung 4.6.

**Aufgabe 4.5.** Eine andere Strategie, die Sprache $L_\mathcal{P}$ zu erkennen, ist, die Eingabe $0^i$ im ersten Lauf durch das Band in $0^j 1^j$ umzuwandeln, falls $i = 2j$ gerade ist. Im nächsten Lauf überprüft man, ob $j$ gerade ist, indem man im positiven Fall $0^j 1^j$ durch $0^{\frac{j}{2}} 1^{\frac{j}{2}} 1^j$ ersetzt. Akzeptiert wird nur, wenn durch diese Art des Halbierens auf dem Band das Wort $01^{i-1}$ erzeugt wurde. Dieses Halbieren könnte man mit der Strategie zur Suche der Mitte einer Eingabe realisieren. Konstruieren Sie eine TM, die als eine Implementierung des beschriebenen Verfahrens gesehen werden kann.

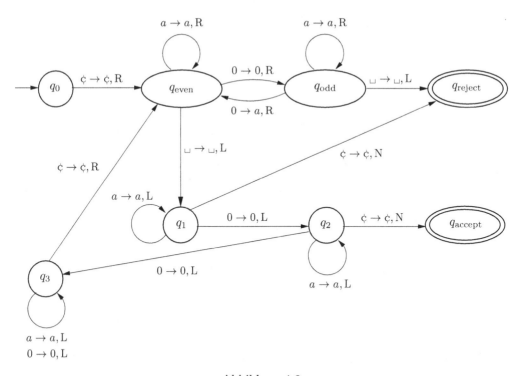

**Abbildung 4.6**

**Aufgabe 4.6.** Entwerfen Sie Turingmaschinen für folgende Sprachen:

(a) $\{a^n b^n \mid n \in \mathbb{N}\}$,

(b) $\{x \# y \mid x, y \in \{0,1\}^*, \text{Nummer}(x) = \text{Nummer}(y) + 1\}$,

(c) $\{w \# w \mid w \in \{0,1\}^*\}$,

(d)* $\{0^{n^2} \mid n \in \mathbb{N}\}$.

**Aufgabe 4.7.** Entwerfen Sie Turingmaschinen, die für jedes Wort $x \in (\Sigma_{\text{bool}})^*$ im Zustand $q_{\text{accept}}$ mit folgendem Bandinhalt halten:

(a) $y \in (\Sigma_{\text{bool}})^*$, so dass $\text{Nummer}(y) = \text{Nummer}(x) + 1$,

(b) $x \# x$,

(c) $z \in (\Sigma_{\text{bool}})^*$, so dass $\text{Nummer}(z) = 2 \cdot \text{Nummer}(x)$,

(d) $\#\#\#x$.

## 4.4 Mehrband-Turingmaschinen und Church'sche These

Die Turingmaschinen sind das Standardmodell der Theorie der Berechenbarkeit, wenn es um die Klassifizierung der Entscheidungsprobleme in rekursive (rekursiv aufzählbare) und nicht rekursive (nicht rekursiv aufzählbare) geht. Dieses Modell ist aber nicht so gut für die

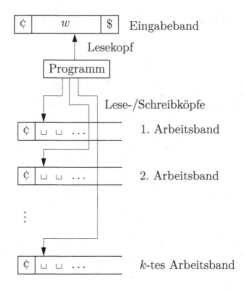

**Abbildung 4.7**

Komplexitätstheorie geeignet. Der Hauptpunkt der Kritik ist, dass dieses Modell nicht dem des allgemein akzeptierten Modells des Von-Neumann-Rechners entspricht. Dieses fordert, dass alle Komponenten des Rechners – Speicher für Programm und Daten, CPU und das Eingabemedium – physikalisch unabhängige Teile sind. In dem Modell der Turingmaschine sind das Eingabemedium und der Speicher eins – das Band. Der zweite Kritikpunkt ist die zu starke Vereinfachung in Bezug auf die benutzten Operationen und die Linearität des Speichers. Wenn man nämlich zwei Feldinhalte, die weit voneinander entfernt liegen, vergleichen möchte, braucht man mindestens so viele Operationen (Berechnungsschritte) wie die zwei Felder voneinander entfernt liegen.

Das folgende Modell der Mehrband-Turingmaschine ist das grundlegende Modell der Komplexitätstheorie. Für jede positive ganze Zahl $k$ hat eine $k$-Band-Turingmaschine folgende Komponenten (Abbildung 4.7):

- eine endliche Kontrolle (Programm),

- ein endliches Band mit einem Lesekopf,

- $k$ Arbeitsbänder, jedes mit eigenem Lese-/Schreibkopf.

Am Anfang jeder Berechnung auf einem Wort $w$ ist die $k$-Band-Turingmaschine in folgender Situation.

- Das Eingabeband enthält ¢$w$\$, wobei ¢ und \$ die linke bzw. die rechte Seite der Eingabe markieren.

- Der Lesekopf des Eingabebandes zeigt auf ¢.

- Der Inhalt aller Arbeitsbänder ist ¢␣␣␣... und deren Lese-/Schreibköpfe zeigen auf ¢.

- Die endliche Kontrolle ist im Anfangszustand $q_0$.

Während der Berechnung dürfen sich alle $k + 1$ Köpfe in beide Richtungen links und rechts bewegen, nur darf sich kein Kopf über das Randsymbol ¢ nach links bewegen und der Lesekopf des Eingabebandes darf sich nicht über das rechte Randsymbol $ nach rechts bewegen. Der Lesekopf darf nicht schreiben, und deswegen bleibt der Inhalt ¢w$ des Eingabebandes während der ganzen Berechnung gleich. Für die Feldinhalte der Arbeitsbänder betrachtet man wie bei einer TM ein Arbeitsalphabet $\Gamma$. Die Felder aller $k + 1$ Bänder kann man von links nach rechts nummerieren, beginnend mit 0 bei ¢. So kann man eine Konfiguration einer $k$-Band-TM $M$ wie folgt darstellen. Eine Konfiguration

$$(q, w, i, u_1, i_1, u_2, i_2, \ldots, u_k, i_k)$$

ist ein Element aus

$$Q \times \Sigma^* \times \mathbb{N} \times (\Gamma^* \times \mathbb{N})^k$$

mit folgender Bedeutung:

- $M$ ist im Zustand $q$,

- der Inhalt des Eingabebandes ist ¢w$ und der Lesekopf des Eingabebandes zeigt auf das $i$-te Feld des Eingabebandes (d. h., falls $w = a_1 a_2 \ldots a_n$, dann liest der Lesekopf das Symbol $a_i$),

- für $j \in \{1, 2, \ldots, k\}$ ist der Inhalt des $j$-ten Bandes ¢$u_j$␣␣␣..., und $i_j \leq |u_j|$ ist die Position des Feldes, auf das der Kopf des $j$-ten Bandes zeigt.

Die Berechnungsschritte von $M$ können mit einer Transitionsfunktion

$$\delta \colon Q \times (\Sigma \cup \{¢, \$\}) \times \Gamma^k \to Q \times \{\mathrm{L}, \mathrm{R}, \mathrm{N}\} \times (\Gamma \times \{\mathrm{L}, \mathrm{R}, \mathrm{N}\})^k$$

beschrieben werden. Die Argumente $(q, a, b_1, \ldots, b_k) \in Q \times (\Sigma \cup \{¢, \$\}) \times \Gamma^k$ sind der aktuelle Zustand $q$, das gelesene Symbol $a \in \Sigma \cup \{¢, \$\}$ auf dem Eingabeband und die $k$ Symbole $b_1, \ldots, b_k \in \Gamma$, auf denen die Köpfe der Arbeitsbänder stehen. Diese $k$ Symbole werden von den Köpfen der $k$ Arbeitsbänder durch andere Symbole ersetzt, und die Position aller $k + 1$ Köpfe wird um maximal 1 geändert. Die Eingabe $w$ wird von $M$ akzeptiert, falls $M$ in der Berechnung auf $w$ den Sonderzustand $q_{\mathrm{accept}}$ erreicht. Die Eingabe $w$ wird nicht akzeptiert, falls $M$ die Eingabe $w$ im Zustand $q_{\mathrm{reject}}$ verwirft oder die Berechnung von $M$ auf $w$ nicht terminiert (unendlich ist).

Wir verzichten auf die formale Definition der $k$-Band-Turingmaschine. Der oben gegebenen Beschreibung folgend ist die Erstellung einer solchen Definition eine Routinearbeit und wir überlassen dies dem Leser zum Training.

**Aufgabe 4.8.** Geben Sie eine exakte formale Definition einer $k$-Band-Turingmaschine. Folgen Sie dabei allen Schritten der Definition von Turingmaschinen.

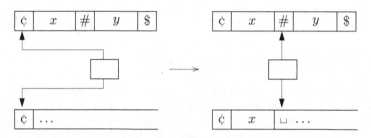

**Abbildung 4.8**

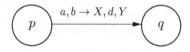

**Abbildung 4.9**

Für jedes $k \in \mathbb{N} - \{0\}$ nennen wir eine $k$-Band-Turingmaschine ($k$-Band-TM) auch **Mehrband-Turingmaschine** (**MTM**). Weil die Operationen einer MTM ein bisschen komplexer als die elementaren Operationen einer TM sind, kann man erwarten, dass Mehrband-Turingmaschinen gewisse Probleme einfacher oder schneller als Turingmaschinen lösen können. Betrachten wir die Sprache

$$L_{\text{gleich}} = \{w\#w \mid w \in (\Sigma_{\text{bool}})^*\}.$$

Eine TM, die das erste $w$ mit dem zweiten $w$ vergleicht, muss mit dem Kopf viele Male über lange Entfernungen auf dem Band hin und her laufen.

Eine 1-Band-TM $A$ kann $L_{\text{gleich}}$ mit folgender Strategie einfach erkennen:

1. $A$ überprüft, ob die Eingabe die Form $x\#y$ mit $x, y \in (\Sigma_{\text{bool}})^*$ hat.[7] Falls nicht, verwirft $A$ die Eingabe.

2. Für die Eingabe $x\#y$ kopiert $A$ das Wort $x$ auf das Arbeitsband (d. h., nach diesem Schritt enthält das Arbeitsband $\text{¢}x$ (Abbildung 4.8)).

3. $A$ positioniert den Kopf des Arbeitsbandes auf $\text{¢}$. Dann bewegt $A$ simultan beide Köpfe nach rechts und vergleicht $x$ und $y$. Falls $x \neq y$, liest $A$ in einem der Schritte zwei unterschiedliche Symbole. In diesem Fall verwirft $A$ die Eingabe. Falls alle Paare von Symbolen gleich sind und beide Köpfe gleichzeitig $\sqcup$ erreichen, akzeptiert $A$ die Eingabe.

Eine Transition $\delta(p, a, b) = (q, X, d, Y)$ einer 1-Band-TM kann man graphisch wie in Abbildung 4.9 darstellen. Der Übergang von $p$ zu $q$ findet beim Lesen von $a$ auf dem Eingabeband und gleichzeitigem Lesen von $b$ auf dem Arbeitsband statt. Das Symbol $b$ wird durch $d$ ersetzt, $X \in \{\text{L}, \text{R}, \text{N}\}$ bestimmt die Bewegung des Lesekopfes auf dem Eingabeband und $Y \in \{\text{L}, \text{R}, \text{N}\}$ bestimmt die Bewegung des Kopfes auf dem Arbeitsband.

---

[7]Dies bedeutet, dass $A$ wie ein EA einfach verifizieren kann, ob die Eingabe genau ein $\#$ hat.

Entsprechend dieser graphischen Darstellung (Abbildung 4.9) gibt Abbildung 4.10 die Beschreibung einer 1-Band-TM $M$, die eine Implementierung der oben beschriebenen Strategie zum Erkennen von $L_{\text{gleich}}$ ist. Die Zustände $q_0, q_1, q_2$ und $q_{\text{reject}}$ benutzt man zur Realisierung des ersten Schrittes der Strategie. Falls die Eingabe genau ein # enthält, erreicht $M$ den Zustand $q_2$ mit dem Lesekopf auf dem letzten Symbol der Eingabe. Sonst endet $M$ in $q_{\text{reject}}$. Der Zustand $q_2$ wird benutzt, um den Lesekopf zurück auf das linke Randsymbol ¢ zu bringen. Im Zustand $q_{\text{copy}}$ kopiert $M$ das Präfix der Eingabe bis zum # auf das Arbeitsband (Abbildung 4.8) und im Zustand $q_{\text{adjust}}$ kehrt der Kopf des Arbeitsbandes zurück auf ¢. Der Vergleich von $x$ und $y$ des Eingabewortes $x\#y$ findet im Zustand $q_{\text{compare}}$ statt. Falls $x = y$, endet $M$ im Zustand $q_{\text{accept}}$. Falls $x$ und $y$ sich im Inhalt auf irgendeiner Position unterscheiden oder unterschiedliche Längen haben, endet $M$ im Zustand $q_{\text{reject}}$.

**Aufgabe 4.9.** Beschreiben Sie informell und auch in der Form eines Diagramms 1-Band-Turingmaschinen, die folgende Sprachen akzeptieren:

(a) $L = \{a^n b^n \mid n \in \mathbb{N}\}$,

(b) $L = \{w \in (\Sigma_{\text{bool}})^* \mid |w|_0 = |w|_1\}$,

(c) $L = \{a^n b^n c^n \mid n \in \mathbb{N}\}$,

(d) $L = \{www \mid w \in (\Sigma_{\text{bool}})^*\}$,

(e) $L = \{a^{n^2} \mid n \in \mathbb{N}\}$.

Wir haben jetzt zwei unterschiedliche Modelle – die TM und die MTM. Um beide gleichzeitig benutzen zu dürfen, müssen wir deren Äquivalenz bezüglich der Klasse der akzeptierten Sprachen beweisen. Seien $A$ und $B$ zwei Maschinen (TM, MTM), die mit dem gleichen Eingabealphabet $\Sigma$ arbeiten. Im Folgenden sagen wir, dass eine **Maschine $A$ äquivalent zu einer Maschine $B$ ist**, falls für jede Eingabe $x \in (\Sigma_{\text{bool}})^*$ gilt:

(i) $A$ akzeptiert $x \iff B$ akzeptiert $x$,

(ii) $A$ verwirft $x \iff B$ verwirft $x$,

(iii) $A$ arbeitet unendlich lange auf $x \iff B$ arbeitet unendlich lange auf $x$.

Es ist klar, dass $L(A) = L(B)$, wenn $A$ und $B$ äquivalent sind. Die Tatsache $L(A) = L(B)$ garantiert aber nicht, dass $A$ und $B$ äquivalent sind, denn es kann beispielsweise sein, dass $A$ auf einem Wort $w \notin L(A) = L(B)$ unendlich lange läuft, während $B$ dieses verwirft.

**Lemma 4.1.** *Zu jeder TM $A$ existiert eine zu $A$ äquivalente 1-Band-TM $B$.*

*Beweis.* Wir beschreiben die Simulation von $A$ durch $B$, ohne die formale Konstruktion von $B$ aus $A$ anzugeben. $B$ arbeitet in zwei Phasen:

1. $B$ kopiert die ganze Eingabe $w$ auf das Arbeitsband.

2. $B$ simuliert Schritt für Schritt die Arbeit von $A$ auf dem Arbeitsband. (Dies bedeutet, dass $B$ auf dem unendlichen Arbeitsband genau das macht, was $A$ auf seinem unendlichen Eingabeband gemacht hätte.)

Es ist klar, dass $A$ und $B$ äquivalent sind. □

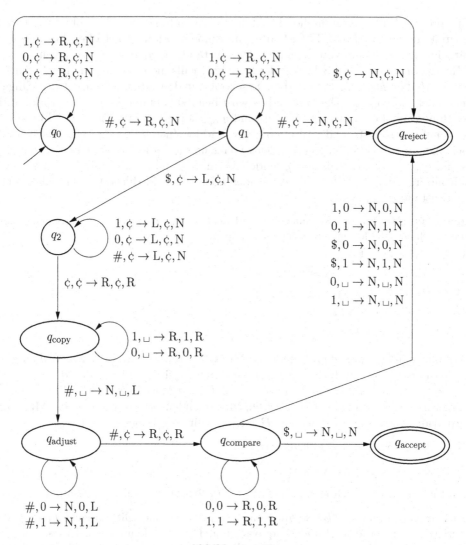

**Abbildung 4.10**

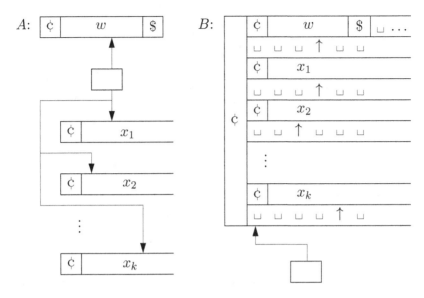

**Abbildung 4.11**

**Aufgabe 4.10.** Geben Sie eine formale Konstruktion einer 1-Band-TM $B$ an, die äquivalent zu TM $A = (Q, \Sigma, \Gamma, \delta, q_0, q_{\text{accept}}, q_{\text{reject}})$ ist.

Im Folgenden werden wir meistens auf formale Konstruktionen von Turingmaschinen und formale Beweise der Äquivalenzen (oder von $L(A) = L(B)$) verzichten. Der Grund ist ähnlich wie bei der Beschreibung von Algorithmen oder bei formalen Beweisen der Korrektheit von Programmen. Wir ersparen uns viel Kleinarbeit, wenn uns intuitiv klar ist, dass ein Programm (eine TM) die gewünschte Tätigkeit realisiert, und wir auf einen formalen Beweis verzichten.

**Lemma 4.2.** *Für jede Mehrband-TM $A$ existiert eine zu $A$ äquivalente TM $B$.*

*Beweis.* Sei $A$ eine $k$-Band-Turingmaschine für ein $k \in \mathbb{N} - \{0\}$. Wir zeigen, wie sich eine TM $B$ konstruieren lässt, die Schritt für Schritt $A$ simulieren kann. Eine gute Strategie, um so eine Simulation zu erklären, ist, zuerst die Darstellung von Konfigurationen der zu simulierenden Maschine $A$ festzulegen, und dann erst die Simulation der einzelnen Schritte zu erklären.

Die Idee der Darstellung der aktuellen Konfiguration von $A$ und $B$ ist in Abbildung 4.11 anschaulich beschrieben. $B$ speichert die Inhalte aller $k + 1$ Bänder von $A$ auf ihrem einzigen Band. Anschaulich gesehen zerlegt $B$ ihr Band in $2(k + 1)$ Spuren. Dies kann man wie folgt erreichen. Falls $\Gamma_A$ das Arbeitsalphabet von $A$ ist, so ist

$$\Gamma_B = (\Sigma_A \cup \{\dot{\varsigma}, \$, \sqcup\}) \times \{\sqcup, \uparrow\} \times (\Gamma_A \times \{\sqcup, \uparrow\})^k \cup \Sigma_A \cup \{\sqcup, \dot{\varsigma}\}$$

das Arbeitsalphabet von $B$. Für ein Symbol $\alpha = (a_0, a_1, a_2, \ldots, a_{2k+1}) \in \Gamma_B$ sagen wir, dass $a_i$ auf der $i$-ten Spur liegt. Daher bestimmen die $i$-ten Elemente der Symbole auf dem

Band von $B$ den Inhalt der $i$-ten Spur. Eine Konfiguration $(q, w, i, x_1, i_1, x_2, i_2, \ldots, x_k, i_k)$ von $A$ ist dann in $B$ wie folgt gespeichert. Der Zustand $q$ ist in der endlichen Kontrolle von $B$ gespeichert. Die 0-te Spur des Bandes von $B$ enthält ¢$w$\$, d. h. den Inhalt des Eingabebandes von $A$. Für alle $i \in \{1, \ldots, k\}$ enthält die $(2i)$-te Spur des Bandes von $B$ das Wort ¢$x_i$, d. h. den Inhalt des $i$-ten Arbeitsbandes von $A$. Für alle $i \in \{1, \ldots, k\}$ bestimmt die $(2i+1)$-te Spur mit dem Symbol $\uparrow$ die Position des Kopfes auf dem $i$-ten Arbeitsband von $A$.

Ein Schritt von $A$ kann jetzt durch folgende Prozedur von $B$ simuliert werden:

1. $B$ liest einmal den Inhalt ihres Bandes von links nach rechts, bis sie alle $k + 1$ Kopfpositionen von $A$ gefunden hat, und speichert dabei in ihrem Zustand die $k + 1$ Symbole,[8] die sie bei den $k + 1$ Köpfen von $A$ gelesen hat. (Das sind genau die Symbole der geraden Spuren, auf die die Symbole $\uparrow$ auf den ungeraden Spuren zeigen.)

2. Nach der ersten Phase kennt $B$ das ganze Argument (der Zustand von $A$ ist auch in dem Zustand von $B$ gespeichert) der Transitionsfunktion von $A$ und kann also genau die entsprechenden Aktionen (Köpfe bewegen, Ersetzen von Symbolen) von $A$ bestimmen. Diese Änderungen führt $B$ in einem Lauf über ihr Band von rechts nach links durch. □

**Aufgabe 4.11.** Geben Sie eine formale Konstruktion einer TM an, die die Phase 1 der Simulation eines Schrittes von $A$ aus Lemma 4.2 realisiert.

**Aufgabe 4.12.** Zeigen Sie, dass für jede TM $A$ eine zu $A$ äquivalente TM $B$ existiert, die in jedem Schritt ihren Kopf bewegt.

**Definition 4.2.** *Zwei Maschinenmodelle (Maschinenklassen) $\mathcal{A}$ und $\mathcal{B}$ für Entscheidungsprobleme sind* **äquivalent**, *falls*

*(i) für jede Maschine $A \in \mathcal{A}$ eine zu $A$ äquivalente Maschine $B \in \mathcal{B}$ existiert, und*

*(ii) für jede Maschine $C \in \mathcal{B}$ eine zu $C$ äquivalente Maschine $D \in \mathcal{A}$ existiert.*

**Aufgabe 4.13.** Geben Sie eine formale Definition der Äquivalenz von zwei Maschinen an, die Funktionen von $\Sigma^*$ nach $\Gamma^*$ berechnen. Formulieren Sie dazu die Definition der Äquivalenz von zwei Maschinenklassen zur Berechnung von Funktionen.

Lemmata 4.1 und 4.2 implizieren direkt das folgende Resultat.

**Satz 4.1.** *Die Maschinenmodelle von Turingmaschinen und Mehrband-Turingmaschinen sind äquivalent.*

Die Kenntnis, dass diese beiden Maschinenmodelle als gleichberechtigt zur Algorithmenmodellierung betrachtet werden dürfen, erleichtert unsere Arbeit. Wenn wir beweisen

---

[8]Dies bedeutet, dass die Zustandsmenge von $B$ die Menge $Q \times (\Sigma \cup \{¢, \$\}) \times \Gamma^k$ enthält, was kein Problem ist, da diese Menge endlich ist.

wollen, dass eine Sprache rekursiv oder rekursiv aufzählbar ist, reicht es, eine Mehrband-TM für diese Sprache zu konstruieren (was meistens einfacher ist, als eine TM zu konstruieren). Wenn wir aber zeigen wollen, dass eine Sprache nicht rekursiv oder nicht rekursiv aufzählbar ist, werden wir mit der Nichtexistenz einer entsprechenden TM argumentieren. Die Situation ist vergleichbar damit, dass man eine höhere Programmiersprache zum Beweis algorithmischer Lösbarkeit eines gegebenen Problems benutzt und Assembler oder Maschinencode zum Beweis algorithmischer Unlösbarkeit benutzt. Dies ist genau das, was im nächsten Kapitel behandelt wird.

Deswegen könnte es für uns auch hilfreich sein, die Äquivalenz zwischen Turingmaschinen und einer höheren Programmiersprache zu beweisen. Ein formaler Beweis erfordert eine große Menge an technischer Kleinarbeit, die sehr zeitaufwendig ist. Deshalb erklären wir nur die Idee, wie man eine solche Äquivalenz zeigen kann.

Dass man für jede TM ein äquivalentes Programm schreiben kann, glaubt hoffentlich jeder in der Programmierung ein bisschen erfahrene Leser. Man kann sogar noch etwas Besseres – einen Interpreter für Turingmaschinen schreiben. Ein Interpreter $C_{TM}$ für Turingmaschinen bekommt eine Beschreibung einer TM $M$ in einem festgelegten Formalismus und ein Eingabewort über dem Eingabealphabet von $M$. Danach simuliert $C_{TM}$ die Arbeit von $M$ auf $w$.

Wie kann man jetzt zu einem Programm einer komplexeren Programmiersprache eine TM bauen? Dazu sollte man sich den Weg der Entwicklung der Programmiersprachen anschauen. Am Anfang hat man nur in Assembler oder sogar noch in Maschinencode programmiert. Die einzigen erlaubten Operationen waren Vergleiche von zwei Zahlen und die arithmetischen Operationen. Alle anderen Befehle wurden als kleine Programme aus diesem Grundrepertoire zusammengesetzt, um dem Programmierer die Arbeit zu vereinfachen. Deswegen werden wir keine Zweifel an der Äquivalenz von Assembler und beliebigen Programmiersprachen haben; insbesondere weil wir wissen, dass die Compiler Programme in höheren Programmiersprachen in Assembler oder Maschinencode übersetzen. Daher reicht es aus, die Äquivalenz zwischen Assembler und Turingmaschinen zu beweisen. Den Assembler kann man durch sogenannte Registermaschinen modellieren und dann diese durch Turingmaschinen simulieren lassen. Diesen Weg werden wir jetzt aber nicht gehen. Wir können unsere Aufgabe noch vereinfachen. Wir können Multiplikation und Division von zwei Zahlen $a$ und $b$ durch Programme realisieren, die nur mit den Grundoperationen Addition und Subtraktion arbeiten.

**Aufgabe 4.14.** Schreiben Sie ein Programm, das für zwei gegebene Zahlen $a$ und $b$ das Produkt $a \cdot b$ berechnet. Dabei darf das Programm nur die Addition, die Subtraktion und Vergleich von zwei Zahlen in Verbindung mit if ... then ... else benutzen.

Danach kann man einen Vergleich von zwei Zahlen durch Programme durchführen, die nur die Operation $+1$ $(I := I + 1)$, $-1$ $(I := I - 1)$ und den Test auf 0 (if $I = 0$ then ... else ...) benutzen.

**Aufgabe 4.15.** Schreiben Sie ein Programm, das den Befehl if $I \geq J$ then goto 1 else goto 2 nur mit Hilfe der Operationen $+1$, $-1$ und dem Test auf 0 realisiert.

Am Ende können wir auch noch auf Addition und Subtraktion verzichten.

**Aufgabe 4.16.** Schreiben Sie Programme, die für zwei gegebene Zahlen $a, b \in \mathbb{N}$ die Addition $a + b$ und die Subtraktion $a - b$ nur mit Hilfe der Operationen $+1$, $-1$ und dem Test auf $0$ berechnen.

Die Aufgabe, die Programme mit Operationen $+1$, $-1$ und if $I = 0$ then ... else ... auf Mehrband-Turingmaschinen zu simulieren, ist nicht mehr so schwer. Die Variablen werden auf den Arbeitsbändern in der Form $x\#y$ gespeichert und durch $\#\#$ voneinander getrennt, wobei $x$ die binäre Kodierung des Namens der Variablen $I_x$ und $y$ die binäre Kodierung des Wertes von $I_x$ ist. Die Operationen $+1$, $-1$ und den Test $y = 0$ kann eine MTM einfach realisieren. Der einzige größere Aufwand entsteht, wenn ein Band zum Beispiel $\notx\#y\#\#z\#u\#\#\ldots$ enthält und der Platz zur Speicherung des Wertes von $I_x$ in $y$ nicht mehr reicht (wenn mehr Felder für $y$ gebraucht werden). In einem solchen Fall muss die Mehrband-TM den Inhalt $\#\#z\#u\#\#\ldots$ rechts von $y$ nach rechts verschieben, um mehr Platz für die Speicherung von $y$ zu gewinnen.

In der Theoretischen Informatik hat man Hunderte formaler Modelle (nicht nur in Form von Maschinenmodellen) zur Spezifikation der algorithmischen Lösbarkeit entwickelt. Alle vernünftigen Modelle sind äquivalent zu Turingmaschinen. Dies führte zu der Formulierung der sogenannten Church'schen These:

**Church'sche These**

*Die Turingmaschinen sind die Formalisierung des Begriffes „Algorithmus", d. h., die Klasse der rekursiven Sprachen (der entscheidbaren Entscheidungsprobleme) stimmt mit der Klasse der algorithmisch (automatisch) erkennbaren Sprachen überein.*

Die Church'sche These ist nicht beweisbar, weil sie einer Formalisierung des intuitiven Begriffes Algorithmus entspricht. Es ist nicht möglich zu beweisen, dass keine andere formale Modellierung des intuitiven Begriffes Algorithmus existiert, die

(i) unserer Intuition über diesen Begriff entspricht und

(ii) die algorithmische Lösung von Entscheidungsproblemen ermöglicht, die man mit der Hilfe von Turingmaschinen nicht entscheiden kann.

Das einzige, was passieren könnte, ist, dass jemand ein solches stärkeres Modell findet. In diesem Fall wären die Grundlagen der Theoretischen Informatik zu revidieren. Die Suche nach einem solchen Modell war aber bisher vergeblich, und wir wissen heute, dass sogar das physikalische Modell des Quantenrechners[9] zu Turingmaschinen äquivalent ist.

Die Situation ist also ähnlich wie in der Mathematik und der Physik. Wir akzeptieren die Church'sche These, weil sie unserer Erfahrung entspricht, und postulieren sie als ein Axiom. Wie wir schon bemerkt haben, hat sie die Eigenschaften mathematischer Axiome – sie kann nicht bewiesen werden, aber man kann nicht ausschließen, dass sie eines Tages widerlegt wird.[10] Die Church'sche These ist das einzige informatikspezifische Axiom, auf

---

[9] Quantenrechner arbeiten nach dem Prinzip der Quantenmechanik.

[10] Die Widerlegung eines Axioms oder einer These sollte man nicht als „Katastrophe" betrachten. Solche Resultate gehören zur Entwicklung der Wissenschaften dazu. Die bisherigen Resultate und Kenntnisse muss man deswegen nicht verwerfen, nur relativieren. Sie gelten einfach weiter unter der Voraussetzung, dass das Axiom gilt.

welchem die Theoretische Informatik aufgebaut wird. Alle anderen benutzten Axiome
sind die Axiome der Mathematik.

## 4.5 Nichtdeterministische Turingmaschinen

Den Nichtdeterminismus kann man in das Modell der Turingmaschinen auf gleichem Wege
einführen wie wir den Nichtdeterminismus bei den endlichen Automaten eingeführt haben.
Für jedes Argument besteht die Möglichkeit einer Auswahl aus endlich vielen Aktionen.
Auf der Ebene der Transitionsregeln bedeutet dies, dass die Transitionsfunktion $\delta$ nicht
von $Q \times \Gamma$ nach $Q \times \Gamma \times \{L, R, N\}$ geht, sondern von $Q \times \Gamma$ nach $\mathcal{P}(Q \times \Gamma \times \{L, R, N\})$.
Eine andere formale Möglichkeit ist, $\delta$ als Relation auf $(Q \times \Gamma) \times (Q \times \Gamma \times \{L, R, N\})$ zu
betrachten. Eine nichtdeterministische Turingmaschine $M$ akzeptiert ein Eingabewort $w$
genau dann, wenn es mindestens eine akzeptierende Berechnung von $M$ auf $w$ gibt. Die
formale Definition einer nichtdeterministischen Turingmaschine folgt.

**Definition 4.3.** *Eine **nichtdeterministische Turingmaschine** (**NTM**) ist ein 7-
Tupel $M = (Q, \Sigma, \Gamma, \delta, q_0, q_{\text{accept}}, q_{\text{reject}})$, wobei*

*(i) $Q, \Sigma, \Gamma, q_0, q_{\text{accept}}, q_{\text{reject}}$ die gleiche Bedeutung wie bei einer TM haben, und*

*(ii) $\delta \colon (Q - \{q_{\text{accept}}, q_{\text{reject}}\}) \times \Gamma \to \mathcal{P}(Q \times \Gamma \times \{L, R, N\})$ die **Übergangsfunktion** von
$M$ ist und die folgende Eigenschaft hat:*

$$\delta(p, \mathrm{\rlap{/}c}) \subseteq \{(q, \mathrm{\rlap{/}c}, X) \mid q \in Q, X \in \{R, N\}\}$$

*für alle $p \in Q$.*
{Das Randsymbol darf nicht durch ein anderes Symbol ersetzt werden, und der
Kopf darf sich nicht von ¢ aus nach links bewegen.}

*Eine **Konfiguration** von $M$ ist ein Element aus*

$$\mathbf{Konf}(M) = (\{\mathrm{\rlap{/}c}\} \cdot \Gamma^* \cdot Q \cdot \Gamma^*) \cup (Q \cdot \{\mathrm{\rlap{/}c}\} \cdot \Gamma^*).$$

{mit der gleichen Bedeutung wie bei einer TM}
*Die Konfiguration $q_0 \mathrm{\rlap{/}c} w$ ist die Anfangskonfiguration für das Wort $w \in \Sigma^*$. Eine Konfi-
guration heißt **akzeptierend**, falls sie den Zustand $q_{\text{accept}}$ enthält. Eine Konfiguration
heißt **verwerfend**, falls sie den Zustand $q_{\text{reject}}$ enthält.*

*Ein **Schritt** von $M$ ist eine Relation $\vert\!\overline{\phantom{M}}_M$, die auf der Menge der Konfigurationen ($\vert\!\overline{\phantom{M}}_M \subseteq$
$\mathrm{Konf}(M) \times \mathrm{Konf}(M)$) wie folgt definiert ist. Für alle $p, q \in Q$ und alle $x_1, x_2, \dots, x_n, y \in \Gamma$
gilt*

- $x_1 x_2 \dots x_{i-1} q x_i x_{i+1} \dots x_n \vert\!\overline{\phantom{M}}_M x_1 x_2 \dots x_{i-1} p y x_{i+1} \dots x_n$,
  *falls $(p, y, N) \in \delta(q, x_i)$,*

- $x_1 x_2 \dots x_{i-2}, x_{i-1} q x_i x_{i+1} \dots x_n \vert\!\overline{\phantom{M}}_M x_1 x_2 \dots x_{i-2} p x_{i-1} y x_{i+1} \dots x_n$,
  *falls $(p, y, L) \in \delta(q, x_i)$,*

- $x_1 x_2 \dots x_{i-1} q x_i x_{i+1} \dots x_n \vert\!\overline{\phantom{M}}_M x_1 x_2 \dots x_{i-1} y p x_{i+1} \dots x_n$,
  *falls $(p, y, R) \in \delta(q, x_i)$ für $i < n$ und*

- $x_1 x_2 \ldots x_{n-1} q x_n \vdash_M x_1 x_2 \ldots x_{n-1} y p_{\sqcup}$,
  *falls* $(p, y, \mathrm{R}) \in \delta(q, x_n)$.

*Die Relation* $\vdash_M^*$ *ist die reflexive und transitive Hülle von* $\vdash_M$.

*Eine* **Berechnung von** $M$ *ist eine Folge von Konfigurationen* $C_0, C_1, \ldots$, *so dass* $C_i \vdash_M C_{i+1}$ *für* $i = 0, 1, 2, \ldots$. *Eine* **Berechnung von** $M$ **auf einer Eingabe** $x$ *ist eine Berechnung, die mit der Anfangskonfiguration* $q_0 \mathord{\text{¢}} x$ *beginnt und die entweder unendlich ist oder in einer Konfiguration* $w_1 q w_2$ *endet, wobei* $q \in \{q_{\mathrm{accept}}, q_{\mathrm{reject}}\}$. *Eine Berechnung von* $M$ *auf* $x$ *heißt* **akzeptierend**, *falls sie in einer akzeptierenden Konfiguration endet. Eine Berechnung von* $M$ *auf* $x$ *heißt* **verwerfend**, *falls sie in einer verwerfenden Konfiguration endet.*

*Die* **von der NTM** $M$ **akzeptierte Sprache** *ist*

$$L(M) = \{w \in \Sigma^* \mid q_0 \mathord{\text{¢}} w \vdash_M^* y q_{\mathrm{accept}} z \text{ für irgendwelche } y, z \in \Gamma^*\}.$$

**Aufgabe 4.17.** Beschreiben und definieren Sie formal eine nichtdeterministische $k$-Band-Turingmaschine für jedes $k \in \mathbb{N} - \{0\}$.

**Aufgabe 4.18.** Sei $M$ eine nichtdeterministische Mehrband-Turingmaschine. Beschreiben Sie eine NTM $M'$, so dass $L(M) = L(M')$.

Ähnlich wie im Fall der endlichen Automaten können auch bei Turingmaschinen nichtdeterministische Strategien die Berechnungen vereinfachen. Betrachten wir die Sprache

$$L_{\mathrm{ungleich}} = \{x \# y \mid x, y \in (\Sigma_{\mathrm{bool}})^*, x \neq \lambda, x \neq y\}.$$

Eine (deterministische) TM müsste Buchstabe für Buchstabe $x$ und $y$ vergleichen, um den Unterschied feststellen zu können. Eine NTM kann die Position $i$, an der sich $x = x_1 \ldots x_n$ und $y = y_1 \ldots y_m$ unterscheiden, nichtdeterministisch raten und dann die Korrektheit des Ratens durch den Vergleich von $x_i$ und $y_i$ verifizieren. Im Folgenden beschreiben wir eine nichtdeterministische 1-Band-TM $A$, die $L_{\mathrm{ungleich}}$ akzeptiert (die formale Darstellung findet sich in Abbildung 4.12). $A$ arbeitet auf einer Eingabe $w$ wie folgt:

1. $A$ überprüft deterministisch mit einem Lauf des Lesekopfes über das Eingabeband, ob $w$ genau ein Symbol $\#$ enthält (Zustände $q_0, q_1, q_{\mathrm{reject}}$ in Abbildung 4.12). Falls das nicht der Fall ist, verwirft $A$ die Eingabe $w$. Falls $w = x \# y$ für $x, y \in (\Sigma_{\mathrm{bool}})^*$, setzt $A$ die Arbeit mit Phase 2 fort (im Zustand $q_2$ in Abbildung 4.12).

2. $A$ stellt die Köpfe auf beiden Bändern auf ¢ (Zustand $q_2$ in Abbildung 4.12).

3. $A$ bewegt beide Köpfe simultan nach rechts (dabei ersetzt der Kopf auf dem Arbeitsband die Symbole $\sqcup$ durch die Symbole $a$) und in jedem Schritt trifft sie nichtdeterministisch die Entscheidung, ob der Unterschied in der Position des gelesenen Feldes vorkommt oder nicht (Zustand $q_{\mathrm{guess}}$ in Abbildung 4.12). Falls $b \in \{0, 1\}$ auf dem Eingabeband gelesen wird und $A$ rät, dass der Unterschied an dieser Position auftritt, speichert $A$ das Symbol $b$ in seinem Zustand und geht zur Phase 4 über ($A$ geht in Zustand $p_b$ über in Abbildung 4.12). Falls $A$ das Symbol $\#$ liest ($|x| < |y|$ rät), geht $A$ in $p_{\#}$ über.

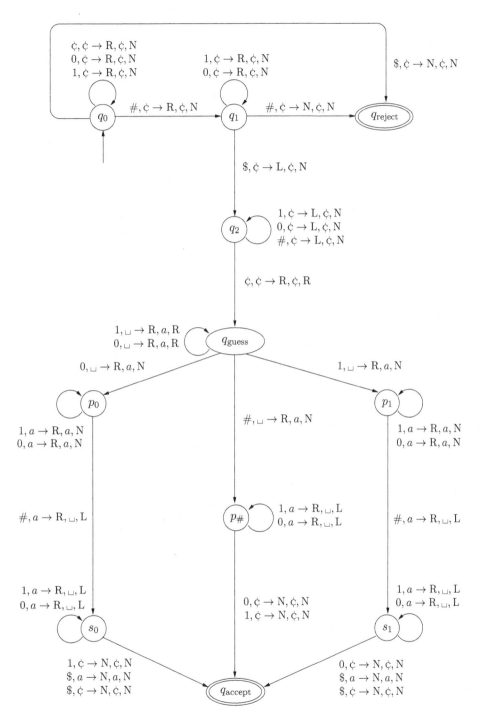

**Abbildung 4.12**

4. Jetzt ist die Entfernung des Kopfes von ¢ auf dem Arbeitsband gleich der Position des gespeicherten Symboles $b \in \{0, 1, \#\}$ in $x\#$. $A$ geht zuerst mit dem Lesekopf auf $\#$, ohne den Kopf auf dem Arbeitsband zu bewegen (Zustände $p_0$ und $p_1$ in Abbildung 4.12). Danach bewegt sich in jedem weiteren Schritt der Lesekopf nach rechts, und der Kopf auf dem Arbeitsband nach links (Zustände $s_0$ und $s_1$ in Abbildung 4.12). Wenn der Kopf auf dem Arbeitsband ¢ erreicht, steht der Kopf des Eingabebandes auf der geratenen Position von $y$. Falls das gespeicherte Symbol $b$ in $s_b$ ungleich dem gelesenen Symbol des Eingabebandes ist, akzeptiert $A$ das Eingabewort $w = x\#y$. $A$ akzeptiert $w$ auch, wenn $|x| < |y|$ ($(q_{\text{accept}}, N, ¢, N) \in \delta(p_\#, c, N)$ für alle $c \in \{0, 1\}$ in Abbildung 4.12) oder wenn $|x| > |y|$ ($\delta(s_b, \$, d) = \{(q_{\text{accept}}, N, d, N)\}$ für alle $b \in \{0, 1\}, d \in \{a, ¢\}$ in Abbildung 4.12).

Die Strategie des nichtdeterministischen Ratens und nachfolgenden deterministischen Verifizierens der Korrektheit des Geratenen ist typisch für nichtdeterministische Berechnungen.[11] Ein anderes Beispiel ist das Akzeptieren der Sprache

$$L_{\text{quad}} = \{a^{n^2} \mid n \in \mathbb{N}\}$$

von einer nichtdeterministischen 2-Band-TM $B$. $B$ kann zuerst für jede Eingabe $w$ eine Zahl $n$ raten ($n$ kann durch die Positionen der Köpfe auf den Arbeitsbändern gespeichert werden) und dann $|w| = n^2$ überprüfen.

**Aufgabe 4.19.** Beschreiben Sie die Berechnungsstrategie einer nichtdeterministischen 2-Band-TM, die $L_{\text{quad}}$ akzeptiert und implementieren Sie ihre Strategie in der Form eines Diagramms.

Die wichtigste Frage ist nun, ob die nichtdeterministischen Turingmaschinen Sprachen akzeptieren, die man mit (deterministischen) Turingmaschinen nicht akzeptieren kann. Ähnlich wie bei endlichen Automaten ist die Antwort auf diese Frage negativ, und die Simulationsstrategie basiert auf der Breitensuche in den Berechnungsbäumen der nichtdeterministischen TM.

**Definition 4.4.** *Sei $M = (Q, \Sigma, \Gamma, \delta, q_0, q_{\text{accept}}, q_{\text{reject}})$ eine NTM und sei $x$ ein Wort über dem Eingabealphabet $\Sigma$ von $M$. Ein **Berechnungsbaum $T_{M,x}$ von $M$ auf $x$** ist ein (potentiell unendlicher) gerichteter Baum mit einer Wurzel, der wie folgt definiert wird.*

*(i) Jeder Knoten von $T_{M,x}$ ist mit einer Konfiguration beschriftet.*

*(ii) Die Wurzel ist der einzige Knoten von $T_{M,x}$ mit dem Eingangsgrad 0 und ist mit der Startkonfiguration $q_0¢x$ beschriftet.*

*(iii) Jeder Knoten des Baumes, der mit einer Konfiguration $C$ beschriftet ist, hat genauso viele Kinder wie $C$ Nachfolgekonfigurationen hat, und diese Kinder sind mit diesen Nachfolgekonfigurationen von $C$ markiert.*

Die Definition von Berechnungsbäumen kann man natürlich auch für nichtdeterministische Mehrband-Turingmaschinen verwenden.

---

[11]Wie stark man dadurch den Nichtdeterminismus charakterisieren kann, erfahren wir in Kapitel 6.

**Aufgabe 4.20.** Zeichnen Sie die Berechnungsbäume der nichtdeterministischen 1-Band-TM aus Abbildung 4.12 für die Eingaben $01\#01\#1$ und $01\#0$.

Es gibt zwei wesentliche Unterschiede zwischen den Berechnungsbäumen eines NEA und einer NTM. Die Berechnungsbäume nichtdeterministischer endlicher Automaten sind immer endlich, was bei nichtdeterministischen Turingmaschinen nicht immer der Fall sein muss. Zweitens müssen die Konfigurationen in der gleichen Entfernung zur Wurzel eines Berechnungsbaumes $T_{M,x}$ einer NTM $M$ auf $x$ keine Ähnlichkeiten haben und deshalb können im Unterschied zu nichtdeterministischen endlichen Automaten die Positionen der Köpfe auf dem Eingabeband unterschiedlich sein.

**Satz 4.2.** *Sei $M$ eine NTM. Dann existiert eine TM $A$, so dass*

*(i) $L(M) = L(A)$ und*

*(ii) falls $M$ keine unendlichen Berechnungen auf Wörtern aus $(L(M))^{\complement}$ hat, dann hält $A$ immer.*

*Beweis.* Nach Lemma 4.2 genügt es, eine 2-Band TM $A$ mit den Eigenschaften (i) und (ii) zu konstruieren. Wir beschränken uns auf eine Beschreibung der Arbeit von $A$ und verzichten auf die formale Konstruktion. Die Strategie von $A$ heißt Breitensuche in den Berechnungsbäumen von $M$.

*Eingabe:* Ein Wort $w$.
*Phase 1.* $A$ kopiert die Anfangskonfiguration $q_0 \mathbb{\cent} w$ auf das erste Arbeitsband.
*Phase 2.* $A$ überprüft, ob das erste Band eine akzeptierende Konfiguration enthält. Falls ja, hält $A$ und akzeptiert $w$. Sonst setzt $A$ die Berechnung mit Phase 3 fort.
*Phase 3.* $A$ schreibt alle Nachfolgekonfigurationen der Konfigurationen aus dem ersten Arbeitsband auf das zweite Arbeitsband (man beachte, dass eine NTM nur endlich viele Aktionen für ein gegebenes Argument zur Wahl hat und $A$ somit immer alle Möglichkeiten realisieren kann). Falls es keine Nachfolgekonfigurationen gibt (das zweite Arbeitband leer bleibt), hält $A$ im Zustand $q_{\text{reject}}$.
*Phase 4.* $A$ löscht den Inhalt des ersten Arbeitsbandes und kopiert den Inhalt des zweiten Arbeitsbandes auf das erste. Danach löscht $A$ den Inhalt des zweiten Bandes und fährt mit Phase 2 fort.

Wir bemerken, dass nach dem $i$-ten Durchlauf der Phasen 3 und 4 das erste Arbeitsband alle Konfigurationen des Berechnungsbaumes $T_{M,w}$ mit der Entfernung $i$ von der Wurzel (alle in $i$ Schritten erreichbaren Konfigurationen) enthält. Falls $w \in L(M)$, dann existiert eine akzeptierende Berechnung von $M$ auf $w$ von einer Länge $j$ für ein $j \in \mathbb{N}$, und somit wird $w$ nach $j$ Durchläufen der Phasen 3 und 4 in der Phase 2 akzeptiert. Falls $w \notin L(M)$, wird $w$ von $A$ nicht akzeptiert. Falls $T_{M,x}$ endlich ist, hält $A$ im Zustand $q_{\text{reject}}$. $\square$

**Aufgabe 4.21.** Sei $A$ die NTM aus Abbildung 4.13.

(i) Geben Sie die ersten sechs Ebenen (alle Konfigurationen nach höchstens fünf Berechnungsschritten) der Berechnungsbäume $T_A(x)$ für $x = 01$ und für $x = 0010$ an.

(ii) Bestimmen Sie die Sprache $L(A)$.

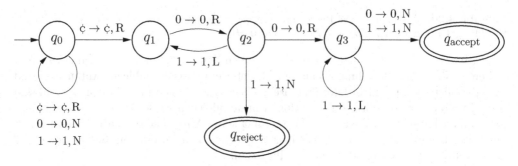

$$\text{Abbildung 4.13}$$

## 4.6 Kodierung von Turingmaschinen

Jedes Programm hat eine binäre Darstellung in Form des Maschinencodes. Für die Transformation eines Programms, das über dem Alphabet $\Sigma_{\text{Tastatur}}$ entsprechend der Syntax der Programmiersprache gegeben ist, in den Maschinencode sorgen Übersetzer (Compiler). Das Ziel dieses Kapitels ist, eine einfache binäre Kodierung von Turingmaschinen zu entwickeln. Wir beginnen zunächst damit, dass wir eine Kodierung von Turingmaschinen über $\{0, 1, \#\}$ entwickeln.

Sei $M = (Q, \Sigma, \Gamma, \delta, q_0, q_{\text{accept}}, q_{\text{reject}})$ eine TM, wobei

$$Q = \{q_0, q_1, \ldots, q_m, q_{\text{accept}}, q_{\text{reject}}\} \text{ und } \Gamma = \{A_1, A_2, \ldots, A_r\}.$$

Wir definieren zuerst die Kodierung der einzelnen Symbole wie folgt:

$$\text{Code}(q_i) = 10^{i+1}1 \text{ für } i = 0, 1, \ldots, m,$$
$$\text{Code}(q_{\text{accept}}) = 10^{m+2}1,$$
$$\text{Code}(q_{\text{reject}}) = 10^{m+3}1,$$
$$\text{Code}(A_j) = 110^j11 \text{ für } j = 1, \ldots, r,$$
$$\text{Code}(N) = 1110111,$$
$$\text{Code}(R) = 1110^2111,$$
$$\text{Code}(L) = 1110^3111.$$

Diese Kodierung von Symbolen nutzen wir zu folgender Darstellung einzelner Transitionen.

$$\text{Code}(\delta(p, A_l) = (q, A_m, \alpha))$$
$$= \#\text{Code}(p)\text{Code}(A_l)\text{Code}(q)\text{Code}(A_m)\text{Code}(\alpha)\#$$

für jede Transition $\delta(p, A_l) = (q, A_m, \alpha)$, $p \in \{q_0, q_1, \ldots, q_m\}$, $q \in Q$, $l, m \in \{1, \ldots, r\}$, $\alpha \in \{L, R, N\}$.

Die Kodierung der Turingmaschine $M$ gibt zuerst die globalen Daten – die Anzahl der Zustände ($|Q|$) und die Anzahl der Symbole aus dem Arbeitsalphabet ($|\Gamma|$). Danach folgt die Liste aller Transitionen. Daher

$$\text{Code}(M) = \#0^{m+3}\#0^r\#\#\text{Code}(\text{Transition}_1)\#\text{Code}(\text{Transition}_2)\# \ldots$$

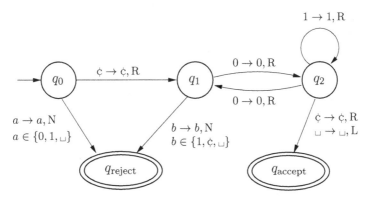

**Abbildung 4.14**

**Aufgabe 4.22.** Sei $M$ die TM aus Abbildung 4.14.

(i) Geben Sie Code$(M)$ von $M$ an. Gliedern Sie den Code übersichtlich mit Hilfe von Kommentaren.

(ii) Geben Sie die Sprache $L(M)$ an.

(iii) Ist $L(M)$ regulär oder nicht? Beweisen Sie Ihre Behauptung.

Um eine Kodierung über $\Sigma_{bool}$ zu erhalten, benutzen wir folgenden Homomorphismus $h\colon \{0, 1, \#\}^* \to (\Sigma_{bool})^*$:

$$h(\#) = 01, \quad h(0) = 00, \quad h(1) = 11.$$

**Definition 4.5.** *Für jede Turingmaschine $M$ wird*

$$\mathbf{Kod(M)} = h(\text{Code}(M))$$

*die **Kodierung der TM $M$** genannt.*

$$\mathbf{KodTM} = \{\text{Kod}(M) \mid M \text{ ist eine TM}\}$$

*bezeichnet die Menge der Kodierungen aller Turingmaschinen.*

Es ist klar, dass die Abbildung von $M$ auf Kod$(M)$ injektiv ist und daher bestimmt Kod$(M)$ eindeutig eine Turingmaschine.

**Aufgabe 4.23.** Beschreiben Sie ein Programm, dass jede formale Beschreibung einer TM $M$ nach Definition 4.5 in Code$(M)$ umwandelt.

**Aufgabe 4.24.** Beschreiben Sie ein Programm, das für jedes Wort $x \in \{0, 1\}^*$ entscheidet, ob $x = \text{Kod}(M)$ für eine TM $M$.

Im Folgenden bezeichnet $\mathbf{A_{ver}}$ ein Programm (eine TM), das für jedes $x \in (\Sigma_{bool})^*$ entscheidet, ob $x$ die Kodierung einer TM ist.

Die wichtigste Beobachtung ist, dass die Festlegung auf eine Kodierung Kod$(M)$ von Turingmaschinen eine lineare Ordnung auf den Turingmaschinen wie folgt definiert.

**Definition 4.6.** *Sei* $x \in (\Sigma_{\text{bool}})^*$. *Für jedes* $i \in \mathbb{N} - \{0\}$ *sagen wir, dass* $x$ **die Kodierung der $i$-ten TM ist**, *falls*

(i) $x = \text{Kod}(M)$ *für eine TM M und*

(ii) *die Menge* $\{y \in (\Sigma_{\text{bool}})^* \mid y \text{ ist vor } x \text{ in kanonischer Ordnung}\}$ *enthält genau* $i - 1$ *Wörter, die Kodierungen von Turingmaschinen sind.*

*Falls* $x = \text{Kod}(M)$ *die Kodierung der $i$-ten TM ist, dann ist M die **$i$-te Turingmaschine** $M_i$. Die Zahl $i$ ist die **Ordnung der TM $M_i$**.*

Wir beobachten, dass es nicht schwer ist, für eine gegebene Zahl $i$ die Kodierung $\text{Kod}(M_i)$ der $i$-ten Turingmaschine zu berechnen. Sei Gen eine Funktion von $\mathbb{N} - \{0\}$ nach $(\Sigma_{\text{bool}})^*$ definiert durch $\text{Gen}(i) = \text{Kod}(M_i)$.

**Lemma 4.3.** *Die Funktion* Gen *ist total rekursiv, d. h., es existiert eine Turingmaschine (Programm) $A_{\text{Gen}}$, die für eine gegebene Zahl $i$ die Kodierung $\text{Kod}(M_i)$ berechnet.*

*Beweis.* Ein Programm, das Gen berechnet, kann wie folgt arbeiten.

> *Eingabe:* Ein $i \in \mathbb{N} - \{0\}$.
> *Schritt 1.* $x := \lambda$;     $\{x \text{ ist ein Wort über } (\Sigma_{\text{bool}})^*\}$
>           $I := 0$;
> *Schritt 2.* while $I < i$ do
>               begin
>                   Benutze $A_{\text{ver}}$ um zu entscheiden, ob $x \in \text{KodTM}$;
>                   if $x \in \text{KodTM}$ then
>                       begin
>                           $I := I + 1$;
>                           $y := x$;
>                       end;
>                   $x :=$ Nachfolger von $x$ in kanonischer Ordnung auf $(\Sigma_{\text{bool}})^*$;
>               end;
> *Ausgabe:* $y$.                                                        $\square$

**Aufgabe 4.25.** Schreiben Sie ein Programm, das für eine gegebene Kodierung $\text{Kod}(M) \in (\Sigma_{\text{bool}})^*$ die Ordnung der TM $M$ berechnet.

## 4.7 Zusammenfassung

Die Turingmaschine ist ein abstraktes Rechnermodell mit der Berechnungsstärke realer Rechner. Die Komponenten einer TM sind ein unendliches Band, eine endliche Kontrolle und ein Lese-/Schreibkopf. Das Band ist aufgeteilt in Felder. Jedes Feld enthält ein Symbol des Arbeitsalphabets (ein Computerwort). Das Band wird als Eingabemedium der TM sowie als Speicher der TM benutzt. Die elementaren Aktionen (Transitionen) einer TM hängen vom aktuellen Zustand der TM und dem Symbol ab, das der Kopf auf dem

Band liest. In einer Aktion darf die TM den Zustand ändern, das gelesene Symbol durch ein neues ersetzen und den Kopf um ein Feld auf dem Band bewegen. Eine Berechnung entsteht durch eine Folge elementarer Aktionen. Eine TM akzeptiert (verwirft) ein Wort $x$, wenn sie in einem Sonderzustand $q_{accept}$ ($q_{reject}$) die Berechnung auf $x$ beendet. Ein Wort $x$ wird von der TM nicht akzeptiert, wenn $x$ verworfen wird oder wenn die Berechnung der TM auf $x$ unendlich ist. Die von einer TM $M$ akzeptierte Sprache $L(M)$ ist die Menge aller Wörter, die $M$ akzeptiert. Eine Sprache $L$ heißt rekursiv aufzählbar, falls $L = L(M)$ für eine TM $M$. Eine Sprache $L$ heißt rekursiv (oder entscheidbar), falls $L = L(M)$ für eine TM $M$, die keine unendliche Berechnung hat (d. h., alle Berechnungen enden entweder in $q_{accept}$ oder in $q_{reject}$).

Das Modell der Mehrband-TM hat anstatt eines unendlichen Bandes (das für die Eingabe sowie für die Speicherung von Daten bei einer TM dient) ein endliches Band, das nur die Eingabe enthält, und eine endliche positive Anzahl unendlicher Arbeitsbänder. Die Modelle der Turingmaschine und der Mehrband-Turingmaschine sind äquivalent in dem Sinne, dass jede TM durch eine MTM simuliert werden kann und umgekehrt. Diese Turingmaschinenmodelle sind äquivalent zu Programmen in jeder geläufigen Programmiersprache.

Die Church'sche These besagt, dass eine Turingmaschine, die keine unendliche Berechnung ausführt, die Formalisierung des intuitiven Begriffs „Algorithmus" ist. Daher sind alle Probleme, die man mit Hilfe von Turingmaschinen lösen kann, algorithmisch (automatisch) lösbar und alle Probleme, die auf Turingmaschinen nicht lösbar sind, sind algorithmisch (automatisch) unlösbar. Die Church'sche These ist ein Axiom der Informatik, daher kann sie nie bewiesen werden. Es besteht nur die Möglichkeit, sie zu widerlegen.

Auf die gleiche Art wie bei endlichen Automaten kann man Turingmaschinen zu nichtdeterministischen Turingmaschinen verallgemeinern. Eine nichtdeterministische TM kann mehrere Berechnungen auf einer Eingabe haben. Die Eingabe wird akzeptiert, falls mindestens eine dieser Berechnungen in $q_{accept}$ endet. Durch eine Breitensuche in den Berechnungsbäumen (dies entspricht der Potenzmengenkonstruktion bei endlichen Automaten) können nichtdeterministische Turingmaschinen durch deterministische Turingmaschinen simuliert werden.

Wie Programme können auch Turingmaschinen eindeutig als Wörter über $\Sigma_{bool}$ dargestellt werden. Weil die Wörter über $\Sigma_{bool}$ durch die kanonische Ordnung linear geordnet sind, gewinnt man durch diese Darstellung eine lineare Ordnung für die Menge der Turingmaschinen. Für eine gegebene Zahl $i$ kann man die Kodierung der $i$-ten TM berechnen. Ebenfalls kann man zu einer gegebenen TM ihre Ordnung berechnen.

Die Einführung eines formalen Modells von Algorithmen war der erste Schritt, der zur Gründung der Theoretischen Informatik führte. Diesen Fortschritt hat Kurt Gödel mit seiner grundlegenden Arbeit [Göd31] initiiert. In dieser Arbeit wurde erstmals bewiesen, dass es mathematische Probleme gibt, die man nicht „automatisch" lösen kann. Dies motivierte Church [Chu36], Kleene [Kle36], Post [Pos36] und Turing [Tur36] zum Entwurf formaler Modelle des algorithmischen Rechnens. Alle diese Modelle und auch viele andere, die später definiert wurden, sind äquivalent. Die Folge dieser Äquivalenzen ist die Church'sche These. Das Modell der Turingmaschine aus [Tur36] wurde zum Basismodell des Rechners in der Theoretischen Informatik, obwohl die ursprünglichen Gedanken von

Turing nicht gerade mit einem Rechner verknüpft waren. Turing wollte die Verfahren (Algorithmen) zur Symbolmanipulation präzise formalisieren. Statt an einen Rechner dachte er an einen Menschen (menschlichen Rechner), der ein Rechenverfahren mit einem Stift auf einem Blatt Papier ausführt. Das eindimensionale Band als Speichermedium ist dadurch motiviert, dass man auf einem Blatt zeilenweise schreibt. Die endlich vielen Symbole, die man benutzen darf, bestimmen dann das Arbeitsalphabet. Um das alles systematisch zu machen, teilte Turing das Band in Felder ein, wobei jedes Feld genau ein Symbol beinhalten durfte. Der Inhalt des ganzen Bandes musste immer endlich sein, aber die Länge des Bandes (die Größe des Papiers) war unbeschränkt. Turing setzte voraus, dass der Rechner (das menschliche Gehirn) endlich groß ist, und sich somit nur in einem von endlich vielen möglichen Zuständen befinden kann. Daher stammt die endliche Zustandsmenge für das Modell der Turingmaschine. Aus einem ähnlichen Grund setzte Turing voraus, dass eine Aktion eines Rechners in einem Augenblick nur durch einen Anteil des Bandes von beschränkter (konstanter) Größe beeinflusst werden kann. Weil man jede solche Aktion durch eine Folge elementarer Operationen, bei denen nur ein Symbol des Bandes betrachtet wird, simulieren kann, führte Turing die Festlegung der Berechnungsschritte durch die in Abschnitt 4.3 vorgestellte Transitionsfunktion ein.

Die Mehrband-Turingmaschine wurde von Hartmanis und Stearns [HS65] eingeführt. Mehrband-Turingmaschinen wurden zum Basismodell für Berechnungen in der Komplexitätstheorie. Eine hinreißende Diskussion zu dem Thema dieses Kapitels kann man bei Harel [Har93] finden.

## Kontrollaufgaben

1. Beschreiben Sie das Modell der Turingmaschine. Was sind die wesentlichen Unterschiede zu einem endlichen Automaten?

2. Definieren Sie die Begriffe „Konfiguration", „Berechnungsschritt" und „Berechnung" einer Turingmaschine. Wie definiert man die von einer TM $M$ akzeptierte Sprache $L(M)$?

3. Was sind rekursive Sprachen und was sind rekursiv aufzählbare Sprachen?

4. Entwerfen Sie eine Turingmaschine für die Sprache $\{a^n b^n c^n \mid n \in \mathbb{N}\}$ und stellen Sie die TM in der Form eines Diagramms dar.

5. Was würde sich an der Berechnungsstärke der Turingmaschine ändern, wenn wir mehrere akzeptierende Zustände erlauben?

6. Erklären Sie das Konzept von Mehrband-Turingmaschinen. Warum führen wir dieses Konzept ein?

7. Wie definiert man die Äquivalenz von zwei Maschinen und die Äquivalenz von zwei Maschinenmodellen?

8. Wie würden Sie vorgehen, um die Äquivalenz zwischen Java und Turingmaschinen zu zeigen?

9. Was sagt die Church'sche These aus? Warum betrachten wir die Church'sche These als ein Axiom? Warum glauben wir an dieses Axiom?

10. Erklären Sie das Konzept nichtdeterministischer Turingmaschinen. Wie viele unterschiedliche Berechnungen kann eine NTM auf einer Eingabe der Länge $n$ haben?

11. Geben Sie ein Beispiel einer Sprache an, für die es einfacher ist, eine NTM anstatt einer TM zu entwerfen.

12. Wie kann man zu jeder NTM eine äquivalente TM bauen?

13. Wie kann man Turingmaschinen durch Wörter über $\{0,1\}$ kodieren? Entwerfen Sie eine eigene Kodierung für Turingmaschinen und schreiben Sie ein Programm, das aus Ihrer Kodierung eine konkrete TM erstellt.

14. Wie kann man Turingmaschinen linear ordnen?

15. Kann man für eine gegebene natürliche Zahl $i$ algorithmisch die $i$-te TM konstruieren? Kann man für eine gegebene TM ihre Ordnung algorithmisch bestimmen?

Hunderte von Talenten zeigen
die Größe ihrer Epoche,
aber nur ein Genie ahnt,
was ihr fehlt.

E. Geibel

# 5 Berechenbarkeit

## 5.1 Zielsetzung

Die Theorie der Berechenbarkeit ist die erste Theorie, die in der Informatik entstanden ist. Sie hat Methoden zur Klassifizierung von Problemen in algorithmisch lösbare und algorithmisch unlösbare entwickelt. Dies bedeutet, dass diese Theorie uns Techniken zum Beweisen der Nichtexistenz von Algorithmen zur Lösung konkreter Probleme liefert. Das Erlernen dieser Techniken ist das Hauptziel dieses Kapitels.

Wir beschränken uns in diesem Kapitel auf Entscheidungsprobleme. Unser erstes Ziel ist es zu zeigen, dass es Sprachen gibt, die von keiner Turingmaschine akzeptiert werden. Dies ist einfach einzusehen, wenn man begreift, dass es viel mehr Sprachen gibt als Turingmaschinen. Aber von beiden gibt es unendlich viele, d. h., wir müssen lernen, wie man beweisen kann, dass eine unendliche Zahl größer ist als eine andere. Dazu präsentieren wir in Abschnitt 5.2 die Diagonalisierungstechnik aus der Mengenlehre. Die Methode der Diagonalisierung ermöglicht es uns, auch für eine konkrete Sprache, Diagonalsprache genannt, ihre Nichtzugehörigkeit zu $\mathcal{L}_{RE}$ zu zeigen.

Unser zweites Ziel ist es, die Methode der Reduktion vorzustellen. Diese Methode ermöglicht es, ausgehend von einer nichtentscheidbaren Sprache die Unentscheidbarkeit weiterer Sprachen zu beweisen, und stellt das Hauptinstrument zur Klassifizierung der Sprachen bezüglich ihrer Entscheidbarkeit dar. Wir wenden diese Methode an, um die Unentscheidbarkeit einiger Entscheidungsprobleme über Turingmaschinen (Programmen) in Abschnitt 5.3 zu beweisen. Dabei lernen wir, dass die praktisch relevante Aufgabe der Korrektheitsüberprüfung (des Testens) von Programmen ein algorithmisch unlösbares Problem darstellt. In Abschnitt 5.4 stellen wir den Satz von Rice vor, der besagt, dass fast alle nicht-trivialen Probleme über Turingmaschinen (Programmen) unentscheidbar sind. In Abschnitt 5.5 zeigen wir, dass man die Methode der Reduktion auch zum Beweis der Unentscheidbarkeit anderer als nur Turingmaschinen-bezogener Probleme benutzen kann. Als ein Beispiel beweisen wir die Unentscheidbarkeit eines Entscheidungsproblems über einer Art von Dominospiel, das als Post'sches Korrespondenzproblem bezeichnet wird. In Abschnitt 5.6 zeigen wir eine andere Methode zum Beweisen der algorithmischen

Unlösbarkeit konkreter Probleme. Diese Methode basiert auf der Kolmogorov-Komplexität und kann als eine Alternative zur Diagonalisierungstechnik in dem Sinne gesehen werden, dass man mittels der Kolmogorov-Komplexität die Unlösbarkeit eines konkreten Problems beweisen und dadurch den Startpunkt für die Anwendung der Reduktionsmethode erhalten kann. In Abschnitt 5.7 verwenden wir die Kolmogorov-Komplexität, um zu zeigen, dass es Programme gibt, die zwar korrekt sind, deren Korrektheit man aber nicht beweisen kann.

## 5.2 Die Methode der Diagonalisierung

Unser erstes Ziel ist es zu zeigen, dass es nicht rekursiv aufzählbare Sprachen gibt. Dazu wollen wir folgendes quantitative Argument benutzen. Wir wollen zeigen, dass

*die Mächtigkeit* $|\mathrm{KodTM}|$ *der Menge aller Turingmaschinen kleiner als die Mächtigkeit aller Sprachen über* $\Sigma_{\mathrm{bool}}$ *ist.*

Dabei bezeichnet KodTM die Menge der binären Kodierungen aller Turingmaschinen wie in Abschnitt 4.6 definiert.

Die Anzahl aller Turingmaschinen ist unendlich und kann von oben durch $|(\Sigma_{\mathrm{bool}})^*|$ beschränkt werden, weil $\mathrm{KodTM} \subseteq (\Sigma_{\mathrm{bool}})^*$. Die Kardinalität aller Sprachen über $\Sigma_{\mathrm{bool}}$ ist $|\mathcal{P}((\Sigma_{\mathrm{bool}})^*)|$, was offensichtlich auch eine unendliche Zahl ist. Um zu beweisen, dass

$$|(\Sigma_{\mathrm{bool}})^*| < |\mathcal{P}((\Sigma_{\mathrm{bool}})^*)|,$$

benötigen wir eine Methode zum Vergleich der Größen unendlicher Zahlen (der Mächtigkeiten unendlicher Mengen).

Das folgende Konzept von Cantor zum Vergleich der Mächtigkeiten von zwei (unendlichen) Mengen berührt die philosophischen und axiomatischen Wurzeln der Mathematik und ist die Grundlage der modernen Mengenlehre.

Die Idee des Konzeptes von Cantor ist wie folgt. Ein Hirte hat ein Herde weißer Schafe und eine Herde schwarzer Schafe. Er will feststellen, welche der Herden zahlreicher ist, also ob er mehr schwarze als weiße Schafe hat oder umgekehrt. Das Problem ist, dass er nur bis 5 zählen kann, was nicht ausreichend ist. Was kann er tun? Er nimmt ein weißes und ein schwarzes Schaf und führt dieses Paar auf eine andere Wiese. Dies macht er so lange, bis eine der beiden ursprünglichen Herden aufgelöst ist. Die Sorte, deren Herde noch nicht ausgeschöpft ist, ist zahlreicher. Genau diese Idee setzen wir in folgender Definition um.

**Definition 5.1.** *Seien A und B zwei Mengen. Wir sagen, dass*

$$|A| \leq |B|,$$

*falls eine injektive Funktion f von A nach B existiert. Wir sagen, dass*

$$|A| = |B|,$$

*falls* $|A| \leq |B|$ *und* $|B| \leq |A|$ *(d. h., es existiert eine Bijektion[1] zwischen A und B). Wir sagen, dass*

$$|A| < |B|,$$

---

[1]Der Satz von Cantor und Bernstein sagt, dass aus der Existenz von injektiven Abbildungen $F_1 \colon A \to B$ und $F_2 \colon B \to A$ die Existenz einer Bijektion zwischen $A$ und $B$ folgt.

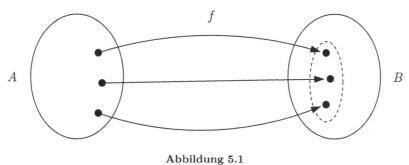

**Abbildung 5.1**

*falls $|A| \leq |B|$ und keine injektive Abbildung von $B$ nach $A$ existiert.*

Zuerst beobachten wir, dass für endliche Mengen Definition 5.1 exakt mit unserem Verständnis für den Vergleich der Mächtigkeiten von $A$ und $B$ übereinstimmt (Abbildung 5.1). Wenn für alle $x, y \in A$ mit $x \neq y$ auch $f(x) \neq f(y)$ gilt, dann muss $B$ mindestens so viele Elemente wie $A$ haben. Wenn $\{f(x) \mid x \in A\} = B$, dann ist $f$ eine Bijektion und $|A| = |B|$.

Nach Definition 5.1 reicht es daher aus zu beweisen, dass keine injektive Abbildung von der Menge aller Sprachen über $\Sigma_{bool}$ in die Menge aller Turingmaschinen existiert. Das heißt, es existiert keine Abbildung von $\mathcal{P}((\Sigma_{bool})^*)$ nach KodTM, die jeder Sprache $L$ eine TM $M$ mit $L(M) = L$ zuordnet.[2]

**Aufgabe 5.1.** Seien $A$, $B$ und $C$ Mengen. Beweisen Sie, dass $|B| \leq |A|$ und $|C| \leq |B|$ die Relation $|C| \leq |A|$ impliziert.

**Aufgabe 5.2.** Seien $A$ und $B$ Mengen. Beweisen Sie, dass $A \subseteq B$ die Ungleichung $|A| \leq |B|$ impliziert.

Definition 5.1 hat aber auch ihre paradoxe Seite. Sei $\mathbb{N}_{gerade} = \{2i \mid i \in \mathbb{N}\}$. Nach Definition 5.1 gilt

$$|\mathbb{N}| = |\mathbb{N}_{gerade}|,$$

weil die Funktion $f\colon \mathbb{N} \to \mathbb{N}_{gerade}$ mit $f(i) = 2i$ für alle $i \in \mathbb{N}$ offensichtlich eine Bijektion ist. So haben $\mathbb{N}$ und $\mathbb{N}_{gerade}$ die gleiche Mächtigkeit, obwohl $\mathbb{N}_{gerade}$ eine echte Teilmenge von $\mathbb{N}$ ist. Dies ist ein Paradoxon, das beim Vergleich der Mächtigkeiten endlicher Mengen nicht auftreten kann. Dieses Paradoxon widerspricht der Erfahrung aus der endlichen Welt, wo das Ganze immer größer ist als eines seiner Teile. Dies zeigt aber nicht, dass das Cantor'sche Konzept zum Vergleich der Mächtigkeit von Mengen falsch ist, sondern nur, dass die Welt unendlicher Mengen und Zahlen Gesetzen unterliegen könnte, die den Erfahrungen aus der Behandlung endlicher Objekte nicht entsprechen. Der Schluss $|\mathbb{N}| = |\mathbb{N}_{gerade}|$ scheint in der „unendlichen Welt" richtig zu sein, weil die Bijektion $f(i) = 2i$ die Elemente aus $\mathbb{N}$ und $\mathbb{N}_{gerade}$ paart, und so erscheinen beide Mengen gleich mächtig zu sein. Vielleicht ist es wichtig, an dieser Stelle zu bemerken, dass dieses Konzept

---

[2] Weil jede solche Abbildung injektiv sein muss.

auf der axiomatischen Ebene liegt. Daher kann man nicht beweisen, dass dies die einzige sinnvolle (korrekte) Möglichkeit zum Vergleich der Mächtigkeit unendlicher Mengen ist. Definition 5.1 ist nur ein Versuch, das intuitive Verständnis der Mathematiker für den Mächtigkeitsvergleich zu formalisieren. Es ist nicht auszuschließen, dass jemand noch eine andere, geeignetere Formalisierung findet.[3] Für uns ist aber nur wichtig, dass das Konzept aus Definition 5.1 dazu geeignet ist, die Existenz nicht rekursiv aufzählbarer Sprachen zu beweisen.

**Aufgabe 5.3.** Das Hilbert'sche Hotel besteht aus unendlich vielen Zimmern, die mit den natürlichen Zahlen $1, 2, 3, \ldots$ nummeriert sind. Das Hotel ist besetzt, in jedem Zimmer verweilt also ein Gast. Jetzt kommt ein neuer Gast und fragt, ob er ein Zimmer bekommen kann. Der Portier sagt locker „Kein Problem". Er lässt für alle $i = 1, 2, 3, \ldots$ den Gast aus Zimmer $i$ in Zimmer $i + 1$ umziehen und gibt Zimmer 1 dem neuen Gast.

(a) Gibt es auch eine Lösung, wenn der Gast unbedingt Zimmer 7 haben will?

(b) Es kommen 32 neue Gäste. Was macht der Portier jetzt?

(c) Es kommt ein voll besetzter, unendlich großer Bus an. Die Plätze sind mit positiven ganzen Zahlen $1, 2, 3, \ldots$ nummeriert. Kann der Portier alle unterbringen?

Im Folgenden betrachten wir $\mathbb{N}$ als die „kleinste" unendliche Menge und stellen die Frage, welche unendlichen Mengen die gleiche Mächtigkeit wie $\mathbb{N}$ haben, und ob eine unendliche Menge $A$ mit $|A| > |\mathbb{N}|$ existiert.

**Definition 5.2.** *Eine Menge $A$ heißt **abzählbar**,[4] falls $A$ endlich ist oder $|A| = |\mathbb{N}|$.*

Die intuitive Bedeutung der Abzählbarkeit einer Menge $A$ ist, dass man die Elemente aus $A$ als erstes, zweites, drittes, ... nummerieren kann. Dies ist offensichtlich, weil jede injektive Funktion $f\colon A \to \mathbb{N}$ eine lineare Ordnung auf $A$ bestimmt, die eine Nummerierung[5] ist, (ein Objekt $a \in A$ ist vor dem Objekt $b \in A \iff f(a) < f(b)$). Deswegen überrascht es nicht, dass $(\Sigma_{\text{bool}})^*$ und KodTM abzählbar sind.

**Lemma 5.1.** *Sei $\Sigma$ ein beliebiges Alphabet. Dann ist $\Sigma^*$ abzählbar.*

*Beweis.* Sei $\Sigma = \{a_1, \ldots, a_m\}$ eine beliebige endliche Menge. Man definiere eine lineare Ordnung $a_1 < a_2 < \cdots < a_m$ auf $\Sigma$. Diese lineare Ordnung bestimmt die kanonische Ordnung auf $\Sigma^*$ (vergleiche Definition 2.8). Die kanonische Ordnung auf $\Sigma^*$ ist eine Nummerierung und bestimmt daher eine injektive Funktion von $\Sigma^*$ nach $\mathbb{N}$. □

**Satz 5.1.** *Die Menge KodTM der Turingmaschinenkodierungen ist abzählbar.*

---

[3] Dies ähnelt unserer Diskussion über die Church'sche These.

[4] Eine äquivalente Definition der Abzählbarkeit einer Menge $A$ ist folgende:

$$A \text{ ist abzählbar} \iff \text{es existiert eine injektive Funktion } f\colon A \to \mathbb{N}$$

Dies bedeutet, dass keine unendliche Menge $B$ mit $|B| < |\mathbb{N}|$ existiert. Auf den Beweis dieses Fakts verzichten wir hier.

[5] Eine Nummerierung auf einer Menge $A$ determiniert eine lineare Ordnung, in der zwischen zwei beliebigen Elementen höchstens endlich viele Elemente aus $A$ liegen. Umgekehrt ist eine lineare Ordnung mit dieser Eigenschaft eine Nummerierung.

|   | 1 | 2 | 3 | 4 | 5 | 6 | $\cdots$ |
|---|---|---|---|---|---|---|---|
| 1 | $(1,1)$ | $(1,2)$ | $(1,3)$ | $(1,4)$ | $(1,5)$ | $(1,6)$ | $\cdots$ |
| 2 | $(2,1)$ | $(2,2)$ | $(2,3)$ | $(2,4)$ | $(2,5)$ | $(2,6)$ | $\cdots$ |
| 3 | $(3,1)$ | $(3,2)$ | $(3,3)$ | $(3,4)$ | $(3,5)$ | $(3,6)$ | $\cdots$ |
| 4 | $(4,1)$ | $(4,2)$ | $(4,3)$ | $(4,4)$ | $(4,5)$ | $(4,6)$ | $\cdots$ |
| 5 | $(5,1)$ | $(5,2)$ | $(5,3)$ | $(5,4)$ | $(5,5)$ | $(5,6)$ | $\cdots$ |
| 6 | $(6,1)$ | $(6,2)$ | $(6,3)$ | $(6,4)$ | $(6,5)$ | $(6,6)$ | $\cdots$ |
| $\vdots$ | $\vdots$ | $\vdots$ | $\vdots$ | $\vdots$ | $\vdots$ | $\vdots$ | $\ddots$ |

**Abbildung 5.2**

*Beweis.* Satz 5.1 ist eine direkte Folge von Lemma 5.1 und der Tatsache KodTM $\subseteq$ $(\Sigma_{\text{bool}})^*$. $\qquad\qquad\square$

**Aufgabe 5.4.** Geben Sie explizit die Nummerierung von $(\Sigma_{\text{bool}})^*$ an, die der kanonischen Ordnung auf $(\Sigma_{\text{bool}})^*$ entspricht.

**Aufgabe 5.5.** Beweisen Sie, dass die Menge $\mathbb{Z}$ der ganzen Zahlen abzählbar ist.

**Aufgabe 5.6.** Sei $A$ eine abzählbare Menge und $a$ ein Element mit $a \notin A$. Beweisen Sie, dass $A \cup \{a\}$ auch abzählbar ist.

**Aufgabe 5.7.** Seien $A$ und $B$ zwei abzählbare Mengen. Beweisen Sie, dass $A \cup B$ abzählbar ist.

Das nächste Resultat kann ein bisschen überraschend wirken. Wir beweisen, dass die Mächtigkeit der Menge $\mathbb{Q}^+$ der positiven rationalen Zahlen der Mächtigkeit von $\mathbb{N}$ entspricht. Dabei weiss man, dass die rationalen Zahlen sehr dicht nebeneinander auf der reellen Achse liegen (zwischen beliebigen rationalen Zahlen $a$ und $b$ mit $a < b$ liegen unendlich viele rationale Zahlen $c$ mit der Eigenschaft $a < c < b$), und dass die natürlichen Zahlen auf der reellen Achse den Abstand 1 besitzen. Weil man die positiven rationalen Zahlen als $\frac{p}{q}$ mit $p, q \in \mathbb{N} - \{0\}$ darstellen kann, würde man erwarten, dass $|\mathbb{Q}^+|$ ungefähr $|\mathbb{N} \times \mathbb{N}|$ ist, was nach „unendlich mal unendlich" aussieht. In der endlichen Welt würde man über den Vergleich von $n^2$ mit $n$ sprechen. Trotzdem ist $|\mathbb{Q}^+| = |\mathbb{N}|$, weil die Elemente aus $\mathbb{N} \times \mathbb{N}$ sich nummerieren lassen. Die folgende Methode zur Nummerierung von positiven rationalen Zahlen ist einfach und elegant und findet auch Anwendung in der Theorie der Berechenbarkeit.

**Lemma 5.2.** $(\mathbb{N} - \{0\}) \times (\mathbb{N} - \{0\})$ *ist abzählbar.*

*Beweis.* Wir konstruieren eine unendliche Matrix $M_{\mathbb{N} \times \mathbb{N}}$ wie in Abbildung 5.2. Die Matrix hat unendlich viele Zeilen und unendlich viele Spalten, die durch natürliche Zahlen $1, 2, 3, \ldots$ nummeriert sind. An der Kreuzung der $i$-ten Zeile und der $j$-ten Spalte befindet sich das Element $(i, j) \in (\mathbb{N} - \{0\}) \times (\mathbb{N} - \{0\})$. Es ist offensichtlich, dass $M_{\mathbb{N} \times \mathbb{N}}$ alle Elemente aus $(\mathbb{N} - \{0\}) \times (\mathbb{N} - \{0\})$ enthält.

Der Versuch, die Elemente aus $(\mathbb{N} - \{0\}) \times (\mathbb{N} - \{0\})$ so zu ordnen, dass man mit den Elementen der ersten Zeile beginnt und danach die Elemente weiterer Zeilen nummeriert,

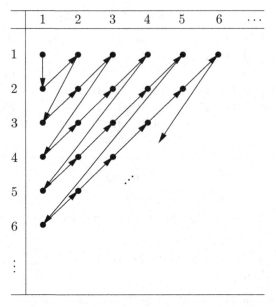

**Abbildung 5.3**

muss scheitern, weil man wegen der Unendlichkeit der ersten Zeile nie zu der Nummerierung der zweiten Zeile gelangt. Eine passende Möglichkeit, die Elemente der Matrix $M_{\mathbb{N} \times \mathbb{N}}$ zu nummerieren, ist durch die Zick-Zack-Linie in Abbildung 5.3 gegeben. Auf diese Weise nimmt man eine endliche Nebendiagonale nach der anderen, und es ist offensichtlich, dass jedes Element von $M_{\mathbb{N} \times \mathbb{N}}$ eine Nummer bekommt. Die resultierende Folge ist $a_1 = (1,1)$, $a_2 = (2,1)$, $a_3 = (1,2)$, $a_4 = (3,1)$, $a_5 = (2,2)$, $a_6 = (1,3)$, $a_7 = (4,1)$, $\ldots$

Formal definiert man dabei die lineare Ordnung

$$(a,b) < (c,d) \iff a + b < c + d \text{ oder } (a + b = c + d \text{ und } b < d).$$

Die entsprechende Nummerierung ist

$$f((a,b)) = \binom{a + b - 1}{2} + b,$$

weil das Element $(a,b)$ das $b$-te Element auf der $(a + b - 1)$-ten Nebendiagonalen ist und die Anzahl der Elemente auf den ersten $a + b - 2$ Nebendiagonalen

$$\sum_{i=1}^{a+b-2} i = \frac{(a + b - 2) \cdot (1 + a + b - 2)}{2} = \binom{a + b - 1}{2}$$

ist. Es ist offensichtlich, dass $f$ eine Bijektion von $(\mathbb{N} - \{0\}) \times (\mathbb{N} - \{0\})$ nach $\mathbb{N} - \{0\}$ ist. $\qquad \square$

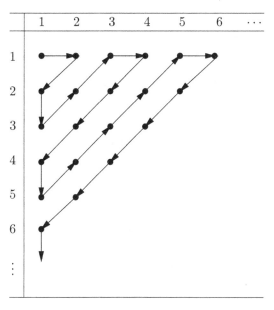

**Abbildung 5.4**

**Aufgabe 5.8.** Um die Abzählbarkeit der Menge $(\mathbb{N} - \{0\}) \times (\mathbb{N} - \{0\})$ zu beweisen, kann man auch die Nummerierung aus Abbildung 5.4 verwenden. Bestimmen Sie die entsprechende injektive Abbildung von $(\mathbb{N} - \{0\}) \times (\mathbb{N} - \{0\})$ nach $\mathbb{N}$. Wie viele unterschiedliche injektive Abbildungen von $(\mathbb{N} - \{0\}) \times (\mathbb{N} - \{0\})$ nach $\mathbb{N}$ können Sie auflisten?

**Satz 5.2.** $\mathbb{Q}^+$ *ist abzählbar.*

*Beweis.* Sei $h$ folgende Abbildung von $\mathbb{Q}^+$ nach $(\mathbb{N} - \{0\}) \times (\mathbb{N} - \{0\})$: $h\left(\frac{p}{q}\right) = (p, q)$ für alle $p, q$ mit dem größten gemeinsamen Teiler 1. Offensichtlich ist $h$ injektiv. Weil $(\mathbb{N} - \{0\}) \times (\mathbb{N} - \{0\})$ nach Lemma 5.2 abzählbar ist, ist auch $\mathbb{Q}^+$ abzählbar. □

**Aufgabe 5.9.** In das voll besetzte unendliche Hilbert'sche Hotel kommen unendlich viele unendlich große Busse. Die Busse haben Nummern $1, 2, 3, \ldots$. Alle Busse sind voll besetzt und die Plätze in jedem Bus haben die Nummern $1, 2, 3, \ldots$. Kann der Portier jetzt alle unterbringen?

**Aufgabe 5.10.** Beweisen Sie, dass $\mathbb{N} \times \mathbb{N} \times \mathbb{N}$ abzählbar ist.

**Aufgabe 5.11.** Seien $A$ und $B$ zwei abzählbare Mengen. Beweisen Sie, dass $A \times B$ eine abzählbare Menge ist.

Trotz ihrer Dichte auf der reellen Achse sind die positiven rationalen Zahlen abzählbar. Nach der Aussage von Aufgabe 5.11 ist auch $(\mathbb{Q}^+)^i$ für jedes $i \in \mathbb{N} - \{0\}$ abzählbar. Man könnte denken, dass alle unendlichen Mengen abzählbar sind. Wir zeigen jetzt, dass die Menge $\mathbb{R}$ der reellen Zahlen nicht abzählbar ist. Dazu reicht es zu zeigen, dass die Menge $[0, 1]$ der reellen Zahlen größer gleich 0 und kleiner gleich 1 nicht abzählbar ist. Also besitzt $\mathbb{R}$ einen anderen, höheren Typ von Unendlichkeit als $\mathbb{N}$ und $\mathbb{Q}^+$.

| $f(x)$ | | | | $x \in [0,1]$ | | | | |
|--------|--|--|--|--------------|--|--|--|--|
| 1 | 0. | $\boxed{a_{11}}$ | $a_{12}$ | $a_{13}$ | $a_{14}$ | $\ldots$ | | |
| 2 | 0. | $a_{21}$ | $\boxed{a_{22}}$ | $a_{23}$ | $a_{24}$ | $\ldots$ | | |
| 3 | 0. | $a_{31}$ | $a_{32}$ | $\boxed{a_{33}}$ | $a_{34}$ | $\ldots$ | | |
| 4 | 0. | $a_{41}$ | $a_{42}$ | $a_{43}$ | $\boxed{a_{44}}$ | $\ldots$ | | |
| $\vdots$ | $\vdots$ | $\vdots$ | $\vdots$ | $\vdots$ | | $\ldots$ | | |
| $i$ | 0. | $a_{i1}$ | $a_{i2}$ | $a_{i3}$ | $a_{i4}$ | $\ldots$ | $\boxed{a_{ii}}$ | $\ldots$ |
| $\vdots$ | $\vdots$ | | | | | | | |

**Abbildung 5.5**

**Satz 5.3.** $[0,1]$ *ist nicht abzählbar.*

*Beweis.* Wir müssen zeigen, dass keine injektive Funktion von $[0,1]$ nach $\mathbb{N} - \{0\}$ existiert. Wir führen einen indirekten Beweis dieser Behauptung. Wir setzen voraus, dass $[0,1]$ abzählbar ist und dass $f$ eine injektive Abbildung von $[0,1]$ nach $\mathbb{N} - \{0\}$ ist. Daher bestimmt $f$ eine Nummerierung der reellen Zahlen aus $[0,1]$, die wir in Abbildung 5.5 verdeutlichen können. Die $i$-te Zahl aus $[0,1]$ ist $a_i = 0.a_{i1}a_{i2}a_{i3}\ldots$ (das heißt $f(a_i) = i$), wobei $a_{ij}$ Ziffern aus $\{0,1,2,\ldots,9\}$ für $j = 1,2,\ldots$ sind.

Jetzt wenden wir die sogenannte **Diagonalisierungsmethode** an, um zu zeigen, dass in der Tabelle in Abbildung 5.5 mindestens eine reelle Zahl aus $[0,1]$ fehlt, und daher $f$ keine Nummerierung von $[0,1]$ ist. Die Auflistung der reellen Zahlen in Abbildung 5.5 kann man als unendliche Matrix $M = [a_{ij}]_{i=1,\ldots,\infty, j=1,\ldots,\infty}$ interpretieren. Wir konstruieren jetzt eine reelle Zahl $c = 0.c_1 c_2 c_3 \ldots$ so, dass $c_i \neq a_{ii}$ und $c_i \notin \{0,9\}$ für alle $i \in \mathbb{N} - \{0\}$. Im Prinzip schauen wir die Diagonale $a_{11}a_{22}a_{33}\ldots$ von $M$ an und wählen für jedes $i$ ein festes $c_i \in \{1,2,3,4,5,6,7,8\} - a_{ii}$. Damit unterscheidet sich $c$ von jeder Darstellung einer reellen Zahl in Abbildung 5.5 in mindestens einer Ziffer $j$, genauer, die Darstellung von $c$ unterscheidet sich von der Darstellung von $a_i$ mindestens in der $i$-ten Dezimalstelle hinter dem Punkt für alle $i \in \mathbb{N} - \{0\}$. Weil die Darstellung von $c$ keine 0 und 9 als Ziffer enthält,[6] ist sie eindeutig, und wir können schließen, dass $c \neq a_i$ für alle $i \in \mathbb{N} - \{0\}$. Daher ist $c$ nicht in Abbildung 5.5 dargestellt und $f$ keine Nummerierung der Zahlen aus $[0,1]$.    $\square$

Wir haben gezeigt, dass die Menge aller Turingmaschinen (Algorithmen) aufzählbar ist. Um zu zeigen, dass es Probleme gibt, die algorithmisch nicht lösbar sind, reicht es, die Nichtabzählbarkeit der Menge aller Sprachen (Entscheidungsprobleme) über $\{0,1\}$ zu beweisen. Wir beweisen dies auf zwei unterschiedliche Arten. Zuerst zeigen wir $|[0,1]| \leq |\mathcal{P}((\Sigma_{\text{bool}})^*)|$ und dann konstruieren wir direkt mit der Diagonalisierungsmethode eine Sprache, die von keiner Turingmaschine akzeptiert wird.

**Satz 5.4.** $\mathcal{P}((\Sigma_{\text{bool}})^*)$ *ist nicht abzählbar.*

---

[6]Man bemerke, dass $1.00\overline{0}$ und $0.99\overline{9}$ zwei unterschiedliche Darstellungen der Zahl 1 sind.

*Beweis.* Wir zeigen $|\mathcal{P}((\Sigma_{\text{bool}})^*)| \geq |[0,1]|$. Jede reelle Zahl aus $[0,1]$ kann man binär wie folgt darstellen. Durch $a = 0.a_1a_2a_3\ldots$ mit $a_i \in \Sigma_{\text{bool}}$ für $i = 1, 2, 3, \ldots$ wird die Zahl

$$\text{Nummer}(a) = \sum_{i=1}^{\infty} a_i 2^{-i}$$

dargestellt. Falls eine Zahl mehrere Darstellungen hat (es gibt höchstens 2), dann wählen wir die in lexikographischer Ordnung letzte.[7] Wir benutzen diese Darstellung, um folgende Abbildung $f$ von $[0,1]$ nach $\mathcal{P}((\Sigma_{\text{bool}})^*)$ zu definieren. Für jede binäre Darstellung $a = 0.a_1a_2a_3\ldots$ einer reellen Zahl aus $[0,1]$ ist

$$f(a) = \{a_1, a_2a_3, a_4a_5a_6, \ldots, a_{\binom{n}{2}+1}a_{\binom{n}{2}+2} \cdots a_{\binom{n+1}{2}}, \ldots\}.$$

Offensichtlich ist $f(a)$ eine Sprache über $\Sigma_{\text{bool}}$, die genau ein Wort der Länge $n$ für alle $n \in \mathbb{N} - \{0\}$ enthält. Deswegen führt jeder Unterschied in einer Ziffer zweier binärer Darstellungen $b$ und $c$ zu $f(b) \neq f(c)$. Daher ist $f$ injektiv und $\mathcal{P}((\Sigma_{\text{bool}})^*)$ nicht abzählbar. $\square$

**Korollar 5.1.** $|\text{KodTM}| < |\mathcal{P}((\Sigma_{\text{bool}})^*)|$ *und somit existieren unendlich viele nicht rekursiv aufzählbare Sprachen über* $\Sigma_{\text{bool}}$.

**Aufgabe 5.12.** Beweisen Sie $|[0,1]| = |\mathcal{P}((\Sigma_{\text{bool}})^*)|$.

Wir benutzen jetzt die Diagonalisierungsmethode, um eine konkrete nicht rekursiv aufzählbare Sprache zu konstruieren. Sei $w_1$, $w_2$, $w_3$, ... die kanonische Ordnung aller Wörter über $\Sigma_{\text{bool}}$, und sei $M_1, M_2, M_3, \ldots$ die Folge aller Turingmaschinen. Wir definieren eine unendliche Boole'sche Matrix $A = [d_{ij}]_{i,j=1,\ldots,\infty}$ (Abbildung 5.6) mit

$$d_{ij} = 1 \iff M_i \text{ akzeptiert } w_j.$$

Damit bestimmt die $i$-te Zeile $d_{i1}d_{i2}d_{i3}\ldots$ der Matrix $A$ die Sprache

$$L(M_i) = \{w_j \mid d_{ij} = 1 \text{ für alle } j \in \mathbb{N} - \{0\}\}.$$

Analog zum Beweis von Satz 5.3, in dem wir eine reelle Zahl konstruieren, die nicht in der Nummerierung in Abbildung 5.5 enthalten ist, konstruieren wir jetzt eine Sprache $L_{\text{diag}}$, **Diagonalsprache** genannt, die keiner der Sprachen $L(M_i)$ entspricht. Wir definieren

$$L_{\text{diag}} = \{w \in (\Sigma_{\text{bool}})^* \mid w = w_i \text{ für ein } i \in \mathbb{N} - \{0\} \text{ und } M_i \text{ akzeptiert } w_i \text{ nicht}\}$$
$$= \{w \in (\Sigma_{\text{bool}})^* \mid w = w_i \text{ für ein } i \in \mathbb{N} - \{0\} \text{ und } d_{ii} = 0\}.$$

**Satz 5.5.** $L_{\text{diag}} \notin \mathcal{L}_{\text{RE}}$.

*Beweis.* Wir beweisen $L_{\text{diag}} \notin \mathcal{L}_{\text{RE}}$ indirekt. Sei $L_{\text{diag}} \in \mathcal{L}_{\text{RE}}$. Dann ist $L_{\text{diag}} = L(M)$ für eine TM $M$. Weil $M$ eine der Turingmaschinen in der Nummerierung aller Turingmaschinen sein muss, existiert ein $i \in \mathbb{N} - \{0\}$, so dass $M = M_i$. Aber $L_{\text{diag}}$ kann nicht gleich $L(M_i)$ sein, weil folgende Äquivalenz gilt:

$$w_i \in L_{\text{diag}} \iff d_{ii} = 0 \iff w_i \notin L(M_i),$$

d.h., $w_i$ ist in genau einer der Sprachen $L_{\text{diag}}$ oder $L(M_i)$. $\square$

---

[7]Zum Beispiel hat $\frac{1}{2}$ die Darstellungen $0.0\overline{1}$ und $0.1\overline{0}$, wobei wir letztere wählen würden.

| | $w_1$ | $w_2$ | $w_3$ | $\dots$ | $w_i$ | $\dots$ |
|---|---|---|---|---|---|---|
| $M_1$ | $\boxed{d_{11}}$ | $d_{12}$ | $d_{13}$ | $\dots$ | $d_{1i}$ | $\dots$ |
| $M_2$ | $d_{21}$ | $\boxed{d_{22}}$ | $d_{23}$ | $\dots$ | $d_{2i}$ | $\dots$ |
| $M_3$ | $d_{31}$ | $d_{32}$ | $\boxed{d_{33}}$ | $\dots$ | $d_{3i}$ | $\dots$ |
| $\vdots$ | $\vdots$ | $\vdots$ | $\vdots$ | | $\vdots$ | |
| $M_i$ | $d_{i1}$ | $d_{i2}$ | $d_{i3}$ | $\dots$ | $\boxed{d_{ii}}$ | $\dots$ |
| $\vdots$ | $\vdots$ | $\vdots$ | $\vdots$ | | $\vdots$ | |

**Abbildung 5.6**

**Aufgabe 5.13.** Betrachten Sie die Sprache

$$\begin{aligned} L_{\text{2diag}} = \{w \in (\Sigma_{\text{bool}})^* \mid {} & w = w_{2i} \text{ für ein } i \in \mathbb{N} - \{0\} \text{ und} \\ & M_i \text{ akzeptiert } w_{2i} \text{ nicht } (d_{i,2i} = 0)\}. \end{aligned}$$

Beweisen Sie, dass $L_{\text{2diag}} \notin \mathcal{L}_{\text{RE}}$.

**Aufgabe 5.14.** Sei für jedes $k \in \mathbb{N}$

$$\begin{aligned} L_{k,\text{diag}} = \{w \in (\Sigma_{\text{bool}})^* \mid {} & w = w_{i+k} \text{ für ein } i \in \mathbb{N} - \{0\} \text{ und} \\ & M_i \text{ akzeptiert } w_{i+k} \text{ nicht } (d_{i,i+k} = 0)\}. \end{aligned}$$

Beweisen Sie, dass $L_{k,\text{diag}} \notin \mathcal{L}_{\text{RE}}$ für jedes $k \in \mathbb{N}$.

## 5.3 Die Methode der Reduktion

Die Methode der Reduktion ist die am häufigsten benutzte Methode zur Klassifikation der Entscheidungsprobleme bezüglich der algorithmischen Lösbarkeit. Die Idee ist sehr einfach. Sei $A$ ein Problem, für das wir beweisen wollen, dass es nicht algorithmisch lösbar ist. Wenn wir jetzt ein Problem $B$ finden, von dem schon bekannt ist, dass es nicht algorithmisch lösbar ist, aber die algorithmische Lösbarkeit von $A$ die algorithmische Lösbarkeit von $B$ implizieren würde, dann können wir schließen, dass $A$ nicht algorithmisch lösbar ist. Dies nennen wir eine Reduktion von $B$ auf $A$.

**Definition 5.3.** *Seien $L_1 \subseteq \Sigma_1^*$ und $L_2 \subseteq \Sigma_2^*$ zwei Sprachen. Wir sagen, dass* ***$L_1$ auf $L_2$ rekursiv reduzierbar ist, $L_1 \leq_{\text{R}} L_2$****, falls*

$$L_2 \in \mathcal{L}_{\text{R}} \implies L_1 \in \mathcal{L}_{\text{R}}.$$

Die Bezeichnung

$$L_1 \leq_{\text{R}} L_2$$

entspricht der intuitiven Bedeutung, dass

*$L_2$ bezüglich der algorithmischen Lösbarkeit mindestens so schwer wie $L_1$ ist,*

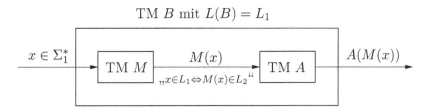

**Abbildung 5.7**

denn wenn $L_2$ algorithmisch lösbar wäre (das heißt $L_2 = L(A)$ für einen Algorithmus $A$), dann wäre auch $L_1$ algorithmisch lösbar (das heißt $L_1 = L(B)$ für einen Algorithmus $B$).

Wir kennen bereits die Diagonalsprache $L_{\text{diag}}$, von der wir wissen, dass sie nicht in $\mathcal{L}_{\text{RE}}$ und somit auch nicht in $\mathcal{L}_{\text{R}}$ liegt. Wir brauchen jetzt konkrete Techniken für die Beweise von Resultaten der Art $L_1 \leq_{\text{R}} L_2$, um weitere nichtrekursive Sprachen zu finden. Wir stellen jetzt zwei solcher Techniken vor, die der Definition der rekursiven Reduzierbarkeit entsprechen.

Die erste Technik wird EE-Reduktion (Eingabe-zu-Eingabe-Reduktion) genannt. Das Schema der EE-Reduktion ist in Abbildung 5.7 dargestellt. Die Idee ist, eine TM (einen Algorithmus) $M$ zu finden, die für jede Eingabe $x$ für das Entscheidungsproblem $(\Sigma_1, L_1)$ eine Eingabe $y$ für das Entscheidungsproblem $(\Sigma_2, L_2)$ konstruiert, so dass die Lösung des Problems $(\Sigma_2, L_2)$ für $y$ der Lösung des Problems $(\Sigma_1, L_1)$ für $x$ entspricht. Das bedeutet, wenn eine TM (ein Algorithmus) $A$ für $(\Sigma_2, L_2)$ existiert, dann ist die Hintereinanderschaltung von $M$ und $A$ eine TM (ein Algorithmus) für $(\Sigma_1, L_1)$.

**Definition 5.4.** *Seien $L_1 \subseteq \Sigma_1^*$, $L_2 \subseteq \Sigma_2^*$ zwei Sprachen. Wir sagen, dass $L_1$ auf $L_2$* **EE-reduzierbar**[8] *ist, $L_1 \leq_{\text{EE}} L_2$, wenn eine TM $M$ existiert, die eine Abbildung $f_M \colon \Sigma_1^* \to \Sigma_2^*$ mit der Eigenschaft*

$$x \in L_1 \iff f_M(x) \in L_2$$

*für alle $x \in \Sigma_1^*$ berechnet. Wir sagen auch, dass die TM $M$* **die Sprache $L_1$ auf die Sprache $L_2$ reduziert***.*

Das nächste Lemma besagt, dass die Relation $\leq_{\text{EE}}$ ein Spezialfall der Relation $\leq_{\text{R}}$ ist, was bedeutet, dass es reicht, $L_1 \leq_{\text{EE}} L_2$ zu zeigen, um $L_1 \leq_{\text{R}} L_2$ zu beweisen.

**Lemma 5.3.** *Seien $L_1 \subseteq \Sigma_1^*$, $L_2 \subseteq \Sigma_2^*$ zwei Sprachen. Falls $L_1 \leq_{\text{EE}} L_2$, dann auch $L_1 \leq_{\text{R}} L_2$.*

*Beweis.* Sei $L_1 \leq_{\text{EE}} L_2$. Um $L_1 \leq_{\text{R}} L_2$ zu beweisen, reicht es zu zeigen, dass die Existenz eines Algorithmus $A$ (einer TM $A$, die immer hält), der $L_2$ entscheidet ($L_2 \in \mathcal{L}_{\text{R}}$), die Existenz eines Algorithmus $B$ garantiert, der $L_1$ entscheidet. Sei $A$ eine TM, die immer hält und $L(A) = L_2$. Die Voraussetzung $L_1 \leq_{\text{EE}} L_2$ impliziert die Existenz einer TM $M$, die für jedes $x \in \Sigma_1^*$ ein Wort $M(x) \in \Sigma_2^*$ mit der Eigenschaft $x \in L_1 \iff M(x) \in L_2$ berechnet. Wir konstruieren eine TM $B$, die immer hält und für die $L(B) = L_1$ gilt. Die TM $B$ arbeitet auf einer Eingabe $x \in \Sigma_1^*$ wie folgt:

---

[8]Die EE-Reduzierbarkeit wird in der englischsprachigen Literatur „many-one-reducibility" genannt.

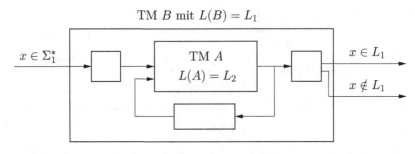

Abbildung 5.8

(i) $B$ simuliert die Arbeit von $M$ auf $x$, bis auf dem Band das Wort $M(x)$ steht.

(ii) $B$ simuliert die Arbeit von $A$ auf $M(x)$.
Wenn $A$ das Wort $M(x)$ akzeptiert, dann akzeptiert $B$ das Wort $x$.
Wenn $A$ das Wort $M(x)$ verwirft, dann verwirft $B$ das Wort $x$.

Weil $A$ immer hält, hält auch $B$ immer und somit gilt $L_1 \in \mathcal{L}_R$.    □

**Aufgabe 5.15.** Beweisen Sie, dass $\leq_{EE}$ eine transitive Relation ist (d. h., beweisen Sie, dass $L_1 \leq_{EE} L_2$ und $L_2 \leq_{EE} L_3 \implies L_1 \leq_{EE} L_3$).

Wir bemerken, dass die TM $B$ mit $L(B) = L_1$ die TM $A$ als ein Teilprogramm benutzt (Abbildung 5.7), und zwar so, dass $B$ die TM $A$ für jede Eingabe einmal laufen lässt und die Ausgabe von $A$ als eigene Ausgabe übernimmt. Dies ist aber eine unnötige Einschränkung. Mit einer weiteren, allgemeineren Technik kann man $B$ so bauen, dass $B$ die TM $A$ mehrmals auf unterschiedlichen Eingaben aufruft und abhängig von den Resultaten der Arbeit von $A$ die Entscheidung bezüglich $x \in L_1$ trifft (Abbildung 5.8).

Wir sind jetzt imstande, Beweise für Aussagen der Form $L \notin \mathcal{L}_R$ für konkrete Sprachen zu führen. Wir fangen mit einer allgemeinen Bemerkung an, und zwar, dass eine Sprache $L$ genau dann in $\mathcal{L}_R$ ist, wenn das Komplement von $L$ in $\mathcal{L}_R$ ist.

**Lemma 5.4.** *Sei $\Sigma$ ein Alphabet. Für jede Sprache $L \subseteq \Sigma^*$ gilt:*

$$L \leq_R L^{\complement} \text{ und } L^{\complement} \leq_R L.$$

*Beweis.* Es reicht aus, $L^{\complement} \leq_R L$ für jede Sprache $L$ zu beweisen, weil $(L^{\complement})^{\complement} = L$, und daher impliziert $L^{\complement} \leq_R L$ für alle Sprachen $L$ die Relation $(L^{\complement})^{\complement} \leq_R L^{\complement}$ (wenn man statt $L$ die Sprache $L^{\complement}$ in die Relation $L^{\complement} \leq_R L$ einsetzt).

Sei $A$ ein Algorithmus, der $(\Sigma, L)$ entscheidet. Ein Algorithmus $B$, der $(\Sigma, L^{\complement})$ entscheidet, ist in Abbildung 5.9 dargestellt. $B$ übergibt seine Eingabe $x \in \Sigma^*$ als Eingabe an $A$ und invertiert dann die Entscheidung von $A$.

Im Formalismus der Turingmaschinen wird man einfach zu einer TM $A = (Q, \Sigma, \Gamma, \delta, q_0, q_{accept}, q_{reject})$, die immer hält und $L$ akzeptiert, die TM $B = (Q, \Sigma, \Gamma, \delta, q_0, q'_{accept}, q'_{reject})$ mit $q'_{accept} = q_{reject}$, $q'_{reject} = q_{accept}$ bauen. Weil $A$ immer hält, ist es offensichtlich, dass $B$ auch immer hält und $L(B) = (L(A))^{\complement}$.    □

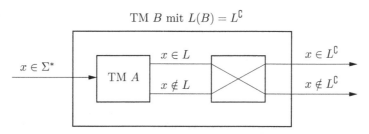

**Abbildung 5.9**

**Korollar 5.2.** $(L_{\mathrm{diag}})^{\complement} \notin \mathcal{L}_{\mathrm{R}}$.

*Beweis.* Wir haben gezeigt, dass $L_{\mathrm{diag}} \notin \mathcal{L}_{\mathrm{RE}}$ und damit auch $L_{\mathrm{diag}} \notin \mathcal{L}_{\mathrm{R}}$. Nach Lemma 5.4 ist $L_{\mathrm{diag}} \leq_{\mathrm{R}} (L_{\mathrm{diag}})^{\complement}$. Weil nach Lemma 5.4 $(L_{\mathrm{diag}})^{\complement} \in \mathcal{L}_{\mathrm{R}}$ auch $L_{\mathrm{diag}} \in \mathcal{L}_{\mathrm{R}}$ implizieren würde, können wir schließen, dass $(L_{\mathrm{diag}})^{\complement} \notin \mathcal{L}_{\mathrm{R}}$. $\square$

Aus den bisher präsentierten Tatsachen können wir aber nicht schließen, dass $(L_{\mathrm{diag}})^{\complement} \notin \mathcal{L}_{\mathrm{RE}}$. Das Gegenteil ist wahr, und somit beweisen wir $\mathcal{L}_{\mathrm{R}} \subsetneq \mathcal{L}_{\mathrm{RE}}$.

**Lemma 5.5.** $(L_{\mathrm{diag}})^{\complement} \in \mathcal{L}_{\mathrm{RE}}$.

*Beweis.* Nach der Definition von $L_{\mathrm{diag}}$ erhalten wir

$$(L_{\mathrm{diag}})^{\complement} = \{x \in (\Sigma_{\mathrm{bool}})^* \mid x = w_i \text{ für ein } i \in \mathbb{N} - \{0\}$$
$$\text{und } M_i \text{ akzeptiert das Wort } w_i\}.$$

Eine TM $D$, die $(L_{\mathrm{diag}})^{\complement}$ akzeptiert, kann wie folgt arbeiten.

*Eingabe:* Ein $x \in (\Sigma_{\mathrm{bool}})^*$.

   (i) Berechne $i$, so dass $x$ das $i$-te Wort $w_i$ in der kanonischen Ordnung über $\Sigma_{\mathrm{bool}}$ ist.

  (ii) Generiere die Kodierung $\mathrm{Kod}(M_i)$ der $i$-ten TM $M_i$.

 (iii) Simuliere die Berechnung von $M_i$ auf dem Wort $w_i = x$.
Falls $M_i$ das Wort $w_i$ akzeptiert, dann akzeptiert auch $D$ die Eingabe $x$.
Falls $M_i$ das Wort $w_i$ verwirft (d. h. in $q_{\mathrm{reject}}$ hält), dann hält $D$ und verwirft $x = w_i$ auch.
Falls $M_i$ auf $w_i$ unendlich lange arbeitet (d. h. $w_i \notin L(M_i)$), simuliert $D$ die unendliche Arbeit von $M_i$ auf $w_i$. Daher hält $D$ auf $x$ nicht und somit $x \notin L(D)$.

Es ist offensichtlich, dass $L(D) = (L_{\mathrm{diag}})^{\complement}$. $\square$

**Korollar 5.3.** $(L_{\mathrm{diag}})^{\complement} \in \mathcal{L}_{\mathrm{RE}} - \mathcal{L}_{\mathrm{R}}$, *und daher* $\mathcal{L}_{\mathrm{R}} \subsetneq \mathcal{L}_{\mathrm{RE}}$.

Im Folgenden präsentieren wir weitere Sprachen, die nicht rekursiv sind, aber in $\mathcal{L}_{RE}$ liegen (Abbildung 5.10).

**Definition 5.5.** *Die **universelle Sprache** ist die Sprache*

$$\boldsymbol{L}_U = \{\mathrm{Kod}(M)\#w \mid w \in (\Sigma_{bool})^* \text{ und } M \text{ akzeptiert } w\}.$$

**Satz 5.6.** *Es gibt eine TM U, **universelle TM** genannt, so dass*

$$L(U) = L_U.$$

*Daher gilt $L_U \in \mathcal{L}_{RE}$.*

*Beweis.* Es reicht aus, eine 1-Band-TM $U$ mit $L(U) = L_U$ zu konstruieren. $U$ kann wie folgt auf einer Eingabe $z \in \{0, 1, \#\}^*$ arbeiten.

(i)  $U$ überprüft, ob $z$ genau ein $\#$ enthält. Falls nicht, verwirft $U$ das Wort $z$.

(ii)  Sei $z = y\#x$ mit $y, x \in (\Sigma_{bool})^*$. $U$ überprüft, ob $y$ eine Kodierung einer TM ist. Falls $y$ keine TM kodiert, verwirft $U$ die Eingabe $y\#x$.

(iii)  Falls $y = \mathrm{Kod}(M)$ für eine TM $M$, schreibt $U$ die Anfangskonfiguration von $M$ auf $x$ auf das Arbeitsband.

(iv)  $U$ simuliert schrittweise die Berechnung von $M$ auf $x$ wie folgt.
  **while** der Zustand der Konfigurationen von $M$ auf dem Arbeitsband ist unterschied-
      lich von $q_{accept}$ und $q_{reject}$ **do**
    **begin**
      Simuliere einen Schritt von $M$ auf dem Arbeitsband;
      {Die Aktion, die zu simulieren ist, kann $U$ aus der Kodierung $\mathrm{Kod}(M)$
      auf dem Arbeitsband leicht ablesen.}
    **end**;
  **if** der Zustand von $M$ ist $q_{accept}$ **then**
    $U$ akzeptiert $z = \mathrm{Kod}(M)\#x$;
  **else**
    $U$ verwirft $z = \mathrm{Kod}(M)\#x$;

Man bemerke, dass eine unendliche Berechnung von $M$ auf $x$ zu einer unendlichen Berechnung von $U$ auf $\mathrm{Kod}(M)\#x$ führt und $U$ deshalb in diesem Fall die Eingabe $\mathrm{Kod}(M)\#x$ nicht akzeptiert. Somit ist $L(U) = L_U$. $\qquad\qquad\square$

Was bedeutet eigentlich die Tatsache, dass $L_U \in \mathcal{L}_{RE}$? Dies bedeutet die Existenz einer TM (eines Programms) ohne Haltegarantie, die eine beliebige Turingmaschine auf einer gegebenen Eingabe simulieren kann. Dies ist aber eine ganz natürliche Forderung, die man als ein Axiom an jede formale Definition einer allgemeinen Algorithmenklasse stellt. Die Betriebssysteme mit ihren Interpretern erfüllen gerade diese Aufgabe für die Programmiersprachen als Berechnungsmodelle. Es wäre unzulässig, einen Interpreter (ein Betriebssystem) zu erstellen, der unfähig wäre, jedes syntaktisch korrekte Programm in gegebener Programmiersprache auf einer Eingabe laufen zu lassen.

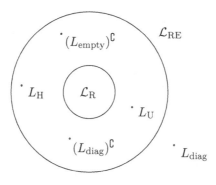

**Abbildung 5.10**

Im Folgenden beweisen wir, dass $L_U \notin \mathcal{L}_R$. Die Bedeutung dieser Behauptung ist, dass man im Allgemeinen nicht das Resultat der Berechnung einer TM $M$ auf einer Eingabe $x$ anders berechnen kann, als die Berechnung von $M$ auf $x$ zu simulieren. Wenn aber $M$ auf $x$ unendlich lange arbeitet, wissen wir zu keinem Zeitpunkt der Simulation, ob die Berechnung von $M$ auf $x$ unendlich ist oder ob $M$ in den nächsten Schritten halten und entscheiden wird. Deswegen können wir in endlicher Zeit keine Entscheidung über die Zugehörigkeit von $x$ zu $L(M)$ treffen.

Die folgenden Beweise basieren auf der Reduktionsmethode. Die meisten Beweise präsentieren wir zweimal. Einmal anschaulich auf der Ebene von Algorithmen als Programme in irgendeiner Programmiersprache und das zweite Mal im Formalismus der Turingmaschinen und der EE-Reduktion.

**Satz 5.7.** $L_U \notin \mathcal{L}_R$.

*Beweis.* Es reicht zu zeigen, dass $(L_{diag})^C \leq_R L_U$. Nach Korollar 5.2 gilt $(L_{diag})^C \notin \mathcal{L}_R$ und damit folgt $L_U \notin \mathcal{L}_R$.

Sei $A$ ein Algorithmus (Programm), der $L_U$ entscheidet. Wir bauen einen Algorithmus $B$, der mit $A$ als Teilprogramm die Sprache $(L_{diag})^C$ entscheidet. Algorithmus $B$ ist so strukturiert wie in Abbildung 5.11 dargestellt. Für eine Eingabe $x \in (\Sigma_{bool})^*$ berechnet das Teilprogramm $C$ ein $i$, so dass $x = w_i$, und die Kodierung $Kod(M_i)$. Die Wörter $Kod(M_i)$ und $x = w_i$ bekommt $A$ als Eingabe. Die Entscheidung „akzeptiere" oder „verwerfe" von $A$ für $Kod(M_i)\#x$ wird als das Resultat von $B$ für die Eingabe $x$ übernommen. Offensichtlich gilt $L(B) = (L_{diag})^C$ und $B$ hält immer, weil $A$ nach der Voraussetzung immer hält und seine Entscheidung liefert.

Jetzt beweisen wir die Aussage im Formalismus der Turingmaschinen. Es reicht zu beweisen, dass $(L_{diag})^C \leq_{EE} L_U$. Wir beschreiben eine TM $M$, die eine Abbildung $f_M$ von $(\Sigma_{bool})^*$ nach $\{0, 1, \#\}^*$ berechnet, so dass

$$x \in (L_{diag})^C \iff f_M(x) \in L_U.$$

$M$ arbeitet wie folgt. Für eine Eingabe $x$ berechnet $M$ zuerst ein $i$, so dass $x = w_i$. Danach berechnet $M$ die Kodierung $Kod(M_i)$ der $i$-ten TM. $M$ hält mit dem Inhalt $Kod(M_i)\#x$

Algorithmus $B$ mit $L(B) = (L_{\mathrm{diag}})^{\complement}$

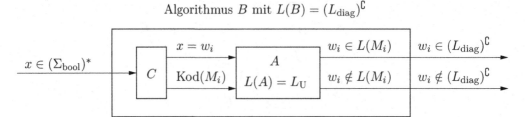

**Abbildung 5.11**

auf dem Band. Weil $x = w_i$, ist es nach der Definition von $(L_{\mathrm{diag}})^{\complement}$ offensichtlich, dass

$$x = w_i \in (L_{\mathrm{diag}})^{\complement} \iff M_i \text{ akzeptiert } w_i$$
$$\iff w_i \in L(M_i)$$
$$\iff \mathrm{Kod}(M_i)\#x \in L_{\mathrm{U}}. \qquad \square$$

**Aufgabe 5.16.** Zeigen Sie, dass die folgende Sprache

$$\{\mathrm{Kod}(M)\#x\#0^i \mid x \in \{0,1\}^*, \ i \in \mathbb{N}, \ M \text{ hat mindestens } i + 1 \text{ Zustände und}$$
$$\text{während der Berechnung von } M \text{ auf } x \text{ wird der } i\text{-te Zustand}$$
$$\text{von } M \text{ mindestens einmal erreicht}\}$$

keine rekursive Sprache ist.

Wir sehen, dass eines der zentralen Probleme in der Theorie der Berechenbarkeit stark mit dem Halten der Turingmaschinen (mit der Endlichkeit der Berechnungen) zusammenhängt. Für die Sprachen $(L_{\mathrm{diag}})^{\complement}$ und $L_{\mathrm{U}}$ gibt es Turingmaschinen (Programme), die diese Sprachen akzeptieren, aber es gibt keine Turingmaschinen, die $(L_{\mathrm{diag}})^{\complement}$ und $L_{\mathrm{U}}$ entscheiden (d. h. keine unendlichen Berechnungen machen). Deswegen betrachten wir jetzt das folgende Problem.

**Definition 5.6.** *Das **Halteproblem** ist das Entscheidungsproblem* $(\{0, 1, \#\}, L_{\mathrm{H}})$, *wobei*

$$L_{\mathrm{H}} = \{\mathrm{Kod}(M)\#x \mid x \in \{0,1\}^* \text{ und } M \text{ hält auf } x\}.$$

**Aufgabe 5.17.** Beweisen Sie, dass $L_{\mathrm{H}} \in \mathcal{L}_{\mathrm{RE}}$ gilt.

Das folgende Resultat besagt, dass es keinen Algorithmus gibt, der testen kann, ob ein gegebenes Programm immer terminiert.

**Satz 5.8.** $L_{\mathrm{H}} \notin \mathcal{L}_{\mathrm{R}}$.

*Beweis.* Wir führen zuerst einen Beweis auf der Ebene von Programmen. Wir zeigen $L_{\mathrm{U}} \leq_{\mathrm{R}} L_{\mathrm{H}}$. Sei $L_{\mathrm{H}} \in \mathcal{L}_{\mathrm{R}}$, d. h., es existiert ein Algorithmus $A$, der $L_{\mathrm{H}}$ akzeptiert. Wir beschreiben jetzt einen Algorithmus $B$, der mit $A$ als Teilprogramm die Sprache $L_{\mathrm{U}}$

Algorithmus $B$ für $L_U$

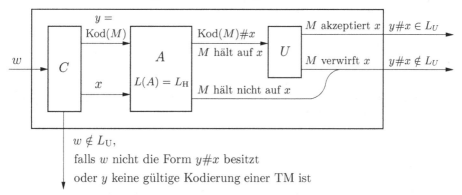

**Abbildung 5.12**

entscheidet (Abbildung 5.12). $B$ bekommt eine Eingabe $w$ und benutzt ein Teilprogramm $C$ zum Testen, ob die Eingabe die Form $y\#x$ mit $y = \mathrm{Kod}(M)$ für eine TM $M$ hat.

Falls nicht, dann verwirft $B$ die Eingabe.

Falls $w = \mathrm{Kod}(M)\#x$, dann gibt $B$ dem Teilprogramm $A$ diese Eingabe.

Falls $A$ „$M$ hält nicht auf $x$" antwortet, dann weiß $B$, dass $x \notin L(M)$ und verwirft die Eingabe $\mathrm{Kod}(M)\#x$.

Falls $A$ „$M$ hält auf $x$" antwortet, dann simuliert $B$ im Teilprogramm $U$ die Arbeit von $M$ auf $x$. Weil $M$ auf $x$ eine endliche Berechnung hat, wird die Simulation von $U$ in endlicher Zeit durchgeführt.

Falls die Ausgabe von $U$ „$M$ akzeptiert $x$" ist, dann akzeptiert $B$ seine Eingabe $y\#x = \mathrm{Kod}(M)\#x$. Falls die Ausgabe von $U$ „$M$ verwirft $x$" ist, dann verwirft $B$ die Eingabe $\mathrm{Kod}(M)\#x$. Offensichtlich gilt $L(B) = L_U$ und $B$ hält immer. Daher erhalten wir $L_U \in \mathcal{L}_R$ und somit gilt $L_U \leq_R L_H$.

Wir beweisen jetzt $L_U \leq_R L_H$ in dem Formalismus der Turingmaschinen. Es reicht zu zeigen, dass $L_U \leq_{EE} L_H$. Wir beschreiben eine TM $M$, die $L_U$ auf $L_H$ reduziert. Für eine Eingabe $w$ arbeitet $M$ wie folgt.

$M$ überprüft, ob die Eingabe die Form $w = \mathrm{Kod}(\overline{M})\#x$ für eine TM $\overline{M}$ und ein $x \in (\Sigma_{\mathrm{bool}})^*$ hat.

(i) Falls $w$ diese Form nicht hat, generiert $M$ die Kodierung $\mathrm{Kod}(M_1)$ einer TM $M_1$, die für jede Eingabe in einer endlosen Schleife im Zustand $q_0$ läuft ($\delta(q_0, a) = (q_0, a, N)$ für alle $a \in \{0,1\}$). Dann hält $M$ mit dem Bandinhalt $M(w) = \mathrm{Kod}(M_1)\#x$.

(ii) Falls $w = \mathrm{Kod}(\overline{M})\#x$, dann modifiziert $M$ die Kodierung der TM $\overline{M}$ zu folgender TM $M_2$ mit $L(M_2) = L(\overline{M})$. $M_2$ arbeitet genau wie $\overline{M}$, nur dass alle Transitionen zum Zustand $q_{\mathrm{reject}}$ von $\overline{M}$ zu einem neuen Zustand $p$ umgeleitet werden, in dem $M_2$ für jede Eingabe in einer endlosen Schleife läuft. Daher führt $M_2$ für jede Eingabe $y \notin L(\overline{M}) = L(M_2)$ eine unendliche Berechnung durch. $M$ beendet seine Arbeit mit dem Bandinhalt $M(w) = \mathrm{Kod}(M_2)\#x$.

Wir beweisen jetzt für alle $w \in \{0, 1, \#\}^*$, dass

$$w \in L_U \iff M(w) \in L_H.$$

Sei $w \in L_U$. Daher ist $w = \text{Kod}(\overline{M})\#x$ für eine TM $\overline{M}$ und ein Wort $x \in \{0, 1\}^*$ und $x \in L(\overline{M})$. Dann ist $M(w) = \text{Kod}(M_2)\#x$ mit $L(M_2) = L(\overline{M})$ ein Wort in $L_H$.

Sei $w \notin L_U$. Wir unterscheiden zwei Möglichkeiten. Wenn $w$ nicht die Form $\text{Kod}(\overline{M})\#x$ für eine TM $\overline{M}$ hat, dann ist $M(w) = \text{Kod}(M_1)\#x$, wobei $M_1$ auf keiner Eingabe hält. Daher ist $M(w)$ nicht in $L_H$. Wenn $w$ die Form $\text{Kod}(\overline{M})\#x$ für eine TM $\overline{M}$ hat und $\text{Kod}(\overline{M})\#x \notin L_U$, bedeutet das, dass $x \notin L(\overline{M})$. In diesem Fall ist aber $M(w) = \text{Kod}(M_2)\#x$, wobei $M_2$ auf keiner Eingabe aus $(\Sigma_{\text{bool}})^* - L(\overline{M})$ hält. Weil $x \notin L(\overline{M})$, gilt $\text{Kod}(\overline{M})\#x \notin L_H$. □

**Aufgabe 5.18.** Beweisen Sie die folgenden Aussagen:

(a) $L_U \leq_R (L_{\text{diag}})^{\complement}$,

(b) $L_H \leq_R (L_{\text{diag}})^{\complement}$,

(c) $L_{\text{diag}} \leq_R L_U$,

(d) $(L_{\text{diag}})^{\complement} \leq_R L_H$,

(e) $L_H \leq_R L_U$.

Betrachten wir jetzt die Sprache

$$\boldsymbol{L_{\text{empty}}} = \{\text{Kod}(M) \mid L(M) = \emptyset\},$$

die die Kodierungen aller Turingmaschinen enthält, die die leere Menge (kein Wort) akzeptieren. Offensichtlich ist

$$(L_{\text{empty}})^{\complement} = \{x \in (\Sigma_{\text{bool}})^* \mid x \neq \text{Kod}(\overline{M}) \text{ für alle TM } \overline{M} \text{ oder}$$
$$x = \text{Kod}(M) \text{ und } L(M) \neq \emptyset\}.$$

**Lemma 5.6.** $(L_{\text{empty}})^{\complement} \in \mathcal{L}_{\text{RE}}$.

*Beweis.* Wir führen zwei unterschiedliche Beweise für $(L_{\text{empty}})^{\complement} \in \mathcal{L}_{\text{RE}}$. Im ersten Beweis zeigen wir, dass es nützlich ist, das Modell der nichtdeterministischen Turingmaschinen zur Verfügung zu haben. Der zweite Beweis zeigt, wie man die Ideen aus der Mengenlehre, speziell aus dem Beweis $|\mathbb{N}| = |\mathbb{Q}^+|$, in der Theorie der Berechenbarkeit anwenden kann.

Weil für jede NTM $M_1$ eine TM $M_2$ existiert, so dass $L(M_1) = L(M_2)$, reicht es zu zeigen, dass eine NTM $M_1$ mit $L(M_1) = (L_{\text{empty}})^{\complement}$ existiert. $M_1$ arbeitet auf einer Eingabe $x$ wie folgt.

(i) $M_1$ überprüft deterministisch, ob $x = \text{Kod}(M)$ für eine TM $M$.
   Falls $x$ keine TM kodiert, akzeptiert $M_1$ das Wort $x$.

(ii) Falls $x = \text{Kod}(M)$ für eine TM $M$, wählt $M_1$ nichtdeterministisch ein Wort $y \in (\Sigma_{\text{bool}})^*$ und simuliert deterministisch die Berechnung von $M$ auf $y$.

(iii) Falls $M$ das Wort $y$ akzeptiert (das heißt $L(M) \neq \emptyset$), so akzeptiert $M_1$ die Eingabe $x = \text{Kod}(M)$.

Falls $M$ das Wort $y$ verwirft, akzeptiert $M_1$ in diesem Lauf die Eingabe $x$ nicht. Falls die Berechnung von $M$ auf $y$ unendlich ist, rechnet $M_1$ auch in diesem Lauf auf $x$ unendlich lange und akzeptiert so dass Wort $x = \text{Kod}(M)$ in diesem Lauf nicht.

Gemäß Schritt (i) akzeptiert $M_1$ alle Wörter, die keine TM kodieren.

Falls $x = \text{Kod}(M)$ und $L(M) \neq \emptyset$, dann existiert ein Wort $y$ mit $y \in L(M)$. Deswegen existiert eine Berechnung von $M_1$ auf $x = \text{Kod}(M)$, in der $x$ akzeptiert wird.

Falls $x \in L_{\text{empty}}$, dann existiert keine akzeptierende Berechnung von $M_1$ auf $x$, und so schließen wir, dass $L(M_1) = (L_{\text{empty}})^{\complement}$.

Im zweiten Beweis von $(L_{\text{empty}})^{\complement} \in \mathcal{L}_{\text{RE}}$ konstruieren wir direkt eine (deterministische) TM $A$, die $(L_{\text{empty}})^{\complement}$ akzeptiert. $A$ arbeitet auf einer Eingabe $w$ wie folgt.

(i) Falls $w$ keine Kodierung einer Turingmaschine ist, so akzeptiert $A$ die Eingabe $w$.

(ii) Falls $w = \text{Kod}(M)$ für eine TM $M$, arbeitet $A$ wie folgt.

$A$ konstruiert systematisch (in der Reihenfolge aus Abbildung 5.3 oder Abbildung 5.4) alle Paare $(i, j) \in (\mathbb{N} - \{0\}) \times (\mathbb{N} - \{0\})$. Für jedes Paar $(i, j)$ generiert $A$ das $i$-te Wort $w_i$ über dem Eingabealphabet der TM $M$ und simuliert $j$ Berechnungsschritte von $M$ auf $w_i$.

Falls für ein $(k, l)$ die TM $M$ das Wort $w_k$ in $l$ Schritten akzeptiert, hält $A$ und akzeptiert ihre Eingabe $w = \text{Kod}(M)$. Sonst arbeitet $A$ unendlich lange und akzeptiert damit die Eingabe $w$ nicht.

Der Kernpunkt der Beweisidee ist, dass, wenn ein Wort $y$ mit $y \in L(M)$ existiert, dann ist $y = w_k$ für ein $k \in \mathbb{N} - \{0\}$ und die akzeptierende Berechnung von $M$ auf $y$ hat eine endliche Länge $l$. Damit garantiert die systematische Überprüfung aller Paare $(i, j)$ in Phase (ii) der Arbeit von $A$ das Akzeptieren von $\text{Kod}(M)$, falls $L(M) \neq \emptyset$. Somit ist $L(A) = (L_{\text{empty}})^{\complement}$. □

Im Folgenden zeigen wir, dass $(L_{\text{empty}})^{\complement} \notin \mathcal{L}_{\text{R}}$. Dies entspricht der Nichtexistenz eines Algorithmus zur Überprüfung, ob ein gegebenes Programm die leere Menge akzeptiert. Daher können wir im Allgemeinen nicht die Korrektheit von Programmen testen. Dies geht sogar in den Fällen nicht, in denen es sich um triviale Aufgabenstellungen handelt (zum Beispiel eine konstante Funktion zu berechnen).

**Lemma 5.7.** $(L_{\text{empty}})^{\complement} \notin \mathcal{L}_{\text{R}}$.

*Beweis.* Wir zeigen $L_{\text{U}} \leq_{\text{EE}} (L_{\text{empty}})^{\complement}$. Wir beschreiben eine TM $A$, die $L_{\text{U}}$ auf $(L_{\text{empty}})^{\complement}$ reduziert (Abbildung 5.13). Für jede Eingabe $x \in \{0, 1, \#\}^*$ arbeitet $A$ wie folgt.

(i) Falls $x$ nicht die Form $\text{Kod}(M)\#w$ für eine TM $M$ und ein $w \in (\Sigma_{\text{bool}})^*$ hat, dann schreibt $A$ das Wort $A(x) = \text{Kod}(B_x)$ auf das Band, wobei $B_x$ eine TM ist, die über $\Sigma_{\text{bool}}$ arbeitet und die leere Menge $\emptyset$ akzeptiert ($L(B_x) = \emptyset$).

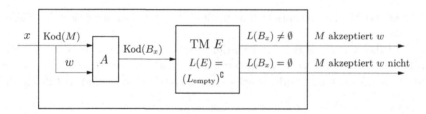

**Abbildung 5.13**

(ii) Falls $x = \mathrm{Kod}(M)\#w$ für eine TM $M$ und ein Wort $w \in (\Sigma_{\mathrm{bool}})^*$, dann generiert $A$ die Kodierung $\mathrm{Kod}(B_x)$ einer TM $B_x$ als ihre Ausgabe. Die TM $B_x$ arbeitet für jede Eingabe $y$ (unabhängig vom Inhalt der eigenen Eingabe $y$) wie folgt.

   (a) $B_x$ löscht $y$ und generiert $x = \mathrm{Kod}(M)\#w$ auf dem Band.
      {Das Wort $x$ kann durch die Zustände und die $\delta$-Funktion von $B_x$ beschrieben werden.}

   (b) $B_x$ simuliert die Arbeit von $M$ auf $w$.
      Falls $M$ das Wort $w$ akzeptiert, akzeptiert $B_x$ ihre Eingabe $y$.
      Falls $M$ das Wort $w$ verwirft, verwirft $B_x$ ihre Eingabe $y$.
      Falls $M$ auf $w$ nicht hält, dann arbeitet auch $B_x$ unendlich lange. Folglich akzeptiert $B_x$ ihre Eingabe $y$ nicht.

Wir beweisen jetzt, dass

$$x \in L_{\mathrm{U}} \iff A(x) = \mathrm{Kod}(B_x) \in (L_{\mathrm{empty}})^{\complement}$$

für alle $x \in \{0, 1, \#\}^*$.

Sei $x \in L_{\mathrm{U}}$. Daher gilt $x = \mathrm{Kod}(M)\#w$ für eine TM $M$ und $w \in L(M)$. In diesem Fall gilt $L(B_x) = (\Sigma_{\mathrm{bool}})^* \neq \emptyset$ und somit $\mathrm{Kod}(B_x) \in (L_{\mathrm{empty}})^{\complement}$.

Sei $x \notin L_{\mathrm{U}}$. Dann hat $x$ entweder nicht die Form $\mathrm{Kod}(M')\#z$ für eine TM $M'$ und ein $z \in \{0,1\}^*$ oder $x = \mathrm{Kod}(M)\#w$ für eine TM $M$ und $w \notin L(M)$. In beiden Fällen gilt $L(B_x) = \emptyset$ und somit $\mathrm{Kod}(B_x) \notin (L_{\mathrm{empty}})^{\complement}$. $\qquad\square$

**Korollar 5.4.** $L_{\mathrm{empty}} \notin \mathcal{L}_{\mathrm{R}}$.

*Beweis.* Wenn $L_{\mathrm{empty}} \in \mathcal{L}_{\mathrm{R}}$ wäre, müsste nach Lemma 5.4 auch $(L_{\mathrm{empty}})^{\complement} \in \mathcal{L}_{\mathrm{R}}$ sein. $\qquad\square$

**Aufgabe 5.19.**\* Beweisen Sie, dass die folgenden Sprachen nicht in $\mathcal{L}_{\mathrm{RE}}$ sind:

   (a) $L_{\mathrm{empty}}$,
   (b) $(L_{\mathrm{H}})^{\complement}$,
   (c) $(L_{\mathrm{U}})^{\complement}$.

Die nächste Folgerung aus Lemma 5.7 ist, dass das Äquivalenzproblem für zwei Turingmaschinen unentscheidbar ist. Man kann also kein Programm entwerfen, das für zwei gegebene Programme testen kann, ob die Programme das gleiche Problem lösen (die gleiche semantische Bedeutung haben).

**Korollar 5.5.** *Die Sprache* $L_{\text{EQ}} = \{\text{Kod}(M)\#\text{Kod}(\overline{M}) \mid L(M) = L(\overline{M})\}$ *ist nicht entscheidbar (das heißt* $L_{\text{EQ}} \notin \mathcal{L}_{\text{R}}$).

*Beweis.* Die Beweisidee ist einfach, weil $L_{\text{empty}}$ als ein Spezialfall von $L_{\text{EQ}}$ betrachtet werden kann. Formal reicht es zu zeigen, dass $L_{\text{empty}} \leq_{\text{EE}} L_{\text{EQ}}$. Es ist einfach, eine TM $A$ zu konstruieren, die für eine Eingabe $\text{Kod}(M)$ die Ausgabe $\text{Kod}(M)\#\text{Kod}(C)$ generiert, wobei $C$ eine feste triviale TM mit $L(C) = \emptyset$ ist. Es ist klar, dass

$$\text{Kod}(M)\#\text{Kod}(C) \in L_{\text{EQ}} \iff L(M) = L(C) = \emptyset$$
$$\iff \text{Kod}(M) \in L_{\text{empty}}.\qquad\qquad \square$$

**Aufgabe 5.20.** Beweisen Sie, dass die Sprache $\{\text{Kod}(M)\#\text{Kod}(\overline{M}) \mid L(M) \subseteq L(\overline{M})\}$ nicht in $\mathcal{L}_{\text{R}}$ ist.

## 5.4 Der Satz von Rice

Im letzten Abschnitt haben wir festgestellt, dass das Testen von Programmen ein sehr schweres Problem ist. Für ein Programm $A$ und eine Eingabe des Programms $x$ ist es unentscheidbar, ob $A$ auf $x$ terminiert. Daher können wir Programme nicht algorithmisch testen, um zu verifizieren, ob ein gegebenes Programm für jede Eingabe terminiert (einem Algorithmus entspricht). Das triviale Entscheidungsproblem, ob ein gegebenes Programm keine Eingabe akzeptiert (ob $L(M) = \emptyset$ für eine TM $M$) ist auch unentscheidbar. Dies lässt uns ahnen, dass es nicht viele Testprobleme über Programmen gibt, die entscheidbar sind. Die Zielsetzung dieses Abschnitts ist zu zeigen, dass alle in gewissem Sinne nichttrivialen Probleme über Programmen (Turingmaschinen) unentscheidbar sind. Was mit dem Begriff nichttrivial gemeint ist, spezifiziert die folgende Definition.

**Definition 5.7.** *Eine Sprache* $L \subseteq \text{KodTM}$ *heißt **semantisch nichttriviales Entscheidungsproblem über Turingmaschinen**, falls folgende Bedingungen gelten:*

*(i) Es gibt eine TM* $M_1$, *so dass* $\text{Kod}(M_1) \in L$ *(daher* $L \neq \emptyset$),

*(ii) Es gibt eine TM* $M_2$, *so dass* $\text{Kod}(M_2) \notin L$ *(daher enthält* $L$ *nicht die Kodierungen aller Turingmaschinen),*

*(iii) für zwei Turingmaschinen* $A$ *und* $B$ *impliziert* $L(A) = L(B)$

$$\text{Kod}(A) \in L \iff \text{Kod}(B) \in L.$$

Bevor wir zum Beweis der Unentscheidbarkeit semantisch nichttrivialer Entscheidungsprobleme übergehen, betrachten wir aus technischen Gründen noch die folgende Sprache

$$L_{\text{H},\lambda} = \{\text{Kod}(M) \mid M \text{ hält auf } \lambda\}$$

als ein spezifisches Halteproblem.

**Lemma 5.8.** $L_{\text{H},\lambda} \notin \mathcal{L}_{\text{R}}$.

*Beweis.* Wir zeigen $L_H \leq_{EE} L_{H,\lambda}$. Eine TM $A$ kann $L_H$ auf $L_{H,\lambda}$ wie folgt reduzieren. Für eine Eingabe $x$, die nicht die Form $\text{Kod}(M)\#w$ hat, generiert $A$ eine einfache TM $H_x$, die auf jeder Eingabe unendlich lange läuft. Falls $x = \text{Kod}(M)\#w$ für eine TM $M$ und ein Wort $w$, generiert $A$ eine Kodierung $\text{Kod}(H_x)$ einer TM $H_x$, die wie folgt arbeitet:

1. Ohne die eigene Eingabe $y$ anzuschauen, generiert die TM $H_x$ das Wort $x = \text{Kod}(M)\#w$ auf dem Band.

2. $H_x$ simuliert die Berechnung von $M$ auf $w$. Falls $M$ auf $w$ hält, dann hält $H_x$ auch und akzeptiert die eigene Eingabe. Falls die Berechnung von $M$ auf $w$ unendlich ist, dann arbeitet $H_x$ auch unendlich lange.

Offensichtlich gilt

$$
\begin{aligned}
x \in L_H &\iff x = \text{Kod}(M)\#w \text{ und } M \text{ hält auf } w \\
&\iff H_x \text{ hält immer (für jede eigene Eingabe } y) \\
&\iff H_x \text{ hält auf } \lambda \\
&\iff \text{Kod}(H_x) \in L_{H,\lambda}
\end{aligned}
$$

für jedes $x \in \{0, 1, \#\}^*$.    □

**Satz 5.9\* (Satz von Rice).** *Jedes semantisch nichttriviale Entscheidungsproblem über Turingmaschinen ist unentscheidbar.*

*Beweis.* Sei $L$ ein beliebiges semantisch nichttriviales Entscheidungsproblem über Turingmaschinen. Wir zeigen entweder $L_{H,\lambda} \leq_{EE} L$ oder $L_{H,\lambda} \leq_{EE} L^C$.

Sei $M_\emptyset$ eine TM mit der Eigenschaft, dass $L(M_\emptyset) = \emptyset$. Wir unterscheiden jetzt zwei Möglichkeiten bezüglich der Zugehörigkeit von $\text{Kod}(M_\emptyset)$ zu $L$:

I. Sei $\text{Kod}(M_\emptyset) \in L$. In diesem Fall beweisen wir

$$L_{H,\lambda} \leq_{EE} L^C.$$

Nach Bedingung (ii) von Definition 5.7 existiert eine TM $\overline{M}$, so dass $\text{Kod}(\overline{M}) \notin L$. Wir beschreiben jetzt die Arbeit einer TM $S$, die $L_{H,\lambda}$ auf $L^C$ reduziert. Für jede Eingabe $x \in (\Sigma_{\text{bool}})^*$ berechnet $S$

(i) entweder $S(x) = \text{Kod}(M')$ mit $L(M') = L(M_\emptyset) = \emptyset$ (wenn $x \notin L_{H,\lambda}$), also $\text{Kod}(M') \notin L^C$.

(ii) oder $S(x) = \text{Kod}(M')$ mit $L(M') = L(\overline{M})$ (wenn $x \in L_{H,\lambda}$), also $\text{Kod}(M') \in L^C$.

$S$ führt die Berechnung auf folgende Weise durch (Abbildung 5.14):

*Eingabe:* Ein $x \in (\Sigma_{\text{bool}})^*$.

1. $S$ überprüft, ob $x = \text{Kod}(M)$ für eine TM $M$. Falls $x$ keine Kodierung einer TM ist, schreibt $S$ das Wort $S(x) = \text{Kod}(M_\emptyset)$ auf das Band.

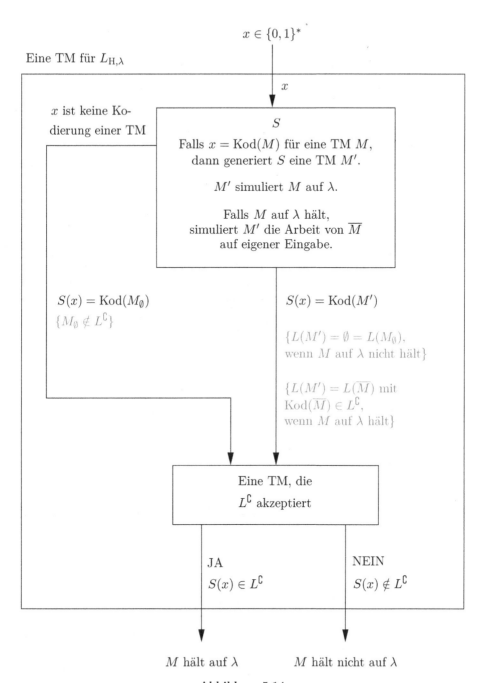

**Abbildung 5.14**

2. Falls $x = \text{Kod}(M)$ für eine TM $M$, dann generiert $S$ die Kodierung $\text{Kod}(M')$ einer TM $M'$, die wie folgt arbeitet.

   (a) Das Eingabealphabet von $M'$ ist $\Sigma_{\overline{M}}$, also das Eingabealphabet der TM $\overline{M}$ mit $\text{Kod}(\overline{M}) \notin L$, das heißt $\text{Kod}(\overline{M}) \in L^{\mathbb{C}}$.

   (b) Für jedes $y \in (\Sigma_{\overline{M}})^*$ generiert $M'$ das Wort $x = \text{Kod}(M)$ auf dem Band hinter $y$ (also wird $y$ dabei nicht überschrieben) und simuliert die Berechnung von $M$ auf $\lambda$.

   Falls $M$ auf $\lambda$ nicht hält (das heißt $\text{Kod}(M) \notin L_{\text{H},\lambda}$), dann hält auch $M'$ auf $y$ nicht, und deshalb $y \notin L(M')$.

   {Weil diese Simulation der Berechnung von $M$ auf $\lambda$ unabhängig von der Eingabe $y$ von $M'$ läuft, ist $L(M') = \emptyset = L(M_\emptyset)$ und damit $\text{Kod}(M') \in L$, also $\text{Kod}(M') \notin L^{\mathbb{C}}$.}

   Falls $M$ auf $\lambda$ hält (das heißt $\text{Kod}(M) \in L_{\text{H},\lambda}$), dann generiert $M'$ die Kodierung $\text{Kod}(\overline{M})$ der TM $\overline{M}$ auf dem Band. Dann simuliert $M'$ die Arbeit von $\overline{M}$ auf der eigenen Eingabe $y \in (\Sigma_{\overline{M}})^*$. $M'$ akzeptiert $y$ genau dann, wenn $\overline{M}$ das Wort $y$ akzeptiert.

   {Damit ist $L(M') = L(\overline{M})$ und daher $\text{Kod}(M') \notin L$, also $\text{Kod}(M') \in L^{\mathbb{C}}$.}

   Wir sehen, dass (Abbildung 5.14)

   $$x \in L_{\text{H},\lambda} \iff S(x) \in L^{\mathbb{C}}$$

   für alle $x \in (\Sigma_{\text{bool}})^*$ und somit

   $$L_{\text{H},\lambda} \leq_{\text{EE}} L^{\mathbb{C}}.$$

II. Sei $\text{Kod}(M_\emptyset) \notin L$.

   Nach Bedingung (i) von Definition 5.7 muss eine TM $\tilde{M}$ existieren, so dass $\text{Kod}(\tilde{M}) \in L$. Jetzt kann auf die gleiche Weise $L_{\text{H},\lambda} \leq_{\text{EE}} L$ bewiesen werden wie $L_{\text{H},\lambda} \leq_{\text{EE}} L^{\mathbb{C}}$ in Teil I bewiesen wurde. $\tilde{M}$ spielt dabei die Rolle von $\overline{M}$.                    $\square$

**Aufgabe 5.21.** Führen Sie einen detaillierten Beweis von $L_{\text{H},\lambda} \leq_{\text{EE}} L$, falls $\text{Kod}(M_\emptyset) \notin L$.

Der Satz von Rice hat folgende Konsequenz. Sei $L$ eine beliebige rekursive Sprache und sei

$$\text{Kod}_L = \{\text{Kod}(M) \mid M \text{ ist eine TM und } L(M) = L\}$$

die Sprache der Kodierungen aller Turingmaschinen, die die Sprache $L$ akzeptieren. Weil $L$ rekursiv ist, ist $\text{Kod}_L \neq \emptyset$. Offensichtlich existieren Turingmaschinen, deren Kodierungen nicht in $\text{Kod}_L$ sind, und $\text{Kod}_L$ erfüllt die Bedingung (iii) von Definition 5.7. Damit ist $\text{Kod}_L$ ein semantisch nichttriviales Entscheidungsproblem über Turingmaschinen, und nach dem Satz von Rice ist $\text{Kod}_L \notin \mathcal{L}_{\text{R}}$. Dies bedeutet, dass wir für kein algorithmisch lösbares Problem algorithmisch testen können, ob ein entworfener Algorithmus eine korrekte Lösung des Problems ist. Die Verifikation von Programmen ist also eine schwere Aufgabe, und deswegen ist ein gut strukturierter und modularer Entwurf von Programmen so wichtig für die Zuverlässigkeit des entstehenden Softwareproduktes.

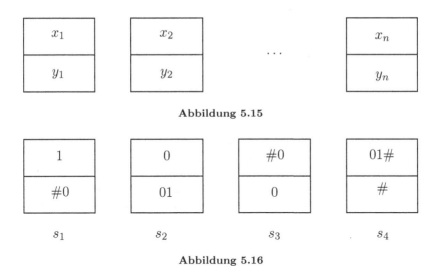

**Abbildung 5.15**

**Abbildung 5.16**

**Aufgabe 5.22.** Beweisen Sie die folgende Aussage. Sei $\Sigma$ ein Alphabet und sei $L \subseteq \Sigma^*$.

$$L, L^{\complement} \in \mathcal{L}_{\mathrm{RE}} \iff L \in \mathcal{L}_{\mathrm{R}}.$$

## 5.5 Das Post'sche Korrespondenzproblem

In den letzten Abschnitten haben wir gezeigt, dass fast alle Probleme über Turingmaschinen (Programmen) unentscheidbar sind. Eine berechtigte Frage ist aber, ob man auch natürliche unentscheidbare Probleme außerhalb der Welt der Turingmaschinen hat. Die Antwort auf diese Frage ist positiv, und die Zielsetzung dieses Abschnitts ist zu zeigen, wie man mit Hilfe von Reduktionen die Beweise der Unentscheidbarkeit aus der Welt der Turingmaschinen in die Welt der Spiele übertragen kann.

Wir betrachten jetzt folgendes Dominospiel. Man hat eine endliche Menge von Dominosteintypen (Abbildung 5.15), jeweils dargestellt als Paar $(x, y)$, wobei $x$ und $y$ nichtleere Wörter über demselben Alphabet $\Sigma$ sind. Von jedem Dominosteintyp stehen unbegrenzt viele Dominosteine zur Verfügung. Die Frage ist, ob es möglich ist, einige Steine so nebeneinander zusammenzusetzen, dass oben (durch das erste Element der Paare bestimmt) das gleiche Wort wie unten (durch das zweite Element der Paare bestimmt) steht. Veranschaulichen wir uns das an folgendem Beispiel.

Seien $s_1 = (1, \#0)$, $s_2 = (0, 01)$, $s_3 = (\#0, 0)$, $s_4 = (01\#, \#)$ die Dominosteintypen eines Dominospieles über $\{0, 1, \#\}$. Die graphische Darstellung der Dominosteintypen $s_1$, $s_2$, $s_3$ und $s_4$ ist in Abbildung 5.16 gegeben. Dieses Dominospiel hat eine Lösung, und zwar die Folge $s_2, s_1, s_3, s_2, s_4$. Mit dieser Folge bekommen wir die Darstellung des Wortes $01\#0001\#$ (Abbildungen 5.17 und 5.18).

Für das Dominospiel $s_1 = (00, 001)$, $s_2 = (0, 001)$, $s_3 = (1, 11)$ gibt es keine Lösung, weil alle zweiten Elemente der Dominosteintypen länger sind als die entsprechenden ersten Elemente.

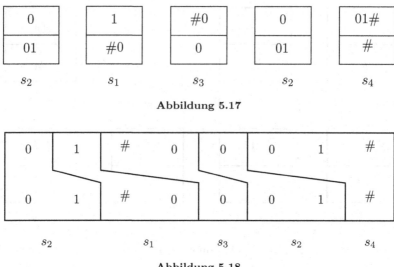

Abbildung 5.17

Abbildung 5.18

Dieses Dominospiel nennt man das Post'sche Korrespondenzproblem, und seine formale Definition als Entscheidungsproblem ist wie folgt.

**Definition 5.8.** *Sei $\Sigma$ ein Alphabet. Eine **Instanz des Post'schen Korrespondenzproblems** über $\Sigma$ ist ein Paar $(A, B)$, wobei $A = w_1, \ldots, w_k$, $B = x_1, \ldots, x_k$ für ein $k \in \mathbb{N} - \{0\}$, $w_i, x_i \in \Sigma^+$ für $i = 1, \ldots, k$. Für jedes $i \in \{1, \ldots, k\}$ wird $(w_i, x_i)$ ein **Dominosteintyp** genannt.*

*Wir sagen, dass die Instanz $(A, B)$ des Post'schen Korrespondenzproblems eine **Lösung** hat, falls $m \in \mathbb{N} - \{0\}$ und $i_1, i_2, \ldots, i_m \in \{1, \ldots, k\}$ existieren, so dass*

$$w_{i_1} w_{i_2} \ldots w_{i_m} = x_{i_1} x_{i_2} \ldots x_{i_m}.$$

*Das **Post'sche Korrespondenzproblem** (**PKP**) ist zu entscheiden, ob eine gegebene Instanz des* PKP *eine Lösung hat oder nicht.*

**Lemma 5.9.** *Falls eine Instanz $(A, B)$ des* PKP *eine Lösung hat, dann hat $(A, B)$ unendlich viele Lösungen.*

*Beweis.* Falls $i_1, i_2, \ldots, i_k$ eine Lösung der Instanz $(A, B)$ ist, dann ist $(i_1, i_2, \ldots, i_k)^j$ eine Lösung für jedes $j \in \mathbb{N} - \{0\}$. $\qquad\square$

**Aufgabe 5.23.** Definieren Sie das PKP als ein Entscheidungsproblem $(\Sigma_{\text{bool}}, L_{\text{PKP}})$ für eine Sprache $L_{\text{PKP}} \subseteq (\Sigma_{\text{bool}})^*$. Beweisen Sie $L_{\text{PKP}} \in \mathcal{L}_{\text{RE}}$.

**Aufgabe 5.24.** Beweisen Sie, dass die Instanz $((10, 011, 101), (101, 11, 011))$ des PKP keine Lösung hat.

**Aufgabe 5.25.** Hat die Instanz $((1, 1110111, 101), (111, 1110, 01))$ des PKP eine Lösung?

Unser Ziel ist es zu zeigen, dass das PKP unentscheidbar ist. Die Idee des Beweises basiert auf der Tatsache, dass unser Dominospiel eine genügende Ausdrucksstärke hat, um Berechnungen von Turingmaschinen simulieren zu können. Aus rein technischen Gründen betrachten wir zuerst eine Spezialform des PKP, bei der das Dominospiel immer mit dem ersten Dominosteintyp anfangen muss.

**Definition 5.9.** *Sei $\Sigma$ ein Alphabet. Eine **Instanz des modifizierten Post'schen Korrespondenzproblems** über $\Sigma$ ist ein Paar $(C, D)$, wobei $C = u_1, \ldots, u_k$, $D = v_1, \ldots, v_k$ für ein $k \in \mathbb{N} - \{0\}$, $u_i, v_i \in \Sigma^+$ für $i = 1, \ldots, k$.*

*Wir sagen, dass die Instanz $(C, D)$ des modifizierten Post'schen Korrespondenzproblems eine **Lösung** hat, falls $m \in \mathbb{N}$ und $j_1, j_2, \ldots, j_m \in \{1, \ldots, k\}$ existieren, so dass*

$$u_1 u_{j_1} u_{j_2} \ldots u_{j_m} = v_1 v_{j_1} v_{j_2} \ldots v_{j_m}.$$

*Das **modifizierte Post'sche Korrespondenzproblem** (**MPKP**) ist zu entscheiden, ob eine gegebene Instanz des MPKP über einem beliebigen $\Sigma$ eine Lösung hat.*

Betrachten wir folgende Instanz $(A, B)$ des PKP. Seien $A = 0, 11, 1$, $B = 001, 1, 11$, das heißt $s_1 = (0, 001)$, $s_2 = (11, 1)$ und $s_3 = (1, 11)$. Offensichtlich ist $s_2 s_3$ eine Lösung des PKP. Wenn wir $(A, B)$ als eine Instanz des MPKP betrachten, dann stellen wir fest, dass $(A, B)$ keine Lösung hat. Dies bedeutet, dass es für ein gegebenes Dominospiel $(A, B)$ wichtig ist, ob $(A, B)$ als eine Instanz des PKP oder des MPKP zu betrachten ist.

**Aufgabe 5.26.** Beweisen Sie, dass die Instanz $((0, 11, 1), (001, 1, 11))$ des MPKP keine Lösung hat.

**Lemma 5.10.** *Falls das PKP entscheidbar ist, dann ist auch das MPKP entscheidbar.*

*Beweis.* Sei $(A, B)$ eine Instanz des MPKP. Der Übersicht halber schreiben wir diese als MPKP$(A, B)$. Wir konstruieren nun eine Instanz $(C, D)$ des PKP (die wir von nun an als PKP$(C, D)$ schreiben), so dass

MPKP$(A, B)$ hat eine Lösung $\Longleftrightarrow$ PKP$(C, D)$ hat eine Lösung.

Sei $A = w_1, \ldots, w_k$, $B = x_1, \ldots, x_k$, $k \in \mathbb{N} - \{0\}$, $w_i, x_i \in \Sigma^*$ für $i = 1, \ldots, k$ und ein Alphabet $\Sigma$. Seien $\mathic{c}, \$ \notin \Sigma$. Wir konstruieren PKP$(C, D)$ über dem Alphabet $\Sigma_1 = \Sigma \cup \{\mathic{c}, \$\}$. Zuerst definieren wir zwei Homomorphismen $h_L$ und $h_R$ von $\Sigma^*$ nach $\Sigma_1^*$ wie folgt. Für alle $a \in \Sigma$ ist

$$h_L(a) = \mathic{c}a \quad \text{und} \quad h_R(a) = a\mathic{c}.$$

Wir sehen, dass $h_L$ das Symbol $\mathic{c}$ links neben jeden Buchstaben setzt und $h_R$ das Symbol $\mathic{c}$ rechts neben jeden Buchstaben setzt. Zum Beispiel ist für das Wort 0110 $h_L(0110) = \mathic{c}0\mathic{c}1\mathic{c}1\mathic{c}0$ und $h_R(0110) = 0\mathic{c}1\mathic{c}1\mathic{c}0\mathic{c}$.

Wir setzen $C = y_1, y_2, \ldots, y_{k+2}$ und $D = z_1, z_2, \ldots, z_{k+2}$, wobei

$$
\begin{aligned}
y_1 &= \text{¢}h_{\mathrm{R}}(w_1), & z_1 &= h_{\mathrm{L}}(x_1), \\
y_2 &= h_{\mathrm{R}}(w_1), & z_2 &= h_{\mathrm{L}}(x_1), \\
y_3 &= h_{\mathrm{R}}(w_2), & z_3 &= h_{\mathrm{L}}(x_2), \\
&\vdots & &\vdots \\
y_{i+1} &= h_{\mathrm{R}}(w_i), & z_{i+1} &= h_{\mathrm{L}}(x_i), \\
&\vdots & &\vdots \\
y_{k+1} &= h_{\mathrm{R}}(w_k), & z_{k+1} &= h_{\mathrm{L}}(x_k), \\
y_{k+2} &= \$, & z_{k+2} &= \text{¢}\$.
\end{aligned}
$$

Zum Beispiel ist für die Instanz $((0, 11, 1), (001, 1, 11))$ des MPKP die entsprechende Instanz des PKP

$$((\text{¢}0\text{¢}, 0\text{¢}, 1\text{¢}1\text{¢}, 1\text{¢}, \$), (\text{¢}0\text{¢}0\text{¢}1, \text{¢}0\text{¢}0\text{¢}1, \text{¢}1, \text{¢}1\text{¢}1, \text{¢}\$)).$$

Es ist offensichtlich, dass eine TM (ein Algorithmus) die Konstruktion von $\mathrm{PKP}(C, D)$ aus $\mathrm{MPKP}(A, B)$ realisieren kann. Es bleibt also zu zeigen, dass entweder sowohl $\mathrm{MPKP}(A, B)$ als auch $\mathrm{PKP}(C, D)$ Lösungen besitzen oder beide keine Lösung haben.

1. Zuerst beweisen wir, dass man aus jeder Lösung für $\mathrm{MPKP}(A, B)$ eine Lösung für $\mathrm{PKP}(C, D)$ bestimmen kann. Sei $i_1, i_2, \ldots, i_m$ eine Lösung für $\mathrm{MPKP}(A, B)$. Daher ist

$$u = w_1 w_{i_1} w_{i_2} \ldots w_{i_m} = x_1 x_{i_1} x_{i_2} \ldots x_{i_m}.$$

Die entsprechende Indexfolge $2, i_1 + 1, i_2 + 1, \ldots, i_m + 1$ für $\mathrm{PKP}(C, D)$ entspricht der Anwendung von $h_{\mathrm{R}}$ auf $w_1 w_{i_1} w_{i_2} \ldots w_{i_m}$ und $h_{\mathrm{L}}$ auf $x_1 x_{i_1} x_{i_2} \ldots x_{i_m}$. Damit ist

$$\text{¢}h_{\mathrm{R}}(u) = \text{¢}y_2 y_{i_1+1} \ldots y_{i_m+1} = z_2 z_{i_1+1} \ldots z_{i_m+1}\text{¢} = h_{\mathrm{L}}(u)\text{¢}.$$

Daher unterscheiden sich

$$h_{\mathrm{R}}(u) = y_2 y_{i_1+1} \ldots y_{i_m+1} \quad \text{und} \quad h_{\mathrm{L}}(u) = z_2 z_{i_1+1} \ldots z_{i_m+1}$$

nur in dem ersten Symbol ¢ und dem letzten Symbol ¢. Weil in der Konstruktion $y_1 = \text{¢}y_2$ und $z_1 = z_2$ gilt, ersetzen wir den ersten Index 2 durch 1. So bekommen wir die Folge $1, i_1 + 1, i_2 + 1, \ldots, i_m + 1$, für die

$$y_1 y_{i_1+1} y_{i_2+1} \ldots y_{i_m+1} = z_1 z_{i_1+1} z_{i_2+1} \ldots z_{i_m+1}\text{¢}$$

gilt. Um eine Lösung des PKP zu erhalten, konkatenieren wir von rechts den $(k + 2)$-ten Dominostein $(\$, \text{¢}\$)$. Damit gilt

$$y_1 y_{i_1+1} y_{i_2+1} \ldots y_{i_m+1} y_{k+2} = z_1 z_{i_1+1} z_{i_2+1} \ldots z_{i_m+1} z_{k+2}$$

und somit ist $1, i_1 + 1, i_2 + 1, \ldots, i_m + 1, k + 2$ eine Lösung von $\mathrm{PKP}(C, D)$.

2. Wir müssen noch beweisen, dass die Existenz einer Lösung für $\mathrm{PKP}(C, D)$ die Existenz einer Lösung für $\mathrm{MPKP}(A, B)$ impliziert. Zuerst bemerken wir, dass

alle $z_i$ mit ¢ anfangen und von den $y_i$'s nur $y_1$ mit ¢ anfängt. Damit muss jede Lösung für PKP$(C, D)$ mit dem ersten Dominostein beginnen. Weil die einzigen zwei Dominosteine mit gleichem letzten Symbol die $(k + 2)$-ten Dominosteintypen sind, muss jede Lösung von PKP$(C, D)$ mit dem Index $k + 2$ enden.

Sei $1, j_1, j_2, \ldots, j_m, k + 2$ eine Lösung für PKP$(C, D)$. Wir behaupten, dass

$$1, j_1 - 1, j_2 - 1, \ldots, j_m - 1$$

die Lösung von MPKP$(A, B)$ ist. Die Begründung ist, dass die Entfernung der Symbole ¢ und \$ aus $y_1 y_{j_1} y_{j_2} \ldots y_{j_m} y_{k+2}$ zum Wort $w_1 w_{j_1-1} w_{j_2-1} \ldots w_{j_m-1}$ führt, und die Entfernung der Symbole ¢ und \$ aus $z_1 z_{j_1} z_{j_2} \ldots z_{j_m} z_{k+2}$ in $x_1 x_{j_1-1} x_{j_2-1} \ldots x_{j_m-1}$ resultiert. Weil $1, j_1, \ldots, j_m, k + 2$ eine Lösung von PKP$(C, D)$ ist, gilt

$$y_1 y_{j_1} y_{j_2} \ldots y_{j_m} y_{k+2} = z_1 z_{j_1} z_{j_2} \ldots z_{j_m} z_{k+2}.$$

Dies impliziert

$$w_1 w_{j_1-1} w_{j_2-1} \ldots w_{j_m-1} = x_1 x_{j_1-1} x_{j_2-1} \ldots x_{j_m-1}.$$

Damit ist $1, j_1 - 1, j_2 - 1, \ldots, j_m - 1$ eine Lösung von MPKP$(A, B)$.    □

**Aufgabe 5.27.** Beweisen Sie, dass die Entscheidbarkeit von MPKP die Entscheidbarkeit von PKP impliziert.

Wir beweisen jetzt die Unentscheidbarkeit von MPKP, indem wir zeigen, dass man mit diesem Dominospiel die Berechnung einer TM auf einer Eingabe simulieren kann.

**Lemma 5.11.\*** *Die Entscheidbarkeit von* MPKP *impliziert die Entscheidbarkeit von* $L_{\mathrm{U}}$.

*Beweis.* Sei $x \in \{0, 1, \#\}^*$. Wir konstruieren eine Instanz $(A, B)$ des MPKP, so dass

$$x \in L_{\mathrm{U}} \iff (A, B) \text{ hat eine Lösung.}$$

Wenn $x$ nicht die Form Kod$(M)\#w$ hat (das heißt $x \notin L_{\mathrm{U}}$), dann setzen wir $A = 0$ und $B = 1$. Es ist klar, dass ein Dominospiel mit einem einzigen Dominosteintyp $(0, 1)$ keine Lösung hat.

Sei $x = \mathrm{Kod}(M)\#w$ für eine TM $M = (Q, \Sigma, \Gamma, \delta, q_0, q_{\mathrm{accept}}, q_{\mathrm{reject}})$ und ein Wort $w \in (\Sigma_{\mathrm{bool}})^*$. Gemäß Aufgabe 4.12 dürfen wir voraussetzen, dass $M$ in jedem Schritt den Kopf bewegt. Wir beschreiben die Konstruktion von $(A, B)$ zu $M$ und $w$ in vier Schritten. Jeder Schritt bestimmt eine Gruppe von Dominosteintypen mit spezifischer Bedeutung. Die grobe Idee ist, mit der $B$-Liste die Berechnung von $M$ auf $w$ zu simulieren und mit der $A$-Liste die Berechnung mit einer Verspätung von einer Konfiguration zu simulieren. Dadurch kann man Dominosteintypen benutzen, bei denen das erste Element das Argument (den Zustand und das gelesene Symbol) bestimmt und das zweite Element die Nachfolgekonfiguration entsprechend der $\delta$-Funktion beschreibt. Durch spezielle Dominosteintypen wird die Möglichkeit gegeben, die Verspätung von $A$ nachzuholen, wenn die Berechnung in $q_{\mathrm{accept}}$ endet.

Sei ⎵ ein neues Symbol, das nicht in $\Gamma$ enthalten ist.

1. Die erste Gruppe enthält nur einen Dominosteintyp

   $(\square, \square q_0 \mathry{c} w \square)$.

   Dieser Dominostein startet die Simulation der Berechnung von $M$ auf $w$. Unten steht die Ausgangskonfiguration von $M$ auf $w$ und oben haben wir die Verspätung $q_0 \mathry{c} w \square$. Da dieser Dominosteintyp der erste ist, muss jede zulässige Lösung mit ihm beginnen.

2. Die zweite Gruppe enthält folgende $|\Gamma| + 1$ Dominosteintypen:

   $(X, X)$ für alle $X \in \Gamma$,

   $(\square, \square)$.

   Diese Gruppe benutzt man zum Kopieren der Teile von Konfigurationen, die sich in einem Schritt nicht ändern.

3. Die dritte Gruppe dient zur Simulation der Berechnungsschritte von $M$ auf $w$. Für alle $q \in Q - \{q_{\text{accept}}, q_{\text{reject}}\}$, $p \in Q$, $X, Y, Z \in \Gamma$ konstruieren wir folgende Dominosteintypen:

   $(qX, Yp)$, falls $\delta(q, X) = (p, Y, \text{R})$,
   $(ZqX, pZY)$, falls $\delta(q, X) = (p, Y, \text{L})$,
   $(q\square, Yp\square)$, falls $\delta(q, \sqcup) = (p, Y, \text{R})$,
   $(Zq\square, pZY\square)$, falls $\delta(q, \sqcup) = (p, Y, \text{L})$.

   Dies ermöglicht es uns, oben die Konfiguration von unten zu kopieren und unten mit dem Vorsprung die Nachfolgekonfiguration zu generieren.

4. Die vierte Gruppe von Dominosteinen ermöglicht es, die unten entwickelte Berechnung oben nachzuholen, falls unten die Berechnung in dem akzeptierenden Zustand $q_{\text{accept}}$ geendet hat. Mit folgenden Dominosteintypen kann der Zustand $q_{\text{accept}}$ die Symbole aus $\Gamma$ „schlucken". Für alle $X, Y \in \Gamma$ konstruieren wir

   $(Xq_{\text{accept}}Y, q_{\text{accept}})$,
   $(Xq_{\text{accept}}, q_{\text{accept}})$,
   $(q_{\text{accept}}Y, q_{\text{accept}})$.

   Wenn $q_{\text{accept}}$ unten alle Bandsymbole geschluckt hat, ist der Vorsprung unten auf $q_{\text{accept}}\square$ geschrumpft. Der folgende Dominosteintyp

   $(q_{\text{accept}}\square\square, \square)$

   ermöglicht dann das definitive Nachholen des Wortinhaltes von unten bei dem Wort oben.

Illustrieren wir die Konstruktion einer MPKP-Instanz $(A, B)$ für die TM $M = (\{q_0, q_1, q_{\text{accept}}, q_{\text{reject}}\}, \{0, 1\}, \{0, 1, \mathry{c}, \sqcup\}, \delta_M, q_0, q_{\text{accept}}, q_{\text{reject}})$, die in Abbildung 5.19 dargestellt ist. Die konstruierten Dominosteintypen für die Eingabe 01 sind die folgenden:

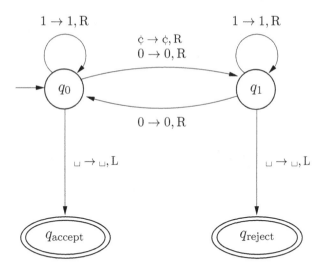

**Abbildung 5.19**

(i) Die erste Gruppe:

$(\square, \square q_0 \mathrm{c}\!\!\!/ 01 \square)$.

(ii) Die zweite Gruppe:

$(0,0), (1,1), (\mathrm{c}\!\!\!/, \mathrm{c}\!\!\!/), (\square, \square), (\square, \square)$.

(iii) Die dritte Gruppe:

$(q_0 1, 1 q_0), (q_0 0, 0 q_1), (q_0 \mathrm{c}\!\!\!/, \mathrm{c}\!\!\!/ q_1), (0 q_0 \square, q_{\mathrm{accept}} 0 \square),$

$(1 q_0 \square, q_{\mathrm{accept}} 1 \square), (\mathrm{c}\!\!\!/ q_0 \square, q_{\mathrm{accept}} \mathrm{c}\!\!\!/ \square), (\square q_0 \square, q_{\mathrm{accept}} \square \square),$

$(0 q_0 \square, q_{\mathrm{accept}} 0 \square \square), (1 q_0 \square, q_{\mathrm{accept}} 1 \square \square), (\mathrm{c}\!\!\!/ q_0 \square, q_{\mathrm{accept}} \mathrm{c}\!\!\!/ \square \square),$

$(\square q_0 \square, q_{\mathrm{accept}} \square \square \square),$

$(q_1 1, 1 q_1), (q_1 0, 0 q_0), (0 q_1 \square, q_{\mathrm{reject}} 0 \square), (1 q_1 \square, q_{\mathrm{reject}} 1 \square),$

$(\mathrm{c}\!\!\!/ q_1 \square, q_{\mathrm{reject}} \mathrm{c}\!\!\!/ \square), (\square q_1 \square, q_{\mathrm{reject}} \square \square), (0 q_1 \square, q_{\mathrm{reject}} 0 \square \square),$

$(1 q_1 \square, q_{\mathrm{reject}} 1 \square \square), (\mathrm{c}\!\!\!/ q_1 \square, q_{\mathrm{reject}} \mathrm{c}\!\!\!/ \square \square), (\square q_1 \square, q_{\mathrm{reject}} \square \square \square)$.

(iv) Die vierte Gruppe:

$(0 q_{\mathrm{accept}} 0, q_{\mathrm{accept}}), (0 q_{\mathrm{accept}} 1, q_{\mathrm{accept}}), (0 q_{\mathrm{accept}} \mathrm{c}\!\!\!/, q_{\mathrm{accept}}),$

$(0 q_{\mathrm{accept}} \square, q_{\mathrm{accept}}), (1 q_{\mathrm{accept}} 0, q_{\mathrm{accept}}), (1 q_{\mathrm{accept}} 1, q_{\mathrm{accept}}),$

$(1 q_{\mathrm{accept}} \mathrm{c}\!\!\!/, q_{\mathrm{accept}}), (1 q_{\mathrm{accept}} \square, q_{\mathrm{accept}}), (\mathrm{c}\!\!\!/ q_{\mathrm{accept}} 0, q_{\mathrm{accept}}),$

$(\mathrm{c}\!\!\!/ q_{\mathrm{accept}} 1, q_{\mathrm{accept}}), (\mathrm{c}\!\!\!/ q_{\mathrm{accept}} \mathrm{c}\!\!\!/, q_{\mathrm{accept}}), (\mathrm{c}\!\!\!/ q_{\mathrm{accept}} \square, q_{\mathrm{accept}}),$

$(\square q_{\mathrm{accept}} 0, q_{\mathrm{accept}}), (\square q_{\mathrm{accept}} 1, q_{\mathrm{accept}}), (\square q_{\mathrm{accept}} \mathrm{c}\!\!\!/, q_{\mathrm{accept}}),$

$(\square q_{\mathrm{accept}} \square, q_{\mathrm{accept}}),$

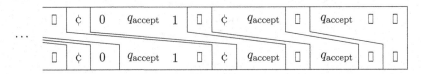

Abbildung 5.20

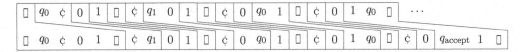

Abbildung 5.21

$(0q_{\text{accept}}, q_{\text{accept}}), (1q_{\text{accept}}, q_{\text{accept}}), (\mathrm{\mathcal{c}}q_{\text{accept}}, q_{\text{accept}}),$

$(\sqcup q_{\text{accept}}, q_{\text{accept}}),$

$(q_{\text{accept}}0, q_{\text{accept}}), (q_{\text{accept}}1, q_{\text{accept}}), (q_{\text{accept}}\mathrm{\mathcal{c}}, q_{\text{accept}}),$

$(q_{\text{accept}}\sqcup, q_{\text{accept}}), (q_{\text{accept}}\square\square, \square).$

Der Anfang der Simulation der Berechnung von $M$ auf 01 durch das Dominospiel $(A, B)$ ist in Abbildung 5.20 gezeigt. In Abbildung 5.21 ist die Phase des Schrumpfens gezeigt, in der der Wortinhalt oben den Wortinhalt unten nachholt.

Es ist offensichtlich, dass $(A, B)$ aus einer gegebenen TM $M$ und einem Wort $w$ algorithmisch erzeugt werden kann. Es bleibt zu beweisen, dass die folgende Äquivalenz gilt:

$$M \text{ akzeptiert } w \iff (A, B) \text{ hat eine Lösung.}$$

Um unnötige technische Details zu vermeiden, bleiben wir bei einer halbinformellen Begründung. Wenn $w \in L(M)$, dann existiert eine akzeptierende Berechnung von $M$ auf $w$. Zu dieser Berechnung kann man eine Lösung für $(A, B)$ wie folgt bauen. Die Lösung beginnt mit dem Dominostein $(\square, \square q_0 \mathrm{\mathcal{c}} w \square)$ der ersten Gruppe. Dann benutzen wir Dominosteine aus Gruppe 2, um die Symbole der Konfigurationen zu kopieren, die im nächsten Schritt unverändert bleiben. Die Dominosteine aus Gruppe 3 werden benutzt, um die Nachfolgekonfiguration unten zu erzeugen. Nach jedem Symbol $\square$ ist das Wort unten um genau eine Konfiguration länger als das Wort oben, das ein Präfix des Wortes unten ist. Wenn man unten die akzeptierende Konfiguration mit $q_{\text{accept}}$ erreicht, ermöglichen die Dominosteine der vierten Gruppe dem Wort oben, das Wort unten nachzuholen und so eine Lösung für $(A, B)$ zu erhalten.

Sei $w \notin L(M)$. Jede Lösung für $(A, B)$ muss mit dem Dominostein $(\square, \square q_0 \mathrm{\mathcal{c}} w \square)$ der ersten Gruppe anfangen. Weil die Steine der Gruppe 2 und 3 nur solche Änderungen der letzten Konfiguration unten ermöglichen, die einem Berechnungsschritt entsprechen, wird der Zustand $q_{\text{accept}}$ nie als Symbol im Wort unten auftreten. Dann bleibt aber der untere Teil immer länger als der obere Teil der gelegten Dominosteine. Also gibt es keine Lösung für $(A, B)$. $\qquad\square$

**Aufgabe 5.28.** Schreiben Sie eine Instanz $(A, B)$ des MPKP zu der TM in Abbildung 4.6.

**Aufgabe 5.29.** Sei $(A, B)$ eine Instanz des MPKP für eine TM $M$ und ein Wort $w$ nach der Konstruktion von Lemma 5.11. Beweisen Sie durch Induktion folgende Aussage:
Falls $w \in L(M)$, dann existiert eine Folge von Indizes, so dass

(i) der untere Teil der gelegten Dominosteine die komplette Berechnung von $M$ auf $w$ enthält, wobei die einzelnen Konfigurationen durch das Symbol # getrennt sind, und

(ii) der obere Teil der gelegten Dominosteine ein echtes Präfix des unteren Teils ist, der die ganze Berechnung bis auf die letzte Konfiguration enthält.

**Satz 5.10.** *Das* PKP *ist unentscheidbar.*

*Beweis.* Nach Lemma 5.11 ist das MPKP unentscheidbar und nach Lemma 5.10 ist das PKP mindestens so schwer wie das MPKP. □

**Aufgabe 5.30.*** Betrachten Sie eine beschränkte Version des PKP, bei dem alle Dominosteintypen über dem festen einelementigen Alphabet $\{0\}$ definiert sind. Ist dieses Problem entscheidbar?

## 5.6 Die Methode der Kolmogorov-Komplexität

In Abschnitt 5.2 haben wir die Methode der Diagonalisierung angewendet, um das erste algorithmisch unlösbare Problem $L_{\text{diag}}$ zu finden. Damit haben wir einen Startpunkt für den Aufbau der Theorie der Berechenbarkeit erzeugt, von dem aus man mittels der Methode der Reduktion (Abschnitte 5.3 bis 5.5) die Unentscheidbarkeit weiterer Probleme beweisen konnte. Die Zielsetzung dieses Abschnitts ist es, einen alternativen Weg für den Aufbau der Theorie der Berechenbarkeit anzudeuten. Ohne jede Voraussetzung über die Existenz eines algorithmisch unlösbaren Problems benutzen wir die Theorie der Kolmogorov-Komplexität, um zu zeigen, dass kein Algorithmus existiert, der die Kolmogorov-Komplexität $K(x)$ des Wortes $x$ für jedes $x \in (\Sigma_{\text{bool}})^*$ berechnen kann. Ausgehend von diesem Startpunkt kann man dann wieder mittels der Reduktionsmethode die Unentscheidbarkeit aller in den vorigen Abschnitten vorgestellten unentscheidbaren Sprachen beweisen.

**Satz 5.11.** *Das Problem, für jedes $x \in (\Sigma_{\text{bool}})^*$ die Kolmogorov-Komplexität $K(x)$ von $x$ zu berechnen, ist algorithmisch unlösbar.*[9]

*Beweis.* Wir beweisen dies indirekt. Sei $A$ ein Algorithmus, der für jedes $x \in (\Sigma_{\text{bool}})^*$ das Wort $K(x)$ berechnet. Sei $x_n$ das erste Wort bezüglich der kanonischen Ordnung über $\Sigma_{\text{bool}}$ mit $K(x_n) \geq n$. Wir beschreiben nun einen Algorithmus $B_n$, $n \in \mathbb{N} - \{0\}$, der

(i) $A$ als ein Teilprogramm benutzt, und

(ii) für die leere Eingabe $\lambda$ das Wort $x_n$ generiert.

---

[9] Wenn man $K$ als eine Funktion von $(\Sigma_{\text{bool}})^*$ nach $(\Sigma_{\text{bool}})^*$ statt als Funktion von $(\Sigma_{\text{bool}})^*$ nach $\mathbb{N}$ betrachtet (dies bedeutet, dass $K(x)$ die binäre Kodierung der Kolmogorov-Komplexität von $x$ wäre), dann besagt Satz 5.11, dass die Funktion $K$ nicht total rekursiv ist.

$B_n$ arbeitet wie folgt.

```
Bₙ:   begin
         x := λ;
         Berechne K(x) mit dem Algorithmus A;
         while K(x) < n do
            begin
               x := Nachfolger von x in kanonischer Ordnung;
               Berechne K(x) mit dem Algorithmus A;
            end;
         output(x);
      end
```

Offensichtlich berechnet $B_n$ das Wort $x_n$ für alle $n \in \mathbb{N}$. Wir beobachten, dass alle Algorithmen $B_n$ bis auf die Zahl $n$ identisch sind. Sei $c$ die Länge des Maschinencodes von $B_n$ bis auf $n$. Dann ist die binäre Länge von $B_n$ höchstens

$$\lceil \log_2 n \rceil + c$$

für alle $n \in \mathbb{N}$ und für eine Konstante $c$ unabhängig von $n$, da der Algorithmus $A$ eine konstante Größe hat. Weil $B_n$ das Wort $x_n$ generiert, gilt

$$K(x_n) \leq \lceil \log_2 n \rceil + c$$

für alle $n \in \mathbb{N} - \{0\}$. Nach der Definition von $x_n$ gilt aber

$$K(x_n) \geq n$$

für alle $n \in \mathbb{N} - \{0\}$. Die Ungleichung

$$\lceil \log_2 n \rceil + c \geq K(x_n) \geq n$$

kann höchstens für endlich viele Zahlen $n \in \mathbb{N} - \{0\}$ gelten und somit haben wir einen Widerspruch zu der Voraussetzung, dass ein Algorithmus $A$ zur Berechnung von $K(x)$ existiert.                                                                  □

**Aufgabe 5.31.** Beweisen Sie, dass das Problem, für jede Zahl $n \in \mathbb{N} - \{0\}$ das erste Wort $x_n$ mit $K(x_n) \geq n$ zu generieren, ein algorithmisch unlösbares Problem ist.

Um zu zeigen, dass man mittels der Reduktionsmethode zum Beweis der Unentscheidbarkeit der grundlegenden Sprachen wie $L_U$, $L_H$, $L_{empty}$ usw. übergehen kann, reduzieren wir die Berechnung der Funktion $K$ auf das Halteproblem. Das folgende Lemma bietet einen alternativen Beweis der Tatsache $L_H \notin \mathcal{L}_R$ aus Satz 5.8.

**Lemma 5.12.** *Falls $L_H \in \mathcal{L}_R$, dann existiert ein Algorithmus zur Berechnung der Kolmogorov-Komplexität $K(x)$ für jedes $x \in (\Sigma_{bool})^*$.*

*Beweis.* Sei $L_H \in \mathcal{L}_R$ und sei $H$ ein Algorithmus, der $L_H$ entscheidet. Der folgende Algorithmus $A$ (Abbildung 5.22) berechnet $K(x)$ für jedes $x \in (\Sigma_{bool})^*$.

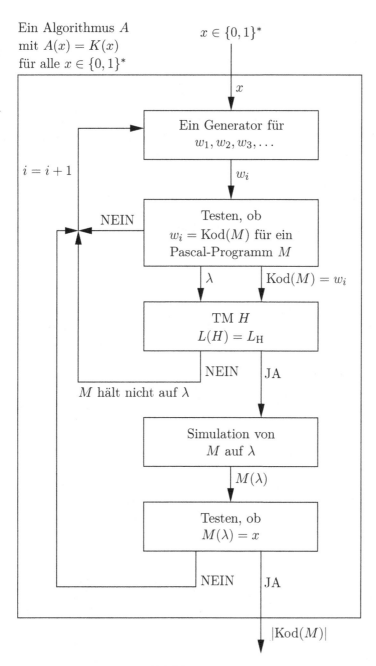

**Abbildung 5.22**

$A$ generiert in kanonischer Folge die Wörter $w_1, w_2, w_3, \ldots$. Für jedes $i$ überprüft $A$, ob $w_i$ die binäre Kodierung eines Pascal-Programms $M$ ist (Abbildung 5.22). Falls $w_i = \text{Kod}(M)$ für ein Pascal-Programm $M$, wendet $A$ das Teilprogramm $H$ an, um festzustellen, ob $M$ auf dem Wort $\lambda$ hält. Falls $M$ auf dem Wort $\lambda$ hält, simuliert $A$ die Arbeit von $M$ auf $\lambda$ (Abbildung 5.22). Falls $M$ mit der Ausgabe $u = M(\lambda)$ endet, überprüft $A$, ob $u = x$. Falls $u = x$, dann gibt $A$ die Ausgabe $K(x) = |w_i|$ aus.

Wenn $|w_i|$ die Ausgabe von $A$ für die Eingabe $x$ ist, dann ist $w_i$ das kürzeste Wort mit der Eigenschaft $w_i = \text{Kod}(M)$ für ein Pascal-Programm $M$, und $M$ generiert $x$. Damit hat $A$ die Kolmogorov-Komplexität von $x$ tatsächlich bestimmt. □

**Aufgabe 5.32.** Beweisen Sie folgende Aussagen:

(a) Falls $L_U \in \mathcal{L}_R$, dann existiert ein Algorithmus zur Berechnung von $K(x)$ für jedes $x \in (\Sigma_{\text{bool}})^*$.

(b) Falls $L_{\text{empty}} \in \mathcal{L}_R$, dann existiert ein Algorithmus zur Berechnung von $K(x)$ für jedes $x \in (\Sigma_{\text{bool}})^*$.

## 5.7 Folgen für die Forschung

In der Theorie der Berechenbarkeit beweisen wir, dass für einige, leider sogar für ziemlich viele Probleme keine Algorithmen existieren. Was bedeutet dies für die Praxis? Es existiert kein Algorithmus, der die Korrektheit eines gegebenen Programms überprüft. Wenn wir ein Programm zur Steuerung einer Rakete oder eines Flugzeugs haben, müssen wir es aber überprüfen. Damit verlassen wir das Gebiet der Automatisierung und stehen vor der Forschungsaufgabe, einen mathematischen Beweis der Korrektheit dieses Programms zu erstellen. Somit werden die Instanzen algorithmisch unlösbarer Probleme zu Forschungsobjekten. Jede einzelne Instanz eines unlösbaren Problems kann man als eine einzelne Forschungsaufgabe betrachten, zum Beispiel, einen Fehler in einem gegebenen Compiler zu finden oder zu beweisen, dass dieser Compiler immer korrekt arbeitet. Natürlich ist hier die Schwierigkeit, dass es sehr viel länger dauern kann, einen Korrektheitsbeweis eines langen Programms herzuleiten, als das Programm selbst zu erstellen. Dies ist eine der Herausforderungen in dem Gebiet der Programmverifikation.

Was wir hier ansprechen wollen, ist etwas viel Problematischeres, das sogar als überraschend betrachtet werden kann. Ist es möglich, dass ein Programm zwar korrekt ist, aber nicht beweisbar korrekt, weil kein mathematischer Beweis seiner Korrektheit existiert? Wenn dies möglich wäre, dann hätten wir eine Grenze des mittels der Mathematik Erforschbaren, weil die Mathematik zu schwach wäre, um festzustellen, ob ein Programm korrekt ist oder nicht.

Die Antwort auf diese Frage ist leider „Ja", und wir zeigen hier, dass es konkrete gültige mathematische Aussagen gibt, für die in der Mathematik kein Beweis der Gültigkeit existiert und somit auch nicht gefunden werden kann. Dies unterstreicht die Aussage von Gödel: Man muss die Mathematik durch die axiomatische Einführung neuer Begriffe so stärken, dass man in ihr Tatsachen beweisen kann, die vorher nicht beweisbar waren. Also ist die Mathematik ein sich ständig entwickelndes Forschungsinstrument.

Wir nutzen nun die Kolmogorov-Komplexität, um zu zeigen, dass man in der Mathematik konkrete korrekte Behauptungen (Sätze) formulieren kann, für die in der Mathematik keine Beweise ihrer Gültigkeit existieren. Bevor wir damit anfangen, müssen wir noch einmal darüber nachdenken, was wir unter der Mathematik verstehen. Die Mathematik als Forschungsinstrument ermöglicht es uns, die Gültigkeit oder die Ungültigkeit von Aussagen zu beweisen. Der Kernpunkt ist, dass die Korrektheit von Beweisen als Darstellungen der korrekten Argumentation immer überprüfbar ist. Jeden Beweis kann man detailliert auf der Ebene einer formalen Logik führen, in der nur erlaubte und allgemein akzeptierte Argumentationsschritte verwendet werden. Unter dieser Voraussetzung gilt die folgende Aussage:

*Es existiert ein Algorithmus, der für einen gegebenen Text entscheidet, ob der Text ein gültiger mathematischer Beweis ist oder nicht.* (5.1)

Die Hypothese (5.1) ist die Folge des Strebens der Mathematik nach absoluter Exaktheit und Korrektheit innerhalb ihrer Sprache, also aufbauend auf der Festlegung der begriffsbildenden Axiome.

Die Mathematiker schreiben Beweise selten auf der Ebene einer elementaren Logik, in der sie algorithmisch überprüfbar wären. Obwohl sie dabei die Metasprache verwenden und größere Gedankenschritte machen, gibt es nie Zweifel unter Mathematikern, ob etwas bewiesen ist oder nicht. Also gilt für diejenigen, denen (5.1) zu formal oder zu eingeschränkt ist, mindestens die folgende Annahme:

*Die mathematische Community kann sich immer darauf einigen, ob ein gegebener Text ein Beweis einer Behauptung ist oder nicht.* (5.2)

Jetzt beweisen wir, dass es für alle bis auf endlich viele Wörter keine mathematischen Beweise zur Bestimmung ihrer Kolmogorov-Komplexität gibt. Im Folgenden sei $\Sigma_{\text{Math}}$ ein Alphabet, in dem man alle mathematischen Beweise ausdrücken kann.

**Satz 5.12.** *Es existiert eine natürliche Zahl $d$, so dass für alle $n \geq d$ kein Beweis für die Behauptung „$K(x) \geq n$" existiert für irgendein Wort $x$.*

*Beweis.* Nehmen wir an, es gibt eine unendliche Folge von natürlichen Zahlen $n_1, n_2, \ldots$ mit $n_i < n_{i+1}$ für $i \in \{1, 2, \ldots\}$, so dass es jeweils einen Beweis der Behauptung „$K(y_i) \geq n_i$" für irgendwelche Wörter $y_1, y_2, \ldots$ gibt. Sei $w_1, w_2, \ldots$ die Folge von Wörtern aus $\{0, 1\}^*$, für die Folgendes gilt:

(i) $K(w_i) \geq n_i$ und

(ii) $w_i$ ist das Wort mit dem in kanonischer Reihenfolge kürzesten Beweis der Tatsache „$K(y_i) \geq n_i$" für irgendein $y_i$.

Wir konstruieren jetzt eine Folge von Algorithmen $A_1, A_2, \ldots$, so dass $A_i$ das Wort $w_i$ generiert.

$A_i$:    **begin**
    $z := \lambda$;
    $I := n_i$;
    $T := 0$;
    **while** $T = 0$ **do**
        **begin**
            Überprüfe (gemäß Annahme (5.1)), ob $z$ ein Beweis der Aussage
            „$K(y) \geq I$" für ein $y \in \{0,1\}^*$ ist;
            **if** $z$ ist ein Beweis von „$K(y) \geq I$" **then**
                $T := 1$;
            **else**
                $z :=$ kanonischer Nachfolger von $z$ über $\Sigma_{\text{Math}}$;
        **end**;
        **write**$(y)$;    {Es gilt $y = w_i$.}
    **end**

Man bemerke, dass es nach Annahme (5.1) für alle $i \in \{1, 2, \ldots\}$ mindestens einen Beweis von „$K(y) \geq n_i$" gibt für ein $y \in \{0,1\}^*$, also terminiert $A_i$ immer. Die unendlich vielen Algorithmen $A_i$ unterscheiden sich nur in dem Parameter $n_i$. Somit gibt es eine Konstante $c$, so dass

$$K(w_i) \leq \log_2(n_i) + c$$

für alle $i \in \{1, 2, \ldots\}$ gilt. Weil nach der Definition von $w_i$ die untere Schranke $K(w_i) \geq n_i$ für alle $i \in \{1, 2, \ldots\}$ gilt, erhalten wir

$$n_i \leq K(w_i) \leq \log_2(n_i) + c \tag{5.3}$$

für alle $i \geq 1$. Weil die Ungleichung $n_i \leq \log_2(n_i) + c$ nur für endlich viele Werte von $i$ gelten kann, erhalten wir einen Widerspruch. Somit kann es nur endlich viele Zahlen $n_i$ geben, für die ein Beweis von „$K(y) \geq n_i$" für irgendein Wort $y$ existiert.    $\square$

Im Beweis von Satz 5.12 haben wir die Annahme (5.1) über die Mathematik verwendet. Wir können aber einen ähnlichen Beweis auch nur mit Hilfe der schwächeren Annahme (5.2) führen. Hierfür definieren wir für jedes $x \in \{0,1\}^*$ den Wert $MC(x)$ als die minimale Anzahl von Bits, die die mathematische Community braucht, um $x$ eindeutig zu bestimmen. Wenn wir dann überall in dem Beweis von Satz 5.12 die Kolmogorov-Komplexität $K(x)$ gegen $MC(x)$ austauschen, erhalten wir das Ergebnis, dass $MC(x)$ höchstens für endlich viele Wörter bestimmbar ist.

Was haben wir gelernt? Die Mathematik als Forschungsinstrument hat ihre Grenzen. Wir sehen jetzt, dass wir nicht überprüfen können, ob eine genügend lange Folge von Bits zufällig ist. Nun zeigen wir, dass diese Überlegungen auch Grenzen für die Verifikation von Programmen aufzeigen.

**Satz 5.13.** *Falls für jedes Programm $P$ ein Beweis der Tatsache „$P$ hält auf $\lambda$" oder „$P$ hält nicht auf $\lambda$" existiert, dann gibt es einen Algorithmus zur Bestimmung von $K(x)$ für jedes $x \in \{0,1\}^*$.*

**Aufgabe 5.33.** Beweisen Sie Satz 5.13.

**Aufgabe 5.34.**\* Beweisen Sie unter der Annahme (5.1), dass eine TM $M$ und ein Wort $x \in L(M)$ existieren, so dass es keinen Beweis der Aussage „$x \in L(M)$" gibt.

## 5.8 Zusammenfassung

Die beweistechnischen Grundlagen der Theorie der Berechenbarkeit liegen in der Mengenlehre. Die grundlegenden Konzepte sind

- der Vergleich unendlicher Zahlen,

- die Methode der Diagonalisierung und

- die Methode der Reduktion.

Eine Menge $A$ hat eine Mächtigkeit, die mindestens so groß ist wie die Mächtigkeit einer Menge $B$, wenn eine injektive Abbildung von $B$ nach $A$ existiert. Für jede unendliche Menge $A$ gilt $|A| = |A \times A|$ und daher $|\mathbb{N}| = |\mathbb{Q}^+|$. Die kleinste unendliche Menge ist $\mathbb{N}$, und jede Menge $C$ mit $|C| \leq |\mathbb{N}|$ heißt abzählbar. Jede Menge $B$ mit $|B| > |\mathbb{N}|$ heißt überabzählbar.

Die Menge aller Turingmaschinen (Programme) ist abzählbar, und die Menge aller Sprachen (Probleme) ist nicht abzählbar. Damit sind die meisten Probleme nicht algorithmisch lösbar.

Eine Sprache $L$, die von einer Turingmaschine akzeptiert wird, heißt rekursiv aufzählbar. Eine Sprache $L$ mit $L = L(M)$ für eine TM $M$, die auf jeder Eingabe in $q_{accept}$ oder $q_{reject}$ hält, heißt rekursiv oder auch entscheidbar. Die Diagonalisierungsmethode ermöglicht es uns, eine Sprache $L_{diag}$, Diagonalsprache genannt, zu konstruieren, die nicht rekursiv aufzählbar ist.

Mit Hilfe der Methode der Reduktion kann man zeigen, dass einige Probleme bezüglich Rekursivität mindestens so schwer wie $L_{diag}$ und damit nicht rekursiv sind. Die wichtigsten Beispiele nichtrekursiver Entscheidungsprobleme sind die universelle Sprache und das Halteproblem. Die universelle Sprache enthält alle Wörter, die eine TM $M$ und ein Wort $w$ kodieren mit $w \in L(M)$. Das Halteproblem ist zu entscheiden, ob für eine TM $M$ und ein Wort $w$ die TM $M$ auf $w$ hält.

Der Satz von Rice besagt, dass jedes semantisch nichttriviale Entscheidungsproblem über Turingmaschinen nicht rekursiv ist. Daher gibt es keine Algorithmen zum Testen von Programmen auf Korrektheit und Terminierung. Mit der Methode der Reduktion kann man Beweise der Unentscheidbarkeit auch außerhalb der Welt der Probleme über Turingmaschinen führen. Ein Beispiel hierfür ist das Post'sche Korrespondenzproblem.

Die Motivation, die Entscheidbarkeit und Unentscheidbarkeit zu studieren, stammt ursprünglich von dem bekannten Mathematiker David Hilbert. Anfang des 20. Jahrhunderts formulierte er einen Forschungsplan, dessen Ziel die Entwicklung eines Formalismus war, in dem man alle mathematischen Probleme lösen könnte. Kurt Gödel [Göd31] bewies 1931, dass der Hilbert'sche Plan nicht realisierbar ist, weil jede mathematische Theorie, die mindestens die Prädikatenlogik erster Stufe enthält, unentscheidbar ist. Diese fundamentale Arbeit [Göd31] führte zur Formalisierung des Begriffs Algorithmus und legte die Grundlage der Theorie der Berechenbarkeit.

Die Unentscheidbarkeit der universellen Sprache hat Turing in [Tur36] bewiesen. In [Ric53] veröffentliche Rice den nach ihm benannten Satz. Die Unentscheidbarkeit des Post'schen Korrespondenzproblems wurde von Post in [Pos46] gezeigt.

Als weiterführende Literatur über die elementaren Grundlagen der Theorie der Berechenbarkeit hinaus empfehlen wir wärmstens die entsprechenden Kapitel in [HU79, HMU06, Sip97].

Wenn man die EE-Reduktion benutzt, um die Äquivalenz zwischen Problemen bezüglich der Rekursivität zu definieren, zerfällt die Menge der nicht-rekursiven Sprachen in unendlich viele Klassen $\mathcal{L}_i$, $i = 1, 2, \ldots$. Wenn eine Sprache $L$ in $\mathcal{L}_i$ ist, bedeutet dies, dass $L$ unentscheidbar bleiben würde, auch wenn wir für alle unentscheidbaren Probleme aus den Klassen $\mathcal{L}_1, \mathcal{L}_2, \ldots, \mathcal{L}_{i-1}$ Algorithmen hätten. Interessanterweise gibt es praktische Probleme, die in höhere Klassen dieser Hierarchie gehören. Für eine Vertiefung der Theorie der Berechenbarkeit empfehlen wir die klassischen Bücher von Trakhtenbrot [Tra63] und Rogers [Rog67].

## Kontrollaufgaben

1. Erklären Sie das Cantor'sche Konzept zum Vergleich der Mächtigkeiten zweier Mengen. Warum betrachten wir dieses Konzept als natürlich?

2. Was ist der Hauptunterschied zwischen endlichen und unendlichen Mengen? (Oder wie würden Sie eine unendliche Menge definieren?)

3. Wann ist eine Menge abzählbar? Geben Sie mehrere Beispiele abzählbarer Mengen an. Wann ist ein Sprache rekursiv und wann ist sie rekursiv aufzählbar?

4. Warum ergibt das kartesische Produkt zweier abzählbarer Mengen eine abzählbare Menge?

5. Erklären Sie die Diagonalisierungsmethode. Beweisen Sie, dass es Sprachen gibt, die keine endliche Darstellung haben.

6. Die reellen sowie die rationalen Zahlen liegen auf der Zahlenachse. Beide Zahlmengen $\mathbb{Q}$ und $\mathbb{R}$ haben die Eigenschaft, dass zwischen zwei beliebigen Zahlen unendlich viele Zahlen aus dieser entsprechenden Menge liegen. Trotzdem gibt es mehr reelle Zahlen als rationale Zahlen ($|\mathbb{Q}| < |\mathbb{R}|$).
   Wie ist das möglich? Was ist der Hauptunterschied zwischen rationalen und reellen Zahlen bezüglich ihrer Darstellungsmöglichkeiten?

7. Wann sagen wir, dass eine Sprache $L_1$ auf eine Sprache $L_2$ reduzierbar ist? Wie wendet man das Konzept der Reduzierbarkeit an, um zu zeigen, dass eine Sprache nicht rekursiv ist?

8. Sei $f(x) = c$ eine konstante Funktion von $\mathbb{N}$ nach $\mathbb{N}$ für eine Konstante $c \in \mathbb{N}$. Beweisen Sie, dass es für eine gegebene TM (ein gegebenes Programm) nicht entscheidbar ist, ob sie die Funktion $f$ berechnet.

9. Wie baut man eine Instanz des modifizierten Post'schen Korrespondenzproblems für eine gegebene Turingmaschine?

10. Um das erste nichtrekursive Problem zu finden, wendet man üblicherweise die Diagonalisierungsmethode an. Wie kann man dies ohne die Diagonalisierungsmethode erreichen?

11. Die Kolmogorov-Komplexität eines Wortes ist wohldefiniert. Warum kann man sie nicht algorithmisch für jedes Wort bestimmen?

12. Beweisen Sie folgende Aussagen:

    (a) Wenn $L_H \in \mathcal{L}_R$ wäre, dann könnte man für jede Zahl $n \in \mathbb{N}$ die Kolmogorov-Komplexität $K(n)$ bestimmen.

    (b) Falls $L_U$ rekursiv (entscheidbar) wäre, so wäre $K(n)$ für jede Zahl $n \in \mathbb{N}$ algorithmisch berechenbar.

13. Betrachten Sie die Sprache

    $$L_{Kol} = \{(w,x) \mid K(w) \leq \text{Nummer}(x),\ w,x \in \{0,1\}^*\}.$$

    Beweisen Sie, dass $L_{Kol}$ unentscheidbar ist. Ist $L_{Kol}$ rekursiv aufzählbar?

Es gibt keinen größeren Schaden
als verlorene Zeit.

Michelangelo

# 6 Komplexitätstheorie

## 6.1 Zielsetzung

Die Theorie der Berechenbarkeit liefert uns Methoden zur Klassifizierung von Problemen bezüglich ihrer algorithmischen Lösbarkeit. Danach ist ein Problem algorithmisch lösbar, wenn ein Algorithmus zur Lösung dieses Problems existiert, und ein Problem ist algorithmisch unlösbar, wenn kein Algorithmus für dieses Problem existiert.

Die Komplexitätstheorie ist eine Fortsetzung der Theorie der Berechenbarkeit in dem Sinne, dass sie eine feinere Einteilung der Klasse algorithmisch lösbarer Probleme anstrebt. In den sechziger Jahren, als der Einsatz von Rechnern zur Lösung von Problemen nicht mehr nur auf ein paar Forschungsinstitute beschränkt war, stellte man fest, dass alleine die Existenz eines Algorithmus zur Lösung eines Problems noch keine Garantie für eine erfolgreiche rechnerunterstützte Lösung des Problems ist. Es gab viele praxisrelevante, algorithmisch lösbare Probleme, für die alle entworfenen Programme tagelang auf gegebenen Eingaben ohne Erfolg arbeiteten. In solchen Fällen stürzte der Rechner ab, bevor er zu irgendeinem Resultat kam. Dies warf die Frage auf, ob dieser Misserfolg eine Folge unserer Unfähigkeit ist, einen effizienten Ansatz zur Lösung des betrachteten Problems zu finden, oder aber, ob es sich um eine inhärente Eigenschaft des Problems handelt, die keine effiziente algorithmische Lösung des Problems zulässt. Dies führte dazu, dass man anfing, die Schwierigkeit der algorithmisch lösbaren Probleme bezüglich des Rechenaufwandes zu messen, um so die Probleme nach deren Schwierigkeitsgrad zu klassifizieren.

Die Komplexitätstheorie ist die Theorie der quantitativen Gesetze und Grenzen der algorithmischen Informationsverarbeitung. Diese Theorie hat auch eine physikalische Dimension. Zum Beispiel hält man ein lösbares Problem für „praktisch unlösbar", wenn die praktische Ausführung eines Algorithmus zur Lösung des Problems mehr Energie bräuchte, als es im ganzen bekannten Universum gibt. Die Hauptziele der Komplexitätstheorie sind

(i) die Bestimmung der Berechnungskomplexitäten (Zeitkomplexität als die Anzahl der Rechenoperationen, Speicherplatzkomplexität) konkreter Probleme,

(ii) die Spezifikation der Klasse „praktisch" (effizient) lösbarer Probleme und die Entwicklung von Methoden zur Klassifizierung der algorithmisch lösbaren Probleme in „praktisch lösbare" und „praktisch unlösbare" und

(iii) Vergleiche der Effizienz (der Berechnungsstärke) deterministischer, nichtdeterministischer und zufallsgesteuerter (randomisierter) Algorithmen.

In unserer ersten Begegnung mit der Komplexitätstheorie in diesem Kapitel beschränken wir uns auf folgende Zielsetzung. In Abschnitt 6.2 lernen wir, wie man die Komplexitätsmaße in dem Berechnungsmodell der Turingmaschine definiert (d. h., wie man die Komplexität misst) und welche Eigenschaften diese Maße haben. In Abschnitt 6.3 definieren wir die grundlegenden Komplexitätsklassen als Klassen von Sprachen, die mit der gegebenen Komplexität entscheidbar sind. Hier diskutieren wir auch die Spezifikation der Klasse praktisch lösbarer Probleme. In Abschnitt 6.4 zeigen wir, wie man die Komplexität nichtdeterministischer Berechnungen misst, und wir definieren die fundamentalen nichtdeterministischen Komplexitätsklassen. Abschnitt 6.5 ist dem Vergleich der Effizienz deterministischer und nichtdeterministischer Berechnungen gewidmet. Dieser Vergleich berührt die philosophischen Grundlagen der Mathematik. Wir zeigen, dass die Komplexität nichtdeterministischer Berechnungen der Komplexität des deterministischen Verifizierens (Korrektheitsprüfung) eines gegebenen mathematischen Beweises entspricht, und dass die deterministische Komplexität der Komplexität der Erstellung eines mathematischen Beweises entspricht. Damit ist die Frage, ob nichtdeterministische Algorithmen effizienter als die deterministischen Algorithmen sein können, äquivalent zu der Frage, ob es einfacher ist, mathematische Beweise algorithmisch zu verifizieren als sie algorithmisch herzustellen. Abschnitt 6.6 stellt das Konzept der NP-Vollständigkeit vor, das uns eine Methode zum Beweisen eines gewissen Schwierigkeitsgrades konkreter Probleme bezüglich praktischer Lösbarkeit liefert.

## 6.2 Komplexitätsmaße

Zur Definition der Komplexitätsmaße benutzen wir das Modell der Mehrband-Turingmaschine. Die Gründe dafür sind, dass dieses Berechnungsmodell einerseits einfach genug ist und andererseits dem grundlegenden Rechnermodell der von-Neumann-Maschine entspricht. Wie wir später sehen werden, ist das Modell der Mehrband-Turingmaschine für die Komplexitätsmessung robust genug in dem Sinne, dass die fundamentalen Resultate über die derart definierte Komplexität auch für die Komplexität der Ausführung von Programmen in beliebigen Programmiersprachen gültig sind. Damit sind sie insbesondere von allgemeiner Gültigkeit für die Klassifizierung von Problemen in „praktisch lösbare" und „praktisch unlösbare" Probleme.

Hier definieren wir zwei grundlegende Komplexitätsmaße: die Zeitkomplexität und die Speicherplatzkomplexität. Die Zeitkomplexität einer Berechnung entspricht der Anzahl der elementaren Operationen, die in dieser Berechnung ausgeführt werden. Damit steht sie in linearer Beziehung zu der Energie, die die Ausführung der Berechnung auf einem Rechner kosten würde. Die Speicherplatzkomplexität ist die Größe des benutzten Speichers, ausgedrückt in der Anzahl der gespeicherten Rechnerwörter. In den auf Turingmaschinen basierenden Modellen bestimmt das Arbeitsalphabet die Größe des Rechnerwortes, weil die

Symbole des Arbeitsalphabetes genau die erlaubten Inhalte der Rechnerwörter darstellen.

**Definition 6.1.** *Sei $M$ eine Mehrband-Turingmaschine oder TM, die immer hält. Sei $\Sigma$ das Eingabealphabet von $M$. Sei $x \in \Sigma^*$ und sei $D = C_1, C_2, \ldots, C_k$ die Berechnung von $M$ auf $x$. Dann ist die **Zeitkomplexität** $\mathrm{Time}_M(x)$ der Berechnung von $M$ auf $x$ definiert durch*

$$\mathrm{Time}_M(x) = k - 1,$$

*also durch die Anzahl der Berechnungsschritte in $D$.*

*Die **Zeitkomplexität von $M$** ist die Funktion $\mathrm{Time}_M : \mathbb{N} \to \mathbb{N}$, definiert durch*

$$\mathrm{Time}_M(n) = \max\{\mathrm{Time}_M(x) \mid x \in \Sigma^n\}.$$

Wir bemerken, dass $\mathrm{Time}_M(n)$ für jedes $n \in \mathbb{N}$ die minimale Zeitkomplexität ist, mit der $M$ jede Probleminstanz der Länge $n$ löst. Anders ausgedrückt ist $\mathrm{Time}_M(n)$ die Zeitkomplexität der längsten Berechnung auf Eingaben der Länge $n$ (auf der „schwersten" Probleminstanz aus $\Sigma^n$). Deswegen nennt man diese Art der Komplexitätsmessung *„die Komplexität im schlechtesten Fall"*. Eine andere Möglichkeit wäre zum Beispiel, die durchschnittliche Komplexität auf Wörtern der Länge $n$ zu betrachten. Die zwei Hauptgründe für die Art der Messung aus Definition 6.1 sind folgende. Man will in vielen Fällen eine maximale Sicherheit haben, und die Komplexität im schlechtesten Fall gibt uns die Garantie, dass jede Eingabe (Probleminstanz) der Größe $n$ durch $M$ in $\mathrm{Time}_M(n)$ gelöst wird. Der andere praktische Grund ist, dass die Analyse der Komplexität eines Algorithmus im schlechtesten Fall meist einfacher ist als eine Komplexitätsanalyse im durchschnittlichen Fall. Wir werden uns deswegen in diesem Buch auf die Komplexität im schlechtesten Fall beschränken.

**Definition 6.2.** *Sei $k \in \mathbb{N} - \{0\}$. Sei $M$ eine $k$-Band-Turingmaschine, die immer hält. Sei*

$$C = (q, x, i, \alpha_1, i_1, \alpha_2, i_2, \ldots, \alpha_k, i_k)$$
$$\text{mit } 0 \leq i \leq |x| + 1 \text{ und } 0 \leq i_j \leq |\alpha_j| \text{ für } j = 1, \ldots, k$$

*eine Konfiguration von $M$. Die **Speicherplatzkomplexität von $C$** ist*[1]

$$\mathrm{Space}_M(C) = \max\{|\alpha_i| \mid i = 1, \ldots, k\}.$$

*Sei $C_1, C_2, \ldots, C_l$ die Berechnung von $M$ auf $x$. Die **Speicherplatzkomplexität von $M$ auf $x$** ist*

$$\mathrm{Space}_M(x) = \max\{\mathrm{Space}_M(C_i) \mid i = 1, \ldots, l\}.$$

*Die **Speicherplatzkomplexität von $M$** ist die Funktion $\mathrm{Space}_M : \mathbb{N} \to \mathbb{N}$, definiert durch*

$$\mathrm{Space}_M(n) = \max\{\mathrm{Space}_M(x) \mid x \in \Sigma^n\}.$$

---

[1]Man bemerke, dass die Speicherplatzkomplexität nicht von der Länge des Eingabewortes $x$ abhängt.

Es könnte überraschen, dass wir die Speicherplatzkomplexität einer Konfiguration als die maximale beschriftete Länge eines Arbeitsbandes statt der Summe der beschrifteten Längen aller Arbeitsbänder definiert haben. Im Prinzip ist es egal, welche der beiden Möglichkeiten man zur Definition der Speicherplatzkomplexität verwendet. Lemma 4.2 sagt uns, dass man $k$ Bänder mit einem Band simulieren kann. Dabei ist die beschriftete Länge des Bandes genau das Maximum der beschrifteten Längen der simulierten Bänder.[2] Diese Beobachtung führt uns zur folgenden Aussage.

**Lemma 6.1.** *Sei $k$ eine positive ganze Zahl. Für jede $k$-Band-TM $A$, die immer hält, existiert eine äquivalente 1-Band-TM $B$, so dass*

$$\text{Space}_B(n) \leq \text{Space}_A(n).$$

Der Grund für diese Eigenschaft der Speicherplatzkomplexität ist, dass die Mächtigkeit des Arbeitsalphabetes von $M$ (die Länge der Rechnerwörter) keinen Einfluss auf $\text{Space}_M(n)$ hat. Daher ist diese Definition nicht zur Untersuchung von Unterschieden in der Größe eines konstanten multiplikativen Faktors geeignet.

**Lemma 6.2.** *Sei $k$ eine positive ganze Zahl. Für jede $k$-Band-TM $A$ existiert eine $k$-Band-TM $B$ so, dass $L(A) = L(B)$ und*

$$\text{Space}_B(n) \leq \frac{\text{Space}_A(n)}{2} + 2.$$

*Beweis.* Wir liefern nur die Idee des Beweises. Sei $\Gamma_A$ das Arbeitsalphabet von $A$. Wir konstruieren das Arbeitsalphabet $\Gamma_B$ von $B$, so dass $\Gamma_B$ alle Symbole aus $\Gamma_A \times \Gamma_A$ enthält. Wenn $\alpha_1, \alpha_2, \ldots, \alpha_m$ der Inhalt des $i$-ten Bandes von $A$ ist, $i \in \{1, 2, \ldots, k\}$, und der Kopf auf $\alpha_j$ zeigt, enthält das $i$-te Band von $B$ das Wort

$$\mathcal{C} \begin{pmatrix} \alpha_1 \\ \alpha_2 \end{pmatrix} \begin{pmatrix} \alpha_3 \\ \alpha_4 \end{pmatrix} \cdots \begin{pmatrix} \alpha_{m-1} \\ \alpha_m \end{pmatrix}$$

der Länge $\frac{m}{2} + 1$, falls $m$ gerade ist, und

$$\mathcal{C} \begin{pmatrix} \alpha_1 \\ \alpha_2 \end{pmatrix} \begin{pmatrix} \alpha_3 \\ \alpha_4 \end{pmatrix} \cdots \begin{pmatrix} \alpha_m \\ \sqcup \end{pmatrix}$$

der Länge $\frac{m+1}{2} + 1 \leq \frac{m}{2} + 2$, falls $m$ ungerade ist. Der Kopf des Bandes zeigt auf das Tupel, das $\alpha_i$ enthält,[3] und in dem Zustand speichert $B$, auf welches der zwei Symbole in dem Tupel der Kopf auf dem $i$-ten Band von $A$ zeigt. Offensichtlich ist es für $B$ kein Problem, die Schritte von $A$ einen nach dem anderen zu simulieren, und die Speicherplatzkomplexität von $B$ ist höchstens $\text{Space}_A(n)/2 + 2$. □

---

[2] Genau genommen muss man wegen des neuen Randsymbols $\mathcal{C}$ die Speicherplatzkomplexität um 1 erhöhen. Dies kann man jedoch umgehen, indem man die Simulation aus dem Beweis von Lemma 4.2 leicht modifiziert und $\mathcal{C}$ in das erste Symbol auf dem Arbeitsband integriert.

[3] Dies ist $\begin{pmatrix} \alpha_i \\ \alpha_{i+1} \end{pmatrix}$, falls $i$ ungerade, und $\begin{pmatrix} \alpha_{i-1} \\ \alpha_i \end{pmatrix}$, falls $i$ gerade ist.

Durch iterative Anwendung von Lemma 6.2 ist es möglich, für jede Konstante $d$ und jede Mehrband-Turingmaschine $M$ eine äquivalente Mehrband-Turingmaschine zu bauen, die eine $d$-mal kleinere Speicherplatzkomplexität als $M$ hat.

Die Situation bei der Zeitkomplexität ist ähnlich. Bei ihrer Messung geht die Größe des Arbeitsalphabetes auch nicht ein. Transitionen über mächtigen Alphabeten entsprechen aber zweifellos komplizierteren Operationen als Transitionen über kleineren Alphabeten. Dies führt auch zu der Möglichkeit, die Arbeit von Mehrband-Turingmaschinen um einen konstanten Faktor zu beschleunigen, wie es in der folgenden Aufgabe formuliert wird.

**Aufgabe 6.1.** Beweisen Sie die folgende Behauptung:
Sei $M$ eine Mehrband-Turingmaschine, die immer hält. Dann existiert eine zu $M$ äquivalente Mehrband-Turingmaschine $A$ mit

$$\text{Time}_A(n) \leq \frac{\text{Time}_M(n)}{2} + 2n.$$

Die Aussagen von Lemma 6.2 und Aufgabe 6.1 zeigen, dass die vorgestellte Art der Komplexitätsmessung relativ grob ist. Für unsere Ziele entsteht dadurch kein Nachteil, weil die Unterschiede zwischen den Komplexitätsmaßen unterschiedlicher Berechnungsmodelle oft sogar größer sind, als man durch einen konstanten Faktor ausdrücken kann, und wir primär an Resultaten interessiert sind, die für alle vernünftigen Maschinenmodelle gelten. Deswegen ist uns das asymptotische Verhalten der Funktionen $\text{Time}_M$ und $\text{Space}_M$ wichtiger als eine genaue Bestimmung ihrer Funktionswerte. Für die asymptotische Analyse von Komplexitätsfunktionen benutzen wir die übliche $\Omega$-, $O$-, $\Theta$- und o-Notation.

**Definition 6.3.** *Für jede Funktion $f: \mathbb{N} \to \mathbb{R}^+$ definieren wir*

$$O(f(n)) = \{r: \mathbb{N} \to \mathbb{R}^+ \mid \exists n_0 \in \mathbb{N}, \exists c \in \mathbb{N}, \text{ so dass}$$
$$\text{für alle } n \geq n_0: r(n) \leq c \cdot f(n)\}.$$

*Für jede Funktion $r \in O(f(n))$ sagen wir, dass $r$ **asymptotisch nicht schneller wächst als $f$**.*

*Für jede Funktion $g: \mathbb{N} \to \mathbb{R}^+$ definieren wir*

$$\Omega(g(n)) = \{s: \mathbb{N} \to \mathbb{R}^+ \mid \exists n_0 \in \mathbb{N}, \exists d \in \mathbb{N}, \text{ so dass}$$
$$\text{für alle } n \geq n_0: s(n) \geq \frac{1}{d} \cdot g(n)\}.$$

*Für jede Funktion $s \in \Omega(g(n))$ sagen wir, dass $s$ **asymptotisch mindestens so schnell wächst wie $g$**.*

*Für jede Funktion $h: \mathbb{N} \to \mathbb{R}^+$ definieren wir*

$$\Theta(h(n)) = \{q: \mathbb{N} \to \mathbb{R}^+ \mid \exists c, d, n_0 \in \mathbb{N}, \text{ so dass für alle } n \geq n_0:$$
$$\frac{1}{d} \cdot h(n) \leq q(n) \leq c \cdot h(n)\}.$$
$$= O(h(n)) \cap \Omega(h(n)).$$

*Falls $g \in \Theta(h(n))$ sagen wir, dass $g$ und $h$ **asymptotisch gleich schnell wachsen**.*

*Seien f und g zwei Funktionen von* $\mathbb{N}$ *nach* $\mathbb{R}^+$. *Falls*

$$\lim_{n \to \infty} \frac{f(n)}{g(n)} = 0,$$

*dann sagen wir, dass* **g asymptotisch schneller wächst als f** *und wir schreiben* $f(n) = o(g(n))$.

**Aufgabe 6.2.** Welche der folgenden Aussagen sind korrekt? Begründen Sie Ihre Antwort.

(a) $2^n \in \Theta(2^{n+a})$ für jede positive Konstante $a \in \mathbb{N}$,

(b) $2^{b \cdot n} \in \Theta(2^n)$ für jede positive Konstante $b \in \mathbb{N}$,

(c) $\log_b n \in \Theta(\log_c n)$ für alle reellen Zahlen $b, c > 1$,

(d) $(n + 1)! \in O(n!)$,

(e) $\log(n!) \in \Theta(n \cdot \log n)$.

**Aufgabe 6.3.** Beweisen Sie für alle Funktionen $f$ und $g \colon \mathbb{N} \to \mathbb{R}^+$, dass folgende Aussagen gelten:

(a) $f \in O(g)$ und $g \in O(h)$ impliziert $f \in O(h)$,

(b) $f \in O(g) \iff g \in \Omega(f)$,

(c) $f \in \Theta(g) \iff g \in \Theta(f) \iff \Theta(f) = \Theta(g)$.

Betrachten wir jetzt die TM $M$ aus Abbildung 4.5, die die Sprache $L_{\text{Mitte}}$ akzeptiert. $M$ läuft vom linken bis zum rechten Rand des Bandes und zurück und bewegt dabei den linken Rand ein Feld nach rechts und den rechten Rand ein Feld nach links. Auf diese Weise bestimmt $M$ das mittlere Feld. Die Zeitkomplexität $\text{Time}_M$ von $M$ ist offensichtlich in $O(n^2)$.

**Aufgabe 6.4.** Bestimmen Sie für die TM aus Abbildung 4.5 $\text{Time}_M(n)$ genau.

**Aufgabe 6.5.** Entwerfen Sie eine 1-Band-Turingmaschine $B$ mit $L(B) = L_{\text{Mitte}}$ und $\text{Time}_B(n) \in O(n)$.

**Aufgabe 6.6.** Analysieren Sie asymptotisch die Zeitkomplexität der TM $A$ aus Abbildung 4.6, die die Sprache $L_{\mathcal{P}}$ akzeptiert.

Die 1-Band-Turingmaschine $A$ aus Abbildung 4.10 akzeptiert die Sprache $L_{\text{gleich}} = \{w \# w \mid w \in (\Sigma_{\text{bool}})^*\}$, indem das Präfix des Eingabewortes bis zum $\#$ auf das Arbeitsband kopiert und dann der Inhalt des Arbeitsbandes mit dem Suffix des Eingabewortes nach dem $\#$ verglichen wird. Offensichtlich ist $\text{Time}_A(n) \leq 3 \cdot n \in O(n)$ und $\text{Space}_M(n) \in O(n)$.

**Aufgabe 6.7.** Entwerfen Sie eine 3-Band-Turingmaschine $M$ mit den Eigenschaften $L(M) = L_{\text{gleich}}$, $\text{Time}_M(n) \in O(\frac{n^2}{\log_2 n})$ und $\text{Space}_M(n) \in O(\log_2 n)$.

Bis jetzt haben wir die Zeitkomplexität und die Speicherplatzkomplexität von Mehrband-Turingmaschinen definiert. Was uns aber primär interessiert, ist die Komplexität von Problemen, um sie nach dieser Komplexität klassifizieren zu können. Intuitiv würde man gerne sagen, dass die Zeitkomplexität eines Problems $U$ der Zeitkomplexität einer asymptotisch optimalen MTM $M$ (eines optimalen Algorithmus) für $U$ entspricht. Unter der (asymptotischen) Optimalität von $M$ versteht man, dass für jede MTM $A$, die $U$ löst, $\mathrm{Time}_A(n) \in \Omega(\mathrm{Time}_M(n))$ gilt (d. h., es existiert keine MTM für $U$, die asymptotisch besser ist als $M$). Die Idee wäre also, die Komplexität eines Problems als die Komplexität des „besten" Algorithmus für dieses Problem zu betrachten. Obwohl diese Idee natürlich und vernünftig aussieht, zeigt folgender Satz, dass man sie nicht zur Definition der Komplexität im Allgemeinen benutzen kann. Wegen des hohen Schwierigkeitsgrades verzichten wir auf einen Beweis.

**Satz 6.1.** *Es existiert ein Entscheidungsproblem* $(\Sigma_{\mathrm{bool}}, L)$*, so dass für jede MTM* $A$*, die* $(\Sigma_{\mathrm{bool}}, L)$ *entscheidet, eine MTM* $B$ *existiert, die auch* $(\Sigma_{\mathrm{bool}}, L)$ *entscheidet, und für die gilt*

$$\mathrm{Time}_B(n) \leq \log_2(\mathrm{Time}_A(n))$$

*für unendlich viele* $n \in \mathbb{N}$*.*

Satz 6.1 besagt, dass es Probleme gibt, für die man jeden gegebenen Algorithmus für dieses Problem wesentlich verbessern kann.[4] Dies bedeutet, dass für solche Probleme keine optimalen Algorithmen existieren und man deshalb für diese Probleme die Komplexität nicht in dem oben beschriebenen Sinne definieren kann. Deswegen spricht man in der Komplexitätstheorie nur über obere und untere Schranken für die Komplexität eines Problems im Sinne der folgenden Definition.

**Definition 6.4.** *Sei $L$ eine Sprache. Seien $f$ und $g$ zwei Funktionen von $\mathbb{N}$ nach $\mathbb{R}^+$. Wir sagen, dass $O(g(n))$ eine **obere Schranke für die Zeitkomplexität von $L$** ist, falls eine MTM $A$ existiert, so dass $A$ die Sprache $L$ entscheidet und $\mathrm{Time}_A(n) \in O(g(n))$.*
*Wir sagen, dass $\Omega(f(n))$ eine **untere Schranke für die Zeitkomplexität von $L$** ist, falls für jede MTM $B$, die $L$ entscheidet, $\mathrm{Time}_B(n) \in \Omega(f(n))$.*
*Eine MTM $C$ heißt **optimal für $L$**, falls $\mathrm{Time}_C(n) \in O(f(n))$ gilt und $\Omega(f(n))$ eine untere Schranke für die Zeitkomplexität von $L$ ist.*

Die Bestimmung einer oberen Schranke für die Zeitkomplexität eines Problems ist meistens nicht sehr schwer, weil es hinreichend ist, einen Algorithmus zur Lösung des Problems zu finden. Eine nichttriviale untere Schranke für die Komplexität konkreter Probleme zu beweisen, gehört zu den technisch schwierigsten Aufgaben der Informatik, weil dies einen Beweis der Nichtexistenz eines effizienten Algorithmus für das betrachtete Problem erfordert. Wie schwer diese Aufgabe ist, kann man damit illustrieren, dass wir tausende Probleme kennen, für die die besten bekannten Algorithmen exponentielle Zeitkomplexität bezüglich der Eingabelänge haben, aber die höchsten uns bekannten unteren Schranken für diese Probleme auf Mehrband-Turingmaschinen nur $\Omega(n)$ sind.
Wir haben jetzt die Messung der Komplexität für das Studium der abstrakten Komplexitätstheorie vorgestellt. Am Ende dieses Abschnitts diskutieren wir noch die Arten der Messung der Komplexität von konkreten Programmen (Algorithmen). Wir unterscheiden

---

[4]Man bemerke, dass diese Verbesserungsmöglichkeit nach Satz 6.1 zu einer unendlichen Folge von Verbesserungen führt.

zwei fundamentale Arten der Messung – die **Messung mit uniformem Kostenmaß** und die **Messung mit logarithmischem Kostenmaß**. Die Messung mit dem uniformen Kostenmaß ist eine grobe Messung. Die Zeitkomplexität ist einfach die Anzahl der durchgeführten Basisoperationen wie arithmetische Operationen und Zahlenvergleiche, und die Speicherplatzkomplexität entspricht der Anzahl der benutzten Variablen. Dies bedeutet, dass der Preis jeder Operation 1 ist, unabhängig von der Größe der Operanden. Der Hauptvorteil der Messung mit dem uniformen Kostenmaß liegt in ihrer Einfachheit. Diese Messung ist auch angemessen, wenn in der Berechnung die Operanden die Größe eines Rechnerwortes nicht überschreiten. Falls aber die Operandengröße während der Berechnung wächst, entspricht die Messung nicht mehr dem realen Rechenaufwand. Wir illustrieren dies an folgendem Beispiel. Seien $a \geq 2$ und $k$ zwei positive ganze Zahlen. Die Aufgabe ist, $a^{2^k}$ zu bestimmen. Dies kann man mit dem Programm

    for $i = 1$ to $k$ do $a := a \cdot a$

berechnen. Das Programm berechnet tatsächlich mit den folgenden $k$ Multiplikationen

$$a^2 := a \cdot a, \ a^4 = a^2 \cdot a^2, \ a^8 = a^4 \cdot a^4, \ \ldots, \ a^{2^k} = a^{2^{k-1}} \cdot a^{2^{k-1}}$$

den Wert $a^{2^k}$. Bei der Messung mit uniformem Kostenmaß ist die Speicherplatzkomplexität also 3 und die Zeitkomplexität $O(k)$. Wir brauchen aber real mindestens $2^k$ Bits, um das Resultat zu speichern und mindestens $\Omega(2^k)$ Operationen über Rechnerwörtern (Zahlen mit binärer Darstellung der Länge 64 oder 32) fester Größe, um die Berechnung auf einem Rechner zu realisieren. Weil diese Überlegung für jedes $k$ stimmt, bekommen wir einen exponentiellen Unterschied zwischen der uniformen Komplexität und der tatsächlichen Berechnungskomplexität.

Wenn die Größe der Operanden in den betrachteten Berechnungen wachsen kann, benutzt man die Messung mit dem logarithmischen Kostenmaß, die eine sehr genaue Messung auf der Ebene von Bits ist. Die Kosten einer Operation misst man als die Summe der Längen der binären Darstellungen der in den Operationen vorkommenden Operanden, und die Zeitkomplexität einer Berechnung ist die Summe der Preise der in der Berechnung durchgeführten Operationen. Die Speicherplatzkomplexität ist die Summe der Darstellungslängen der Inhalte der benutzten Variablen. Die Messung mit logarithmischem Kostenmaß ist immer realistisch, sie kann nur manchmal sehr aufwendig sein.

## 6.3 Komplexitätsklassen und die Klasse P

Für die Definition von Komplexitätsklassen benutzen wir das Modell der Mehrband-Turingmaschine. Wir betrachten hier Komplexitätsklassen nur als Sprachklassen, also als Mengen von Entscheidungsproblemen.

**Definition 6.5.** *Für alle Funktionen* $f$, $g$ *von* $\mathbb{N}$ *nach* $\mathbb{R}^+$ *definieren wir*

$$\mathbf{TIME}(f) = \{L(B) \mid B \text{ ist eine MTM mit } \mathrm{Time}_B(n) \in O(f(n))\},$$

$$\mathbf{SPACE}(g) = \{L(A) \mid A \text{ ist eine MTM mit } \mathrm{Space}_A(n) \in O(g(n))\},$$

$$\mathbf{DLOG} = \mathrm{SPACE}(\log_2 n),$$

$$\mathbf{P} = \bigcup_{c \in \mathbb{N}} \mathrm{TIME}(n^c),$$

$$\mathbf{PSPACE} = \bigcup_{c \in \mathbb{N}} \mathrm{SPACE}(n^c) \ und$$

$$\mathbf{EXPTIME} = \bigcup_{d \in \mathbb{N}} \mathrm{TIME}(2^{n^d}).$$

Im Folgenden beschäftigen wir uns mit den grundlegenden Beziehungen zwischen den Komplexitätsklassen und den Eigenschaften der Zeitkomplexität und der Speicherplatzkomplexität.

**Lemma 6.3.** *Für jede Funktion* $t \colon \mathbb{N} \to \mathbb{R}^+$ *gilt*

$$\mathrm{TIME}(t(n)) \subseteq \mathrm{SPACE}(t(n)).$$

*Beweis.* Jede MTM $M$, die in der Zeit $\mathrm{Time}_M(n)$ arbeitet, kann nicht mehr als $\mathrm{Time}_M(n)$ Felder eines Arbeitsbandes beschriften. Also gilt $\mathrm{Space}_M(n) \leq \mathrm{Time}_M(n)$ für jede MTM $M$.                                                                    $\square$

**Korollar 6.1.** $\mathrm{P} \subseteq \mathrm{PSPACE}$.

Für die anderen Vergleiche brauchen wir den Begriff der konstruierbaren Funktionen. Die Idee dabei ist, Mehrband-Turingmaschinen zu bauen, die auf sich selbst aufpassen in dem Sinne, dass sie gewisse Komplexitätsschranken in keiner ihrer Berechnungen überschreiten.

**Definition 6.6.** *Eine Funktion* $s \colon \mathbb{N} \to \mathbb{N}$ *heißt **platzkonstruierbar**, falls eine 1-Band-TM $M$ existiert, so dass*

(i) $\mathrm{Space}_M(n) \leq s(n)$ *für alle* $n \in \mathbb{N}$ *und*

(ii) *für jede Eingabe* $0^n$, $n \in \mathbb{N}$, *generiert* $M$ *das Wort* $0^{s(n)}$ *auf ihrem Arbeitsband und hält in* $q_{\mathrm{accept}}$.

*Eine Funktion* $t \colon \mathbb{N} \to \mathbb{N}$ *heißt **zeitkonstruierbar**, falls eine MTM $A$ existiert, so dass*

(i) $\mathrm{Time}_A(n) \in O(t(n))$ *und*

(ii) *für jede Eingabe* $0^n$, $n \in \mathbb{N}$, *generiert* $A$ *das Wort* $0^{t(n)}$ *auf dem ersten Arbeitsband und hält in* $q_{\mathrm{accept}}$.

Die meisten gewöhnlichen monotonen Funktionen mit $f(n) \geq \log_2(n+1)$ $(f(n) \geq n)$ sind platzkonstruierbar (zeitkonstruierbar). Zum Beispiel kann eine 1-Band-TM $A$ die Funktion $\lceil \log_2(n+1) \rceil$ wie folgt konstruieren. $A$ liest einmal $0^n$ auf dem Eingabeband von links nach rechts und speichert dabei auf dem Arbeitsband jeweils die binäre Darstellung der aktuellen Position des Kopfes auf dem Eingabeband, indem $A$ für jede Bewegung um ein Feld nach rechts auf dem Eingabeband zu dem Inhalt des Arbeitsbandes eine Eins addiert. Wenn der Kopf auf dem Eingabeband das \$-Symbol erreicht, dann hat der beschriftete Teil des Arbeitsbandes die Länge $\lceil \log_2(n+1) \rceil$. Wenn man dann alle Einsen auf dem Arbeitsband durch Nullen ersetzt, enthält das Arbeitsband das Wort $0^{\lceil \log_2(n+1) \rceil}$.

Wir beobachten, dass die Benutzung einer 1-Band-TM $M$ in der Definition der Platzkonstruierbarkeit unwesentlich ist, weil jede MTM mit der gleichen Speicherplatzkomplexität durch eine 1-Band-TM simuliert werden kann. Eine MTM $M$ kann die Funktion $\lceil \sqrt{n} \rceil$ wie folgt konstruieren. $M$ versucht auf einer Eingabe $0^i$ für $i = 1, 2, \ldots$ festzustellen, ob $i^2 \leq n < (i+1)^2$. Für ein festes $i$ kann die Überprüfung wie folgt laufen. Das erste und das zweite Band enthalten $0^i$. Dann bewegt man den Kopf auf dem Eingabeband $i \cdot i$-mal nach rechts, um festzustellen, ob $i \cdot i > n$ ist. Diese $i \cdot i$ Schritte nach rechts auf dem Eingabeband realisiert man wie folgt. Der Kopf auf dem Eingabeband und der Kopf auf dem ersten Band bewegen sich immer simultan nach rechts, der Kopf auf dem zweiten Band bleibt stehen. Wenn der Kopf auf dem ersten Band das Symbol $\sqcup$ erreicht, geht er zurück an den linken Rand des Bandes und der Kopf auf dem zweiten Band geht einen Schritt nach rechts. Damit macht der Kopf auf dem Eingabeband so viele Schritte nach rechts, dass dies dem Produkt der Inhaltslängen der beiden Arbeitsbänder entspricht.

**Aufgabe 6.8.** Beschreiben Sie in Form von Diagrammen die zwei oben beschriebenen Mehrband-Turingmaschinen zur Konstruktion der Funktionen $\lceil \log_2(n+1) \rceil$ und $\lceil \sqrt{n} \rceil$.

Offensichtlich funktioniert die Idee der Multiplikation der Inhaltslängen von zwei Bändern auch, um zu zeigen, dass die Funktion $f(n) = n^q$ für ein beliebiges $q \in \mathbb{N}$ zeitkonstruierbar ist.

**Aufgabe 6.9.** Beweisen Sie, dass folgende Funktionen platzkonstruierbar sind:

(a) $\lceil \sqrt{n} \rceil^q$ für jede positive ganze Zahl $q$,

(b) $\lceil n^{\frac{1}{3}} \rceil$,

(c) $\lceil n^{\frac{q}{2}} \rceil$ für jede positive ganze Zahl $q \geq 2$,

(d) $2^n$.

**Aufgabe 6.10.** Zeigen Sie, dass folgende Funktionen zeitkonstruierbar sind:

(a) $n^j$ für jedes $j \in \mathbb{N} - \{0\}$,

(b) $c \cdot n$ für jedes $c \in N - \{0\}$,

(c) $2^n$,

(d) $c^n$ für jedes $c \in \mathbb{N} - \{0, 1\}$.

**Aufgabe 6.11.** Beweisen Sie die folgende Aussage: Wenn $s(n)$ und $t(n)$ zwei platzkonstruierbare (zeitkonstruierbare) Funktionen sind, dann ist auch die Funktion $t(n) \cdot s(n)$ platzkonstruierbar (zeitkonstruierbar).

Das nächste Lemma zeigt, dass es für jede platzkonstruierbare Funktion ausreicht, eine MTM $M$ mit $L(M) = L$ mit $s(n)$-platzbeschränkten Berechnungen auf allen Eingaben aus $L$ zu konstruieren, um die Existenz einer MTM $A$ zu garantieren, die ebenfalls $L$ akzeptiert und auf allen Eingaben (also auch auf Wörtern aus $L^{\complement}$) die Schranke $s(n)$ für die Platzkomplexität einhält.

**Lemma 6.4.** *Sei $s\colon \mathbb{N} \to \mathbb{N}$ eine platzkonstruierbare Funktion. Sei $M$ eine MTM mit* $\mathrm{Space}_M(x) \leq s(|x|)$ *für alle $x \in L(M)$. Dann existiert eine MTM $A$ mit $L(A) = L(M)$ und*

$$\mathrm{Space}_A(n) \leq s(n),$$

*d. h., es gilt $\mathrm{Space}_A(y) \leq s(|y|)$ für alle $y$ über dem Eingabealphabet von $M$.*

*Beweis.* Sei $M$ eine $k$-Band-TM für ein $k \in \mathbb{N} - \{0\}$ mit $\mathrm{Space}_M(x) \leq s(|x|)$ für alle $x \in L(M)$. Sei $B$ eine 1-Band-TM, die $s$ konstruiert. Wir konstruieren eine $(k + 1)$-Band-TM $A$, die auf jeder Eingabe $x$ folgendermaßen arbeitet.

(i) $A$ interpretiert $x$ als $0^{|x|}$ und simuliert die Arbeit von $B$ auf $0^{|x|}$ auf dem $(k+1)$-ten Arbeitsband. Die Simulation endet damit, dass das Wort $0^{s(|x|)}$ auf das $(k+1)$-te Band geschrieben wird.

(ii) $A$ schreibt ein spezielles Symbol $\# \notin \Gamma_M$ auf die $s(|x|)$-te Position von allen Arbeitsbändern. Dieses Symbol darf $A$ nicht löschen. Falls $A$ an dieser Position ein Symbol $X$ schreiben will, schreibt sie stattdessen das Symbol $\binom{X}{\#}$, sodass die Markierung des rechten Randes erhalten bleibt.

(iii) $A$ simuliert schrittweise die Arbeit von $M$ auf $x$ mit den ersten $k$ Bändern. Falls $M$ versucht, ein Feld rechts von $\#$ auf einem der $k$ Arbeitsbändern zu betreten, beendet $A$ seine Berechnung in $q_{\mathrm{reject}}$. Falls $M$ hält, hält $A$ auch in einem Zustand mit derselben Bedeutung.

Offensichtlich ist $\mathrm{Space}_A(z) \leq s(|z|)$ für alle Eingaben $z$. Wir zeigen jetzt, dass $L(A) = L(M)$.

Falls $x \in L(M)$, dann gilt $\mathrm{Space}_M(x) \leq s(|x|)$. Daher simuliert $A$ die ganze Berechnung von $M$ auf $x$ und endet in $q_{\mathrm{accept}}$. Also $x \in L(A)$.

Wenn $y \notin L(M)$, unterscheiden wir zwei Fälle. Falls $\mathrm{Space}_M(y) \leq s(|y|)$, dann simuliert $A$ die ganze Berechnung von $M$ auf $y$ und akzeptiert dadurch $y$ nicht. Falls $\mathrm{Space}_M(y) > s(|y|)$, dann bricht $A$ die Simulation der Berechnung von $M$ auf $y$ in dem Augenblick ab, in dem $M$ mehr als $s(|y|)$ Speicherzellen auf einem Arbeitsband nutzen möchte. Nach der Unterbrechung der Simulation geht $A$ in den Zustand $q_{\mathrm{reject}}$ über, also $y \notin L(A)$.  $\square$

Eine zu Lemma 6.4 analoge Behauptung für die Zeitkomplexität gibt das folgende Lemma.

**Lemma 6.5.** *Sei $t\colon \mathbb{N} \to \mathbb{N}$ eine zeitkonstruierbare Funktion. Sei $M$ eine MTM mit* $\mathrm{Time}_M(x) \leq t(|x|)$ *für alle $x \in L(M)$. Dann existiert ein MTM $A$ mit $L(A) = L(M)$ und*

$$\mathrm{Time}_A(n) \in O(t(n)).$$

**Aufgabe 6.12.** Beweisen Sie Lemma 6.5.

Die obigen Lemmata zeigen, dass es für die Definition der Komplexitätsklassen SPACE($s$) und TIME($t$) für eine platzkonstruierbare Funktion $s$ und eine zeitkonstruierbare Funktion $t$ unwesentlich ist, ob man Space$_M$ und Time$_M$ einer TM $M$ als

$$\text{Space}_M(n) = \max\{\text{Space}_M(x) \mid x \in \Sigma^n\} \text{ und}$$
$$\text{Time}_M(n) = \max\{\text{Time}_M(x) \mid x \in \Sigma^n\}$$

oder als

$$\text{Space}_M(n) = \max(\{\text{Space}_M(x) \mid x \in L(M) \text{ und } |x| = n\} \cup \{0\}) \text{ und}$$
$$\text{Time}_M(n) = \max(\{\text{Time}_M(x) \mid x \in L(M) \text{ und } |x| = n\} \cup \{0\})$$

definiert.

Das nächste Resultat zeigt eine wichtige Relation zwischen Speicherplatzkomplexität und Zeitkomplexität.

**Satz 6.2.** *Für jede Funktion $s$ mit $s(n) \geq \log_2 n$ gilt*

$$\text{SPACE}(s(n)) \subseteq \bigcup_{c \in \mathbb{N}} \text{TIME}(c^{s(n)}).$$

*Beweis.* Sei $L \in \text{SPACE}(s(n))$. Nach Lemma 6.1 existiert eine 1-Band-TM $M = (Q, \Sigma, \Gamma, \delta, q_0, q_{\text{accept}}, q_{\text{reject}})$, so dass $L = L(M)$ und $\text{Space}_M(n) \leq d \cdot s(n)$ für eine geeignete Konstante $d$ gelten und $M$ immer hält. Für jede Konfiguration $C = (q, w, i, x, j)$ von $M$ definieren wir die **innere Konfiguration von $C$** als

$$\text{In}(C) = (q, i, x, j).$$

Eine innere Konfiguration enthält nur die Teile der Konfiguration, die sich während einer Berechnung ändern können. Wir haben also den Inhalt $w$ des Eingabebandes ausgelassen, der während der ganzen Berechnung unverändert bleibt. Unsere Idee ist jetzt zu zeigen, dass es keinen Sinn ergibt, länger als die Anzahl aller möglichen inneren Konfigurationen zu arbeiten, weil eine Berechnung in eine Endlosschleife gerät, wenn sie auf einem Wort $w$ zwei gleiche innere Konfigurationen enthält.

Betrachten wir jetzt die Mengen InKonf($n$) aller möglichen inneren Konfigurationen $(q, i, x, j)$ der 1-Band-TM $M$ auf allen Eingabewörtern der Länge $n$. Dann muss $0 \leq i \leq n + 1$, $|x| \leq \text{Space}_M(n) \leq d \cdot s(n)$ und $0 \leq j \leq \text{Space}_M(n) \leq d \cdot s(n)$ gelten. Weil $n + 2 \leq 4^{\log_2 n} \leq 4^{s(n)}$ (für $n \geq 2$) und $\text{Space}_M(n) \leq |\Gamma|^{\text{Space}_M(n)}$ gelten, ist

$$|\text{InKonf}_M(n)| \leq |Q| \cdot (n+2) \cdot |\Gamma|^{\text{Space}_M(n)} \cdot \text{Space}_M(n)$$
$$\leq (\max\{4, |Q|, |\Gamma|\})^{4d \cdot s(n)}$$
$$\leq c^{s(n)}$$

für $c = (\max\{4, |Q|, |\Gamma|\})^{4d}$.

Es ist klar, dass jede Berechnung $D = C_1, C_2, C_3, \ldots$ von $M$ auf einem Wort $w$ mit $|w| = n$, die länger als $|\text{InKonf}_M(n)|$ ist, zwei identische innere Konfigurationen $\text{In}(C_i)$ und $\text{In}(C_j)$ für $i < j$ enthält. Aus der Definition der inneren Konfiguration wissen wir aber, dass dann auch die entsprechenden Konfigurationen $C_i$ und $C_j$ identisch sind. Weil $M$ deterministisch ist, ist

$$D = C_1, \ldots, C_{i-1}, C_i, C_{i+1}, \ldots, C_{j-1}, C_i, C_{i+1}, \ldots, C_{j-1}, C_i \ldots$$

eine unendliche Berechnung mit der endlosen Schleife $C_i, C_{i+1}, \ldots, C_j$. Deswegen hat jede endliche Berechnung von $M$ auf einer Eingabe $w$ höchstens die Länge $|\text{InKonf}_M(|w|)|$. Gemäß der Definition der Speicherplatzklassen sind alle Berechnungen von $M$ endlich. Somit arbeitet $M$ in der Zeitkomplexität $c^{s(n)}$. $\qquad\square$

Im Folgenden zeigen wir, dass Satz 6.2 auch dann gilt, wenn man den $s(n)$-platzbe-schränkten Turingmaschinen unendliche Berechnungen erlauben würde. In diesem Fall müssen wir allerdings voraussetzen, dass $s$ eine platzkonstruierbare Funktion ist. Unter diesen Voraussetzungen bedeutet unsere Beobachtung insbesondere, dass jede akzeptierende Berechnung auf einer Eingabe der Länge $n$ höchstens $|\text{InKonf}_M(n)|$ lang ist.

Jetzt beschreiben wir eine 3-Band-TM $A$ mit $L(A) = L(M)$ und $\text{Time}_A(n) \in O(k^{s(n)})$ für eine Konstante $k$. Für jede Eingabe $w$ arbeitet $A$ wie folgt.

(i) $A$ simuliert die Konstruktion von $s$ und schreibt $0^{s(|w|)}$ auf das erste Arbeitsband.

{Weil eine TM $B$, die $s$ konstruiert, höchstens $s(|w|)$ Felder des Arbeitsbandes benutzt, existiert eine Konstante $d$, so dass $\text{Time}_B(n) \leq d^{s(n)}$ gilt. Damit generiert $A$ das Wort $0^{s(n)}$ auch in der Zeit $d^{s(n)}$.}

(ii) $A$ schreibt $0^{c^{s(|w|)}}$ auf das zweite Band in $c^{s(|w|)}$ Schritten (dabei wird das dritte Arbeitsband als Hilfsspeicher benutzt).

(iii) $A$ simuliert die Arbeit von $M$ auf $w$ Schritt für Schritt auf dem ersten Arbeitsband. Für jeden simulierten Schritt löscht $A$ eine 0 auf dem zweiten Band. Falls alle Nullen auf dem zweiten Band gelöscht worden sind und die Berechnung von $M$ auf $w$ nicht endet, dann hält $A$ in $q_{\text{reject}}$.

Falls $M$ in höchstens $c^{s(|w|)}$ Schritten seine Berechnung auf $w$ beendet, dann endet $A$ entsprechend in $q_{\text{accept}}$ oder $q_{\text{reject}}$.

Wir haben schon bemerkt, dass die Berechnungsphasen (i) und (ii) von $A$ in $O(d^{s(|w|)})$ bzw. $O(c^{s(|w|)})$ Zeit durchführbar sind. Die Phase (iii) von $A$ läuft offensichtlich in Zeit $O(c^{s(|w|)})$, also $\text{Time}_A(n) \in O((\max\{c, d\})^{s(n)})$.

Falls $x \in L(M)$, dann hat die Berechnung von $M$ auf $x$ höchstens die Länge $c^{s(x)}$ und damit akzeptiert $A$ nach erfolgreicher Simulation der Berechnung von $M$ auf $x$ das Wort $x$ auch. Wenn $x \notin L(M)$, dann wird $x$ von $A$ offensichtlich verworfen.

**Korollar 6.2.** DLOG $\subseteq$ P *und* PSPACE $\subseteq$ EXPTIME.

Die Korollare 6.1 und 6.2 ergeben zusammen die folgende fundamentale Hierarchie deterministischer Komplexitätsklassen:

DLOG $\subseteq$ P $\subseteq$ PSPACE $\subseteq$ EXPTIME.

**Tabelle 6.1**

| $n$ | 10 | 50 | 100 | 300 |
|---|---|---|---|---|
| $f(n)$ | | | | |
| $10n$ | 100 | 500 | 1000 | 3000 |
| $2n^2$ | 200 | 5000 | 20000 | 180000 |
| $n^3$ | 1000 | 125000 | 1000000 | 27000000 |
| $2^n$ | 1024 | 16 Ziffern | 31 Ziffern | 91 Ziffern |
| $n!$ | $\approx 3{,}6 \cdot 10^6$ | 65 Ziffern | 158 Ziffern | 615 Ziffern |

Zu den fundamentalsten Resultaten der Komplexitätstheorie gehören die folgenden Hierachiesätze. Die Beweise dieser Sätze basieren auf einer komplizierten Anwendung der Diagonalisierungsmethode, und wir verzichten deshalb auf die Beweise in dieser Einführung.

**Satz 6.3.*** *Seien $s_1$ und $s_2$ zwei Funktionen von $\mathbb{N}$ nach $\mathbb{N}$ mit folgenden Eigenschaften:*

*(i) $s_2(n) \geq \log_2 n$,*

*(ii) $s_2$ ist platzkonstruierbar und*

*(iii) $s_1(n) = o(s_2(n))$.*

*Dann gilt* $\text{SPACE}(s_1) \subsetneq \text{SPACE}(s_2)$.

**Satz 6.4.*** *Seien $t_1$ und $t_2$ zwei Funktionen von $\mathbb{N}$ nach $\mathbb{N}$ mit folgenden Eigenschaften:*

*(i) $t_2$ ist zeitkonstruierbar und*

*(ii) $t_1(n) \cdot \log_2(t_1(n)) = o(t_2(n))$.*

*Dann gilt* $\text{TIME}(t_1) \subsetneq \text{TIME}(t_2)$.

Die Hierarchiesätze zeigen, dass es bezüglich der Komplexität beliebig schwere Probleme gibt. Es gibt zum Beispiel Probleme, die nicht in $\text{TIME}(2^n)$ liegen (d. h., es existiert keine TM, die das Problem in der Zeit $2^n$ lösen kann). Dass man dabei an die Grenze des physikalisch Machbaren stößt, zeigt Tabelle 6.1, die das Wachstum der Funktionen $10n$, $2n^2$, $n^3$, $2^n$ und $n!$ für die Eingabelängen 10, 50, 100 und 300 zeigt. Wenn die Zahlen zu groß sind, geben wir nur die Anzahl der Ziffern ihrer Dezimaldarstellung an.

Setzen wir voraus, dass unser Rechner $10^9$ Operationen in einer Sekunde durchführt. Dann braucht ein Algorithmus $A$ mit $\text{Time}_A(n) = n^3$ nur 27 Millisekunden für die größte Eingabelänge 300. Wenn $\text{Time}_A(n) = 2^n$, dann braucht $A$ schon für die Eingabelänge $n = 50$ mehr als 13 Tage und für $n = 100$ mehr als $4 \cdot 10^{13}$ Jahre. Die geschätzte Anzahl der abgelaufenen Sekunden seit dem Urknall ist eine Zahl mit 21 Dezimalziffern. Wenn man diese physikalische Größe als die Grenze für die Zeit praktisch realisierbarer Berechnungen ansieht, dann sind die Algorithmen mit der Zeitkomplexität $2^n$ und $n!$ nicht praktisch durchführbar für realistische Eingabelängen. Keine lineare Beschleunigung der Rechner durch neue Technologien kann daran etwas ändern, weil die exponentiell wachsenden

Funktionen ihren Funktionswert bei jeder Verlängerung der Eingabelänge um ein einziges Bit vervielfachen.

So wurde klar, dass die Probleme, die nicht unterhalb von TIME($2^n$) liegen, nicht praktisch lösbar sind. Auf diese Weise entstand die fundamentale Zielsetzung der Komplexitätstheorie, die Klasse der praktisch lösbaren Probleme zu spezifizieren und Techniken zur Klassifizierung der Probleme in praktisch lösbare und praktisch unlösbare zu entwickeln. Im Folgenden nennen wir einen Algorithmus $A$ mit Time$_A(n) \in O(n^c)$ für eine Konstante $c$ einen **polynomiellen Algorithmus**.

In den sechziger Jahren haben sich die Informatiker auf folgende Spezifikation[5] geeinigt.

> *Ein Problem ist praktisch lösbar genau dann, wenn ein polynomieller Algorithmus zu seiner Lösung existiert. Die Klasse* P *ist die Klasse der praktisch entscheidbaren Probleme.*

Zu dieser Entscheidung führten im Wesentlichen folgende zwei Gründe.

1. Der erste Grund basiert mehr oder weniger auf einer praktischen Erfahrung. Dass die Probleme, für die kein polynomieller Algorithmus existiert, als praktisch unlösbare Probleme spezifiziert werden sollen, ist aus Tabelle 6.1 ersichtlich. Aber ein Algorithmus mit der polynomiellen Zeitkomplexität $n^{1000}$ ist für realistische Eingabegrößen noch weniger praktisch anwendbar als einer mit der Zeitkomplexität $2^n$. Darf man also ein Problem, für das der beste Algorithmus in der Zeit $n^{1000}$ läuft, als praktisch lösbar einordnen? Die Erfahrung auf dem Gebiet des Algorithmenentwurfs zeigt aber, dass solche Probleme in der Praxis nicht auftreten. Wenn man für ein Problem einen Algorithmus $A$ mit Time$_A(n) \in O(n^c)$ für ein großes $c$ gefunden hat, dann gelingt es fast immer, einen anderen Algorithmus $B$ mit Time$_B(n) \in O(n^6)$, meistens sogar mit Time$_B(n) \in O(n^3)$, zu finden. Deswegen ist die Klasse P aus praktischer Sicht nicht zu groß, und die Probleme aus P werden als praktisch lösbar angesehen.

2. Der zweite Grund ist theoretischer Natur. Die Definition einer wichtigen Klasse wie die der praktisch lösbaren Probleme muss robust in dem Sinne sein, dass sie unabhängig von dem in der Definition benutzten Rechnermodell ist. Es darf nicht passieren, dass ein Problem aus Sicht der Programmiersprache JAVA praktisch lösbar ist, aber aus Sicht der Mehrband-Turingmaschinen nicht. Dies wäre der Fall, wenn man versuchen würde, die Klasse praktisch lösbarer Probleme als solche mit einer oberen Schranke von $O(n^5)$ für die Zeitkomplexität zu definieren. Aber der Begriff der *Polynomialzeit-Berechnungen* und somit auch der der Klasse P ist robust genug. Die Klasse der in polynomieller Zeit lösbaren Probleme ist die gleiche für jedes bekannte Berechnungsmodell zur Symbolmanipulation mit einem realistischen Zeitkomplexitätsmaß. Formal drückt man das durch den Begriff der Polynomialzeit-Reduzierbarkeit zwischen Berechnungsmodellen aus. Ein **Berechnungsmodell $\mathcal{A}$ ist auf ein Berechnungsmodell $\mathcal{B}$ polynomialzeit-reduzierbar**, falls ein Polynom $p$ existiert, so dass für jeden Algorithmus $A \in \mathcal{A}$

---

[5]Diese Spezifikation wird heutzutage nicht mehr in genau dieser Form akzeptiert. Dieses Thema werden wir aber ausführlicher im nächsten Kapitel besprechen.

ein Algorithmus $B \in \mathcal{B}$ existiert, der das gleiche Problem wie $A$ löst und für den $\text{Time}_B(n) \in O(p(\text{Time}_A(n)))$ gilt. Aus der Erfahrung mit Beweisen von Behauptungen wie „$\mathcal{A}$ ist auf $\mathcal{B}$ polynomialzeit-reduzierbar" wissen wir, dass $p$ in der Regel nicht schneller wachsen muss als $n^3$. Als Beispiel können wir die Modelle der Turingmaschinen und der Mehrband-Turingmaschinen betrachten. Offensichtlich sind Turingmaschinen polynomialzeit-reduzierbar auf Mehrband-Turingmaschinen und es reicht aus, $p(n) = n$ zu wählen (Lemma 4.1). Die Simulation in Lemma 4.2 zeigt, dass Mehrband-Turingmaschinen auf Turingmaschinen polynomialzeit-reduzierbar sind, und wir überlassen die genaue Analyse dem Leser.

**Aufgabe 6.13.** Analysieren Sie die Simulation aus dem Beweis von Lemma 4.2, um folgende Aussage zu beweisen.
Für jede MTM $A$ mit $\text{Time}_A(n) \geq n$ existiert eine äquivalente TM $B$, so dass

$$\text{Time}_B(n) \in O((\text{Time}_A(n))^2).$$

## 6.4 Nichtdeterministische Komplexitätsmaße

Nichtdeterministische Turingmaschinen (Algorithmen) können viele[6] unterschiedliche Berechnungen auf einer Eingabe durchführen. Diese können alle sehr unterschiedliche Komplexitäten haben. Was ist dann die Komplexität der Arbeit einer nichtdeterministischen Turingmaschine (eines nichtdeterministischen Algorithmus) $M$ auf einer Eingabe $w$? Wir vertreten bei nichtdeterministischen Berechnungsmodellen die optimistische Ansicht, die besagt, dass eine nichtdeterministische Turingmaschine immer die beste Möglichkeit aus einer bestehenden Auswahl wählt. Die „beste Wahl" bedeutet nicht nur die richtige Wahl, die zu dem richtigen Resultat führt, sondern auch die effizienteste Wahl, die mit minimaler Komplexität zu dem richtigen Resultat führt. Deswegen definiert man die nichtdeterministische Komplexität einer Turingmaschine $M$ auf einer Eingabe $x$ als die Komplexität der effizientesten Berechnung von $M$ auf $x$ mit dem richtigen Resultat. Im Falle der Sprachenerkennung (der Entscheidungsprobleme) betrachtet man nur die Komplexität von Berechnungen auf Wörtern, die in der Sprache liegen.

**Definition 6.7.** *Sei $M$ eine NTM oder eine nichtdeterministische MTM. Sei $x \in L(M) \subseteq \Sigma^*$. Die **Zeitkomplexität von $M$ auf $x$**, $\text{Time}_M(x)$, ist die Länge einer kürzesten akzeptierenden Berechnung von $M$ auf $x$. Die **Zeitkomplexität von $M$** ist die Funktion $\text{Time}_M \colon \mathbb{N} \to \mathbb{N}$, definiert durch*

$$\textbf{Time}_M(n) = \max(\{\text{Time}_M(x) \mid x \in L(M) \text{ und } |x| = n\} \cup \{0\}).$$

*Sei $C = C_1, C_2, \ldots, C_m$ eine akzeptierende Berechnung von $M$ auf $x$. Sei $\text{Space}_M(C_i)$ die Speicherplatzkomplexität der Konfiguration $C_i$. Wir definieren*

$$\textbf{Space}_M(C) = \max\{\text{Space}_M(C_i) \mid i = 1, 2, \ldots, m\}.$$

---

[6]Sogar unendlich (aber abzählbar) viele.

*Die **Speicherplatzkomplexität von M auf x** ist*

$$\mathbf{Space}_M(x) = \min\{\mathrm{Space}_M(C) \mid C \text{ ist eine akzeptierende}$$
$$\text{Berechnung von } M \text{ auf } x\}.$$

*Die **Speicherplatzkomplexität von M** ist die Funktion* $\mathrm{Space}_M \colon \mathbb{N} \to \mathbb{N}$ *definiert durch*

$$\mathbf{Space}_M(n) = \max(\{\mathrm{Space}_M(x) \mid x \in L(M) \text{ und } |x| = n\} \cup \{0\}).$$

**Definition 6.8.** *Für alle Funktionen* $f, g \colon \mathbb{N} \to \mathbb{R}^+$ *definieren wir*

$$\mathbf{NTIME}(f) = \{L(M) \mid M \text{ ist eine nichtdeterministische MTM}$$
$$\text{mit } \mathrm{Time}_M(n) \in O(f(n))\},$$
$$\mathbf{NSPACE}(g) = \{L(M) \mid M \text{ ist eine nichtdeterministische MTM}$$
$$\text{mit } \mathrm{Space}_M(n) \in O(g(n))\},$$
$$\mathbf{NLOG} = \mathrm{NSPACE}(\log_2 n),$$
$$\mathbf{NP} = \bigcup_{c \in \mathbb{N}} \mathrm{NTIME}(n^c) \text{ und}$$
$$\mathbf{NPSPACE} = \bigcup_{c \in \mathbb{N}} \mathrm{NSPACE}(n^c).$$

Zuerst zeigen wir analog zu Lemma 6.3 und Satz 6.2 die Relation zwischen der Zeitkomplexität und der Speicherplatzkomplexität nichtdeterministischer Turingmaschinen.

**Lemma 6.6.** *Für alle Funktionen* $t$ *und* $s$ *mit* $s(n) \geq \log_2 n$ *gilt*

*(i)* $\mathrm{NTIME}(t) \subseteq \mathrm{NSPACE}(t)$,

*(ii)* $\mathrm{NSPACE}(s) \subseteq \bigcup_{c \in \mathbb{N}} \mathrm{NTIME}(c^{s(n)})$.

*Beweis.* Wir beweisen zuerst (i) und dann (ii).

(i) Sei $L \in \mathrm{NTIME}(t)$. Dann existiert eine nichtdeterministische MTM $M$ mit $L(M) = L$ und $\mathrm{Time}_M(n) \leq d \cdot t(n)$ für eine Konstante $d$ und alle genügend großen $n$. Dies bedeutet, dass für jedes genügend lange $x \in L(M)$ eine akzeptierende Berechnung $C_x$ von $M$ auf $x$ von höchstens der Länge $d \cdot t(|x|)$ existiert. Weil in $d \cdot t(n)$ Schritten höchstens $d \cdot t(n)$ Felder eines Arbeitsbandes besucht werden, ist $\mathrm{Space}_M(C_x) \leq d \cdot t(|x|)$. Damit ist aber $\mathrm{Space}_M(n) \leq d \cdot t(n)$ für alle genügend großen $n$, also $L \in \mathrm{NSPACE}(t)$.

(ii) Sei $L \in \mathrm{NSPACE}(s)$. Dann existiert eine nichtdeterministische MTM $A$ mit $L = L(A)$ und $\mathrm{Space}_A(x) \leq d \cdot s(|x|)$ für eine Konstante $d$ und alle genügend langen Wörter $x \in L(A) = L$. Dies bedeutet, dass für jedes genügend lange $x \in L(A)$ eine akzeptierende Berechnung $C_x$ mit $\mathrm{Space}_A(C_x) \leq d \cdot s(|x|)$ existiert. Sei $C_x$ die kürzeste akzeptierende Berechnung von $A$ auf $x$ mit dieser Eigenschaft. Mit dem gleichen Argument wie im Beweis von Satz 6.2 erhalten wir, dass es eine Konstante $k$ gibt, so dass die Länge von $C_x$ höchstens

$$|\text{InKonf}_A(|x|)| \leq k^{d \cdot s(|x|)}$$

für alle genügend langen $x \in L(A)$ ist. Wenn nämlich die Länge von $C_x$ größer als $|\text{InKonf}_A(|x|)|$ wäre, dann existierten $i, j \in \mathbb{N} - \{0\}$, $i \neq j$, so dass

$$C_x = C_1, C_2, \ldots, C_{i-1}, C_i, C_{i+1}, \ldots, C_j, C_{j+1}, \ldots, C_m$$

und $C_i$ und $C_j$ gleiche Konfigurationen wären. Dann ist aber die Berechnung

$$C'_x = C_1, C_2, \ldots, C_{i-1}, C_i, C_{j+1}, \ldots, C_m$$

auch eine akzeptierende Berechnung von $A$ auf $x$. Das ist ein Widerspruch zur Annahme, dass $C_x$ die kürzeste akzeptierende Berechnung von $A$ auf $x$ ist.

Weil $A$ für alle genügend langen Wörter $x \in L(A)$ akzeptierende Berechnungen von höchstens der Länge

$$k^{d \cdot s(|x|)} = (k^d)^{s(|x|)}$$

für Konstanten $k$ und $d$ hat, ist $\text{Time}_A(n) \in O(c^{s(n)})$ für $c = k^d$ und somit $L \in \text{NTIME}(c^{s(n)})$. $\qquad \square$

**Aufgabe 6.14.** Sei $M$ eine nichtdeterministische MTM mit $\text{Time}_M(n) \leq t(n)$ für eine zeitkonstruierbare Funktion $t$. Beweisen Sie die Existenz einer nichtdeterministischen MTM $A$, so dass $L(A) = L(M)$ und eine Konstante $d$ existiert, so dass für jede Eingabe $w \in \Sigma^*$ alle Berechnungen von $A$ auf $w$ höchstens die Länge $d \cdot t(|w|)$ haben.

Der folgende Satz zeigt die grundlegende Beziehung zwischen deterministischen und nichtdeterministischen Komplexitätsmaßen.

**Satz 6.5.** *Für jede Funktion* $t \colon \mathbb{N} \to \mathbb{R}^+$ *und jede platzkonstruierbare Funktion* $s \colon \mathbb{N} \to \mathbb{N}$ *mit* $s(n) \geq \log_2 n$ *gilt*

*(i)* $\text{TIME}(t) \subseteq \text{NTIME}(t)$,

*(ii)* $\text{SPACE}(t) \subseteq \text{NSPACE}(t)$ *und*

*(iii)* $\text{NTIME}(s(n)) \subseteq \text{SPACE}(s(n)) \subseteq \bigcup_{c \in \mathbb{N}} \text{TIME}(c^{s(n)})$.

*Beweis.* Die Behauptungen (i) und (ii) sind offensichtlich gültig, weil jede MTM auch eine nichtdeterministische MTM ist. Die Relation $\text{SPACE}(s(n)) \subseteq \bigcup_{c \in \mathbb{N}} \text{TIME}(c^{s(n)})$ wurde in Satz 6.2 bewiesen. Um (iii) zu beweisen, reicht es aus, $\text{NTIME}(s(n)) \subseteq \text{SPACE}(s(n))$ zu zeigen.

Sei $L \in \text{NTIME}(s(n))$. Also gibt es eine nichtdeterministische $k$-Band-TM $M = (Q, \Sigma, \Gamma, \delta_M, q_0, q_{\text{accept}}, q_{\text{reject}})$ mit $L = L(M)$ und $\text{Time}_M(n) \in O(s(n))$. Sei

$$r = r_M = \max\{|\delta_M(U)| \mid U = (q, a, b_1, \ldots, b_k) \in Q \times (\Sigma \cup \{\mathcal{c}, \$\}) \times \Gamma^k\}$$

die obere Schranke für die Anzahl der möglichen Aktionen von $M$ aus einer Konfiguration. Sei $T_{M,x}$ der Berechnungsbaum von $M$ auf einer Eingabe $x \in \Sigma^*$. Wenn die nichtdeterministischen Entscheidungen von $M$ auf jedem Argument mit $1, 2, \ldots, r$ nummeriert

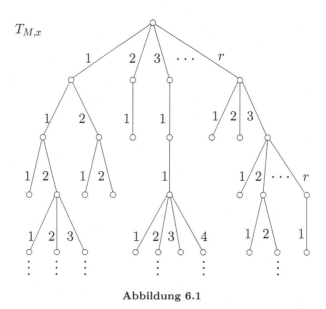

$T_{M,x}$

**Abbildung 6.1**

werden, dann kann man jeder Kante von $T_{M,x}$ die entsprechende Nummer zuordnen (Abbildung 6.1). Wenn man dann eine Berechnung der Länge $l$ als eine Folge von Kanten (statt einer Folge von Knoten) betrachtet, kann man jeder Berechnung $C$ der Länge $l$ eindeutig ein Wort $z = z_1 z_2 \ldots z_l$ mit $z_i \in \{1, 2, \ldots, r\}$ zuordnen. Für eine gegebene Eingabe $x$ von $M$ bestimmt zum Beispiel die Folge 1,3,1,4 eindeutig das Präfix einer Berechnung, bei der $M$ im ersten Schritt die erste Wahl trifft, im zweiten die dritte, im dritten die erste und im vierten Schritt die vierte Wahl. Wenn es zum Beispiel im vierten Schritt nur drei Möglichkeiten gab, entspricht die Folge 1,3,1,4 keiner Berechnung und wird als inkonsistent betrachtet. Dasselbe gilt, wenn die Berechnung nach 1,3,1 beendet ist und kein vierter Schritt existiert.

Ohne Beschränkung der Allgemeinheit (siehe Aufgabe 6.14) setzen wir voraus, dass eine Konstante $d$ existiert, so dass alle Berechnungen von $M$ auf einer Eingabe $w$ höchstens die Länge $d \cdot s(|w|)$ haben. Somit benutzt keine Berechnung von $M$ auf $w$ mehr als $d \cdot s(|w|)$ Speicherplätze.

Jetzt beschreiben wir eine $(k + 2)$-Band-TM $A$, die alle Berechnungen von $M$ von höchstens der Länge $|\mathrm{InKonf}_M(n)|$ simuliert. Für jedes $w \in \Sigma^*$ arbeitet $A$ wie folgt.

(i)  $A$ schreibt $0^{s(|w|)}$ auf das $(k + 2)$-te Band.

(ii) $A$ schreibt $0^{d \cdot s(|w|)}$ auf das $(k+1)$-te Band und löscht dabei den Inhalt des $(k+2)$-ten Bandes.

(iii) $A$ generiert eins nach dem anderen alle Wörter $z \in \{1, 2, \ldots, r_M\}^*$ der Länge höchstens $d \cdot s(|w|)$ auf dem $(k + 2)$-ten Band. Für jedes $z$ simuliert $A$ auf den ersten $k$ Arbeitsbändern die entsprechende Berechnung (falls eine solche existiert) der nichtdeterministischen $k$-Band-TM $M$ auf $w$. Falls $M$ in irgendeiner dieser simulierten Berechnungen seinen akzeptierenden Zustand $q_{accept}$ erreicht, dann akzeptiert $A$ die Eingabe $w$. Falls in keiner Berechnung von $M$ auf $w$ der Zustand $q_{accept}$ erreicht wird, verwirft $A$ das Wort $w$.

Offensichtlich ist $L(A) = L(M)$, weil $M$ keine längeren Berechnungen als $d \cdot s(n)$ hat, und damit $A$ im Fall des Verwerfens alle Berechnungen von $M$ auf der Eingabe überprüft. $\text{Space}_M(n) \leq d \cdot s(n)$ gilt, weil $\text{Space}_M(n) \leq \text{Time}_M(n)$. Somit überschreitet $A$ auf den ersten $k$ Arbeitsbändern, die zur Simulation von $M$ benutzt werden, nie die Speicherplatzkomplexität $\text{Space}_M(n) \leq d \cdot s(n)$. Das $(k+1)$-te Band benutzt genau $d \cdot s(n)$ Felder für $0^{d \cdot s(|w|)}$. Weil auch das $(k+2)$-te Band während der Simulation ein Wort aus $\{1, 2, \ldots, r\}^*$ der Länge höchstens $d \cdot s(n)$ enthält, gilt $\text{Space}_A(n) \leq d \cdot s(n)$.    □

**Korollar 6.3.** NP $\subseteq$ PSPACE.

**Aufgabe 6.15.** Analysieren Sie die Zeitkomplexität der $(k+2)$-Band-TM $A$ aus dem Beweis von Satz 6.5.

Wir kennen keine effizientere allgemeine deterministische Simulation nichtdeterministischer Algorithmen, als systematisch alle Berechnungen eines gegebenen nichtdeterministischen Algorithmus zu simulieren.[7] Dies führt dann aber beim Übergang von Nichtdeterminismus zu Determinismus zu exponentiellem Wachstum der Zeitkomplexität. So ist es in Satz 6.5, und wir beobachten dies auch bei der Tiefensuche-basierten Simulation in Satz 4.2.

**Aufgabe 6.16.** Analysieren Sie die Zeitkomplexität der deterministischen Simulation einer NTM aus Satz 4.2.

Der nächste Satz gibt die beste bekannte zeiteffiziente deterministische Simulation von nichtdeterministischem Speicherplatz.

**Satz 6.6.*** *Für jede platzkonstruierbare Funktion $s$, $s(n) \geq \log_2 n$, gilt*

$$\text{NSPACE}(s(n)) \subseteq \bigcup_{c \in \mathbb{N}} \text{TIME}(c^{s(n)}).$$

*Beweis.* Sei $M$ eine nichtdeterministische MTM mit $L(M) = L$ und $\text{Space}_M(n) \in O(s(n))$. Ohne Beschränkung der Allgemeinheit setzen wir Folgendes voraus:

(i) Es existiert eine Konstante $d$, so dass für jede Eingabe $w$ der Länge $n$ alle Berechnungen von $M$ auf $w$ höchstens die Speicherplatzkomplexität $d \cdot s(n)$ haben.

(ii) Für jede Eingabe $w \in L(M)$ hat $M$ genau eine akzeptierende Konfiguration $C_{accept}(w) = (q_{accept}, w, 0, \lambda, \ldots, \lambda, 0)$, d. h., bevor $M$ in $q_{accept}$ übergeht, löscht $M$ die Inhalte aller Arbeitsbänder und stellt alle Köpfe auf das linke Randsymbol ¢.

---

[7] Heutzutage glauben die meisten Forscher nicht an die Existenz einer wesentlich effizienteren Simulation nichtdeterministischer Algorithmen, aber die Nichtexistenz solcher Simulationsmethoden wurde noch nicht bewiesen.

Nach (i) wissen wir, dass es eine Konstante $c$ gibt, so dass man für jede Eingabe $w$ die Anzahl unterschiedlicher innerer Konfigurationen mit $w$ auf dem Eingabeband durch

$$|\text{InKonf}(|w|)| \leq c^{s(|w|)}$$

beschränken kann (siehe auch den Beweis von Satz 6.2). Diese Konfigurationen kann man als $C_0, C_1, \ldots, C_{|\text{InKonf}(|w|)|-1}$ in der kanonischen Ordnung nummerieren. Wir konstruieren jetzt eine MTM $A$ mit $L(A) = L$.

Für eine Eingabe $w$ arbeitet $A$ wie folgt:

1. $A$ generiert alle inneren Konfigurationen $C_0, C_1, \ldots, C_{|\text{InKonf}(|w|)|-1}$ von $M$ in kanonischer Reihenfolge.

2. $A$ konstruiert die Adjazenzmatrix $M(w)$ des gerichteten Graphen $G(w)$, dessen Knoten den $|\text{InKonf}(|w|)|$ vielen verschiedenen Konfigurationen von Berechnungen von $M$ auf $w$ entsprechen, und in dem zwei Knoten $C_i$ und $C_j$ genau dann durch eine gerichtete Kante von $C_i$ nach $C_j$ verbunden sind, wenn die Konfiguration $C_j$ in einem Schritt von $M$ aus $C_i$ erreichbar ist.

3. Sei $C_k = C_{\text{accept}}(w)$ die einzige akzeptierende Konfiguration von $M$ auf $w$. Sei $C_0 = C_{\text{start}}(w)$ die Anfangskonfiguration von $M$ auf $w$. Offensichtlich akzeptiert $M$ das Wort $w$ genau dann, wenn ein Weg von $C_0$ nach $C_k$ in $G(w)$ existiert. Die MTM $A$ überprüft, ob ein solcher Weg existiert. Falls ja, akzeptiert $A$ die Eingabe $w$, sonst verwirft $A$ die Eingabe $w$.

Offensichtlich gilt $L(A) = L(M)$. Wir analysieren jetzt die Zeitkomplexität von $A$.

Wenn die inneren Konfigurationen geeignet kodiert werden, dann lässt sich $C_i$ aus ihrer kanonischen Vorgängerkonfiguration $C_{i-1}$ in der Zeit $O(s(|w|))$ konstruieren, also in der Zeit $d_1 \cdot s(|w|)$ für eine geeignete Konstante $d_1$. Dies gilt, weil $s(|w|) \geq \log_2(|w|)$ und damit $s(|w|)$ der größte der Parameter der inneren Konfiguration ist. Auch die kanonisch erste innere Konfiguration ist in dieser Zeit bestimmbar. Insgesamt ist die Generierung aller inneren Konfigurationen von $M$, d. h. der erste Teil der Berechnung, also in

$$|\text{InKonf}(|w|)| \cdot d_1 \cdot s(|w|) \leq c^{s(|w|)} \cdot d_1 \cdot s(|w|)$$

Zeit möglich.

Um $M(w)$ zu konstruieren, muss man

$$|\text{InKonf}(|w|)| \cdot |\text{InKonf}(|w|)| \leq c^{s(|w|)} \cdot c^{s(|w|)} \leq c^{2 \cdot s(|w|)}$$

Elemente $m_{ij}$ der Matrix $M(w)$ bestimmen.

Um herauszufinden, ob $C_j$ aus $C_i$ in einem Schritt von $M$ erreichbar ist, muss $A$ im Wesentlichen die Arbeitsbandinhalte, die Kopfpositionen und die Zustände von $C_i$ und $C_j$ miteinander vergleichen. Dies ist in linearer Zeit möglich, also in der Zeit $d_2 \cdot s(|w|)$ für eine geeignete Konstante $d_2$. Somit kann $A$ den zweiten Teil der Berechnung in der Zeit

$$c^{2 \cdot s(|w|)} \cdot d_2 \cdot s(|w|)$$

durchführen.

Offenbar gibt es eine Konstante $c_1 \geq c$, so dass

$$c^{2 \cdot s(|w|)} \cdot d_2 \cdot s(|w|) \leq c_1^{s(|w|)} \quad \text{und} \quad c^{s(|w|)} \cdot d_1 \cdot s(|w|) \leq c_1^{s(|w|)}$$

gelten.

Im dritten Schritt ihrer Berechnung bestimmt $A$, ob ein Weg von $C_0$ nach $C_k$ in $G(w)$ existiert. Dies ist in polynomieller Zeit bezüglich der Knotenanzahl $|\text{InKonf}(|w|)|$ möglich. Auf einer MTM kann man diese Aufgabe in $O(|\text{InKonf}(|w|)|^4)$ Schritten realisieren.

Insgesamt lässt sich somit der Zeitaufwand von $A$ nach oben abschätzen durch

$$c_1^{s(|w|)} + c_1^{s(|w|)} + (c^{s(|w|)})^4 \leq 2c_1^{s(|w|)} + c_1^{4 \cdot s(|w|)}.$$

Damit ist es offensichtlich, dass $\text{Time}_A(n) \in O((c_1^4)^{s(n)})$ gilt.     □

**Korollar 6.4.** NLOG $\subseteq$ P *und* NPSPACE $\subseteq$ EXPTIME.

Eine etwas anspruchsvollere Suche[8] in dem Graphen $G(w)$ aller potentiell möglichen Konfigurationen auf $w$ führt zu folgendem Resultat.

**Satz 6.7\* (Satz von Savitch).** *Sei $s$ mit $s(n) \geq \log_2 n$ eine platzkonstruierbare Funktion. Dann gilt*

$$\text{NSPACE}(s(n)) \subseteq \text{SPACE}(s(n)^2).$$

*Beweis.* Sei $L \in \text{NSPACE}(s(n))$. Somit gibt es eine nichtdeterministische MTM $M$ mit $L(M) = L$ und $\text{Space}_M(n) \leq d \cdot s(n)$ für eine geeignete Konstante $d$. Wie im Beweis von Satz 6.6 setzen wir voraus, dass für alle $w \in L(M)$ nur eine akzeptierende Konfiguration $C_{\text{accept}}(w)$ existiert. $C_{\text{accept}}(w)$ enthält den akzeptierenden Zustand $q_{\text{accept}}$, das Eingabeband enthält $w$ und alle Arbeitsbänder sind leer. Somit reicht es für eine deterministische Simulation von $M$ aus, festzustellen, ob für die gegebene Eingabe $w$ die Konfiguration $C_{\text{accept}}(w)$ aus der Startkonfiguration $C_{\text{start}}(w)$ von $M$ auf $w$ erreichbar ist.

Falls $w \in L(M)$ ist, kann die kürzeste akzeptierende Berechnung von $M$ auf $w$ nicht länger sein als

$$|\text{InKonf}(|w|)| \leq c^{s(|w|)}$$

für eine geeignete Konstante $c = c_M$ (konstant bezüglich der Eingabelänge). Um festzustellen, ob $C_{\text{accept}}(w)$ aus $C_{\text{start}}(w)$ in höchstens $c^{s(|w|)}$ Schritten erreichbar ist, benutzen wir die rekursive Methode „Teile und Herrsche".[9] Diese Methode kann konkret wie folgt durch eine Prozedur beschrieben werden, die einen Boole'schen Wert zurückgibt.

---

[8]In der man $G(w)$ nie komplett konstruiert, weil dies zu hohen Speicherbedarf verursachen würde.
[9]"divide and conquer" im Englischen

**Prozedur REACHABLE**

*Eingabe:* $(w, C, D, m)$ mit $C$, $D$ Konfigurationen von $M$ auf $w$, $w \in \Sigma^*$ und $m \in \mathbb{N}$.

```
begin
  if m = 1 then
    begin
      if C = D oder D ist in einem Schritt von C erreichbar then
        return TRUE;
      else
        return FALSE;
    end;
  else
    begin
      for jede Konfiguration K von M auf w mit einer inneren Konfiguration
          in InKonf(|w|) do
        begin
          if REACHABLE(w, C, K, ⌈m/2⌉) und REACHABLE(w, K, D, ⌈m/2⌉) then
            return TRUE;
          else
            return FALSE;
        end;
    end;
end
```

Weil $s(n)$ platzkonstruierbar ist, kann eine deterministische MTM $A$ den Wert $c^{s(n)}$ für jedes $n \in \mathbb{N}$ ausrechnen und speichern, ohne mehr als $s(n)$ Speicherplatz zu verwenden. Das Teilen dieses Wertes durch 2 benötigt ebenfalls keinen größeren Speicherplatz als $s(n)$. Die MTM $A$ kann auch eine Nachfolgekonfiguration einer gegebenen Konfiguration ohne zusätzlichen Speicherbedarf erzeugen. Alle möglichen Nachfolgekonfigurationen einer Konfiguration $C$ können also nacheinander an derselben Stelle konstruiert werden. Damit wird für den Test, ob $D$ von $C$ aus erreichbar ist, lediglich der Platz für eine Konfiguration benötigt.

Für das Speichern einer inneren Konfiguration der nichtdeterministischen MTM $M$ braucht $A$ höchstens $d \cdot s(|w|)$ Speicherplatz. $A$ muss bei der Durchführung von

$$\text{REACHABLE}(w, C_{\text{start}}(w), C_{\text{accept}}(w), c^{s(|w|)})$$

für eine geeignete Konstante $k$ höchstens

$$\log_2\left(2 \cdot c^{s(|w|)}\right) \leq k \cdot s(|w|)$$

Konfigurationen auf einmal speichern, weil die Anzahl der verschachtelten Rekursionsaufrufe (die Rekursionstiefe) höchstens $\log_2(2 \cdot c^{s(|w|)})$ ist. Die multiplikative Konstante 2 wird verwendet, um das Aufrunden beim Halbieren zu berücksichtigen.

Somit ist der Speicherbedarf der MTM $A$ höchstens

$$d \cdot s(|w|) \cdot k \cdot s(|w|) \in O(s(|w|)^2). \qquad \square$$

**Korollar 6.5.** PSPACE = NPSPACE.

Von keiner der oben angegebenen Simulationen nichtdeterministischer Berechnungen durch deterministische Berechnungen weiß man, ob es die effizienteste mögliche Simulation ist. Die Zusammenfassung der vorgestellten Resultate führt zu der sogenannten **fundamentalen Komplexitätsklassenhierarchie der sequentiellen Berechnungen**:

$$\text{DLOG} \subseteq \text{NLOG} \subseteq \text{P} \subseteq \text{NP} \subseteq \text{PSPACE} \subseteq \text{EXPTIME}.$$

Für jede dieser Inklusionen ist es unbekannt, ob es eine echte Inklusion ist. Einige echte Inklusionen müssen aber dabei sein, weil $\text{DLOG} \subsetneq \text{PSPACE}$ und $\text{P} \subsetneq \text{EXPTIME}$ direkte Folgerungen von Hierarchiesätzen sind. Die Bestimmung, welche der Inklusionen echt sind, ist seit über 40 Jahren das zentrale offene Problem der Theoretischen Informatik.

## 6.5 Die Klasse NP und Beweisverifikation

In der fundamentalen Komplexitätsklassenhierarchie konzentriert sich das Interesse auf die Relation zwischen P und NP. Das Problem, ob $\text{P} = \text{NP}$ oder $\text{P} \subsetneq \text{NP}$ gilt, ist das wohl bekannteste offene Problem der Informatik, und heutzutage zählt es auch zu den wichtigsten offenen Problemen der Mathematik. Für dieses große Interesse gibt es mehrere Gründe. Einerseits verbindet man polynomielle Zeit mit praktischer Lösbarkeit. Wir kennen heute über 3000 praktisch interessante Probleme, die in NP liegen, und für keines dieser Probleme ist ein deterministischer polynomieller Algorithmus bekannt. Wir würden gerne wissen, ob diese Probleme auch in P oder in NP − P liegen. Ein anderer Grund hängt mit dem fundamentalen Begriff des mathematischen Beweises zusammen. Die Zeitkomplexität der deterministischen Berechnungen entspricht in gewissem Rahmen der Komplexität der algorithmischen Herstellung von mathematischen Beweisen, während die Zeitkomplexität nichtdeterministischer Berechnungen der Komplexität der algorithmischen Beweisverifikation entspricht. Somit ist der Vergleich von P und NP äquivalent zu der Frage, ob es einfacher ist, gegebene Beweise zu verifizieren, als sie herzustellen. Die Zielsetzung dieses Abschnitts ist es, den Zusammenhang zwischen der Klasse NP und der Polynomialzeit-beschränkten Beweisverifikation zu zeigen.

Skizzieren wir zuerst den Zusammenhang zwischen Berechnungen und Beweisen. Sei $C$ eine akzeptierende Berechnung einer TM $M$ auf einer Eingabe $x$. Dann kann $C$ zweifellos auch als ein Beweis der Behauptung „$x \in L(M)$" gesehen werden. Analog ist eine verwerfende Berechnung einer (deterministischen) TM $M$ auf einem Wort $x$ ein Beweis der Behauptung „$x \notin L(M)$". Von klassischen mathematischen Beweisen ist diese Vorstellung nicht weit entfernt. Betrachten wir $L$ als eine Sprache, die alle korrekten Sätze (Aussagen) einer mathematischen Theorie enthält. Dann ist der Beweis von „$x \in L(M)$" nichts anderes als der Beweis der Korrektheit (Gültigkeit) des Satzes $x$ und der Beweis von „$x \notin L(M)$" ist der Beweis der Ungültigkeit von $x$. Wenn zum Beispiel $L = \text{SAT}$, wobei

$$\text{SAT} = \{x \in (\Sigma_{\text{logic}})^* \mid x \text{ kodiert eine erfüllbare Formel in KNF}\},$$

ist die Aussage „$\Phi \in \text{SAT}$" äquivalent zu der Behauptung „$\Phi$ ist eine erfüllbare Formel".

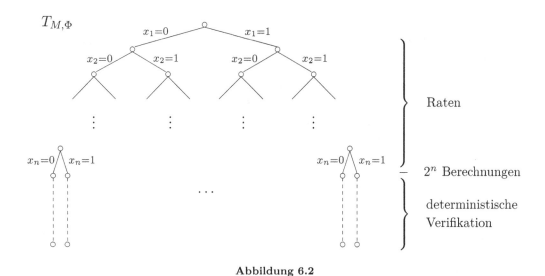

**Abbildung 6.2**

Versuchen wir jetzt den Zusammenhang zwischen nichtdeterministischen Berechnungen und Beweisverifikation herzustellen. Die typische nichtdeterministische Berechnung startet mit dem Raten und verifiziert dann das Geratene. Das Geratene könnte ein Beweis von „$x \in L$" sein, oder es könnte eine essentielle Information sein, mit deren Hilfe man den Beweis von „$x \in L$" effizient erstellen kann. Veranschaulichen wir dies wieder anhand des Erfüllbarkeitsproblems. Für eine Formel $\Phi$ über $n$ Boole'schen Variablen $x_1, \ldots, x_n$ rät eine NTM $M$ in den ersten $n$ Schritten die Belegung $\alpha_1, \ldots, \alpha_n$ für $x_1, \ldots, x_n$. Dann berechnet $M$ den Wahrheitswert $\Phi(\alpha_1, \ldots, \alpha_n)$, um zu verifizieren, ob $\alpha_1, \ldots, \alpha_n$ die Formel $\Phi$ wirklich erfüllt (Abbildung 6.2). Falls $\alpha_1, \ldots, \alpha_n$ die Formel $\Phi$ erfüllt, ist es klar, dass wir den Beweis von „$\Phi$ ist erfüllbar" effizient herstellen können, wenn uns jemand $\alpha_1, \ldots, \alpha_n$ kostenlos gibt. Der Beweis ist nichts anderes als die Auswertung von $\Phi$ auf $\alpha_1, \ldots, \alpha_n$. Deswegen nennen wir $\alpha_1, \ldots, \alpha_n$ ein **Zertifikat** oder einen **Zeugen** für die Aussage „$\Phi$ ist erfüllbar". Die Zeitkomplexität von $M$ ist die Zeitkomplexität des Ratens plus die Komplexität des Verifizierens. Der wesentliche Aufwand ist dabei dem Verifizieren gewidmet.

Unser Ziel ist jetzt zu zeigen, dass man alle polynomiellen nichtdeterministischen Turingmaschinen so umwandeln kann, dass sie am Anfang raten und dann das Geratene deterministisch verifizieren. Dadurch reduziert sich die Zeitkomplexität der nichtdeterministischen Algorithmen auf die Zeitkomplexität der Beweisverifikation (der Zertifikatüberprüfung).

**Definition 6.9.** *Sei $L \subseteq \Sigma^*$ eine Sprache und sei $p \colon \mathbb{N} \to \mathbb{N}$ eine Funktion. Wir sagen, dass eine MTM (ein Algorithmus) $A$ ein **$p$-Verifizierer für $L$** ist, $V(A) = L$, falls $A$ mit folgenden Eigenschaften auf allen Eingaben aus $\Sigma^* \times (\Sigma_{\text{bool}})^*$ arbeitet:*

*(i) $\text{Time}_A(w, x) \leq p(|w|)$ für jede Eingabe $(w, x) \in \Sigma^* \times (\Sigma_{\text{bool}})^*$.*

*(ii) Für jedes $w \in L$ existiert ein $x \in (\Sigma_{\text{bool}})^*$, so dass $|x| \leq p(|w|)$ und $(w, x) \in L(A)$*

(*d. h.*, $A$ *akzeptiert* $(w, x)$).[10] *Das Wort* $x$ *nennt man einen* **Beweis** *oder einen* **Zeugen** *der Behauptung* $w \in L$.

*(iii) Für jedes* $y \notin L$ *gilt* $(y, z) \notin L(A)$ *für alle* $z \in (\Sigma_{\text{bool}})^*$.

*Falls* $p(n) \in O(n^k)$ *für ein* $k \in \mathbb{N}$, *so sagen wir, dass* $A$ *ein* **Polynomialzeit-Verifizierer** *ist. Wir definieren die* **Klasse der in Polynomialzeit verifizierbaren Sprachen** *als*

$$\mathbf{VP} = \{V(A) \mid A \text{ ist ein Polynomialzeit-Verifizierer}\}.$$

Man bemerke, dass $L(A)$ und $V(A)$ unterschiedliche Sprachen für einen $p$-Verifizierer $A$ sind. Aus Definition 6.9 folgt

$$V(A) = \{w \in \Sigma^* \mid \text{es existiert ein } x \in (\Sigma_{\text{bool}})^* \text{ mit } |x| \leq p(|w|),$$
$$\text{so dass } (w, x) \in L(A)\}.$$

Ein $p$-Verifizierer $A$ für eine Sprache $L$ ist also ein deterministischer Algorithmus, der für eine Eingabe $(w, x)$ verifiziert, ob $x$ ein Beweis (ein Zeuge) für „$w \in L$" ist. $A$ verifiziert erfolgreich ($w \in V(A)$), wenn es einen Beweis $x$ für „$w \in L$" gibt mit $|x| \leq p(|w|)$. Die Gleichheit $V(A) = L$ fordert die Existenz eines Beweises $x$ für „$w \in L$" mit $|x| \leq p(|w|)$ für jedes $w \in L$.

**Beispiel 6.1.** Ein $p$-Verifizierer $A$ mit $p(n) \in O(n^2)$ für SAT kann wie folgt arbeiten. Für jede Eingabe $(w, x)$ überprüft $A$ zuerst, ob $w$ die Kodierung einer Formel $\Phi_w$ in KNF ist. Falls nicht, verwirft $A$ die Eingabe $(w, x)$. Ansonsten berechnet $A$ die Anzahl $n$ der in $\Phi_w$ vorkommenden Variablen und überprüft ob die Länge von $x \in \{0, 1\}^*$ mindestens $n$ ist. Falls $x$ kürzer ist als $n$, verwirft $A$ seine Eingabe. Falls $|x| \geq n$, interpretiert $A$ die ersten $n$ Bits von $x$ als eine Belegung der Variablen in $\Phi_w$ und überprüft, ob diese Belegung die Formel $\Phi_w$ erfüllt.     $\Diamond$

**Beispiel 6.2.** Eine $k$-Clique eines Graphen $G$ mit $n$ Knoten, $k \leq n$, ist ein vollständiger Teilgraph von $k$ Knoten in $G$. Sei

$$\mathbf{CLIQUE} = \{x \# y \mid x, y \in \{0, 1\}^*, x \text{ kodiert einen Graphen } G_x,$$
$$\text{der eine Nummer}(y)\text{-Clique enthält}\}.$$

Ein Polynomialzeit-Verifizierer $B$ für CLIQUE arbeitet wie folgt. Für jede Eingabe $(w, z)$ überprüft $B$, ob $w = x \# y$, wobei $x$ die Kodierung eines Graphen $G_x$ und $y \in (\Sigma_{\text{bool}})^*$ ist. Falls nicht, verwirft $B$ seine Eingabe. Falls ja und $G_x$ $n$ Knoten $v_1, \ldots, v_n$ hat, überprüft $B$, ob Nummer$(y) \leq n$ und $|z| \geq \lceil \log_2(n+1) \rceil \cdot$ Nummer$(y)$ gelten. Falls nicht, verwirft $B$ seine Eingabe $(w, z)$. Falls ja, interpretiert $B$ das Präfix von $z$ der Länge $\lceil \log_2(n+1) \rceil \cdot$ Nummer$(y)$ als eine Kodierung von Nummer$(y)$ Zahlen aus $\{1, 2, \ldots, n\}$, die in Binärdarstellung mit führenden Nullen auf die Länge $\lceil \log_2(n+1) \rceil$ erweitert sind. $B$ verifiziert, ob es sich um Nummer$(y)$ unterschiedliche Zahlen $i_1, i_2, \ldots, i_{\text{Nummer}(y)}$ handelt und ob die Knoten $v_{i_1}, v_{i_2}, \ldots, v_{i_{\text{Nummer}(y)}}$ einen vollständigen Graphen in $G_x$ bilden. Falls ja, akzeptiert $B$ die Eingabe $(w, z)$, ansonsten verwirft $B$ die Eingabe.     $\Diamond$

---

[10]Die Forderung, dass die Länge eines Zeugen polynomiell in $|w|$ beschränkt ist, stellt keine notwendige Bedingung dar, da in polynomieller Zeit für einen beliebig langen Zeugen ohnehin nur ein Präfix polynomieller Länge gelesen werden kann.

**Aufgabe 6.17.** Beschreiben Sie einen Polynomialzeit-Verifizierer für die Sprache

COMPOSITE $= \{x \in (\Sigma_{\text{bool}})^* \mid \text{Nummer}(x) \text{ ist keine Primzahl}\}$.

**Aufgabe 6.18.** Beschreiben Sie einen Polynomialzeit-Verifizierer und eine polynomielle NTM für die Sprache HK (das Problem des Hamiltonschen Kreises aus Beispiel 2.4).

Die folgende Behauptung zeigt, dass man jede polynomielle NTM in eine äquivalente NTM umwandeln kann, die alle nichtdeterministischen Entscheidungen am Anfang macht und dann nur die Richtigkeit des Geratenen verifiziert.

**Satz 6.8.** VP $=$ NP.

*Beweis.* Wir beweisen VP $=$ NP durch die zwei Inklusionen NP $\subseteq$ VP und VP $\subseteq$ NP.

(i) Zuerst zeigen wir NP $\subseteq$ VP.

Sei $L \in$ NP, $L \subseteq \Sigma^*$ für ein Alphabet $\Sigma$. Damit ist $L = L(M)$ für eine polynomielle NTM $M$ mit $\text{Time}_M(n) \in O(n^k)$ für ein $k \in \mathbb{N} - \{0\}$. Ohne Beschränkung der Allgemeinheit dürfen wir voraussetzen, dass $M$ für jede nichtdeterministische Entscheidung eine Wahl aus höchstens zwei Möglichkeiten hat. Wir beschreiben jetzt einen Verifizierer $A$, der für eine Eingabe $(x, c) \in \Sigma^* \times (\Sigma_{\text{bool}})^*$ wie folgt arbeitet:

(a) $A$ interpretiert $c$ als einen Navigator für die Simulation der nichtdeterministischen Entscheidungen von $M$. $A$ simuliert schrittweise die Arbeit von $M$ auf $x$. Falls $M$ eine Wahl zwischen zwei Möglichkeiten hat, dann wählt $A$ die erste Möglichkeit, falls das nächste Bit von $c$ eine 0 ist, und $A$ nimmt die zweite Möglichkeit, wenn das nächste Bit von $c$ eine 1 ist. (Dies ist eine Strategie, um eine Berechnung von $M$ auf $x$ eindeutig durch ein Wort zu bestimmen, die ähnlich zu der Strategie im Beweis von Satz 6.5 ist.)

(b) Falls $M$ noch eine nichtdeterministische Wahl hat, aber schon alle Bits von $c$ verbraucht sind, dann hält $A$ und verwirft die Eingabe $(x, c)$.

(c) Falls $A$ es schafft, die durch $c$ bestimmte Berechnung von $M$ auf $x$ vollständig zu simulieren, dann akzeptiert $A$ seine Eingabe $(x, c)$ genau dann, wenn $M$ das Wort $x$ in der durch $c$ bestimmten Berechnung akzeptiert.

Wir zeigen jetzt, dass $A$ ein Polynomialzeit-Verifizierer mit $V(A) = L(M)$ ist. Falls $x \in L(M)$, dann läuft die kürzeste akzeptierende Berechnung $C_{M,x}$ von $M$ auf $x$ in der Zeit $O(|x|^k)$. Dann aber existiert ein Zertifikat (Navigator) $c$ mit $|c| \leq |C_{M,x}|$, das die Berechnung $C_{M,x}$ bestimmt. Weil $A$ jeden Schritt von $M$ in einem Schritt simuliert, läuft die Berechnung von $A$ auf $(x, c)$ in der Zeit $O(|x|^k)$.

Falls $x \notin L(M)$, existiert keine akzeptierende Berechnung von $M$ auf $x$, und somit verwirft $A$ die Eingaben $(x, d)$ für alle $d \in (\Sigma_{\text{bool}})^*$.

Damit ist $A$ ein $O(n^k)$-Verifizierer mit $V(A) = L(M)$.

(ii) Wir zeigen jetzt VP $\subseteq$ NP.

Sei $L \in$ VP, $L \subseteq \Sigma^*$ für ein Alphabet $\Sigma$. Dann existiert ein Polynomialzeit-Verifizierer $A$ mit $V(A) = L$. Wir betrachten eine NTM $M$, die auf jeder Eingabe $x \in \Sigma^*$ wie folgt arbeitet.

(a) $M$ generiert nichtdeterministisch ein Wort $c \in (\Sigma_{bool})^*$.

(b) $M$ simuliert schrittweise die Arbeit von $A$ auf $(x, c)$.

(c) $M$ akzeptiert $x$ genau dann, wenn $A$ seine Eingabe $(x, c)$ akzeptiert.

Offensichtlich ist $L(M) = V(A)$ und $\text{Time}_M(x) \leq 2 \cdot \text{Time}_A(x, c)$ für jedes $x \in L(M)$ und einen kürzesten Zeugen $c \in (\Sigma_{bool})^*$ von $x \in L(M)$. Somit arbeitet $M$ in polynomieller Zeit und es gilt $L \in \text{NP}$. $\qquad\qquad\qquad\qquad\qquad\qquad\qquad\qquad\square$

Nach Satz 6.8 ist die Klasse NP die Klasse aller Sprachen $L$, die für jedes $x \in L$ einen in $|x|$ polynomiell langen Beweis von „$x \in L$" haben, welchen man deterministisch in polynomieller Zeit bezüglich $|x|$ verifizieren kann.

## 6.6 NP-Vollständigkeit

Im Unterschied zur Theorie der Berechenbarkeit, bei der man über gut ausgearbeitete Methoden zur Klassifizierung der Probleme in algorithmisch lösbare und algorithmisch unlösbare verfügt, hat man in der Komplexitätstheorie keine mathematischen Methoden zur Klassifizierung konkreter Probleme bezüglich der praktischen Lösbarkeit (der Zugehörigkeit zu P) gefunden. Es fehlen ausreichend starke Techniken, um untere Schranken für die Komplexität konkreter Probleme zu beweisen. Wie weit man von einem Beweis einer Aussage, dass ein konkretes Problem nicht in polynomieller Zeit lösbar ist, entfernt ist, zeigt die folgende Tatsache. Die höchste bekannte untere Schranke für die Zeitkomplexität von Mehrband-Turingmaschinen zur Lösung eines konkreten Entscheidungsproblems aus NP ist die triviale untere Schranke[11] $\Omega(n)$ (man kann bisher noch nicht einmal eine untere Schranke $\Omega(n \cdot \log n)$ für irgendein Problem aus NP beweisen), obwohl für tausende Probleme aus NP die schnellsten bekannten Algorithmen in exponentieller Zeit laufen. Wir sind also bei vielen Problemen, von denen wir glauben, dass $\Omega(2^n)$ eine untere Schranke für die Zeitkomplexität ist, nicht imstande, eine höhere untere Schranke als $\Omega(n)$ zu beweisen.

Um diese Lücke zwischen der beweistechnischen Realität und dem Gewünschten zumindest teilweise zu überwinden, überlegten die Forscher, ob man eine Methodik zur Klassifizierung von Problemen bezüglich praktischer Lösbarkeit entwickeln könnte, wenn man sich eine zusätzliche, zwar unbewiesene, aber glaubwürdige Annahme erlaubt. Dies führte zu dem Konzept der NP-Vollständigkeit, das eine solche Klassifizierung von Problemen unter der Voraussetzung $P \subsetneq NP$ ermöglicht. Das Ziel dieses Abschnitts ist es, dieses Konzept vorzustellen.

Zuerst diskutieren wir die Glaubwürdigkeit der Annahme $P \subsetneq NP$. Den theoretischen Hintergrund für diese Annahme haben wir in Abschnitt 6.5 vermittelt. Man glaubt nicht, dass die Beweisverifizierung den gleichen Schwierigkeitsgrad wie die Beweiserzeugung hat. Weiterhin sieht man trotz großer Mühe keine andere Möglichkeit, nichtdeterministische Algorithmen deterministisch zu simulieren, als systematisch alle nichtdeterministischen Berechnungen zu überprüfen. Weil aber die nichtdeterministischen Berechnungsbäume in ihrer Tiefe exponentiell viele Berechnungen beinhalten können und die Tiefe des Baumes

---

[11]Die Zeit, die man braucht, um überhaupt die ganze Eingabe einmal zu lesen.

der Zeitkomplexität entspricht, scheint ein exponentielles Wachstum der Zeitkomplexität bei einer solchen deterministischen Simulation unvermeidbar.

Ein praktischer Grund für die Annahme $P \subsetneq NP$ basiert auf der 40-jährigen Erfahrung in der Algorithmik. Wir kennen mehr als 3000 Probleme in NP, viele davon sehr intensiv untersucht, für die die besten bekannten deterministischen Algorithmen eine exponentielle Komplexität haben. Die Algorithmiker halten es nicht für sehr wahrscheinlich, dass dieser Zustand nur eine Folge ihrer Unfähigkeit ist, existierende effiziente Algorithmen für diese Probleme zu finden.

Wir setzen jetzt $P \subsetneq NP$ für den Rest dieses Abschnitts voraus. Wie kann uns das helfen, Resultate der Art $L \notin P$ zu zeigen? Die Idee ist, eine Klasse von schwersten Problemen in NP zu spezifizieren. Die Spezifikation muss so erfolgen, dass die Zugehörigkeit eines dieser schwersten Probleme zu P automatisch $P = NP$ impliziert. Weil wir $P \neq NP$ vorausgesetzt haben, darf dann keines dieser schweren Probleme in P sein.

Ähnlich wie in der Theorie der Berechenbarkeit nutzen wir jetzt den klassischen mathematischen Ansatz der Reduktion zur Definition der schwersten Probleme in NP. Ein Problem $L$ aus NP ist schwer, wenn man jedes Problem aus NP effizient auf $L$ reduzieren kann.

**Definition 6.10.** *Seien $L_1 \subseteq \Sigma_1^*$ und $L_2 \subseteq \Sigma_2^*$ zwei Sprachen. Wir sagen, dass $\boldsymbol{L_1}$ **polynomiell auf $\boldsymbol{L_2}$ reduzierbar ist**, $L_1 \leq_p L_2$, falls eine polynomielle TM (ein polynomieller Algorithmus) $A$ existiert (Abbildung 6.3), die für jedes Wort $x \in \Sigma_1^*$ ein Wort $A(x) \in \Sigma_2^*$ berechnet,[12] so dass*

$$x \in L_1 \iff A(x) \in L_2.$$

*A wird eine **polynomielle Reduktion** von $L_1$ auf $L_2$ genannt.*

Wir sehen, dass man die Reduktion $\leq_p$ aus der Reduktion $\leq_{EE}$ durch die zusätzliche Forderung der Effizienz der Reduktion erhält (Abbildung 6.3). Wieder bedeutet $L_1 \leq_p L_2$, dass $L_2$ (in Bezug auf die Lösbarkeit in polynomieller Zeit) mindestens so schwer wie $L_1$ ist.

**Definition 6.11.** *Eine Sprache $L$ ist **NP-schwer**, falls für alle Sprachen $L' \in NP$ gilt $L' \leq_p L$.*
*Eine Sprache $L$ ist **NP-vollständig**, falls*

*(i) $L \in NP$ und*

*(ii) $L$ ist NP-schwer.*

Die Menge der NP-vollständigen Sprachen betrachten wir jetzt als die gesuchte Teilklasse von schwersten Entscheidungsproblemen in NP. Die folgende Behauptung zeigt die gewünschte Eigenschaft der schwersten Probleme in NP – die leere Schnittmenge zwischen P und der Menge der NP-vollständigen Sprachen, falls $P \subsetneq NP$ (Abbildung 6.4).

**Lemma 6.7.** *Falls $L \in P$ und $L$ ist NP-schwer, dann gilt $P = NP$.*

---

[12]Man bemerke, dass $|A(x)|$ polynomiell in $|x|$ ist, weil $A$ in polynomieller Zeit arbeitet.

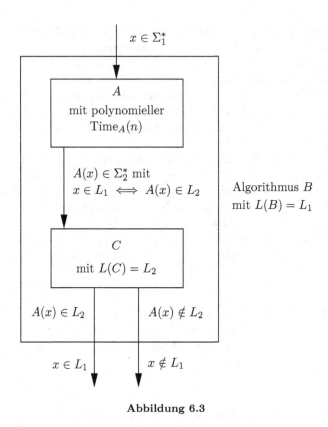

**Abbildung 6.3**

*Beweis.* Sei $L$ eine NP-schwere Sprache und sei $L \in$ P. $L \in$ P impliziert die Existenz einer polynomiellen TM $M$ mit $L = L(M)$. Wir beweisen, dass für jede Sprache $U \in$ NP, $U \subseteq \Sigma^*$ für ein Alphabet $\Sigma$, eine polynomielle MTM $A_U$ mit $L(A_U) = U$ existiert und deshalb $U \in$ P.

Da $U \leq_p L$ für jede Sprache $U \in$ NP, existiert eine polynomielle TM $B_U$, so dass

$$x \in U \iff B_U(x) \in L.$$

Wir beschreiben jetzt eine polynomielle MTM $A_U$ mit $L(A_U) = U$. Für jede Eingabe $x \in \Sigma^*$ arbeitet $A_U$ wie folgt.

(i)  $A_U$ simuliert die Arbeit von $B_U$ auf $x$ und berechnet $B_U(x)$.

(ii)  $A_U$ simuliert die Arbeit von $M$ auf $B_U(x)$. $A_U$ akzeptiert $x$ genau dann, wenn $M$ das Wort $B_U(x)$ akzeptiert.

Weil $x \in U \iff B_U(x) \in L$, gilt $L(A_U) = U$. Da $\text{Time}_{A_U}(x) = \text{Time}_{B_U}(x) + \text{Time}_M(B_U(x))$, $|B_U(x)|$ polynomiell in $x$ ist und die Turingmaschinen $B_U$ und $M$ in polynomieller Zeit arbeiten, arbeitet auch $A_U$ in polynomieller Zeit.    $\square$

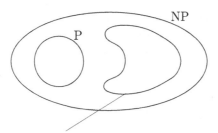

NP-vollständige Sprachen

**Abbildung 6.4**

Wir haben jetzt die gewünschte Definition der schwersten Probleme in NP, vorausgesetzt, dass die Klasse der NP-vollständigen Sprachen nicht leer ist. Der nächste Satz zeigt, dass diese Gefahr nicht besteht, weil SAT NP-vollständig ist.

Die NP-Schwere von SAT sagt aus, dass die Ausdrucksstärke Boole'scher Formeln in KNF sehr hoch ist, weil man für jede Sprache $L \in$ NP die Frage „Ist $x$ in $L$?" als die Frage ausdrücken kann, ob eine bestimmte Formel erfüllbar ist. Die Ausdrucksstärke von Formeln alleine sollte aber nicht überraschend sein, weil man durch Formeln beliebige Texte beschreiben kann, und diese Texte können beliebige Objekte wie Sätze, Beweise, Berechnungen usw. darstellen. Wir illustrieren dies jetzt an einem kleinen Beispiel. Wir wollen eine Boole'sche Formel in KNF konstruieren, die es ermöglicht, Matrizen der Größe $3 \times 3$ über $\{-1, 0, 1\}$ zu beschreiben. Sie ist genau dann erfüllbar, wenn die Matrix in jeder Zeile und in jeder Spalte genau eine 1 enthält. Dazu wählen wir uns für alle $i, j \in \{1, 2, 3\}$ und alle $k \in \{-1, 0, 1\}$ die Variablen $x_{i,j,k}$, mit deren Belegung wir dank folgender Bedeutung der 27 betrachteten Variablen eine beliebige $(3 \times 3)$-Matrix $A = (a_{ij})_{i,j=1,2,3}$ über $\{-1, 0, 1\}$ darstellen können.

$$x_{i,j,1} = 1 \iff a_{ij} = 1,$$
$$x_{i,j,0} = 1 \iff a_{ij} = 0,$$
$$x_{i,j,-1} = 1 \iff a_{ij} = -1.$$

Damit kann man die Matrix

$$\begin{pmatrix} 1 & 0 & 0 \\ -1 & 0 & 1 \\ 0 & 1 & 0 \end{pmatrix}$$

durch die folgende Belegung der 27 Variablen eindeutig bestimmen:

$$x_{1,1,1} = 1, \ x_{1,1,0} = 0, \ x_{1,1,-1} = 0, \qquad x_{1,2,1} = 0, \ x_{1,2,0} = 1, \ x_{1,2,-1} = 0,$$
$$x_{1,3,1} = 0, \ x_{1,3,0} = 1, \ x_{1,3,-1} = 0, \qquad x_{2,1,1} = 0, \ x_{2,1,0} = 0, \ x_{2,1,-1} = 1,$$
$$x_{2,2,1} = 0, \ x_{2,2,0} = 1, \ x_{2,2,-1} = 0, \qquad x_{2,3,1} = 1, \ x_{2,3,0} = 0, \ x_{2,3,-1} = 0,$$
$$x_{3,1,1} = 0, \ x_{3,1,0} = 1, \ x_{3,1,-1} = 0, \qquad x_{3,2,1} = 1, \ x_{3,2,0} = 0, \ x_{3,2,-1} = 0,$$
$$x_{3,3,1} = 0, \ x_{3,3,0} = 1, \ x_{3,3,-1} = 0.$$

Wir bemerken, dass es auch Belegungen gibt, die keine Matrix darstellen. Zum Beispiel ist die Belegung $x_{1,1,1} = 1 = x_{1,1,0}$ so zu interpretieren, dass $a_{11}$ beide Werte 1 und 0 annimmt, was nicht zulässig ist. Um dies auszuschließen, konstruieren wir zuerst eine Formel, die nur für die Belegungen erfüllt ist, die eine $(3 \times 3)$-Matrix über $\{-1, 0, 1\}$ bestimmen (d. h., jede Position der Matrix enthält genau einen Wert). Für alle $i, j \in \{1, 2, 3\}$ garantiert die Formel

$$F_{i,j} = (x_{i,j,1} \lor x_{i,j,0} \lor x_{i,j,-1}) \land$$
$$(\bar{x}_{i,j,1} \lor \bar{x}_{i,j,0}) \land (\bar{x}_{i,j,1} \lor \bar{x}_{i,j,-1}) \land (\bar{x}_{i,j,0} \lor \bar{x}_{i,j,-1})$$

dass genau eine der Variablen $x_{i,j,1}$, $x_{i,j,0}$, $x_{i,j,-1}$ den Wert 1 annimmt[13] und somit der Inhalt der Position $(i, j)$ der Matrix eindeutig bestimmt ist. Somit bestimmt jede Belegung, die die Formel

$$\Phi = \bigwedge_{1 \le i,j \le 3} F_{i,j}$$

erfüllt, eindeutig eine $(3 \times 3)$-Matrix über $\{-1, 0, 1\}$.

Für $i \in \{1, 2, 3\}$ garantiert die Formel

$$Z_i = (x_{i,1,1} \lor x_{i,2,1} \lor x_{i,3,1}) \land$$
$$(\bar{x}_{i,1,1} \lor \bar{x}_{i,2,1}) \land (\bar{x}_{i,1,1} \lor \bar{x}_{i,3,1}) \land (\bar{x}_{i,2,1} \lor \bar{x}_{i,3,1})$$

dass die $i$-te Zeile genau eine Eins enthält. Analog garantiert

$$S_j = (x_{1,j,1} \lor x_{2,j,1} \lor x_{3,j,1}) \land$$
$$(\bar{x}_{1,j,1} \lor \bar{x}_{2,j,1}) \land (\bar{x}_{1,j,1} \lor \bar{x}_{3,j,1}) \land (\bar{x}_{2,j,1} \lor \bar{x}_{3,j,1})$$

für $j \in \{1, 2, 3\}$, dass die $j$-te Spalte genau eine Eins enthält.

Somit ist

$$\Phi \land \bigwedge_{i=1,2,3} Z_i \land \bigwedge_{j=1,2,3} S_j$$

die gesuchte Boole'sche Formel in KNF.

**Aufgabe 6.19.** Geben Sie eine Menge Boole'scher Variablen an, mit der man jede Situation (Konfiguration) auf einem Schachbrett eindeutig bestimmen kann. Beschreiben Sie die Konstruktion einer Formel über diesen Variablen, die genau dann erfüllt ist, wenn auf dem Schachbrett genau acht Damen (und keine anderen Figuren) stehen, die sich gegenseitig nicht bedrohen.

Mit der oben beschriebenen Strategie kann man Texte auf einem Blatt Papier beschreiben. Das Blatt kann man sich als eine passende $(n \times m)$-Matrix über Elementen aus $\Sigma_{\text{Tastatur}}$ vorstellen. Dann reichen $n \cdot m \cdot |\Sigma_{\text{Tastatur}}|$ Boole'sche Variablen, um dieses Ziel zu realisieren.

---

[13]Die elementare Disjunktion $x_{i,j,1} \lor x_{i,j,0} \lor x_{i,j,-1}$ garantiert, dass mindestens eine der Variablen wahr ist. Die elementare Disjunktion $(\bar{x}_{i,j,1} \lor \bar{x}_{i,j,0})$ garantiert, dass mindestens eine der Variablen $x_{i,j,1}$ und $x_{i,j,0}$ den Wert 0 annimmt.

**Aufgabe 6.20.** Bestimmen Sie eine Menge von Variablen, mit denen man jede Textseite der Größe $33 \times 85$ darstellen kann. Beschreiben Sie die Konstruktion einer Formel mit genau einer erfüllbaren Belegung, die dem Text auf der zweiten Seite des Buches „The Design and Analysis of Computer Algorithms" von Aho, Hopcroft und Ullman entspricht.

Wir sehen also, dass wir durch Formeln beliebige Texte und somit auch Konfigurationen einer TM darstellen können. Der Kern des Beweises des folgenden Satzes liegt darin, dass wir zusätzlich auch inhaltliche semantische Zusammenhänge des Textes, zum Beispiel wie eine Konfiguration in einem Berechnungsschritt einer TM aus einer anderen Konfiguration erreichbar ist, durch die Erfüllbarkeit einer Formel ausdrücken können. Wichtig ist dabei noch, dass man solche Formeln effizient algorithmisch konstruieren kann, was auch bedeutet, dass die Formel nicht zu lang im Bezug auf das Eingabewort der beschriebenen Berechnung ist.

**Satz 6.9\* (Satz von Cook).** SAT *ist NP-vollständig.*

*Beweis.* In Beispiel 6.1 (siehe auch Abbildung 6.2) haben wir schon bewiesen, dass SAT in VP = NP liegt.

Es bleibt zu zeigen, dass alle Sprachen aus NP auf SAT polynomiell reduzierbar sind. Aus der Definition der Klasse NP folgt, dass für jede Sprache $L \in$ NP eine NTM $M$ mit $L(M) = L$ und $\mathrm{Time}_M(n) \in O(n^c)$ für ein $c \in \mathbb{N}$ existiert (d. h., $M$ ist eine endliche Darstellung von $L$, die wir als Eingabe für die folgende polynomielle Reduktion benutzen dürfen). Es reicht also zu zeigen:

*Für jede polynomielle NTM $M$ gilt $L(M) \leq_p$ SAT.*

Sei $M = (Q, \Sigma, \Gamma, \delta, q_0, q_{\mathrm{accept}}, q_{\mathrm{reject}})$ eine beliebige NTM mit $\mathrm{Time}_M(n) \leq p(n)$ für ein Polynom $p$ mit $p(n) \geq n$. Sei $Q = \{q_0, q_1, \ldots, q_{s-1}, q_s\}$, wobei $q_{s-1} = q_{\mathrm{accept}}$ und $q_s = q_{\mathrm{reject}}$, und sei $\Gamma = \{X_1, \ldots, X_m\}$, $X_m = \sqcup$. Wir entwerfen eine polynomielle Reduktion $B_M \colon \Sigma^* \to (\Sigma_{\mathrm{logic}})^*$, so dass für alle $x \in \Sigma^*$:

$$x \in L(M) \iff B_M(x) \in \mathrm{SAT}.$$

Sei $w$ ein beliebiges Wort aus $\Sigma^*$. $B_M$ soll eine Formel $B_M(w)$ konstruieren, so dass

$$w \in L(M) \iff B_M(w) \text{ ist erfüllbar.}$$

Das bedeutet, dass wir eine Formel konstruieren müssen, die alle Möglichkeiten der Arbeit von $M$ auf $w$ beschreibt. Die Idee ist, die Bedeutung der Variablen so zu wählen, dass eine Beschreibung einer beliebigen Konfiguration zu einem beliebigen Zeitpunkt möglich ist. Wir wissen, dass jede Konfiguration höchstens die Länge $\max\{\mathrm{Time}_M(|w|), |w|\} + 2 \leq p(|w|) + 2$ hat,[14] was für die gegebene Eingabe $w$ eine feste Zahl aus $\mathbb{N}$ ist. Um uns die Beschreibung zu vereinfachen, stellen wir jede Konfiguration

$$(\mathord{\cent} Y_1 Y_2 \ldots Y_{i-1} q Y_i \ldots Y_d)$$

---

[14] Die Konfiguration enthält den Inhalt der Bandfelder $0, \ldots, p(|w|)$ und den Zustand, dessen Position die Position des Kopfes markiert.

für $d \leq p(|w|)$ als

$$(\mathbb{\c{c}}Y_1Y_2\ldots Y_{i-1}qY_i\ldots Y_dY_{d+1}\ldots Y_{p(|w|)})$$

dar, wobei $Y_{d+1} = Y_{d+2} = \ldots = Y_{p(|w|)} = \sqcup$. Somit haben alle Konfigurationen die gleiche Bandlänge $p(|w|) + 1$. Um uns die Suche nach einer akzeptierenden Konfiguration zu erleichtern, erweitern wir $\delta$ durch $\delta(q_{\text{accept}}, X) = (q_{\text{accept}}, X, \text{N})$. Damit bleibt $M$ nach dem Erreichen des akzeptierenden Zustandes $q_{\text{accept}}$ weiter in $q_{\text{accept}}$, ohne eine Änderung vorzunehmen. Um die Zugehörigkeit von $w$ zu $L(M)$ zu entscheiden, reicht es dann aus zu testen, ob eine der Konfigurationen, die nach $p(|w|)$ Schritten von $M$ erreicht werden, den Zustand $q_{\text{accept}}$ enthält.

Die Formel $B_M(w)$ wird aus folgenden Variablenklassen entstehen:

- $C\langle i,j,t\rangle$ für $0 \leq i \leq p(|w|)$, $1 \leq j \leq m$, $0 \leq t \leq p(|w|)$.
  Die Bedeutung von $C\langle i,j,t\rangle$ ist wie folgt:

  $C\langle i,j,t\rangle = 1 \iff$ Die $i$-te Position des Bandes von $M$ enthält das Arbeitssymbol
  $\qquad\qquad\qquad\quad X_j$ zum Zeitpunkt $t$ (also nach $t$ Berechnungsschritten).

  Es gibt genau $m \cdot ((p(|w|) + 1)^2 \in O((p(|w|))^2)$ solcher Variablen.

- $S\langle k,t\rangle$ für $0 \leq k \leq s$, $0 \leq t \leq p(|w|)$.
  Die Bedeutung der Boole'schen Variablen $S\langle k,t\rangle$ ist:

  $S\langle k,t\rangle = 1 \iff$ Die NTM $M$ ist im Zustand $q_k$ zum Zeitpunkt $t$.

  Die Anzahl solcher Variablen ist $(s + 1) \cdot (p(|w|) + 1) \in O(p(|w|))$.

- $H\langle i,t\rangle$ für $0 \leq i \leq p(|w|)$, $0 \leq t \leq p(|w|)$.
  Die Bedeutung von $H\langle i,t\rangle$ ist:

  $H\langle i,t\rangle = 1 \iff$ Der Kopf von $M$ ist auf der $i$-ten Position des Bandes zum
  $\qquad\qquad\qquad\quad$ Zeitpunkt $t$.

  Es gibt genau $(p(|w|) + 1)^2 \in O((p(|w|))^2)$ solcher Variablen.

Wir beobachten, dass wir durch die Belegung aller Variablen mit Werten für ein festes $t$ die Beschreibung einer beliebigen Konfiguration bekommen können. Zum Beispiel lässt sich die Konfiguration

$$(X_{j_0}X_{j_1}\ldots X_{j_{i-1}}q_rX_{j_i}\ldots X_{j_{p(|w|)}})$$

beschreiben durch:

- $C\langle 0,j_0,t\rangle = C\langle 1,j_1,t\rangle = \ldots = C\langle p(|w|),j_{p(|w|)},t\rangle = 1$ und $C\langle k,l,t\rangle = 0$ für alle restlichen Variablen aus dieser Klasse;

- $H\langle i,t\rangle = 1$ und $H\langle j,t\rangle = 0$ für alle $j \in \{0,1,\ldots,p(|w|)\}, j \neq i$;

- $S\langle r,t\rangle = 1$ und $S\langle l,t\rangle = 0$ für alle $l \in \{0,1,\ldots,s\}, l \neq r$.

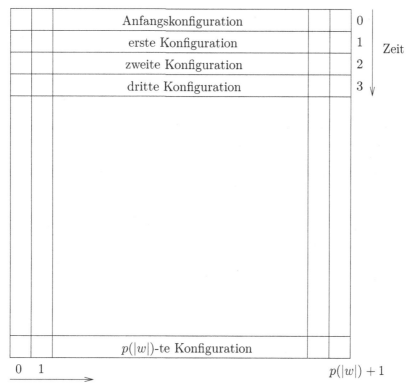

Abbildung 6.5

Wenn wir für jeden Zeitpunkt $t$ eine Konfiguration angeben, haben wir also die Möglichkeit, eine beliebige Berechnung von $p(|w|)$ Schritten von $M$ auf $w$ durch die passende Belegung der Variablen zu beschreiben. Es ist wichtig, auch zu beobachten, dass es Belegungen der betrachteten Variablen gibt, die keine Interpretation auf der Ebene von Berechnungen von $M$ auf $w$ haben. So würde zum Beispiel $S\langle 1,3\rangle = S\langle 3,3\rangle = S\langle 7,3\rangle = 1$ und $C\langle 2,1,3\rangle = C\langle 2,2,3\rangle = 1$ bedeuten, dass $M$ im Zeitpunkt 3 (nach drei Berechnungsschritten) gleichzeitig in drei Zuständen $q_1, q_3, q_7$ ist und die zweite Position des Bandes das Symbol $X_1$ sowie das Symbol $X_2$ enthält. Diese Belegung für $t = 3$ entspricht also keiner Konfiguration.

Die Situation kann man sich auch so vorstellen, als ob man ein Blatt Papier der Größe $(p(|w|) + 2) \times (p(|w|) + 1)$ hätte und die Belegung der Variablen bestimmen würde, welche Buchstaben auf jede Position $(i, j)$, $0 \leq i, j \leq p(|w|)$, geschrieben werden. Es kann ein unsinniger Text entstehen, aber es gibt auch Belegungen, bei denen jede Zeile des Blattes eine Konfiguration beschreibt und Belegungen, bei denen diese Folge von Konfigurationen einer Berechnung entspricht. Diese Situation ist in Abbildung 6.5 schematisch dargestellt.

Unsere Aufgabe ist jetzt, eine Formel $B_M(w)$ in KNF über den Variablen $C\langle i,j,t\rangle$, $S\langle k,t\rangle$ und $H\langle i,t\rangle$ so zu konstruieren, dass gilt

$$B_M(w) \text{ ist erfüllbar} \iff \text{es existiert eine akzeptierende Berechnung}$$
$$\text{von } M \text{ auf } w.$$

$B_M$ konstruiert die Formel $B_M(x) = A \wedge B \wedge C \wedge D \wedge E \wedge F \wedge G$ in KNF in folgenden sieben Schritten. Um die Konstruktion anschaulich und übersichtlich zu machen, beschreiben wir zuerst die Bedeutung der einzelnen Formeln $A$, $B$, $C$, $D$, $E$, $F$ und $G$.

- **$A$:** $A$ soll sicherstellen, dass der Kopf zu jedem Zeitpunkt genau auf einer Position des Bandes steht (d. h., $A$ soll genau dann erfüllbar sein, wenn genau eine der Variablen $H\langle i,t\rangle$ den Wert 1 hat für jedes feste $t$).

- **$B$:** Zu jedem Zeitpunkt ist genau ein Arbeitssymbol auf jeder Position des Bandes.

- **$C$:** Zu jedem Zeitpunkt ist $M$ in genau einem Zustand.

- **$D$:** In jedem Schritt von $M$ von einer Konfiguration zur nächsten kann nur das Symbol geändert werden, auf dem der Lesekopf steht.

- **$E$:** Die Änderung des Zustandes, die Bewegung des Kopfes und die Änderung des Bandinhalts in jedem Schritt muss einer möglichen Aktion der NTM $M$ (der Transitionsfunktion $\delta$) entsprechen.

- **$F$:** $F$ garantiert, dass die Variablen mit $t = 0$ genau die Anfangskonfiguration von $M$ auf $w$ bestimmen.

- **$G$:** $G$ garantiert, dass die letzte $((p(|w|) + 1)$-te) Konfiguration eine akzeptierende Konfiguration ist.

Wir sehen, dass die Erfüllbarkeit von $A \wedge B \wedge C$ garantiert, dass unser Blatt in den Zeilen nur Konfigurationen enthält. Der Teil $D \wedge E$ von $B_M(x)$ soll sicherstellen, dass unser Blatt zusätzlich eine Berechnung von $M$ beschreibt. $F$ garantiert, dass diese Berechnung eine Berechnung von $M$ auf $w$ ist, und $G$ garantiert, dass diese Berechnung in $q_{\text{accept}}$ endet.

In unserer Konstruktion werden wir öfter eine Formel von mehreren Variablen brauchen, die den Wert 1 genau dann annimmt, wenn genau eine der Variablen den Wert 1 hat. Seien $x_1, x_2, \ldots, x_n$ Boole'sche Variablen. Die folgende Formel in KNF hat die gewünschte Eigenschaft bezüglich $x_1, x_2, \ldots, x_n$:

$$U(x_1, x_2, \ldots, x_n) = (x_1 \vee x_2 \vee \ldots \vee x_n) \wedge \Big( \bigwedge_{\substack{1 \le i,j \le n \\ i \ne j}} (\overline{x_i} \vee \overline{x_j}) \Big).$$

Der erste Teil der Formel $x_1 \vee x_2 \vee \ldots \vee x_n$ garantiert, dass mindestens eine der Variablen $x_1, x_2, \ldots x_n$ auf 1 gesetzt werden muss, um $U$ zu erfüllen. Weil der zweite Teil der Formel die elementare Disjunktion $\overline{x_i} \vee \overline{x_j}$ für alle Paare $i, j \in \{1, \ldots, n\}, i \ne j$ enthält, dürfen $x_i$ und $x_j$ nicht zugleich den Wert 1 annehmen. Daher garantiert der zweite Teil der Formel, dass höchstens eine Variable aus $\{x_1, \ldots, x_n\}$ den Wert 1 annehmen darf. Wir bemerken, dass die Länge der Formel $U(x_1, x_2, \ldots, x_n)$ quadratisch in der Anzahl $n$ der Variablen ist.

Jetzt konstruieren wir nacheinander die Formeln $A, B, C, D, E, F$ und $G$.

(a) Für jedes $t \in \{0, 1, 2, \ldots, p(|w|)\}$ definieren wir

$$A_t = U(H\langle 0, t\rangle, H\langle 1, t\rangle, \ldots, H\langle p(|w|), t\rangle).$$

$A_t$ ist nur dann erfüllt, wenn sich der Lesekopf von $M$ zum Zeitpunkt $t$ genau auf einer Position $i \in \{0, 1, \ldots, p(|w|)\}$ des Bandes befindet. Die Erfüllung der Formel

$$A = A_0 \wedge A_1 \wedge \ldots \wedge A_{p(|w|)} = \bigwedge_{0 \le i \le p(|w|)} A_i$$

garantiert, dass sich der Lesekopf zu jedem Zeitpunkt $t \in \{0, 1, \ldots, p(|w|)\}$ auf genau einer Position des Bandes befindet. Die Anzahl der Literale in $A$ ist in $O((p(|w|))^3)$, weil die Anzahl der Literale in $A_t$ quadratisch in $p(|w|) + 1$ ist.

(b) Für alle $i \in \{0, 1, 2, \ldots, p(|w|)\}$, $t \in \{0, 1, \ldots, p(|w|)\}$ definieren wir

$$B_{i,t} = U(C\langle i, 1, t\rangle, C\langle i, 2, t\rangle, \ldots, C\langle i, m, t\rangle).$$

$B_{i,t}$ ist erfüllt, wenn die $i$-te Position des Bandes nach $t$ Berechnungsschritten von $M$ genau ein Symbol enthält. Weil $|\Gamma| = m$ eine Konstante ist, ist die Anzahl der Literale in $B_{i,t}$ in $O(1)$. Die Erfüllung der Formel

$$B = \bigwedge_{0 \le i, t \le p(|w|)} B_{i,t}$$

garantiert, dass alle Positionen des Bandes zu jedem Zeitpunkt genau ein Symbol enthalten. Die Anzahl der Literale in $B$ ist offensichtlich in $O((p(|w|))^2)$.

(c) Wir definieren für alle $t \in \{0, 1, \ldots, p(|w|)\}$

$$C_t = U(S\langle 0, t\rangle, S\langle 1, t\rangle, \ldots, S\langle s, t\rangle).$$

Wenn eine Belegung von $S\langle 0, t\rangle, \ldots, S\langle s, t\rangle$ die Formel $C_t$ erfüllt, dann ist $M$ zum Zeitpunkt $t$ in genau einem Zustand. Weil $|Q| = s + 1$ eine Konstante ist, ist die Anzahl der Literale in $C_t$ in $O(1)$. Offensichtlich garantiert uns

$$C = \bigwedge_{0 \le t \le p(|w|)} C_t,$$

dass $M$ zu jedem Zeitpunkt genau in einem Zustand ist. Die Anzahl der Literale in $C$ ist in $O(p(|w|))$.

(d) Die Formel

$$D_{i,j,t} = (C\langle i, j, t\rangle \leftrightarrow C\langle i, j, t + 1\rangle) \vee H\langle i, t\rangle$$

für $0 \le i \le p(|w|), 1 \le j \le m, 0 \le t \le p(|w|) - 1$ sagt aus, dass ein nicht gelesenes Symbol nicht geändert werden darf (wenn $H\langle i, t\rangle = 0$, dann muss im nächsten Schritt das Symbol auf der $i$-ten Position unverändert bleiben). Offensichtlich kann man $D_{i,j,t}$ in eine KNF mit $O(1)$ Literalen umwandeln.[15] Die gesuchte Formel ist dann

$$D = \bigwedge_{\substack{0 \leq i \leq p(|w|) \\ 1 \leq j \leq m \\ 0 \leq t \leq p(|w|)-1}} D_{i,j,t}$$

und $D$ enthält $O((p(|w|))^2)$ Literale, da $m$ eine Konstante ist.

(e) Wir betrachten für alle $i \in \{0,1,2,\ldots,p(|w|)\}$, $j \in \{1,\ldots,m\}$, $t \in \{0,1,\ldots,p(|w|)\}$, $k \in \{0,1,\ldots,s\}$ die Formel

$$E_{i,j,k,t} = \overline{C\langle i,j,t\rangle} \vee \overline{H\langle i,t\rangle} \vee \overline{S\langle k,t\rangle} \vee$$
$$\bigvee_l (C\langle i,j_l,t+1\rangle \wedge S\langle k_l,t+1\rangle \wedge H\langle i_l,t+1\rangle)$$

wobei $l$ über alle möglichen Aktionen der NTM $M$ für das Argument $(q_k, X_j)$ läuft, mit

$$(q_{k_l}, X_{j_l}, z_l) \in \delta(q_k, X_j), z_l \in \{L, R, N\} \text{ und } i_l = i + \varphi(z_l),$$
$$\text{wobei } \varphi(L) = -1, \varphi(R) = 1, \varphi(N) = 0.$$

$E_{i,j,k,t}$ kann man betrachten als die Disjunktion folgender vier Bedingungen:

- $\overline{C\langle i,j,t\rangle}$, d.h., die $i$-te Position des Bandes enthält nicht $X_j$ zum Zeitpunkt $t$.

- $\overline{H\langle i,t\rangle}$, d.h., der Kopf ist nicht auf der $i$-ten Position zum Zeitpunkt $t$.

- $\overline{S\langle k,t\rangle}$, d.h., $M$ ist nicht im Zustand $q_k$ zum Zeitpunkt $t$.

- Die Änderung der $t$-ten Konfiguration entspricht einer möglichen Aktion bei dem Argument $(q_k, X_j)$ und der Kopfposition $i$.

Die Idee der Konstruktion von $E_{i,j,k,t}$ ist jetzt offensichtlich: Wenn keine der ersten drei Bedingungen erfüllt ist, dann ist $(q_k, X_j)$ das aktuelle Argument für den $(t+1)$-ten Schritt und der Kopf ist auf der $i$-ten Position des Bandes. In diesem Fall müssen also die Änderungen genau nach der $\delta$-Funktion von $M$ für das Argument $(q_k, X_j)$ vorgenommen werden. Wenn man die $l$-te mögliche Aktion $(q_{k_l}, X_{j_l}, z_l)$ beim Argument $(q_k, X_j)$ auswählt, dann muss $X_j$ an der $i$-ten Position durch $X_{j_l}$ ersetzt werden, der neue Zustand muss $q_{k_l}$ sein, und der Kopf muss sich entsprechend dem $z_l$ bewegen. $E_{i,j,k,t}$ beinhaltet $O(1)$ Literale, da $l$ eine Konstante ist, und deshalb hat auch die Umwandlung in KNF $O(1)$ Literale. Somit hat die gesuchte Formel

$$E = \bigwedge_{\substack{0 \leq i,t \leq p(|w|) \\ 1 \leq j \leq m \\ 0 \leq k \leq s}} E_{i,j,k,t}$$

$O((p(|w|))^2)$ Literale.

---

[15]Die Formel $x \leftrightarrow y$ ist äquivalent zu der Formel $(\overline{x} \vee y) \wedge (x \vee \overline{y})$. Somit ist $D_{i,j,t} \leftrightarrow (\overline{C\langle i,j,t\rangle} \vee C\langle i,j,t+1\rangle \vee H\langle i,t\rangle) \wedge (C\langle i,j,t\rangle \vee \overline{C\langle i,j,t+1\rangle} \vee H\langle i,t\rangle)$.

(f) Die Anfangskonfiguration von $M$ auf $w$ muss auf dem Band $\text{¢}w$ haben, der Kopf muss auf die 0-te Position des Bandes zeigen und $M$ muss im Zustand $q_0$ sein. Wenn $w = X_{j_1} X_{j_2} \ldots X_{j_n}$ für $j_r \in \{1, 2, \ldots, m\}$, $n \in \mathbb{N}$ und $X_1 = \text{¢}$, dann kann man die Anforderung, dass die Konfiguration zum Zeitpunkt 0 die Anfangskonfiguration von $M$ auf $w$ ist, wie folgt ausdrücken:

$$F = S\langle 0, 0 \rangle \wedge H\langle 0, 0 \rangle \wedge C\langle 0, 1, 0 \rangle$$
$$\wedge \bigwedge_{1 \leq r \leq n} C\langle r, j_r, 0 \rangle \wedge \bigwedge_{n+1 \leq d \leq p(|w|)} C\langle d, m, 0 \rangle.$$

Die Anzahl der Literale in $F$ ist in $O(p(|w|))$ und $F$ ist in KNF.

(g) Die einfache Formel

$$G = S\langle s - 1, p(|w|) \rangle$$

garantiert, dass die letzte (also die $p(|w|)$-te) Konfiguration den Zustand $q_{\text{accept}}$ enthält.

Gemäß der Konstruktion der Formel $B_M(w)$ ist es offensichtlich, dass $B_M(w)$ genau dann erfüllbar ist, wenn eine akzeptierende Berechnung von $M$ auf $w$ existiert. Die Formel $B_M(w)$ kann algorithmisch aus den Daten $M$, $w$ und $p(|w|)$ generiert werden. Die Zeitkomplexität zur Berechnung von $B_M(w)$ ist asymptotisch linear in der Länge der Darstellung von $B_M(w)$. Wie wir ausgerechnet haben, ist die Anzahl der Literale in $B_M(w)$ in $O((p(|w|))^3)$. Wenn wir $B_M(w)$ über $\Sigma_{\text{logic}}$ darstellen, muss jede Variable binär kodiert werden. Weil die Anzahl der Variablen in $O((p(|w|))^2)$ liegt, kann jede Variable durch $O(\log_2(|w|))$ Bits repräsentiert werden. Damit ist die Länge von $B_M(w)$ und somit die Zeitkomplexität von $B_M$ in $O((p(|w|))^3 \cdot \log_2(|w|))$. Also ist $B_M$ eine polynomielle Reduktion von $L(M)$ auf SAT. $\square$

Im Beweis von Satz 6.9 haben wir gezeigt, dass alle Sprachen aus NP auf SAT reduzierbar sind. Dies bedeutet nichts anderes, als dass man jede Instanz eines Problems aus NP als das Problem der Erfüllbarkeit einer Formel darstellen kann. Daraus resultiert die Sichtweise, dass „die Sprache der Boole'schen Formeln" stark genug ist, um jedes Problem aus NP darzustellen.

Die NP-Vollständigkeit von SAT ist der Startpunkt[16] zur Klassifizierung der Entscheidungsprobleme bezüglich ihrer Zugehörigkeit zu P. Um die NP-Vollständigkeit anderer Probleme zu beweisen, benutzen wir die Methode der Reduktion, die auf folgender Beobachtung basiert.

**Lemma 6.8.** *Seien $L_1$ und $L_2$ zwei Sprachen. Falls $L_1 \leq_p L_2$ und $L_1$ ist NP-schwer, dann ist auch $L_2$ NP-schwer.*

**Aufgabe 6.21.** Beweisen Sie Lemma 6.8.

---

[16]SAT spielt also in der Komplexitätstheorie eine ähnliche Rolle wie $L_{\text{diag}}$ in der Theorie der Berechenbarkeit.

Im Folgenden benutzen wir Lemma 6.8, um die NP-Vollständigkeit einiger Sprachen aus NP zu beweisen. Unser erstes Ziel ist zu zeigen, dass „die Sprache der Graphen (Relationen)" auch ausdrucksstark genug ist, um jedes Problem aus NP darzustellen. Zur Veranschaulichung der Argumentation werden wir im Folgenden direkt mit Objekten wie Graphen und Formeln arbeiten statt streng formal über die Kodierungen von Graphen und Formeln zu sprechen. Somit gilt

$$\text{SAT} = \{\Phi \mid \Phi \text{ ist eine erfüllbare Formel in KNF}\},$$

$$\text{CLIQUE} = \{(G, k) \mid G \text{ ist ein ungerichteter Graph, der eine } k\text{-Clique enthält}\},$$

$$\text{VC} = \{(G, k) \mid G \text{ ist ein ungerichteter Graph mit einer Knotenüberdeckung}$$
$$\text{(vertex cover) der Mächtigkeit höchstens } k\},$$

wobei eine Knotenüberdeckung eines Graphen $G = (V, E)$ jede Menge von Knoten $U \subseteq V$ ist, so dass jede Kante aus $E$ mindestens einen Endpunkt in $U$ hat.

Sei $\Phi$ eine Formel und sei $\varphi$ eine Belegung der Variablen von $\Phi$. Im Folgenden bezeichnen wir durch $\varphi(\Phi)$ den Wahrheitswert von $\Phi$ bei der Belegung $\varphi$. Also ist $\Phi$ genau dann erfüllbar, wenn eine Belegung $\varphi$ mit $\varphi(\Phi) = 1$ existiert.

**Lemma 6.9.** SAT $\leq_p$ CLIQUE.

*Beweis.* Sei $\Phi = F_1 \wedge F_2 \wedge \ldots \wedge F_m$ eine Formel in KNF, $F_i = (l_{i1} \vee l_{i2} \vee \cdots \vee l_{ik_i}), k_i \in \mathbb{N} - \{0\}$ für $i = 1, 2, \ldots, m$.

Wir konstruieren eine Eingabe $(G, k)$ des Cliquenproblems, so dass

$$\Phi \in \text{SAT} \iff (G, k) \in \text{CLIQUE}.$$

Wir setzen

- $k = m$,

- $G = (V, E)$, wobei

- $V = \{[i, j] \mid 1 \leq i \leq m, 1 \leq j \leq k_i\}$, das heißt wir nehmen einen Knoten für jedes Auftreten eines Literals in $\Phi$,

- $E = \{\{[i, j], [r, s]\} \mid$ für alle $[i, j], [r, s] \in V$, mit $i \neq r$ und $l_{ij} \neq \bar{l}_{rs}\}$, d. h., eine Kante $\{u, v\}$ verbindet nur Knoten aus unterschiedlichen Klauseln, vorausgesetzt das Literal von $u$ ist nicht die Negation des Literals von $v$.

Betrachten wir die folgende Formel

$$\Phi = (x_1 \vee x_2) \wedge (x_1 \vee \bar{x}_2 \vee \bar{x}_3) \wedge (\bar{x}_1 \vee x_3) \wedge \bar{x}_2.$$

Dann ist $k = 4$ und der konstruierte Graph ist in Abbildung 6.6 dargestellt.

Es ist klar, dass $(G, k)$ durch einen polynomiellen Algorithmus aus $\Phi$ konstruiert werden kann.

Wir zeigen jetzt,

$$\Phi \text{ ist erfüllbar} \iff G \text{ enthält eine Clique der Größe } k = m. \tag{6.1}$$

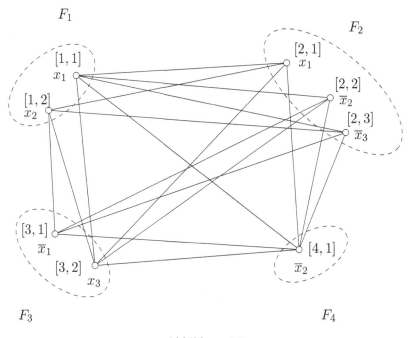

**Abbildung 6.6**

Die Idee des Beweises ist folgende. Die Literale $l_{ij}$ und $l_{rs}$ sind in $G$ verbunden, wenn beide aus unterschiedlichen Klauseln kommen ($i \neq r$) und beide gleichzeitig den Wert 1 annehmen können. Somit entspricht eine Clique in $G$ den Belegungen von Variablen von $\Phi$, die die Literale der Knoten der Clique erfüllen (zu 1 auswerten). Zum Beispiel bestimmt die Clique $\{[1,1],[2,1],[3,2],[4,1]\}$ in Abbildung 6.6 die Belegung $x_1 = 1$, $x_3 = 1$ und $\overline{x}_2 = 1$ $(x_2 = 0)$.

Wir beweisen die Äquivalenz (6.1) durch zwei Implikationen.

(i) „$\Longrightarrow$": Sei $\Phi$ eine erfüllbare Formel. Dann existiert eine Belegung $\varphi$, so dass $\varphi(\Phi) = 1$. Es gilt $\varphi(F_i) = 1$ für alle $i \in \{1, \ldots, m\}$. Also existiert für jedes $i \in \{1, \ldots, m\}$ ein Index $\alpha_i \in \{1, \ldots, k_i\}$, so dass $\varphi(l_{i\alpha_i}) = 1$. Wir behaupten, dass die Knotenmenge $\{[i, \alpha_i] \mid 1 \leq i \leq m\}$ einen vollständigen Teilgraphen von $G$ bildet.

Es ist klar, dass $[1, \alpha_1], [2, \alpha_2], \ldots, [m, \alpha_m]$ aus unterschiedlichen Klauseln sind.

Die Gleichheit $l_{i\alpha_i} = \overline{l}_{j\alpha_j}$ für irgendwelche $i, j$, $i \neq j$, impliziert $\omega(l_{i\alpha_i}) \neq \omega(l_{j\alpha_j})$ für jede Belegung $\omega$, und deshalb ist $\varphi(l_{i\alpha_i}) = \varphi(l_{j\alpha_j}) = 1$ nicht möglich. Also ist $l_{i\alpha_i} \neq \overline{l}_{j\alpha_j}$ für alle $i, j \in \{1, \ldots, m\}$, $i \neq j$, und $\{[i, \alpha_i], [j, \alpha_j]\} \in E$ für alle $i, j \in \{1, \ldots, m\}$, $i \neq j$. Somit ist $\{[i, \alpha_i] \mid 1 \leq i \leq m\}$ eine Clique der Größe $m$.

(ii) „$\Longleftarrow$": Sei $Q$ eine Clique von $G$ mit $k = m$ Knoten. Weil zwei Knoten durch eine Kante in $G$ nur dann verbunden sind, wenn sie zwei Literalen aus unterschiedlichen Klauseln entsprechen, existieren $\alpha_1, \alpha_2, \ldots, \alpha_m$ mit $\alpha_p \in \{1, 2, \ldots, k_p\}$ für $p = 1, \ldots, m$, so dass $\{[1, \alpha_1], [2, \alpha_2], \ldots, [m, \alpha_m]\}$ die Knoten von $Q$ sind. Folgend

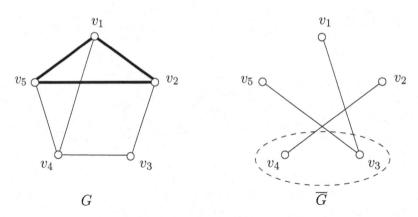

**Abbildung 6.7**

der Konstruktion von $G$ existiert eine Belegung $\varphi$ der Variablen von $\Phi$, so dass $\varphi(l_{1\alpha_1}) = \varphi(l_{2\alpha_2}) = \cdots = \varphi(l_{m\alpha_m}) = 1$. Das impliziert direkt $\varphi(F_1) = \varphi(F_2) = \cdots = \varphi(F_m) = 1$ und somit erfüllt $\varphi$ die Formel $\Phi$.    □

**Lemma 6.10.** CLIQUE $\leq_p$ VC.

*Beweis.* Sei $G = (V, E)$ und $k$ eine Eingabe des Clique-Problems. Wir konstruieren eine Eingabe $(\overline{G}, m)$ des Vertex-Cover-Problems wie folgt:

- $m = |V| - k$,

- $\overline{G} = (V, \overline{E})$, wobei $\overline{E} = \{\{u, v\} \mid u, v \in V, u \neq v, \{u, v\} \notin E\}$.

Abbildung 6.7 zeigt die Konstruktion des Graphen $\overline{G}$ aus einem gegebenen Graphen $G$. Es ist klar, dass man diese Konstruktion in linearer Zeit realisieren kann.

Um „$(G, k) \in$ CLIQUE $\iff (\overline{G}, |V| - k) \in$ VC" zu beweisen, reicht es zu zeigen:

$$S \subseteq V \text{ ist eine Clique in } G \iff V - S \text{ ist eine Knotenüberdeckung in } \overline{G}.$$

In Abbildung 6.7 sehen wir, dass die Clique $\{v_1, v_2, v_5\}$ von $G$ die Knotenüberdeckung $\{v_3, v_4\}$ in $\overline{G}$ bestimmt. Wir beweisen diese Behauptung durch zwei Implikationen.

(i) „$\Longrightarrow$": Sei $S$ eine Clique in $G$. Also gibt es keine Kante zwischen den Knoten aus $S$ in $\overline{G}$. Daher ist jede Kante aus $\overline{G}$ adjazent zu mindestens einem Knoten in $V - S$. Also ist $V - S$ eine Knotenüberdeckung in $\overline{G}$.

(ii) „$\Longleftarrow$": Sei $C \subseteq V$ eine Knotenüberdeckung in $\overline{G}$. Gemäß der Definition einer Knotenüberdeckung ist jede Kante von $\overline{G}$ adjazent zu mindestens einem Knoten aus $C$. Also gibt es keine Kante $\{u, v\}$ in $\overline{E}$ für $u, v \in V - C$. Deswegen gilt $\{u, v\} \in E$ für alle $u, v \in V - C$, $u \neq v$. Somit ist $V - C$ eine Clique in $G$.    □

Das folgende Resultat zeigt, dass das SAT-Problem schwer bleibt, auch wenn man sich auf eine Teilklasse von Formeln beschränkt. Wir sagen, dass eine Formel in 3KNF ist, falls sie in KNF ist und jede Klausel höchstens aus drei Literalen besteht. Das 3SAT-Problem ist zu bestimmen, ob eine Formel in 3KNF erfüllbar ist. Im Folgenden betrachten wir eine Belegung $\varphi$ von Boole'schen Variablen aus einer Menge $X = \{x_1, \ldots, x_n\}$ als eine Abbildung $\varphi \colon X \to \{0, 1\}$. Sei $Y = \{y_1, \ldots, y_r\}$ eine Menge Boole'scher Variablen. Wir sagen, dass $\omega \colon X \cup Y \to \{0, 1\}$ eine **Erweiterung von** $\varphi \colon X \to \{0, 1\}$ ist, falls $\omega(z) = \varphi(z)$ für alle $z \in X$.

**Lemma 6.11.** SAT $\leq_p$ 3SAT.

*Beweis.* Sei $F = F_1 \wedge F_2 \wedge \cdots \wedge F_m$ eine Formel in KNF über einer Menge Boole'scher Variablen $\{x_1, \ldots, x_n\}$. Wir konstruieren eine Formel $C$ in 3KNF (alle Klauseln enthalten höchstens 3 Literale), so dass

$$F \text{ ist erfüllbar } (F \in \text{SAT}) \iff C \text{ ist erfüllbar } (C \in \text{3SAT}).$$

Die polynomielle Reduktion führen wir für jede der Klauseln $F_1, \ldots, F_m$ einzeln wie folgt durch:

Falls $F_i$ weniger als 4 Literale enthält, dann setzen wir $C_i = F_i$. Sei $F_i = z_1 \vee z_2 \vee \cdots \vee z_k$ mit $k \geq 4, z_i \in \{x_1, \overline{x}_1, \ldots, x_n, \overline{x}_n\}$. Wir konstruieren $C_i$ über Variablen $\{x_1, \ldots, x_n, y_{i,1}, y_{i,2}, \ldots, y_{i,k-3}\}$, wobei $y_{i,1}, y_{i,2}, \ldots, y_{i,k-3}$ neue Variablen sind, die bei der Konstruktion von $C_j$ mit $j \neq i$ nicht benutzt werden.

$$C_i = (z_1 \vee z_2 \vee y_{i,1}) \wedge (\overline{y}_{i,1} \vee z_3 \vee y_{i,2}) \wedge (\overline{y}_{i,2} \vee z_4 \vee y_{i_3})$$
$$\wedge \cdots \wedge (\overline{y}_{i,k-4} \vee z_{k-2} \vee y_{i,k-3}) \wedge (\overline{y}_{i,k-3} \vee z_{k-1} \vee z_k).$$

Für $F_i = \overline{x}_1 \vee x_3 \vee \overline{x}_2 \vee x_7 \vee \overline{x}_9$ erhalten wir zum Beispiel

$$C_i = (\overline{x}_1 \vee x_3 \vee y_{i,1}) \wedge (\overline{y}_{i,1} \vee \overline{x}_2 \vee y_{i,2}) \wedge (\overline{y}_{i,2} \vee x_7 \vee \overline{x}_9).$$

Um zu zeigen, dass $F = F_1 \wedge \cdots \wedge F_m$ genau dann erfüllbar ist, wenn $C = C_1 \wedge \cdots \wedge C_m$ erfüllbar ist, reicht es, die folgende Behauptung zu beweisen.

*Eine Belegung $\varphi$ der Variablen aus $\{x_1, \ldots, x_n\}$ erfüllt $F_i$ $\iff$ es existiert eine Erweiterung $\varphi'$ von $\varphi$ auf $\{x_1, \ldots, x_n, y_{i,1}, \ldots, y_{i,k-3}\}$, die $C_i$ erfüllt.*

(i) „$\Longrightarrow$": Sei $\varphi$ eine Belegung der Variablen in $\{x_1, x_2, \ldots, x_n\}$, so dass $\varphi(F_i) = 1$. Also existiert ein $j \in \{1, \ldots, k\}$ mit $\varphi(z_j) = 1$. Wir nehmen $\varphi' \colon \{x_1, \ldots, x_n, y_{i,1}, \ldots, y_{i,k-3}\} \to \{0, 1\}$, so dass

   (a) $\varphi'(x_l) = \varphi(x_l)$ für $l = 1, \ldots, n$,

   (b) $\varphi'(y_{i,1}) = \cdots = \varphi'(y_{i,j-2}) = 1$ und

   (c) $\varphi'(y_{i,j-1}) = \cdots = \varphi'(y_{i,k-3}) = 0$.

Weil $\varphi'(z_j) = 1$, ist die $(j-1)$-te Klausel von $C_i$ erfüllt. $\varphi'(y_{i,r}) = 1$ garantiert die Erfüllung der $r$-ten Klausel von $C_i$ für $r = 1, \ldots, j-2$. $\varphi'(y_{i,s}) = 0$ (das heißt $\overline{y}_{i,s} = 1$) garantiert die Erfüllung der $(s+1)$-ten Klausel von $C_i$ für $s = j-1, j, \ldots, k-3$. Damit erfüllt $\varphi'$ alle $k-2$ Klauseln von $C_i$.

(ii) „$\Longleftarrow$": Sei $\varphi$ eine Belegung, so dass $\varphi(F_i) = 0$. Wir beweisen, dass keine Erweiterung $\varphi'$ von $\varphi$ existiert, so dass $\varphi'(C_i) = 1$. $\varphi(F_i) = 0$ impliziert $\varphi(z_1) = \varphi(z_2) = \cdots = \varphi(z_k) = 0$. Also muss man, um die erste Klausel zu erfüllen, für $y_{i,1}$ den Wert 1 einsetzen. Dann ist $\varphi'(\overline{y}_{i,1}) = 0$ und $\varphi'(y_{i,2})$ muss 1 sein, um die zweite Klausel zu erfüllen. Auf diese Weise bekommen wir $\varphi'(y_{i,1}) = \varphi'(y_{i,2}) = \cdots = \varphi'(y_{i,k-3}) = 1$, um diese ersten $k - 3$ Klauseln zu erfüllen. Dann ist aber $\varphi'(\overline{y}_{i,k-3}) = 0$, und weil $\varphi(z_{k-1}) = \varphi(z_k) = 0$, bleibt die letzte Klausel unerfüllt.    $\square$

**Aufgabe 6.22.** Beweisen Sie folgende polynomielle Reduktionen:

(a) VC $\leq_p$ CLIQUE.

(b) 3SAT $\leq_p$ VC.

Das Konzept der NP-Vollständigkeit entwickelte sich zu der Basismethode zur Klassifizierung der Schwierigkeit von algorithmischen Problemen. Wir kennen heute mehr als 3000 NP-vollständige Probleme. Das vorgestellte Konzept der NP-Vollständigkeit funktioniert aber nur für Entscheidungsprobleme. Im Folgenden wollen wir dieses Konzept so modifizieren, dass es auch zur Klassifizierung von Optimierungsproblemen geeignet ist. Dazu brauchen wir zuerst Klassen von Optimierungsproblemen, die eine ähnliche Bedeutung wie die Klassen P und NP für Entscheidungsprobleme haben. Wir beginnen mit der Klasse NPO als Analogie zur Klasse NP für Optimierungsprobleme.

**Definition 6.12.** NPO *ist die Klasse der Optimierungsprobleme, wobei*

$$U = (\Sigma_I, \Sigma_O, L, \mathcal{M}, \text{cost}, \text{goal}) \in \text{NPO},$$

*falls folgende Bedingungen erfüllt sind:*

*(i)* $L \in P$,
   {Es kann effizient verifiziert werden, ob ein $x \in \Sigma_I^*$ eine zulässige Eingabe ist.}

*(ii)* *es existiert ein Polynom* $p_U$, *so dass*

   *(a) für jedes* $x \in L$ *und jedes* $y \in \mathcal{M}(x)$, $|y| \leq p_U(|x|)$,
      {Die Größe jeder zulässigen Lösung ist polynomiell in der Eingabegröße.}

   *(b) es existiert ein polynomieller Algorithmus* $A$, *der für jedes* $y \in \Sigma_O^*$ *und jedes* $x \in L$ *mit* $|y| \leq p_U(|x|)$ *entscheidet, ob* $y \in \mathcal{M}(x)$ *oder nicht,*

*(iii) die Funktion* cost *kann man in polynomieller Zeit berechnen.*

Wir sehen, dass ein Optimierungsproblem $U$ in NPO ist, falls

1. man effizient überprüfen kann, ob ein gegebenes Wort ein Problemfall (eine Instanz) von $U$ ist,

2. die Größe der Lösungen polynomiell in der Größe der Eingabe (des Problemfalls) ist und man in polynomieller Zeit verifizieren kann, ob ein $y$ eine zulässige Lösung für einen gegebenen Problemfall ist, und

3. man die Kosten der zulässigen Lösung effizient berechnen kann.

Der Bedingung (ii.b) folgend sehen wir die Analogie zwischen NPO und VP. Das konzeptionell Wichtigste ist aber, dass die Bedingungen (i), (ii) und (iii) natürlich sind, weil sie die Schwierigkeit von $U$ auf den Bereich der Optimierung einschränken und damit die Einordnung der praktischen Lösbarkeit von $U$ unabhängig machen von solchen Entscheidungsproblemen wie denen, ob eine Eingabe eine Instanz von $U$ repräsentiert oder ob $y$ eine zulässige Lösung für $x$ ist. Damit liegt der Schwierigkeitsgrad von Problemen in NPO eindeutig in der Suche nach einer optimalen Lösung in der Menge aller zulässigen Lösungen.

Die folgende Begründung zeigt, dass MAX-SAT in NPO liegt.

1. Man kann effizient entscheiden, ob ein $x \in (\Sigma_{\text{logic}})^*$ eine Boole'sche Formel $\Phi_x$ in KNF kodiert.

2. Für jedes $x$ hat jede Belegung $\alpha \in \{0,1\}^*$ der Variablen der Formel $\Phi_x$ die Eigenschaft $|\alpha| < |x|$, und man kann in linearer Zeit verifizieren, ob $|\alpha|$ gleich der Anzahl der Variablen in $\Phi_x$ ist.

3. Für jede gegebene Belegung $\alpha$ der Variablen von $\Phi_x$ kann man in linearer Zeit bezüglich $|x|$ die Anzahl der erfüllten Klauseln berechnen und so die Kosten der zulässigen Lösung $\alpha$ bestimmen.

Betrachten wir jetzt folgende Optimierungsprobleme. Das Problem des maximalen Schnitts, **MAX-CUT**, ist, für einen Graphen $G = (V, E)$ einen maximalen Schnitt zu finden. Ein Schnitt von $G = (V, E)$ ist jedes Paar $(V_1, V_2)$ mit $V_1 \cup V_2 = V$ und $V_1 \cap V_2 = \emptyset$. Der Preis eines Schnitts $(V_1, V_2)$ von $G$ ist die Anzahl der Kanten zwischen $V_1$ und $V_2$, d. h.,

$$\text{cost}(V_1, V_2) = |E \cap \{\{v, u\} \mid v \in V_1, u \in V_2\}|.$$

Das Problem der minimalen Knotenüberdeckung, **MIN-VC**, ist, für einen Graphen $G$ eine minimale Knotenüberdeckung zu finden.

**Aufgabe 6.23.** Geben Sie formale Definitionen der Optimierungsprobleme MAX-CUT und MIN-VC an und zeigen Sie, dass beide in NPO liegen.

Die folgende Definition definiert auf natürliche Weise die Klasse PO von Optimierungsproblemen, die die gleiche Bedeutung wie die Klasse P für Entscheidungsprobleme hat.

**Definition 6.13.** *PO ist die Klasse von Optimierungsproblemen* $U = (\Sigma_I, \Sigma_O, L, \mathcal{M},$ *cost, goal), so dass*

*(i)* $U \in$ *NPO und*

*(ii) es existiert ein polynomieller Algorithmus $A$, so dass $A(x)$ für jedes $x \in L$ eine optimale Lösung für $x$ ist.*

Die Definition der NP-Schwere eines Optimierungsproblems erhalten wir jetzt durch geschickte Reduktion zu einem NP-schweren Entscheidungsproblem.

**Definition 6.14.** *Sei* $U = (\Sigma_I, \Sigma_O, L, \mathcal{M}, \text{cost}, \text{goal})$ *ein Optimierungsproblem aus* NPO. *Die* **Schwellenwert-Sprache für** $U$ *ist*

$$\textbf{Lang}_U = \{(x, a) \in L \times (\Sigma_{\text{bool}})^* \mid Opt_U(x) \leq \text{Nummer}(a)\},$$

*falls* goal = *Minimum, und*

$$\textbf{Lang}_U = \{(x, a) \in L \times (\Sigma_{\text{bool}})^* \mid Opt_U(x) \geq \text{Nummer}(a)\},$$

*falls* goal = *Maximum.*

*Wir sagen, dass* $U$ **NP-schwer** *ist, falls* $\text{Lang}_U$ *NP-schwer ist.*

Zuerst zeigen wir, dass das in Definition 6.14 vorgestellte Konzept der NP-Schwere für Optimierungsprobleme zum Beweisen von Aussagen der Form $U \notin$ PO unter der Voraussetzung P $\neq$ NP geeignet ist.

**Lemma 6.12.** *Falls ein Optimierungsproblem* $U \in$ PO, *dann* $\text{Lang}_U \in$ P.

*Beweis.* Falls $U \in$ PO, dann existiert ein polynomieller Algorithmus $A$, der für jedes $x \in L$ eine optimale Lösung für $x$ berechnet und damit $Opt_U(x)$ bestimmt. Also kann man $A$ benutzen, um $\text{Lang}_U$ zu entscheiden.                           $\square$

**Satz 6.10.** *Sei* $U \in$ NPO. *Falls* $U$ *NP-schwer ist und* P $\neq$ NP, *dann* $U \notin$ PO.

*Beweis.* Wir beweisen Satz 6.10 indirekt. Angenommen $U \in$ PO. Nach Lemma 6.12 gilt $\text{Lang}_U \in$ P. Weil $U$ NP-schwer ist, ist auch $\text{Lang}_U$ NP-schwer. Somit ist $\text{Lang}_U$ eine NP-schwere Sprache in P, was P = NP impliziert.                           $\square$

Die folgenden Beispiele zeigen, dass Definition 6.14 eine einfache Methode zum Beweisen der NP-Schwere von Optimierungsproblemen bietet.

**Lemma 6.13.** MAX-SAT *ist* NP-*schwer.*

*Beweis.* Es reicht zu zeigen, dass $\text{Lang}_{\text{MAX-SAT}}$ NP-schwer ist. Wir zeigen SAT $\leq_p$ $\text{Lang}_{\text{MAX-SAT}}$. Sei $x \in L$ die Kodierung einer Formel $\Phi_x$ mit $m$ Klauseln. Wir nehmen $(x, \text{Bin}(m))$ als Eingabe für das Entscheidungsproblem $(\Sigma_{\text{logic}}, \text{Lang}_{\text{MAX-SAT}})$. Es ist klar, dass

$$(x, \text{Bin}(m)) \in \text{Lang}_{\text{MAX-SAT}} \iff \Phi_x \text{ ist erfüllbar.} \qquad \square$$

Das Problem der maximalen Clique, MAX-CL, ist, für einen gegebenen Graphen eine maximale Clique in $G$ zu finden.

**Lemma 6.14.** MAX-CL *ist* NP-*schwer.*

*Beweis.* Man bemerke, dass CLIQUE = $\text{Lang}_{\text{MAX-CL}}$. Da CLIQUE NP-schwer ist, sind wir fertig.                           $\square$

**Aufgabe 6.24.** Beweisen Sie, dass MAX-CUT und MIN-VC NP-schwer sind.

## 6.7 Zusammenfassung

Das Hauptziel der Komplexitätstheorie ist die Klassifizierung der algorithmischen Probleme bezüglich der Menge der Rechnerressourcen, die benötigt werden, um die Probleme zu lösen. Dabei erforscht man quantitative Gesetze der Informationsverarbeitung und die Grenze der praktischen algorithmischen Lösbarkeit.

Die wichtigsten Komplexitätsmaße sind die Zeitkomplexität und die Speicherplatzkomplexität. Das Basismodell eines Rechners ist in der abstrakten Komplexitätstheorie die Mehrband-Turingmaschine. Die Komplexität einer MTM (eines Algorithmus) betrachtet man als eine Funktion $f$ der Eingabelänge $n$, wobei $f(n)$ die maximale Komplexität über alle Berechnungen auf Eingaben der Länge $n$ ist. Diese Komplexitätsmessung nennt man die Messung im schlechtesten Fall. Es existieren algorithmisch lösbare Probleme von beliebig hohem Schwierigkeitsgrad. Algorithmen von exponentieller Zeitkomplexität hält man nicht für praktisch durchführbar.

Die praktische Lösbarkeit von Problemen wird mit der polynomiellen Zeitkomplexität verbunden. Die Klasse P ist die Menge aller Entscheidungsprobleme, die man mit Algorithmen in polynomieller Zeit lösen kann. Die Definition der Klasse P ist robust in dem Sinne, dass sie unabhängig von der Wahl des Rechnermodells ist.

Die Zeitkomplexität der Arbeit einer nichtdeterministischen MTM $M$ auf einer Eingabe $w$ ist die Länge einer kürzesten akzeptierenden Berechnung von $M$ auf $w$. Die typische Arbeit eines nichtdeterministischen Algorithmus besteht aus nichtdeterministischem Raten und nachfolgender deterministischer Verifikation des Geratenen. Die Klasse NP ist die Klasse aller Sprachen, die nichtdeterministisch in polynomieller Zeit entscheidbar sind. Die Frage, ob P eine echte Teilmenge von NP ist, ist wahrscheinlich die bekannteste bisher unbeantwortete Frage in der Theoretischen Informatik. Die Klasse NP enthält viele praktisch interessante Probleme, von denen man nicht weiss, ob sie in P liegen. Man kann zeigen, dass die Frage, ob P ungleich NP ist, äquivalent zu der Frage ist, ob es schwerer ist, mathematische Beweise algorithmisch zu finden als gegebene Beweise algorithmisch zu verifizieren.

Es ist uns nicht gelungen, Beweistechniken für untere Schranken der Zeitkomplexität konkreter Probleme zu entwickeln. Damit fehlt uns die methodologische Grundlage zur Klassifizierung der Probleme in praktisch lösbare und praktisch unlösbare. Das Konzept der NP-Vollständigkeit ermöglicht uns aber, Resultate der Art $L \notin P$ unter der zusätzlichen Voraussetzung $P \neq NP$ zu zeigen. Die NP-vollständigen Probleme sind die schwersten Probleme in NP dem Sinne, dass, wenn nur eines von ihnen in P wäre, P = NP gelten müsste.

Die Hierarchiesätze wurden bei Hartmanis, Stearns und Lewis [HS65, HSL65] bewiesen. Die Begriffe der polynomiellen Reduktion und der NP-Vollständigkeit gehen auf die Arbeiten von Cook [Coo71], Levin [Lev73] und Karp [Kar72] zurück. Das klassische Buch von Garey und Johnson [GJ79] bietet eine detaillierte Darstellung der Theorie der NP-Vollständigkeit. Hervorragende Präsentationen des Themas „Praktische Lösbarkeit" kann man bei Lewis und Papadimitriou [LP78] und Stockmayer und Chandra [SC79] finden.

Es gibt mehrere gute Bücher, die sich mit Komplexitätstheorie beschäftigen. Eine exzellente Einführung in die Komplexitätstheorie kann man in den Lehrbüchern von

Hopcroft und Ullman [HU79] und Sipser [Sip97] finden. Eine ausführliche Darstellung der Komplexitätstheorie bieten Arora und Barak [AB09], Bovet und Crescenzi [BC94], Papadimitriou [Pap94] und Balcázar, Díaz, und Gabarró [BDG88, BDG90]. Von der deutschsprachigen Literatur empfehlen wir wärmstens das Lehrbuch von Reischuk [Rei90].

## Kontrollaufgaben

1. Wie definiert man die Komplexität eines Algorithmus (einer TM) im schlechtesten Fall? Warum benutzt man am häufigsten diese Art der Komplexitätsmessung?

2. Die Zeitkomplexität einer Turingmaschine kann man immer um einen konstanten Faktor beschleunigen, wenn ihre Zeitkomplexität superlinear ist. Dies ist überraschend und kann unnatürlich erscheinen. Hat dieses Phänomen eine natürliche Erklärung? Warum hat man diese „Schwäche" des Turingmaschinenmodells in der Komplexitätstheorie akzeptiert?

3. Definieren Sie die $O$-, $\Omega$- und $\Theta$-Notation und erklären Sie, warum man sich oft nur mit einer asymptotischen Analyse zufrieden gibt.

4. Sei $p(n)$ ein Polynom vom Grad $d$ mit $p(n) > 0$ für alle $n$. Beweisen Sie, dass $p(n) \in O(n^d)$ gilt. Gilt auch $p(n) \in \Theta(n^d)$?

5. Wir haben gelernt, die Komplexität von Algorithmen (Turingmaschinen) zu messen. Jetzt möchten wir die Komplexität algorithmischer Probleme bestimmen. Wie gehen wir vor? Warum kann man nicht einfach sagen, dass die Komplexität eines Problems die Komplexität des optimalen Algorithmus für dieses Problem ist?

6. Bei der Messung der Komplexität von Algorithmen (Programmen) benutzt man zwei unterschiedliche Arten der Messung – die Messung mit dem uniformen Kostenmaß und die mit dem logarithmischen Kostenmaß. Diskutieren Sie die Vor- und Nachteile dieser Maße.

7. Welche sind die fundamentalen Komplexitätsklassen und wie werden die definiert?

8. Wozu ist das Konzept der Konstruierbarkeit von Funktionen nützlich?

9. Welche Beziehungen gelten zwischen Speicherplatzkomplexitätsklassen und Zeitkomplexitätsklassen?

10. Wie definiert man nichtdeterministische Komplexitätsklassen? Was für eine Rolle spielen dabei die zeit- und platzkonstruierbaren Funktionen?

11. Welche Simulationen von nichtdeterministischer Zeitkomplexität durch deterministische Zeitkomplexität kennen Sie? Formulieren Sie die Resultate als Beziehungen zwischen Komplexitätsklassen und geben Sie eine detaillierte Beschreibung und Analyse der Simulationstechniken.

12. Welche Gründe führten dazu, dass man die Klasse P der in polynomieller Zeit lösbaren Entscheidungsprobleme mit der Klasse der „praktisch" lösbaren Probleme identifiziert? Warum hat man nicht beispielsweise die Klasse $\mathrm{TIME}(n^6)$ gewählt?

13. Erklären Sie die zwei unterschiedlichen Möglichkeiten, die Klasse NP zu definieren. Wie hängt die nichtdeterministische Zeitkomplexität mit der deterministischen Komplexität der algorithmischen Beweisverifikation zusammen?

14. Kann man die Klasse $\mathrm{NTIME}(2^n)$ durch deterministische Verifizierer beschreiben, die in der Zeit $O(2^n)$ arbeiten? Zur Begründung Ihrer Antwort führen Sie einen detaillierten Beweis.

15. Geben Sie Polynomialzeit-Verifizierer für alle NP-vollständigen Sprachen an, die Sie kennen.

16. Beschreiben Sie das Konzept der polynomiellen Reduktion. Was sind die Ähnlichkeiten und die Unterschiede zur Reduktion in der Theorie der Berechenbarkeit?

17. Geben Sie eine Menge Boole'scher Variablen an, mit der man alle Situationen auf einem Schachbrett beschreiben kann, in der sich nur Türme auf dem Schachbrett befinden. Beschreiben Sie die Konstruktion einer Formel über diesen Variablen, die genau dann erfüllt ist, wenn auf dem Schachbrett genau acht Türme stehen, die sich gegenseitig nicht bedrohen.

18. Sei $k$SAT das Erfüllungsproblem für Klauseln in $k$KNF, $k \in \mathbb{N}$ (eine Formel in KNF ist in $k$KNF, wenn alle Klauseln höchstens aus $k$ Literalen bestehen).

    Beweisen Sie folgende polynomielle Reduktionen:

    (a) SAT $\leq_p$ 4SAT,

    (b) 5SAT $\leq_p$ CLIQUE,

    (c) CLIQUE $\leq_p$ 4SAT,

    (d) 4SAT $\leq_p$ 3SAT,

    (e) 5SAT $\leq_p$ VC,

    (f) VC $\leq_p$ SAT.

19. Erklären Sie, wie man das Konzept der NP-Schwere auf Optimierungsprobleme übertragen kann.

20. Beweisen Sie die folgende Behauptung.

    Sei $U$ ein NP-schweres Optimierungsproblem. Falls $U$ in polynomieller Zeit lösbar ist, dann gilt P = NP.

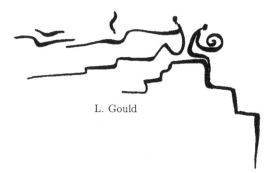

Wenn euch ein Wissenschaftler sagt:
„Dies ist das Ende,
hier kann man nichts mehr machen",
dann ist er kein Wissenschaftler.

L. Gould

# 7 Algorithmik für schwere Probleme

## 7.1 Zielsetzung

Die Komplexitätstheorie liefert uns die Methoden zur Klassifikation der algorithmischen Probleme bezüglich ihrer Komplexität. Die Algorithmentheorie ist dem Entwurf effizienter Algorithmen zur Lösung konkreter Probleme gewidmet. In diesem Kapitel wollen wir uns mit dem Entwurf von Algorithmen für schwere (zum Beispiel NP-schwere) Probleme beschäftigen. Das mag etwas überraschend klingen, weil unter den in Kapitel 6 vorgestellten üblichen Annahmen der Komplexitätstheorie der Versuch, ein NP-schweres Problem zu lösen, an die Grenze des physikalisch Machbaren stößt. Zum Beispiel würde ein Algorithmus mit der Zeitkomplexität $2^n$ für eine Eingabe der Länge 100 mehr Zeit brauchen, als das Universum alt ist. Auf der anderen Seite sind viele schwere Probleme von einer enormen Wichtigkeit für die tägliche Praxis, und deshalb suchen Informatiker seit über 40 Jahren nach einer Möglichkeit, schwere Probleme in praktischen Anwendungen doch zu bearbeiten. Die Hauptidee dabei ist, ein schweres Problem durch eine (nach Möglichkeit kleine) Modifikation oder eine Abschwächung der Anforderungen in ein effizient lösbares Problem umzuwandeln. Die wahre Kunst der Algorithmik besteht darin, dass man die Möglichkeiten untersucht, wie man durch minimale (für die Praxis akzeptable) Änderungen der Problemspezifikation oder der Anforderungen an die Problemlösung einen gewaltigen Sprung machen kann, und zwar von einer physikalisch nicht machbaren Berechnungskomplexität zu einer Angelegenheit von wenigen Minuten auf einem Standard-PC. Um solche Effekte, die zur Lösung gegebener Probleme in der Praxis führen können, zu erzielen, kann man folgende Konzepte oder deren Kombinationen benutzen.

*Schwere Probleminstanzen im Gegensatz zu typischen Probleminstanzen*
Wir messen die Zeitkomplexität als Komplexität im schlechtesten Fall, was bedeutet, dass Time($n$) die Komplexität der Berechnungen auf den schwersten Probleminstanzen der Größe $n$ ist. Es ist aber oft so, dass die schwersten Probleminstanzen so unnatürlich sind, dass sie als Aufgabenstellungen in der Praxis gar nicht vorkommen. Deswegen ist es sinnvoll, die Analyse der Problemkomplexität in dem Sinne zu verfeinern, dass

**Tabelle 7.1**

| Komplexität | $n = 10$ | $n = 50$ | $n = 100$ | $n = 300$ |
|:---:|:---:|:---:|:---:|:---:|
| $2^n$ | 1024 | 16 Ziffern | 31 Ziffern | 91 Ziffern |
| $2^{\frac{n}{2}}$ | 32 | $\approx 33 \cdot 10^6$ | 16 Ziffern | 46 Ziffern |
| $(1.2)^n$ | $\approx 6$ | $\approx 9100$ | $\approx 83 \cdot 10^6$ | 24 Ziffern |
| $10 \cdot 2^{\sqrt{n}}$ | $\approx 89$ | $\approx 1345$ | 10240 | $\approx 1{,}64 \cdot 10^6$ |

man die Probleminstanzen nach ihrem Schwierigkeitsgrad klassifiziert. Eine erfolgreiche Klassifizierung könnte zur Spezifikation einer großen Teilmenge von effizient lösbaren Probleminstanzen führen. Falls die in einer Anwendung typischen Eingaben zu einer solchen Probleminstanzklasse gehören, ist das Problem in dieser Anwendung gelöst.

*Exponentielle Algorithmen*
Man versucht nicht mehr, einen polynomiellen Algorithmus zu entwerfen, sondern einen Algorithmus mit einer superpolynomiellen oder sogar exponentiellen Zeitkomplexität. Die Idee dabei ist, dass einige superpolynomielle Funktionen für realistische Eingabegrößen nicht so große Werte annehmen. Tabelle 7.1 zeigt anschaulich, dass $(1.2)^n$ Rechneroperationen für $n = 100$ oder $10 \cdot 2^{\sqrt{n}}$ Operationen für $n = 300$ in ein paar Sekunden durchführbar sind.

*Abschwächung der Anforderungen*
Man kann die Anforderung, mit Sicherheit für jede Eingabe das richtige Resultat zu berechnen, auf unterschiedliche Art und Weise abschwächen. Typische Repräsentanten dieses Ansatzes sind randomisierte Algorithmen und Approximationsalgorithmen. Bei randomisierten Algorithmen tauscht man die deterministische Steuerung durch eine Zufallssteuerung aus. Dadurch können mit einer beschränkten Wahrscheinlichkeit falsche Resultate berechnet werden. Wenn die Fehlerwahrscheinlichkeit nicht größer als $10^{-9}$ ist, dann weicht die Zuverlässigkeit solcher randomisierten Algorithmen von der eines korrekten deterministischen Algorithmus nicht allzu sehr ab. Die Approximationsalgorithmen benutzt man zur Lösung von Optimierungsproblemen. Anstatt zu fordern, eine optimale Lösung zu berechnen, geht man zu der Forderung über, eine Lösung zu berechnen, deren Kosten (Qualität) sich nicht allzu sehr von einer optimalen Lösung unterscheiden. Beide Ansätze können einen Sprung von exponentieller zu polynomieller Komplexität ermöglichen.

Die Zielsetzung dieses Kapitels ist es, einige dieser Konzepte kurz vorzustellen. In Abschnitt 7.2 stellen wir die pseudopolynomiellen Algorithmen vor, die einen speziellen Ansatz zur Spezifikation einer Teilklasse effizient lösbarer Probleminstanzen darstellen und so als eine Methode zur Realisierung des ersten Ansatzes gelten. Das Konzept der Approximationsalgorithmen wird in Abschnitt 7.3 vorgestellt. In Abschnitt 7.4 präsentieren wir die lokalen Algorithmen, die Möglichkeiten für die Realisierung aller drei oben vorgestellten Konzepte bieten. Die lokale Suche ist die Basis für mehrere Heuristiken. In Abschnitt 7.5 erklären wir die Heuristik des Simulated Annealing, die auf einer Analogie zu einem physikalischen Vorgang basiert. Dem Konzept der Randomisierung wird wegen seiner Wichtigkeit mit Kapitel 8 ein eigenes Kapitel gewidmet.

# 7.2 Pseudopolynomielle Algorithmen

In diesem Abschnitt betrachten wir eine spezielle Klasse von Problemen, deren Probleminstanzen man als Folge von Zahlen interpretieren kann. Solche Probleme nennen wir **Zahlprobleme** und praktisch ist es so, dass wir jedes Problem mit Eingaben aus $\{0, 1, \#\}^*$ mit unbeschränkter Anzahl von Symbolen $\#$ in den zulässigen Eingaben als ein Zahlproblem verstehen können. Sei

$$x = x_1 \# x_2 \# \ldots \# x_n, \ x_i \in \{0, 1\}^* \text{ für } i = 1, 2, \ldots, n$$

ein Wort über $\{0, 1, \#\}^*$. Wir interpretieren $x$ als folgenden Vektor

$$\mathbf{Int}(x) = (\text{Nummer}(x_1), \text{Nummer}(x_2), \ldots, \text{Nummer}(x_n))$$

von $n$ natürlichen Zahlen. Jedes graphentheoretische Problem,[1] dessen Probleminstanzen man durch die Adjazenzmatrix repräsentieren kann, ist ein Zahlproblem, weil man jede Adjazenzmatrix als eine Folge von Nullen und Einsen darstellen kann. Das TSP ist ein Zahlproblem, wobei die Zahlenfolge die Kosten der einzelnen Kanten repräsentiert.

Wir definieren für jedes $x = x_1 \# x_2 \# \ldots \# x_n$ mit $x_i \in \{0, 1\}^*$ für $i = 1, 2, \ldots, n$,

$$\mathbf{MaxInt}(x) = \max\{\text{Nummer}(x_i) \mid i = 1, 2, \ldots, n\}.$$

Die Hauptidee des Konzeptes der pseudopolynomiellen Algorithmen ist die Suche nach Algorithmen, die effizient auf solchen Eingaben $x$ sind, bei denen $\text{MaxInt}(x)$ nicht wesentlich größer ist als $|x|$. Weil eine Zahl $\text{Nummer}(y)$ exponentiell größer ist als die Länge ihrer binären Darstellung $y$, handelt es sich um eine echte Einschränkung.

**Definition 7.1.** *Sei $\mathcal{U}$ ein Zahlproblem und sei $A$ ein Algorithmus, der $\mathcal{U}$ löst. Wir sagen, dass $A$ ein **pseudopolynomieller Algorithmus für $\mathcal{U}$** ist, falls ein Polynom $p$ mit zwei Variablen existiert, so dass*

$$\text{Time}_A(x) \in O(p(|x|, \text{MaxInt}(x)))$$

*für alle Probleminstanzen $x$ von $\mathcal{U}$.*

Wir bemerken sofort, dass für Probleminstanzen $x$ mit $\text{MaxInt}(x) \leq h(|x|)$ für ein Polynom $h$ die Zeitkomplexität $\text{Time}_A(x)$ polynomiell in $|x|$ ist.

**Definition 7.2.** *Sei $\mathcal{U}$ ein Zahlproblem und sei $h$ eine Funktion von $\mathbb{N}$ nach $\mathbb{N}$. Das **$h$-wertbeschränkte Teilproblem von $\mathcal{U}$**, **Wert$(h)$-$\mathcal{U}$**, ist das Problem, das man aus $\mathcal{U}$ durch die Einschränkung der Menge der zulässigen Eingaben auf die Klasse der Probleminstanzen $x$ mit $\text{MaxInt}(x) \leq h(|x|)$ erhält.*

Der nächste Satz zeigt, dass man auf diese Weise große Klassen von leichten Probleminstanzen eines schweren Problems spezifizieren kann.

---

[1] Wie das Problem der Knotenüberdeckung oder das CLIQUE-Problem.

**Satz 7.1.** *Sei $\mathcal{U}$ ein Zahlproblem und sei $A$ ein pseudopolynomieller Algorithmus für $\mathcal{U}$. Dann existiert für jedes Polynom $h$ ein polynomieller Algorithmus für das Problem* Wert$(h)$-$\mathcal{U}$.[2]

*Beweis.* Weil $A$ ein pseudopolynomieller Algorithmus für $\mathcal{U}$ ist, existiert ein Polynom $p$ mit zwei Variablen, so dass

$$\text{Time}_A(x) \in O(p(|x|), \text{MaxInt}(x))$$

für jede Probleminstanz $x$ von $\mathcal{U}$. Weil $h$ eine polynomielle Funktion ist, existiert eine Konstante $c$, so dass MaxInt$(x) \in O(|x|^c)$ für alle Probleminstanzen $x$ von Wert$(h)$-$\mathcal{U}$. Damit ist Time$_A(x) \in O(p(|x|, |x|^c))$ und somit ist $A$ ein polynomieller Algorithmus für Wert$(h)$-$\mathcal{U}$. $\qquad\square$

Wir zeigen die Anwendung dieses Konzeptes für die Lösung des Rucksack-Problems, welches das folgende NP-schwere Optimierungsproblem ist.

*Eingabe:* $2n+1$ positive ganze Zahlen $w_1, w_2, \ldots, w_n, c_1, \ldots, c_n, b$ für ein $n \in \mathbb{N} - \{0\}$.
{Diese Zahlen repräsentieren $n$ Objekte, wobei $w_i$ das Gewicht und $c_i$ der Nutzen des $i$-ten Objekts für $i = 1, 2, \ldots, n$ ist. Die Zahl $b$ ist eine obere Schranke für das Gesamtgewicht der Objekte, die man in einen gegebenen Rucksack packen kann.}
*Zulässige Lösungen:* Für jedes $I = (w_1, w_2, \ldots, w_n, c_1, \ldots, c_n, b)$ ist

$$\mathcal{M}(I) = \left\{ T \subseteq \{1, \ldots, n\} \,\middle|\, \sum_{i \in T} w_i \leq b \right\}.$$

{Eine zulässige Lösung kann jede Teilmenge der Menge aller $n$ Objekte sein, deren Gesamtgewicht die erlaubte Gewichtskapazität des Rucksacks $b$ nicht überschreitet.}
*Kosten:* Für alle Eingaben $I$ und alle $T \in \mathcal{M}(I)$, ist

$$\text{cost}(T, I) = \sum_{i \in T} c_i.$$

{Die Kosten einer zulässigen Lösung $T$ sind der Gesamtnutzen der Objekte, die in den Rucksack gepackt wurden.}
*Ziel: Maximum.*

Wir möchten jetzt einen pseudopolynomiellen Algorithmus für das Rucksack-Problem mit der Methode der dynamischen Programmierung entwerfen. Wir wollen die Lösung einer Probleminstanz $I = (w_1, w_2, \ldots, w_n, c_1, \ldots, c_n, b)$ so berechnen, dass wir mit der Teilinstanz $I_1 = (w_1, c_1, b)$ anfangen und über

$$I_i = (w_1, w_2, \ldots, w_i, c_1, \ldots, c_i, b)$$

---

[2]Falls $\mathcal{U}$ ein Entscheidungsproblem ist, bedeutet das, dass Wert$(h)$-$\mathcal{U} \in P$. Falls $\mathcal{U}$ ein Optimierungsproblem ist, bedeutet das, dass Wert$(h)$-$\mathcal{U} \in PO$.

für $i = 2, 3, \ldots, n$ bis zu $I = I_n$ kommen. Genauer wollen wir für jede Instanz $I_i$ und jedes $k \in \{0, 1, 2, \ldots, \sum_{j=1}^{i} c_j\}$ ein Tripel

$$(k, W_{i,k}, T_{i,k}) \in \left\{0, 1, 2, \ldots, \sum_{j=1}^{i} c_j\right\} \times \{0, 1, 2, \ldots, b\} \times \mathcal{P}(\{1, \ldots, i\})$$

bestimmen, wobei $W_{i,k}$ das minimale Gewicht ist, bei dem man den Nutzen $k$ für die Instanz $I_i$ erhalten kann. Die Menge $T_{i,k} \subseteq \{1, \ldots, i\}$ ist die Menge der Indizes, die eine Lösung mit genau dem Nutzen $k$ bei dem Gesamtgewicht $W_{i,k}$ definiert, d. h.,

$$\sum_{j \in T_{i,k}} c_j = k \quad \text{und} \quad \sum_{j \in T_{i,k}} w_j = W_{i,k}.$$

Wir bemerken, dass mehrere Indexmengen den gleichen Nutzen $k$ und das gleiche Gewicht $W_{i,k}$ bestimmen können. In solchen Fällen wählen wir beliebig eine aus, um die Erreichbarkeit von $(k, W_{i,k})$ zu dokumentieren. Andererseits kann es vorkommen, dass ein Gesamtnutzen $k$ in $I_i$ nicht erreichbar ist. In diesem Fall wird kein Tripel für $k$ erstellt. Im Folgenden bezeichnet **TRIPLE**$_i$ die Menge aller Tripel für $I_i$. Wir bemerken, dass

$$|\text{TRIPLE}_i| \leq \sum_{j=1}^{i} c_j + 1.$$

Ein wichtiger Punkt ist, dass man TRIPLE$_{i+1}$ aus TRIPLE$_i$ in der Zeit $O(\text{TRIPLE}_i)$ berechnen kann. Um TRIPLE$_{i+1}$ zu berechnen, berechnet man zuerst

$$\text{SET}_{i+1} = \text{TRIPLE}_i \cup \{(k + c_{i+1}, W_{i,k} + w_{i+1}, T_{i,k} \cup \{i + 1\}) \mid$$
$$(k, W_{i,k}, T_{i,k}) \in \text{TRIPLE}_i \text{ und } W_{i,k} + w_{i+1} \leq b\}$$

durch das zusätzliche Einpacken des $(i + 1)$-ten Objekts zu jedem Tripel in TRIPLE$_i$, falls dabei das Gewicht $b$ nicht überschritten wird. TRIPLE$_{i+1}$ ist dann eine Teilmenge von SET$_{i+1}$, bei der man für jeden erreichbaren Nutzen $k$ ein Tripel aus SET$_{i+1}$ mit minimalem Gewicht für den Nutzen $k$ auswählt. Offensichtlich bestimmt das Tripel mit dem maximalen Nutzen in TRIPLE$_n$ eine optimale Lösung der Probleminstanz $I = I_n$.

Wir illustrieren die Berechnung der Tripel zunächst anhand der Probleminstanz $I = (w_1, w_2, \ldots, w_5, c_1, \ldots, c_5, b)$, wobei

$$w_1 = 23, \quad w_2 = 15, \quad w_3 = 15, \quad w_4 = 33, \quad w_5 = 32,$$
$$c_1 = 33, \quad c_2 = 23, \quad c_3 = 11, \quad c_4 = 35, \quad c_5 = 11$$

und $b = 65$. Offensichtlich ist $I_1 = (23, 33, 65)$ und die einzig erreichbaren Nutzen sind 0 und 33. Damit gilt

$$\text{TRIPLE}_1 = \{(0, 0, \emptyset), (33, 23, \{1\})\}.$$

Es gilt $I_2 = (23, 15, 33, 23, 65)$ und die einzig erreichbaren Nutzwerte für $I_2$ sind 0, 23, 33 und 56. Somit erhält man

$$\text{TRIPLE}_2 = \{(0, 0, \emptyset), (23, 15, \{2\}), (33, 23, \{1\}), (56, 38, \{1, 2\})\}.$$

Es ist $I_3 = (23, 15, 15, 33, 23, 11, 65)$. Das Einpacken des dritten Objekts ist für jedes Tripel aus TRIPLE$_2$ möglich und bei jedem neuen Tripel erhalten wir dabei einen neuen Nutzwert. Damit hat TRIPLE$_3$ die doppelte Mächtigkeit wie TRIPLE$_2$ (d. h. SET$_3$ = TRIPLE$_3$) und

$$\text{TRIPLE}_3 = \{(0, 0, \emptyset), (11, 15, \{3\}), (23, 15, \{2\}),$$
$$(33, 23, \{1\}), (34, 30, \{2, 3\}), (44, 38, \{1, 3\}),$$
$$(56, 38, \{1, 2\}), (67, 53, \{1, 2, 3\})\}.$$

Für die Tripel $(44, 38, \{1, 3\})$, $(56, 38, \{1, 2\})$ und $(67, 53, \{1, 2, 3\})$ aus TRIPLE$_3$ kann man das vierte Objekt in den Rucksack nicht mehr einpacken und so erhalten wir

$$\text{TRIPLE}_4 = \text{TRIPLE}_3 \cup \{(35, 33, \{4\}), (46, 48, \{3, 4\}),$$
$$(58, 48, \{2, 4\}), (68, 56, \{1, 4\}), (69, 63, \{2, 3, 4\})\}.$$

Am Ende erhalten wir für die Instanz $I = I_5$

$$\text{TRIPLE}_5 = \{(0, 0, \emptyset), (11, 15, \{3\}), (22, 47, \{3, 5\}),$$
$$(23, 15, \{2\}), (33, 23, \{1\}), (34, 30, \{2, 3\}),$$
$$(35, 33, \{4\}), (44, 38, \{1, 3\}), (45, 62, \{2, 3, 5\}),$$
$$(46, 48, \{3, 4\}), (56, 38, \{1, 2\}), (58, 48, \{2, 4\}),$$
$$(67, 53, \{1, 2, 3\}), (68, 56, \{1, 4\}), (69, 63, \{2, 3, 4\})\}.$$

Damit ist $\{2, 3, 4\}$ die optimale Lösung für $I$, weil $(69, 63, \{2, 3, 4\})$ das Tripel mit dem maximalem Nutzwert 69 in TRIPLE$_5$ ist.

Wir können den entworfenen Algorithmus wie folgt darstellen.

## Algorithmus DPR

*Eingabe:* $I = (w_1, w_2, \ldots, w_n, c_1, \ldots, c_n, b) \in (\mathbb{N} - \{0\})^{2n+1}$ für $n \in \mathbb{N} - \{0\}$.

*Phase 1.* TRIPLE$(1) = \{(0, 0, \emptyset)\} \cup \{(c_1, w_1, \{1\}) \mid$ falls $w_1 \leq b\}$.

*Phase 2.* `for` $i = 1$ `to` $n - 1$ `do`
       `begin`
          SET$(i + 1) :=$ TRIPLE$(i)$;
          `for` jedes $(k, w, T) \in$ TRIPLE$(i)$ `do`
             `begin`
               `if` $w + w_{i+1} \leq b$ `then`
                  SET$(i + 1) :=$ SET$(i + 1) \cup \{(k + c_{i+1}, w + w_{i+1}, T \cup \{i + 1\})\}$;
          `end`;
          Bestimme TRIPLE$(i + 1)$ als eine Teilmenge von SET$(i + 1)$, die für jeden erreichbaren Nutzen in SET$(i + 1)$ genau ein Tripel enthält, und zwar ein Tripel mit minimalem Gewicht für den Nutzen $k$.
       `end`;

*Phase 3.* Berechne

$$c := \max\{k \in \{0, 1, 2, \ldots, \sum_{i=1}^{n} c_i\} \mid (k, w, T) \in \text{TRIPLE}(n)\}$$

zusammen mit dem entsprechenden Tripel $(c, w, T)$.
*Ausgabe:* Die Indexmenge $T$, so dass $(c, w, T) \in \text{TRIPLE}(n)$.

**Aufgabe 7.1.** Simulieren Sie die Arbeit des Algorithmus DPR für die Probleminstanz $(1, 3, 5, 6, 7, 4, 8, 5, 9)$ des Rucksack-Problems.

Im Folgenden analysieren wir die Zeitkomplexität des Algorithmus DPR.

**Satz 7.2.** *Für jede Instanz $I$ des Rucksack-Problems ist*

$$\text{Time}_{\text{DPR}}(I) \in O(|I|^2 \cdot \text{MaxInt}(I)),$$

*und damit ist DPR ein pseudopolynomieller Algorithmus für das Rucksackproblem.*

*Beweis.* Die Zeitkomplexität der ersten Phase ist in $O(1)$. Für die Probleminstanz $I = (w_1, w_2, \ldots, w_n, c_1, \ldots, c_n, b)$ berechnet DPR die $n - 1$ Mengen TRIPLE$(i + 1)$. Die Berechnung von TRIPLE$(i + 1)$ aus TRIPLE$(i)$ kann man in der Zeit $O(|\text{TRIPLE}(i+1)|)$ durchführen. Weil

$$|\text{TRIPLE}(i + 1)| \leq \sum_{j=1}^{n} c_j \leq n \cdot \text{MaxInt}(I)$$

für jedes $i \in \{1, \ldots, n - 1\}$, liegt die gesamte Zeitkomplexität der zweiten Phase in $O(n^2 \cdot \text{MaxInt}(I))$.

Die Zeitkomplexität der dritten Phase liegt in $O(n \cdot \text{MaxInt}(I))$, weil man dort ein Maximum aus höchstens $n \cdot \text{MaxInt}(I)$ Werten bestimmt. Weil $n \leq |I|$, gilt

$$\text{Time}_{\text{DPR}}(I) \in O(|I|^2 \cdot \text{MaxInt}(I)). \qquad \square$$

Wir bemerken, dass pseudopolynomielle Algorithmen in der Praxis sehr erfolgreich sein können. Oft sind Gewichte und Nutzen Zahlen aus einem festen Intervall und damit unabhängig von der Anzahl der Parameter der Probleminstanz. Damit können die pseudopolynomiellen Algorithmen auf typischen in der Praxis auftretenden Probleminstanzen schnell eine Lösung liefern. Das Interesse aus der Praxis für den Entwurf pseudopolynomieller Algorithmen stellt uns eine neue Klassifizierungsfrage. Für welche NP-schweren Probleme existieren pseudopolynomielle Algorithmen und für welche gibt es keine? Wir suchen nach einer Methode, mit der man zeigen kann, dass ein Zahlproblem so schwer ist, dass bei der Voraussetzung $\text{P} \neq \text{NP}$ kein polynomieller Algorithmus für Probleminstanzen mit kleinen Zahlen existiert. Das Konzept der NP-Vollständigkeit funktioniert auch für diese Anwendung.

**Definition 7.3.** *Ein Zahlproblem $\mathcal{U}$ heißt **stark NP-schwer**, falls ein Polynom $p$ existiert, so dass* $\text{Wert}(p)$-$\mathcal{U}$ *NP-schwer ist.*

Die folgende Behauptung zeigt, dass die starke NP-Schwere das gesuchte Konzept für Beweise der Nichtexistenz pseudopolynomieller Algorithmen ist.

**Satz 7.3.** *Sei $\mathcal{U}$ ein stark NP-schweres Zahlproblem. Falls $P \neq NP$ gilt, dann existiert kein pseudopolynomieller Algorithmus für $\mathcal{U}$.*

*Beweis.* Weil $\mathcal{U}$ stark NP-schwer ist, existiert ein Polynom $p$, so dass das Problem Wert($p$)-$\mathcal{U}$ NP-schwer ist. Angenommen, es gibt einen pseudopolynomiellen Algorithmus für $\mathcal{U}$. Nach Satz 7.1 impliziert die Existenz eines pseudopolynomiellen Algorithmus für $\mathcal{U}$ die Existenz eines polynomiellen Algorithmus für Wert($h$)-$\mathcal{U}$ für jedes Polynom $h$. Das bedeutet aber, dass wir einen polynomiellen Algorithmus für das NP-schwere Problem Wert($p$)-$\mathcal{U}$ haben und somit $P = NP$ gilt. Dies ist ein Widerspruch zur Annahme $P \neq NP$. □

Wir können also wieder die Methode der Reduktion anwenden, um die Nichtexistenz eines pseudopolynomiellen Algorithmus für ein gegebenes Problem zu zeigen. Im Folgenden illustrieren wir eine Möglichkeit für einen Beweis der starken NP-Schwere, indem wir zeigen, dass TSP stark NP-schwer ist. Wir benutzen dabei die bekannte Tatsache, dass das Entscheidungsproblem des Hamiltonschen Kreises (HK) NP-vollständig ist. Das Problem HK ist, zu entscheiden, ob ein gegebener Graph einen Hamiltonschen Kreis besitzt (einen Kreis, der durch jeden Knoten des Graphen genau einmal führt).

**Lemma 7.1.** *Das TSP ist stark NP-schwer.*

*Beweis.* Weil HK NP-schwer ist, reicht es aus,

$$\text{HK} \leq_p \text{Lang}_{\text{Wert}(p)\text{-TSP}}$$

für das Polynom $p(n) = n$ zu zeigen.

Sei $G = (V, E)$ eine Eingabe von HK. Sei $|V| = n$ für eine positive ganze Zahl $n$. Wir konstruieren einen gewichteten vollständigen Graphen $(K_n, c)$ mit $K_n = (V, E_{\text{voll}})$ wie folgt. $E_{\text{voll}} = \{\{u, v\} \mid u, v \in V, u \neq v\}$ und die Gewichtsfunktion $c\colon E_{\text{voll}} \to \{1, 2\}$ ist definiert durch

$$c(e) = \begin{cases} 1, & \text{falls } e \in E, \\ 2, & \text{falls } e \notin E. \end{cases}$$

Wir bemerken, dass $G$ einen Hamiltonschen Kreis genau dann enthält, wenn die Kosten einer optimalen Lösung für $(K_n, c)$ genau $n$ betragen, d. h., wenn $((K_n, c), n) \in \text{Lang}_{\text{Wert}(p)\text{-TSP}}$ gilt. Damit entscheidet jeder Algorithmus, der $\text{Lang}_{\text{Wert}(p)\text{-TSP}}$ entscheidet, auch das Problem des Hamiltonschen Kreises. □

**Aufgabe 7.2.** Betrachten Sie die folgende Verallgemeinerung des Knotenüberdeckungsproblems. Gegeben ist ein Graph $G = (V, E)$ mit Gewichten aus $\mathbb{N}$ für jeden Knoten aus $V$. Die Kosten einer Überdeckung $S \subseteq V$ sind die Summe der Gewichte der Knoten in $S$. Das gewichtete Überdeckungsproblem ist ein Minimierungsproblem, in dem man eine kostengünstige Überdeckung sucht. Beweisen Sie, dass das gewichtete Überdeckungsproblem stark NP-schwer ist.

## 7.3 Approximationsalgorithmen

In diesem Abschnitt stellen wir das Konzept der Approximationsalgorithmen zur Lösung schwerer Optimierungsprobleme vor. Die Idee ist, den Sprung von exponentieller Zeitkomplexität zu polynomieller Zeitkomplexität durch die Abschwächung der Anforderungen zu erreichen. Statt der Berechnung einer optimalen Lösung fordern wir nur die Berechnung einer fast optimalen Lösung. Was der Begriff „fast optimal" bedeutet, legt die folgende Definition fest.

**Definition 7.4.** *Sei* $\mathcal{U} = (\Sigma_I, \Sigma_O, L, \mathcal{M}, \text{cost}, \text{goal})$ *ein Optimierungsproblem. Wir sagen, dass A ein* **zulässiger Algorithmus für** $\mathcal{U}$ *ist, falls für jedes* $x \in L$ *die Ausgabe* $A(x)$ *der Berechnung von A auf x eine zulässige Lösung für x (das heißt* $A(x) \in \mathcal{M}(x)$*) ist.*

*Sei A ein zulässiger Algorithmus für* $\mathcal{U}$*. Für jedes* $x \in L$ *definieren wir die* **Approximationsgüte Güte$_A(x)$ von A auf x** *durch*

$$\mathbf{G\ddot{u}te}_A(\boldsymbol{x}) = \max\left\{ \frac{\text{cost}(A(x))}{\text{Opt}_{\mathcal{U}}(x)}, \frac{\text{Opt}_{\mathcal{U}}(x)}{\text{cost}(A(x))} \right\},$$

*wobei* $\text{Opt}_{\mathcal{U}}(x)$ *die Kosten einer optimalen Lösung für die Instanz x von* $\mathcal{U}$ *sind.*

*Für jede positive Zahl* $\delta > 1$ *sagen wir, dass A ein* **$\delta$-Approximationsalgorithmus für** $\mathcal{U}$ *ist, falls*

$$\text{Güte}_A(x) \leq \delta$$

*für jedes* $x \in L$*.*

Dass in der Definition der Approximationsgüte das Maximum der beiden Quotienten gebildet wird, stellt sicher, dass diese für jedes gegebene Problem unabhängig vom jeweiligen Optimierungsziel größer ist als 1. Wir illustrieren das Konzept der Approximationsalgorithmen zuerst für das Problem der minimalen Knotenüberdeckung. Die Idee ist, effizient ein maximales Matching[3] in dem gegebenen Graphen zu finden und dann die zu diesem Matching inzidenten Knoten als eine Knotenüberdeckung auszugeben.

**Algorithmus VCA**

> *Eingabe:* Ein Graph $G = (V, E)$.
> *Phase 1.* $C := \emptyset$;
>> {Während der Berechnung gilt $C \subseteq V$ und am Ende der Berechnung enthält $C$ eine Knotenüberdeckung für $G$.}
>
> $A := \emptyset$;
>> {Während der Berechnung gilt $A \subseteq E$ und am Ende der Berechnung ist $A$ ein maximales Matching.}
>
> $E' := E$;
>> {Während der Berechnung enthält $E' \subseteq E$ genau die Kanten, die von dem aktuellen $C$ noch nicht überdeckt werden. Am Ende der Berechnung gilt $E' = \emptyset$.}

---

[3]Ein Matching in $G = (V, E)$ ist eine Menge $M \subseteq E$ von Kanten, so dass keine zwei Kanten aus $M$ mit dem gleichen Knoten inzident sind. Ein Matching $M$ ist maximal, falls für jedes $e \in E - M$ die Menge $M \cup \{e\}$ kein Matching in $G$ ist.

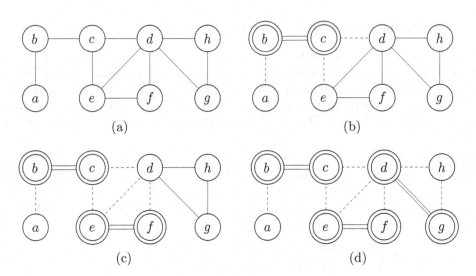

(a)                                    (b)

(c)                                    (d)

**Abbildung 7.1**

*Phase 2.* while $E' \neq \emptyset$ do
      begin
          Nimm eine beliebige Kante $\{u, v\}$ aus $E'$;
          $C := C \cup \{u, v\}$;
          $A := A \cup \{\{u, v\}\}$;
          $E' := E' - \{$alle Kanten inzident zu $u$ oder $v\}$;
      end;
*Ausgabe: C.*

Betrachten wir einen möglichen Lauf des Algorithmus VCA auf dem Graphen aus Abbildung 7.1(a). Sei $\{b, c\}$ die erste Kante, die VCA gewählt hat. Dann wird $C = \{b, c\}$, $A = \{\{b, c\}\}$ und $E' = E - \{\{b, a\}, \{b, c\}, \{c, e\}, \{c, d\}\}$ (Abbildung 7.1(b)). Wenn die zweite Wahl einer Kante aus $E'$ auf $\{e, f\}$ fällt (Abbildung 7.1(c)), dann wird $C = \{b, c, e, f\}$, $A = \{\{b, c\}, \{e, f\}\}$ und $E' = \{\{d, h\}, \{d, g\}, \{h, g\}\}$. Wenn man in der letzten Wahl $\{d, g\}$ auswählt (Abbildung 7.1(d)), dann erhält man $C = \{b, c, e, f, d, g\}$, $A = \{\{b, c\}, \{e, f\}, \{d, g\}\}$ und $E' = \emptyset$. Damit ist $C$ eine Knotenüberdeckung mit den Kosten 6. Man bemerke, dass $\{b, e, d, g\}$ und $\{b, e, d, h\}$ die beiden einzigen optimalen Knotenüberdeckungen sind und dass diese optimalen Überdeckungen bei keiner Wahl von Kanten von VCA erreicht werden können.

**Aufgabe 7.3.** Finden Sie eine Wahl von Kanten in der zweiten Phase von VCA, so dass die resultierende Überdeckung $C$ alle Knoten von $G$ in Abbildung 7.1(a) enthält.

**Satz 7.4.** *Der Algorithmus* VCA *ist ein 2-Approximationsalgorithmus für* MIN-VC *und* $\text{Time}_{\text{VCA}}(G) \in O(|E|)$ *für jede Probleminstanz* $G = (V, E)$.

*Beweis.* Die Behauptung $\text{Time}_{\text{VCA}}(G) \in O(|E|)$ ist offensichtlich, weil jede Kante aus $E$ in VCA genau einmal betrachtet wird. Weil am Ende der Berechnung $E' = \emptyset$ gilt, berechnet VCA eine Knotenüberdeckung in $G$ (d. h., VCA ist ein zulässiger Algorithmus für MIN-VC).

Um $\text{Güte}_{\text{VCA}}(G) \leq 2$ für jeden Graph $G$ zu beweisen, bemerken wir, dass $|C| = 2 \cdot |A|$ und $A$ ein Matching in $G$ ist. Um $|A|$ Kanten des Matchings $A$ zu überdecken, muss man mindestens $|A|$ Knoten wählen. Weil $A \subseteq E$, ist die Mächtigkeit jeder Knotenüberdeckung in $G$ mindestens $|A|$, das heißt $\text{Opt}_{\text{MIN-VC}}(G) \geq |A|$. Daher

$$\frac{|C|}{\text{Opt}_{\text{MIN-VC}}(G)} = \frac{2 \cdot |A|}{\text{Opt}_{\text{MIN-VC}}(G)} \leq 2.$$

$\square$

**Aufgabe 7.4.** Konstruieren Sie für jedes $n \in \mathbb{N} - \{0\}$ einen zusammenhängenden Graphen $G_n$, so dass eine optimale Knotenüberdeckung die Mächtigkeit $n$ hat und der Algorithmus VCA eine Überdeckung mit der Mächtigkeit $2n$ konstruieren kann.

Ob eine Approximationsgüte von 2 hinreichend ist, hängt von der konkreten Anwendung ab. Meistens versucht man eine viel kleinere Approximationsgüte zu erreichen, was aber oft viel anspruchsvollere algorithmische Ideen erfordert. Andererseits misst man die Approximationsgüte als die Approximationsgüte im schlechtesten Fall, deshalb kann ein 2-Approximationsalgorithmus auf praktisch relevanten Eingaben viel besser laufen als mit der Approximationsgüte 2.

Es gibt Optimierungsprobleme, die für das Konzept der Approximation zu schwer sind in dem Sinne, dass (P $\neq$ NP vorausgesetzt) keine polynomiellen $d$-Approximationsalgorithmen (für $d > 1$) für solche Probleme existieren. In Abschnitt 7.2 haben wir gezeigt, dass TSP zu schwer für das Konzept der pseudopolynomiellen Algorithmen ist. Im Folgenden zeigen wir, dass TSP auch mit dem Konzept der Approximation nicht zu bewältigen ist.

**Lemma 7.2.** *Falls* P $\neq$ NP *gilt, dann existiert für kein* $d \geq 1$ *ein polynomieller $d$-Approximationsalgorithmus für* TSP.

*Beweis.* Wir führen einen indirekten Beweis, wobei es ausreichend ist, die Aussage für alle $d \in \mathbb{N} - \{0\}$ zu zeigen. Angenommen, es gibt also solch eine Konstante $d$, so dass ein polynomieller $d$-Approximationsalgorithmus $A$ für TSP existiert. Wir zeigen, dass dann ein polynomieller Algorithmus $B$ für das NP-vollständige Problem des Hamiltonschen Kreises existiert, was der Annahme P $\neq$ NP widerspricht.

Der Algorithmus $B$ für das Problem des Hamiltonschen Kreises arbeitet für jede Eingabe $G = (V, E)$ wie folgt.

(i) $B$ konstruiert eine Instanz $(K_{|V|}, c)$ des TSP, wobei $K_{|V|} = (V, E')$ mit

$$E' = \{\{u, v\} \mid u, v \in V, u \neq v\}$$

und

$$c(e) = \begin{cases} 1, & \text{falls } e \in E, \\ (d-1) \cdot |V| + 2, & \text{falls } e \notin E. \end{cases}$$

(ii) $B$ simuliert die Arbeit von $A$ auf der Eingabe $(K_{|V|}, c)$. Falls das Resultat von $A$ ein Hamiltonscher Kreis mit Kosten genau $|V|$ ist, akzeptiert $B$ seine Eingabe $G$. Sonst verwirft $B$ die Eingabe $G$.

Die Konstruktion der Instanz $(K_{|V|}, c)$ kann $B$ in der Zeit $O(|V|^2)$ durchführen. Die zweite Phase von $B$ läuft in polynomieller Zeit, weil $A$ in polynomieller Zeit arbeitet und die Graphen $G$ und $K_{|V|}$ die gleiche Größe haben.

Wir müssen noch zeigen, dass $B$ wirklich das Problem des Hamiltonschen Kreises entscheidet. Wir bemerken Folgendes.

(i) Wenn $G$ einen Hamiltonschen Kreis enthält, dann enthält $K_{|V|}$ einen Hamiltonschen Kreis mit den Kosten $|V|$, das heißt $\text{Opt}_{\text{TSP}}(K_{|V|}, c) = |V|$.

(ii) Jeder Hamiltonsche Kreis in $K_{|V|}$, der mindestens eine Kante aus $E' - E$ enthält, hat mindestens die Kosten

$$|V| - 1 + (d - 1) \cdot |V| + 2 = d \cdot |V| + 1 > d \cdot |V|.$$

Sei $G = (V, E)$ in HK, das heißt $\text{Opt}_{\text{TSP}}(K_{|V|}, c) = |V|$. Nach (ii) hat jede zulässige Lösung mit zu $|V|$ unterschiedlichen Kosten mindestens die Kosten $d \cdot |V| + 1 > d \cdot |V|$ und somit muss der $d$-Approximationsalgorithmus $A$ eine optimale Lösung mit den Kosten $|V|$ ausgeben. Daraus folgt, dass $B$ den Graphen $G$ akzeptiert. Sei $G = (V, E)$ nicht in HK. Damit hat jede zulässige Lösung für $(K_{|V|}, c)$ höhere Kosten als $|V|$, also $\text{cost}(A(K_{|V|}, c)) > |V|$. Deswegen verwirft $B$ den Graphen $G$.    □

Um TSP mindestens teilweise zu bewältigen, kombinieren wir das Konzept der Approximation mit der Suche nach der Teilmenge der leichten Probleminstanzen. Wir betrachten jetzt das metrische TSP, $\Delta$-TSP, das nur solche Probleminstanzen des TSP enthält, die die Dreiecksungleichung erfüllen (siehe Beispiel 2.6). Die Dreiecksungleichung ist eine natürliche Einschränkung, die in vielen Anwendungsszenarien eingehalten wird. Wir zeigen jetzt einen polynomiellen 2-Approximationsalgorithmus für $\Delta$-TSP.

**Algorithmus SB**

*Eingabe:* Ein vollständiger Graph $G = (V, E)$ mit einer Kostenfunktion $c \colon E \to \mathbb{N}^+$, die die Dreiecksungleichung

$$c(\{u, v\}) \leq c(\{u, w\}) + c(\{w, v\})$$

für alle Knoten $u, v, w \in V$ erfüllt.

*Phase 1.* Berechne einen minimalen Spannbaum[4] $T$ von $G$ bezüglich $c$.

*Phase 2.* Wähle einen beliebigen Knoten $v$ aus $V$. Führe eine Tiefensuche von $v$ in $T$ aus und nummeriere die Knoten in der Reihenfolge, in der sie besucht worden sind. Sei $H$ die Knotenfolge, die dieser Nummerierung entspricht.

*Ausgabe:* Der Hamiltonsche Kreis $\overline{H} = H, v$.

Wir illustrieren die Arbeit des Algorithmus SB auf der Probleminstanz $G$ aus Abbildung 7.2(a). Ein minimaler Spannbaum $T = (\{v_1, v_2, v_3, v_4, v_5\}, \{\{v_1, v_3\}, \{v_1, v_5\}, \{v_2, v_3\}, \{v_3, v_4\}\})$ in $G$ ist in Abbildung 7.2(b) dargestellt. Abbildung 7.2(c) zeigt eine Tiefensuche von $v_3$ aus in $T$. Wir bemerken, dass bei der Tiefensuche jede Kante

---

[4]Ein Spannbaum eines Graphen $G = (V, E)$ ist ein Baum $T = (V, E')$ mit $E' \subseteq E$. Die Kosten von $T$ sind die Summe der Kosten aller Kanten in $E'$.

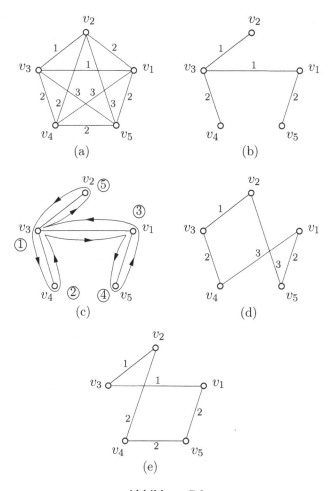

**Abbildung 7.2**

von $T$ genau zweimal durchlaufen wird. Diese Tiefensuche bestimmt die Knotenfolge $H = v_3, v_4, v_1, v_5, v_2$ und somit ist $\overline{H} = v_3, v_4, v_1, v_5, v_2, v_3$ die Ausgabe des Algorithmus SB (Abbildung 7.2(d)). Die Kosten von $\overline{H}$ sind $2 + 3 + 2 + 3 + 1 = 11$. Eine optimale Lösung ist $v_3, v_1, v_5, v_4, v_2, v_3$ mit den Kosten $1 + 2 + 2 + 2 + 1 = 8$ (Abbildung 7.2(e)).

**Satz 7.5.** *Der Algorithmus* SB *ist ein polynomieller 2-Approximationsalgorithmus für* $\Delta$-TSP.

*Beweis.* Wir analysieren zuerst die Zeitkomplexität von SB. Ein minimaler Spannbaum eines Graphen $G = (V, E)$ kann in der Zeit $O(|E|)$ berechnet werden. Die Tiefensuche in einem Baum $T = (V, E')$ läuft in der Zeit $O(|V|)$. Somit ist $\text{Time}_{\text{SB}}(G) \in O(|E|)$, d. h., SB arbeitet in linearer Zeit.

Jetzt beweisen wir, dass die Approximationsgüte von SB höchstens 2 ist. Sei $H_{\text{Opt}}$ ein optimaler Hamiltonscher Kreis mit $\mathrm{cost}(H_{\mathrm{Opt}}) = \mathrm{Opt}_{\Delta\text{-}\mathrm{TSP}}(I)$ für eine Probleminstanz $I = ((V, E), c)$. Sei $\overline{H}$ die Ausgabe $\mathrm{SB}(I)$ des Algorithmus SB für die Eingabe $I$. Sei $T = (V, E')$ der minimale Spannbaum, den SB in der ersten Phase konstruiert. Zuerst bemerken wir, dass

$$\mathrm{cost}(T) = \sum_{c \in E'} c(e) < \mathrm{cost}(H_{\mathrm{Opt}}), \tag{7.1}$$

weil die Entfernung einer Kante aus $H_{\mathrm{Opt}}$ in einem Spannbaum resultiert und $T$ ein minimaler Spannbaum ist.

Sei $W$ der Weg, der der Tiefensuche in $T$ entspricht. $W$ geht genau zweimal durch jede Kante von $T$ (einmal in jeder Richtung). Wenn $\mathrm{cost}(W)$ die Summe aller Kanten des Weges $W$ ist, dann gilt

$$\mathrm{cost}(W) = 2 \cdot \mathrm{cost}(T). \tag{7.2}$$

Die Gleichungen (7.1) und (7.2) implizieren

$$\mathrm{cost}(W) < 2 \cdot \mathrm{cost}(H_{\mathrm{Opt}}). \tag{7.3}$$

Wir bemerken, dass man $\overline{H}$ aus $W$ erhalten kann, indem man einige Teilwege $u, v_1, \ldots,$ $v_k, v$ in $W$ durch die Kante $\{u, v\}$ (durch den direkten Weg $u, v$) ersetzt. Dies geschieht genau dann, wenn $v_1, \ldots, v_k$ schon vor $u$ besucht worden sind, aber $v$ noch nicht besucht wurde. Dieses Ersetzen kann man schrittweise durch die einfache Operation des Ersetzens von Teilwegen von drei Knoten $u, w, v$ durch den Weg $u, v$ realisieren. Diese einfache Operation erhöht aber die Kosten des Weges nicht, weil dank der Dreiecksungleichung

$$c(\{u, v\}) \le c(\{u, w\}) + c(\{w, v\})$$

gilt. Deswegen ist

$$\mathrm{cost}(\overline{H}) \le \mathrm{cost}(W). \tag{7.4}$$

Die Ungleichungen (7.3) und (7.4) liefern zusammen

$$\mathrm{cost}(\overline{H}) \le \mathrm{cost}(W) < 2 \cdot \mathrm{cost}(H_{\mathrm{Opt}})$$

und somit

$$\frac{\mathrm{SB}(I)}{\mathrm{Opt}_{\Delta\text{-}\mathrm{TSP}}(I)} = \frac{\mathrm{cost}(\overline{H})}{\mathrm{cost}(H_{\mathrm{Opt}})} < 2. \qquad \square$$

**Aufgabe 7.5.** Finden Sie für jedes $n \in \mathbb{N} - \{0, 1, 2\}$ eine Kostenfunktion $c_n$ für den vollständigen Graphen $K_n$ mit $n$ Knoten, so dass $c_n$ den Kanten von $K_n$ mindestens zwei unterschiedliche Werte zuordnet und der Algorithmus SB immer eine optimale Lösung ausrechnet.

**Aufgabe 7.6.** * Finden Sie für jede ganze Zahl $n \ge 4$ eine Instanz $I_n$ des $\Delta$-TSP mit der Eigenschaft

$$\frac{\mathrm{SB}(I_n)}{\mathrm{Opt}_{\Delta\text{-}\mathrm{TSP}}(I_n)} \ge \frac{2n - 2}{n + 1}.$$

## 7.4 Lokale Suche

Lokale Suche ist eine Technik für den Algorithmenentwurf für Optimierungsprobleme. Die Idee dieser Technik ist es, für eine gegebene Eingabe $x$ eine zulässige Lösung $\alpha$ aus $\mathcal{M}(x)$ auszurechnen und dann schrittweise durch kleine (lokale) Änderungen von $\alpha$ zu einer besseren zulässigen Lösung zu gelangen. Was der Begriff „kleine Änderungen" bedeutet, wird durch den Begriff der Nachbarschaft definiert.

**Definition 7.5.** *Sei $\mathcal{U} = (\Sigma_I, \Sigma_O, L, \mathcal{M}, \text{cost}, \text{goal})$ ein Optimierungsproblem. Für jedes $x \in L$ ist eine **Nachbarschaft in $\mathcal{M}(x)$** eine Funktion $f_x \colon \mathcal{M}(x) \to \mathcal{P}(\mathcal{M}(x))$ mit folgenden Eigenschaften:*

*(i) $\alpha \in f_x(\alpha)$ für jedes $\alpha \in \mathcal{M}(x)$,*
{Eine Lösung $\alpha$ ist immer in der Nachbarschaft von sich selbst.}

*(ii) falls $\beta \in f_x(\alpha)$ für $\alpha, \beta \in \mathcal{M}(x)$, dann ist $\alpha \in f_x(\beta)$, und*
{Wenn $\beta$ in der Nachbarschaft von $\alpha$ liegt, dann liegt auch $\alpha$ in der Nachbarschaft von $\beta$.}

*(iii) für alle $\alpha, \beta \in \mathcal{M}(x)$ existieren eine positive Zahl $k$ und $\gamma_1, \gamma_2, \ldots, \gamma_k \in \mathcal{M}(x)$, so dass*

$$\gamma_1 \in f_x(\alpha), \gamma_{i+1} \in f_x(\gamma_i) \text{ für } i = 1, \ldots, k-1, \text{ und } \beta \in f_x(\gamma_k).$$

{Für alle zulässigen Lösungen $\alpha$ und $\beta$ ist es möglich, von $\alpha$ zu $\beta$ über die Nachbarschaftsrelation zu gelangen.}

*Falls $\alpha \in f_x(\beta)$ sagen wir, dass $\alpha$ und $\beta$ **Nachbarn** (bezüglich $f_x$) in $\mathcal{M}(x)$ sind. Die Menge $f_x(\alpha)$ wird die **Nachbarschaft von $\alpha$ in $\mathcal{M}(x)$** genannt.*
*Eine zulässige Lösung $\alpha \in \mathcal{M}(x)$ heißt ein **lokales Optimum für $x$ bezüglich der Nachbarschaft $f_x$**, falls*

$$\text{cost}(\alpha) = \text{goal}\{\text{cost}(\beta) \mid \beta \in f_x(\alpha)\}.$$

*Sei für jedes $x \in L$ die Funktion $f_x$ eine Nachbarschaft in $\mathcal{M}(x)$. Die Funktion*

$$f \colon \bigcup_{x \in L} (\{x\} \times \mathcal{M}(x)) \to \bigcup_{x \in L} \mathcal{P}(\mathcal{M}(x))$$

*definiert durch*

$$f(x, \alpha) = f_x(\alpha)$$

*für alle $x \in L$ und alle $\alpha \in \mathcal{M}(x)$ ist eine **Nachbarschaft für $\mathcal{U}$**.*

In der Anwendung bestimmt man die Nachbarschaft durch sogenannte **lokale Transformationen**. Der Begriff „lokal" ist dabei wichtig, weil er die Bedeutung hat, dass man nur eine kleine Änderung der Spezifikation von $\alpha$ durch eine lokale Transformation erlaubt. Eine lokale Transformation für MAX-SAT kann zum Beispiel die Invertierung eines Bits in der Belegung sein. Dann enthält die Nachbarschaft einer Lösung $\alpha$ die Lösung $\alpha$ selbst und alle Lösungen, die man durch die ausgewählte lokale Transformation erhalten kann. Für eine Formel $\Phi$ von fünf Variablen ist dann

$$\{01100, 11100, 00100, 01000, 01110, 01101\}$$

die Nachbarschaft von $\alpha = 01100$ bezüglich der lokalen Transformation der Bitinvertierung.

**Aufgabe 7.7.** Beweisen Sie, dass die Nachbarschaft für MAX-SAT, die durch die lokale Transformation der Bitinvertierung bestimmt wird, die Definition 7.5 erfüllt.

Für das TSP kann man folgende Nachbarschaft, 2-Exchange genannt, betrachten (Abbildung 7.3). Wir entfernen zwei beliebige Kanten $\{a, b\}$ und $\{c, d\}$ mit $|\{a, b, c, d\}| = 4$ aus einem Hamiltonschen Kreis, der die Knoten $a, b, c, d$ in dieser Reihenfolge besucht und fügen statt dessen die Kanten $\{a, c\}$ und $\{b, d\}$ hinzu. Wir beobachten, dass wir dadurch einen neuen Hamiltonschen Kreis erhalten und dass man die Kanten $\{a, b\}$ und $\{c, d\}$ durch keine anderen Kanten als $\{a, c\}$ und $\{b, d\}$ ersetzen kann, um einen Hamiltonschen Kreis zu erhalten.

**Aufgabe 7.8.** Erfüllt 2-Exchange die Bedingungen der Definition 7.5? Begründen Sie Ihre Behauptung.

**Aufgabe 7.9.** Sei $H$ ein Hamiltonscher Kreis in einem Graphen $G$. Entfernen Sie beliebige drei Kanten $\{a, b\}$, $\{c, d\}$ und $\{e, f\}$ mit $|\{a, b, c, d, e, f\}| = 6$ aus $H$. Zeichnen Sie alle unterschiedlichen Tripel von Kanten, deren Hinzufügen zu $H$ wieder zu einem Hamiltonschen Kreis in $G$ führt. Wie viele Möglichkeiten gibt es bei der Entfernung von $k$ Kanten, die ein Matching bilden, für $k \geq 3$?

Die lokale Suche bezüglich der Nachbarschaft ist nichts anderes als eine iterative Bewegung von einer Lösung zu einer besseren, benachbarten Lösung, bis man eine zulässige Lösung $\beta$ erreicht, in deren Nachbarschaft keine bessere Lösung als $\beta$ existiert. Das Schema der lokalen Suche bezüglich einer Nachbarschaft $f$ kann man also wie folgt formulieren.

**Algorithmus LS($f$)**

> *Eingabe:* Eine Instanz $x$ eines Optimierungsproblems $\mathcal{U}$.
> *Phase 1.* Berechne eine zulässige Lösung $\alpha \in \mathcal{M}(x)$
> *Phase 2.* while $\alpha$ ist kein lokales Optimum bezüglich $f_x$ do
> > begin
> > > Finde ein $\beta \in f_x(\alpha)$, so dass
> > > $\mathrm{cost}(\beta) < \mathrm{cost}(\alpha)$ falls $\mathcal{U}$ ein Minimierungsproblem ist und
> > > $\mathrm{cost}(\beta) > \mathrm{cost}(\alpha)$ falls $\mathcal{U}$ ein Maximierungsproblem ist.
> > > $\alpha := \beta$;
> > end;
> *Ausgabe:* $\alpha$.

Wir bemerken, dass LS($f$) immer ein lokales Optimum bezüglich der Nachbarschaft $f$ liefert. Falls alle lokalen Optima auch globale Optima sind, garantiert die lokale Suche die Lösung des Optimierungsproblems. Dies ist der Fall beim Optimierungsproblem

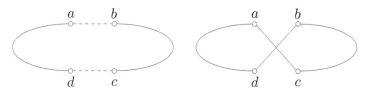

**Abbildung 7.3**

des minimalen Spannbaums, wenn die Nachbarschaft durch den Austausch einer Kante bestimmt wird.

Wenn sich die Kosten der lokalen Optima nicht zu sehr von den Kosten der optimalen Lösungen unterscheiden, kann die lokale Suche zum Entwurf eines Approximationsalgorithmus führen. Dies ist der Fall beim Problem des maximalen Schnitts MAX-CUT. Gegeben sei ein Graph $G = (V, E)$. Jedes Paar $(V_1, V_2)$ mit $V_1 \cup V_2 = V$ und $V_1 \cap V_2 = \emptyset$ ist ein Schnitt von $G$. Der Preis des Schnitts $(V_1, V_2)$ ist die Anzahl der Kanten zwischen den Knoten aus $V_1$ und $V_2$, d. h.,

$$\text{cost}((V_1, V_2), G) = |E \cap \{\{u, v\} \mid u \in V_1, v \in V_2\}|.$$

Das Ziel ist die Maximierung. Wir betrachten lokale Transformationen, die einen Knoten von einer Seite auf die andere Seite schieben. Der auf lokaler Suche basierende Algorithmus kann wie folgt beschrieben werden.

**Algorithmus LS-CUT**

*Eingabe:* Ein Graph $G = (V, E)$.
*Phase 1.* $S = \emptyset$;
　　　　{Während der Berechnung betrachten wir den Schnitt $(S, V - S)$. Am Anfang ist der Schnitt $(\emptyset, V)$.}
*Phase 2.* **while** ein Knoten $v \in V$ existiert, so dass
　　　　　$\text{cost}(S \cup \{v\}, V - (S \cup \{v\})) > \text{cost}(S, V - S)$, oder
　　　　　$\text{cost}(S - \{v\}, (V - S) \cup \{v\}) > \text{cost}(S, V - S)$ gilt **do**
　　　　**begin**
　　　　　Nimm $v$ und bringe ihn auf die andere Seite des Schnitts;
　　　　**end**;
*Ausgabe:* $(S, V - S)$.

**Satz 7.6.** LS-CUT *ist ein 2-Approximationsalgorithmus für* MAX-CUT.

*Beweis.* Es ist offensichtlich, dass der Algorithmus LS-CUT eine zulässige Lösung für MAX-CUT ausgibt. Es bleibt zu zeigen, dass $\text{Güte}_{\text{LS-CUT}}(G) \leq 2$ für jeden Graphen $G = (V, E)$. Sei $(Y_1, Y_2)$ die Ausgabe von LS-CUT. Weil $(Y_1, Y_2)$ ein lokales Maximum bezüglich des Austauschs eines Knotens ist, hat jeder Knoten $v \in Y_1$ $(Y_2)$ mindestens so viele Kanten zu Knoten in $Y_2$ $(Y_1)$ wie die Anzahl der Kanten zwischen $v$ und Knoten aus $Y_1$ $(Y_2)$ ist. Damit ist mindestens die Hälfte aller Kanten im Schnitt $(Y_1, Y_2)$. Weil $\text{Opt}_{\text{MAX-CUT}}(G)$ nicht größer als $|E|$ sein kann, ist $\text{Güte}_{\text{LS-CUT}}(G) \leq 2$.　□

**Aufgabe 7.10.** Beweisen Sie, dass LS-CUT ein polynomieller Algorithmus ist.

**Aufgabe 7.11.** Betrachten Sie jetzt das Problem des gewichteten maximalen Schnitts, MAX-GEW-CUT, das eine Verallgemeinerung von MAX-CUT darstellt. Eine Eingabe von MAX-GEW-CUT ist ein Graph $G = (V, E)$ mit einer Kostenfunktion $c\colon E \to \mathbb{N} - \{0\}$, die jeder Kante $e$ ihre Kosten $c(e)$ zuordnet. Die Kosten eines Schnitts sind die Summe der Kosten der Kanten des Schnitts. Das Ziel ist, eine Lösung mit maximalen Kosten zu finden. Offensichtlich ist MAX-GEW-CUT ein Zahlproblem. Entwerfen Sie einen Algorithmus mit lokaler Suche, der einen pseudopolynomiellen 2-Approximationsalgorithmus darstellt.

Die Algorithmen, die auf lokaler Suche basieren, nennt man lokale Algorithmen. Die lokalen Algorithmen sind mehr oder weniger durch die Wahl der Nachbarschaft bestimmt. Die einzigen noch freien Parameter in dem Schema der lokalen Suche sind die Strategie nach der Suche der besseren Nachbarn und die Entscheidung, ob man die erste gefundene bessere Lösung als neue Lösung nimmt oder ob man unbedingt die beste Lösung in der Nachbarschaft bestimmen möchte.

Angenommen P $\neq$ NP, dann gibt es offensichtlich keine polynomiellen lokalen Algorithmen für NP-schwere Optimierungsprobleme. Wir bemerken, dass die Zeitkomplexität eines lokalen Algorithmus als

(*die Zeit der Suche in der Nachbarschaft*)

$\times$ (*die Anzahl der iterativen Verbesserungen*)

abgeschätzt werden kann. Wir sind jetzt an folgender Frage interessiert.

*Für welche NP-schweren Optimierungsprobleme existiert eine Nachbarschaft f polynomieller Größe, so dass* LS($f$) *immer eine optimale Lösung liefert?*

Dies bedeutet, dass wir bereit sind, eine im schlechtesten Fall mögliche exponentielle Anzahl Verbesserungsiterationen in Kauf zu nehmen, falls jede Iteration in polynomieller Zeit läuft und die Konvergenz zu einer optimalen Lösung gesichert ist. Die Idee dabei ist, dass die Vergrößerung der Nachbarschaften auf der einen Seite die Wahrscheinlichkeit verkleinert, an ein schwaches lokales Optimum zu gelangen, auf der anderen Seite aber die Zeitkomplexität einer Verbesserungsiteration erhöht. Die Frage ist, ob eine Nachbarschaft vernünftiger Größe existiert, so dass jedes lokale Optimum auch ein globales Optimum ist. Diese Fragestellung wird wie folgt formalisiert.

**Definition 7.6.** *Sei* $\mathcal{U} = (\Sigma_I, \Sigma_O, L, \mathcal{M}, \mathrm{cost}, \mathrm{goal})$ *ein Optimierungsproblem und sei* $f$ *eine Nachbarschaft für* $\mathcal{U}$. *Eine Nachbarschaft* $f$ *heißt* **echt**, *falls für jedes* $x \in L$ *jedes lokale Optimum für* $x$ *bezüglich* $f_x$ *eine optimale Lösung für* $x$ *ist.*

*Eine Nachbarschaft* $f$ *heißt* **polynomiell untersuchbar**, *falls ein polynomieller Algorithmus existiert, der für jedes* $x \in L$ *und jedes* $\alpha \in \mathcal{M}(x)$ *eine beste Lösung aus* $f_x(\alpha)$ *findet.*

Unsere Frage kann man jetzt wie folgt formulieren:

*Für welche Optimierungsprobleme existieren echte polynomiell untersuchbare Nachbarschaften?*

Das bekannteste positive Beispiel ist der Simplex-Algorithmus für das Problem der linearen Programmierung. Er basiert auf der Existenz einer echten polynomiell untersuchbaren Nachbarschaft, aber er kann auf einigen Probleminstanzen exponentielle Zeitkomplexität beanspruchen, weil eine exponentielle Anzahl Verbesserungsiterationen möglich ist.

**Aufgabe 7.12.** Sei $k$-Exchange die Nachbarschaft für TSP, in der $k$ Kanten ausgetauscht werden können. Wie mächtig ist die Nachbarschaft $k$-Exchange$_G(H)$ eines Hamiltonschen Kreises $H$, wenn $G$ $n$ Knoten hat?

**Aufgabe 7.13.**\* Beweisen Sie, dass $k$-Exchange für keine Konstante $k \in \mathbb{N} - \{0\}$ eine echte Nachbarschaft für TSP ist.

Unsere Zielsetzung ist jetzt, eine Methode vorzustellen, mit der man die Nichtexistenz einer echten polynomiell untersuchbaren Nachbarschaft für Optimierungsprobleme beweisen kann. Wie wir sehen werden, kann das Konzept der starken NP-Schwere auch hier erfolgreich angewendet werden.

**Definition 7.7.** *Sei* $\mathcal{U} = (\Sigma_I, \Sigma_O, L, \mathcal{M}, \text{cost}, \text{goal})$ *ein Optimierungsproblem, das ein Zahlproblem ist (Zahloptimierungsproblem). Wir sagen, dass* $\mathcal{U}$ ***kostenbeschränkt*** *ist, falls für jede Instanz* $x$ *mit* $\text{Int}(x) = (i_1, i_2, \ldots, i_n)$, $i_j \in \mathbb{N}$ *für* $j = 1, 2, \ldots, n$, *gilt, dass*

$$\text{cost}(\alpha) \in \left\{ 1, 2, \ldots, \sum_{j=1}^{n} i_j \right\}$$

*für jede zulässige Lösung* $\alpha \in \mathcal{M}(x)$.

Wir bemerken, dass fast jedes bekannte Zahloptimierungsproblem kostenbeschränkt ist und somit die Forderung der Kostenbeschränkung keine große Einschränkung der Anwendbarkeit folgender Methode bedeutet.

**Satz 7.7.** *Sei* $\mathcal{U} \in$ NPO *ein kostenbeschränktes Zahloptimierungsproblem. Falls* P $\neq$ NP *gilt und* $\mathcal{U}$ *stark NP-schwer ist, dann existiert keine echte polynomiell untersuchbare Nachbarschaft für* $\mathcal{U}$.

*Beweis.* Wir führen einen indirekten Beweis. Angenommen, $\mathcal{U}$ besitzt eine echte polynomiell untersuchbare Nachbarschaft $f$. Dann kann man für jede Eingabe $x$ in polynomieller Zeit $p(|x|)$ einen Iterationsschritt von LS$(f_x)$ durchführen. Weil $\mathcal{U} \in$ NPO ist, kann man dann die Startlösung auch in polynomieller Zeit finden. In jeder Verbesserungsiteration verbessert man die Kosten der aktuellen zulässigen Lösung mindestens um 1, weil die Kosten der Lösungen eines kostenbeschränkten Zahlproblems nur ganze Zahlen sind. Da die Kosten der Lösungen aus dem Intervall von 1 bis $\sum_{j \in \text{Int}(x)} j \leq n \cdot \text{MaxInt}(x)$ sind, gibt es höchstens $|x| \cdot \text{MaxInt}(x)$ Verbesserungsiterationen. Damit ist die Gesamtlaufzeit des LS$(f)$ in

$$O(p(|x|) \cdot |x| \cdot \text{MaxInt}(x)).$$

Weil $f$ eine echte Nachbarschaft ist, garantiert LS$(f)$ eine optimale Lösung für $x$. Damit ist LS$(f)$ ein pseudopolynomieller Algorithmus für $\mathcal{U}$. Weil $\mathcal{U}$ stark NP-schwer ist, widerspricht dies der Annahme P $\neq$ NP. $\qquad\square$

In Kapitel 6 haben wir bewiesen, dass TSP und MAX-CL stark NP-schwer sind. Wir bemerken, dass beide Probleme kostenbeschränkte Zahloptimierungsprobleme sind. Damit besitzen diese Optimierungsprobleme keine echte polynomiell untersuchbare Nachbarschaft. Für das TSP kann man sogar beweisen, dass es keine echte Nachbarschaft der Größe $2^{\sqrt[3]{n}}$ besitzt.

## 7.5 Simulated Annealing

In diesem Abschnitt stellen wir Simulated Annealing (simulierte Abkühlung) als eine Heuristik zur Lösung schwerer Probleme vor. Der Begriff Heuristik bezeichnet hier eine Entwurfstechnik für Algorithmen, die keine Lösung von hoher Qualität (guter Approximation) in vernünftiger Zeit für jede Eingabe garantieren. Dies bedeutet, dass wir bei Heuristiken viel mehr von unseren Anforderungen abweichen als in allen bisher vorgestellten Methoden. Die Hoffnung dabei ist, dass die heuristischen Algorithmen für typische anwendungsrelevante Probleminstanzen vernünftige Resultate in kurzer Zeit liefern. Trotz der Unsicherheit bezüglich der Laufzeit und der Lösungsqualität sind Heuristiken bei den Anwendern sehr beliebt, weil sie gewisse, nicht zu unterschätzende Vorteile haben. Sie sind meistens einfach und schnell zu implementieren und zu testen, so dass die Erstellung eines heuristischen Algorithmus viel kostengünstiger ist als der Entwurf eines spezialisierten, auf das Problem zugeschnittenen Algorithmus. Zweitens sind Heuristiken robust, d. h., sie arbeiten für eine breite Klasse von Problemen erfolgreich, obwohl diese Probleme ziemlich unterschiedliche kombinatorische Strukturen haben. Dies bedeutet, dass eine Änderung der Problemspezifikation im Prozess des Algorithmenentwurfs kein Problem darstellt, weil höchstens ein paar Parameter des heuristischen Algorithmus zu ändern sind. Für den Entwurf eines problemzugeschnittenen Optimierungsalgorithmus bedeutet eine Änderung der Aufgabenspezifikation oft eine solche Änderung der kombinatorischen Struktur, dass man mit dem Entwurf von vorne beginnen muss.

Wenn man die lokale Suche auf ein schweres Problem anwendet, bei dem man das Verhalten des lokalen Algorithmus nicht bestimmen kann, dann kann man lokale Suche auch als eine Heuristik betrachten. Sie hat auch die Eigenschaft der Robustheit, weil man sie praktisch auf jedes Optimierungsproblem anwenden kann. Die größte Schwäche der lokalen Suche ist, dass sie in einem lokalen Optimum endet, egal wie gut oder schlecht dieses lokale Optimum ist. Wir wollen jetzt die Methode der lokalen Suche verbessern, indem wir die Fallen der lokalen Optima aufheben. Dabei lassen wir uns durch die physikalische Optimierung von Metallzuständen in der Thermodynamik inspirieren.

Der optimale Zustand eines Metalls entspricht der optimalen Kristallstruktur, bei der alle Bindungen zwischen den elementaren Teilchen gleich stark sind. Wenn einige Bindungen durch Belastung wesentlich schwächer und andere stärker werden, besteht Bruchgefahr und das Metall ist in einem schlechten Zustand. Der optimale Zustand entspricht also dem Zustand mit minimaler Energie. Die Optimierungsprozedur besteht aus folgenden zwei Phasen.

*Phase 1.* Dem Metall wird von außen durch ein „heißes Bad" Energie zugeführt. Dadurch schwächen sich fast alle Bindungen ab und ein chaosähnlicher Zustand entsteht.

*Phase 2.* Das Metall wird langsam abgekühlt, bis es einen optimalen Zustand mit minimaler Energie erreicht.

Diesen Optimierungsprozess kann man mit folgendem Algorithmus auf einem Rechner simulieren. Wir bezeichnen mit $E(s)$ die Energie des Metallzustandes $s$. Sei $c_B$ die Boltzmann-Konstante.

## Metropolis-Algorithmus

> *Eingabe:* Ein Zustand $s$ des Metalls mit der Energie $E(s)$.
> *Phase 1.* Bestimme die Anfangstemperatur $T$ des heißen Bades.
> *Phase 2.* Generiere einen Zustand $q$ aus $s$ durch eine zufällige kleine Änderung (zum Beispiel eine Positionsänderung eines Elementarteilchens).
> if $E(q) \leq E(s)$ then
>   $s := q$;   {akzeptiere $q$ als neuen Zustand}
> else
>   Akzeptiere $q$ als neuen Zustand mit der Wahrscheinlichkeit
>   $$\text{Wahr}(s \to q) = e^{-\frac{E(q)-E(s)}{c_B \cdot T}} ;$$
>   {bleibe im Zustand $s$ mit der Wahrscheinlichkeit $1 - \text{Wahr}(s \to q)$}
> *Phase 3.* Verkleinere $T$ passend;
>   if $T$ ist nicht sehr nahe bei 0 then
>     goto Phase 2;
>   else
>     output($s$);

Zuerst beobachten wir die starke Ähnlichkeit zwischen der lokalen Suche und dem Metropolis-Algorithmus. Der Metropolis-Algorithmus besteht aus Iterationsschritten, und in einem Iterationsschritt wird ein neuer Kandidat für einen aktuellen Zustand durch eine lokale Transformation bestimmt. Die wesentlichen Unterschiede sind folgende.

(i) Der Metropolis-Algorithmus darf mit gewisser Wahrscheinlichkeit auch in einen schlechteren Zustand mit hoher Energie übergehen und dadurch mögliche lokale Minima überwinden.

(ii) Nicht die lokale Optimalität, sondern der Wert von $T$ entscheidet über die Terminierung des Metropolis-Algorithmus.

Die Wahrscheinlichkeit $\text{Wahr}(s \to q)$ folgt den Gesetzen der Thermodynamik, die besagen, dass die Wahrscheinlichkeit einer Verschlechterung (eines Energiewachstums) um einen Wert $\Delta E$ durch

$$\text{Wahr}(\Delta E) = e^{\frac{-\Delta E}{c_B \cdot T}}$$

gegeben ist. Diese Wahrscheinlichkeit hat zwei wichtige Eigenschaften.

(a) Die Wahrscheinlichkeit $\text{Wahr}(s \to q)$ verkleinert sich mit wachsendem $E(q) - E(s)$, d. h., starke Verschlechterungen sind weniger wahrscheinlich als schwächere, und

(b) die Wahrscheinlichkeit Wahr($s \rightarrow q$) wächst mit $T$, d. h., starke Verschlechterungen (Überwindung tiefer lokaler Minima) sind am Anfang bei großem $T$ wahrscheinlicher als bei kleinem $T$.

Ein wichtiger Punkt ist, dass die Möglichkeit, die lokalen Minima durch Verschlechterung zu überwinden, notwendig für das Erreichen des Optimums ist. Um den Metropolis-Algorithmus zur Lösung kombinatorischer Optimierungsprobleme einzusetzen, reicht es aus, die folgende Beziehung zwischen den Begriffen der Thermodynamik und den Begriffen der kombinatorischen Optimierung festzustellen.

Menge der Systemzustände $\widehat{=}$ Menge der zulässigen Lösungen,

Energie eines Zustandes $\widehat{=}$ Kosten einer zulässigen Lösung,

ein optimaler Zustand $\widehat{=}$ eine optimale Lösung,

Temperatur $\widehat{=}$ ein Programmparameter.

Sei $\mathcal{U} = (\Sigma_I, \Sigma_O, L, \mathcal{M}, \text{cost}, Minimum)$ ein Optimierungsproblem mit einer Nachbarschaft $f$. Dann kann man **Simulated Annealing** bezüglich $f$ als eine Simulation des Metropolis-Algorithmus wie folgt beschreiben.

### Algorithmus SA($f$)

*Eingabe:* Eine Probleminstanz $x \in L$.

*Phase 1.* Berechne eine zulässige Lösung $\alpha \in \mathcal{M}(x)$.

Wähle eine Anfangstemperatur $T$.

Wähle eine Reduktionsfunktion $g$, abhängig von $T$ und der Anzahl der Iterationen $I$.

*Phase 2.* $I := 0$;

while $T > 0$ (oder $T$ ist nicht zu nah an 0) do

begin

Wähle zufällig ein $\beta$ aus $f_x(\alpha)$;

if $\text{cost}(\beta) \leq \text{cost}(\alpha)$ then

$\alpha := \beta$;

else

begin

Generiere zufällig eine Zahl $r$ aus dem Intervall $[0,1]$;

if $r < e^{-\frac{\text{cost}(\beta) - \text{cost}(\alpha)}{T}}$ then

$\alpha := \beta$;

end;

$I := I + 1$;

$T := g(T, I)$;

end;

*Ausgabe:* $\alpha$.

Bei einer „vernünftigen" Nachbarschaft und passender Wahl von $T$ und $g$ kann man beweisen, dass SA($f$) das Optimum erreicht. Das Problem ist aber, dass man die Anzahl der dazu hinreichenden Iterationen nicht einschränken kann. Selbst Versuche, eine

Approximationsgüte nach einer gewissen Anzahl Operationen zu garantieren, führten dazu, dass man eine viel größere Anzahl Iterationen als $|\mathcal{M}(x)|$ für eine solche Garantie braucht. Trotzdem gibt es viele Anwendungen, bei denen Simulated Annealing akzeptable Lösungen liefert und deswegen wird es häufig eingesetzt. Ein positiver Aspekt ist auch, dass die Wahl der Parameter $T$ und $g$ beim Benutzer liegt, und so kann er alleine über Prioritäten in Bezug auf den Tradeoff zwischen Laufzeit und Lösungsqualität entscheiden.

## 7.6 Zusammenfassung

Der Algorithmenentwurf ist für die Lösung schwerer Probleme entscheidend, weil die qualitativen Sprünge in der Anforderung an die Rechnerressourcen (von exponentieller zu polynomieller Komplexität) nicht durch die Verbesserung der Rechnertechnologie zu erreichen sind. Um effiziente Algorithmen für schwere Probleme zu erhalten, muss man etwas auf der Ebene der Anforderungen bezahlen. Entweder reduzieren wir die Menge der zulässigen Eingaben (d. h., wir lösen das Problem nicht in seiner allgemeinen formalen Darstellung), oder wir verzichten auf die Sicherheit, immer eine richtige oder optimale Lösung zu bekommen. Die Kunst der Algorithmik liegt darin, große Gewinne auf der Seite der Effizienz durch kleine Nachlässe in der Problemformulierung zu bewirken.

Pseudopolynomielle Algorithmen laufen in polynomieller Zeit auf Probleminstanzen von Zahlproblemen, bei denen die Zahlen eine polynomielle Größe in der Eingabelänge haben. Für das Rucksackproblem kann man einen pseudopolynomiellen Algorithmus entwerfen. Das Konzept der NP-Vollständigkeit ist auch hier hilfreich, um die Nichtexistenz pseudopolynomieller Algorithmen unter der Annahme P $\neq$ NP für gewisse Probleme zu beweisen.

Approximationsalgorithmen sind Algorithmen für Optimierungsprobleme, die eine zulässige Lösung liefern, deren Kosten sich nicht zu viel von den Kosten einer optimalen Lösung unterscheiden. Für das metrische TSP, MIN-VC und MAX-CUT kann man polynomielle Approximationsalgorithmen entwerfen. Für das allgemeine TSP gibt es keinen polynomiellen Approximationsalgorithmus mit einer konstanten Approximationsgüte, falls P $\neq$ NP.

Die lokalen Algorithmen für ein Optimierungsproblem starten mit einer zulässigen Lösung und versuchen durch kleine Änderungen (lokale Transformationen) iterativ zu einer besseren Lösung zu gelangen. Lokale Algorithmen enden immer in einem lokalen Optimum bezüglich der erlaubten lokalen Transformationen. Die Kosten der lokalen Optima können sich wesentlich von den optimalen Kosten unterscheiden. Simulated Annealing ist eine Heuristik, die auf der lokalen Suche aufbaut und das Verlassen der lokalen Optima ermöglicht. Simulated Annealing ist robust und einfach zu implementieren und wird deswegen oft in der Praxis angewendet.

Die Konzepte der pseudopolynomiellen Algorithmen für Zahlprobleme und der starken NP-Schwere sind Garey und Johnson [GJ79] zu verdanken. Der pseudopolynomielle Algorithmus für das Rucksackproblem wurde von Ibarra und Kim [IK74] entworfen. Der erste Approximationsalgorithmus wurde von Graham [Gra66] entworfen. Die ersten lokalen Algorithmen wurden von Bock [Boc58] und Croes [Cro58] entworfen. Das Konzept der echten polynomiell untersuchbaren Nachbarschaft wurde von Papadimitriou und Steiglitz

[PS82] eingeführt. Der Metropolis-Algorithmus für die Simulation der Abkühlung wurde von Metropolis, A. und M. Rosenbluth und Teller [MRR⁺53] entdeckt. Die Möglichkeit, diesen Algorithmus in der kombinatorischen Optimierung anzuwenden, kam von Černý [Čer85] und Kirkpatrick, Gellat und Vecchi [KGV83].

Eine systematische Übersicht über Methoden zur Lösung schwerer Probleme ist in [Hro04a] gegeben. Zum weiteren Lesen empfehlen wir noch wärmstens Papadimitriou und Steiglitz [PS82], Cormen, Leiserson und Rivest [CLR90] und Schöning [Sch01]. Zum Thema Approximationsalgorithmen sind reichhaltige Quellen Ausiello, Crescenzi, Gambosi, Kann, Marchetti-Spaccamela und Protasi [ACG⁺99], Hochbaum [Hoc97], Mayr, Prömel und Steger [MPS98] und Vazirani [Vaz01].

## Kontrollaufgaben

1. Die meisten bekannten NP-schweren Probleme sind interessant für die Praxis. Welche grundsätzlichen Ansätze zur Lösung von Instanzen schwerer Probleme gibt es?

2. Erklären Sie das Konzept pseudopolynomieller Algorithmen und illustrieren Sie es durch die Anwendung auf das einfache Rucksack-Problem. Beim einfachen Rucksack-Problem sind die Kosten und das Gewicht für jedes Objekt gleich (d. h., das Gewicht entspricht dem Nutzen). Vereinfachen Sie den pseudopolynomiellen Algorithmus für das allgemeine Rucksack-Problem, um einen pseudopolynomiellen Algorithmus für das einfache Rucksack-Problem zu erhalten.
   Führt diese Vereinfachung auch zu einer geringeren Zeitkomplexität?

3. Gibt es eine Methode, die unter der Voraussetzung P ≠ NP die Nichtexistenz eines pseudopolynomiellen Algorithmus für ein Zahlproblem beweisen kann?

4. Erklären Sie das Konzept von Approximationsalgorithmen. Wie misst man die Güte eines Approximationsalgorithmus?

5. Entwerfen Sie einen Greedy-Algorithmus für das einfache Rucksack-Problem, siehe Kontrollaufgabe 2. Zeigen Sie, dass der entworfene Algorithmus ein polynomieller 2-Approximationsalgorithmus ist.

6. Erklären Sie das Konzept der lokalen Suche. Schlagen Sie für alle hier betrachteten NP-schweren Optimierungsprobleme ein paar Nachbarschaften vor. Für welche Probleme kann man die lokale Suche erfolgreich anwenden (effizient und mit der Garantie, eine gute Lösung zu finden)?

7. Wann ist eine Nachbarschaft echt und polynomiell untersuchbar? Hilft uns das Konzept der starken NP-Schwere zu zeigen, dass gewisse Optimierungsprobleme zu schwer für die lokale Suche sind?

8. Was sind die gemeinsame Grundlage und der wesentliche Unterschied zwischen lokaler Suche und Simulated Annealing? Was garantiert Simulated Annealing und was nicht? Mit welcher Wahrscheinlichkeit akzeptiert man eine Verschlechterung, und was sind die wichtigsten Eigenschaften dieses Wahrscheinlichkeitskriteriums?

Das Gewebe dieser Welt ist aus
Notwendigkeit und Zufall gebildet;
Die Vernunft des Menschen stellt sich zwischen beide
und weiß sie zu beherrschen;
Sie behandelt das Notwendige als den Grund ihres Daseins;
Das Zufällige weiß sie zu lenken, zu leiten und zu nutzen, ...

J. W. von Goethe

# 8 Randomisierung

## 8.1 Zielsetzung

Der Begriff Zufall ist einer der fundamentalsten und meist diskutierten Begriffe der Wissenschaft. Die grundlegende Frage ist, ob der Zufall objektiv existiert oder ob wir diesen Begriff nur benutzen, um Ereignisse mit unbekannter Gesetzmäßigkeit zu erklären und zu modellieren. Darüber streiten die Wissenschaftler seit der Antike. Demokrit meinte, dass

> *das Zufällige das Nichterkannte ist,*
> *und dass die Natur in ihrer Grundlage determiniert ist.*

Damit meinte Demokrit, dass in der Welt Ordnung herrscht und dass diese Ordnung durch eindeutige Gesetze bestimmt ist. Epikur widersprach Demokrit mit folgender Meinung:

> *„Der Zufall ist objektiv,*
> *er ist die eigentliche Natur der Erscheinung."*

Die Religion und die Physik vor dem 20. Jahrhundert bauten auf der kausal-deterministischen Auffassung auf. Interessant ist zu bemerken, dass auch Albert Einstein die Benutzung des Begriffs Zufall nur als Kennzeichnung des noch nicht vollständigen Wissens zuließ und an die Existenz einfacher und klarer deterministischer Naturgesetze glaubte. Die Entwicklung der Wissenschaft (insbesondere der Physik und der Biologie) im 20. Jahrhundert führte eher zu der Epikur'schen Weltanschauung. Die experimentelle Physik bestätigte die Theorie der Quantenmechanik, die auf Zufallsereignissen aufgebaut ist. In der Evolutionsbiologie zweifelt man heute nicht an der These, dass ohne zufällige Mutationen der DNA die Evolution nicht stattgefunden hätte. Am besten formulierte der ungarische Mathematiker Alfréd Rényi eine moderne, überwiegend akzeptierte Ansicht der Rolle des Zufalls:

> *„Es gibt keinen Widerspruch zwischen Kausalität und dem Zufall. In der*
> *Welt herrscht der Zufall, und eben deshalb gibt es in der Welt Ordnung und*

*Gesetz, die sich in den Massen von zufälligen Ereignissen, den Gesetzen der Wahrscheinlichkeit entsprechend, entfalten."*

Für uns Informatiker ist wichtig zu begreifen, dass es sich oft lohnt, statt vollständig deterministischer Systeme und Algorithmen zufallsgesteuerte (randomisierte) Systeme und Algorithmen zu entwerfen und zu implementieren. Dabei geht es um nichts anderes, als von der Natur zu lernen. Es scheint eine Tatsache zu sein, dass die Natur immer den einfachsten und effizientesten Weg geht und dass ein solcher Weg durch die Zufallssteuerung bestimmt wird. Die Praxis bestätigt diese Ansicht. In vielen Anwendungen können einfache zufallsgesteuerte Systeme und Algorithmen das Gewünschte effizient und zuverlässig leisten, obwohl jedes vollständig deterministische System für diesen Zweck so komplex und ineffizient wäre, dass jeder Versuch, es zu bauen, praktisch sinnlos wäre. Dies ist auch der Grund dafür, dass man heutzutage die Klasse der praktisch lösbaren Probleme nicht mehr mit der deterministisch polynomiellen Zeit, sondern eher mit zufallsgesteuerten (randomisierten) polynomiellen Algorithmen verknüpft.

Die Zielsetzung dieses Kapitels ist nicht, die Grundlage des Entwurfs von randomisierten Algorithmen und der Komplexitätstheorie der randomisierten Berechnung zu präsentieren, weil dazu zu viele Vorkenntnisse aus der Wahrscheinlichkeitstheorie, der Komplexitätstheorie und der Zahlentheorie notwendig wären. Wir ziehen es vor, anhand dreier Beispiele das Konzept der Zufallssteuerung zu veranschaulichen und dadurch auch ansatzweise ein etwas tieferes Verständnis zu gewinnen für die überlegene Stärke der Zufallssteuerung gegenüber der deterministischen Steuerung.

Dieses Kapitel ist wie folgt aufgebaut. In Abschnitt 8.2 präsentieren wir einige elementare Grundlagen der Wahrscheinlichkeitstheorie. In Abschnitt 8.3 entwerfen wir ein randomisiertes Kommunikationsprotokoll zum Vergleich der Inhalte zweier großer Datenbanken, das unvergleichbar effizienter als jedes deterministische Kommunikationsprotokoll für diese Aufgabe ist. In Abschnitt 8.4 nutzen wir das vorgestellte Kommunikationsprotokoll, um die Methode der häufigen Zeugen als ein Paradigma für den Entwurf zufallsgesteuerter Algorithmen zu erklären. Wir wenden diese Methode ein weiteres Mal an, um einen effizienten randomisierten Algorithmus für den Primzahltest zu entwickeln. Dabei zählt der Primzahltest zu den wichtigsten Entscheidungsproblemen in der Praxis, und wir kennen keinen Algorithmus, der den Primzahltest deterministisch für typische Eingabelängen ausreichend schnell entscheiden kann. In Abschnitt 8.5 stellen wir die Methode der Fingerabdrücke als eine spezielle Variante der Methode der häufigen Zeugen vor. Wir wenden diese Methode an, um effizient die Äquivalenz von zwei Polynomen zu entscheiden. Wie üblich beenden wir das Kapitel mit einer kurzen Zusammenfassung.

## 8.2 Elementare Wahrscheinlichkeitstheorie

Wenn ein Ereignis (eine Erscheinung) eine unumgängliche Folge eines anderen Ereignisses ist, dann sprechen wir von Kausalität oder Determinismus. Wie wir schon in der Einleitung bemerkt haben, gibt es auch andere als völlig bestimmte, eindeutige Ereignisse. Die Wahrscheinlichkeitstheorie wurde entwickelt, um Situationen und Experimente mit mehrdeutigen Ergebnissen zu modellieren und zu untersuchen. Einfache Beispiele solcher Experimente sind der Münzwurf und das Würfeln. Es gibt hier keine Möglichkeit, das

Ergebnis vorherzusagen, und deswegen sprechen wir von **zufälligen Ereignissen**. In der Modellierung eines Wahrscheinlichkeitsexperiments betrachten wir also alle möglichen Ergebnisse des Experimentes, die wir **elementare Ereignisse** nennen. Aus philosophischer Sicht ist es wichtig, dass die elementaren Ereignisse als atomare Ergebnisse zu betrachten sind. Atomar bedeutet, dass man ein elementares Ereignis nicht als eine Kollektion von noch einfacheren Ergebnissen betrachten kann, und sich somit zwei elementare Ereignisse gegenseitig ausschließen. Beim Münzwurf sind die elementaren Ereignisse „Kopf" und „Zahl" und beim Würfeln sind die elementaren Ereignisse die Zahlen „1", „2", „3", „4", „5" und „6". Ein **Ereignis** definiert man dann als eine Teilmenge der Menge der elementaren Ereignisse. Zum Beispiel ist $\{2, 4, 6\}$ das Ereignis, dass beim Würfeln eine gerade Zahl fällt. Weil elementare Ereignisse auch als Ereignisse betrachtet werden, stellt man sie, um konsistent zu bleiben, als einelementige Mengen dar.

Im Folgenden betrachten wir nur Experimente mit einer endlichen Menge $S$ elementarer Ereignisse, was die Anschaulichkeit der folgenden Definition erhöht. Wir möchten jetzt eine sinnvolle Theorie entwickeln, die jeder Erscheinung $E \subseteq S$ eine Wahrscheinlichkeit zuordnet. Dass diese Aufgabe gar nicht so einfach ist, dokumentiert die Tatsache, dass man seit der Begründung der Wahrscheinlichkeitstheorie in den Werken von Pascal, Fermat und Huygens in der Mitte des 17. Jahrhunderts fast 300 Jahre gebraucht hat, bis eine allgemein akzeptierte axiomatische Definition der Wahrscheinlichkeit von Kolmogorov vorgeschlagen wurde. Unsere Einschränkung auf die Endlichkeit von $S$ hilft uns, die technischen Schwierigkeiten solcher allgemeinen Definitionen zu vermeiden. Die Idee ist, die Wahrscheinlichkeit eines Ereignisses als

*das Verhältnis der Summe der Wahrscheinlichkeiten der günstigen (darin enthaltenen) elementaren Ereignisse zu der Summe der Wahrscheinlichkeiten aller möglichen elementaren Ereignisse* $\hspace{2cm}$ (8.1)

zu sehen. Durch diese Festlegung normiert man die Wahrscheinlichkeitswerte in dem Sinne, dass die Wahrscheinlichkeit 1 der Sicherheit und die Wahrscheinlichkeit 0 einem unmöglichen Ereignis entspricht. Ein anderer zentraler Punkt ist, dass die Wahrscheinlichkeiten der elementaren Ereignisse die Wahrscheinlichkeiten aller Ereignisse eindeutig bestimmen. Bei symmetrischen Experimenten wie dem Würfeln will man allen elementaren Ereignissen die gleiche Wahrscheinlichkeit zuordnen. Sei $\mathrm{Wahr}(E)$ die Wahrscheinlichkeit des Ereignisses $E$. Weil in unserem Modell als Resultat des Experimentes ein elementares Ereignis auftreten muss, setzt man $\mathrm{Wahr}(S) = 1$ für die Menge $S$ aller elementaren Ereignisse. Dann haben wir beim Würfeln

$$\mathrm{Wahr}(\{2, 4, 6\}) = \frac{\mathrm{Wahr}(\{2\}) + \mathrm{Wahr}(\{4\}) + \mathrm{Wahr}(\{6\})}{\mathrm{Wahr}(S)}$$
$$= \mathrm{Wahr}(\{2\}) + \mathrm{Wahr}(\{4\}) + \mathrm{Wahr}(\{6\})$$
$$= \frac{1}{6} + \frac{1}{6} + \frac{1}{6} = \frac{1}{2},$$

d. h., die Wahrscheinlichkeit, eine gerade Zahl zu werfen, ist genau $\frac{1}{2}$. Nach dem Wahrscheinlichkeitskonzept (8.1) erhalten wir für alle disjunkten Ereignisse $X$ und $Y$

$$\text{Wahr}(X \cup Y) = \frac{\text{Wahr}(X) + \text{Wahr}(Y)}{\text{Wahr}(S)}$$
$$= \text{Wahr}(X) + \text{Wahr}(Y).$$

Diese Überlegungen führen zu der folgenden axiomatischen Definition der Wahrscheinlichkeit.

**Definition 8.1.** *Sei $S$ die Menge aller elementaren Ereignisse eines Wahrscheinlichkeitsexperiments. Eine **Wahrscheinlichkeitsverteilung auf $S$** ist jede Funktion* $\text{Wahr}\colon \mathcal{P}(S) \to [0,1]$, *die folgende Bedingungen erfüllt:*

*(i)* $\text{Wahr}(\{x\}) \geq 0$ *für jedes elementare Ereignis $x$,*

*(ii)* $\text{Wahr}(S) = 1$ *und*

*(iii)* $\text{Wahr}(X \cup Y) = \text{Wahr}(X) + \text{Wahr}(Y)$ *für alle Ereignisse $X, Y \subseteq S$ mit $X \cap Y = \emptyset$.*

**Wahr$(X)$** *nennt man die* **Wahrscheinlichkeit des Ereignisses $X$**. *Das Paar ($S$,* **Wahr**$)$ *wird als* **Wahrscheinlichkeitsraum** *bezeichnet. Falls* $\text{Wahr}(\{x\}) = \text{Wahr}(\{y\})$ *für alle $x, y \in S$, nennt man* Wahr *die* **uniforme Wahrscheinlichkeitsverteilung** *(oder **Gleichverteilung**) auf $S$.*

**Aufgabe 8.1.** Beweisen Sie, dass folgende Eigenschaften für jeden Wahrscheinlichkeitsraum $(S, \text{Wahr})$ immer gelten:

(i) $\text{Wahr}(\emptyset) = 0$,

(ii) $\text{Wahr}(S - X) = 1 - \text{Wahr}(X)$ für jedes $X \subseteq S$,

(iii) für alle $X, Y \subseteq S$ mit $X \subseteq Y$ gilt $\text{Wahr}(X) \leq \text{Wahr}(Y)$,

(iv) $\text{Wahr}(X \cup Y) = \text{Wahr}(X) + \text{Wahr}(Y) - \text{Wahr}(X \cap Y)$
$\leq \text{Wahr}(X) + \text{Wahr}(Y)$ für alle $X, Y \subseteq S$,

(v) $\text{Wahr}(X) = \sum_{x \in X} \text{Wahr}(x)$ für alle $X \subseteq S$.

Wir bemerken, dass alle Eigenschaften aus Aufgabe 8.1 unserer Zielsetzung und damit der informellen Definition (8.1) entsprechen. Somit entspricht die Addition der Wahrscheinlichkeiten unserer intuitiven Vorstellung, dass die Wahrscheinlichkeit, dass irgendeines von mehreren unvereinbaren Ereignissen eintritt, gleich der Summe der Wahrscheinlichkeiten der betrachteten Ereignisse ist.

Was entspricht der Multiplikation zweier Wahrscheinlichkeiten? Betrachten wir zwei Wahrscheinlichkeitsexperimente, die in dem Sinne unabhängig sind, dass kein Resultat eines Experimentes einen Einfluss auf das Resultat des anderen Experimentes hat. Ein Beispiel dafür ist, zweimal zu würfeln. Egal, ob wir auf einmal mit zwei Würfeln spielen oder ob wir zweimal denselben Würfel rollen lassen, die Resultate beeinflussen sich nicht gegenseitig. Zum Beispiel hat eine 3 beim ersten Wurf keinen Einfluss auf das Ergebnis des zweiten Wurfs. Wir wissen, dass $\text{Wahr}(i) = \frac{1}{6}$ für beide Experimente und für alle

$i \in \{1, 2, \ldots, 6\}$ gilt. Betrachten wir jetzt die Zusammensetzung beider Zufallsexperimente (Würfe) als ein Zufallsexperiment. Die Menge der elementaren Ereignisse ist hier

$$S_2 = \{(i, j) \mid i, j \in \{1, 2, \ldots, 6\}\},$$

wobei für ein elementares Ereignis $\{(i, j)\}$ der Index $i$ das Ergebnis des ersten Wurfs und $j$ das des zweiten ist. Wie soll jetzt korrekterweise die Wahrscheinlichkeitsverteilung Wahr$_2$ auf $S_2$ aus $(\{1, 2, \ldots, 6\}, \text{Wahr})$ bestimmt werden? Wir bauen auf der Intuition auf, dass die Wahrscheinlichkeit des Eintretens von zwei vollständig unabhängigen Ereignissen gleich dem Produkt der Wahrscheinlichkeiten dieser Ereignisse ist und damit

$$\text{Wahr}_2(\{(i, j)\}) = \text{Wahr}(\{i\}) \cdot \text{Wahr}(\{j\}) = \frac{1}{6} \cdot \frac{1}{6} = \frac{1}{36}$$

für alle $i, j \in \{1, 2, \ldots, 6\}$ gilt. Überprüfen wir die Korrektheit dieser Überlegung. Die Menge $S_2$ beinhaltet genau 36 elementare Ereignisse, die alle gleich wahrscheinlich sind. Damit ist tatsächlich $\text{Wahr}_2(\{(i, j)\}) = \frac{1}{36}$ für alle $(i, j) \in S_2$.

**Aufgabe 8.2.** Sei $k \in \mathbb{N} - \{0\}$. Sei $(S, \text{Wahr})$ ein Wahrscheinlichkeitsraum, wobei Wahr eine uniforme Wahrscheinlichkeitsverteilung (Gleichverteilung) über $S = \{0, 1, 2, \ldots, 2^k - 1\}$ ist. Erzeugen Sie $(S, \text{Wahr})$ durch $k$-fachen Münzwurf.

Es bleibt zu klären, wie man die Wahrscheinlichkeitstheorie anwendet, um zufallsgesteuerte (randomisierte) Algorithmen zu entwerfen und zu analysieren. Dazu benutzt man zwei verschiedene Möglichkeiten. Die erste Möglichkeit ist, mit dem Modell der NTM mit endlichen Berechnungen zu starten und jeden nichtdeterministischen Schritt als ein Zufallsexperiment zu betrachten. Dies bedeutet, dass man bei einer Wahl aus $k$ Möglichkeiten jeder Möglichkeit die Wahrscheinlichkeit $\frac{1}{k}$ zuordnet. Dann bestimmt man die Wahrscheinlichkeit einer Berechnung als das Produkt der Wahrscheinlichkeiten aller zufälligen Entscheidungen dieser Berechnung. Sei $S_{A,x}$ die Menge aller Berechnungen einer NTM (eines nichtdeterministischen Programms) $A$ auf einer Eingabe $x$. Wenn man jeder Berechnung $C$ aus $S_{A,x}$ die oben beschriebene Wahrscheinlichkeit $\text{Wahr}(C)$ zuordnet, dann ist $(S_{A,x}, \text{Wahr})$ ein Wahrscheinlichkeitsraum.

**Aufgabe 8.3.** Beweisen Sie, dass $(S_{A,x}, \text{Wahr})$ ein Wahrscheinlichkeitsraum ist.

Die Summe der Wahrscheinlichkeiten der Berechnungen aus $S_{A,x}$ mit einer falschen Ausgabe $A(x)$ für die Eingabe $x$ ist dann die **Fehlerwahrscheinlichkeit** des Algorithmus $A$ auf der Eingabe $x$, **Fehler$_A(x)$**. Die **Fehlerwahrscheinlichkeit des Algorithmus $A$** definiert man als eine Funktion $\text{Fehler}_A : \mathbb{N} \to [0, 1]$ wie folgt.

$$\text{Fehler}_A(n) = \max\{\text{Fehler}_A(x) \mid |x| = n\}.$$

Außer den Fehlerwahrscheinlichkeiten kann man zum Beispiel auch untersuchen, wie groß die Wahrscheinlichkeit ist, dass eine Berechnung aus höchstens $t(n)$ Schritten besteht (d. h., wie groß die Summe der Wahrscheinlichkeiten der Berechnungen ist, die kürzer als $t(n)$ sind).

Die andere Möglichkeit, die randomisierten Algorithmen zu definieren, ist einfach, einen randomisierten Algorithmus als eine Wahrscheinlichkeitsverteilung über einer Menge deterministischer Algorithmen zu betrachten. Für $2^k$ viele deterministische Algorithmen kann die Umsetzung wie folgt aussehen. Man gibt einem deterministischen Algorithmus (einer TM) $A$ eine Folge von Zufallsbits (ein zusätzliches Band mit einer binären Zufallsfolge) als zusätzliche Eingabe. Jede Folge von Zufallsbits bestimmt eindeutig eine deterministische Berechnung von $A$ auf der gegebenen Eingabe $x$. Die Zufallsfolgen als elementare Ereignisse zu betrachten, entspricht also der Betrachtung der Berechnungen aus $S_{A,x}$ als elementare Ereignisse. Gewöhnlicherweise haben alle Zufallsfolgen die gleiche Wahrscheinlichkeit, und somit handelt es sich um die uniforme Wahrscheinlichkeitsverteilung über der Menge aller Berechnungen aus $S_{A,x}$. Die Beispiele randomisierter Algorithmen in den nächsten zwei Abschnitten bauen auf diesem Modell der randomisierten Algorithmen auf. Die Folgen von zufälligen Bits interpretiert man in diesen Beispielen als eine zufällige Zahl, die dann die Berechnung und somit das Resultat der Berechnung beeinflusst.

## 8.3 Ein randomisiertes Kommunikationsprotokoll

Die Zielsetzung dieses Abschnitts ist zu zeigen, dass randomisierte Algorithmen wesentlich effizienter als bestmögliche deterministische Algorithmen sein können. Betrachten wir die folgende Aufgabenstellung. Wir haben zwei Rechner $R_I$ und $R_{II}$. Ursprünglich besaßen diese eine Datenbank mit gleichem Inhalt. Mit der Zeit hat sich der Inhalt dynamisch geändert, aber wir haben versucht, die gleichen Änderungen auf beiden Rechnern zu machen, um idealerweise die gleiche Datenbank auf beiden Rechnern zu erhalten. Nach einer gewissen Zeit wollen wir nun überprüfen, ob $R_I$ und $R_{II}$ wirklich noch die gleichen Daten haben. Im Allgemeinen bezeichnen wir durch $n$ die Größe der Datenbank in Bits. Konkret betrachten wir ein großes $n = 10^{16}$, was bei Gendatenbanken eine realistische Größe sein dürfte. Unser Ziel ist es, einen Kommunikationsalgorithmus (ein Protokoll) zu entwerfen, der feststellt, ob die Inhalte der Datenbanken von $R_I$ und $R_{II}$ unterschiedlich oder gleich sind. Die Komplexität des Kommunikationsalgorithmus messen wir in der Anzahl der ausgetauschten Bits zwischen $R_I$ und $R_{II}$. Man kann beweisen, dass jedes deterministische Protokoll für diese Aufgabe einen Austausch von $n$ Bits zwischen $R_I$ und $R_{II}$ nicht vermeiden kann. Also existiert kein Protokoll, das höchstens $n-1$ Kommunikationsbits benutzen darf und diese Aufgabe zuverlässig löst. Wenn man bei der Datenmenge mit $n = 10^{16}$ noch sicherstellen soll, dass alle Kommunikationsbits korrekt ankommen, würde man wahrscheinlich auf den Versuch verzichten, die Aufgabe auf diese Weise zu lösen. Die Lösung in dieser Situation bietet folgendes zufallsgesteuertes Protokoll. Es basiert auf dem Primzahlsatz (Satz 2.3).

**Ein zufallsgesteuertes Kommunikationsprotokoll $R = (R_I, R_{II})$**

*Ausgangssituation:* $R_I$ hat $n$ Bits $x = x_1 \ldots x_n$, $R_{II}$ hat $n$ Bits $y = y_1 \ldots y_n$.

*Phase 1.* $R_I$ wählt zufällig mit einer uniformen Wahrscheinlichkeitsverteilung $p$ als eine der $\mathrm{Prim}(n^2) \sim n^2/\ln n^2$ Primzahlen kleiner gleich $n^2$.

*Phase 2.* $R_I$ berechnet die Zahl $s = \text{Nummer}(x) \bmod p$ und schickt die binäre Darstellung von $s$ und $p$ an $R_{II}$.

*Phase 3.* Nach Empfang von $s$ und $p$ berechnet $R_{II}$ die Zahl $q = \text{Nummer}(y) \bmod p$.

Falls $q \neq s$, dann gibt $R_{II}$ die Ausgabe „ungleich" aus.

Falls $q = s$, dann gibt $R_{II}$ die Ausgabe „gleich" aus.

Jetzt analysieren wir die Arbeit von $R = (R_{\mathrm{I}}, R_{\mathrm{II}})$. Zuerst bestimmen wir die Komplexität, gemessen als die Anzahl der Kommunikationsbits, und dann analysieren wir die Zuverlässigkeit (Fehlerwahrscheinlichkeit) von $R = (R_{\mathrm{I}}, R_{\mathrm{II}})$.

Die einzige Kommunikation besteht darin, dass $R_{\mathrm{I}}$ die Zahlen $s$ und $p$ an $R_{\mathrm{II}}$ schickt. Weil $s \leq p < n^2$ gilt, ist die Länge der binären Nachricht $2 \cdot \lceil \log_2 n^2 \rceil \leq 4 \cdot \lceil \log_2 n \rceil$. Für $n = 10^{16}$ sind dies höchstens $4 \cdot 16 \cdot \lceil \log_2 10 \rceil = 256$ Bits. Es ist also eine sehr kurze Nachricht, die man problemlos zuverlässig übertragen kann.

Bei der Analyse der Fehlerwahrscheinlichkeit unterscheiden wir zwei Möglichkeiten bezüglich der tatsächlichen Relation zwischen $x$ und $y$.

(i) Sei $x = y$. Dann gilt

$$\mathrm{Nummer}(x) \bmod p = \mathrm{Nummer}(y) \bmod p$$

für alle Primzahlen $p$. Also gibt $R_{\mathrm{II}}$ die Antwort „gleich" mit Sicherheit. In diesem Fall ist also die Fehlerwahrscheinlichkeit 0.

(ii) Sei $x \neq y$. Wir bekommen eine falsche Antwort „gleich" nur dann, wenn $R_{\mathrm{I}}$ eine zufällige Primzahl $p$ gewählt hat, die die Eigenschaft hat, dass

$$z = \mathrm{Nummer}(x) \bmod p = \mathrm{Nummer}(y) \bmod p$$

gilt. In anderer Form geschrieben:

$$\mathrm{Nummer}(x) = x' \cdot p + z \quad \text{und} \quad \mathrm{Nummer}(y) = y' \cdot p + z$$

für irgendwelche natürlichen Zahlen $x'$ und $y'$.

Daraus folgt, dass

$$\mathrm{Nummer}(x) - \mathrm{Nummer}(y) = x' \cdot p - y' \cdot p = (x' - y') \cdot p,$$

also dass $p$ die Zahl $|\mathrm{Nummer}(x) - \mathrm{Nummer}(y)|$ teilt.

Also gibt unser Protokoll $R = (R_{\mathrm{I}}, R_{\mathrm{II}})$ eine falsche Antwort nur, wenn die gewählte Primzahl $p$ die Zahl $|\mathrm{Nummer}(x) - \mathrm{Nummer}(y)|$ teilt. Wir wissen, dass $p$ aus $\mathrm{Prim}(n^2)$ Primzahlen aus $\{2, 3, \ldots, n^2\}$ mit uniformer Wahrscheinlichkeitsverteilung gewählt wurde. Es ist also hilfreich festzustellen, wie viele dieser $\mathrm{Prim}(n^2) \sim n^2 / \ln n^2$ Primzahlen die Zahl $|\mathrm{Nummer}(x) - \mathrm{Nummer}(y)|$ teilen können. Weil die binäre Länge von $x$ und $y$ gleich $n$ ist, gilt

$$w = |\mathrm{Nummer}(x) - \mathrm{Nummer}(y)| < 2^n.$$

Sei $w = p_1^{i_1} p_2^{i_2} \ldots p_k^{i_k}$, wobei $p_1 < p_2 < \cdots < p_k$ Primzahlen und $i_1, i_2, \ldots, i_k$ positive ganze Zahlen sind. Wir wissen, dass jede Zahl eine solche eindeutige Faktorisierung besitzt. Unser Ziel ist zu beweisen, dass $k \leq n - 1$. Wir beweisen es indirekt. Angenommen, $k \geq n$. Dann ist für genügend große $n$

$$w = p_1^{i_1} p_2^{i_2} \ldots p_k^{i_k} > p_1 p_2 \ldots p_n > 1 \cdot 2 \cdot 3 \cdot \cdots \cdot n = n! > 2^n.$$

Das widerspricht aber der bekannten Tatsache, dass $w < 2^n$. Also kann $w$ höchstens $n - 1$ unterschiedliche Primfaktoren haben. Weil jede Primzahl aus $\{2, 3, \ldots, n^2\}$

die gleiche Wahrscheinlichkeit hat, gewählt zu werden, ist die Wahrscheinlichkeit, ein $p$ zu wählen, das $w$ teilt, höchstens

$$\frac{n-1}{\mathrm{Prim}(n^2)} \le \frac{n-1}{n^2/\ln n^2} \le \frac{\ln n^2}{n}$$

für genügend große $n$.

Also ist die Fehlerwahrscheinlichkeit von $R$ für unterschiedliche Inhalte $x$ und $y$ höchstens $\ln n^2/n$, was für $n = 10^{16}$ höchstens $0,369 \cdot 10^{-14}$ ist.

Eine so kleine Fehlerwahrscheinlichkeit ist kein ernsthaftes Risiko, aber nehmen wir an, dass jemand sich eine noch kleinere Fehlerwahrscheinlichkeit wünscht. Dann kann man das Protokoll $(R_I, R_{II})$ 10-mal mit 10 unabhängigen Wahlen einer Primzahl wie folgt laufen lassen.

## Protokoll $R_{10}$

*Anfangssituation:* $R_I$ hat $n$ Bits $x = x_1 \ldots x_n$ und $R_{II}$ hat $n$ Bits $y = y_1 \ldots y_n$.

*Phase 1.* $R_I$ wählt zufällig mit uniformer Wahrscheinlichkeitsverteilung zehn Primzahlen $p_1, p_2, \ldots, p_{10}$ aus $\{2, 3, \ldots, n^2\}$.

*Phase 2.* $R_I$ berechnet $s_i = \mathrm{Nummer}(x) \bmod p_i$ für $i = 1, 2, \ldots, 10$ und schickt die binären Darstellungen von $p_1, p_2, \ldots, p_{10}, s_1, s_2, \ldots, s_{10}$ an $R_{II}$.

*Phase 3.* Nach dem Empfang von $p_1, p_2, \ldots, p_{10}, s_1, s_2, \ldots, s_{10}$ berechnet $R_{II}$ $q_i = \mathrm{Nummer}(y) \bmod p_i$ für $i = 1, 2, \ldots, 10$.

Falls ein $i \in \{1, 2, \ldots, 10\}$ existiert, so dass $q_i \ne s_i$, dann gibt $R_{II}$ die Ausgabe „ungleich" aus.

Falls $q_j = s_j$ für alle $j \in \{1, 2, \ldots, 10\}$, dann gibt $R_{II}$ die Ausgabe „gleich" aus.

Wir bemerken, dass die Kommunikationskomplexität von $R_{10}$ zehnmal größer ist als die Komplexität von $R$. In unserem Fall $n = 10^{16}$ sind dies aber höchstens 2560 Bits, was kein technisches Problem darstellt. Wie ändert sich aber die Fehlerwahrscheinlichkeit? Falls $x = y$, wird $R_{10}$ wieder keinen Fehler machen und gibt mit Sicherheit die richtige Antwort „gleich" aus.

Falls $x \ne y$, wird $R_{10}$ nur dann eine falsche Antwort liefern, wenn alle 10 zufällig gewählten Primzahlen zu den höchstens $n-1$ Primzahlen, die $|\mathrm{Nummer}(x) - \mathrm{Nummer}(y)|$ teilen, gehören.

Weil die 10 Primzahlen in 10 unabhängigen Experimenten gewählt worden sind, ist die Fehlerwahrscheinlichkeit höchstens

$$\left(\frac{n-1}{\mathrm{Prim}(n^2)}\right)^{10} \le \left(\frac{\ln n^2}{n}\right)^{10} = \frac{2^{10} \cdot (\ln n)^{10}}{n^{10}}$$

für genügend große $n$.

Für $n = 10^{16}$ ist dies höchstens $0,472 \cdot 10^{-141}$. Wenn wir bedenken, dass die Anzahl der Mikrosekunden seit dem Urknall bis zum heutigen Tag eine 24-stellige Zahl ist und die Anzahl Protonen im bekannten Universum eine 79-stellige Zahl ist, kann man eine Fehlerwahrscheinlichkeit unter $10^{-141}$ leichten Herzens in Kauf nehmen. Auch wenn ein deterministisches Protokoll mit Kommunikationskomplexität $10^{16}$ Bits praktisch realisierbar wäre, ist es klar, dass man aus Kostengründen das zufallsgesteuerte Protokoll implementieren würde.

Die Konstruktion von $R_{10}$ aus $R$ gibt uns eine wichtige Einsicht. Wir können die Fehlerwahrscheinlichkeit zufallsgesteuerter Algorithmen durch mehrfaches Durchlaufen des Algorithmus nach unten drücken. Bei einigen Algorithmen, wie bei unserem Protokoll, reichen wenige Wiederholungen für einen extremen Rückgang der Fehlerwahrscheinlichkeit.

**Aufgabe 8.4.** Betrachten Sie das Protokoll $R_k$, $k \in \mathbb{N} - \{0\}$, das auf der zufälligen Wahl von $k$ Primzahlen aus $\{2, 3, \ldots, n^2\}$ basiert. Wie entwickelt sich die Fehlerwahrscheinlichkeit von $R_k$ mit wachsendem $k$?

**Aufgabe 8.5.** Ein anderer Ansatz, um die Fehlerwahrscheinlichkeit nach unten zu drücken, ist, das Protokoll $R$ in ein Protokoll $Q_r$, $r \in \mathbb{N} - \{0, 1, 2\}$ umzuändern. $Q_r$ arbeitet genau wie $R$, nur am Anfang wählt $Q_r$ zufällig eine Primzahl aus der Menge $\{2, 3, \ldots, n^r\}$ statt aus $\{2, 3, \ldots, n^2\}$. Bestimmen Sie die Komplexität und die Fehlerwahrscheinlichkeit von $Q_r$ für jedes $r \geq 2$.

**Aufgabe 8.6.** Sei $\delta > 1$ eine positive ganze Zahl. Entwerfen Sie ein randomisiertes Protokoll, das den Vergleich von zwei Datenbanken der Größe $n$ mit einer Fehlerwahrscheinlichkeit von höchstens $\frac{1}{\delta}$ realisiert. Welcher der beiden Ansätze aus den Aufgaben 8.4 und 8.5 ist effizienter bezüglich der Kommunikationskomplexität? Lohnt es sich mehr, mehrere kleine Primzahlen oder eher eine (potentiell) größere Primzahl zufällig zu wählen?

## 8.4 Die Methode der häufigen Zeugen und der randomisierte Primzahltest

In diesem Abschnitt wollen wir zuerst nach den Gründen suchen, warum unser zufallsgesteuertes Protokoll $R$ unvergleichbar effizienter ist, als jedes deterministische Protokoll für die gestellte Aufgabe sein kann. Das Protokoll $R$ haben wir durch eine einfache Anwendung der sogenannten Methode der häufigen Zeugen gewonnen. Wir stellen diese Methode jetzt vor.

Im Allgemeinen betrachtet man ein Entscheidungsproblem, bei dem man entscheiden soll, ob eine gegebene Eingabe eine gewisse Eigenschaft hat oder nicht. Setzen wir noch voraus, dass wir keinen effizienten deterministischen Algorithmus für die Aufgabe gefunden haben (oder sogar, dass kein effizienter Algorithmus für die Aufgabe existiert). Bei einer Anwendung der Methode der häufigen Zeugen fängt man jetzt mit der Suche nach einer passenden Definition von Zeugen an. Ein Zeuge (vergleiche Definition 6.9) sollte eine Zusatzinformation zur Eingabe sein, mit deren Hilfe man effizient deterministisch beweisen kann, dass die Eingabe die gewünschte Eigenschaft hat (oder dass die Eingabe die Eigenschaft nicht hat). In unserem Beispiel war eine Primzahl $p$ der Zeuge für den Unterschied zwischen $x$ und $y$ (d. h. Zeuge von $x \neq y$), falls

Nummer$(x) \bmod p \neq$ Nummer$(y) \bmod p$.

Wenn man also ein solches $p$ geschenkt bekommt, kann man effizient den Fakt „$x$ ist unterschiedlich von $y$" beweisen. In der Realität können wir auf ein solches Geschenk nicht hoffen und, schlimmer noch, wir können uns den Zeugen nicht alleine effizient deterministisch ausrechnen (sonst hätten wir einen effizienten deterministischen Algorithmus für die

Aufgabe). Um einen effizienten randomisierten Algorithmus zu entwerfen, brauchen wir für jede Eingabe eine Menge von Zeugenkandidaten, von denen ausreichend viele wirklich Zeugen sind. In unserem Beispiel sind Kandidaten für Zeugen alle ungefähr $n^2/\ln n^2$ Primzahlen kleiner gleich $n^2$. Von diesen Kandidaten sind mindestens $(n^2/\ln n^2) - (n-1)$ Zeugen und somit ist die Wahrscheinlichkeit, einen Zeugen aus der Kandidatenmenge zufällig zu ziehen, mindestens

$$\frac{\frac{n^2}{\ln n^2} - (n-1)}{\frac{n^2}{\ln n^2}} \geq 1 - \frac{\ln n^2}{n}.$$

Das ist sehr günstig, weil dieser Wert sehr nahe an 1 ist. Aber auch wenn die Wahrscheinlichkeit, einen Zeugen zu ziehen, nur $\frac{1}{2}$ wäre, sind die Zeugen noch immer ausreichend häufig. Es reicht in diesem Fall aus, einfach mehrere Zufallsversuche zu machen. Dadurch wächst die Wahrscheinlichkeit schnell, in mindestens einem der Versuche einen Zeugen zu bekommen, was für uns hinreichend ist.

Jetzt kann man noch fragen, wie es möglich ist, dass wir einen Zeugen nicht deterministisch schnell finden können, wenn es so viele zwischen den Zeugenkandidaten gibt. Eine Möglichkeit wäre doch, systematisch der Reihe nach alle Kandidaten auf eine so geschickte Weise durchzuprobieren, dass man nach kurzer Zeit einen Zeugen findet. Das Problem ist aber, dass für jede Eingabe die Zeugen anders unter den Zeugenkandidaten verteilt sein können. Wenn man sich also auf eine Durchsuchungsstrategie festlegt, könnte man immer Eingaben finden, bei denen die Strategie versagt.

Betrachten wir unser Beispiel. Hier kann man sogar beweisen, dass keine Strategie existiert, die effizient einen Zeugen für jede Eingabe $(x, y)$ findet. Um dies zu veranschaulichen, nehmen wir die einfache Strategie, die die Primzahlen eine nach der anderen beginnend mit der kleinsten ausprobiert. Es ist klar, dass spätestens nach $n$ Proben ein Zeuge gefunden werden muss, weil höchstens $n-1$ Nicht-Zeugen zwischen den Kandidaten sind. Leider bedeuten $n$ Proben eine Kommunikationskomplexität von $n \cdot 4 \cdot \log_2 n$, was wir uns nicht leisten können. Warum haben wir nicht immer die Möglichkeit, nach ein paar Proben einen Zeugen zu finden? Weil unsere Strategie bei Eingaben $(x, y)$ mit Nummer$(x)$ − Nummer$(y) = p_1 \cdot p_2 \cdot \cdots \cdot p_k$, wobei $k = n/(2(\log n)^2)$ und $p_1 < p_2 < \cdots < p_k$ die kleinsten Primzahlen sind, $k + 1$ Proben braucht, um einen Zeugen zu finden. Man kann sich leicht vorstellen, dass man bei jeder anderen Aufzählung der Primzahlen spezifische Eingaben findet, für die viele Proben notwendig werden, um einen Zeugen zu finden.

Die Methode der häufigen Zeugen ist eine erfolgreiche starke Methode zum Entwurf zufallsgesteuerter Algorithmen. Der effiziente zufallsgesteuerte Primzahltest basiert auf dieser Methode, und der Primzahltest gehört zu den wichtigsten algorithmischen Aufgaben von großer praktischer Bedeutung. Zu erklären, wie man hier die Zeugen definiert, ist eine zu komplexe Aufgabe für diese Einführung und daher ist unsere Zielsetzung viel bescheidener. Wir zeigen nur, wie man den randomisierten Primzahltest für ungerade Zahlen $n$ mit ungeradem $\frac{n-1}{2}$ effizient machen kann.

Zuerst klären wir, was bei zahlentheoretischen Problemen effizient bedeutet. Für eine Zahl $n$ ist die Eingabegröße $\lceil \log_2(n+1) \rceil$. Ein polynomieller Algorithmus für den Primzahltest für $n$ muss also eine polynomielle Laufzeit bezüglich $\lceil \log_2(n+1) \rceil$ haben. In der

Praxis testen wir Zahlen von mehreren Hunderten von Ziffern (zum Beispiel $\log_2 n \approx 500$) und deswegen kann man sich eine exponentielle Komplexität in $\log_2 n$ nicht leisten. Somit ist der naive deterministische Algorithmus, der überprüft, ob eine der Zahlen aus $\{2, 3, \ldots, \lfloor \sqrt{n} \rfloor\}$ die gegebene Zahl $n$ teilt, von exponentieller Komplexität (mindestens $\sqrt{n} = 2^{\frac{\log_2 n}{2}} = \sqrt{2}^{\log_2 n}$). Bei diesem Einsatz ist ein Zeuge der Tatsache „$p$ ist keine Primzahl" jede natürliche Zahl $m > 1, m \neq p$, die $p$ teilt. Solche Zeugen[1] sind aber im Allgemeinen nicht häufig. Wenn $n = p \cdot q$ für zwei Primzahlen $p$ und $q$, dann hat $n$ nur zwei Zeugen $p$ und $q$ in der Kandidatenmenge der Mächtigkeit $\Omega(\sqrt{n})$. Deswegen muss man versuchen, Zeugen auf eine neue Art zu bestimmen.

**Satz 8.1 (Satz von Fermat).** *Für jede Primzahl $p$ und jede natürliche Zahl $a$ mit* $\mathrm{ggT}(a, p) = 1$ *gilt*

$$a^{p-1} \bmod p = 1.$$

*Beweis.* In dem Beweis nutzen wir die Tatsache, dass jede Zahl eine eindeutige Zerlegung in Primzahlfaktoren hat. Weil $p$ eine Primzahl ist, gilt

$$c \cdot d \bmod p = 0 \iff c \bmod p = 0 \text{ oder } d \bmod p = 0 \tag{8.2}$$

für alle natürlichen Zahlen $c$ und $d$.

Sei $a$ eine beliebige Zahl mit $\mathrm{ggT}(a, p) = 1$. Betrachten wir die Zahlen

$$m_1 = 1 \cdot a, \ m_2 = 2 \cdot a, \ \ldots, \ m_{p-1} = (p-1) \cdot a.$$

Wir behaupten, dass

$$m_u \bmod p \neq m_v \bmod p$$

für alle $u, v \in \{1, \ldots, p-1\}$ mit $u \neq v$. Wir beweisen dies indirekt.

Angenommen

$$m_u \bmod p = m_v \bmod p$$

für irgendwelche $u, v \in \{1, \ldots, p-1\}$, $u > v$. Dann teilt $p$ die Zahl

$$m_u - m_v = (u - v) \cdot a.$$

Das ist aber nicht möglich, weil $u - v < p$ und nach der Voraussetzung des Satzes $\mathrm{ggT}(a, p) = 1$ ist. Somit gilt

$$|\{m_1 \bmod p, \ m_2 \bmod p, \ \ldots, \ m_{p-1} \bmod p\}| = p - 1.$$

Jetzt behaupten wir, dass keine der Zahlen $m_i \bmod p$ eine 0 ist. Falls

$$m_u \bmod p = (u \cdot a) \bmod p = 0$$

für ein $u$ gelten würde, dann wäre nach (8.2)

$$u \bmod p = 0 \text{ oder } a \bmod p = 0.$$

---

[1]Die auf der klassischen Definition von Primzahlen basieren.

Die Primzahl $p$ kann aber keine der Zahlen $u$ und $a$ teilen, weil $u < p$ und $\mathrm{ggT}(a,p) = 1$. Somit gilt

$$\{m_1 \bmod p, m_2 \bmod p, \ldots, m_{p-1} \bmod p\} = \{1, 2, \ldots, p-1\}. \tag{8.3}$$

Betrachten wir jetzt die Zahl $m = m_1 \cdot m_2 \cdot \cdots \cdot m_{p-1}$. Der Definition von $m_i$ folgend ist

$$m = 1 \cdot a \cdot 2 \cdot a \cdot \cdots \cdot (p-1) \cdot a = 1 \cdot 2 \cdot \cdots \cdot (p-1) \cdot a^{p-1}. \tag{8.4}$$

Aus (8.3) erhalten wir

$$m \bmod p = 1 \cdot 2 \cdot \cdots \cdot (p-1) \bmod p. \tag{8.5}$$

Die Gleichungen (8.4) und (8.5) implizieren

$$1 \cdot 2 \cdot \cdots \cdot (p-1) \cdot a^{p-1} \bmod p = 1 \cdot 2 \cdot \cdots \cdot (p-1) \bmod p,$$

das heißt,

$$a^{p-1} \bmod p = 1. \qquad \square$$

Eine Verfeinerung des Fermat'schen Satzes ist die folgende Behauptung:

$$\text{„}p \text{ ist eine Primzahl''} \iff \left(a^{\frac{p-1}{2}} \bmod p\right) \in \{1, p-1\} \text{ für alle } a \in \{1, \ldots, p-1\}.$$

Diese Behauptung liefert eine neue Definition von Primzahlen. Nach dieser Definition kommen als Zeugen für die Tatsache „$n$ ist keine Primzahl" die Zahlen $a$ in Frage, für die $a^{\frac{n-1}{2}} \bmod n \notin \{1, n-1\}$ gilt. Der folgende Satz besagt, dass solche Zeugen für gewisse Zahlen $n$ hinreichend häufig sind.

**Satz 8.2.** *Für jede ungerade natürliche Zahl $n$ mit ungeradem $\frac{n-1}{2}$ (das heißt $n \bmod 4 = 3$) gilt*

*(i) falls $n$ eine Primzahl ist, dann ist*

$$a^{\frac{n-1}{2}} \bmod n \in \{1, n-1\}$$

*für alle $a \in \{1, \ldots, n-1\}$, und*

*(ii) falls $n$ keine Primzahl ist, dann ist*

$$a^{\frac{n-1}{2}} \bmod n \notin \{1, n-1\}$$

*für mindestens die Hälfte der Zahlen $a$ aus $\{1, \ldots, n-1\}$.*

**Aufgabe 8.7.\*** Beweisen Sie Satz 8.2.

Somit haben wir für Zahlen $m$, die keine Primzahlen sind und für die $m \bmod 4 = 3$ gilt, die Wahrscheinlichkeit mindestens $\frac{1}{2}$, in einem Zufallsversuch einen Zeugen ihrer Nichtzugehörigkeit zu den Primzahlen zu wählen. Um mit dieser Definition von Zeugen definitiv einverstanden zu sein, müssen wir noch feststellen, dass $a^{\frac{n-1}{2}} \bmod n$

effizient zu berechnen ist. Wir können uns natürlich nicht leisten, $\frac{n-1}{2}$-mal mit $a$ zu multiplizieren, weil dann die Anzahl der Operationen exponentiell in $\lceil \log_2 n \rceil$ wäre. Wenn wir $a^b \bmod n$ zu berechnen haben und $b = 2^k$ gilt, dann kann dies mit der Methode des wiederholten Quadrierens mit $k$ Multiplikationen wie folgt berechnet werden:

$$a^2 \bmod n = a \cdot a \bmod n,$$

$$a^4 \bmod n = (a^2 \bmod n) \cdot (a^2 \bmod n) \bmod n,$$

$$a^8 \bmod n = (a^4 \bmod n) \cdot (a^4 \bmod n) \bmod n,$$

$$\vdots$$

$$a^{2^k} \bmod n = (a^{2^{k-1}} \bmod n)^2 \bmod n.$$

Im Allgemeinen sei $b = \sum_{i=1}^{k} b_i \cdot 2^{i-1}$ (das heißt $b = \text{Nummer}(b_k b_{k-1} \ldots b_1)$) für ein $k \in \mathbb{N} - \{0\}$ und $b_i \in \{0,1\}$ für $i = 1, \ldots, k$. Dann ist offensichtlich

$$a^b = a^{b_1 \cdot 2^0} \cdot a^{b_2 \cdot 2^1} \cdot a^{b_3 \cdot 2^2} \cdot \ldots \cdot a^{b_k \cdot 2^{k-1}}.$$

Um $a^b \bmod n$ zu berechnen, berechnet man zuerst alle Zahlen $a_i = a^{2^i} \bmod n$ durch wiederholtes Quadrieren. Danach multipliziert man mod $n$ alle Zahlen $a_i$, für die $b_i = 1$ gilt. Die Anwendung dieses Ansatzes für die Berechnung von $a^{\frac{n-1}{2}} \bmod n$ für ein $a \in \{1, \ldots, n-1\}$ bedeutet, dass man während der ganzen Berechnung nur mit Zahlen aus $\{0, 1, \ldots, n-1\}$ arbeitet, also mit Zahlen der binären Länge $\lceil \log_2 n \rceil$. Offensichtlich ist die Anzahl der Multiplikationen solcher Zahlen hier kleiner als $2 \cdot \lceil \log_2 \frac{n-1}{2} \rceil \in O(\log_2 n)$. Nach dem logarithmischen Kostenmaß ist die gesamte Komplexität der Berechnung von $a^{\frac{n-1}{2}} \bmod n$ in $O((\log_2 n)^2)$. Damit erhalten wir folgenden randomisierten Algorithmus für den Primzahltest.

**Solovay-Strassen-Algorithmus**

*Eingabe:* Eine ungerade Zahl $n$ mit ungeradem $\frac{n-1}{2}$.
*Phase 1.* Wähle zufällig bezüglich der uniformen Wahrscheinlichkeitsverteilung ein $a \in \{1, 2, \ldots, n-1\}$.
*Phase 2.* Berechne $x := a^{\frac{n-1}{2}} \bmod n$.
*Phase 3.* if $x \in \{1, n-1\}$ then
        output „Primzahl";
    else
        output „keine Primzahl";

Analysieren wir die Fehlerwahrscheinlichkeit dieses randomisierten Primzahltests. Falls $n$ eine Primzahl ist, gilt nach (i) von Satz 8.2, dass

$$a^{\frac{n-1}{2}} \bmod n \in \{1, n-1\}$$

für alle $a \in \{1, \ldots, n-1\}$ und somit ist die Ausgabe des Algorithmus immer „Primzahl" (d. h., die Fehlerwahrscheinlichkeit ist gleich 0).

Falls $n$ keine Primzahl ist, ist die Wahrscheinlichkeit, dass $a$ kein Zeuge dieser Tatsache ist, nach (ii) von Satz 8.2 mindestens $\frac{1}{2}$. Damit ist die Fehlerwahrscheinlichkeit in diesem Fall höchstens $\frac{1}{2}$. Diese Fehlerwahrscheinlichkeit ist offensichtlich zu groß, aber wenn wir statt eines $a$ zwanzig Zahlen $a_1, \ldots, a_{20}$ unabhängig aus $\{1, 2, \ldots, n-1\}$ wählen und die Antwort „Primzahl" nur geben, wenn $a_i^{\frac{n-1}{2}} \bmod n \in \{1, n-1\}$ für alle $i \in \{1, \ldots, 20\}$, dann ist die Fehlerwahrscheinlichkeit kleiner als $10^{-6}$.

**Aufgabe 8.8.** Sei $k \in \mathbb{N}, k \geq 2$. Wie weit kann man die Fehlerwahrscheinlichkeit des Solovay-Strassen-Algorithmus reduzieren, wenn man statt eines Versuchs einen Zeugen zu finden, $k$ unabhängige Versuche macht? Begründen Sie Ihre Antwort.

## 8.5 Die Methode der Fingerabdrücke und die Äquivalenz von zwei Polynomen

In Abschnitt 8.3 haben wir die Methode der häufigen Zeugen benutzt, um zwei große Zahlen Nummer$(x)$ und Nummer$(y)$ mittels eines randomisierten Kommunikationsprotokolls zu vergleichen. Die dort vorgestellte spezielle Anwendung der Methode der häufigen Zeugen nennt man auch die Methode der Fingerabdrücke, die man allgemein wie folgt darstellen kann.

### Schema der Methode der Fingerabdrücke

> *Aufgabe:* Entscheide die Äquivalenz (im gegebenen Sinne) von zwei Objekten $O_1$ und $O_2$, deren genaue Darstellung sehr umfangreich ist.
>
> *Phase 1.* Sei $M$ eine „geeignete" Menge von Abbildungen von vollständigen Darstellungen betrachteter Objekte in partielle Darstellungen dieser Objekte.
> Wähle zufällig eine Abbildung $h$ aus $M$.
>
> *Phase 2.* Berechne $h(O_1)$ und $h(O_2)$.
> $h(O_i)$ nennt man den **Fingerabdruck** von $O_i$ für $i = 1, 2$.
>
> *Phase 3.* if $h(O_1) = h(O_2)$ then
> > output „$O_1$ und $O_2$ sind äquivalent";
>
> > else
> > > output „$O_1$ und $O_2$ sind nicht äquivalent";

In unserem Beispiel in Abschnitt 8.3 waren $O_1$ und $O_2$ zwei große Zahlen von $n$ Bits ($n = 10^{16}$). Die Menge $M$ war

$$\{h_p \mid h_p(m) = m \bmod p \text{ für alle } m \in \mathbb{N}, p \text{ ist eine Primzahl}, p \leq n^2\}.$$

Für die zufällig gewählte Primzahl $p$ waren $h_p(O_1) = O_1 \bmod p$ und $h_p(O_2) = O_2 \bmod p$ die Fingerabdrücke von $O_1$ und $O_2$.

Der Kernpunkt der Methode ist, dass $h_p(O_i)$ im Vergleich zu $O_i$ eine wesentlich kürzere Darstellung hat und dadurch der Vergleich von $h_p(O_1)$ und $h_p(O_2)$ wesentlich einfacher ist als der Vergleich von $O_1$ und $O_2$. Das kann man aber nur dadurch erreichen, dass $h_p(O_i)$ keine vollständige Beschreibung von $O_i$ ist. Also muss man das Risiko einer fehlerhaften Entscheidung in Kauf nehmen. Der Rest der Grundidee basiert auf dem Prinzip der

Methode der häufigen Zeugen. Die Menge $M$ ist die Menge der Kandidaten für einen Zeugen der Nicht-Äquivalenz von $O_1$ und $O_2$. Wenn für jedes Paar unterschiedlicher Objekte $O_1$ und $O_2$ in $M$ zahlreiche (bezüglich $|M|$) Zeugen von $O_1 \neq O_2$ vorhanden sind, kann man die Fehlerwahrscheinlichkeit beliebig nach unten drücken. Die Kunst der Anwendung der Methode der Fingerabdrücke besteht in der geeigneten Wahl der Menge $M$. Einerseits sollen die Fingerabdrücke so kurz wie möglich sein, um einen effizienten Vergleich zu ermöglichen. Andererseits sollen sie so viele Informationen wie möglich über die abgebildeten Objekte enthalten, um die Wahrscheinlichkeit des Verlustes des Unterschiedes zwischen $O_1$ und $O_2$ in den Fingerabdrücken $h(O_1)$ und $h(O_2)$ gering zu halten.[2] Somit muss bei der Wahl von $M$ immer der Tradeoff zwischen dem Grad der „Komprimierung" von $O_i$ zu $h(O_i)$ und der Fehlerwahrscheinlichkeit im Auge behalten werden. In unserer Anwendung dieser Methode in Abschnitt 8.3 ist es uns gelungen, mit zu 0 strebender Fehlerwahrscheinlichkeit einen exponentiellen Sprung zwischen der Darstellung von $O_i$ und $h(O_i)$ zu schaffen, nämlich $|h(O_i)| \in O(\log_2 |O_i|)$.

Im Folgenden wollen wir ein Äquivalenzproblem betrachten, für das kein (deterministischer) polynomieller Algorithmus bekannt ist und das man effizient randomisiert mit der Methode der Fingerabdrücke lösen kann. Das Problem ist das Äquivalenzproblem von zwei Polynomen von mehreren Variablen über einem endlichen Körper $\mathbb{Z}_p$. Zwei Polynome $P_1(x_1, \ldots, x_n)$ und $P_2(x_1, \ldots, x_n)$ heißen **äquivalent über $\mathbb{Z}_p$**, wir schreiben auch

$$P_1(x_1, \ldots, x_n) \equiv P_2(x_1, \ldots, x_n) \bmod p,$$

falls für alle $(\alpha_1, \ldots, \alpha_n) \in (\mathbb{Z}_p)^n$ gilt, dass

$$P_1(\alpha_1, \ldots, \alpha_n) \bmod p = P_2(\alpha_1, \ldots, \alpha_n) \bmod p.$$

Für dieses Äquivalenzproblem ist kein polynomieller Algorithmus bekannt. Es könnte jemand widersprechen, dass so ein Vergleich doch einfach ist; es reicht aus, nur die Koeffizienten bei gleichen Termen zu vergleichen. Zwei Polynome sind genau dann gleich, wenn die Koeffizienten bei allen Termen gleich sind. Die Schwierigkeit des Äquivalenztests liegt aber darin, dass für einen solchen einfachen Vergleich beide Polynome in der Normalform vorliegen müssen. Die Normalform eines Polynoms von $n$ Variablen $x_1, x_2, \ldots, x_n$ und Grad[3] $d$ ist

$$\sum_{i_1=0}^{d} \sum_{i_2=0}^{d} \cdots \sum_{i_n=0}^{d} c_{i_1,i_2,\ldots,i_n} \cdot x_1^{i_1} \cdot x_2^{i_2} \cdot \ldots \cdot x_n^{i_n}.$$

Die Polynome für unseren Äquivalenztest dürfen aber in einer beliebigen Form, wie zum Beispiel

$$P(x_1, x_2, x_3, x_4, x_5, x_6) = (x_1 + x_2)^{10} \cdot (x_3 - x_4)^7 \cdot (x_5 + x_6)^{20}$$

eingegeben werden. Wenn wir uns an die binomische Formel

$$(x_1 + x_2)^n = \sum_{k=0}^{n} \binom{n}{k} \cdot x_1^k \cdot x_2^{n-k}$$

---

[2] Daher kommt auch der Name der Methode, weil bei Menschen Fingerabdrücke als eine fast eindeutige Identifikation gelten.

[3] Der Grad eines Polynoms von mehreren Variablen ist das Maximum der Grade der einzelnen Variablen.

erinnern, wird uns klar, dass $P(x_1, x_2, x_3, x_4, x_5, x_6)$ genau $11 \cdot 8 \cdot 21 = 1848$ Terme (mit Koeffizienten ungleich 0) hat. Also kann eine Normalform eines Polynoms exponentiell länger sein als seine eingegebene Darstellung, und somit kann man die Normalform im Allgemeinen nicht in polynomieller Zeit erzeugen. Wir müssen versuchen, die Polynome ohne Erzeugung der Normalform zu vergleichen. Wir wählen dazu eine sehr einfache Strategie. Für zwei Polynome $P_1(x_1, \ldots, x_n)$ und $P_2(x_1, \ldots, x_n)$, ist ein $\alpha = (\alpha_1, \ldots, \alpha_n) \in (\mathbb{Z}_p)^n$ ein Zeuge von

$$P_1(x_1, \ldots, x_n) \not\equiv P_2(x_1, \ldots, x_n),$$

wenn

$$P_1(\alpha_1, \ldots, \alpha_n) \bmod p \neq P_2(\alpha_1, \ldots, \alpha_n) \bmod p.$$

In der Sprache der Methode der Fingerabdrücke ist

$$h_\alpha(P_1) = P_1(\alpha_1, \ldots, \alpha_n) \bmod p$$

der Fingerabdruck von $P_1$. Damit ist der folgende einfache randomisierte Algorithmus bestimmt:

### Algorithmus AQP

*Eingabe:* Eine Primzahl $p$ und zwei Polynome $P_1$ und $P_2$ über $n$ Variablen $x_1, \ldots,$ $x_n$, wobei $n \in \mathbb{N} - \{0\}$, und vom Grad höchstens $d$, wobei $d \in \mathbb{N}$.

*Phase 1.* Wähle zufällig[4] ein $\alpha = (\alpha_1, \ldots, \alpha_n) \in (\mathbb{Z}_p)^n$.

*Phase 2.* Berechne die Fingerabdrücke
$$h_\alpha(P_1) = P_1(\alpha_1, \ldots, \alpha_n) \bmod p \text{ und}$$
$$h_\alpha(P_2) = P_2(\alpha_1, \ldots, \alpha_n) \bmod p.$$

*Phase 3.* if $h_\alpha(P_1) = h_\alpha(P_2)$ then
    output „$P_1 \equiv P_2$";
else
    output „$P_1 \not\equiv P_2$";

Untersuchen wir jetzt die Fehlerwahrscheinlichkeit des Algorithmus AQP. Falls $P_1$ und $P_2$ äquivalent über $\mathbb{Z}_p$ sind, dann gilt

$$P_1(\alpha_1, \ldots, \alpha_n) \bmod p = P_2(\alpha_1, \ldots, \alpha_n) \bmod p$$

für alle $(\alpha_1, \alpha_2, \ldots, \alpha_n) \in (\mathbb{Z}_p)^n$. Somit ist die Fehlerwahrscheinlichkeit für die Eingaben $P_1, P_2$ mit $P_1 \equiv P_2$ gleich 0.

Seien $P_1$ und $P_2$ zwei Polynome, die nicht äquivalent sind. Wir zeigen jetzt, dass die Fehlerwahrscheinlichkeit kleiner als $\frac{1}{2}$ ist, wenn $p > 2nd$ ist. Die Frage

$$P_1(x_1, \ldots, x_n) \equiv P_2(x_1, \ldots, x_n)$$

ist äquivalent zu der Frage

$$Q(x_1, \ldots, x_n) = P_1(x_1, \ldots, x_n) - P_2(x_1, \ldots, x_n) \equiv 0.$$

---

[4]bezüglich der Gleichverteilung über $(\mathbb{Z}_p)^n$

Das heißt, wenn $P_1$ und $P_2$ nicht äquivalent sind, dann ist das Polynom $Q$ nicht identisch zu 0. Unser Ziel ist jetzt zu zeigen, dass die Anzahl der Nullstellen eines Polynoms $Q \not\equiv 0$ von $n$ Variablen und Grad $d$ beschränkt ist. Dadurch gibt es genügend viele Zeugen $\alpha \in (\mathbb{Z}_p)^n$ mit $Q(\alpha) \bmod p \neq 0$ (d. h. mit $P_1(\alpha) \bmod p \neq P_2(\alpha) \bmod p$). Wir fangen mit dem bekannten Satz über die Anzahl Nullstellen für Polynome mit einer Variablen an.

**Satz 8.3.** *Sei $d \in \mathbb{N}$ und sei $P(x)$ ein Polynom einer Variablen $x$ vom Grad $d$ über einem beliebigen Körper. Dann ist entweder $P(x)$ überall gleich 0 oder $P$ hat höchstens $d$ Wurzeln (Nullstellen).*

*Beweis.* Wir beweisen den Satz mit Induktion bezüglich $d$.

(i)  *Induktionsanfang.*
Sei $d = 0$. Dann ist $P(x) = c$ für eine Konstante $c$. Falls $c \neq 0$, dann hat $P(x)$ keine Nullstelle.

(ii)  *Induktionsschritt.*
Sei die Behauptung des Satzes gültig für $d - 1$, $d \geq 1$. Wir beweisen sie für $d$. Sei $P(x) \not\equiv 0$ und sei $a$ eine Nullstelle von $P$. Dann ist

$$P(x) = (x - a) \cdot P'(x)$$

wobei $P'(x) = \frac{P(x)}{(x-a)}$ ein Polynom vom Grad $d - 1$ ist. Mit der Induktionsannahme hat $P'(x)$ höchstens $d - 1$ Nullstellen. Somit hat $P(x)$ höchstens $d$ Nullstellen. $\square$

Jetzt sind wir bereit den Beweis zu führen, dass es genügend viele Zeugen (Nichtnullstellen von $Q(x_1, \ldots, x_n) = P_1(x_1, \ldots, x_n) - P_2(x_1, \ldots, x_n)$) der Nichtäquivalenz unterschiedlicher $P_1$ und $P_2$ über $\mathbb{Z}_p$ für eine genügend große Primzahl $p$ gibt.

**Satz 8.4.** *Sei $p$ eine Primzahl, und seien $n, d \in \mathbb{N} - \{0\}$. Sei $Q(x_1, \ldots, x_n) \not\equiv 0$ ein Polynom über $\mathbb{Z}_p$ mit $n$ Variablen $x_1, \ldots, x_n$, wobei jede Variable in $Q$ höchstens Grad $d$ hat. Dann hat $Q$ höchstens $n \cdot d \cdot p^{n-1}$ Nullstellen.*

*Beweis.* Wir beweisen den Satz per Induktion bezüglich der Anzahl $n$ der Variablen.

(i)  *Induktionsanfang.*
Sei $n = 1$. Nach Satz 8.3 hat $Q(x_1)$ höchstens $d = n \cdot d \cdot p^{n-1}$ (für $n = 1$) Nullstellen.

(ii)  *Induktionsschritt.*
Sei die Induktionsannahme gültig für $n - 1$, $n \in \mathbb{N} - \{0\}$. Wir beweisen sie für $n$. Wir können $Q$ als

$$
\begin{aligned}
Q(x_1, x_2, \ldots, x_n) &= Q_0(x_2, \ldots x_n) + x_1 \cdot Q_1(x_2, \ldots, x_n) + \ldots \\
&\quad + x_1^d \cdot Q_d(x_2, \ldots, x_n) \\
&= \sum_{i=0}^{d} x_1^i \cdot Q_i(x_2, \ldots, x_n)
\end{aligned}
$$

für irgendwelche Polynome

$$Q_0(x_2, \ldots x_n), Q_1(x_2, \ldots, x_n), \ldots, Q_d(x_2, \ldots, x_n)$$

ausdrücken.

Falls $Q(\alpha_1, \alpha_2, \ldots, \alpha_n) \bmod p = 0$ für ein $\alpha = (\alpha_1, \ldots, \alpha_n) \in (\mathbb{Z}_p)^n$, dann gilt entweder

(a) $Q_i(\alpha_2, \ldots, \alpha_n) \bmod p = 0$ für alle $i = 0, 1, \ldots, d$, oder

(b) es existiert ein $j \in \{0, 1, \ldots, d\}$ mit $Q_j(\alpha_2, \ldots, \alpha_n) \bmod p \neq 0$ und $\alpha_1$ ist eine Nullstelle des Polynoms

$$\overline{Q}(x_1) = Q_0(\alpha_2, \ldots \alpha_n) + x_1 \cdot Q_1(\alpha_2, \ldots, \alpha_n) + \cdots + x_1^d \cdot Q_d(\alpha_2, \ldots, \alpha_n)$$

in einer Variablen $x_1$.

Wir zählen jetzt getrennt die Anzahl der Nullstellen im Fall (a) und (b).

(a) Weil $Q(x_1, \ldots, x_n) \not\equiv 0$, existiert eine Zahl $k \in \{0, 1, \ldots, d\}$, so dass $Q_k(x_2, \ldots, x_n) \not\equiv 0$. Nach der Induktionsannahme ist die Anzahl der Nullstellen von $Q_k$ höchstens $(n-1) \cdot d \cdot p^{n-2}$. Dann gibt es aber höchstens $(n-1) \cdot d \cdot p^{n-2}$ Elemente $\overline{\alpha} = (\alpha_2, \ldots, \alpha_n) \in (\mathbb{Z}_p)^{n-1}$, so dass $Q_i(\overline{\alpha}) \bmod p = 0$ für alle $i \in \{0, 1, 2, \ldots, d\}$. Weil der Wert $\alpha_1$ von $x_1$ keinen Einfluss auf die Bedingung (a) hat und somit frei wählbar ist, gibt es höchstens $p \cdot (n-1) \cdot d \cdot p^{n-2} = (n-1) \cdot d \cdot p^{n-1}$ Elemente $\alpha = (\alpha_1, \alpha_2, \ldots, \alpha_n) \in (\mathbb{Z}_p)^n$, die die Eigenschaft (a) haben.

(b) Weil $\overline{Q}(x_1) \not\equiv 0$, hat $\overline{Q}$ nach Satz 8.3 höchstens $d$ Nullstellen (d. h. höchstens $d$ Werte $\alpha_1 \in \mathbb{Z}_p$ mit $\overline{Q}(\alpha_1) \bmod p = 0$). Deswegen gibt es höchstens $d \cdot p^{n-1}$ Werte $\alpha = (\alpha_1, \alpha_2, \ldots, \alpha_n) \in (\mathbb{Z}_p)^n$, die die Bedingung (b) erfüllen.

Zusammenfassend hat $Q(x_1, \ldots, x_n)$ höchstens

$$(n-1) \cdot d \cdot p^{n-1} + d \cdot p^{n-1} = n \cdot d \cdot p^{n-1}$$

Nullstellen.    $\square$

**Korollar 8.1.** *Sei $p$ eine Primzahl, und seien $n, d \in \mathbb{N} - \{0\}$. Für jedes Polynom $Q(x_1, \ldots, x_n) \not\equiv 0$ über $\mathbb{Z}_p$ vom Grad höchstens $d$ gibt es mindestens*

$$\left(1 - \frac{n \cdot d}{p}\right) \cdot p^n$$

*Zeugen von $Q \not\equiv 0$.*

*Beweis.* Die Anzahl der Elemente in $(\mathbb{Z}_p)^n$ ist genau $p^n$ und nach Satz 8.4 sind höchstens $n \cdot d \cdot p^{n-1}$ davon keine Zeugen. Somit ist die Anzahl der Zeugen mindestens

$$p^n - n \cdot d \cdot p^{n-1} = \left(1 - \frac{n \cdot d}{p}\right) \cdot p^n.$$

$\square$

Damit ist die Wahrscheinlichkeit des Ziehens eines Zeugen aus den $p^n$ Elementen von $(\mathbb{Z}_p)^n$ mindestens

$$\left(1 - \frac{n \cdot d}{p}\right).$$

Für $p > 2nd$ ist diese Wahrscheinlichkeit größer als $\frac{1}{2}$. Durch wiederholtes zufälliges Ziehen aus $(\mathbb{Z}_p)^n$ kann man die Wahrscheinlichkeit, dass mindestens ein Zeuge für $Q \not\equiv 0$ (d. h. für $P_1(x_1, \ldots, x_n) \not\equiv P_2(x_1, \ldots, x_n)$) gefunden wird, beliebig nahe an 1 bringen.

Für mehrere Anwendungen des Algorithmus AQP ist es wichtig, dass die Primzahl $p$ frei wählbar ist. Dieser Freiheitsgrad kommt dadurch zustande, dass man das Äquivalenzproblem für einige Objekte auf den Vergleich von zwei Polynomen reduzieren kann, ohne dabei Bedingungen an den Körper zu stellen, über dem die Polynome verglichen werden sollen.

## 8.6 Zusammenfassung

Einen randomisierten (zufallsgesteuerten) Algorithmus kann man als einen nichtdeterministischen Algorithmus mit zugeordneten Wahrscheinlichkeiten für die Verzweigung der Berechnungen oder als eine Wahrscheinlichkeitsverteilung über deterministischen Algorithmen betrachten. Die Zufallssteuerung ist das inhärente Prinzip von Naturprozessen, das sich durch Einfachheit und Effizienz auszeichnet. Nicht anders ist es in der Algorithmik, wo man durch einfache randomisierte Algorithmen Probleme viel effizienter als mit den besten deterministischen Algorithmen lösen kann.

Am Beispiel des Entwurfs eines Kommunikationsprotokolls für den Vergleich der Inhalte von zwei Datenbanken haben wir gesehen, dass Randomisierung exponentiell effizienter als Determinismus sein kann. Die Grundidee des Entwurfs eines effizienten randomisierten Protokolls basierte auf der Methode der häufigen Zeugen. Ein Zeuge ist eine Zusatzinformation zur Eingabe, mit deren Hilfe man das Resultat effizient berechnen kann, obwohl kein effizienter Lösungsansatz ohne einen Zeugen möglich (oder bekannt) ist. Für die erfolgreiche Anwendung der Methode der häufigen Zeugen ist es wichtig, dass man für jede Eingabe (Probleminstanz) eine Menge von Zeugenkandidaten bestimmen kann und dass ein großer Anteil der Kandidaten Zeugen sind. Einen Zeugen kann man dann einfach durch (wiederholtes) zufälliges Ziehen aus der Menge der Zeugenkandidaten mit großer Wahrscheinlichkeit gewinnen. Der Grund, warum man durch systematisches deterministisches Durchsuchen der Menge der Zeugenkandidaten einen Zeugen nicht effizient finden kann, liegt darin, dass die Zeugen in der Kandidatenmenge regellos verteilt sind. Bei dieser „chaotischen" Struktur der Kandidatenmenge riskiert jeder deterministische Suchalgorithmus zu viele Fehlversuche bei der Suche nach einem Zeugen. Die Kunst diese Methode anzuwenden liegt in einer geeigneten Definition von Zeugen. Wir haben gezeigt, wie man Zeugen definieren kann, um einen effizienten randomisierten Primzahltest für ungerade Zahlen $n$ mit ungeradem $\frac{(n-1)}{2}$ zu entwickeln. Für den Primzahltest kann man unsere Definition von Zeugen so weiter entwickeln, dass man effizient den Primzahltest für alle natürlichen Zahlen durchführen kann.

Ein Spezialfall der Methode der häufigen Zeugen ist die Methode der Fingerabdrücke für die Lösung von Äquivalenzproblemen. Die Idee ist, komplexen Objekten mit umfangreicher Darstellung durch eine zufällige Abbildung sogenannte Fingerabdrücke (kurze partielle Darstellungen) zuzuordnen und so den Äquivalenztest auf den effizient durchführbaren Vergleich der Fingerabdrücke zu reduzieren. Die zufällig ausgesuchten Abbildungen spielen in diesem Fall die Rolle der Zeugen. Auf diese Weise kann man einen effizienten randomisierten Test für die Äquivalenz von zwei Polynomen entwickeln. Für diesen Äquivalenztest ist kein (deterministischer) polynomieller Algorithmus bekannt, und es gibt mehrere weitere Äquivalenztests, die sich effizient auf den Vergleich von zwei Polynomen reduzieren lassen.

Eine ausführliche Übersicht über randomisierte Algorithmen kann man in dem Buch [MR95] von Motwani und Raghavan finden, das aber für Anfänger aufgrund des technischen Schwierigkeitsgrades eher ungeeignet ist. Eine Einführung in das Gebiet des Entwurfs von randomisierten Algorithmen ist in Kapitel 5 von [Hro04a] gegeben. Eine ausführliche Darstellung der Methoden für den Entwurf zufallsgesteuerter Systeme, die durch viele anschauliche Beispiele transparent gemacht werden, ist in [Hro04b] zu finden. Mehr über die zufallsgesteuerten Kommunikationsprotokolle kann man in [Hro97] erfahren. Eine anschaulich präsentierte Anwendung des randomisierten Äquivalenztests von zwei Polynomen für den semantischen Vergleich von zwei Datenstrukturen zur Repräsentierung Boole'scher Funktionen findet man in [Sip97]. Eine eindrucksvolle Übersicht über die Konzepte im Bereich des Entwurfs von randomisierten Algorithmen hat Karp in [Kar91] zusammengestellt.

## Kontrollaufgaben

1. Um Zufallsexperimente zu modellieren, haben wir den Begriff des Wahrscheinlichkeitsraums eingeführt. Ein Wahrscheinlichkeitsraum ist gegeben durch die Menge $S$ aller möglichen Ergebnisse (Endresultate, elementare Ereignisse) des Experiments und durch die Wahrscheinlichkeitsverteilung über $S$, die jedem Ergebnis (elementaren Ereignis) seine Wahrscheinlichkeit zuordnet. Die Wahrscheinlichkeit eines elementaren Ereignisses ist der erwartete Anteil der Versuche, die mit diesem elementaren Ereignis enden. Welche Konsequenzen hat diese Bedeutung der Wahrscheinlichkeit für die Bestimmung der Wahrscheinlichkeiten beliebiger Ereignisse, falls $S$ endlich (oder abzählbar) ist?

2. Modellieren Sie das Experiment des fünffachen Münzwurfs. Wie hoch ist die Wahrscheinlichkeit, dass die Anzahl der gefallenen Köpfe und die Anzahl der gefallenen Zahlen sich höchstens um 1 unterscheidet?

3. Wie modelliert man randomisierte Algorithmen? Was entspricht hier einem Wahrscheinlichkeitsraum?

4. Betrachten Sie folgende Aufgabe. Zwei Rechner haben jeweils ein Wort mit einer Länge von 18 Bits gespeichert und sollen feststellen, ob die Wörter gleich sind. Sie benutzen dazu das zufallsgesteuerte Kommunikationsprotokoll $R$. Aus wie vielen Primzahlen wird zufällig eine gewählt? Können Sie alle auflisten? Wie viele Bits werden kommuniziert und wie groß ist die Fehlerwahrscheinlichkeit? Lohnt es sich hier, das Protokoll $R_{10}$ anzuwenden?

5. Analysieren Sie die Komplexität und die Fehlerwahrscheinlichkeit einer Modifikation des Protokolls $R$, in dem $R$ statt aus Prim$(n^2)$ aus der Menge Prim$(\lfloor n^{3/2} \rfloor)$ eine Primzahl zufällig wählt. Wie ändert sich die Fehlerwahrscheinlichkeit, wenn man die Primzahl aus Prim$(n \cdot (\ln n)^2)$ oder aus Prim$(100 \cdot n \cdot \ln n)$ wählt?

6. Erklären Sie die Grundidee der Methode der häufigen Zeugen. Wie kann man diese Methode zum Entwurf eines randomisierten Algorithmus für den Primzahltest anwenden?

7. Erklären Sie die Grundidee der Methode der Fingerabdrücke. Wie kann man diese Methode zum Vergleich von zwei Polynomen anwenden?

8. Betrachten wir das randomisierte Protokoll zum Vergleich von zwei $n$-Bit-Strings $a = a_1 \ldots a_n$ und $b = b_1 \ldots b_n$, $a_i, b_i \in \{0,1\}$ für $i = 1, \ldots, n$. Sei $p$ eine Primzahl. Wir betrachten die Polynome

$$P_a(x) = \sum_{i=1}^{n} a_i x^{i-1} \quad \text{und} \quad P_b(x) = \sum_{i=1}^{n} b_i x^{i-1}$$

über $\mathbb{Z}_p$. Offensichtlich sind $a$ und $b$ genau dann gleich, wenn $P_a(x)$ und $P_b(x)$ identisch sind. Nutzen Sie diese Tatsache und den Algorithmus AQP, um ein neues zufallgesteuertes Protokoll für den Vergleich von $a$ und $b$ zu entwerfen. Wie beeinflusst die Wahl von $p$ die Fehlerwahrscheinlichkeit und die Kommunikationskomplexität? Gibt es eine Wahl von $p$, so dass das neue Protokoll „effizienter" als $R$ eine kleine Fehlerwahrscheinlichkeit garantiert?

Ihre Idee ist echt wahnsinnig.
Die Grundfrage ist, ob sie wahnsinnig genug ist,
um wahrhaftig sein zu können.

N. Bohr

# 9 Kommunikation und Kryptographie

## 9.1 Zielsetzung

Im 20. Jahrhundert hat sich die Theoretische Informatik überwiegend der Untersuchung der sequentiellen Rechnermodelle gewidmet, die der Vorstellung von Neumanns entsprechen. Was sollten die zukünftigen Kernprobleme der Informatik sein? Die Vernetzung der Rechner konfrontiert den Nutzer nicht mehr nur mit einem einzelnen Rechner, sondern mit einer unübersichtlichen vernetzten Welt vieler asynchroner und unvorhersehbarer Aktivitäten. Das Verständnis des Rechnens in der vernetzten Welt ist derzeit nicht sehr tief und seine Entwicklung wird eine der Hauptaufgaben der Informatik sein. Die Vielfalt der Forschungsfragen, die im Zusammenhang mit verteiltem Rechnen, Kooperation und Kommunikation zwischen Rechnern, Prozessen und Menschen gestellt worden sind, kann man in dieser beschränkten Übersicht gar nicht vorstellen. Die Probleme, bezogen auf den Entwurf und die Analyse effizienter Kommunikationsalgorithmen (Protokolle) und auf den Entwurf leistungsfähiger Netze, sind stark von den zugänglichen Technologien abhängig. Diese Technologien entwickelten sich schnell von klassischen Telefonverbindungen bis hin zu optischen Netzen, und jede Technologie ist an anderen Problemen und Fragestellungen interessiert. Weil wir keine Möglichkeit sehen, eine kurze, verständliche Übersicht über dieses Thema zu geben, beschränken wir uns hier auf ein Beispiel eines Netzentwurfes und konzentrieren uns mehr auf das Gebiet der Kryptographie, das sich mit der sicheren Kommunikation in Netzen beschäftigt.

Unsere erste Zielsetzung ist, den Leser mit einigen grundlegenden Konzepten und Ideen aus dem Gebiet der Kryptographie bekannt zu machen. Dabei halten wir auch die gerade Linie der kontinuierlichen Entwicklung der informatikbezogenen Konzepte in diesem Buch ein, weil die wesentlichen Fortschritte der Kryptographie auf den in den vorhergehenden Kapiteln vorgestellten Konzepten der Komplexitätstheorie, Algorithmik und Randomisierung aufbauen. Außerdem ist gerade die Kryptographie das Gebiet, das bis zu einem gewissen Grad kontraintuitive Resultate bereitstellt und dadurch auf eindrucksvolle Weise Möglichkeiten eröffnet, von denen die meisten Anwender nicht zu träumen wagten.

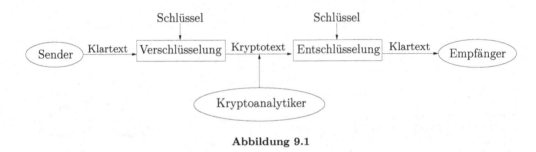

**Abbildung 9.1**

Die Organisation dieses Kapitels ist wie folgt gestaltet. Abschnitt 9.2 ist einer informellen Vorstellung der klassischen Kryptosysteme gewidmet. Abschnitt 9.3 stellt das Konzept der Public-Key-Kryptosysteme vor und illustriert es anhand des RSA-Kryptosystems. In Abschnitt 9.4 wenden wir das Konzept der Public-Key-Kryptosysteme an, um zwei Protokolle für digitale Unterschriften zu entwerfen. In Abschnitt 9.5 lernen wir interaktive Protokolle und Zero-Knowledge-Beweissysteme kennen, mit denen man effizient Beweise verifizieren kann, ohne sie zu lesen. Abschnitt 9.6 präsentiert den Entwurf eines Kommunikationsnetzes.

## 9.2 Klassische Kryptosysteme

Kryptologie bezeichnet ursprünglich die Lehre der Geheimsprachen. Innerhalb der Kryptologie unterscheidet man zwischen der Kryptographie, der Wissenschaft, Kryptosysteme zu entwickeln, und der Kryptoanalyse, der Kunst, diese zu brechen. Hier beschäftigen wir uns nur mit der Kryptographie. Das betrachtete Szenario ist in Abbildung 9.1 dargestellt.

Eine Person, genannt **Sender**, will eine geheime Nachricht einer anderen Person, genannt **Empfänger**, zuschicken. Die geheime Nachricht ist in Form eines Textes dargestellt und wir nennen diesen Text **Klartext**. Um zu verhindern, dass ein Unbefugter, der auf irgendeinem Weg in den Besitz der Nachricht gelangt, den geheimen Inhalt lesen kann, schickt man die Nachricht in einer chiffrierten (verschlüsselten) Form. Die Art der Chiffrierung (Verschlüsselung) ist ein gemeinsames Geheimnis des Senders und des Empfängers, und die Verschlüsselung wird mit Hilfe eines sogenannten **Schlüssels** durchgeführt. Der verschlüsselte Klartext heißt **Kryptotext**. Nach dem Empfang wird der Kryptotext entschlüsselt, und das Ergebnis der Entschlüsselung ist der ursprüngliche Klartext.

Formal ist ein Kryptosystem ein Tripel $(\mathcal{K}, \mathcal{A}, \mathcal{S})$, wobei $\mathcal{K}$ die Menge aller erlaubten Klartexte, $\mathcal{A}$ die Menge aller möglichen Kryptotexte und $\mathcal{S}$ die Menge der Schlüssel ist. Oft ist $\mathcal{K} = \Sigma^m$ für ein $m \in \mathbb{N}$ und ein Alphabet $\Sigma$, d. h., dass man den zu verschlüsselnden Text in Blöcke der Länge $m$ aufteilt und jeden Block einzeln verschlüsselt. In diesem Fall ist auch $\mathcal{A} = \Gamma^k$ für ein $k \in \mathbb{N}$ und ein Alphabet $\Gamma$. Jeder Schlüssel $\alpha \in \mathcal{S}$ bestimmt eindeutig eine injektive Funktion $E_\alpha$ von $\mathcal{K}$ nach $\mathcal{A}$. Die Verschlüsselung entspricht also der Berechnung von $E_\alpha(x)$ für einen Klartext $x \in \mathcal{K}$ und die Entschlüsselung entspricht der Berechnung von $E_\alpha^{-1}(c)$ für einen Kryptotext $c \in \mathcal{A}$. Die inverse Funktion $E_\alpha^{-1}$ zu der Funktion $E_\alpha$ bezeichnet man gewöhnlich mit $D_\alpha$.

Die Anforderungen an ein Kryptosystem sind:

(i) Die Funktionen $E_\alpha$ und $D_\alpha$ sollen effizient berechenbar sein, und

(ii) ohne $\alpha$ zu kennen, soll es unmöglich oder zumindest im komplexitätstheoretischen Sinne schwer sein, aus einem gegebenen Kryptotext $E_\alpha(x)$ den Klartext $x$ zu berechnen.

Wahrscheinlich ist CAESAR das einfachste Kryptosystem. Seien die Klartexte Wörter über dem lateinischen Alphabet mit 26 Buchstaben. Die Menge der Schlüssel $\mathcal{S}$ ist $\{0, 1, 2, \ldots, 25\}$. Für einen gegebenen Schlüssel $k \in \mathcal{S}$ ersetzt man bei der Verschlüsselung jeden Buchstaben des Klartextes durch einen Buchstaben, der in der alphabetischen Ordnung um $k$ Positionen weiter hinten liegt. Am Ende des Alphabets geht man zyklisch wieder zum Anfang. So erhält man für $k = 3$ und den Klartext

KRYPTOGRAPHIEISTFASZINIEREND

den Kryptotext

NUBSWRJUDSKLHLVWIDVCLQLHUHQG.

Dieses Kryptosystem ist aber leicht zu brechen. Wenn man weiß, dass es sich um CAESAR handelt, reicht es aus, alle 26 möglichen Schlüssel durchzuprobieren. Schwerer kann man es dem Kryptoanalytiker machen, indem man Schlüssel aus $\{0, 1, \ldots, 25\}^m$ für ein $m \in \mathbb{N} - \{0\}$ betrachtet. Für einen solchen Schlüssel $\alpha = \alpha_1, \alpha_2, \ldots, \alpha_m$ zerteilt man den Klartext in Blöcke der Länge $m$ und ersetzt den $i$-ten Buchstaben jedes Blocks durch den Buchstaben, der in der alphabetischen Ordnung um $\alpha_i$ Positionen weiter hinten liegt. Falls $\alpha = 3, 1, 6$, dann erhält man für den Klartext

```
K R Y P T O G R A P H I E
3 1 6 3 1 6 3 1 6 3 1 6 3
```

den Kryptotext

```
N S E S U U J S G S I O H.
```

Dieses Kryptosystem kann man auch brechen, wenn man zum Beispiel die Kenntnis der Häufigkeiten des Auftretens der Buchstaben in konkreten natürlichen Sprachen einsetzt. Es existieren aber auch klassische Kryptosysteme, die sehr schnell arbeiten und die man mit dem heutigen Wissen nicht brechen kann. Der Nachteil der klassischen Kryptosysteme liegt darin, dass sie auf einem gemeinsamen Geheimnis von Sender und Empfänger basieren. Die Kenntnis des Verschlüsselungsmechanismus impliziert direkt auch die Kenntnis des Entschlüsselungsmechanismus (häufig sind die Schlüssel für beide Verfahren gleich). Das bedeutet, dass der Sender und der Empfänger sich zuerst auf einen festen Schlüssel einigen müssen, ohne über ein Kryptosystem zur sicheren Kommunikation zu verfügen. Wie man dieses Problem lösen kann, ist das Thema des nächsten Abschnitts.

## 9.3 Public-Key-Kryptosysteme und RSA

Die in Abschnitt 9.2 vorgestellten klassischen Kryptosysteme nennt man auch symmetrische Kryptosysteme, weil man mit Kenntnis des Verschlüsselungsverfahrens (Entschlüsselungsverfahrens) einfach die Entschlüsselungsprozedur (Verschlüsselungsprozedur) ableiten kann. Damit sind Sender und Empfänger gleichwertig und teilen sich den Schlüssel als ein gemeinsames Geheimnis. Außer dem bereits erwähnten Problem der Realisierung einer sicheren Einigung auf einen gemeinsamen Schlüssel hat das System noch eine andere Schwäche. Wenn man ein Kommunikationssystem hat, in dem sich mehrere Teilnehmer den gleichen Schlüssel teilen, reicht ein Verräter aus, und die Sicherheit der gesamten Kommunikation bricht zusammen. Eine revolutionäre Idee zur Überwindung dieses Problems basiert auf einer komplexitätstheoretischen Überlegung. Für die Verschlüsselung sucht man eine sogenannte **Einweg-Funktion** $f$, die folgende Eigenschaften haben soll:

(i) $f$ ist effizient berechenbar,

(ii) $f^{-1}$ ist nicht effizient berechenbar und

(iii) $f^{-1}$ ist effizient berechenbar, falls man eine geheime Information kennt (in Analogie zu Zeugen und Zertifikaten in Kapitel 6 und 8).

Wenn man eine solche Einweg-Funktion $f$ hätte, könnte der Empfänger $f$ veröffentlichen, und die Sender könnten $f$ zur Verschlüsselung der Nachrichten benutzen. Trotz der Veröffentlichung von $f$ (zum Beispiel in einem Telefonbuch) sichert uns die Eigenschaft (ii), dass niemand die Kryptotexte entschlüsseln kann. Nur der Empfänger, der als einziger eine geheime zusätzliche Information über $f$ besitzt, kann die Kryptotexte entschlüsseln. Kryptosysteme, die auf diesem Prinzip basieren, nennt man **Public-Key-Kryptosysteme** (Kryptosysteme mit einem öffentlichen Schlüssel).

Die Frage ist, ob solche Einweg-Funktionen überhaupt existieren. Man könnte sogar meinen, dass die Antwort nein sein sollte, weil die drei Eigenschaften (i), (ii) und (iii) für eine Funktion $f$ zusammen unnatürlich aussehen. Dass die Idee doch nicht so abwegig ist, zeigt das folgende Beispiel.

Betrachten wir die folgende Verschlüsselung. Jeder Buchstabe wird einzeln durch eine Folge von 14 Dezimalziffern verschlüsselt. Für jeden Buchstaben wählt man nichtdeterministisch aus irgendeinem Telefonbuch einen Namen, der mit diesem Buchstaben anfängt, und die entsprechende Telefonnummer nimmt man in den Kryptotext auf. Falls die Nummer weniger als 14 Ziffern hat, setzt man an den Anfang entsprechend viele Nullen. Tabelle 9.1 zeigt, wie man auf diese Weise das Wort Kryptographie verschlüsseln kann. Vorausgesetzt, dass alle außer dem Empfänger nur klassische Telefonbücher haben, die nach dem Namen sortiert sind, ist es eine sehr aufwendige Aufgabe, die Telefonnummer in dem Telefonbuch zu finden, um den der Nummer zugehörigen Namen zu erfahren.[1] Nur der Empfänger, der ein nach Telefonnummern sortiertes Welttelefonbuch besitzt, kann effizient den Kryptotext entschlüsseln.

Das vorgestellte Beispiel ist nur eine Ideenillustration und wir wollen es nicht ernsthaft als ein Kryptosystem in Betracht ziehen. Bevor wir aber einen ernsthaften Entwurf eines Kryptosystems mit öffentlichen Schlüsseln vorstellen, geben wir eine formale Definition einer Einweg-Funktion an.

---

[1]Man könnte auch auf die Idee kommen, die Telefonnummer einfach anzurufen. Abgesehen von den Kosten für die Anrufe kann man sich auch schnell in einem Experiment davon überzeugen, dass dieser Weg keinen einfachen Erfolg garantiert.

**Tabelle 9.1**

|   | Name | Telefonnummer |
|---|------|---------------|
| K | Knuth | 00128143752946 |
| R | Rivest | 00173411020745 |
| Y | Yao | 00127345912233 |
| P | Papadimitriou | 00372453008122 |
| T | Thomas | 00492417738429 |
| O | Ogden | 00012739226541 |
| G | Garey | 00012228915020 |
| R | Rabin | 00048327450028 |
| A | Adleman | 00173555248001 |
| P | Papadimitriou | 00372453008122 |
| H | Hopcroft | 00013782442358 |
| I | Ibarra | 00124327010098 |
| E | Edmonds | 00183274553211 |

**Definition 9.1.** *Seien $\Sigma$ und $\Gamma$ zwei Alphabete. Eine Funktion $f\colon \Sigma^* \to \Gamma^*$ heißt **Einweg-Funktion**, falls sie folgende Eigenschaften hat.*

(i) *Es existieren Konstanten $c$ und $d$ aus $\mathbb{N} - \{0\}$, so dass $\frac{1}{c} \cdot |x| \leq |f(x)| \leq d \cdot |x|$ für alle $x \in \Sigma^*$ gilt.*
  {Das bedeutet nur, dass $|x|$ und $|f(x)|$ in linearer Relation stehen.}

(ii) *Die Funktion $f$ kann man in polynomieller Zeit berechnen.*

(iii) *Für jeden randomisierten polynomiellen Algorithmus $A$ und jedes $k \in \mathbb{N} - \{0\}$ existiert eine Konstante $n_{A,k}$, so dass für jedes $n \geq n_{A,k}$ und ein zufällig ausgesuchtes $w \in \Sigma^n$ die Wahrscheinlichkeit,[2] dass $A(f(w)) = w$, kleiner als $n^{-k}$ ist.*
  {Diese Bedingung garantiert, dass polynomiell viele unabhängig wiederholte Läufe eines randomisierten polynomiellen Algorithmus nicht zur Berechnung von $f^{-1}$ mit konstanter Fehlerwahrscheinlichkeit führen können.}

Bisher hat man von keiner Funktion bewiesen, dass sie eine Einweg-Funktion ist. Dies hängt hauptsächlich mit dem Schwierigkeitsgrad von Beweisen unterer Schranken in der Komplexitätstheorie zusammen. Trotzdem kennt man einige plausible Kandidaten. Ein Kandidat ist das Potenzieren modulo einer natürlichen Zahl $n$, das man, wie in Kapitel 8 gezeigt wurde, effizient berechnen kann. Die inverse Funktion ist der diskrete Logarithmus (das Auflösen der Gleichung $a^x \bmod n = b$ nach der Unbekannten $x$), für deren Berechnung kein effizienter (randomisierter) Algorithmus bekannt ist. Ein anderer Kandidat für eine Einweg-Funktion ist die Multiplikation von zwei Zahlen, die offensichtlich effizient berechenbar ist. Die inverse Funktion ist die Faktorisierung, für die kein effizienter Algorithmus bekannt ist. Auf der Schwierigkeit der Faktorisierung

---

[2]Die Wahrscheinlichkeit betrachtet man über zufällige Entscheidungen von $A$ sowie über die zufällige Wahl von $w$.

basiert das folgende Public-Key-Kryptosystem **RSA**, das nach seinen Erfindern Rivest, Shamir und Adleman benannt wurde. Sei $\mathrm{ggT}(a, b)$ für zwei Zahlen $a, b \in \mathbb{N}$ der größte gemeinsame Teiler von $a$ und $b$.

Der Empfänger bestimmt die Verschlüsselung und die Entschlüsselung durch folgende Berechnung. Er generiert zufällig zwei große Primzahlen[3] $p$ und $q$ und berechnet

$$n = p \cdot q \text{ und } \varphi(n) = (p - 1) \cdot (q - 1),$$

wobei $\varphi$ die sogenannte Euler'sche Funktion ist. Für jede positive natürliche Zahl $n$ ist $\varphi(n)$ die Anzahl der Zahlen $a \in \mathbb{N} - \{0\}$, so dass $\mathrm{ggT}(a, n) = 1$ und $a < n$.

Danach wählt er ein großes $d > 1$, so dass

$$\mathrm{ggT}(d, \varphi(n)) = 1 \tag{9.1}$$

gilt und berechnet die Zahl $e$, $1 < e < \varphi(n)$, so dass

$$e \cdot d \mod \varphi(n) = 1. \tag{9.2}$$

Die Zahlen $n$ und $e$ bilden den öffentlichen Schlüssel und die Zahlen $p$, $q$, $\varphi(n)$ und $d$ bleiben das Geheimnis des Empfängers. Bei der Chiffrierung betrachten wir den Klartext als eine Dezimalzahl, die kleiner als $n$ ist. Wenn der Klartext länger ist oder anders dargestellt wird, wandelt man ihn zuerst injektiv in eine Folge von Dezimalzahlen der Länge $\lceil \log_{10} n \rceil - 1$ um und dann verschlüsselt man die Dezimalzahlen der Länge $\lceil \log_{10} n \rceil - 1$ einzeln. Für eine Zahl $w \in \{0, 1, \ldots, n - 1\}$ ist die Verschlüsselungsfunktion

$$E_{e,n}(w) = w^e \mod n.$$

Für einen Kryptotext $c$ ist die Entschlüsselungsfunktion

$$D_{d,n}(c) = c^d \mod n.$$

Wie wir schon in Kapitel 8 gezeigt haben, sind $E_{e,n}$ und $D_{d,n}$ durch die Methode des wiederholten Quadrierens effizient berechenbar. Dank des randomisierten Primzahltests aus Abschnitt 8.4 kann man auch zufällige Primzahlen effizient generieren. Die Zahlen $d$ und $e$ kann man mit Hilfe des Euklidischen Algorithmus ebenfalls effizient berechnen[4] und somit ist die gesamte Schlüsselberechnung des Empfängers effizient durchführbar. Man kennt keinen effizienten (randomisierten) Algorithmus, der aus der Kenntnis von $e$ und $n$ eine der Zahlen $d, p, q$ oder $\varphi(n)$ berechnen kann. Die Kenntnis einer dieser vier geheimen Zahlen reicht allerdings aus, um alle restlichen effizient zu berechnen. Genauso kennt man keinen effizienten Algorithmus, der aus $E_{e,n}(x), e$ und $n$ (ohne $d$ zu kennen) den Klartext $x$ bestimmen kann.

Jetzt wollen wir zeigen, dass RSA wirklich funktioniert, d. h., dass

$$D_{d,n}(E_{e,n}(w)) = w$$

für alle $w < n$. Dazu benutzen wir den Euler'schen Satz, der eine Verallgemeinerung des Fermat'schen Satzes ist.

---

[3]Groß bedeutet mehrere hundert Bits lang.

[4]Genauer: $d$ wird als eine große Zahl zufällig gewählt. Dann wird getestet, ob $d$ teilerfremd mit $\varphi(n)$ ist. Falls nicht, wählt man ein neues $d$. Da es hinreichend viele zu $\varphi(n)$ teilerfremde Zahlen gibt, wird $d$ schnell gefunden. Die Zahl $e$ wird automatisch durch den Euklidischen Algorithmus zum Testen von $\mathrm{ggT}(d, \varphi(n)) = 1$ mitbestimmt.

**Satz 9.1 (Satz von Euler).** *Seien $w$ und $n$ zwei positive natürliche Zahlen, für die* $\mathrm{ggT}(w, n) = 1$ *gilt, und sei $\varphi(n)$ die Euler'sche Funktion von $n$. Dann gilt*

$$w^{\varphi(n)} \bmod n = 1.$$

Der Euler'sche Satz ist eine Folgerung aus Resultaten der Gruppentheorie, die besagen, dass die Ordnung jedes Elementes die Ordnung der Gruppe teilt, und dass die zyklische Gruppe $(\mathbb{Z}/n\mathbb{Z})^*$ modulo $n$ die Ordnung $\varphi(n)$ hat. Nach der Definition der Ordnung von Elementen einer Gruppe gilt für jedes $w \in (\mathbb{Z}/n\mathbb{Z})^*$ mit Ordnung $k$

$$w^k \bmod n = 1.$$

Weil $\varphi(n) = k \cdot b$ für eine positive natürliche Zahl $b$, erhalten wir

$$w^{\varphi(n)} \bmod n = w^{k \cdot b} \bmod n$$
$$= (w^k \bmod n)^b \bmod n$$
$$= (1)^b \bmod n = 1.$$

**Aufgabe 9.1.** Führen Sie einen alternativen Beweis des Euler'schen Satzes, indem Sie den Beweis des Fermat'schen Satzes aus Abschnitt 8.4 verallgemeinern. Das heißt, beweisen Sie Folgendes.

Seien $x_1, x_2, \ldots, x_{\varphi(n)} \in \{1, 2, \ldots, n-1\}$ alle Zahlen $b$ mit der Eigenschaft $\mathrm{ggT}(b, n) = 1$. Dann ist für jedes $a \in \{1, 2, \ldots, n-1\}$

$$(ax_1 \bmod n, ax_2 \bmod n, \ldots, ax_{\varphi(n)} \bmod n)$$

eine Permutation von $x_1, x_2, \ldots, x_{\varphi(n)}$.

Jetzt sind wir bereit, die Korrektheit von RSA zu beweisen.

**Satz 9.2.** *Seien $p, q, n, e$ und $d$ wie in RSA bestimmt. Dann gilt für alle natürlichen Zahlen $w$ kleiner als $n$*

$$D_{d,n}(E_{e,n}(w)) = w^{ed} \bmod n = w.$$

*Beweis.* Nach der Wahl von $d$ und $e$ bezüglich (9.1) und (9.2) gilt

$$e \cdot d = j \cdot \varphi(n) + 1 \tag{9.3}$$

für ein $j \in \mathbb{N} - \{0\}$. Wir müssen also beweisen, dass

$$w^{j \cdot \varphi(n)+1} \bmod n = w \tag{9.4}$$

für alle $w < n$. Wir unterscheiden drei Möglichkeiten bezüglich der Relation zwischen $p, q$ und $w$.

(i) *Keine der Primzahlen $p$ und $q$ teilt $w$.*
Wenn $p$ und $q$ die Zahl $w$ nicht teilen und $w < p \cdot q$, dann
$$\mathrm{ggT}(p \cdot q, w) = 1$$

und damit sind die Voraussetzungen des Euler'schen Satzes für $n = p \cdot q$ und $w$ erfüllt. Daher ist

$$w^{\varphi(n)} \mod n = 1$$

und

$$w^{j\varphi(n)} \mod n = 1. \tag{9.5}$$

Wenn man beide Seiten von (9.5) mit $w$ multipliziert, erhält man die angestrebte Gleichung (9.4).

(ii) *Eine der Primzahlen $p$ und $q$ teilt $w$, und die andere teilt $w$ nicht.*

Ohne Beschränkung der Allgemeinheit setzen wir voraus, dass $p$ die Zahl $w$ teilt und dann $q$ die Zahl $w$ nicht teilt. Aus dem Satz von Fermat folgt $w^{q-1} \mod q = 1$, was $w^{(q-1)(p-1)} \mod q = 1$ impliziert, d. h.,

$$w^{\varphi(n)} \mod q = 1$$

und somit

$$w^{j\varphi(n)} \mod q = 1. \tag{9.6}$$

Weil $p$ die Zahl $w$ teilt, gilt (9.6) auch modulo $n = p \cdot q$, d. h.,

$$w^{j\varphi(n)} \mod n = 1.$$

Durch Multiplizieren mit $w$ erreicht man auch hier das gewünschte Ergebnis.

(iii) *Beide Zahlen $p$ und $q$ teilen $w$.*

Diese Möglichkeit kann nicht auftreten, weil $p$ und $q$ Primzahlen sind und $p \cdot q > w$ gilt.                                                                                  □

Die Public-Key-Kryptosysteme haben viele Vorteile gegenüber den symmetrischen Kryptosystemen, weil sie uns die Erstellung sicherer Kommunikationsprotokolle für unterschiedliche Aufgaben ermöglichen (wie zum Beispiel digitale Unterschriften), die man mit symmetrischen Kryptosystemen nicht lösen könnte. Die klassischen symmetrischen Kryptosysteme haben aber auch einen wesentlichen Vorteil gegenüber den Public-Key-Kryptosystemen. Insbesondere auch aufgrund der Hardwarerealisierung sind sie in der Praxis oft 100-mal schneller als Public-Key-Verfahren. Das führt meistens dazu, dass man ein Public-Key-Kryptosystem nur zum Austausch eines Schlüssels für ein symmetrisches Kryptosystem verwendet und den Rest der Kommunikation mit symmetrischen Kryptosystemen realisiert.

## 9.4 Digitale Unterschriften

Um eine einfache Anwendung der Public-Key-Kryptosysteme zu zeigen, stellen wir zwei einfache Protokolle für digitale (elektronische) Unterschriften vor. Handschriftliche Unterschriften sind juristisch gesehen eine Art Echtheitsgarantie. In der digitalen Kommunikation kann man aber keine handschriftlichen Unterschriften leisten. Außerdem hätte man gerne noch fälschungssicherere Unterschriften, als es die handschriftlichen sind.

Betrachten wir folgendes Szenario. Ein Kunde $K$ will der Bank $B$ eine Echtheitsgarantie für eine Überweisung von seinem Konto geben, oder ein anderes Dokument für die Bank unterschreiben. Wir stellen folgende natürliche Forderungen an Kommunikationsprotokolle für solche digitalen Unterschriften.

(i) $B$ muss von der Echtheit der Unterschrift von $K$ überzeugt werden. Sowohl $B$ als auch $K$ müssen vor einem Dritten (Fälscher) $F$ geschützt werden, der sich als $K$ gegenüber $B$ ausgeben möchte.

(ii) $K$ sollte vor solchen Aktivitäten von $B$ geschützt werden, bei denen $B$ behauptet, ein unterschriebenes Dokument von $K$ zu haben, obwohl $K$ dieses Dokument nicht unterschrieben hat (d. h., $B$ darf es nicht erlernen können, die Unterschrift von $K$ zu fälschen).

**Aufgabe 9.2.** Entwerfen Sie ein Kommunikationsprotokoll für digitale Unterschriften, dass auf einem klassischen Kryptosystem basiert und die Erfüllung der Forderung (i) garantiert.

Eigenschaft (ii) ist schwerer zu erfüllen als (i), weil sie auf den ersten Blick kontraintuitiv aussieht. Einerseits soll $B$ von der Echtheit der Unterschrift von $K$ überzeugt werden, und für die Überprüfung muss er etwas über die Generierung (Erzeugung) der Unterschrift wissen. Andererseits darf $B$ nicht zu viel über die Art, wie $K$ unterschreibt, wissen, weil sonst $B$ die Unterschrift von $K$ nachmachen könnte.

Die folgende einfache Lösung bietet das Konzept der Public-Key-Kryptosysteme. Der Kunde $K$ hat ein Public-Key-Kryptosystem mit der Verschlüsselungsfunktion $E_K$ und der Entschlüsselungsfunktion $D_K$, wobei $D_K(E_K(w)) = E_K(D_K(w))$ für jedes $w$ gilt. Diese Bedingung wird zum Beispiel vom RSA-Kryptosystem erfüllt. Die Bank $B$ kennt die öffentliche Verschlüsselungsfunktion $E_K$. Dann kann $K$ wie folgt eine Unterschrift leisten. $K$ nimmt das Dokument $w$ und schickt $(w, D_K(w))$ an $B$. $B$ überprüft dann mit dem Test „$w = E_K(D_K(w))$" die Echtheit der Unterschrift. Weil kein anderer außer $K$ die Nachricht $D_K(w)$ berechnen kann, ist $B$ von der Echtheit der Unterschrift $(w, D_K(w))$ überzeugt. Damit ist die Forderung (i) erfüllt. Weil der Schlüssel $E_K$ öffentlich ist, hat auch $B$ noch zusätzlich die Möglichkeit, jeden Dritten[5] mit dem Paar $(w, D_k(w))$ überzeugen zu können, dass $K$ das Dokument $w$ unterschrieben hat. Die Forderung (ii) ist auch erfüllt, weil die Kenntnis von $(w, D_k(w))$ $B$ nicht helfen kann, ein anderes Dokument $u$ mit $D_K(u)$ zu unterschreiben.

**Aufgabe 9.3.** Das vorgestellte Protokoll hält das Dokument $w$ nicht geheim. Jeder, der lauscht, kann $w$ erfahren. Stellen wir also die folgende zusätzliche Bedingung.

(iii) Kein Dritter, der die Kommunikation zwischen $B$ und $K$ belauscht, darf den Inhalt des unterschriebenen Dokumentes erfahren.

Entwerfen Sie ein Kommunikationsprotokoll, das alle drei Bedingungen (i), (ii) und (iii) erfüllt.

Betrachten wir jetzt eine kompliziertere Version digitaler Unterschriften, die man das **Authentizitätsproblem** nennt. Hier braucht man kein Dokument zu unterschreiben, sondern man muss nur den anderen von seiner eigenen Identität überzeugen. Die Forderungen an ein Kommunikationsprotokoll für die Authentifizierung sind wie folgt:

---

[5] der $E_K$ kennt und mit Sicherheit weiß, dass es der öffentliche Schlüssel von $K$ ist

(i′) genau wie (i),

(ii′) $K$ sollte von solchen Aktivitäten von $B$ geschützt werden, bei denen $B$ sich gegenüber einem Dritten als $K$ ausgeben möchte.[6]

Unser Kommunikationsprotokoll ist nicht für das Authentizitätsproblem geeignet. $B$ lernt die Unterschrift $(w, D_K(w))$ in dieser elektronischen Kommunikation und kann sich in der Kommunikation mit einem Dritten mit dieser Unterschrift als $K$ ausgeben. Es gibt Situationen, in denen so etwas sehr unerwünscht ist. Außerdem kann irgendjemand der Kommunikation lauschen und dabei auch das Paar $(w, D_K(w))$ lernen. Er kann dann ebenfalls mit der öffentlichen Verschlüsselungsfunktion $E_K$ die Echtheit der Unterschrift überprüfen und sich dann als $K$ ausgeben.

Die Lösung des Authentizitätsproblems findet man in der Einbeziehung zweier Public-Key-Kryptosysteme. $K$ besitzt das bereits erwähnte Kryptosystem $(D_K, E_K)$ und $B$ hat ein anderes Public-Key-Kryptosystem $(D_B, E_B)$. Die Verschlüsselungsfunktionen $E_K$ und $E_B$ sind öffentlich, und damit auch sowohl $K$ als auch $B$ bekannt. Die Funktion $D_K$ ist das Geheimnis von $K$ und die Funktion $D_B$ ist das Geheimnis von $B$. $K$ leistet seine Unterschrift entsprechend dem folgenden Protokoll.

- $B$ wählt zufällig eine Zahl $w$ und schickt $E_K(w)$ an $K$.

- $K$ berechnet $w$ durch $D_K(E_K(w))$.
  $K$ berechnet $c = E_B(D_K(w))$ und schickt es an $B$.

- $B$ überprüft, ob $w = E_K(D_B(c)) = E_K(D_B(E_B(D_K(w))))$.

Es ist offensichtlich, dass $B$ von der Echtheit der Unterschrift von $K$ überzeugt ist. $K$ ist der Einzige, der $D_K$ kennt und somit der Einzige, der aus $E_K(w)$ die Zahl $w$ bestimmen kann, und so die Nachricht $D_K(w)$ und somit auch $E_B(D_K(w))$ erzeugen kann.

Die Nachricht $E_K(w)$ kann niemand außer $K$ entschlüsseln und $E_B(D_K(w))$ kann niemand außer $B$ entschlüsseln. Aus diesem Grund kann kein Lauscher $F$ die Unterschrift $(w, E_B(D_K(w)))$ lernen und deren Echtheit überprüfen. Damit ist Bedingung (i) erfüllt.

$B$ lernt in dieser Kommunikation die Unterschrift $(w, E_B(D_K(w)))$. Durch mehrere Aufträge von $K$ kann $B$ mehrere solche Paare kennenlernen. Das hilft ihm aber nicht dabei, sich als $K$ auszugeben. Wenn man in dem ganzen Netz unter diesem Protokoll arbeitet, wird jeder Dritte $C$ zuerst $E_K(u)$ an $B$, der sich als $K$ ausgibt, schicken. Weil $B$ kein $D_K$ besitzt, kann er $u$ nicht bestimmen. $B$ kann höchstens für alle gespeicherten Paare $(w, E_B(D_K(w)))$ den Wert $E_K(w)$ berechnen und mit $E_K(u)$ vergleichen. Falls $E_K(w) = E_K(u)$ ist, hat $B$ Glück gehabt und kann sich als $K$ ausgeben. Weil aber $u$ zufällig als eine Zahl von mehreren hundert Dezimalziffern gewählt wurde, ist die Wahrscheinlichkeit des Erfolges von $B$ auch bei einer großen Unterschriftensammlung kleiner als 1 durch die Anzahl der Protonen im bekannten Universum. Diese Wahrscheinlichkeit kann man noch geringer halten, indem man regelmäßig die Schlüssel ändert.[7]

---

[6]Also ist (ii′) ähnlich zu (ii), weil es eine Forderung gegen potentielle Fälschung der Unterschrift von $K$ durch $B$ ist.

[7]Es gibt auch bessere Protokolle für digitale Unterschriften, deren Vorstellung aber den Rahmen dieses Lehrbuches sprengen würde. Die weiterführende Literatur ist in Abschnitt 9.7 angegeben.

**Aufgabe 9.4.** Betrachten Sie das Authentizitätsproblem, bei dem man eine Unterschrift leistet, um sich als Person $K$ auszugeben, und nicht um ein Dokument zu unterschreiben. In diesem Fall arbeitet das vorgestellte Protokoll mit großer Wahrscheinlichkeit zuverlässig. Bewirken Sie durch eine kleine Änderung dieses Protokolls, dass die Wahrscheinlichkeit, dass sich $B$ als $K$ gegenüber einem Dritten ausgeben kann, gleich 0 ist. Dies muss unabhängig davon gelten, wie groß die Liste der von $B$ gesammelten Unterschriften von $K$ ist.

## 9.5 Interaktive Beweissysteme und Zero-Knowledge-Beweise

In Kapitel 6 haben wir gelernt, dass jede Sprache aus NP einen polynomiellen Verifizierer hat. Dies bedeutet, dass alle Aussagen $x \in L$ für ein $L \in$ NP einen Beweis polynomieller Länge in $|x|$ haben, und dass dieser Beweis in polynomieller Zeit verifiziert werden kann, d. h., dass bezüglich der Verifikation die Sprachen aus NP leicht sind. In Kapitel 8 sind wir zu der Einsicht gelangt, dass man die praktische Lösbarkeit mit randomisierten polynomiellen Berechnungen statt mit deterministischen polynomiellen Berechnungen verknüpfen sollte. So entsteht die Frage, für welche Sprachen (Entscheidungsprobleme) man Beweise „praktisch" verifizieren kann. Um diese Fragestellung zu untersuchen, betrachten wir folgendes Kommunikationsprotokoll.

Wir haben zwei Teilnehmer – den **Beweiser** und den **Verifizierer**. Der Beweiser ist ein Algorithmus (eine TM), der keiner Komplexitätseinschränkung unterliegt. Der Verifizierer ist ein randomisierter polynomieller Algorithmus (eine randomisierte polynomielle TM). Für eine Sprache $L$ erhalten beide Teilnehmer die gleiche Eingabe $x$. Der Verifizierer und der Beweiser dürfen kommunizieren, indem sie Nachrichten (Wörter) polynomieller Länge in $|x|$ austauschen. Der Beweiser mit unbeschränkter Berechnungsstärke will den Verifizierer von der Tatsache „$x \in L$" überzeugen, und zu diesem Zweck darf er auch lügen (falsche Aussagen produzieren). Die Aufgabe des Verifizierers ist es, Fragen an den Beweiser zu stellen, so dass er mit hoher Wahrscheinlichkeit bestimmen kann, ob der Beweiser einen Beweis von „$x \in L$" hat oder nicht. Die Anzahl der Kommunikationsrunden ist höchstens polynomiell in $|x|$ und die gesamte Berechnung des Verifizierers läuft in polynomieller Zeit. Der Verifizierer muss die Kommunikation mit der Entscheidung $x \in L$ oder $x \notin L$ beenden. Dieses Kommunikationsprotokoll zwischen Beweiser und Verifizierer nennt man ein interaktives Beweissystem.

**Definition 9.2.** *Sei $L \subseteq \Sigma^*$ für ein Alphabet $\Sigma$. Wir sagen, dass $L$ ein **interaktives Beweissystem besitzt**, falls ein Verifizierer (randomisierter polynomieller Algorithmus) $V$ existiert, so dass für alle $x \in \Sigma^*$ gilt:*

*(i) Falls $x \in L$, dann existiert ein Beweiser $B$, so dass $V$ nach der Kommunikation mit $B$ das Wort $x$ mit einer Wahrscheinlichkeit größer als $\frac{2}{3}$ akzeptiert, und*

{Wenn $x \in L$, existiert ein Beweiser, der einen Beweis von „$x \in L$" hat, und diesen Beweis kann der Verifizierer effizient überprüfen.}

*(ii) falls $x \notin L$, dann endet für jeden Beweiser $B$ die Kommunikation zwischen $V$ und $B$ mit dem Verwerfen von $x$ mit einer Wahrscheinlichkeit größer als $\frac{2}{3}$.*

{Wenn $x \notin L$, gibt es keinen Beweis von „$x \in L$" und so muss jede Strategie, den Verifizierer vom ungültigen „$x \in L$" zu überzeugen, mit hoher Wahrscheinlichkeit entdeckt werden.}

*Wir definieren die Klasse* IP *durch*

**IP** = $\{L \mid L$ *besitzt ein interaktives Beweissystem*$\}$.

Die Beschränkung der Fehlerwahrscheinlichkeit in Definition 9.2 ist nicht entscheidend. Nach $O(|x|)$ unabhängigen Wiederholungen der Kommunikation eines interaktiven Beweissystems kann man die Fehlerwahrscheinlichkeit unter $2^{-|x|}$ drücken, und somit ändert die Forderung der richtigen Ausgabe mit einer Wahrscheinlichkeit von mindestens $1 - 2^{-|x|}$ nichts an der Definition der Klasse IP.

Das folgende Resultat haben wir schon vorhergesehen.

**Lemma 9.1.** NP $\subseteq$ IP.

*Beweis.* Weil NP = VP gilt, existiert für jede Sprache $L \in$ NP und jedes $x \in L$ ein Zeuge (Beweis, Zertifikat) $c$ von „$x \in L$" mit einer in $|x|$ polynomiellen Länge. Ein Beweiser, der $c$ besitzt, schickt einfach $c$ dem Verifizierer, der in polynomieller Zeit deterministisch mit Sicherheit die Tatsache „$x \in L$" überprüft. Wenn $x \notin L$, existiert kein Beweis von „$x \in L$" und so gibt es keine Möglichkeit, den deterministischen Verifizierer in polynomieller Zeit in $|x|$ von „$x \in L$" zu überzeugen.    $\square$

Die Frage ist jetzt, ob es auch interaktive Beweissysteme für Sprachen gibt, die außerhalb von NP liegen. Wir betrachten folgendes Problem. Gegeben sind zwei Graphen $G_1$ und $G_2$, und man soll entscheiden, ob $G_1$ und $G_2$ isomorph[8] sind. Das Problem der Graphenisomorphie ist in NP, weil man den Isomorphismus nichtdeterministisch erraten und dann effizient deterministisch verifizieren kann. Von dem komplementären Problem weiß man nicht, ob es in NP liegt. Die Vermutung ist eher negativ, weil man nicht glaubt, dass das nichtdeterministische Raten für die Überprüfung der Nichtexistenz eines Isomorphismus zwischen zwei gegebenen Graphen hilfreich sein könnte. Sei

NICHTISO = $\{(G_1, G_2) \mid G_1$ und $G_2$ sind nicht isomorph$\}$.

Wir beschreiben jetzt ein interaktives Beweissystem für NICHTISO. Sei $(G_1, G_2)$ eine Eingabe hierfür. Der Verifizierer $V$ überprüft zuerst, ob $G_1$ und $G_2$ die gleiche Anzahl Kanten und Knoten haben. Falls nicht, akzeptiert $V$ die Eingabe $(G_1, G_2)$ mit Sicherheit. Wenn $G_1$ und $G_2$ die gleiche Anzahl Kanten und Knoten haben, wählt $V$ zufällig ein $i \in \{1, 2\}$ und eine Permutation $(j_1, j_2, \ldots, j_n)$ von $(1, 2, \ldots, n)$, wobei $n$ die Anzahl der Knoten ist, beide mit uniformer Wahrscheinlichkeitsverteilung. Dann nimmt $V$ den Graphen $G_i$ und permutiert seine Knoten entsprechend $(j_1, j_2, \ldots, j_n)$. Den resultierenden Graphen $G_i(j_1, j_2, \ldots, j_n)$ schickt $V$ zu dem Beweiser $B$ mit der Aufforderung zu deklarieren, ob $G_i(j_1, j_2, \ldots, j_n)$ isomorph zu $G_1$ oder zu $G_2$ ist. Wenn $G_1$ und $G_2$ nicht isomorph sind, kann $B$ erkennen (berechnen), dass $G_i$ isomorph zu $G_i(j_1, j_2, \ldots, j_n)$ ist und schickt die richtige Antwort $i$ zu $V$. Falls aber $G_1$ und $G_2$ isomorph sind, hat $B$ keine Möglichkeit auszurechnen, welche zufällige Zahl $i$ der Verifizierer gezogen hat. Dem Beweiser bleibt nicht anderes übrig, als ein $j \in \{1, 2\}$ zu raten und an $V$ zu

---

[8]Zwei Graphen sind isomorph, wenn man die Knoten des einen Graphen so umbenennen kann, dass man den anderen Graphen erhält.

schicken. Die Wahrscheinlichkeit, dass $j = i$ gilt, ist $\frac{1}{2}$. Falls $j \neq i$, verwirft $V$ die Eingabe. Falls $j = i$, wiederholt $V$ die Kommunikation mit einem neuen zufällig gewählten $i$ und mit einer neuen zufällig gewählten Permutation. Wenn danach der Beweiser wieder die richtige Antwort gibt, dann akzeptiert $V$ die Eingabe $(G_1, G_2)$. Wenn die zweite Antwort falsch ist, dann verwirft $V$ die Eingabe.

Wir zeigen jetzt, dass das beschriebene Protokoll ein interaktives Beweissystem für NICHTISO ist. Falls $(G_1, G_2) \in$ NICHTISO, existiert ein Beweiser, der zwischen $G_1$ und $G_2$ unterscheiden kann und deswegen gibt er immer die richtige Antwort. Daher akzeptiert $V$ die Eingabe $(G_1, G_2)$ mit Sicherheit. Falls $(G_1, G_2) \notin$ NICHTISO, kann kein Beweiser zwischen $G_1$ und $G_2$ bezüglich Isomorphie unterscheiden. Die Wahrscheinlichkeit, dass der Beweiser trotzdem zweimal die richtige Antwort rät, ist $\frac{1}{2} \cdot \frac{1}{2} = \frac{1}{4}$. Damit ist die Fehlerwahrscheinlichkeit in diesem Fall $\frac{1}{4}$. Wenn der Verifizierer $k$ Anfragen an $B$ stellen würde, würde sich die Fehlerwahrscheinlichkeit auf $2^{-k}$ reduzieren.

Wie stark das randomisierte Verifizieren wirklich ist, zeigt das folgende Resultat.

**Satz 9.3\* (Satz von Shamir).** IP = PSPACE.

Das Bemerkenswerte an diesem Resultat ist, dass die Aussagen „$x \in L$" für die Sprachen $L \in$ PSPACE exponentiell lange Beweise haben dürfen, die man wegen ihrer Länge nicht vollständig übertragen und lesen kann, und trotzdem kann man deren Existenz in polynomieller Zeit randomisiert überprüfen.[9]

Als letztes möchten wir die Zero-Knowledge-Beweissysteme betrachten, die kryptographische Anwendungen haben. Hier verzichten wir auf die formale Definition. Die Idee besteht in der zusätzlichen Forderung an das Beweissystem, dass der Verifizierer in der Kommunikation mit dem Beweiser nichts (kein einziges Bit) lernt außer dem, was er sich auch alleine ohne Kommunikation mit dem Beweiser ausrechnen kann.[10] Dies bedeutet unter anderem, dass $V$ kein Bit des Beweises, in dessen Besitz sich der Beweiser befindet, erfährt.

Zero-Knowledge-Beweissysteme sind von großer praktischer Bedeutung. Eine mögliche Anwendung liegt zum Beispiel in folgender Situation. Wir wollen eine Zugangskontrolle für einen Rechner konstruieren, die nur die Benutzung mit gültigem Passwort zulässt, aber dabei die Anonymität des Nutzers nicht verletzt. Dies bedeutet, dass der Benutzer in die Rolle des Beweisers schlüpft und versucht, die Zugangskontrolle (den Verifizierer) davon zu überzeugen, dass er im Besitz eines Passwortes ist, ohne ein einziges Bit dieses Passwortes zu verraten. Eine andere Anwendung für Zero-Knowledge-Beweissysteme ist die Verwendung privater Informationen einer anderen Person zur Berechnung, ohne die Daten dabei zu lernen. Stellen wir uns vor, dass der Verifizierer einen Funktionswert $f(x, y)$ berechnen will und dabei nur den Wert $y$ kennt. Der Beweiser kennt $x$ und ist bereit, dem

---

[9]Die Tatsache $L \in$ PSPACE besagt nur, dass die Beweise von „$x \in L$" eine polynomielle „Breite" haben, wobei die Breite eines Beweises als die Länge der längsten Aussagen in einer Folge äquivalenter Aussagen betrachtet wird.

[10]Dieses „nichts lernen" formalisiert man so, dass man die gesamte Kommunikation zwischen $V$ und $B$ als einen Wahrscheinlichkeitsraum betrachtet, wobei die Wahrscheinlichkeitsverteilung durch die zufälligen Entscheidungen von $V$ bestimmt wird. Ein interaktives Beweissystem ist dann Zero-Knowledge, wenn eine randomisierte polynomielle TM $M$ existiert, die diese Kommunikation mit der gleichen Wahrscheinlichkeitsverteilung generiert.

Verifizierer zu helfen, aber nur unter der Bedingung, dass der Verifizierer kein einziges Bit von $x$ erfährt. Für welche Funktionen und Entscheidungsprobleme es Zero-Knowledge-Beweissysteme gibt, ist eine spannende Frage. Es ist für uns manchmal überraschend, wie viele Problemstellungen man mit Zero-Knowledge-Beweissystemen bewältigen kann. Zum Beispiel kann man beweisen, dass jede Sprache aus NP ein Zero-Knowledge-Beweissystem hat. Wegen des Schwierigkeitsgrades und der umfangreichen benötigten Vorkenntnisse verzichten wir auf die Beweise und stellen nur ein Zero-Knowledge-Beweissystem für den Graphenisomorphismus vor.

> *Eingabe:* $(G_1, G_2)$ für $B$ und $V$. Sei $n$ die Anzahl der Knoten in $G_1$ und $G_2$.
>
> $B$: Der Beweiser wählt zufällig ein $i \in \{1, 2\}$ und eine Permutation $\pi = (j_1, j_2, \ldots, j_n)$ von $(1, 2, \ldots, n)$. Danach wendet er $\pi$ auf $G_i$ an und schickt den resultierenden Graphen $G_i(\pi)$ an den Verifizierer.
>
> $V$: Der Verifizierer wählt zufällig ein $j \in \{1, 2\}$ und schickt es an den Beweiser. Dies entspricht der Anforderung, einen Beweis für den Isomorphismus von $G_i(\pi)$ und $G_j$ zu liefern.
>
> $B$: Falls $G_1$ und $G_2$ isomorph sind, bestimmt der Beweiser den Isomorphismus $\delta$, so dass $G_j(\delta) = G_i(\pi)$ und schickt $\delta$ an den Verifizierer.
>
> Falls $G_1$ und $G_2$ nicht isomorph sind und $i = j$, dann schickt der Beweiser die Permutation $\delta = \pi$. Sonst (wenn kein Isomorphismus zwischen $G_j$ und $G_i(\pi)$ existiert) schickt der Beweiser ebenfalls $\delta = \pi$.
>
> $V$: Der Verifizierer akzeptiert $(G_1, G_2)$ genau dann, wenn $G_j(\delta) = G_i(\pi)$.

Analysieren wir zuerst, ob dieses Protokoll ein interaktives Beweissystem ist. Falls $G_1$ und $G_2$ isomorph sind, kann der Beweiser immer eine Permutation $\delta$ finden, so dass $G_j(\delta) = G_i(\pi)$ gilt. Damit akzeptiert $V$ die Eingabe $(G_1, G_2)$ mit Sicherheit (d. h. mit Fehlerwahrscheinlichkeit 0). Falls $G_1$ und $G_2$ nicht isomorph sind, kann $B$ ein $\delta$ mit $G_j(\delta) = G_i(\pi)$ nur dann schicken, wenn $i = j$. Die Wahrscheinlichkeit, dass $i = j$ für zwei zufällige Zahlen $i, j \in \{1, 2\}$, ist genau $\frac{1}{2}$. Das $k$-malige Wiederholen dieses Protokolls, in dem $V$ nur akzeptiert, wenn er $k$-mal die richtige Antwort bekommt, drückt die Fehlerwahrscheinlichkeit auf $2^{-k}$.

Weil wir die formale Definition von Zero-Knowledge-Beweissystemen nicht gegeben haben, können wir auch keinen formalen Beweis dieser Eigenschaft eines Beweissystems führen. Trotzdem können wir intuitiv gut verstehen, warum dieses Protokoll ein Zero-Knowledge-Beweissystem ist. Über den Isomorphismus zwischen $G_1$ und $G_2$ (sofern einer existiert) wird in der Kommunikation nichts verraten. Die erste Kommunikationsnachricht $G_i(\pi)$ kann man als ein Zufallsereignis betrachten, das durch die zufällige Wahl von $i$ und $\pi$ bestimmt wird. Die zweite Nachricht $j$ ist auch eine Zufallszahl und die Permutation $\delta$ ist ebenfalls durch die zufällig ausgesuchte Permutation $\pi$ bestimmt ($\delta$ ist entweder direkt $\pi$ oder eine Anwendung der zufälligen Permutation $\pi$ auf den Isomorphismus zwischen $G_1$ und $G_2$). Damit bildet für ein festes $(G_1, G_2)$ die Menge aller möglichen Kommunikationen $(G_i(\pi), j, \delta)$ zwischen $B$ und $V$ einen Wahrscheinlichkeitsraum. Man kann zeigen, dass der Verifizierer die Tripel $(G_i(\pi), j, \delta)$ auch alleine mit gleicher Wahrscheinlichkeitsverteilung erzeugen kann. Daher kann der Verifizierer die Arbeit des Beweisers simulieren und somit kann er aus der Kommunikation nichts anderes erfahren, als das, was er auch alleine berechnen kann.

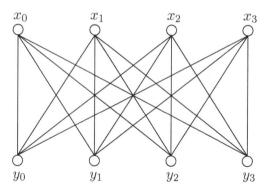

**Abbildung 9.2**

## 9.6 Entwurf eines Kommunikationsnetzes

Die Kommunikation zwischen unterschiedlichen Objekten wie Menschen, Rechnern, Prozessoren eines Parallelrechners usw. kann man durch unterschiedliche Verbindungsarten realisieren. Jede Technologie stellt andere Möglichkeiten und andere Einschränkungen dar und deswegen muss man sich bei dem Entwurf von Telegraphennetzen, festen und drahtlosen Telefonnetzen, optischen Glasfasernetzen, parallelen Rechnern usw. jeweils mit anderen Problemen beschäftigen. Eine Vielfalt von Problemstellungen tritt auch bei dem Entwurf von Kommunikationsstrategien in gegebenen Netzen auf. Diese Vielfalt ist zu groß, um sie systematisch in einem Abschnitt darzustellen. Deswegen ist unsere Zielsetzung hier viel bescheidener. Wir wollen die Art der Problemstellung anhand eines beispielhaften Entwurfs eines festen Verbindungsnetzes illustrieren.

Betrachten wir die folgende Aufgabenstellung. Wir haben $2n$ Teilnehmer

$$x_0, x_1, \ldots, x_{n-1}, y_0, y_1, \ldots, y_{n-1},$$

die wir als Knoten eines Netzes darstellen. Wir sollen zwischen den $x$-Teilnehmern $x_0, x_1, \ldots, x_{n-1}$ und den $y$-Teilnehmern $y_0, y_1, \ldots, y_{n-1}$ ein Netz bauen, so dass jederzeit jeder der $x$-Teilnehmer eine Verbindung für ein Gespräch mit einem ausgewählten $y$-Teilnehmer bekommen kann. Das Netz betrachtet man als einen Graphen $G = (V, E)$, $x_0, x_1, \ldots, x_{n-1}, y_0, y_1, \ldots, y_{n-1} \in V$ und die Bereitstellung einer Verbindung von $x_i$ zu $y_j$ bedeutet, einen Weg $x_i, v_1, \ldots, v_m, y_j$ zwischen $x_i$ und $y_j$ in $G$ zu finden, bei dem keine Kante dieses Weges für Gespräche zwischen anderen Paaren von Knoten benutzt wird. Dies bedeutet, dass jede Kante zu jedem Zeitpunkt nur ausschließlich für ein einziges Gespräch benutzt werden darf.

Die einfachste Lösung würde von jedem Knoten $x_i$ eine Verbindung zu jedem $y$-Teilnehmer ziehen. Dadurch bekommt man einen vollständigen bipartiten Graphen, wie für $n = 4$ in Abbildung 9.2 dargestellt. Diese Lösung ist aber praktisch nicht realisierbar. Hierbei hat man $n^2$ Kanten für $2n$ Teilnehmer, was für $n = 10000$ die Anzahl der Verbindungsdrähte auf 100 Millionen wachsen lässt. Außer den hohen Herstellungskosten und der hohen Kabelzahl, die das Netz unübersichtlich erscheinen lassen, kann man so

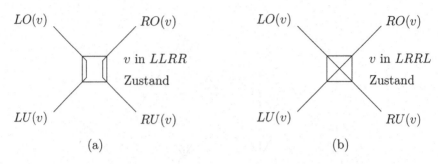

**Abbildung 9.3**

ein Netz auch aus technologischen Gründen nicht realisieren. Die Anzahl der zu einem Knoten inzidenten Kanten (der Knotengrad) muss eine Konstante sein, d. h., sie darf nicht mit der Anzahl der Teilnehmer wachsen.

Formulieren wir jetzt genauer die Anforderungen an eine mögliche praktikable Lösung. Jeder Knoten des Netzes darf höchstens den Grad 4 haben, die Teilnehmerknoten haben höchstens den Grad 2. Im Folgenden nennen wir die Knoten, die nicht den Teilnehmern entsprechen, die Schaltungsknoten. Die Schaltungsknoten sind von der Struktur her alle gleich (Abbildung 9.3) und sehr einfach. Jeder Schaltungsknoten $v$ hat genau vier inzidente Kanten $LO(v)$, $LU(v)$, $RO(v)$ und $RU(v)$. Der Knoten $v$ kann in einem von zwei Zuständen $LLRR$ oder $LRRL$ sein. Wenn $v$ in dem $LLRR$ Zustand ist, bedeutet das, dass die Kanten $LO(v)$ und $LU(v)$ miteinander verbunden sind, und auch die Kanten $RO(v)$ und $RU(v)$ (Abbildung 9.3(a)). Wenn $v$ in dem Zustand $LRRL$ ist, liegen $LO(v)$ und $RU(v)$ auf einem gemeinsamen Kommunikationsweg und $RO(v)$ verknüpft mit $LU(v)$ ist ein Teil eines anderen Kommunikationsweges (Abbildung 9.3(b)). Ein $x$-Teilnehmerknoten $u$ hat nur zwei Kanten $L(u)$ und $R(u)$ und er kann sich alleine entscheiden, welche dieser beiden er für die Kommunikation benutzen will. Damit hat $u$ auch zwei Zustände $L$ und $R$ bezüglich der Kante, die er zur Kommunikation benutzt. Die erlaubten Kommunikationsanforderungen an das Netz sind durch eine Permutation $(i_0, i_1, \ldots, i_{n-1})$ von $(0, 1, \ldots, n-1)$ gegeben. Eine Kommunikationsaufgabe $(i_0, i_1, \ldots, i_{n-1})$ bedeutet, dass der $x$-Teilnehmer $x_j$ mit dem $y$-Teilnehmer $y_{i_j}$ sprechen will, für alle $j \in \{0, 1, \ldots, n-1\}$. Wir fordern, dass man für jede der $n!$ Permutationen $(i_0, \ldots, i_{n-1})$ eine solche Zustandszuordnung der Schaltungsknoten finden kann, dass die $n$ Gespräche $(x_0, y_{i_0}), (x_1, y_{i_1}), \ldots, (x_{n-1}, y_{i_{n-1}})$ simultan stattfinden können. Ein Netz mit $2n$ Teilnehmern, das alle Permutationen von $(0, 1, \ldots, n-1)$ realisieren kann, nennt man $n$-**Permutationsnetzwerk**. Im Prinzip bedeutet dies, dass eine Festlegung von $n$ kantendisjunkten Wegen zwischen $x_j$ und $y_{i_j}$ für $j = 0, 1, \ldots, n-1$ möglich ist. Wir bemerken, dass die Vereinigung von Knoten $x_i$ und $y_i$ zu einem Knoten für $i = 0, 1, \ldots, n-1$ zu einem Telefonnetz führt, in dem beliebige Paare von Teilnehmern kommunizieren können.

Als die Kosten eines Permutationsnetzwerkes betrachten wir die Anzahl der Schaltungsknoten[11] und diese Kosten wollen wir natürlich minimieren. Der zweite Parameter, den wir auch in dem Entwurf minimieren wollen, ist die Länge des längsten Pfades zwischen

---

[11]und damit auch die Anzahl der Kanten (Verbindungsdrähte)

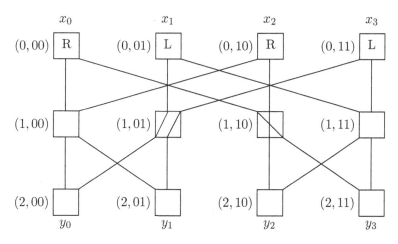

**Abbildung 9.4**

einem $x$-Teilnehmer und einem $y$-Teilnehmer. Schön wäre es auch, eine regelmäßige, überschaubare Verbindungsstruktur zu erzeugen, insbesondere wünschenswert wäre die sogenannte Modularität. Modularität bedeutet, dass man die Netze für $2n$ Teilnehmer als Bausteine für die Herstellung von Netzen mit mehr (zum Beispiel mit $4n$) Teilnehmern benutzen kann. Die Modularität verringert offensichtlich die Kosten zukünftiger Netzwerkerweiterungen und ist damit auch von großer Bedeutung.

Das Netz in Abbildung 9.4 stellt eine preiswerte Lösung für die acht Teilnehmer $x_0, x_1, x_2, x_3, y_0, y_1, y_2, y_3$ dar. Die Anzahl der Schaltungsknoten ist nur 4 und alle Kommunikationswege zwischen $x$-Teilnehmern und $y$-Teilnehmern haben genau die Länge 2. Die Zustände der Knoten des 4-Permutationsnetzwerkes in Abbildung 9.4 bestimmen die Realisierung der Permutation $(3, 0, 2, 1)$.

**Aufgabe 9.5.** Beweisen Sie, dass das Netz in Abbildung 9.4 eine Lösung unseres Entwurfsproblems darstellt.

Unsere Zielsetzung ist jetzt, ein asymptotisch optimales Netzwerk für diese Kommunikationsaufgabe zu entwerfen. Zuerst zeigen wir, dass jedes Netz für $2n$ Teilnehmer mindestens $\Omega(n \log n)$ Schaltungsknoten haben muss.

**Satz 9.4.** *Sei $n \in \mathbb{N} - \{0\}$. Jedes $n$-Permutationsnetzwerk hat mindestens $\Omega(n \log n)$ Schaltungsknoten.*

*Beweis.* Sei $n \in \mathbb{N} - \{0\}$ und sei $\mathrm{Net}_n$ ein $n$-Permutationsnetzwerk. Wenn man in $\mathrm{Net}_n$ eine Permutation realisieren will, muss man eine passende Zuordnung der Zustände für die Knoten des Netzes finden. Zwei unterschiedliche Permutationen erfordern offensichtlich unterschiedliche Zustandszuordnungen. Damit muss die Anzahl der möglichen Zustandszuordnungen in $\mathrm{Net}_n$ mindestens $n!$ sein, also die Anzahl der Permutationen von $n$ Elementen.

Sei $m$ die Anzahl der Schaltungsknoten in Net$_n$. Die Anzahl unterschiedlicher Zustands- zuordnungen in Net$_n$ ist genau $2^n \cdot 2^m$. Damit ist

$$2^m \cdot 2^n \geq n! \quad \text{(das heißt } 2^m \geq n!/2^n),$$

und somit[12] gilt

$$m \geq \log_2(n!) - n \geq n \cdot \log n - n \cdot (\ln e + 1) \in \Omega(n \log n). \qquad \square$$

**Aufgabe 9.6.** Beweisen Sie, dass jedes $n$-Permutationsnetzwerk mindestens einen Weg der Länge $\log_2 n$ zwischen $x$-Teilnehmern und $y$-Teilnehmern beinhalten muss.

Um ein $n$-Permutationsnetzwerk einer Größe in $O(n \log n)$ zu entwerfen, beginnen wir mit sogenannten **$r$-dimensionalen Schmetterlingen**[13] But$_r$ für jedes $r \in \mathbb{N}$. But$_r = (V_r, E_r)$, wobei

$$V_r = \{(i, w) \mid i \in \{0, 1, \ldots, r\}, \ w \in \{0, 1\}^r\} \text{ und}$$
$$E_r = \{\{(i, w), (i+1, w)\} \mid i \in \{0, 1, \ldots, r-1\}\}$$
$$\cup \{\{(i, xay), (i+1, xby)\} \mid i \in \{0, 1, \ldots, r-1\}, \ x \in \{0, 1\}^i,$$
$$a, b \in \{0, 1\}, a \neq b, y \in \{0, 1\}^{r-i-1}\}.$$

Der 2-dimensionale Schmetterling But$_2$ ist in Abbildung 9.4 dargestellt. Eine anschau- liche Darstellung von But$_r$ legt die $(r+1) \cdot 2^r$ Knoten von But$_r$ als eine Matrix von $r+1$ Zeilen und $2^r$ Spalten an. Auf der Position $(i, j)$ der Matrix liegt genau der Knoten $(i, w)$ mit Nummer$(w) = j$. Eine Kante liegt zwischen $(i, x)$ und $(i+1, y)$ nur dann, wenn entweder $x = y$ gilt (die vertikalen Kanten, die in jeder Spalte von oben nach unten laufen), oder wenn sich $x$ und $y$ nur im $i$-ten Bit unterscheiden (Abbildung 9.4).

Wenn für $j = 0, 1, \ldots, 2^r - 1$ dem Teilnehmer $x_j$ der Knoten $(0, w)$ mit Nummer$(w) = j$ und dem Teilnehmer $y_j$ der Knoten $(r, w')$ mit Nummer$(w') = j$ zugeordnet wird, dann enthält But$_r$ für jedes Paar $(x_d, y_c)$, $d, c \in \{0, 1, \ldots, 2^r - 1\}$, folgenden Weg zwischen $x_d$ und $y_c$. Seien

$$\text{Nummer}(a_0 a_1 \ldots a_{r-1}) = d \quad \text{und} \quad \text{Nummer}(b_0 b_1 \ldots b_{r-1}) = c$$

für irgendwelche $a_k, b_k \in \{0, 1\}$ für $k = 0, 1, \ldots, r-1$. Damit entspricht der Kno- ten $(0, a_0 a_1 \ldots a_{r-1})$ dem Teilnehmer $x_d$ und der Knoten $(r, b_0 b_1 \ldots b_{r-1})$ entspricht dem Teilnehmer $y_c$. Wenn $a_0 = b_0$ gilt, startet der Weg mit der vertikalen Kan- te $\{(0, a_0 a_1 \ldots a_{r-1}), (1, a_0 a_1 \ldots a_{r-1})\}$. Wenn $a_0 \neq b_0$, dann nimmt man die Kante $\{(0, a_0 a_1 \ldots a_{r-1}), (1, b_0 a_1 \ldots a_{r-1})\}$. Damit erreicht man nach dem ersten Zug in beiden Fällen den Knoten $(1, b_0 a_1 \ldots a_{r-1})$. Im Allgemeinen erreicht der Weg von $(0, a_1 \ldots a_{r-1})$ nach $(r, b_0 b_1 \ldots b_{r-1})$ nach $k$ Kantenzügen den Knoten $(k, b_0 b_1 \ldots b_{k-1} a_k a_{k+1} a_{k+2} \ldots a_r)$ und wird mit der Kante

$$\{(k, b_0 b_1 \ldots b_{k-1} a_k a_{k+1} \ldots a_{r-1}), (k+1, b_0 b_1 \ldots b_k a_{k+1} \ldots a_{r-1})\}$$

---

[12]Entsprechend der Stirling'schen Formel $n! \approx \frac{n^n}{e^n} \cdot \sqrt{2\pi n}$.
[13]„butterfly" in der englischsprachigen Literatur

fortgesetzt. Damit sorgt die $s$-te Kante für die Umstellung des $s$-ten Bits $a_s$ auf das $s$-te Zielbit $b_s$.

In But$_r$ kann man also jeden $x$-Teilnehmer mit einem beliebigen $y$-Teilnehmer verbinden. Leider reicht das Netzwerk nicht aus, um eine beliebige Permutation zu realisieren. Über den Knoten

$$(\lfloor \tfrac{r}{2} \rfloor, b_0 b_1 \ldots b_{\lfloor r/2 \rfloor} a_{\lfloor r/2 \rfloor + 1} \ldots a_{r-1})$$

führen in unserer Strategie alle Wege mit einem Zielknoten aus der Menge

$$\{(r, b_0 b_1 \ldots b_{\lfloor r/2 \rfloor} e_{\lfloor r/2 \rfloor + 1} \ldots e_{r-1}) \mid e_j \in \{0,1\} \text{ für } j = \lfloor \tfrac{r}{2} \rfloor + 1, \ldots, r-1\}$$

und mit einem Startknoten aus der Menge

$$\{(0, f_0 f_1 \ldots f_{\lfloor r/2 \rfloor} a_{\lfloor r/2 \rfloor + 1} \ldots a_{r-1}) \mid f_i \in \{0,1\} \text{ für } i = 0, 1, \ldots, \lfloor \tfrac{r}{2} \rfloor\}.$$

Es gibt bis zu $2^{\frac{r}{2} - 1}$ solcher Wege, aber wir dürfen über einen Knoten höchstens zwei Wege führen.

Wir nutzen jetzt die $r$-dimensionalen Schmetterlinge als Bausteine zum Entwurf eines $2^r$-Permutationsnetzes, das man **Beneš-Netzwerk** nennt. Das $r$-dimensionale Beneš-Netzwerk Benes$_r$ erhält man, wenn man zwei $r$-dimensionale But$_r$-Netzwerke $A$ und $B$ zusammenfügt, indem man die entsprechenden Knoten der $r$-ten (letzten) Zeilen von $A$ und $B$ miteinander verschmilzt. Abbildung 9.5 zeigt Benes$_3$. Wir sehen, dass das Benes$_r$-Netz $2r + 1$ Zeilen hat, die ersten $r + 1$ Zeilen bilden ein But$_r$-Netz und die letzten $r + 1$ Zeilen bilden auch ein But$_r$-Netz. Abbildung 9.6 zeigt eine rekursive Definition des Benes$_r$-Netzes aus zwei Benes$_{r-1}$-Netzen.

**Aufgabe 9.7.** Geben Sie für jedes $r \in \mathbb{N} - \{0\}$ eine formale Beschreibung von Benes$_r$ als Graph an.

**Satz 9.5.** *Für jedes $r \in \mathbb{N} - \{0\}$ ist* Benes$_r$ *ein $2^r$-Permutationsnetzwerk.*

*Beweis.* Wir zeigen, dass man für jede Permutation $(i_0, \ldots, i_{2^r - 1})$ $2^r$ Wege von $x_j$ nach $y_{i_j}$ für $j = 0, 1, \ldots, 2^r - 1$ so wählen kann, dass keine Kante auf mehr als einem Weg liegt und jeder Knoten auf genau einem Weg liegt.[14] Damit ist offensichtlich, dass eine Zustandszuordnung für die Knoten existiert, die die Kommunikation realisiert, die durch die Permutation $(i_0, \ldots, i_{2^r - 1})$ bestimmt ist.

Wir beweisen diese Aussage mit Induktion bezüglich $r$.

(i) *Induktionsanfang.*
Sei $r = 1$. Dann ist Benes$_1$ offensichtlich ein 2-Permutationsnetzwerk (siehe Abbildung 9.7).[15]

(ii) *Induktionsschritt.*
Sei $r \geq 2$. Wir setzen voraus, dass für jede Permutation von $(0, 1, \ldots, 2^{r-1} - 1)$ im Benes$_{r-1}$-Netz $2^{r-1}$ knotendisjunkte Wege zwischen den $2^{r-1}$ $x$-Teilnehmern und

---

[14]Solche Gruppen von Wegen nennt man paarweise knotendisjunkte Wege.
[15]Man bemerke, dass für $r = 1$ sogar But$_r$ hinreichend ist.

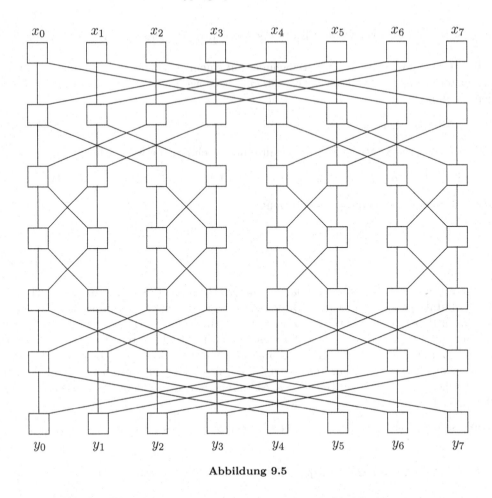

**Abbildung 9.5**

den $2^{r-1}$ $y$-Teilnehmern existieren. Wir können jetzt Benes$_r$ als ein Netz ansehen (Abbildung 9.6), das aus zwei Benes$_{r-1}$-Netzen $A$ und $B$ und aus zwei „ersten Zeilen" von But$_r$ besteht.

Dank der Induktionsvoraussetzung ist es hinreichend, eine solche Kommunikationsstrategie zu finden, dass genau die Hälfte (also $2^{r-1}$) der Wege über den Netzteil Benes$_{r-1}$ $A$ geht, und dass die Kommunikationsaufgaben für $A$ und $B$ genau zwei Permutationen von $(0, 1, \ldots, 2^{r-1} - 1)$ entsprechen. Um dieses zu garantieren, reicht es aus, die Wege in den ersten und letzten Zwischenzeilen von Benes$_r$ so zu wählen, dass kein Knoten $v$ in den ersten Zeilen von $A$ und $B$ (also in der zweiten Zeile von Benes$_r$) auf zwei Wegen liegt (nur eine Kante zwischen $v$ und der 0-ten Zeile von Benes$_r$ darf benutzt werden), und dass kein Knoten $u$ aus der letzten Zeile von $A$ und $B$ auf zwei Wegen liegt (nur eine der Kanten von $u$ zu den $y$-Teilnehmern darf benutzt werden). Formal kann man diese Forderung wie folgt ausdrücken:

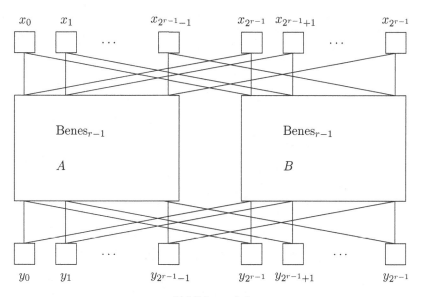

**Abbildung 9.6**

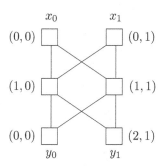

**Abbildung 9.7**

(1) Für alle $i \in \{0, 1, \ldots, 2^{r-1}\}$ müssen die zwei Wege von $x_i$ und $x_{i+2^{r-1}}$ unterschiedliche Benes$_{r-1}$-Netze benutzen (ein Weg muss über $A$ und ein Weg muss über $B$ geführt werden (Abbildung 9.8(a))).

(2) Für alle $j \in \{0, 1, \ldots, 2^{r-1}\}$ müssen die zwei Wege nach $y_j$ und $y_{j+2^{r-1}}$ über unterschiedliche Benes$_{r-1}$-Netze geführt werden (Abbildung 9.8(a)).

Im Folgenden zeigen wir, dass man die Wege einfach einen nach dem anderen bestimmen kann. Sei $(i_0, i_1, \ldots, i_{2^r-1})$ eine beliebige Permutation von $(0, 1, \ldots, 2^r - 1)$. Wir nehmen jetzt die Paare $(x_0, y_{i_0})$ und $(x_{2^{r-1}}, y_{i_{2^{r-1}}})$ und legen den Weg von $x_0$ nach $y_{i_0}$ über $A$ und den Weg von $x_{2^{r-1}}$ nach $y_{i_{2^{r-1}}}$ über $B$ (Abbildung 9.8(b)). Falls $|i_{2^{r-1}} - i_0| = 2^{r-1}$, entstehen dabei keine nachfolgenden Anforderungen. Falls $|i_{2^{r-1}} - i_0| \neq 2^{r-1}$ müssen wir wegen (2) den Weg nach $y_{i_0+2^{r-1} \bmod 2^r}$ über $B$ und den Weg nach $y_{i_{2^{r-1}}+2^{r-1} \bmod 2^r}$

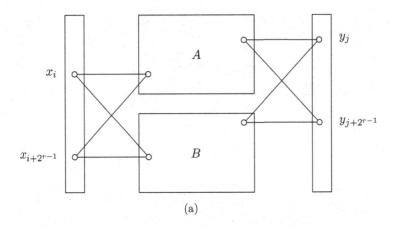

(a)

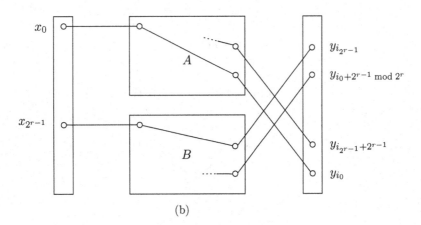

(b)

**Abbildung 9.8.** Eine transponierte Darstellung des Benes$_r$-Netzes.

über $A$ leiten (Abbildung 9.8(b)). Dadurch können wieder Anforderungen an die Führung von zwei Wegen aus den Knoten $x_{q+2^{r-1} \bmod 2^r}$ und $x_{s+2^{r-1} \bmod 2^r}$ für

$$i_q = (i_{2^{r-1}} + 2^{r-1}) \bmod 2^r \quad \text{und} \quad i_s = (i_0 + 2^{r-1}) \bmod 2^r$$

entstehen.[16]

Wir sehen, dass die Fortsetzung dieser Strategie immer in höchstens zwei erfüllbaren Anforderungen an die Führung von zwei Wegen resultiert. Ein Weg muss über $A$ und ein Weg muss über $B$ geführt werden. Damit kann die vorgestellte Strategie erfolgreich die Wege zur Realisierung der gegebenen Permutation bestimmen.    □

**Aufgabe 9.8.** Bestimmen Sie die Wege in Benes$_3$, die die Permutationen (7 2 1 3 0 5 6 4), (0 1 2 3 7 6 5 4) und (0 7 1 6 2 5 3 4) realisieren.

---

[16]Falls $|((q + 2^{r-1}) \bmod 2^r) - ((s + 2^{r-1}) \bmod 2^r)| \neq 2^{r-1}$.

Mit Satz 9.5 haben wir unsere Zielsetzung erfüllt. Benes$_r$ ist ein $2^r$-Permutationsnetzwerk mit insgesamt $(2r+1) \cdot 2^r$ Knoten und $r \cdot 2^{r+2}$ Kanten.[17] Zusätzlich haben die Beneš-Netzwerke eine regelmäßige Struktur mit hohem Grad an Modularität (Abbildung 9.6). Die Entfernung zwischen beliebigen $x$-Teilnehmern und einem $y$-Teilnehmer beträgt genau $2r$ und ist daher logarithmisch in der Anzahl der Teilnehmer.

**Aufgabe 9.9.*** Sei $G = (V, E)$ ein Graph. Ein **balancierter Schnitt** von $G$ ist ein Paar $(V_1, V_2)$, so dass

(i) $V = V_1 \cup V_2$, $V_1 \cap V_2 = \emptyset$ und

(ii) $-1 \leq |V_1| - |V_2| \leq 1$.

Die Kosten eines Schnittes $(V_1, V_2)$ sind

$$\mathrm{cost}(V_1, V_2) = |E \cap \{\{v, u\} \mid v \in V_1, u \in V_2\}|,$$

d. h. die Anzahl der Kanten zwischen $V_1$ und $V_2$. Die **Bisektionsbreite von $G$** misst die Kosten des minimalen balancierten Schnittes. Im Netzwerkdesign wird der Entwurf von Netzen mit möglichst großer Bisektion angestrebt. Eine große Bisektion von $G$ garantiert, dass bei jeder Zerlegung von $G$ in ungefähr zwei gleich große Teile hinreichend viele Kommunikationskanäle zwischen diesen Teilen vorhanden sind. Beweisen Sie, dass But$_r$ und Benes$_r$ eine Bisektionsbreite in $\Omega(2^r)$ haben.[18]

## 9.7 Zusammenfassung

Die Kryptographie beschäftigt sich mit dem Entwurf von Kryptosystemen, die einen sicheren Austausch geheimer Informationen ermöglichen. Bei den klassischen (symmetrischen) Kryptosystemen bestimmt der Schlüssel das Verschlüsselungsverfahren sowie das Entschlüsselungsverfahren, und somit ist der Schlüssel das gemeinsame Geheimnis von Sender und Empfänger. Public-Key-Kryptosysteme arbeiten mit einem öffentlichen Verschlüsselungs-Schlüssel, weil dessen Kenntnis keine Hilfe zur Entschlüsselung darstellt. Die Public-Key-Kryptosysteme basieren auf der Idee der Einweg-Funktionen. Eine Einweg-Funktion ist effizient berechenbar, aber die zugehörige inverse Funktion ist ohne zusätzliches Wissen (ein Geheimnis, das nur der Empfänger besitzt) nicht effizient berechenbar. Kandidaten für Einweg-Funktionen sind die Multiplikation, deren inverse Funktion die Faktorisierung ist, und die Potenzierung modulo einer natürlichen Zahl $n$, deren inverse Funktion der diskrete Logarithmus ist.

Interaktive Beweissysteme ermöglichen effizient auf randomisierte Weise die Überprüfung der Existenz von Beweisen. Alle Sprachen in PSPACE haben interaktive Beweissysteme. Zero-Knowledge-Beweissysteme ermöglichen es, zu überprüfen, ob andere Personen im Besitz eines Beweises (Geheimnisses) sind, ohne ein einziges Bit des Beweises zu lernen. Alle Sprachen in NP haben Zero-Knowledge-Beweissysteme.

Die Qualität von Verbindungsnetzen wird auch an der Menge der zu übertragenden Daten oder der Menge von realisierten Kommunikationsanforderungen in einem kurzen

---

[17]Damit ist die Anzahl der Schaltungsknoten in $O(n \cdot \log_2 n)$, wenn $n$ der Anzahl der Teilnehmer entspricht.

[18]Die Bisektionsbreite ist ungefähr so hoch wie die Anzahl der Teilnehmer, oder anders ausgedrückt, die Bisektionsbreite ist in $\Omega(\frac{m}{\log m})$, wobei $m$ die Anzahl der Knoten ist.

Zeitraum gemessen. Der Entwurf eines Netzes, das optimal bezüglich gegebener Qualitätsparameter sein sollte, führt meistens auf nichttriviale Optimierungsprobleme, die man mit den Methoden der diskreten Mathematik zu lösen versucht.

Das Konzept der Public-Key-Kryptosysteme wurde erstmals von Diffie und Hellman [DH76] vorgeschlagen. Das bekannte RSA-Kryptosystem ist nach seinen Erfindern Rivest, Shamir und Adleman [RSA78] benannt. Die interaktiven und Zero-Knowledge-Beweissysteme gehen auf Goldwasser, Micali und Rackoff [GMR85] zurück. Shamir [Sha92] war der erste, der IP = PSPACE bewiesen hat.

Das Beneš-Netzwerk hat Beneš in seinen Arbeiten über Telefonnetze [Ben64, Ben65] entworfen. Die Tatsache, dass Beneš-Netzwerke Permutationsnetze sind, wurde von Waksman [Wak68] bewiesen.

Für eine anschauliche didaktisch gute Einleitung in die Kryptographie empfehlen wir wärmstens Delfs und Knebl [DK02] und Salomaa [Sal96]. Ausführlichere Auskunft über interaktive Systeme kann man in den Lehrbüchern von Bovet und Crescenzi [BC94] und Sipser [Sip97] finden. Ausführliche Informationen über Kommunikationsprobleme in Netzen kann man in dem hervorragenden und umfangreichen Lehrbuch von Leighton [Lei92] und in dem Übersichtsartikel von Hromkovič, Klasing, Monien und Peine [HKMP96] finden.

## Kontrollaufgaben

1. Was ist ein Kryptosystem? Wie kann man den Grad seiner Sicherheit messen?

2. Erklären Sie das Konzept der Einweg-Funktionen. Welche Kandidaten für Einweg-Funktionen kennen Sie?

3. Erklären Sie den Aufbau des RSA-Kryptosystems und beweisen Sie die Eindeutigkeit der RSA-Kodierung.

4. Wie können Public-Key-Kryptosysteme angewendet werden, um Protokolle für digitale Unterschriften zu entwerfen? Warum ist das Authentizitätsproblem schwerer als das Problem der digitalen Unterschrift?

5. Erklären Sie das Konzept interaktiver Beweissysteme. Wie kann man ein Zero-Knowledge-Beweissystem definieren? Wo können solche Systeme Anwendung finden?

6. Warum unterscheiden sich die Beweissysteme für das Graphenisomorphieproblem und das Graphennichtisomorphieproblem so stark? Bei welchem dieser zwei Beweissysteme ist ein berechnungs-stärkerer Beweiser gefordert?

7. Was ist ein $n$-Permutationsnetzwerk? Entwerfen Sie ein 3-Permutationsnetzwerk und ein 7-Permutationsnetzwerk.

8. Zeichnen Sie einen 4-dimensionalen Schmetterling. Erklären Sie anschaulich, wie man aus einem $k$-dimensionalen Schmetterling einen $(k+1)$-dimensionalen Schmetterling bauen kann.

9. Zeichnen Sie $Benes_2$.

10. Beweisen Sie, dass $Benes_3$ ein 8-Permutationsnetzwerk ist.

11. Bestimmen Sie die Wege in $Benes_2$, die die Permutationen (4 3 2 1), (4 1 2 3) und (3 1 4 2) realisieren.

Ich habe viel von meinem Lehrer gelernt,
noch mehr von meinen Freunden,
aber am meisten von meinen Schülern.

Talmud

# 10 Grammatiken und Chomsky-Hierarchie

## 10.1 Zielsetzung

Das Thema Grammatiken gehört in die Theorie der formalen Sprachen, die eines der ältesten Gebiete der Informatik ist. Der Begriff „Grammatik" liegt im Schnittpunkt zwischen Linguistik und Informatik und wurde sogar auch in der Evolutionsbiologie zur Wachstumsmodellierung eingesetzt.

Das Konzept der Grammatiken ist einfach. Unsere bisherigen Berechnungsmodelle wie endliche Automaten und Turingmaschinen haben wir als Akzeptoren von Sprachen betrachtet. Diese Modelle sind eine Möglichkeit, unendliche Objekte wie Sprachen (oder Mengen) auf endliche Weise zu beschreiben. Eine Maschine $A$, die eine Sprache $L = L(A)$ akzeptiert, ist eine eindeutige endliche Repräsentation der Sprache $L$. Grammatiken bieten einen anderen Weg, unendliche Sprachen auf endliche Weise eindeutig zu beschreiben. Grammatiken sind Mechanismen zur Generierung (Erzeugung) von Wörtern. Für die Menge $L$ aller Wörter, die ein solcher Mechanismus erzeugt, ist der Mechanismus eine Beschreibung von $L$. Für die Linguisten ist diese Art Mechanismus deswegen von großer Bedeutung, weil sie auf diese Weise versuchen, die Mengen syntaktisch (grammatisch) korrekter Texte in konkreten natürlichen Sprachen zu beschreiben und auf diese Weise ein formales Mittel für die Untersuchung und die automatische Übersetzung natürlicher Sprachen zu gewinnen. Die Bedeutung in der Informatik beschränkt sich nicht nur auf die Möglichkeit, überschaubar unendliche Objekte zu beschreiben. Sogenannte kontextfreie Grammatiken, die eine einfache spezielle Art von Grammatiken darstellen, nutzt man, um Programmiersprachen darzustellen. So entsprechen die durch solche Grammatiken generierten Wörter syntaktisch korrekten Programmen in der modellierten Programmiersprache. Damit ist das Konzept der kontextfreien Grammatiken zentral für den Compilerbau. Aus der Sicht der Berechenbarkeit ist es wichtig zu bemerken, dass die Menge der Sprachen, die durch allgemeine Grammatiken erzeugbar sind, genau der Menge der rekursiv aufzählbaren Sprachen entspricht. Damit ist das Konzept der Grammatiken genau so stark wie das Konzept der Turingmaschinen, was eine weitere Bestätigung der Church'schen These ist.

Das Kapitel ist wie folgt gegliedert. In Abschnitt 10.2 stellen wir das Konzept der Grammatiken vor. Die Zielsetzung ist es zu erklären, wie der Generierungsmechanismus von Grammatiken funktioniert und in welche Klassen man die Menge aller Grammatiken einteilt und warum Grammatiken klassifiziert werden.

Abschnitt 10.3 behandelt die einfachste Klasse von Grammatiken, die sogenannten regulären Grammatiken. Wir zeigen, dass diese Grammatiken genau die Klasse der regulären Sprachen generieren und somit in der Beschreibungsstärke äquivalent zu den endlichen Automaten sind. Zusammen mit dem Erlernen des Entwurfs von regulären Grammatiken ist dies die Hauptzielsetzung dieses Abschnitts.

Abschnitt 10.4 ist von zentraler Bedeutung für dieses Kapitel. Die Zielsetzung ist zu zeigen, dass die kontextfreien Grammatiken eine natürliche Art einer nichtdeterministischen Rekursion sind. Auf der Suche nach einem Berechnungsmodell, das genau die durch kontextfreie Grammatiken generierten Sprachen akzeptieren kann, landen wir bei nichtdeterministischen Kellerautomaten. Der Keller ist gerade die Datenstruktur, die wir in der Informatik benutzen, um Rekursionen zu modellieren und implementieren. Außerdem lernen wir hier kontextfreie Grammatiken zu entwerfen, spezielle Normalformen zu konstruieren und das Pumping-Lemma für kontextfreie Sprachen anzuwenden, das ein Instrument zum Beweisen der Nichtkontextfreiheit einer Sprache darstellt.

In Abschnitt 10.5 beschäftigen wir uns mit den allgemeinen (unbeschränkten) Grammatiken und mit den sogenannten kontextsensitiven Grammatiken. Das Hauptziel ist, die Äquivalenz zwischen den Konzepten der Grammatiken und Turingmaschinen zu zeigen und damit den Glauben an die Church'sche These noch zu verstärken. Weiter bemerken wir, dass das Konzept der kontextsensitiven Grammatiken genau den nichtdeterministischen Turingmaschinen mit linearem Speicherplatz entspricht.

Dieses Kapitel wurde auf den Wunsch einiger Leser für die dritte Auflage des Buches hinzugefügt. Die Idee war dabei, die Abdeckung des klassischen Stoffs der Theoretischen Informatik für einen Anfängerkurs zu garantieren. Damit sollte die für einige Kollegen zu starke Fokussierung auf die neueren Informatikkonzepte kompensiert werden und das Buch auch für klassisch gestaltete Grundvorlesungen über Theoretische Informatik als fast vollständiges Material zur Verfügung stehen. In der Vorlesung kann dieses Kapitel auch schon direkt nach Kapitel 4 über Turingmaschinen eingesetzt werden. Die Teile über reguläre und kontextfreie Grammatiken sind auch dazu geeignet, direkt nach Kapitel 3 über endliche Automaten behandelt zu werden. Bei einer stark eingeschränkten[1] Nutzung dieses Kapitels empfehlen wir, nur das Konzept der allgemeinen und der kontextfreien Grammatiken in die Vorlesung aufzunehmen, weil gerade die Äquivalenz zu den Turingmaschinen und das Konzept der Rekursion mit der Anwendung im Compilerbau die aus Sicht der Informatik wichtigsten Beiträge dieses Kapitels sind.

---

[1]Das Material in diesem Buch übersteigt die Kapazität einer Einführungsveranstaltung über Theoretische Informatik. Wenn man sich auch für die Vorstellung neuerer Konzepte entscheidet, muss man auf die Vorstellung einiger Teilbereiche der klassischen Themen verzichten.

## 10.2 Das Konzept der Grammatiken

Die Zielsetzung dieses Abschnitts ist, zunächst die Grammatiken als ein weiteres Konzept zur formalen Beschreibung von Sprachen vorzustellen. Bisher haben wir die Sprachen entweder durch die Beschreibung der Eigenschaften der in der Sprache enthaltenen Wörter oder durch Automaten oder Maschinen, die diese Sprachen erkennen, spezifiziert. In diesem Kapitel wollen wir eine neue formale Beschreibungsmethode vorstellen. Diese Methode basiert auf einem Erzeugungsverfahren. Mechanismen zur Erzeugung gewisser Objekte werden in der Mathematik oft zum axiomatischen Definieren von Objektklassen verwendet. Nehmen wir als Beispiel die Definition einer Boole'schen Formel über einer Variablenmenge $\{x_1, x_2, \ldots, x_n\}$:

(i) Die Konstanten 0 und 1 und die Variablen $x_1, x_2, \ldots, x_n$ sind Boole'sche Formeln.

(ii) Wenn $A$ eine Boole'sche Formel ist, dann ist auch $\neg A$ (die Negation von $A$) eine Boole'sche Formel.

(iii) Wenn $A$ und $B$ Boole'sche Formeln sind, dann sind auch

$(A \vee B)$ und $(A \wedge B)$

Boole'sche Formeln.

(iv) Kein Objekt, das sich nicht durch die Anwendung der Regeln (i), (ii) und (iii) erzeugen lässt, ist eine Boole'sche Formel über $\{x_1, x_2, \ldots, x_n\}$.

Auf die oben beschriebene Weise haben wir eine axiomatische Definition Boole'scher Formeln über der Variablenmenge $\{x_1, \ldots, x_n\}$ und den logischen Verknüpfungen $\neg, \vee$ und $\wedge$ erhalten. Natürlich können wir solche Boole'schen Formeln als Wörter über dem Alphabet $\{0, 1, x_1, x_2, \ldots, x_n, \neg, \vee, \wedge, (,)\}$ betrachten und somit bestimmt der angegebene Erzeugungsmechanismus die Sprache aller Boole'schen Formeln über $\{x_1, x_2, \ldots, x_n\}$ mit den logischen Operationen der Negation, der Disjunktion und der Konjunktion.

Das folgende Beispiel präsentiert ein Erzeugungsverfahren für eine Sprache über $\{a, b\}$, die zu den typischen hier behandelten Sprachen gehört.

**Beispiel 10.1.** Wir betrachten das folgende Erzeugungsverfahren für eine Sprache $L$ über dem Alphabet $\{a, b\}$:

(i) $\lambda \in L$.

(ii) Falls $x \in L$, dann ist auch $axb \in L$.

(iii) Keine anderen als die durch (i) und (ii) erzeugten Wörter gehören zu $L$.

Wir bemerken, dass wir, beginnend mit $x = \lambda$ nach (i), durch dreimaliges Anwenden der Regel (ii) zu dem Wort $a^3b^3$ kommen. Die Hypothese liegt nahe, dass

$L = \{a^i b^i \mid i \in \mathbb{N}\}$.

Wir beweisen dies durch separate Beweise für beide Inklusionen.

1. Wir zeigen, dass $\{a^i b^i \mid i \in \mathbb{N}\} \subseteq L$.
   Wir beweisen $a^i b^i \in L$ für alle $i \in \mathbb{N}$ mittels Induktion bezüglich $i$.

   - *Induktionsanfang.*
     Für $i = 0$ haben wir $a^i b^i = a^0 b^0 = \lambda$. Nach der Regel (i) ist $\lambda$ in $L$.

   - *Induktionsschritt.*
     Nach der Induktionsannahme ist $a^{i-1} b^{i-1}$ in $L$. Wir sollen zeigen, dass auch $a^i b^i \in L$. Wenn man $x$ gleich $a^{i-1} b^{i-1}$ setzt, folgt aus Regel (ii), dass auch $axb = aa^{i-1} b^{i-1} b = a^i b^i$ in $L$ sein muss.

2. Wir zeigen, dass $L \subseteq \{a^i b^i \mid i \in \mathbb{N}\}$.
   Wir beobachten, dass $L$ nach den Regeln (i) und (ii) nur Wörter gerader Länge enthalten kann.[2] Wir zeigen mittels Induktion bezüglich $i$, dass für alle $i \in \mathbb{N}$ der String $a^i b^i$ das einzige Wort der Länge $2i$ in $L$ ist.

   - *Induktionsanfang.*
     Sei $i = 0$. Das Wort $a^0 b^0 = \lambda$ ist das einzige Wort der Länge 0 in $L$.

   - *Induktionsschritt.*
     Unter der Induktionsannahme, dass für alle $j \in \{0, 1, \ldots, i-1\}$ der String $a^j b^j$ das einzige Wort der Länge $2j$ in $L$ ist, folgern wir nach (ii) und (iii), dass $a^i b^i$ das einzige Wort der Länge $2i$ in $L$ ist.    $\diamond$

**Aufgabe 10.1.** Sei $L$ wie folgt definiert:

(i) $\lambda \in L$.

(ii) Falls $x \in L$, dann sind auch $axb$ und $bxa$ in $L$.

(iii) Falls $x, y \in L$, dann ist auch $xy$ in $L$.

(iv) Keine anderen Wörter gehören zu $L$ als diejenigen, die man durch die Anwendung der Regeln (i), (ii) und (iii) erzeugen kann.

Welche Sprache $L$ wird auf diese Weise generiert? Beweisen Sie Ihre Behauptung.

**Aufgabe 10.2.** Geben Sie Erzeugungsmechanismen zur Generierung folgender Sprachen an:

(a) $\{xabby \mid x, y \in \{a, b\}^*\}$,

(b) $\{x1y \mid |x| = |y| \text{ und } x, y \in \{0, 1, 2\}^*\}$,

(c) $\{x1110 \mid x \in \{0, 1\}^*\}$,

(d) $\left\{x \in \{0, 1\}^* \mid |x|_0 \geq 3\right\}$.

Das Konzept der Grammatiken basiert auf der vorgestellten Idee der axiomatischen Definition, ist aber etwas anders umgesetzt. Man betrachtet zuerst zwei disjunkte Alphabete $\Sigma_T$ und $\Sigma_N$. Die Symbole aus $\Sigma_T$ werden **Terminalsymbole** genannt und entsprechen der bisherigen Nutzung zur Gestaltung von Wörtern aus der betrachteten Sprache. Die Symbole aus $\Sigma_N$ werden **Nichtterminalsymbole** (oder kurz **Nichtterminale**) genannt.

---

[2] Ein formaler Induktionsbeweis dieser Tatsache ist offensichtlich.

Die Nichtterminale spielen die Rolle von Variablen und dürfen in den Wörtern der generierten Sprache nicht auftreten. Nichtterminale oder Wörter, die Nichtterminalsymbole enthalten, dürfen durch andere Wörter ersetzt werden. Wie und was ersetzt wird, wird durch die sogenannten **Regeln** (auch **Produktionen** oder **Ableitungsregeln** genannt) bestimmt, die den Regeln eines axiomatischen Systems entsprechen. Grob betrachtet ist eine Grammatik eine Menge von Regeln. Eine Regel ist zum Beispiel

$$X \to aXb.$$

Diese Regel besagt, dass man jedes Auftreten des Nichtterminals $X$ durch $aXb$ ersetzen darf. Wenn man zu dieser Regel noch die Regel $X \to \lambda$ hinzunimmt, die das Nichtterminal $X$ durch das leere Wort $\lambda$ ersetzt (also $X$ löscht), dann kann man durch diese zwei Regeln, ausgehend von $X$, ein beliebiges Wort aus $L = \{a^i b^i \mid i \in \mathbb{N}\}$ erzeugen. Das Konzept der Grammatiken fordert, dass man bei der Generierung von Wörtern immer mit einem fest gegebenen ausgezeichneten Nichtterminal anfangen muss und die gegebenen Regeln so lange anwendet, bis das generierte Wort kein Nichtterminalsymbol mehr enthält. Wenn man ein Wort über $\Sigma_T$ erreicht, ist der Erzeugungsprozess beendet und das generierte Wort gehört in die Menge der durch die Grammatik erzeugten Wörter.

Für den Rest dieses Kapitels legen wir die Nutzung der vorkommenden Symbole fest.

(i) Für die Terminalsymbole nutzen wir die Kleinbuchstaben $a, b, c, d, e$ und die Ziffern.

(ii) Die Großbuchstaben, vorzugsweise $A, B, C, D, X, Y, Z$, nutzen wir, um Nichtterminale zu bezeichnen.

(iii) Mit den Kleinbuchstaben $u, v, w, x, y$ und $z$ werden Wörter über $\Sigma_T$ bezeichnet.

(iv) Die griechischen Buchstaben wie $\alpha, \beta$ und $\gamma$ werden für beliebige Wörter über $\Sigma_T \cup \Sigma_N$ verwendet. Solche Wörter bezeichnen wir auch als **Satzformen**.

Jetzt führen wir eine formale Definition einer Grammatik ein. Ähnlich wie bei Maschinenmodellen definieren wir zuerst eine Struktur (in diesem Fall ein 4-Tupel) und dann ihre Semantik durch die Beschreibung ihrer Dynamik.

**Definition 10.1.**

*(i) Eine Grammatik $G$ ist ein 4-Tupel $G = (\Sigma_N, \Sigma_T, P, S)$, wobei:*

    *(a) $\Sigma_N$ ist ein Alphabet, genannt **Nichtterminalalphabet** oder die **Menge der Nichtterminale von G**. Die Symbole aus $\Sigma_N$ nennt man **Nichtterminale**.*

    *(b) $\Sigma_T$ ist ein Alphabet, genannt **Terminalalphabet** oder die **Menge der Terminalsymbole von G**. Die Symbole aus $\Sigma_T$ nennt man **Terminalsymbole**. Es gilt*

        $$\Sigma_N \cap \Sigma_T = \emptyset.$$

    *(c) $S \in \Sigma_N$ heißt **Startsymbol** oder **Startnichtterminal**.*
        {Jede Generierung eines Wortes muss mit dem Wort $S$ starten.}

*(d)* $P$ *ist eine endliche Teilmenge von* $\Sigma^* \Sigma_N \Sigma^* \times \Sigma^*$ *für* $\Sigma = \Sigma_N \cup \Sigma_T$, *genannt die* **Menge der Ableitungsregeln von** $G$. *Die Elemente von* $P$ *heißen* **Regeln** *oder auch* **Produktionen**. *Statt* $(\alpha, \beta) \in P$ *schreiben wir auch*

$$\alpha \to_G \beta,$$

*in Worten:* $\alpha$ **kann in** $G$ **durch** $\beta$ **ersetzt werden.**

{Es ist wichtig zu beobachten, dass für alle $(\alpha, \beta) \in P$ das Wort $\alpha$ mindestens ein Nichtterminalsymbol aus $\Sigma_N$ enthalten muss, was durch $\alpha \in \Sigma^* \Sigma_N \Sigma^*$ gefordert wird. Die Bedeutung ist, dass in einem Wort $\gamma \alpha \omega$ mit $\gamma, \omega \in \Sigma^*$ die Satzform $\alpha$ durch $\beta$ ersetzt werden kann, wodurch das Wort $\gamma \beta \omega$ entsteht.}

*(ii)* *Seien* $\gamma, \delta \in (\Sigma_N \cup \Sigma_T)^*$. *Wir sagen, dass* $\delta$ **aus** $\gamma$ **in einem Ableitungsschritt in** $G$ **ableitbar ist** *(oder dass* $\gamma$ **in** $G$ **in** $\delta$ **übergeht**),

$$\gamma \Rightarrow_G \delta,$$

*genau dann, wenn* $\omega_1$ *und* $\omega_2$ *aus* $(\Sigma_N \cup \Sigma_T)^*$ *und eine Regel* $(\alpha, \beta) \in P$ *existieren, so dass*

$$\gamma = \omega_1 \alpha \omega_2 \text{ und } \delta = \omega_1 \beta \omega_2.$$

*Wir sagen, dass* $\delta$ **aus** $\gamma$ **in** $G$ **ableitbar ist,**

$$\gamma \Rightarrow_G^* \delta,$$

*genau dann, wenn*

*(a)* *entweder* $\gamma = \delta$,

*(b)* *oder ein* $n \in \mathbb{N} - \{0\}$ *und* $n+1$ *Wörter* $\omega_0, \omega_1, \ldots, \omega_n \in (\Sigma_N \cup \Sigma_T)^*$ *existieren, so dass*

$$\gamma = \omega_0, \delta = \omega_n \text{ und } \omega_i \Rightarrow_G \omega_{i+1} \text{ für } i = 0, 1, 2, \ldots, n - 1.$$

{Somit ist $\Rightarrow_G^*$ die reflexive und transitive Hülle von $\Rightarrow_G$, wenn man $\Rightarrow_G$ als eine Relation auf Wörtern betrachtet.}

*Eine Folge von Ableitungsschritten*

$$\omega_0 \Rightarrow_G \omega_1 \Rightarrow_G \omega_2 \Rightarrow_G \ldots \Rightarrow_G \omega_n$$

*heißt eine* **Ableitung in** $G$.

*(iii)* *Falls* $S \Rightarrow_G^* w$ *für ein Wort* $w \in \Sigma_T^*$, *dann sagen wir, dass* $w$ **von** $G$ **erzeugt wird.** *Die* **von** $G$ **erzeugte Sprache** *ist*

$$L(G) = \{w \in \Sigma_T^* \mid S \Rightarrow_G^* w\}.$$

Im Folgenden nutzen wir die Bezeichnung $\alpha \Rightarrow_G^i \beta$ für eine Ableitung $\alpha \Rightarrow_G^* \beta$, die aus genau $i$ Ableitungsschritten besteht.

**Beispiel 10.2.** Sei $G = (\Sigma_N, \Sigma_T, P, S)$, wobei

(i) $\Sigma_N = \{S\}$,

(ii) $\Sigma_T = \{a, b\}$,

(iii) $P = \{S \to \lambda, \ S \to SS, \ S \to aSb, \ S \to bSa\}$.

Ein Beispiel einer Ableitung des Wortes *baabaabb* in $G$ ist

$$S \Rightarrow_G SS \Rightarrow_G SaSb \Rightarrow_G SaSSb \Rightarrow_G bSaaSSb \Rightarrow_G baaSSb$$

$$\Rightarrow_G baabSaSb \Rightarrow_G baabaSb \Rightarrow_G baabaaSbb \Rightarrow_G baabaabb.$$

Der erste Ableitungsschritt entspricht der Anwendung der Regel $S \to SS$. Im zweiten Ableitungsschritt wurde gemäß $S \to aSb$ das zweite $S$ von links ersetzt. Die Regel $S \to SS$ wurde zur Ersetzung des zweiten $S$ im dritten Schritt angewendet. Im vierten Schritt haben wir das erste $S$ von links nach der Regel $S \to bSa$ durch $bSa$ ersetzt, und so weiter.

Wir vermuten, dass

$$L(G) = L_{\text{ge}} = \{w \in \{a, b\}^* \mid |w|_a = |w|_b\}.$$

Die Tatsache, dass $L(G)$ nur Wörter mit einer gleichen Anzahl $a$'s und $b$'s generieren kann, ist offensichtlich, weil jede Regel die gleiche Anzahl $a$'s und $b$'s erzeugt. Es bleibt also nur zu überprüfen, ob in $G$ alle Wörter mit gleicher Anzahl $a$'s und $b$'s ableitbar sind.

Wir zeigen dies mit Induktion bezüglich der Wortlänge, die für alle Wörter in $L_{\text{ge}}$ gerade ist.

(i) *Induktionsanfang.*

Sei $n = 0$. Das Wort $\lambda \in L_{\text{ge}}$ kann man durch die Regel $S \to \lambda$ in einem Ableitungsschritt $S \Rightarrow_G \lambda$ erzeugen. Somit gilt

$$S \Rightarrow_G^* \lambda$$

und $\lambda \in L(G)$.

(ii) *Induktionsschritt.*

Sei $L_{\text{ge}} \cap \bigcup_{i=0}^{2n-2} (\Sigma_{\text{T}})^i \subseteq L(G)$ für ein $n \in \mathbb{N} - \{0\}$. Wir sollen zeigen, dass alle Wörter der Länge $2n$ aus $L_{\text{ge}}$ auch in $L(G)$ sind. Formal bedeutet dies, dass wir für jedes Wort $x$ aus $L_{\text{ge}} \cap \{a, b\}^{2n}$ die Existenz einer Ableitung von $x$ in $G$ begründen müssen. Sei $x$ ein beliebiges Wort aus $L_{\text{ge}} \cap \{a, b\}^{2n}$. Wir unterscheiden 4 Fälle bezüglich des ersten und des letzten Symbols von $x$.

(ii.1) Sei $x = ayb$. Weil $|y| = 2n-2$ und $|y|_a = |y|_b$, existiert nach Induktionsannahme eine Ableitung

$$S \Rightarrow_G^* y$$

in $G$. Somit gibt es folgende Ableitung

$$S \Rightarrow_G aSb \Rightarrow_G^* ayb = x$$

von $x$ in $G$.

(ii.2) Der Fall $x = bya$ ist analog zu (ii.1). Statt der Regel $S \to aSb$ wendet man im ersten Ableitungsschritt die Regel $S \to bSa$ an.

(ii.3) Sei $x = aya$. Weil $|x|_a = |x|_b = n$, gilt

$$n = |y|_b = |y|_a + 2.$$

Damit muss es eine Zerlegung von $y$ der Form

$$y = uv$$

geben, so dass

$$|u|_b = |u|_a + 1 \quad \text{und} \quad |v|_b = |v|_a + 1.$$

Man kann zum Beispiel $u$ als das kürzeste Präfix von $y$ definieren, das mehr $b$'s als $a$'s beinhaltet. Damit gilt

$$x = auva, au \in L_{\text{ge}} \quad \text{und} \quad va \in L_{\text{ge}}.$$

Nach der Induktionsannahme existieren Ableitungen

$$S \Rightarrow_G^* au \quad \text{und} \quad S \Rightarrow_G^* va$$

von $au$ und $va$ in $G$. Damit erhalten wir die Ableitung

$$S \Rightarrow_G SS \Rightarrow_G^* auS \Rightarrow_G^* auva = x$$

von $x$ in $G$.

(ii.4) Der Fall $x = byb$ für ein $y \in (\Sigma_{\text{T}})^{2n-2}$ ist analog zu Fall (ii.3).    $\diamondsuit$

**Aufgabe 10.3.** Betrachten Sie die folgende Grammatik $G = (\Sigma_{\text{N}}, \Sigma_{\text{T}}, P, S)$, wobei $\Sigma_{\text{N}} = \{S, A, B\}$, $\Sigma_{\text{T}} = \{a, b\}$ und

$$P = \{S \to \lambda, \ S \to ASB, \ S \to BSA, \ S \to ABS, S \to SAB, \ S \to BAS,$$
$$S \to SBA, \ S \to SS, A \to a, \ B \to b\}.$$

Welche Sprache wird durch $G$ erzeugt? Begründen Sie ihre Behauptung.

Wir beobachten, dass Grammatiken nichtdeterministische Erzeugungsmechanismen sind. Für den Nichtdeterminismus bestehen zwei Gründe. Zuerst dürfen mehrere Regeln existieren, die die gleiche linke Seite haben. Wir haben die freie Wahl, eine dieser Regeln anzuwenden, falls die linke Seite der Regel irgendwo als Teilwort in dem bisher abgeleiteten Wort vorhanden ist. Zweitens können mehrere linke Seiten von Regeln als Teilwörter auftreten, und es ist nicht festgelegt, welches der Teilwörter als erstes ersetzt wird. Zum Beispiel zerstört die Anwendung der Regel $aX \to by$ im Wort $aaaXbb$ die Möglichkeit, im nächsten Ableitungsschritt die Regel $Xb \to XZ$ anzuwenden, obwohl diese Regel für das Wort $aaaXbb$ anwendbar ist.

**Beispiel 10.3.** Hier möchten wir eine Grammatik für die Sprache

$$L_{3a} = \{w \in \{a, b\}^* \mid |w|_a = 3\}$$

konstruieren. Wir betrachten die Grammatik $G = (\{S, X\}, \{a, b\}, P, S)$ mit 3 Regeln. Mit der Regel

$$S \to XaXaXaX$$

garantieren wir, dass genau 3 Symbole $a$ erzeugt werden. Mit den Regeln

$$X \to \lambda \quad \text{und} \quad X \to bX$$

ermöglichen wir es, aus jedem Nichtterminal $X$ ein beliebiges Wort aus $\{b\}^*$ zu generieren. Im Folgenden führen wir einen formalen Beweis von $L(G) = L_{3a}$.

(i) Zuerst zeigen wir $L_{3a} \subseteq L(G)$.

Sei $x \in L_{3a}$. Dann ist

$$x = b^i a b^j a b^k a b^m$$

für irgendwelche $i, j, k, m \in \mathbb{N}$. Um zu zeigen, dass $x \in L(G)$, konstruieren wir eine Ableitung von $x$ in $G$.

$$S \Rightarrow_G XaXaXaX \Rightarrow_G^i b^i XaXaXaX \Rightarrow_G b^i aXaXaX$$
$$\Rightarrow_G^j b^i ab^j XaXaX \Rightarrow_G b^i ab^j aXaX \Rightarrow_G^k b^i ab^j ab^k XaX$$
$$\Rightarrow_G b^i ab^j ab^k aX \Rightarrow_G^m b^i ab^j ab^k ab^m X \Rightarrow_G b^i ab^j ab^k ab^m.$$

(ii) Wir zeigen $L(G) \subseteq L_{3a}$.

Sei $w$ ein beliebiges Wort aus $L(G)$. Dies bedeutet, dass eine Ableitung

$$S \Rightarrow_G \omega_1 \Rightarrow_G \omega_2 \Rightarrow_G \ldots \Rightarrow_G \omega_n = w$$

von $w \in \{a, b\}^*$ in $G$ existiert. Um $w \in L_{3a}$ zu zeigen, beweisen wir zuerst mittels Induktion, dass

$$\omega_i \in (\{b\}^* \cdot \{X, \lambda\} \cdot a)^3 \cdot \{b\}^* \cdot \{X, \lambda\}$$

gilt für alle $i \in \{1, 2, \ldots, n\}$.

- *Induktionsanfang.*
  Weil wir aus $S$ starten und es nur die eine Regel $S \to XaXaXaX$ zur Ersetzung von $S$ gibt, ist $\omega_1 = XaXaXaX$ und somit hat $\omega_1$ die gewünschte Form.

- *Induktionsschritt.*
  Sei $\omega_{i-1}$ in $(\{b\}^* \cdot \{X, \lambda\} \cdot a)^3 \cdot \{b\}^* \cdot \{X, \lambda\}$ für ein $i \leq n$. Wir zeigen, dass auch $\omega_i$ die gewünschte Form hat. Weil $X$ das einzige Nichtterminal in $\omega_{i-1}$ ist, wird bei $\omega_{i-1} \Rightarrow_G \omega_i$ die Regel $X \to \lambda$ oder $X \to bX$ angewendet. Somit gilt auch
  $$\omega_i \in (\{b\}^* \cdot \{X, \lambda\} \cdot a)^3 \cdot \{b\}^* \cdot \{X, \lambda\}.$$

Weil

$$(\{b\}^* \cdot \{X, \lambda\} \cdot a)^3 \cdot \{b\}^* \cdot \{X, \lambda\} \ \cap \ \{a, b\}^* = L_{3a},$$

erhalten wir $w \in L_{3a}$.    $\diamondsuit$

**Aufgabe 10.4.** Entwerfen Sie Grammatiken für die folgenden Sprachen:

(a) $\{\omega \in \{0, 1\}^* \mid |\omega|_1 \geq 2\}$,

(b) $\{\omega \in \{a, b\}^* \mid \omega = xabbay, \ x, y \in \{a, b\}^+\}$,

(c) $\{\omega \in \{0, 1\}^* \mid |\omega|_0 \text{ ist gerade}\}$.

Bisher haben wir nur Grammatiken für einfache formale Sprachen betrachtet. Die Linguisten versuchen, die Grammatiken zur syntaktischen Beschreibung natürlicher Sprachen zu nutzen. Für diesen Zweck betrachtet man die sogenannten syntaktischen Kategorien wie $\langle \text{Satz} \rangle$, $\langle \text{Text} \rangle$, $\langle \text{Nomen} \rangle$ und $\langle \text{Adjektiv} \rangle$ als Nichtterminalsymbole. Beachten Sie, dass

⟨Nomen⟩ ein Symbol darstellt, aus dem man ein beliebiges Nomen ableiten kann. Die Terminalsymbole sind alle Wörter aus dem Wörterbuch. Somit nutzen wir zum Beispiel [Brot] als ein Terminalsymbol, das dem deutschen Wort „Brot" entspricht. Mit Regeln wie

$$⟨\text{Text}⟩ → ⟨\text{Satz}⟩⟨\text{Text}⟩,$$
$$⟨\text{Satz}⟩ → ⟨\text{Subjekt}⟩⟨\text{Verb}⟩⟨\text{Objekt}⟩,$$
$$⟨\text{Subjekt}⟩ → ⟨\text{Adjektiv}⟩⟨\text{Nomen}⟩,$$
$$⟨\text{Nomen}⟩ → [\text{Vater}],$$
$$⟨\text{Adjektiv}⟩ → [\text{lieber}]$$

kann man Texte in der Sprache erzeugen.

In der Informatik benutzt man Grammatiken im Compilerbau, um syntaktisch korrekte Programme einer Programmiersprache zu beschreiben. Die Definition von Programmiersprachen durch relativ einfache Grammatiken hat die Konstruktion effizienter Compiler wesentlich vereinfacht. Zum Beispiel beschreiben die folgenden Regeln

$$⟨\text{Ausdruck}⟩ → ⟨\text{Ausdruck}⟩ + ⟨\text{Ausdruck}⟩,$$
$$⟨\text{Ausdruck}⟩ → ⟨\text{Ausdruck}⟩ - ⟨\text{Ausdruck}⟩,$$
$$⟨\text{Ausdruck}⟩ → ⟨\text{Ausdruck}⟩ * ⟨\text{Ausdruck}⟩,$$
$$⟨\text{Ausdruck}⟩ → ⟨\text{Ausdruck}⟩ / ⟨\text{Ausdruck}⟩,$$
$$⟨\text{Ausdruck}⟩ → (⟨\text{Ausdruck}⟩),$$
$$⟨\text{Ausdruck}⟩ → [\text{id}]$$

das System zur Erzeugung arithmetischer Ausdrücke. Das einzige Nichtterminal ist ⟨Ausdruck⟩ und die Terminalsymbole sind die arithmetischen Operationen $+, -, *, /$, die Klammern ( und ) und das Zeichen [id] für den Operanden.

**Aufgabe 10.5.** Schreiben Sie eine Ableitung des arithmetischen Ausdrucks

$$(\text{id} + \text{id}) * ((\text{id})/(\text{id} - \text{id}))$$

durch die Anwendung der oben angegebenen Regeln.

Alle bisher vorgestellten Beispiele von Grammatiken haben einfache Regeln verwendet, bei denen auf der linken Seite immer nur ein Nichtterminal stand. Es geht aber nicht immer so einfach. Regeln wie

$$aXbcSX → Saa \quad \text{oder} \quad abXba → aXZ$$

sind manchmal nicht zu vermeiden, wenn man zum Beispiel eine Berechnung einer Turingmaschine nachahmen will.[3]

In der Literatur unterscheidet man viele spezielle Grammatikklassen. Hier betrachten wir nur vier Basisklassen, die die sogenannte **Chomsky-Hierarchie** bilden.

---

[3]Wie dies geht, zeigen wir in Abschnitt 10.5.

**Definition 10.2.** *Sei* $G = (\Sigma_N, \Sigma_T, P, S)$ *eine Grammatik.*

*(i) G heißt **Typ-0-Grammatik**.*
{Typ-0-Grammatiken stellen die Klasse der allgemeinen, uneingeschränkten Grammatiken dar.}

*(ii) G heißt **kontextsensitiv** oder **Typ-1-Grammatik**, falls für alle Paare $(\alpha, \beta) \in P$*

$$|\alpha| \leq |\beta|$$

*gilt.*
{Also kann man kein Teilwort $\alpha$ durch ein kürzeres Teilwort $\beta$ ersetzen.}

*(iii) G heißt **kontextfrei** oder **Typ-2-Grammatik**, falls für alle Regeln $(\alpha, \beta) \in P$*

$$\alpha \in \Sigma_N \quad und \quad \beta \in (\Sigma_N \cup \Sigma_T)^*$$

*gilt.*
{Also haben alle Regeln die Form $X \to \beta$ für ein Nichtterminal $X$.}

*(iv) G heißt **regulär** oder **Typ-3-Grammatik**, falls für alle Regeln $(\alpha, \beta) \in P$*

$$\alpha \in \Sigma_N \quad und \quad \beta \in \Sigma_T^* \cdot \Sigma_N \cup \Sigma_T^*$$

*gilt.*
{Die Regeln einer regulären Grammatik haben die Form $X \to u$ oder $X \to uY$ für ein $u \in \Sigma_T^*$, $X, Y \in \Sigma_N$.}

*Für $i = 0, 1, 2, 3$ ist eine Sprache L **vom Typ i** genau dann, wenn sie von einer Grammatik G vom Typ i erzeugt wird. Die **Familie aller Sprachen vom Typ i** wird mit $\mathcal{L}_i$ bezeichnet.*

Zum Beispiel ist die Grammatik

$$G_3 = (\{S, X\}, \{a, b\}, \{S \to abX, \ X \to bX, \ X \to a^2\}, S)$$

eine reguläre Grammatik. Die Grammatik

$$G_2 = (\{S, A, B\}, \{a, b\}, \{S \to abbAB, \ A \to a, \ B \to bA\}, S)$$

ist kontextfrei, aber nicht regulär, weil $S \to abbAB$ keine reguläre Regel ist. Die restlichen Regeln $A \to a$ und $B \to bA$ sind regulär. Die Grammatik

$$G_1 = (\{S, A\}, \{a, b\}, \{S \to aAb, \ aA \to Sb, \ A \to a\}, S)$$

ist kontextsensitiv, aber nicht kontextfrei, weil $aA \to Sb$ keine kontextfreie Regel ist. Die Grammatik

$$G_0 = (\{S, X, Y\}, \{0, 1\}, \{S \to XSY, \ SY \to 11, \ X \to \lambda,$$
$$00X \to S11, \ 0Y1 \to 00\}, S)$$

ist eine **Typ-0-Grammatik**, die nicht kontextsensitiv ist, weil sie die sogenannten verkürzenden Regeln $X \to \lambda$ und $0Y1 \to 00$ enthält.

Das Hauptinteresse liegt in den Begriffen kontextsensitiv und kontextfrei. Die Definition 10.2 spiegelt die Klassifikation der Grammatiken nach dem Linguisten Chomsky wieder. Die Kontextfreiheit bedeutet, dass man ein Nichtterminal $X$ durch ein Wort $\alpha$ unabhängig davon ersetzen kann, wo sich das $X$ in dem bisher abgeleiteten Wort befindet und welche Symbole seine Nachbarn sind. Im Kontrast dazu stehen die kontextsensitiven Regeln, bei denen das Ersetzen eines Nichtterminals von seiner Umgebung abhängt. Zum Beispiel besagen die Regeln

$$aaX \to aabY, \; bX \to b, \; Xbb \to Zabb$$

Folgendes:

- $X$ kann durch $bY$ ersetzt werden, falls links von $X$ das Wort $aa$ steht,

- $X$ kann durch $\lambda$ ersetzt werden (gelöscht werden), wenn $b$ links von $X$ steht (man bemerke, dass diese Regel auch nicht kontextsensitiv ist), und

- $X$ kann durch $Za$ ersetzt werden, wenn das Wort $bb$ rechts von $X$ steht.

Wenn die drei oben geschriebenen Regeln die einzigen Regeln mit $X$ auf der linken Seite sind, dann bedeutet dies, dass man bei allen anderen „Umgebungen" von $X$ das Nichtterminal $X$ nicht ersetzen darf. Bei einer Regel wie

$$aXZb \to SYbb$$

ist es natürlich schwer, über die Ersetzung eines Nichtterminals in einer Umgebung zu sprechen. Das ist die bedauerliche Folge des präsentierten Formalismus, den man heute gewöhnlicherweise benutzt. Ursprünglich war die kontextsensitive Grammatik durch Regeln der Form

$$(\alpha, X, \beta) \to \gamma$$

definiert, wobei die Bedeutung war, dass $X$ durch $\gamma$ ersetzt werden darf, wenn $\alpha$ links und $\beta$ rechts von $X$ stehen. In unserem Formalismus würde die Regel als

$$\alpha X \beta \to \alpha \gamma \beta$$

geschrieben. Es kann gezeigt werden, dass diese zwei unterschiedlichen Definitionen der kontextsensitiven Ableitungsregel zu der gleichen Klasse der kontextsensitiven Sprachen führen.

Der Hauptunterschied zwischen den kontextfreien und regulären Grammatiken ist, dass die rechte Seite einer regulären Regel immer höchstens ein Nichtterminal enthält. Dadurch kann es in einer Ableitung nie dazu kommen, dass ein abgeleitetes Wort aus $(\Sigma_N \cup \Sigma_T)^*$ zwei oder mehr Nichtterminale enthält. Zweitens darf sich das Nichtterminal auf der rechten Seite einer regulären Regel nur als das letzte Symbol rechts befinden. Damit sind alle ableitbaren Wörter einer regulären Grammatik von der Form

$$uX \quad \text{oder} \quad u$$

für ein $u \in \Sigma_T^*$ und $X \in \Sigma_N$.

Der wesentlichste Unterschied zwischen kontextsensitiven Grammatiken und Typ-0-Grammatiken ist, dass die kontextsensitiven Grammatiken keine verkürzenden Regeln $\alpha \rightarrow \beta$ mit $|\beta| < |\alpha|$ enthalten. Wie wir sehen werden, spielt dieser Unterschied eine wichtige Rolle. Die allgemeinen Grammatiken können beliebige Speicherinhalte oder Konfigurationen eines Rechners generieren und damit durch Ableitungen beliebige Berechnungen simulieren. Für die Simulation können sie beliebig viel Speicherplatz verwenden und nachdem die Berechnung beendet wurde, könnten die Typ-0-Grammatiken die letzte Konfiguration der Berechnungssimulation zu der ausgerechneten Ausgabe schrumpfen lassen. Im Gegensatz dazu können die kontextsensitiven Grammatiken nie Wörter aus $(\Sigma_N \cup \Sigma_T)^*$ in der Ableitung verwenden, die länger als das erzeugte Terminalwort sind.

In den folgenden Abschnitten werden wir die Nutzung und die Beschreibungsstärke der eingeführten vier Grammatiktypen untersuchen.

## 10.3 Reguläre Grammatiken und endliche Automaten

Die Zielsetzung dieses Abschnitts ist es, die Abgeschlossenheit der Sprachklasse $\mathcal{L}_3$ zu untersuchen und danach zu zeigen, dass $\mathcal{L}_3$ genau der Menge $\mathcal{L}_{EA}$ der regulären Sprachen entspricht.

Wir beginnen mit einer einfachen Beobachtung.

**Lemma 10.1.** *$\mathcal{L}_3$ enthält alle endlichen Sprachen.*

*Beweis.* Sei $L = \{w_1, w_2, \ldots, w_k\}$ eine endliche Sprache über einem Alphabet $\Sigma$. Wir konstruieren eine reguläre Grammatik $G$ wie folgt:

$$G = (\{S\}, \Sigma, \{S \rightarrow w_1, S \rightarrow w_2, \ldots, S \rightarrow w_k\}, S).$$

Offensichtlich gilt $L(G) = L$.                                                          □

**Aufgabe 10.6.** Beweisen Sie im Formalismus der endlichen Automaten, dass $\mathcal{L}_{EA}$ alle endlichen Sprachen enthält. Gelingt Ihnen auch ein so einfacher Beweis wie in Lemma 10.1?

Wir sagen, dass eine Sprachklasse $\mathcal{L}$ **abgeschlossen bezüglich einer binären Operation** ◯ über Sprachen ist, falls für alle $L_1, L_2 \in \mathcal{L}$

$$L_1 \bigcirc L_2 \in \mathcal{L}$$

gilt.

Wir sagen, dass eine Sprachklasse $\mathcal{L}$ **abgeschlossen bezüglich einer unären Operation** △ ist, falls für jede Sprache $L \in \mathcal{L}$

$$\triangle(L) \in \mathcal{L}$$

gilt.

In der Theorie der formalen Sprachen betrachtet man die binären Operationen Vereinigung ($\cup$), Schnitt ($\cap$) und Konkatenation ($\cdot$) und die unären Operationen Kleene'scher Stern ($*$), Kleene'sches $+$, Homomorphismus und Komplement. Der Begriff der Abgeschlossenheit kommt aus der Algebra, wo gefordert wird, dass alle algebraischen Strukturen

(Algebren) wie Halbgruppen oder Körper abgeschlossen bezüglich der betrachteten Operationen sind. Die Klasse $\mathcal{L}_3$ ist eine „nette" Klasse, weil sie bezüglich der meisten grundlegenden Operationen abgeschlossen ist. Im Folgenden dokumentieren wir die Abgeschlossenheit bezüglich einiger Operationen, für die diese Eigenschaft insbesondere leicht über das Konzept der Grammatiken zu beweisen ist. Wir erinnern daran, dass wir in Abschnitt 3.3 die Abgeschlossenheit von $\mathcal{L}_{\mathrm{EA}}$ bezüglich $\cup$, $\cap$ und Komplementbildung bewiesen haben.

**Lemma 10.2.** *$\mathcal{L}_3$ ist abgeschlossen bezüglich Vereinigung.*

*Beweis.* Seien $L$ und $L'$ zwei beliebige Sprachen aus $\mathcal{L}_3$. Dann gibt es zwei reguläre Grammatiken

$$G = (\Sigma_{\mathrm{N}}, \Sigma_{\mathrm{T}}, P, S) \quad \text{und} \quad G' = (\Sigma'_{\mathrm{N}}, \Sigma'_{\mathrm{T}}, P', S'),$$

so dass $L(G) = L$ und $L(G') = L'$. Weil die Nichtterminale nach Bedarf umbenannt werden dürfen, nehmen wir ohne Beschränkung der Allgemeinheit an, dass $\Sigma_{\mathrm{N}} \cap \Sigma'_{\mathrm{N}} = \emptyset$.

Wir konstruieren eine Grammatik

$$G'' = (\Sigma''_{\mathrm{N}}, \Sigma''_{\mathrm{T}}, P'', S'')$$

mit

$$L(G'') = L(G) \cup L(G').$$

Die Idee ist sehr einfach. Wir nehmen ein neues Startsymbol $S'' \notin \Sigma_{\mathrm{N}} \cup \Sigma'_{\mathrm{N}}$ und erlauben, es durch die Startsymbole der Grammatiken $G$ und $G'$ zu ersetzen. Wenn wir dann $P$ und $P'$ zur neuen Menge der Regeln vereinigen, erhalten wir die gewünschte Grammatik $G''$. Formal sieht dies folgendermaßen aus:

$$\Sigma''_{\mathrm{N}} = \{S''\} \cup \Sigma_{\mathrm{N}} \cup \Sigma'_{\mathrm{N}},$$
$$\Sigma''_{\mathrm{T}} = \Sigma_{\mathrm{T}} \cup \Sigma'_{\mathrm{T}} \text{ und}$$
$$P'' = P \cup P' \cup \{S'' \to S, S'' \to S'\}.$$

Es bleibt zu beweisen, dass $L(G'') = L(G) \cup L(G')$ gilt. Wir zeigen die entsprechenden Inklusionen einzeln.

(i) Wir zeigen $L(G) \cup L(G') \subseteq L(G'')$.
    Sei $x$ ein beliebiges Wort aus $L(G) \cup L(G')$. Ohne Beschränkung der Allgemeinheit nehmen wir an, dass $x \in L(G)$. Dann existiert eine Ableitung

$$S \Rightarrow^*_G x$$

von $x$ in $G$. Die folgende Ableitung

$$S'' \Rightarrow_{G''} S \Rightarrow^*_{G''} x$$

ist eine Ableitung von $x$ in $G''$, weil $G''$ alle Regeln von $G$ besitzt.

(ii) Wir zeigen $L(G'') \subseteq L(G) \cup L(G')$.

Sei $x$ ein beliebiges Wort in $L(G'')$. Sei

$$S'' \Rightarrow_{G''} \alpha_1 \Rightarrow_{G''} \alpha_2 \Rightarrow_{G''} \ldots \Rightarrow_{G''} \alpha_n = x$$

eine Ableitung von $x$ in $G''$. Wir haben nur die Regeln $S'' \to S'$ und $S'' \to S$ mit der linken Seite $S''$. Deswegen gibt es nur zwei Möglichkeiten für $\alpha_1$, entweder $\alpha_1 = S$ oder $\alpha_1 = S'$.

Falls $\alpha_1 = S$, dann ist

$$S \Rightarrow_{G''} \alpha_2 \Rightarrow_{G''} \ldots \Rightarrow_{G''} \alpha_n = x$$

auch eine Ableitung in $G$, weil $\Sigma_N \cap \Sigma'_N = \emptyset$. Somit ist $x$ in $L(G)$.

Falls $\alpha_1 = S'$, ist diese Ableitung mit $S'$ statt $S$ auch eine Ableitung von $x$ in $G'$ und somit $x \in L(G')$. $\qquad\square$

**Lemma 10.3.** *$\mathcal{L}_3$ ist abgeschlossen bezüglich Konkatenation.*

*Beweis.* Seien $L$ und $L'$ zwei beliebige Sprachen aus $\mathcal{L}_3$. Seien

$$G = (\Sigma_N, \Sigma_T, P, S) \quad \text{und} \quad G' = (\Sigma'_N, \Sigma'_T, P', S')$$

zwei reguläre Grammatiken mit $L(G) = L$, $L(G') = L'$ und $\Sigma_N \cap \Sigma'_N = \emptyset$. Wir konstruieren eine Grammatik

$$G'' = (\Sigma''_N, \Sigma''_T, P'', S'')$$

mit

$$L(G'') = L(G) \cdot L(G').$$

Die Idee der Konstruktion ist wie folgt: Wir setzen $S'' = S$ und lassen $G''$ die Ableitungen von $G$ bis zum letzten Ableitungsschritt nachmachen. Eine Ableitung endet immer durch die Anwendung einer Regel $A \to w$, wobei $w$ ein Terminalwort ($w \in \Sigma_T^*$) ist. Wir ersetzen jede solche Regel $A \to w$ in $G$ durch eine neue Regel $A \to wS'$ in $G''$. Dadurch kann in $G''$ die Ableitung eines Wortes aus $L(G')$ angehängt werden.[4] Eine formale Konstruktion von $G''$ kann wie folgt beschrieben werden:

$$\Sigma''_N = \Sigma_N \cup \Sigma'_N,$$
$$\Sigma''_T = \Sigma_T \cup \Sigma'_T,$$
$$S'' = S \text{ und}$$
$$P'' = P' \cup (P \cap (\Sigma_N \times \Sigma_T^* \cdot \Sigma_N)) \cup \{A \to wS' \mid A \to w \in P, w \in \Sigma_T^*\}.$$

Den Beweis von $L(G'') = L(G) \cdot L(G')$ überlassen wir dem Leser. $\qquad\square$

**Aufgabe 10.7.** Vervollständigen Sie den Beweis von Lemma 10.3.

---

[4]Und nicht nur das. Es kann in $G''$ kein Wort abgeleitet werden, das nicht ein Suffix aus $G'$ enthält.

**Aufgabe 10.8.** Verwenden Sie die Beweisidee aus Lemma 10.3, um zu zeigen, dass $\mathcal{L}_3$ abgeschlossen bezüglich des Kleene'schen Sterns ist.

**Aufgabe 10.9.** Konstruieren Sie reguläre Grammatiken für folgende Sprachen:

   (a) $\{abbxaaaybba \mid x, y \in \{a, b, c\}^*\}$,

   (b) $\{aabbx \mid x \in \{a, b\}^*$ und $|x|_a = 3\}$,

   (c) $\{xaabby \mid x, y \in \{a, b\}^*, |xy|_b$ ist gerade$\}$.

Führen Sie auch die Beweise, um zu zeigen, dass die von Ihnen konstruierten Grammatiken tatsächlich die Sprachen erzeugen.

Wir wollen jetzt zeigen, dass $\mathcal{L}_3 = \mathcal{L}_{EA}$, indem wir zu jedem endlichen Automaten eine äquivalente reguläre Grammatik konstruieren und umgekehrt zu jeder regulären Grammatik einen äquivalenten endlichen Automaten entwerfen. Wir beginnen mit der einfacheren Richtung.

**Satz 10.1.** *Zu jedem endlichen Automaten $A$ existiert eine reguläre Grammatik $G$ mit $L(A) = L(G)$.*

*Beweis.* Sei $A = (Q, \Sigma, \delta, q_0, F)$ ein endlicher Automat. Wir konstruieren eine reguläre Grammatik $G = (\Sigma_N, \Sigma_T, P, S)$ mit $L(G) = L(A)$. Die Idee ist, jede Berechnung von $A$ auf einem Wort durch eine Ableitung dieses Wortes in $G$ zu simulieren. Der endliche Automat liest in jedem Berechnungsschritt einen Buchstaben $a$ aus der Eingabe und ändert dabei den Zustand. Die Grammatik $G$ kann diesen Schritt durch einen Ableitungsschritt simulieren, in dem $a$ erzeugt wird. Die Zustände von $A$ werden in dieser Situation zu den Nichtterminalen von $G$. Wenn $A$ in einem akzeptierenden Zustand endet, dann akzeptiert $A$ das gelesene Wort. Also erlauben wir $G$ nur dann ihre Ableitung zu beenden, wenn das aktuelle Nichtterminal einem akzeptierenden Zustand entspricht. Die formale Konstruktion sieht wie folgt aus:

$$
\begin{aligned}
\Sigma_N &= Q, \\
\Sigma_T &= \Sigma, \\
S &= q_0, \\
P &= \{p \to aq \mid \text{für alle } a \in \Sigma, p, q \in Q, \text{ so dass } \delta(p, a) = q\} \\
&\quad \cup \{s \to \lambda \mid s \in F\}.
\end{aligned}
$$

Wir beweisen jetzt $L(G) = L(A)$.

   (i) Wir zeigen $L(A) \subseteq L(G)$.
       Sei $x = a_1 a_2 \ldots a_n$ für $a_i \in \Sigma$ ein beliebiges Wort in $L(A)$. Sei

$$(q_0, a_1 a_2 \ldots a_n) \underset{A}{\vdash} (q_1, a_2 \ldots a_n) \underset{A}{\vdash} (q_2, a_3 \ldots a_n) \underset{A}{\vdash} \ldots$$
$$\underset{A}{\vdash} (q_{n-1}, a_n) \underset{A}{\vdash} (q_n, \lambda)$$

   eine akzeptierende Berechnung ($q_n \in F$) von $A$ auf $x$.
   Weil $\delta(q_i, a_{i+1}) = q_{i+1}$ die Existenz der Regel $q_i \to a_{i+1} q_{i+1}$ in $G$ impliziert und

$q_n \in F$ die Regel $q_n \to \lambda$ in $P$ erfordert, erhalten wir die folgende Ableitung von $x$ in $G$:

$$q_0 \Rightarrow_G a_1 q_1 \Rightarrow_G a_1 a_2 q_2 \Rightarrow_G a_1 a_2 a_3 q_3 \Rightarrow_G \cdots$$
$$\Rightarrow_G a_1 \ldots a_{n-1} q_{n-1} \Rightarrow_G a_1 \ldots a_{n-1} a_n q_n \Rightarrow_G a_1 \ldots a_{n-1} a_n.$$

(ii) $L(G) \subseteq L(A)$ zu zeigen, überlassen wir dem Leser. $\qquad\qquad\qquad\square$

**Aufgabe 10.10.** Vervollständigen Sie den Beweis von Satz 10.1.

Aus dem Beweis von Satz 10.1 sehen wir, dass die Nichtterminale beim Entwurf regulärer Grammatiken die gleiche Rolle spielen können wie die Zustände beim Entwurf endlicher Automaten. Im Zustand haben wir immer die notwendige Information über das bisher gelesene Präfix der Eingabe gespeichert. Analog kann das aktuelle Nichtterminal der Träger der gleichen Information über das bisher erzeugte Präfix sein. Wir illustrieren dies durch folgendes Beispiel.

**Beispiel 10.4.** In Beispiel 10.3 haben wir für die Sprache

$$L_{3a} = \{w \in \{a, b\}^* | \; |w|_a = 3\}$$

eine Grammatik konstruiert. Diese Grammatik ist aber nicht regulär, weil die Regel $S \to XaXaXaX$ dieser Grammatik nicht regulär ist. Wir konstruieren eine reguläre Grammatik

$$H = (\{X_0, X_1, X_2, X_3\}, \{a, b\}, P, X_0),$$

wobei die Bedeutung des Nichtterminals $X_i$ ist, dass bisher $i$ Symbole $a$ erzeugt worden sind. Um ein beliebiges Wort aus $L_{3a}$ zu generieren, verwenden wir die Regel

$$X_i \to b X_i$$

für $i = 0, 1, 2, 3$, um jederzeit eine beliebige Anzahl $b$'s generieren zu können. Die Regeln

$$X_0 \to a X_1, \; X_1 \to a X_2, \; X_2 \to a X_3$$

garantieren uns, dass die Anzahl der erzeugten Symbole $a$ durch das Nichtterminal $X_i$ gespeichert wird. Mit der Regel

$$X_3 \to \lambda$$

garantieren wir, dass eine Ableitung in $H$ nur dann mit einem Wort aus $\{a, b\}^*$ terminieren kann, wenn genau drei Symbole $a$ generiert worden sind. Ein Beispiel einer Ableitung für das Wort $bbabbbaabbb$ ist

$$X_0 \Rightarrow_H b X_0 \Rightarrow_H bb X_0 \Rightarrow_H bba X_1 \Rightarrow_H^3 bbabbb X_1 \Rightarrow_H bbabbba X_2$$
$$\Rightarrow_H bbabbbaa X_3 \Rightarrow_H^3 bbabbbaabbb X_3 \Rightarrow_H bbabbbaabbb.$$

Zu zeigen, dass $L_{3a} = L(H)$ gilt, wird dem Leser überlassen. $\qquad\qquad\qquad\Diamond$

**Aufgabe 10.11.** Beweisen Sie $L_{3a} = L(H)$ für die Grammatik $H$ aus Beispiel 10.4.

**Aufgabe 10.12.** Entwerfen Sie reguläre Grammatiken für folgende Sprachen:

   (a) $\{x \in \{0,1\}^* \mid |x|_0 \text{ ist gerade und } |x|_1 \text{ ist ungerade}\}$,

   (b) $\{x \in \{0,1\}^* \mid |x|_0 \bmod 3 = 1\}$,

   (c) $\{x \in \{a,b\}^* \mid |x|_a \geq 2 \text{ und } |x|_b \bmod 3 = 0\}$,

   (d) $\{x = y0101z \mid y, z \in \{0,1\}^*, |y|_0 \text{ ist gerade, } |z|_1 \text{ ist ungerade}\}$.

Die Idee der Simulation eines endlichen Automaten durch eine reguläre Grammatik war einfach: die Nichtterminale haben als Informationsträger die Rolle der Zustände übernommen. Diese Idee möchten wir auch gerne für den Weg von regulären Grammatiken zu endlichen Automaten benutzen. Wenn eine reguläre Grammatik nur Regeln der Form

$$X \to a \quad \text{und} \quad X \to aY \tag{10.1}$$

für ein Terminalsymbol $a$ hätte, wäre es möglich, direkt einen äquivalenten nichtdeterministischen endlichen Automaten zu bauen. Für die Regel $X \to aY$ würde man zum Beispiel $Y \in \delta(X, a)$ nehmen, und für die Regel $X \to a$ definiert man $q_F \in \delta(X, a)$ für einen akzeptierenden Zustand $q_F$ mit $\delta(q_F, b) = \emptyset$ für alle Terminalsymbole $b$.

Leider schaffen wir es nicht, die Regeln der Form

$$X \to Y, \; X \to \lambda, \; X \to uY \text{ für } |u| \geq 2$$

direkt in die Konstruktion eines NEA umzusetzen. Die Beweisidee, die wir hier verfolgen, besteht darin, zuerst zu zeigen, dass jede reguläre Grammatik in eine äquivalente reguläre Grammatik transformiert werden kann, die nur Regeln der Form (10.1) hat.

**Definition 10.3.** *Eine reguläre Grammatik $G = (\Sigma_N, \Sigma_T, P, S)$ heißt **normiert**, wenn alle Regeln der Grammatik nur eine der folgenden drei Formen haben:*

   *(i) $S \to \lambda$, wobei $S$ das Startsymbol ist,*

   *(ii) $A \to a$ für $A \in \Sigma_N$ und $a \in \Sigma_T$, und*

   *(iii) $B \to bC$ für $B, C \in \Sigma_N$ und $b \in \Sigma_T$.*

Um zu zeigen, dass zu jeder regulären Grammatik eine äquivalente normierte Grammatik existiert, ersetzen wir die unerwünschten Regelformen eine nach der anderen.

Zuerst ersetzen wir die Regeln $X \to Y$, die wir **Kettenregeln** nennen.

**Lemma 10.4.** *Für jede reguläre Grammatik $G$ existiert eine äquivalente reguläre Grammatik $G'$, so dass $G'$ keine Regel der Form $X \to Y$ für zwei Nichtterminale $X$ und $Y$ enthält.*

*Beweis.* Sei $G = (\Sigma_N, \Sigma_T, P, S)$ eine beliebige reguläre Grammatik. Für jedes Nichtterminal $A \in \Sigma_N$ bestimmen wir die Menge Kett($A$) der Nichtterminale, die von $A$ ausgehend durch die ausschließliche Anwendung von Kettenregeln erreicht werden können. Formal geschrieben,

$$\text{Kett}(A) = \{D \in \Sigma_N \mid A \Rightarrow_G^* D\}.$$

Die Menge Kett($A$) kann algorithmisch auf folgende Weise berechnet werden: Setze

$$\text{Kett}_0(A) = \{A\} \text{ und}$$
$$\text{Kett}_{i+1}(A) = \text{Kett}_i(A) \cup \{B \in \Sigma_N \mid \exists\, C \in \text{Kett}_i(A) \text{ so dass } C \to B \in P\}$$

für $i = 0, 1, \ldots, |\Sigma_N| - 2$. Dann gilt offensichtlich

$$\text{Kett}(A) = \text{Kett}_{|\Sigma_N|-1}(A) = \bigcup_{i=1}^{\infty} \text{Kett}_i(A).$$

Die Idee der Konstruktion von $G'$ ist, dass man die Ableitungsteile

$$A \Rightarrow_G A_1 \Rightarrow_G A_2 \Rightarrow_G \ldots \Rightarrow_G A_n \Rightarrow_G \alpha$$

in $G$ durch einen Ableitungsschritt

$$A \Rightarrow_{G'} \alpha$$

in $G'$ ersetzt. Das kann man erreichen durch das Hinzufügen der Regel $A \to \alpha$ für alle rechten Seiten $\alpha \in \Sigma_T^* \cup \Sigma_T^+ \cdot \Sigma_N$ der Regeln, deren linke Seiten in Kett($A$) liegen.

Die formale Konstruktion sieht wie folgt aus: $G' = (\Sigma_N, \Sigma_T, P', S)$, wobei

$$P' = \left(P \cup \bigcup_{A \in \Sigma_N} \left\{ A \to \alpha \;\middle|\; \begin{array}{l} \alpha \in \Sigma_T^* \cup \Sigma_T^+\Sigma_N \text{ und} \\ \exists C \in \text{Kett}(A) \text{ mit } C \to \alpha \end{array} \right\} \right) - \Sigma_N \times \Sigma_N.$$

Wir verzichten auf den formalen Beweis der Äquivalenz $L(G) = L(G')$.    □

**Aufgabe 10.13.** Betrachten wir die folgende Grammatik

$$G = (\{X_0, X_1, X_2, X_3\}, \{a, b\}, P, X_0\})$$

mit

$$P = \{X_0 \to X_1, X_0 \to X_3, X_1 \to aX_1, X_1 \to X_0, X_1 \to \lambda,$$
$$X_3 \to bbX_3, X_3 \to X_0, X_3 \to X_2, X_2 \to \lambda\}.$$

Verwenden Sie die Konstruktion aus Lemma 10.4, um alle Kettenregeln von $G$ zu beseitigen.

Als Nächstes beseitigen wir alle Regeln $A \to \lambda$ für alle Nichtterminale $A$, die nicht gleich dem Startsymbol $S$ sind. Wir bemerken, dass $S \to \lambda$ nicht entfernt werden kann, weil dann keine Möglichkeit mehr besteht, das leere Wort aus der Sprache $L(G)$ zu generieren.

**Lemma 10.5.** *Für jede reguläre Grammatik $G$ existiert eine äquivalente Grammatik $G'$, die keine Regel $A \to \lambda$ für ein Nichtterminal $A$, welches nicht gleich dem Startsymbol ist, enthält.*

*Beweis.* Wir nehmen im Folgenden an, dass die erzeugte Sprache das Wort $\lambda$ nicht beinhaltet und somit die Regel $S \to \lambda$ nicht auftritt. Die Aussage könnte auch ohne diese Annahme bewiesen werden, aber der Beweis würde dadurch sehr viel technischer werden. Sei $G = (\Sigma_N, \Sigma_T, P, S)$ eine beliebige reguläre Grammatik, die keine Kettenregeln besitzt, und seien

$$A_1 \to \lambda, \ A_2 \to \lambda, \ \ldots, \ A_k \to \lambda$$

alle Regeln in $P$ aus $(\Sigma_N - \{S\}) \times \{\lambda\}$. Wir konstruieren eine reguläre Grammatik $G' = (\Sigma_N, \Sigma_T, P', S)$ mit

$$P' = (P - \{A_1 \to \lambda, A_2 \to \lambda, \ldots, A_k \to \lambda\})$$

$$\cup \bigcup_{i=1}^{k} \{B \to w \mid B \to wA_i \in P\}.$$

Die Idee der Konstruktion ist, dass die Regeln $B \to wA_i$ und $A_i \to \lambda$ eine Ableitung

$$B \Rightarrow_G wA_i \Rightarrow_G w$$

in $G$ ermöglichen. Mit dem Einführen der Regel $B \to w$ kann die Grammatik $G'$ ohne die Regel $A_i \to \lambda$ diese Ableitung durch einen Ableitungsschritt nachahmen.

Wir beweisen jetzt, dass $L(G) = L(G')$. Wie üblich beweisen wir die entsprechenden Inklusionen separat.

(i) Wir zeigen $L(G) \subseteq L(G')$.

Sei $x$ ein beliebiges Wort aus $L(G)$ und sei

$$S \Rightarrow_G w_1 B_1 \Rightarrow_G w_1 w_2 B_2 \Rightarrow_G \ldots \Rightarrow_G w_1 w_2 \ldots w_{n-2} B_{n-2}$$
$$\Rightarrow_G w_1 w_2 \ldots w_{n-2} w_{n-1} B_{n-1} \Rightarrow_G w_1 w_2 \ldots w_{n-2} w_{n-1} w_n = x$$

mit $w_i \in \Sigma_T^*$ und $B_i \in \Sigma_N$ für $i = 1, 2, \ldots, n-1$ eine Ableitung von $x$ in $G$.

Falls $w_n \neq \lambda$, sind alle Regeln, die in $S \Rightarrow_G^* x$ benutzt werden,[5] in $P - \{A_1 \to \lambda, \ldots, A_k \to \lambda\}$ und somit ist diese Ableitung auch eine Ableitung in $G'$.

Falls $w_n = \lambda$, war die letzte angewandte Regel in der Ableitung $B_{n-1} \to \lambda$. Dann sieht die Ableitung von $x$ in $G'$ folgendermaßen aus:

$$S \Rightarrow_{G'} w_1 B_1 \Rightarrow_{G'} \ldots \Rightarrow_{G'} w_1 w_2 \ldots w_{n-2} B_{n-2} \Rightarrow_{G'} w_1 \ldots w_{n-2} w_{n-1} = x.$$

Die ersten $n-2$ Ableitungsschritte sind gleich wie die ersten $n-2$ Ableitungsschritte in $G$ und der letzte Ableitungsschritt wurde durch die Regel $B_{n-2} \to w_{n-1} \in P'$ realisiert. Die Regel $B_{n-2} \to w_{n-1}$ ist in $P'$, weil die Regeln

$$B_{n-2} \to w_{n-1} B_{n-1} \quad \text{und} \quad B_{n-1} \to \lambda$$

in $P$ sind.

---

[5]Bemerken Sie, dass in einer Ableitung einer regulären Grammatik höchstens einmal eine Regel der Form $A \to \lambda$ angewendet werden kann.

(ii) Wir zeigen $L(G') \subseteq L(G)$.

Sei $x$ ein beliebiges Wort aus $L(G')$ und sei

$$S \Rightarrow_{G'}^* w_1 D \Rightarrow_{G'} w_1 w_2 = x$$

für ein $D \in \Sigma_N$ und $w_1, w_2 \in \Sigma_T^*$ eine Ableitung von $x$ in $G'$. Der Teil der Ableitung $S \Rightarrow_{G'}^* w_1 D$ benutzt nur Regeln aus $P$, weil $D \in \Sigma_N$. Somit gilt

$$S \Rightarrow_G^* w_1 D.$$

Falls $D \to w_2 \in P$, dann gilt auch $w_1 D \Rightarrow_G w_1 w_2 = x$.

Falls $D \to w_2 \notin P$, dann existiert ein $A_i \in \Sigma_N$ so dass

$$D \to w_2 A_i, \ A_i \to \lambda \in P.$$

Dann ist

$$S \Rightarrow_G^* w_1 D \Rightarrow_G w_1 w_2 A_i \Rightarrow_G w_1 w_2 = x$$

eine Ableitung von $x$ in $G$. □

**Aufgabe 10.14.** In Beispiel 10.4 haben wir eine reguläre Grammatik für die Sprache $L_{3a}$ konstruiert. Diese Grammatik enthält die Regel $X_3 \to \lambda$. Benützen Sie Lemma 10.5, um diese Regel zu eliminieren.

**Aufgabe 10.15.** In Aufgabe 10.13 haben wir eine Grammatik ohne Kettenregeln konstruiert. Diese Grammatik enthält aber mehrere Regeln der Form $X \to \lambda$. Konstruieren Sie nach Lemma 10.5 eine äquivalente reguläre Grammatik, die keine solche Regel außer $S \to \lambda$ enthält.

Jetzt sind wir soweit, dass wir unsere Hauptbehauptung über die Formen der regulären Grammatiken formulieren können.

**Satz 10.2.** *Zu jeder regulären Grammatik existiert eine äquivalente normierte reguläre Grammatik.*

*Beweis.* Sei $G$ eine beliebige reguläre Grammatik. Wenn wir die Konstruktionen aus Lemmata 10.4 und 10.5 anwenden, erhalten wir eine reguläre Grammatik

$$G_0 = (\Sigma_N, \Sigma_T, P_0, S)$$

mit folgenden Eigenschaften:

(i) $L(G_0) = L(G)$ und

(ii) $P_0$ enthält nur Regeln folgender Formen:

(ii.1) $S \to \lambda$,

(ii.2) $A \to w$ für ein $A \in \Sigma_N$ und $w \in \Sigma_T^+$,

(ii.3) $B \to uC$ für $B, C \in \Sigma_N$ und $u \in \Sigma_T^+$.

Um eine Grammatik in normierter Form zu erhalten, müssen wir die Regeln $A \rightarrow w$ mit $|w| \geq 2$ und $B \rightarrow uC$ mit $|u| \geq 2$ durch Regeln der Form $D \rightarrow a$ und $D \rightarrow aX$ für $a \in \Sigma_T$ ersetzen. Um unnötige schwer durchschaubare formale Konstruktionsbeschreibungen zu vermeiden, zeigen wir nur, wie man solche Regeln eine nach der anderen ersetzen kann. Sei

$$A \rightarrow a_1 a_2 \dots a_k B$$

eine Regel aus $P$ mit $k \geq 2, a_i \in \Sigma_T$ für $i = 1, \dots, k$. Wir nehmen neue[6] Nichtterminalsymbole $A_1, A_2, \dots, A_{k-1}$ und ersetzen diese Regel durch die Regeln

$$A \rightarrow a_1 A_1, \ A_1 \rightarrow a_2 A_2, \ \dots, \ A_{k-2} \rightarrow a_{k-1} A_{k-1}, \ A_{k-1} \rightarrow a_k B.$$

Analog wird eine Regel

$$C \rightarrow b_1 b_2 \dots b_m$$

mit $m \geq 2, b_i \in \Sigma_T$ für $i = 1, \dots, m$, durch die Regeln

$$C \rightarrow b_1 C_1, \ C_1 \rightarrow b_2 C_2, \ \dots, \ C_{m-2} \rightarrow b_{m-1} C_{m-1}, \ C_{m-1} \rightarrow b_m$$

ersetzt. Bei der Ersetzung jeder unerwünschten Regel muss man darauf achten, dass immer neue Nichtterminalsymbole genommen werden. (Also existiert nur eine Regel mit $A_i$ auf der linken Seite, und zwar $A_i \rightarrow a_{i+1} A_{i+1}$ und $A_i$ wird nirgendwo anders verwendet.) Wenn man dies einhält, ist es offensichtlich, dass man dadurch eine zu $G_0$ äquivalente Grammatik erzeugt.                                                                $\square$

**Aufgabe 10.16.** Betrachten wir die Grammatik $G$ aus Aufgabe 10.13. Konstruieren Sie eine zu $G$ äquivalente normierte reguläre Grammatik.

**Aufgabe 10.17.** Betrachten wir die Grammatik

$$G = (\{S, X_1, X_2, X_3\}, \{0, 1\}, P, S)$$

mit

$$P = \{S \rightarrow 0S, \ S \rightarrow 1S, \ S \rightarrow 01S, \ S \rightarrow 1110X_1, \ X_1 \rightarrow 0X_1, \ X_1 \rightarrow 1X_1, \ X_1 \rightarrow 0001X_2,$$
$$X_2 \rightarrow 1X_2, \ X_2 \rightarrow 0011X_3, \ X_3 \rightarrow 0X_3, \ X_3 \rightarrow 1X_3, \ X_3 \rightarrow 0, \ X_3 \rightarrow 1\}.$$

Konstruieren Sie eine zu $G$ äquivalente normierte reguläre Grammatik. Welche Sprache erzeugt $G$?

Jetzt präsentieren wir das Hauptresultat: Die Konzepte der regulären Grammatiken und der endlichen Automaten definieren die gleiche Klasse regulärer Sprachen.

**Satz 10.3.** $\mathcal{L}_3 = \mathcal{L}_{EA}$.

---

[6]Symbole, die nicht in $\Sigma_N \cup \Sigma_T$ vorhanden sind

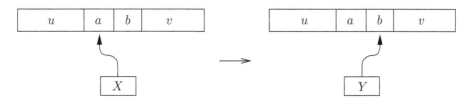

**Abbildung 10.1**

*Beweis.* Satz 10.1 besagt, dass man zu jedem EA eine äquivalente reguläre Grammatik konstruieren kann. Somit gilt

$$\mathcal{L}_{\mathrm{EA}} \subseteq \mathcal{L}_3.$$

Uns bleibt zu zeigen, dass $\mathcal{L}_3 \subseteq \mathcal{L}_{\mathrm{EA}}$. Sei $L$ eine beliebige Sprache aus $\mathcal{L}_3$. Aus Satz 10.2 wissen wir, dass $L = L(G)$ für eine normierte reguläre Grammatik $G$. Weil zu jedem nichtdeterministischen endlichen Automaten ein äquivalenter EA existiert,[7] reicht es, einen zu $G$ äquivalenten nichtdeterministischen endlichen Automaten $M$ zu konstruieren.

Die Idee der Konstruktion basiert auf der Umkehrung der Konstruktion aus Satz 10.2. Abbildung 10.1 zeigt den Schritt des NEA $M$, der der Anwendung der Regel $X \to aY$ in der Ableitung von $G$ entspricht. Sei $G = (\Sigma_{\mathrm{N}}, \Sigma_{\mathrm{T}}, P, S)$ die normierte reguläre Grammatik mit $L(G) = L$. Wir konstruieren

$$M = (\Sigma_{\mathrm{N}} \cup \{q_F\}, \Sigma_{\mathrm{T}}, \delta, S, F),$$

wobei

$$F = \begin{cases} \{q_F\}, & \text{falls } S \to \lambda \notin P, \\ \{q_F, S\}, & \text{falls } S \to \lambda \in P \end{cases}$$

und

$\delta(q_F, a) = \emptyset$ für alle $a \in \Sigma_{\mathrm{T}}$,

$Y \in \delta(X, a)$, falls $X \to aY \in P$, wobei $X, Y \in \Sigma_{\mathrm{N}}$ und $a \in \Sigma_{\mathrm{T}}$,

$q_F \in \delta(X, a)$, falls $X \to a \in P$, wobei $X \in \Sigma_{\mathrm{N}}$ und $a \in \Sigma_{\mathrm{T}}$.

Wir beweisen jetzt $L(G) = L(M)$.

(i) Wir zeigen $L(G) \subseteq L(M)$.

Wir nehmen im Folgenden an, dass das Startsymbol $S$ nicht auf einer rechten Regelseite auftaucht. Dies kann ohne Einschränkung der Allgemeinheit erreicht werden, indem man ein neues Startsymbol $S_0$ und die Regel $S_0 \to S$ einführt. Sei $x = a_1 a_2 \ldots a_n$ für $a_i \in \Sigma_{\mathrm{T}}$ ein beliebiges nichtleeres Wort aus $L(G)$. Sei

$$S \Rightarrow_G a_1 A_1 \Rightarrow_G a_1 a_2 A_2 \Rightarrow_G \ldots \Rightarrow_G a_1 a_2 \ldots a_{n-1} A_{n-1} \Rightarrow_G a_1 a_2 \ldots a_n$$

---

[7]Potenzmengenkonstruktion aus Satz 3.2

eine Ableitung von $x$ in $G$. In dieser Ableitung wurden nacheinander die Regeln

$$S \to a_1 A_1, \; A_1 \to a_2 A_2, \ldots, A_{n-2} \to a_{n-1} A_{n-1}, \; A_{n-1} \to a_n$$

von $G$ angewendet. Der Konstruktion von $M$ folgend, gilt

$$A_1 \in \delta(S, a_1), \; A_2 \in \delta(A_1, a_2), \; \ldots, \; A_{n-1} \in \delta(A_{n-2}, a_{n-1}),$$
$$q_F \in \delta(A_{n-1}, a_n).$$

Dadurch ergibt sich folgende akzeptierende Berechnung von $M$ auf $x$:

$$
\begin{aligned}
(S, a_1 a_2 \ldots a_{n-1} a_n) &\vdash_{M} (A_1, a_2 \ldots a_{n-1} a_n) \\
&\vdash_{M} (A_2, a_3 \ldots a_{n-1} a_n) \\
&\vdash_{M} \ldots \vdash_{M} (A_{n-2}, a_{n-1} a_n) \\
&\vdash_{M} (A_{n-1}, a_n) \vdash_{M} (q_F, \lambda).
\end{aligned}
$$

Falls $\lambda \in L(G)$, dann kann es nur mit der Regel $S \to \lambda \in P$ erzeugt werden. Dann ist aber $S \in F$ und somit $\lambda \in L(M)$.

(ii) $L(M) \subseteq L(G)$ zu zeigen geht analog, und wir überlassen es dem Leser. $\qquad \square$

**Aufgabe 10.18.** Vervollständigen Sie den Beweis von Satz 10.3, indem Sie die Tatsache $L(M) \subseteq L(G)$ formal beweisen.

**Aufgabe 10.19.** Betrachten Sie die Grammatik $H$ aus Beispiel 10.4. Konstruieren Sie einen zu $H$ äquivalenten endlichen Automaten.

**Aufgabe 10.20.** In Aufgabe 10.9 haben Sie reguläre Grammatiken für drei reguläre Sprachen entworfen. Wandeln Sie zuerst die von Ihnen entworfenen Grammatiken in äquivalente normierte reguläre Grammatiken um und konstruieren Sie dann mit Hilfe von Satz 10.3 äquivalente nichtdeterministische endliche Automaten.

**Aufgabe 10.21.** In Abschnitt 3.4 haben wir das Pumping-Lemma für reguläre Sprachen als eine Methode zum Beweisen der Nichtregularität von Sprachen entwickelt. Der Beweis basierte auf der Tatsache, dass in jeder genügend langen Berechnung sich zwei Zustände wiederholen müssen. Somit entsteht die Möglichkeit eine Schleife zu bilden, die beliebig viele Male wiederholt werden darf, ohne dass es der Automat merken kann. Lange Ableitungen regulärer Grammatiken können auch nicht die Wiederholung von Nichtterminalen vermeiden. Benutzen Sie diese Eigenschaft, um das Pumping-Lemma im Formalismus der Grammatiken zu beweisen.

## 10.4 Kontextfreie Grammatiken und Kellerautomaten

Wie wir schon erwähnt haben, sind die kontextfreien Grammatiken die Grammatiken, die uns als Informatiker am meisten interessieren. Die Klasse $\mathcal{L}_2$ (in der Literatur auch als $\mathcal{L}_{CF}$ bezeichnet) der durch kontextfreie Grammatiken erzeugbaren Sprachen nennt man die Klasse der kontextfreien Sprachen. Die Zielsetzungen dieses Abschnitts sind:

- Die Beschreibungsstärke kontextfreier Grammatiken zu untersuchen und dabei ähnlich wie bei regulären Sprachen eine Pumping-Methode zu entwickeln, mit der man die Nichtexistenz kontextfreier Grammatiken für gewisse konkrete Sprachen zeigen kann (also die Tatsache $L \notin \mathcal{L}_2$ beweisen kann).

- Die Kellerautomaten als ein Maschinenmodell einzuführen, das genau die Beschreibungsstärke kontextfreier Grammatiken hat.

Zuerst beobachten wir, dass $\mathcal{L}_3 \subsetneq \mathcal{L}_2$, d. h., es gibt kontextfreie Sprachen, die keine regulären Sprachen sind.[8]
Betrachten wir die Grammatik

$$G = (\{S\}, \{0, 1\}, P, S),$$

wobei

$$P = \{S \to \lambda, S \to 0S1\}.$$

Wir sehen sofort, dass $L(G) = \{0^n 1^n \mid n \in \mathbb{N}\}$, was keine reguläre Sprache ist.
Eine andere häufig benutzte kontextfreie, aber nicht reguläre Sprache ist die Sprache

$$L_{\mathrm{Rev}} = \{ww^{\mathrm{R}} \mid w \in \{0, 1\}^*\}.$$

Diese Sprache kann anschaulich durch die folgende kontextfreie Grammatik

$$G_{\mathrm{Rev}} = (\{S\}, \{0, 1\}, \{S \to \lambda, S \to 0S0, S \to 1S1\}, S)$$

erzeugt werden.

**Aufgabe 10.22.** Beweisen Sie $L_{\mathrm{Rev}} = L(G_{\mathrm{Rev}})$.

**Aufgabe 10.23.** Betrachten Sie die Sprache der Palindrome

$$L_{\mathrm{Pal}} = \{w \in \{0, 1\}^* \mid w = w^{\mathrm{R}}\}.$$

Konstruieren Sie eine kontextfreie Grammatik $G$ mit $L(G) = L_{\mathrm{Pal}}$. Beweisen Sie, dass $L_{\mathrm{Pal}}$ keine reguläre Sprache ist.

Die in diesem Abschnitt bisher betrachteten kontextfreien Grammatiken waren sehr einfach, weil alle rechten Seiten der Regeln jeweils nur ein Nichtterminal enthalten haben. Damit ist in jeder Ableitung solcher Grammatiken immer nur ein Nichtterminal in den erzeugten nichtterminalen Wörtern. Solch einfache Regeln reichen aber nicht aus, um jede Sprache aus $\mathcal{L}_2$ zu erzeugen. In Beispiel 10.2 benötigten wir für die Sprache $L_{\mathrm{ge}} = \{w \in \{a, b\}^* \mid |w|_a = |w|_b\}$ auch die Regel $S \to SS$. Das folgende Beispiel zeigt eine andere Strategie, um $L_{\mathrm{ge}}$ zu generieren.

---

[8]Die Inklusion $\mathcal{L}_3 \subseteq \mathcal{L}_2$ ist offensichtlich, weil reguläre Grammatiken ein Spezialfall kontextfreier Grammatiken sind.

**Beispiel 10.5.** Wir betrachten die folgende Grammatik:

$$G = (\{S, A, B\}, \{a, b\}, P, S).$$

Die Bedeutung des Auftretens eines Nichtterminals $A$ ist, dass wir die Generierung eines Symbols $a$ schulden, um die Anzahl $a$'s und $b$'s auszugleichen. Analog bedeutet das Vorhandensein eines $B$ in einem nichtterminalen Wort, dass wir für den Ausgleich ein $b$ schulden.

Wir nehmen zuerst die Regeln

$$S \to \lambda, \ S \to aB \text{ und } S \to bA.$$

Damit kann man Wörter generieren, die mit $a$ oder mit $b$ anfangen, und wenn $a$ [$b$] generiert wurde, deutet $B$ [$A$] das Schulden für die Generierung eines $b$ [$a$] an. Die Regeln

$$A \to a, \ A \to aS, \ B \to b, \ B \to bS$$

ermöglichen dann, den Ausgleich zu erreichen. Wenn aber in dem generierten Wort das nächste Symbol unterschiedlich von dem Ausgleichssymbol ist, nutzen wir die Regeln

$$A \to bAA \quad \text{und} \quad B \to aBB,$$

die das Erfassen höherer Verschuldung in der Generierung von $a$'s oder $b$'s garantieren. ◇

**Aufgabe 10.24.** Beweisen Sie, dass die kontextfreie Grammatik aus Beispiel 10.5 die Sprache $L_{\text{ge}} = \{w \in \{a, b\}^* \mid |w|_a = |w|_b\}$ erzeugt.

Aus dem Grund, dass in den Ableitungen kontextfreier Grammatiken mehrere Nichtterminale in einem Wort auftreten dürfen, suchen wir eine überschaubare Darstellung von Ableitungen, die unabhängig von der Wahl des als nächsten zu ersetzenden Nichtterminals ist.

**Definition 10.4.** *Sei* $G = (\Sigma_{\text{N}}, \Sigma_{\text{T}}, P, S)$ *eine kontextfreie Grammatik. Ein **Syntaxbaum** (**Ableitungsbaum**) $T$ für $G$ ist ein markierter, geordneter[9] Baum mit folgenden Eigenschaften:*

(i) *$T$ hat eine Wurzel, die mit $S$ markiert ist.*

(ii) *Jeder Knoten von $T$ ist mit einem Symbol aus $\Sigma_{\text{N}} \cup \Sigma_{\text{T}} \cup \{\lambda\}$ markiert.*

(iii) *Innere Knoten sind mit Symbolen aus $\Sigma_{\text{N}}$ markiert.*

(iv) *Alle Blätter sind mit Symbolen aus $\Sigma_{\text{T}} \cup \{\lambda\}$ markiert. Hierbei kann ein Blatt nur dann mit $\lambda$ markiert sein, wenn es das einzige Kind seines Vorgängerknotens ist.*

(v) *Wenn ein innerer Knoten, der mit $A \in \Sigma_{\text{N}}$ markiert ist, genau $k$ Kinder besitzt, die von links nach rechts mit $\alpha_1, \alpha_2, \ldots, \alpha_k$ markiert sind, dann existiert eine Regel $A \to \alpha_1 \alpha_2 \ldots \alpha_k$, mit $\alpha_i \in \Sigma_{\text{N}} \cup \Sigma_{\text{T}} \cup \{\lambda\}$ in $P$.*

---

[9]In einem geordneten Baum sind die Kinder eines Knotens von links nach rechts geordnet.

*Die Markierungen der Blätter von T von links nach rechts gelesen ergeben ein Wort*
$x = x_T \in L(G)$. *Wir sagen auch, dass T ein Syntaxbaum zur Generierung von x in G ist.*

Wir veranschaulichen diese Definition mit einem Beispiel. Sei

$$G = \{\{S\}, \{(,), +, -, *, /, [\text{id}]\}, P, S\}$$

mit

$$P = \{S \to S + S, S \to S - S, S \to S * S, S \to S/S, S \to (S), S \to [\text{id}]\}$$

die Grammatik zur Erzeugung arithmetischer Ausdrücke.

Ein Ableitungsbaum (Syntaxbaum) $T$ zur Generierung von

$$([\text{id}] * [\text{id}] * [\text{id}]) + ([\text{id}]/([\text{id}] - [\text{id}]))$$

ist in Abbildung 10.2 dargestellt und beinhaltet die Ableitung

$$
\begin{aligned}
S &\Rightarrow_G S + S \;\Rightarrow_G\; (S) + S \;\Rightarrow_G\; (S * S) + S \\
&\Rightarrow_G (S * S * S) + S \;\Rightarrow_G\; ([\text{id}] * S * S) + S \\
&\Rightarrow_G ([\text{id}] * [\text{id}] * S) + S \;\Rightarrow_G\; ([\text{id}] * [\text{id}] * [\text{id}]) + S \\
&\Rightarrow_G ([\text{id}] * [\text{id}] * [\text{id}]) + (S) \;\Rightarrow_G\; ([\text{id}] * [\text{id}] * [\text{id}]) + (S/S) \\
&\Rightarrow_G ([\text{id}] * [\text{id}] * [\text{id}]) + ([\text{id}]/S) \\
&\Rightarrow_G ([\text{id}] * [\text{id}] * [\text{id}]) + ([\text{id}]/(S)) \\
&\Rightarrow_G ([\text{id}] * [\text{id}] * [\text{id}]) + ([\text{id}]/(S - S)) \\
&\Rightarrow_G^2 ([\text{id}] * [\text{id}] * [\text{id}]) + ([\text{id}]/([\text{id}] - [\text{id}])).
\end{aligned}
$$

Wir beobachten, dass jede Ableitung eindeutig einem Syntaxbaum zugeordnet werden kann. Andererseits können mehrere unterschiedliche Ableitungen zum gleichen Syntaxbaum führen. Zum Beispiel ist die hier vorgestellte Ableitung eine sogenannte **Linksableitung**, weil immer das am weitesten links stehende Nichtterminal in dem aktuellen Wort ersetzt wird. Das wird aber nicht gefordert. Durch die Ersetzung des am weitesten rechts stehenden Nichtterminals erhält man eine andere Ableitung, die durch denselben Syntaxbaum dargestellt wird.

**Aufgabe 10.25.** Schreiben Sie eine **Rechtsableitung**, in der also immer das am weitesten rechts stehende Nichtterminal zuerst ersetzt wird, für das Wort $([\text{id}] * [\text{id}] * [\text{id}]) + ([\text{id}]/([\text{id}] - [\text{id}]))$, die ebenfalls dem Syntaxbaum in Abbildung 10.2 zugeordnet werden kann.

**Aufgabe 10.26.** Sei $G$ eine kontextfreie Grammatik. Für ein Wort $x \in L(G)$ können unterschiedliche Syntaxbäume zur Generierung von $x$ in $G$ existieren. Konstruieren Sie eine kontextfreie Grammatik $G$ für die Sprache $L = \{0^n 1^n \mid n \in \mathbb{N}\}$, so dass für jedes $x \in L - \{\lambda\}$ mindestens zwei unterschiedliche Syntaxbäume zur Generierung von $x$ in $G$ existieren.

**Aufgabe 10.27.** Sei $G$ eine beliebige kontextfreie Grammatik. Konstruieren Sie eine kontextfreie Grammatik $G'$, so dass $L(G) = L(G')$ und $G'$ für jedes nichtleere Wort $x \in L(G)$ genau doppelt so viele unterschiedliche Syntaxbäume zur Generierung von $x$ hat wie $G$.

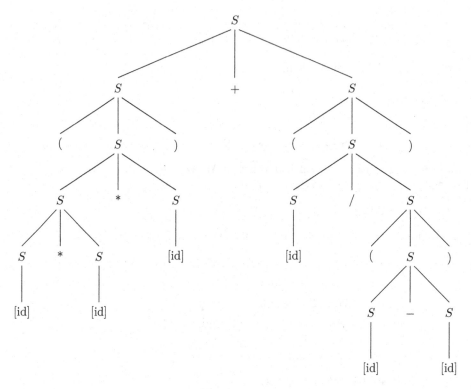

**Abbildung 10.2**

Mit ähnlichem Vorgehen wie bei regulären Grammatiken kann man jede kontextfreie Grammatik so modifizieren, dass sie keine Regeln der Form $X \to \lambda$ (außer $S \to \lambda$) und keine Kettenregeln enthält.

**Aufgabe 10.28.** Sei $G$ eine kontextfreie Grammatik. Konstruieren Sie eine zu $G$ äquivalente kontextfreie Grammatik, die keine Regeln der Form $X \to \lambda$ für $X$ unterschiedlich vom Startsymbol enthält.

**Aufgabe 10.29.** Sei $G$ eine kontextfreie Grammatik ohne Regeln der Form $X \to \lambda$ für $X$ unterschiedlich vom Startsymbol. Konstruieren Sie eine zu $G$ äquivalente kontextfreie Grammatik, die keine Kettenregel enthält.

**Aufgabe 10.30.** Sei $G = (\Sigma_N, \Sigma_T, P, S)$ eine kontextfreie Grammatik. Ein Nichtterminal $X \in \Sigma_N$ nennt man **nutzlos** oder ein nutzloses Symbol, wenn $X$ in keiner aus $S$ startenden Ableitung auftritt (nicht erreichbar ist) oder sich aus $X$ kein Terminalwort ableiten lässt. Schreiben Sie einen Algorithmus, der für eine gegebene Grammatik $G$ effizient alle nutzlosen Symbole findet.

Gemäß der Definition nutzloser Symbole in Aufgabe 10.30 ist es offensichtlich, dass das Entfernen aller nutzlosen Symbole aus $\Sigma_N$ und aller Regeln, die nutzlose Symbole beinhalten, keinen Einfluss auf die durch $G$ generierte Sprache hat. Im Folgenden sagen wir, dass eine kontextfreie Grammatik $G$ **normiert** ist, falls $G$

(i) keine nutzlosen Symbole,

(ii) keine Regeln der Form $X \to \lambda$ und

(iii) keine Kettenregeln

enthält. Man beachte, dass man für jede kontextfreie Grammatik $G$ eine normierte kontextfreie Grammatik $G'$ konstruieren kann, so dass $L(G') = L(G) - \{\lambda\}$. Ausgehend von den normierten kontextfreien Grammatiken kann man noch „regulärere" Formen erreichen.

**Definition 10.5.** *Sei $G = (\Sigma_N, \Sigma_T, P, S)$ eine kontextfreie Grammatik mit $\lambda \notin L(G)$. Wir sagen, dass $G$ in **Chomsky-Normalform** ist, falls alle Regeln von der Form*

$$A \to BC \quad \text{für } A, B, C \in \Sigma_N, \text{ oder}$$
$$A \to a \quad \text{für } A \in \Sigma_N \text{ und } a \in \Sigma_T$$

*sind. Wir sagen, dass $G$ in **Greibach-Normalform** ist, wenn alle Produktionen von der Form*

$$A \to a\alpha \quad \text{für } A \in \Sigma_N, a \in \Sigma_T \text{ und } \alpha \in \Sigma_N^*$$

*sind.*

**Satz 10.4.** *Für jede kontextfreie Grammatik $G$ mit $\lambda \notin L(G)$ existieren zu $G$ äquivalente Grammatiken in Chomsky-Normalform und in Greibach-Normalform.*

Der formale Beweis von Satz 10.4 ist zu technisch[10] und so verzichten wir auf ihn in dieser Einführung in die Theorie der formalen Sprachen. Wir deuten nur an, wie man eine Chomsky-Normalform erzeugen kann. Zuerst werden nutzlose Symbole, dann $(X \to \lambda)$-Produktionen[11] und Kettenregeln entfernt. Die normierte kontextfreie Grammatik hat dann Regeln

$$A \to a \quad \text{und} \quad A \to \alpha \text{ für } |\alpha| \geq 2.$$

Die Regel $A \to a$ für $A \in \Sigma_N$ und $a \in \Sigma_T$ ist schon in Chomsky-Normalform. Wie man die Regeln $A \to \alpha$ für $\alpha \in (\Sigma_N \cup \Sigma_T)^*$, $|\alpha| \geq 2$, ersetzt, erklären wir anschaulich an einigen Regelbeispielen. Zuerst nehmen wir für jedes $a \in \Sigma_T$ ein neues Nichtterminal $X_a$ und erweitern $P$ um die Produktion

$$X_a \to a.$$

Danach ersetzen wir alle Terminalsymbole $a$ in den rechten Seiten der Produktionen durch die entsprechenden Nichtterminale $X_a$. Auf diese Weise wird, zum Beispiel, die Regel

$$A \to bBCaaAc$$

---

[10]insbesondere die Konstruktion einer Grammatik in Greibach-Normalform.
[11]Weil $\lambda \notin L(G)$, brauchen wir $S \to \lambda$ auch nicht.

durch die Regel

$$A \rightarrow X_b B C X_a X_a A X_c$$

ersetzt. Jetzt haben alle Regeln die Form

$$A \rightarrow a \quad \text{oder} \quad A \rightarrow \alpha \text{ für ein } \alpha \in (\Sigma_N)^*, |\alpha| \geq 2.$$

Es bleibt noch übrig, jede Produktion $A \rightarrow Y_1 Y_2 \ldots Y_k$ mit $k > 2$ und $Y_i \in \Sigma_N$ für $i = 1, \ldots, k$ zu ersetzen. Wir nehmen für diese Regel $k-2$ neue Nichtterminale $Z_2, Z_3, \ldots, Z_{k-1}$, wobei die Bedeutung von $Z_i$ ist, dass man aus $Z_i$ nichts anderes als $Y_i Y_{i+1} \ldots Y_k$ ableiten kann. Dann ersetzen wir

$$A \rightarrow Y_1 Y_2 \ldots Y_k$$

durch die Regeln

$$A \rightarrow Y_1 Z_2, \ Z_2 \rightarrow Y_2 Z_3, \ \ldots, \ Z_i \rightarrow Y_i Z_{i+1}, \ \ldots, \ Z_{k-1} \rightarrow Y_{k-1} Y_k.$$

Wenn man diese Prozedur für jede Regel $A \rightarrow \alpha$ mit $|\alpha| > 2$ mit immer neuen Nichtterminalen $Z_i$ realisiert, erhält man eine kontextfreie Grammatik in Chomsky-Normalform.

**Aufgabe 10.31.** Wir haben in Beispiel 10.5 eine kontextfreie Grammatik für die Sprache $L_{ge}$ gesehen. Wenn wir in dieser Grammatik auf die Regel $S \rightarrow \lambda$ verzichten, akzeptiert diese Grammatik die Sprache $L_{ge} - \{\lambda\}$. Konstruieren Sie aus dieser Grammatik eine äquivalente Grammatik in Chomsky-Normalform.

Unsere nächste Aufgabe ist es, eine Methode zu entwickeln, mit der man für konkrete Sprachen $L$ die Tatsache $L \notin \mathcal{L}_2$ ($L$ ist nicht kontextfrei) beweisen kann. Die Strategie ist ähnlich wie bei regulären Sprachen. Eine Wiederholung eines Nichtterminals $X$ in der Ableitung aus diesem Nichtterminal führt zur Möglichkeit, das entsprechende Stück der Ableitung

$$X \Rightarrow^* \alpha X \beta$$

beliebig oft zu wiederholen und dadurch Wörter

$$\alpha^i X \beta^i$$

für ein beliebiges $i$ abzuleiten. Der Unterschied zu den regulären Sprachen ist der, dass man, anstatt an einer Stelle zu „pumpen", an zwei Stellen gleichzeitig „pumpt".

**Lemma 10.6 (Pumping-Lemma für kontextfreie Sprachen).** *Sei $L$ kontextfrei. Dann existiert eine nur von $L$ abhängige Konstante $n_L$, so dass für alle Wörter $z \in L$ mit $|z| \geq n_L$ eine Zerlegung*

$$z = uvwxy$$

*von $z$ existiert, so dass*

*(i)* $|vx| \geq 1$,

*(ii)* $|vwx| \leq n_L$ *und*

*(iii)* $\{uv^i w x^i y \mid i \in \mathbb{N}\} \subseteq L$.

*Beweis.* Sei $L$ eine kontextfreie Sprache und sei $G = (\Sigma_N, \Sigma_T, P, S)$ eine normierte kontextfreie Grammatik mit $L(G) = L - \{\lambda\}$. Sei $m$ die maximale Länge der rechten Seite einer Produktion und damit die maximale Mächtigkeit[12] möglicher Verzweigungen in den Ableitungsbäumen von $G$. Wir wählen

$$n_L = m^{|\Sigma_N|+1}.$$

Für jedes $z \in L$ mit $|z| \geq n_L$ muss jeder Ableitungsbaum für $z$ genau $|z|$ Blätter haben und somit ist die Tiefe (die maximale Pfadlänge zwischen der Wurzel und einem Blatt) mindestens

$$|\Sigma_N| + 1.$$

Betrachten wir einen Pfad mit maximaler Länge von der Wurzel zu einem Blatt, daher von der Länge mindestens $|\Sigma_N|+1$. Auf diesem Weg muss mindestens ein Nichtterminal als Markierung zweimal vorkommen. Wir suchen die erste Wiederholung eines Nichtterminals ausgehend von dem Blatt in Richtung der Wurzel. Damit finden wir zwei Knoten $v_1$ und $v_2$ (Abbildung 10.3), so dass Folgendes gilt:

(i) $v_1$ und $v_2$ haben die gleiche Markierung $A \in \Sigma_N$.

(ii) $v_1$ und $v_2$ liegen auf einem Pfad zwischen einem Blatt und der Wurzel und $v_1$ ist näher an der Wurzel als $v_2$.

(iii) Der Teil des Pfades von $v_1$ zu dem Blatt hat eine Länge von höchstens[13] $|\Sigma_N| + 1$.

Gemäß Abbildung 10.3 erhalten wir die Zerlegung von $z$. Ausgehend von $S$ existiert eine Ableitung

$$S \Rightarrow_G^* uAy \text{ mit } u, y \in \Sigma_T^*. \tag{10.2}$$

Wenn man den Teilbaum mit der Wurzel $v_2$ betrachtet, gibt es eine Ableitung

$$A \Rightarrow_G^* w \text{ mit } w \in \Sigma_T^*. \tag{10.3}$$

Der Teilbaum mit der Wurzel $v_1$ garantiert die Existenz der Ableitung

$$A \Rightarrow_G^* vAx \Rightarrow_G^* vwx \tag{10.4}$$

für $v, x \in \Sigma_T^*$. Zusammenfassend definiert die Ableitung

$$S \Rightarrow_G^* uAy \Rightarrow_G^* uvAxy \Rightarrow_G^* uvwxy \tag{10.5}$$

die Zerlegung

$$z = uvwxy$$

---

[12]die Anzahl der aus einem Knoten ausgehenden Kanten

[13]Wir wählen $v_2$ und $v_1$ als die ersten zwei identischen Nichtterminale in der Richtung vom Blatt zur Wurzel. Dies bedeutet, dass auf dem Pfad von $v_1$ zum Blatt bis auf die Nichtterminale in $v_1$ und $v_2$ alle Nichtterminale paarweise unterschiedlich sind.

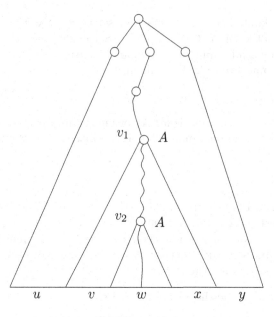

**Abbildung 10.3**

von $z$. Weil $G$ eine normierte kontextfreie Grammatik ist, ist die Länge der rechten Seite der in $v_1$ angewendeten Regel mindestens 2. Weil keine Regeln $X \to \lambda$ vorkommen, können $v$ und $x$ nicht beide leer sein. Somit gilt (i), das heißt $|vx| \geq 1$.

Weil der Pfad von $v_1$ über $v_2$ zu dem Blatt die Länge höchstens $|\Sigma_N| + 1$ hat,[14] ist die Anzahl der Blätter des Teilbaumes mit der Wurzel $v_1$ und Verzweigungsgrad höchstens $m$ durch

$$n_L = m^{|\Sigma_N|+1}$$

von oben beschränkt. Also gilt

$$|vwx| \leq n_L$$

und somit ist (ii) erfüllt.

Wenn man die Ableitungen (10.2) und (10.3) kombiniert, erhält man die Ableitung

$$S \Rightarrow_G^* uAy \Rightarrow_G^* uwy = uv^0wx^0y$$

von $uwy$ und somit ist $uv^0wx^0y$ in $L$.

Wenn wir mit der Ableitung (10.2) beginnen, dann $i$-mal den ersten Teil von (10.4) anwenden und am Ende die Ableitung (10.3) einsetzen, erhalten wir die Ableitung

$$S \Rightarrow_G^* uAy \Rightarrow_G^* uvAxy \Rightarrow_G^* \ldots \Rightarrow_G^* uv^iAx^iy \Rightarrow_G^* uv^iwx^iy$$

---

[14]Man bemerke, dass dank unserer Voraussetzung dieser Pfad der längste in dem Teilbaum mit der Wurzel $v_1$ ist.

von $uv^i wx^i y$ in $G$ für jedes $i \in \mathbb{N} - \{0\}$. Somit gilt auch (iii) und das Lemma wurde bewiesen.                                                                                   $\square$

Bei der Anwendung des Pumping-Lemmas für kontextfreie Sprachen geht man genauso vor wie bei der Anwendung des Pumping-Lemmas für reguläre Sprachen. Für eine gegebene Sprache $L$ wollen wir zeigen, dass das Pumping-Lemma für $L$ nicht gilt. Dafür haben wir zuerst die Wahl eines genügend langen Wortes $z$ aus $L$, weil das Pumping-Lemma für alle ausreichend langen Wörter gelten muss. Dann müssen wir beweisen, dass für jede Zerlegung von $z = uvwxy$, die (i) und (ii) erfüllt, die Bedingung (iii) nicht gilt. Wir präsentieren eine Anwendung dieser Strategie in folgendem Beispiel.

**Beispiel 10.6.** Wir zeigen, dass die Sprache

$$L = \{a^n b^n c^n \mid n \in \mathbb{N}\}$$

keine kontextfreie Sprache ist. Wir nutzen das Pumping-Lemma für kontextfreie Sprachen, um einen indirekten Beweis zu führen. Nehmen wir also an, $L$ sei kontextfrei, weswegen das Pumping-Lemma für $L$ gilt. Wählen wir das Wort

$$z = a^{n_L} b^{n_L} c^{n_L},$$

das offensichtlich länger als die durch das Lemma gegebene Konstante $n_L$ ist. Offensichtlich beinhaltet jede Zerlegung von $z = uvwxy$ mit der Eigenschaft (ii) $|vwx| \leq n_L$ in dem Teilwort $vwx$ und somit in $v$ und $x$ höchstens zwei unterschiedliche Buchstaben. Weil nach (i) $|vx| \geq 1$ gilt, enthält das Wort

$$uv^2 wx^2 y$$

keinesfalls die gleiche Anzahl $a$'s, $b$'s und $c$'s. Somit ist $uv^2 wx^2 y$ nicht in $L$ und die Bedingung (iii) des Pumping-Lemmas ist nicht erfüllt, was einen Widerspruch zur Voraussetzung darstellt.                                                                              $\diamond$

**Aufgabe 10.32.** Beweisen Sie, dass die folgenden Sprachen keine kontextfreien Sprachen sind.

(a) $\{0^n 1^n 0^{n^2} \mid n \in \mathbb{N}\}$,

(b) $\{a^n b^n c^m \mid m \leq n,\ m, n \in \mathbb{N}\}$,

(c) $\{a^i b^j c^k \mid i, j, k \in \mathbb{N}, k = \max\{i, j\}\}$,

(d) $\{ww \mid w \in \{0, 1\}^*\}$,

(e) $\{0^i 1^{i^2} \mid i \in \mathbb{N}\}$.

**Aufgabe 10.33.** Die folgenden Sprachen sind kontextfrei. Deswegen kann man ihre Kontextfreiheit mit dem Pumping-Lemma nicht widerlegen. Wenn man trotzdem versuchen würde, mit dem Pumping-Lemma die Nichtkontextfreiheit dieser Sprachen zu beweisen, wird man offensichtlich scheitern. Erklären Sie im Detail, wo der Beweisversuch scheitert.

(a) $\{0, 001, 00001\}$,

(b) $\{0^n 1^n \mid n \in \mathbb{N}\}$,

(c) $\{w \in \{a, b\}^* \mid |w|_a = |w|_b\}$.

**Aufgabe 10.34.** In dem Beweis des Pumping-Lemmas für kontextfreie Sprachen haben wir normierte kontextfreie Grammatiken benutzt. Schreiben Sie den Beweis um, indem Sie die Grammatik für $L$ in Chomsky-Normalform annehmen. Wo und wie vereinfacht dies den Beweis?

Es gibt Situationen, in denen es sehr schwer oder umständlich ist, das Pumping-Lemma für den Beweis von $L \notin \mathcal{L}_2$ anzuwenden. Dieses Instrument für das Beweisen der Nichtexistenz einer kontextfreien Grammatik für eine gegebene Sprache $L$ kann man verbessern, indem man sich in dem ausgesuchten Wort einige (aber mindestens $n_L$ viele) Symbole markiert und dann nur die Zerlegungen betrachtet, die (i) und (ii) für die Anzahl der markierten Symbole erfüllen. Diese Überlegung führt zum folgenden Lemma.

**Lemma 10.7 (Lemma von Ogden).** *Für jede kontextfreie Sprache $L$ gibt es eine nur von $L$ abhängige Konstante $n_L$, so dass für alle Wörter $z \in L$ mit $|z| \geq n_L$ und alle Markierungen von mindestens $n_L$ Buchstaben in $z$ eine Zerlegung*

$$z = uvwxy$$

*von $z$ existiert, so dass*

*(i) $vx$ mindestens einen markierten Buchstaben enthält,*

*(ii) $vwx$ höchstens $n_L$ markierte Buchstaben enthält und*

*(iii) $\{uv^i wx^i y \mid i \in \mathbb{N}\} \subseteq L$.*

**Aufgabe 10.35.** Beweisen Sie das Lemma von Ogden.
*Hinweis:* Nehmen Sie eine Grammatik in Chomsky-Normalform als eine Darstellung von $L$. Wählen Sie einen Pfad im Syntaxbaum für $z$, ausgehend von der Wurzel und der Kante folgend, die zu einem Teilbaum mit mehreren markierten Symbolen führt.

Der Vorteil des Lemmas von Ogden liegt nicht nur darin, dass man die Beweise von $L \notin \mathcal{L}_2$ vereinfachen kann. Der Hauptvorteil des Lemmas von Ogden ist, dass seine Anwendung für einige Sprachen zum Beweis von $L \notin \mathcal{L}_2$ führt, obwohl diese Tatsache mit dem Pumping-Lemma für kontextfreie Sprachen nicht zu beweisen ist.

**Beispiel 10.7.** Betrachten wir die Sprache

$$L = \{a^n b^l c^j d^k \mid n, l, j, k \in \mathbb{N} - \{0\},\ l = j = k\} \cup \{b, c, d\}^*.$$

Zuerst zeigen wir, dass das Pumping-Lemma für kontextfreie Sprachen nicht helfen kann, um $L \notin \mathcal{L}_2$ nachzuweisen. Sei $z$ ein beliebiges[15] Wort aus $L$. Wir unterscheiden zwei Fälle.

(i) Das Wort $z$ enthält kein Symbol $a$.
   Dann ist $uv^i wx^i y$ in $L$ für alle $i \in \mathbb{N}$ für jede Zerlegung $z = uvwxy$ von $z$, weil $\{b, c, d\}^* \subseteq L$.

---

[15]Wir fordern nicht einmal, dass $|z| \geq n_L$.

(ii) Das Wort $z$ enthält mindestens ein Symbol $a$,
das heißt $z = a^n b^l c^j d^k$ für $n, l, j, k \in \mathbb{N}, n \geq 1, l = j = k$. In diesem Fall gibt es folgende Zerlegung von $z$:

$$z = uvwxy \quad \text{mit } u = \lambda, v = \lambda, w = \lambda, x = a \text{ und } y = a^{n-1} b^l c^j d^k,$$

die alle drei Bedingungen (i), (ii) und (iii) des Pumping-Lemmas erfüllt, weil insbesondere

$$uv^i wx^i y = a^{n+i-1} b^l c^j d^k \in L$$

gilt für alle $i \in \mathbb{N}$.

Also gibt es für jedes Wort $z \in L$ eine Zerlegung des Wortes $z$, so dass die Bedingungen (i), (ii) und (iii) des Pumping-Lemmas erfüllt sind. Trotzdem ist $L$ keine kontextfreie Sprache, und wir zeigen dies mit Hilfe des Lemmas von Ogden. Sei

$$z = ab^l c^l d^l \in L \quad \text{mit } l \geq n_L.$$

Wir markieren alle Symbole des Teilwortes $bc^l d$. Aus der Bedingung (ii) des Lemmas von Ogden erhalten wir, dass jede Zerlegung $z = uvwxy$ von $z$ die Eigenschaft hat, dass $vwx$ entweder kein Symbol $b$ oder kein Symbol $d$ enthält. Weil $vx$ mindestens ein markiertes Symbol enthält, wird in dem Wort

$$uv^2 wx^2 y$$

mindestens die Anzahl eines Buchstabens $e \in \{b, c, d\}$ erhöht, ohne eine andere Anzahl eines Buchstabens $h \in \{b, c, d\} - \{e\}$ zu erhöhen. Damit gilt $uv^2 wx^2 y \notin L$.    ◇

**Aufgabe 10.36.** Finden Sie eine andere Sprache $L \notin \mathcal{L}_2$, für die keine Anwendung des Pumping-Lemmas zu dem Beweis von $L \notin \mathcal{L}_2$ führen kann, für die aber die Nichtkontextfreiheit von $L$ durch das Lemma von Ogden bewiesen werden kann.

**Aufgabe 10.37.** Beweisen Sie mit Hilfe des Lemmas von Ogden, dass folgende Sprachen nicht kontextfrei sind.

(a) $\{a^l b^j c^k \mid l, j, k \in \mathbb{N}, l \neq j, j \neq k \text{ und } l \neq k\}$,

(b) $\{0^n 1^m 0^k \mid n, m, k \in \mathbb{N}, m = \max\{n, k\}\}$,

(c) $\{0^n 1^n 2^k \mid n, k \in \mathbb{N}, k \neq n\}$.

Zur Beschreibung regulärer Sprachen haben wir Berechnungsmodelle wie endliche Automaten und nichtdeterministische endliche Automaten sowie den Generierungsmechanismus regulärer Grammatiken kennengelernt. Die kontextfreien Grammatiken stellen eine natürliche und einfache Form von Generierungsverfahren dar und unsere nächste Frage ist, ob man für die entsprechende Klasse der kontextfreien Sprachen auch ein Berechnungsmodell finden kann, das genau die Sprachen dieser Klasse akzeptiert. Anders gesagt, wir hätten gerne eine Klasse von Maschinen, so dass für jede kontextfreie Grammatik $G$ eine zu $G$ äquivalente Maschine aus dieser Klasse existiert und umgekehrt. Im Folgenden zeigen wir, dass ein solches Berechnungsmodell existiert. Dabei ist das Wichtigste, dass dieses zu kontextfreien Grammatiken äquivalente Maschinenmodell nicht

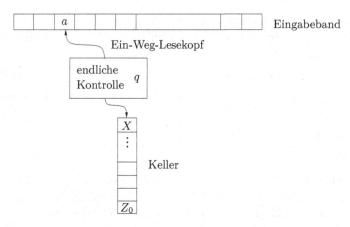

**Abbildung 10.4**

künstlich erzeugt wird. Das Umgekehrte gilt. Das Modell ist im Gegenteil unter den Maschinenmodellen genauso natürlich wie die kontextfreien Grammatiken unter den Grammatiken. Dieses Berechnungsmodell heißt **nichtdeterministischer Kellerautomat**. Es nutzt die Datenstruktur des Kellers (Last-in-first-out-Speicherstrategie), die die natürlichste Datenstruktur zur Implementierung rekursiver Programme ist.

Wir beschreiben zuerst das Modell nichtdeterministischer Kellerautomaten auf eine anschauliche, nicht vollständig formale Weise. Ein Kellerautomat hat ein Eingabeband, das am Anfang das Eingabewort enthält. Dieses Eingabeband kann genau wie bei endlichen Automaten nur eingeschränkt benutzt werden. Der Lesekopf kann das Eingabeband nur lesen und darf sich nur von links nach rechts bewegen. Dadurch dient das Eingabeband nur zum Einlesen der Eingabe und kann nicht (wie bei einer Turingmaschine) als Speicher benutzt werden. Es gibt aber einen Unterschied zu endlichen Automaten in der Arbeit mit dem Eingabeband. Ein Kellerautomat ist nicht gezwungen, sich nach dem Lesen eines Buchstabens aus dem Eingabeband mit dem Lesekopf nach rechts zu bewegen. Er kann mit dem Kopf eine gewisse Zeit auf dem gleichen Feld des Bandes stehen bleiben und in dieser Zeit einige Rechnungen auf den Daten im Keller durchführen. Die endliche Kontrolle ist wie bei allen bisherigen Rechnermodellen durch eine endliche Menge von Zuständen gesteuert. Den Keller kann man als potenziell unendliches Band mit eingeschränkter Nutzung betrachten. Der Kellerautomat kann nur auf das Top-Symbol ganz oben im Keller zugreifen und somit nur dieses Symbol lesen (Abbildung 10.4). Wenn man den Keller nicht vertikal wie in Abbildung 10.4, sondern horizontal wie in Abbildung 10.5 zeichnet, dann bedeutet dies, dass man nur den Inhalt der am weitesten rechts stehenden nichtleeren Zelle des Bandes lesen kann. Wenn man sich irgendwelche Daten anschauen will, die tiefer im Keller vorliegen, dann geht dies nur so, dass man zuerst darüber liegende Daten löschen und dadurch auch unwiderruflich vergessen muss, um die gewünschten Daten ganz oben zugreifbar im Keller zu haben. Genauer gesagt hat die Transitionsfunktion drei Argumente:

Abbildung 10.5

- das gelesene Symbol auf dem Eingabeband,
- den Zustand der endlichen Kontrolle,
- das Top-Symbol des Kellers.

In einer Aktion kann der Kellerautomat den Zustand ändern, den Lesekopf maximal ein Feld nach rechts bewegen und das Top-Symbol $X$ des Kellers durch ein Wort $\alpha$ ersetzen. Wenn das Wort $\alpha$ das leere Wort $\lambda$ ist, dann betrachten wir dies als das Löschen des Top-Symbols $X$, was die Schrumpfung des Kellerinhaltes bedeutet. Wenn das Top-Symbol $X$ durch ein nichtleeres Wort $\alpha = Y_1 Y_2 \ldots Y_k$ ersetzt wird, dann steht danach $Y_1$ in dem Feld, wo $X$ vorher stand, und die nächsten $k-1$ Symbole $Y_2, \ldots, Y_k$ liegen jeweils in den nachfolgenden, vorher leeren $k-1$ Feldern des Kellers.

Wenn die ganze Eingabe gelesen wurde,[16] betrachtet man zwei Möglichkeiten, das Akzeptieren der Eingabe zu definieren. Eine Möglichkeit ist, die Akzeptierung über eine ausgezeichnete Menge von akzeptierenden Zuständen zu definieren wie bei endlichen Automaten. Die zweite Möglichkeit, die wir auch in der folgenden formalen Definition vorziehen, ist zu akzeptieren, wenn der Keller leer ist (geleert wurde). Am Anfang jeder Berechnung steht im Keller ein einziges Sonderzeichen $Z_0$ und so weiß der Kellerautomat, wann er ganz unten im Keller ist und entscheidet selbst, ob er dieses letzte Zeichen in dem Keller löschen will oder nicht.

**Definition 10.6.** *Ein **nichtdeterministischer Kellerautomat**[17] (**NPdA**) ist ein 6-Tupel $M = (Q, \Sigma, \Gamma, \delta, q_0, Z_0)$, wobei die Elemente des Tupels folgende Bedeutung haben:*

*(i) $Q$ ist eine endliche Menge, die **Zustandsmenge** genannt wird,*

*(ii) $\Sigma$ ist das **Eingabealphabet**,*
    *{Wie üblich werden genau alle Wörter aus $\Sigma^*$ als mögliche Eingaben betrachtet.}*

*(iii) $\Gamma$ ist das **Kelleralphabet**,*
    *{$\Gamma$ beinhaltet alle Symbole, die im Laufe von Berechnungen im Keller auftreten dürfen, analog zum Arbeitsalphabet einer Turingmaschine.}*

*(iv) $q_0 \in Q$ ist der **Anfangszustand**,*
    *{Mit der gleichen Bedeutung wie bei endlichen Automaten.}*

*(v) $Z_0 \in \Gamma$ ist das **Initialisierungssymbol** des Kellers,*
    *{Jede Berechnung von $M$ startet in $q_0$ mit $Z_0$ als einzigem Inhalt des Kellers.}*

---

[16]wie bei endlichen Automaten
[17]„nondeterministic pushdown automaton" im Englischen

*(vi) $\delta$ ist eine Abbildung von $Q \times (\Sigma \cup \{\lambda\}) \times \Gamma$ in endliche Teilmengen von $Q \times \Gamma^*$.*
{Wenn man $\lambda$ als zweites Argument hat, spiegelt dies die Situation wieder, in der $M$ das Eingabesymbol nicht lesen will und damit in seiner Aktion den Lesekopf nicht bewegen wird. Wenn das zweite Argument ein Symbol $a \in \Sigma$ ist, wird der Lesekopf immer automatisch ein Feld nach rechts voranschreiten.}

*Eine **Konfiguration** von $M$ ist ein Tripel*

$$(q, w, \alpha) \in Q \times \Sigma^* \times \Gamma^*,$$

*wobei*

- *$q \in Q$ der aktuelle Zustand ist,*

- *$w \in \Sigma^*$ der bisher nicht gelesene Teil der Eingabe ist,*
  {Der Lesekopf zeigt auf das Feld mit dem ersten Symbol von $w$, falls $w \neq \lambda$.}

- *$\alpha \in \Gamma^*$ der aktuelle Kellerinhalt ist.*

*Ein **Schritt** $\vdash_M$ von $M$ ist eine Relation auf Konfigurationen, definiert durch*

*(i) $(q, aw, \alpha X) \vdash_M (p, w, \alpha\beta)$,*
*falls $(p, \beta) \in \delta(q, a, X)$ für $p, q \in Q, a \in \Sigma, X \in \Gamma$ und $\alpha, \beta \in \Gamma^*$, und*
{$M$ liest im Zustand $q$ das Eingabesymbol $a$ und das Kellersymbol $X$. Danach geht $M$ in den Zustand $p$, bewegt den Lesekopf ein Feld nach rechts und ersetzt das Top-Symbol $X$ des Kellers durch $\beta$.}

*(ii) $(q, w, \alpha X) \vdash_M (p, w, \alpha\beta)$,*
*falls $(p, \beta) \in \delta(q, \lambda, X)$.*
{$M$ entscheidet sich im Zustand $q$, kein Eingabesymbol zu lesen, und deswegen ändert $M$ nur den Zustand und ersetzt im Keller $X$ durch $\beta$, ohne den Lesekopf auf dem Eingabeband zu bewegen.}

*Eine **endliche Berechnung von $M$** ist eine Folge von Konfigurationen $C_1, C_2, \ldots, C_m$, so dass $C_i \vdash_M C_{i+1}$ für $i = 1, 2, \ldots, m - 1$ gilt. Für jedes Wort $x \in \Sigma^*$ ist*

$$(q_0, x, Z_0)$$

*die **Anfangskonfiguration von $M$ auf $x$.***
*Eine Berechnung $C_0, C_1, \ldots, C_m$ von $M$ heißt eine **akzeptierende Berechnung von $M$ auf $x$**, falls*

$$C_0 = (q_0, x, Z_0) \text{ und } C_m = (p, \lambda, \lambda)$$

*für irgendeinen Zustand $p \in Q$. Wie üblich[18] bezeichnet $\vdash_M^*$ die reflexive und transitive Hülle der Relation $\vdash_M$.*
*Die **vom Kellerautomaten $M$ akzeptierte Sprache** $L(M)$ ist definiert durch*

$$\mathbf{L(M)} = \{w \in \Sigma^* \mid (q_0, w, Z_0) \vdash_M^* (p, \lambda, \lambda) \text{ für ein } p \in Q\}.$$

---

[18]wie bei endlichen Automaten und Turingmaschinen

Wir beobachten, dass ein NPdA mit leerem Keller nicht arbeiten kann. Wenn daher in einer Berechnung der Keller geleert wurde und das Eingabewort noch nicht zu Ende gelesen wurde, wird in dieser Berechnung die Eingabe nicht akzeptiert.

Andererseits liegt unten im Keller am Anfang das Sonderzeichen $Z_0$, und wenn der NPdA dieses Initialisierungssymbol nirgendwo anders verwendet oder es nie durch ein anderes Symbol ersetzt, dann weiß er immer, wann er auf dem untersten Boden des Kellers ist.[19]

Eine andere wichtige Bemerkung ist, dass ein NPdA auf einer Eingabe auch unendliche Berechnungen haben kann. Dies kommt dadurch zustande, dass er beliebig viele Schritte machen kann, ohne ein Eingabesymbol zu lesen (sogenannte $\lambda$-Schritte). Zusätzlich sollen wir nicht vergessen, dass die Größe des Kellers nicht beschränkt ist.

Ein NPdA benutzt zwei Möglichkeiten zur nichtdeterministischen Verzweigung von Berechnungen. Zuerst kann er sich entscheiden, ob er das Eingabesymbol liest oder einen $\lambda$-Schritt realisieren will. In diesen beiden Fällen kann er sich dann für die gegebenen Argumente aus einer endlichen Menge von Aktionen eine aussuchen.

Im Folgenden geben wir zwei Beispiele von Kellerautomaten an.

**Beispiel 10.8.** Wir bauen einen NPdA für die nicht reguläre Sprache $L = \{0^n 1^n \mid n \in \mathbb{N}\}$. Sei

$$M = (\{q_0, q_1, q_2\}, \{0, 1\}, \{0, Z_0\}, \delta, q_0, Z_0).$$

Um $\lambda$ akzeptieren zu können, nehmen wir

$$\delta(q_0, \lambda, Z_0) = \{(q_0, \lambda), (q_1, Z_0)\}.$$

Im Zustand $q_1$ realisieren wir die Speicherung der Anzahl der Nullen des längsten Präfixes der Eingabe, das nur aus Nullen besteht:

$$\delta(q_1, 0, Z_0) = \{(q_1, Z_0 0)\},$$
$$\delta(q_1, 0, 0) = \{(q_1, 00)\}.$$

Beim ersten Auftreten des Symbols 1 wechselt $M$ in den Zustand $q_2$ und löscht in diesem Zustand jeweils eine 0 aus dem Keller für jede gelesene 1 auf dem Eingabeband.

$$\delta(q_1, 1, 0) = \{(q_2, \lambda)\},$$
$$\delta(q_2, 1, 0) = \{(q_2, \lambda)\}.$$

Durch

$$\delta(q_2, 0, X) = \emptyset \quad \text{für } X \in \{0, Z_0\}$$

garantieren wir, dass kein Wort mit mehr als einem Wechsel zwischen Nullen und Einsen bearbeitet und so akzeptiert werden kann. Mit der Aktion

$$\delta(q_2, \lambda, Z_0) = \{(q_2, \lambda)\}$$

---

[19]Also trifft er gezielt die Entscheidung, den Keller zu leeren.

akzeptieren wir alle Wörter der Form $0^n1^n$ für $n \geq 1$. Wenn $0^n1^n$ nur ein echtes Präfix der Eingabe ist, wird die Eingabe nicht akzeptiert, weil $M$ mit dem leeren Keller nicht weiterarbeiten kann. Im Detail bedeutet dies, dass wir für alle nicht angegebenen Argumente die Menge der möglichen Aktionen auf $\emptyset$ setzen.

Als Beispiel einer akzeptierenden Berechnung geben wir die Berechnung

$$(q_0, 0^3 1^3, Z_0) \underset{M}{\vdash} (q_1, 0^3 1^3, Z_0) \underset{M}{\vdash} (q_1, 0^2 1^3, Z_0 0) \underset{M}{\vdash} (q_1, 0 1^3, Z_0 0 0)$$

$$\underset{M}{\vdash} (q_1, 1^3, Z_0 0 0 0) \underset{M}{\vdash} (q_2, 1^2, Z_0 0 0) \underset{M}{\vdash} (q_2, 1, Z_0 0)$$

$$\underset{M}{\vdash} (q_2, \lambda, Z_0) \underset{M}{\vdash} (q_2, \lambda, \lambda)$$

von $M$ auf $0^3 1^3$. $\diamond$

**Aufgabe 10.38.** Entwerfen Sie einen NPdA für die Sprache $\{0^n 1^n \mid n \in \mathbb{N} - \{0\}\}$, der nur einen Zustand hat.

**Aufgabe 10.39.** Beweisen Sie, dass der Automat aus Beispiel 10.8 wirklich die Sprache $L = \{0^n 1^n \mid n \in \mathbb{N}\}$ akzeptiert. Im Einzelnen bedeutet dies zu zeigen, dass für jedes Wort $0^n 1^n$ eine akzeptierende Berechnung von $M$ existiert und dass eine akzeptierende Berechnung nur auf einem Wort aus $L$ vorkommen kann.

**Aufgabe 10.40.** Entwerfen Sie nichtdeterministische Kellerautomaten für folgende Sprachen:

(a) $\{0^n 1^{2n+3} \mid n \in \mathbb{N}\}$,

(b) $\{0^i 1^j 2^k \mid i, j, k \in \mathbb{N},\ k \geq i + j\}$,

(c) $\{0^i 1^j 2^k \mid i, j, k \in \mathbb{N},\ i = j \text{ oder } k = 2i\}$.

**Beispiel 10.9.** Betrachten wir die Sprache

$$L_R = \{w \# w^R \mid w \in \{0, 1\}^*\}$$

über dem Alphabet $\{0, 1, \#\}$. Wir beschreiben einen NPdA $M$ mit $L(M) = L_R$, ohne die detaillierte Darstellung von $\delta$ anzugeben. $M$ arbeitet auf einer Eingabe $x \# y$ mit $x \in \{0, 1\}^*$ wie folgt. Jeder gelesene Buchstabe auf dem Eingabeband wird zuerst im Keller gespeichert. Somit erreicht $M$ einmal die Konfiguration

$$(q_0, \# y, Z_0 x).$$

Nach dem ersten Lesen von $\#$ ändert $M$ den Zustand und beginnt, das oberste Kellersymbol mit dem gelesenen Eingabesymbol zu vergleichen. Wenn die Symbole übereinstimmen, wird das oberste Kellersymbol gelöscht. Auf diese Weise kann man überprüfen, ob $y = x^R$, weil das Wort $x$ so in dem Keller gespeichert wird, dass es vom Ende zum Anfang aus dem Keller gelesen wird. Wenn $M$ den Kellerboden mit dem Symbol $Z_0$ erreicht, erhält er die Möglichkeit, in einem $\lambda$-Schritt den Keller zu leeren. $\diamond$

**Aufgabe 10.41.** Geben Sie eine formale Beschreibung des NPdA aus Beispiel 10.9 an.

**Aufgabe 10.42.** Entwerfen Sie nichtdeterministische Kellerautomaten für folgende Sprachen:

(a) $\{w w^R \mid w \in \{a, b\}^*\}$,

(b) $\{wuw^R \mid w \in \{a,b\}^*, u \in \{0,1\}^*\}$,

(c) $\{w \in \{0,1\}^* \mid |w|_0 = |w|_1\}$,

(d) $\{w \in \{0,1\}^* \mid |w|_0 \leq 3|w|_1 + 4\}$.

**Aufgabe 10.43.** * Definieren Sie einen nichtdeterministischen Kellerautomaten, der ähnlich wie ein NEA mit akzeptierenden Zuständen akzeptiert, d. h., er akzeptiert, wenn das ganze Eingabewort gelesen wurde und er sich in einem akzeptierenden Zustand befindet. Zeigen Sie, dass dieses Modell von NPdA äquivalent zu unserem Modell ist, d. h., zu jedem NPdA, der mit akzeptierenden Zuständen akzeptiert, existiert ein äquivalenter NPdA, der mit dem leeren Keller akzeptiert, und umgekehrt.

Jetzt zeigen wir, dass NPdAs genau die Klasse der kontextfreien Sprachen akzeptieren. Wir beginnen mit der einfacheren Richtung, zu jeder kontextfreien Grammatik einen äquivalenten NPdA zu konstruieren.

**Lemma 10.8.** *Sei $L$ eine kontextfreie Sprache, die $\lambda$ nicht enthält. Dann existiert ein NPdA $M$, so dass $L = L(M)$ gilt.*

*Beweis.* Sei $G = (\Sigma_N, \Sigma_T, P, S)$ eine kontextfreie Grammatik in Greibach-Normalform mit $L = L(G)$. Die Idee ist, einen NPdA $M$ mit nur einem Zustand zu konstruieren, so dass für jede Linksableitung[20]

$$S \Rightarrow_G^* w\alpha$$

mit $w \in (\Sigma_T)^*$ und $\alpha \in (\Sigma_N)^*$ eine Berechnung von $M$ existiert, in der bisher das Wort $w$ gelesen wurde und der Keller das Wort $\alpha^R$ enthält. Dieses soll deswegen möglich sein, weil $G$ in jedem Ableitungsschritt ein Terminalsymbol generiert, was man durch das Lesen dieses Symbols auf dem Eingabeband von $M$ nachahmen kann.

Formal setzen wir $M = (\{q_0\}, \Sigma_T, \Sigma_N, \delta, q_0, S)$, wobei

$$\delta(q_0, a, A) = \{(q_0, \alpha^R) \mid A \rightarrow a\alpha \in P\}$$

für alle $a \in \Sigma_T$ und $A \in \Sigma_N$.

Wir beweisen jetzt $L(G) = L(M)$, indem wir für jedes $i \in \mathbb{N}$ zeigen:

*$G$ kann genau dann in $i$ Linksableitungsschritten die Satzform $a_1 \ldots a_i \alpha$ für $a_j \in \Sigma_T$ und $\alpha \in (\Sigma_N)^*$ erreichen (das heißt $S \Rightarrow_G^i a_1 \ldots a_i \alpha$), wenn $M$ in $i$ Schritten $a_1 \ldots a_i$ lesen und dabei die Konfiguration $(q_0, x, \alpha^R)$ für ein beliebiges $x$ erreichen kann.*

Wir beweisen diese Aussage mit Induktion bezüglich $i$.

- *Induktionsanfang.*
  Für $i = 0$ ist die Behauptung trivial.

---

[20]Wir bemerken, dass alle Wörter einer Linksableitung einer Grammatik in Greibach-Normalform aus $(\Sigma_T)^* \cdot (\Sigma_N)^*$ sein müssen.

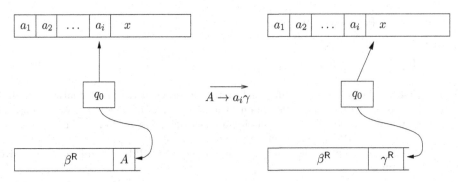

**Abbildung 10.6**

- *Induktionsschritt.*

  Sei nun $i \geq 1$ und die Behauptung gelte für alle $j < i$. Sei

  $$S \; \Rightarrow_G^{i-1} \; a_1 a_2 \ldots a_{i-1} A\beta \; \Rightarrow_G \; a_1 a_2 \ldots a_{i-1} a_i \gamma \beta$$

  die Linksableitung von $a_1 \ldots a_i \alpha$ in $G$ mit $\alpha = \gamma\beta$. Im letzten Ableitungsschritt wurde die Regel

  $$A \to a_i \gamma$$

  angewendet. Der Berechnungsschritt des NPdA $M$, der der Anwendung der Regel $A \to a_i \gamma$ in der Ableitung von $G$ entspricht, ist in Abbildung 10.6 dargestellt. Aus der Konstruktion von $M$ folgt dann

  $$(q_0, \gamma^{\mathsf{R}}) \in \delta(q_0, a_i, A). \tag{10.6}$$

  Durch die Induktionsannahme und die Anwendung von (10.6) erhalten wir für ein beliebiges $x \in (\Sigma_{\mathsf{T}})^*$

  $$(q_0, a_1 \ldots a_{i-1} a_i x, S) \; \Big|\frac{i-1}{M} \; (q_0, a_i x, \beta^{\mathsf{R}} A) \; \Big|_{\overline{M}} \; (q_0, x, \beta^{\mathsf{R}} \gamma^{\mathsf{R}}).$$

  Weil $\beta^{\mathsf{R}} \gamma^{\mathsf{R}} = (\gamma\beta)^{\mathsf{R}} = \alpha^{\mathsf{R}}$, ist damit der Beweis abgeschlossen.

Die Beweisrichtung von einer Berechnung von $M$ zu einer Linksableitung von $G$ ist analog und wir überlassen diese dem Leser.    □

Man bemerke, dass der in Lemma 10.8 konstruierte NPdA $M$ nur einen Zustand besitzt und in Echtzeit arbeitet. Dies bedeutet, dass jede Berechnung von $M$ aus höchstens so vielen Schritten besteht, wie die Eingabe lang ist.

**Aufgabe 10.44.** Beweisen Sie Lemma 10.8, indem Sie im Beweis anstatt Grammatiken in Greibach-Normalform Grammatiken in Chomsky-Normalform verwenden. Können Sie in diesem Fall die Länge der Berechnungen bezüglich der Länge der Eingabe (des generierten Wortes) abschätzen?

**Aufgabe 10.45.** Erweitern Sie die Aussage von Lemma 10.8 auch für kontextfreie Sprachen, die $\lambda$ beinhalten.

Jetzt wollen wir zu jedem NPdA $M$ eine zu $M$ äquivalente kontextfreie Grammatik konstruieren. Zuerst bemerken wir, dass diese Aufgabe einfach ist, wenn $M$ nur einen Zustand hat, also wenn $M$ unabhängig von seinen Zuständen arbeitet.

**Lemma 10.9.** *Sei $M$ ein NPdA mit nur einem Zustand. Dann ist $L(M)$ kontextfrei.*

**Aufgabe 10.46.** Beweisen Sie Lemma 10.9.
*Hinweis:* Die Konstruktion von $G$ aus $M$ ist nur eine Umkehrung der Konstruktion von $M$ aus $G$ in Lemma 10.8.

Was können wir aber bei allgemeinen nichtdeterministischen Kellerautomaten tun? Überraschenderweise können wir zu jedem NPdA einen äquivalenten NPdA konstruieren, der nur einen Zustand besitzt. Die Idee dabei ist, die durch die Zustände gespeicherte Information im Keller zu speichern. Zum Beispiel würde man statt eines obersten Symbols $X$ das Symbol $(q, X)$ in den Keller schreiben, wobei $q$ der aktuelle Zustand ist. Das geht so weit gut in Berechnungsschritten, in denen man etwas in den Keller schreibt. Wenn man aber nur das oberste Kellersymbol löscht, besteht die Möglichkeit nicht, den aktuellen Zustand in das oberste Symbol hineinzuschreiben (einzukodieren). Das folgende Lemma zeigt uns, wie man dieses Problem mit Hilfe des Nichtdeterminismus lösen kann.

**Lemma 10.10.** *Für jeden nichtdeterministischen Kellerautomaten $M$ existiert ein äquivalenter nichtdeterministischer Kellerautomat $M_1$, der nur einen Zustand hat.*

*Beweis.* Sei $M = (Q, \Sigma, \Gamma, \delta, q_0, Z_0)$ mit $|Q| > 1$ ein Kellerautomat. Unsere Aufgabe ist jetzt, einen Kellerautomaten

$$M_1 = (Q_1, \Sigma, \Gamma_1, \delta_1, q_0^1, Z_0^1)$$

mit $Q_1 = \{q_0^1\}$ und $L(M) = L(M_1)$ zu konstruieren. Die einfachste Idee wäre, die Arbeitssymbole aus $\Gamma_1$ als Paare $(p, A) \in Q \times \Gamma$ zu betrachten und auf diese Weise den aktuellen Zustand $p \in Q$ immer in dem obersten Kellersymbol zur Verfügung zu haben. Diese Idee funktioniert aber nicht, weil bei der Simulation von Berechnungsschritten, in denen das oberste Kellersymbol ohne Ersatz gelöscht wird, keine Möglichkeit besteht, den neuen aktuellen Zustand zu speichern (die Information über diesen Zustand zu bewahren). Deswegen wählen wir

$$\Gamma_1 = Q \times \Gamma \times Q,$$

wobei die Bedeutung von

$$A' = (q, A, p) \in \Gamma_1$$

ist, dass der Kellerautomat $M$ das Symbol $A$ nur bei einem Übergang vom Zustand $q$ in den Zustand $p$ löschen darf. Wenn $A'$ das oberste Symbol des Kellers von $M_1$ ist, ist $q$ der aktuelle Zustand von $M$.

*Wie soll uns diese Idee mit einem zweiten gespeicherten Zustand helfen?*

| $q$ | $A_1$ | $p_1$ |
|-----|-------|-------|
| $p_1$ | $A_2$ | $p_2$ |
| $p_2$ | $A_3$ | $p_3$ |
| $p_3$ | $A_4$ | $p_4$ |
| | $\vdots$ | |
| $p_i$ | $A_{i+1}$ | $p_{i+1}$ |
| $p_{i+1}$ | $A_{i+2}$ | $p_{i+2}$ |
| | $\vdots$ | |

**Abbildung 10.7**

Wir wollen immer darauf achten, dass der Kellerinhalt wie in Abbildung 10.7 aussieht.

Formal bedeutet dies, wenn ein Tripel $(q, A, p)$ direkt über einem Tripel $(r, B, s)$ im Keller liegt, so muss $p = r$ sein. Wenn dies so ist und wir das Löschen von $A_1$ in $M$ (von $(q, A, p)$ in $M_1$) nur beim Übergang von $q$ nach $p$ erlauben, dann enthält das neue oberste Kellersymbol $(r, B, s) = (p, B, s)$ den aktuellen neuen Zustand $p$.

*Wie erreicht man, dass der Keller immer einen Inhalt wie in Abbildung 10.7 enthält?*

Dazu nutzt man den Nichtdeterminismus von $M_1$. Wenn $M$ aus dem Zustand $r$ nach $s$ übergeht und dabei das oberste Kellersymbol $A$ durch $CDE$ ersetzt (das heißt $(s, CDE) \in \delta(r, a, A)$ für ein $a \in \Sigma$), dann ersetzt $M_1$ das oberste Symbol

$(r, A, h)$

durch die drei Symbole

$(s, C, \square),$

$(\square, D, \triangle),$

$(\triangle, E, h)$

für eine beliebige Wahl von $\square$ und $\triangle$ aus $Q$ und rät damit, bei welchen Übergängen diese Symbole gelöscht werden dürfen. Wenn $(r, A, h)$ nicht das oberste Symbol ist, dann scheitert $M_1$ in dieser Berechnung. Wichtig ist zu bemerken, dass der aktuelle Zustand $s$ als erstes Element des obersten Tripels steht und dass die ehemalige Position des überschriebenen $(r, A, h)$ nur beim Übergang in denselben Zustand $h$ gelöscht werden kann. Weil unter $(r, A, h)$ irgendein $(h, \cdot, \cdot)$ liegt, liegt jetzt $(h, \cdot, \cdot)$ unter $(\triangle, E, h)$ und damit ist die Konsistenz gewährleistet.

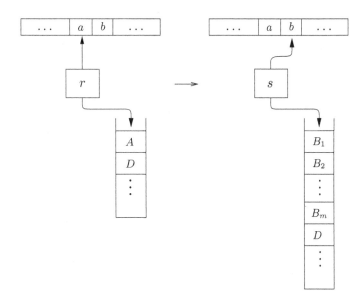

**Abbildung 10.8**

Jetzt setzen wir dieses Konzept in die formale Konstruktion von $M_1$ um.

$$Q_1 = \{q_0^1\},$$
$$\Gamma_1 = \{Z_0^1\} \cup Q \times \Gamma \times Q,$$
$$\delta_1(q_0^1, \lambda, Z_0^1) = \{(q_0^1, (q_0, Z_0, q)) \mid q \in Q\},$$
$$\delta_1(q_0^1, a, (r, A, h)) = \{(q_0^1, ((s, B_1, s_2)(s_2, B_2, s_3) \ldots (s_m, B_m, h))^{\mathsf{R}}) \mid$$
$$\text{für alle } (s, (B_1 B_2 \ldots B_m)^{\mathsf{R}}) \in \delta(r, a, A)$$
$$\text{und alle } s_2, s_3, \ldots, s_m \in Q\}$$
$$\cup \{(q_0^1, \lambda) \mid (h, \lambda) \in \delta(r, a, A)\}$$

für alle $a \in \Sigma \cup \{\lambda\}$, $A \in \Gamma$, $r, s, h \in Q$ (siehe Abbildungen 10.8 und 10.9).     □

Lemmata 10.8 bis 10.10 ergeben zusammen das folgende Resultat.

**Satz 10.5.** *Die nichtdeterministischen Kellerautomaten erkennen genau die Klasse der kontextfreien Sprachen (d. h., die Formalismen der nichtdeterministischen Kellerautomaten und kontextfreien Grammatiken sind bezüglich ihrer Beschreibungsstärke äquivalent).*

**Aufgabe 10.47.** Betrachten Sie den NPdA $M$ mit $L(M) = \{0^n 1^n \mid n \in \mathbb{N}\}$ aus Beispiel 10.8. Wenden Sie die Konstruktion aus Lemma 10.10 an, um einen äquivalenten NPdA $M$ mit nur einem Zustand zu konstruieren.

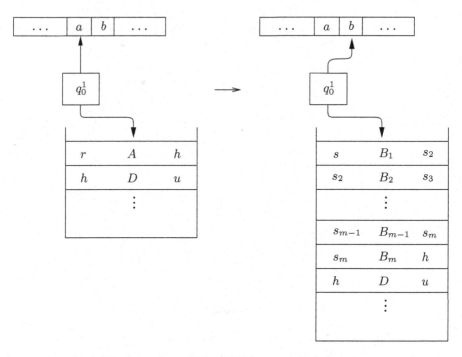

**Abbildung 10.9**

## 10.5 Allgemeine Grammatiken und Turingmaschinen

Grammatiken ohne Einschränkungen sind ein starker Generierungsmechanismus. Die Zielsetzung dieses Abschnitts ist zu zeigen, dass allgemeine Grammatiken der stärkste Formalismus zur Sprachgenerierung sind. Wir zeigen dies durch den Beweis ihrer Äquivalenz zu Turingmaschinen, was gleichzeitig die Church'sche These untermauert.

Um eine Intuition für die Stärke allgemeiner Grammatiken zu gewinnen, starten wir ähnlich wie bei Turingmaschinen und konstruieren eine Grammatik für die Sprache

$$L = \{0^{2^n} \mid n \in \mathbb{N}\}.$$

Sei $G = (\Sigma_N, \Sigma_T, P, S)$ mit $\Sigma_T = \{0\}$ und $\Sigma_N = \{A, B, C, D, S\}$. Wir beginnen mit den Startregeln

$$S \to CA0D \quad \text{und} \quad S \to 0,$$

die uns ermöglichen, das Wort 0 abzuleiten und die Anfangssatzform $CA0D$ mit einer 0 zu erzeugen. Die nächste Idee ist, die Anzahl Nullen zu verdoppeln, indem $A$ in der bisher abgeleiteten Satzform von links nach rechts „wandert" und jede 0 gegen zwei Nullen austauscht.

$$A0 \to 00A \quad \text{und} \quad AD \to BD.$$

Ähnlich kann $B$ von rechts nach links wandern und die Anzahl der Nullen wieder verdoppeln.

$$0B \to B00 \quad \text{und} \quad CB \to CA.$$

Am Rand der bisher abgeleiteten Satzform kann man sich entscheiden, die Ableitung zu beenden, indem man alle Nichtterminalsymbole löscht. Am linken Rand erreicht man dies durch die Regeln

$$CB \to \lambda \quad \text{und} \quad D \to \lambda.$$

Wenn man sich am rechten Rand entscheidet, die Ableitung zu beenden, dann kann man folgende Regeln benutzen:

$$AD \to \lambda \quad \text{und} \quad C \to \lambda.$$

**Aufgabe 10.48.** Die Regeln $D \to \lambda$ und $C \to \lambda$ in der oben beschriebenen Grammatik kann man unabhängig davon anwenden, wo sich $A$ oder $B$ in der bisher abgeleiteten Satzform befinden. Warum gehen wir dabei kein Risiko ein, dass eine unerwünschte Anzahl von Symbolen 0 generiert wird?

**Aufgabe 10.49.** Konstruieren Sie eine Grammatik für jede der folgenden Sprachen:

(a) $\{a^n b^n c^n \mid n \in \mathbb{N}\}$,

(b) $\{0^n 1^{n^2} \mid n \in \mathbb{N} - \{0\}\}$,

(c) $\{0^{3^n} \mid n \in \mathbb{N}\}$,

(d) $\{a^i b^j c^k \mid k = i \cdot j, \ k, i, j \in \mathbb{N} - \{0\}\}$,

(e) $\{0^p \mid p \text{ ist eine Primzahl}\}$.

Die Konstruktion der Grammatik $G$ deutet auf die Ähnlichkeit zu Turingmaschinen hin. Ähnlich wie der Zustand in einer Konfiguration über das Band wandert, bewegen sich die Nichtterminale $A$ und $B$ über die bisher abgeleitete Satzform. Also besteht die Möglichkeit, durch Nichtterminale die Zustände zu repräsentieren und die Arbeit einer Turingmaschine nachzuahmen.

**Satz 10.6.** $\mathcal{L}_{\text{RE}} = \mathcal{L}_0$, *d. h., die Menge der rekursiv aufzählbaren Sprachen ist genau die gleiche Menge wie die Menge aller Sprachen, die durch Grammatiken generiert werden können.*

*Beweis.* Wir führen den Beweis, indem wir nacheinander $\mathcal{L}_0 \subseteq \mathcal{L}_{\text{RE}}$ und $\mathcal{L}_{\text{RE}} \subseteq \mathcal{L}_0$ zeigen.

(i) $\mathcal{L}_0 \subseteq \mathcal{L}_{\text{RE}}$.

Sei $G$ eine beliebige Grammatik. Wir sollen eine TM $M$ konstruieren, so dass $L(G) = L(M)$ gilt. Weil die Idee sehr anschaulich ist, verzichten wir auf die formale Konstruktion von $M$.

Ohne Beschränkung der Allgemeinheit betrachten wir $M$ als eine nichtdeterministische 1-Band-TM. Die 1-Band-TM $M$ soll für jede gegebene Eingabe $w \in L$ auf dem

Eingabeband akzeptieren.[21] Dies schafft sie, indem sie eine Ableitung aus $S$ in $G$ auf dem Arbeitsband nachahmt und das Resultat mit der Eingabe vergleicht.

Genauer kann dies wie folgt ablaufen. $M$ schreibt $S$ auf das Arbeitsband. Dann geht $M$ wiederholt wie folgt vor.

1. $M$ wählt nichtdeterministisch eine nichtleere Position $i$ auf dem Arbeitsband und eine Regel $\alpha \to \beta$ aus $G$.[22]

2. $M$ überprüft, ob $\alpha$ auf dem Band rechts von der $i$-ten Position liegt. Wenn nicht, endet $M$ in $q_{\text{reject}}$. Wenn ja, ersetzt[23] $M$ das Teilwort $\alpha$ durch $\beta$.

3. $M$ überprüft, ob der Inhalt des Arbeitsbandes ein Terminalwort ist. Falls nein, setzt $M$ mit Schritt 1 fort. Falls ja, vergleicht $M$ das Eingabewort mit dem abgeleiteten Wort auf dem Arbeitsband. Falls die Wörter gleich sind, akzeptiert $M$ die Eingabe. Sonst verwirft $M$ die Eingabe.

(ii) $\mathcal{L}_{\text{RE}} \subseteq \mathcal{L}_0$.

Sei $M = (Q, \Sigma, \Gamma, \delta, q_0, q_{\text{accept}}, q_{\text{reject}})$ eine TM. Eine Grammatik $G$ kann $M$ so simulieren, dass $G$ zuerst „doppelspurig" ein beliebiges Wort erzeugt. Die obere Spur beinhaltet das Wort, die untere Spur die Startkonfiguration von $M$ auf diesem Wort. Dieses kann durch folgende Regeln für alle $a \in \Sigma$ bewirkt werden:

$$S \to \begin{pmatrix} a \\ q_0 a \end{pmatrix}, \quad S \to \begin{pmatrix} a \\ q_0 a \end{pmatrix} A,$$

$$A \to \begin{pmatrix} a \\ a \end{pmatrix} A, \quad A \to \begin{pmatrix} a \\ a \end{pmatrix}, \quad A \to \begin{pmatrix} B \\ B \end{pmatrix} C,$$

$$C \to \begin{pmatrix} B \\ B \end{pmatrix} C, \quad C \to \begin{pmatrix} B \\ B \end{pmatrix}.$$

Somit erhalten wir die Ableitung

$$S \Rightarrow_G^* \begin{pmatrix} a_1 \\ q_0 a_1 \end{pmatrix} \begin{pmatrix} a_2 \\ a_2 \end{pmatrix} \begin{pmatrix} a_3 \\ a_3 \end{pmatrix} \cdots \begin{pmatrix} a_{n-1} \\ a_{n-1} \end{pmatrix} \begin{pmatrix} a_n \\ a_n \end{pmatrix} \begin{pmatrix} B \\ B \end{pmatrix}^j$$

für ein beliebiges Wort $a_1 a_2 \ldots a_n$ ($a_i \in \Sigma$ für $i = 1, \ldots, n$) und ein beliebiges $j \in \mathbb{N}$. Dabei ist $j$ eine nichtdeterministisch geratene Zahl, so dass die TM $M$ bei der Arbeit auf der Eingabe $a_1 a_2 \ldots a_n$ genau $n + j$ Zellen des Bandes benutzt. Der Großbuchstabe $B$ symbolisiert eine leere Zelle des Bandes. Danach simuliert $G$ auf der unteren Spur die Berechnung der TM $M$ auf $a_1 a_2 \ldots a_n$. Die Simulation kann man durch folgende Regeln realisieren:

Für alle $a, b \in \Sigma \cup \{B\}$, $p, q \in Q$, $X, Y, Z \in \Gamma \cup \{B\}$, so dass $(p, Y, \text{R}) \in \delta(q, X)$, nehmen wir die Regel

$$\begin{pmatrix} a \\ qX \end{pmatrix} \begin{pmatrix} b \\ Z \end{pmatrix} \to \begin{pmatrix} a \\ Y \end{pmatrix} \begin{pmatrix} b \\ pZ \end{pmatrix}.$$

---

[21] Für eine Eingabe $w \notin L$ kann $M$ verwerfen oder unendlich lange arbeiten.

[22] $M$ kann die Regel $\alpha \to \beta$ in ihrem Zustand speichern.

[23] Wenn $|\alpha| \neq |\beta|$, erfordert dies natürlich die Verschiebung des Suffixes des Arbeitsbandes rechts von $\alpha$.

Für alle $(p, Y, \mathrm{L}) \in \delta(q, X)$ nehmen wir

$$\begin{pmatrix} a \\ Z \end{pmatrix} \begin{pmatrix} b \\ qX \end{pmatrix} \;\rightarrow\; \begin{pmatrix} a \\ pZ \end{pmatrix} \begin{pmatrix} b \\ Y \end{pmatrix}.$$

Für alle $(p, Y, \mathrm{N}) \in \delta(q, X)$ nehmen wir

$$\begin{pmatrix} a \\ qX \end{pmatrix} \;\rightarrow\; \begin{pmatrix} a \\ pY \end{pmatrix}.$$

Falls $M$ den Zustand $q_{\mathrm{accept}}$ erreicht, ist $a_1 \ldots a_n$ in $L(M)$ und somit muss dieses Terminalwort in $G$ ableitbar sein. Dies erreichen wir durch folgende Regeln, die die untere Spur auflösen:

$$\begin{pmatrix} a \\ q_{\mathrm{accept}}\alpha \end{pmatrix} \rightarrow a, \quad \begin{pmatrix} b \\ \alpha \end{pmatrix} a \rightarrow ba, \quad a \begin{pmatrix} b \\ \alpha \end{pmatrix} \rightarrow ab, \quad B \rightarrow \lambda$$

für alle $a, b \in \Sigma \cup \{B\}$, $\alpha \in \Gamma \cup \{B\}$.

Auf den formalen Beweis der Korrektheit dieser Konstruktion verzichten wir hier. □

**Aufgabe 10.50.** Beweisen Sie, dass

$$\mathcal{L}_1 \;=\; \mathrm{NSPACE}(n).$$

## 10.6 Zusammenfassung

Grammatiken sind Mechanismen zur Generierung von Sprachen und damit für eine endliche Darstellung von Sprachen eine Alternative zu Maschinenmodellen. Die Ausdrucksstärke allgemeiner Grammatiken entspricht der Ausdrucksstärke der Turingmaschinen, was eine weitere Unterstützung der Glaubwürdigkeit der Church'schen These ist.

Die Grammatiken werden nach Chomsky klassifiziert. Die einfachste Form sind die regulären Grammatiken, die genau die Beschreibungsstärke endlicher Automaten haben.

Die wichtigste Klasse von Grammatiken sind die kontextfreien Grammatiken. Aus linguistischer Sicht ist diese Klasse wichtig, weil die kontextfreien Regeln der Ersetzung von Nichtterminalsymbolen unabhängig von deren Umgebung (Kontext) entsprechen, und der Grad der Kontextsensitivität zentral für die Untersuchung der Generierung von natürlichen Sprachen ist. In der Informatik kann man Programmiersprachen mit Hilfe kontextfreier Grammatiken beschreiben, und damit sind die kontextfreien Grammatiken ein wichtiges Werkzeug zum Compilerbau. Die nichtdeterministischen Kellerautomaten stellen ein natürliches Maschinenmodell zur Implementierung der Rekursion dar und sind in ihrer Beschreibungsstärke äquivalent zu den kontextfreien Grammatiken.

Die Klasse der regulären Sprachen ist eine echte Teilmenge der Menge der kontextfreien Sprachen, was relativ einfach durch die Anwendung der Pumpingtechnik bewiesen werden kann. Diese pumpingbasierte Beweismethode kann man weiterentwickeln, um Instrumente zu bauen, mit denen man die Nichtkontextfreiheit von Sprachen beweisen kann. Dank der Anwendung der Pumpingtechniken wissen wir, dass die Klasse der kontextfreien Sprachen eine echte Teilmenge der Klasse der kontextsensitiven Sprachen ist.

## Kontrollaufgaben

1. Erklären Sie das Konzept der Grammatiken. Was ist eine Ableitung? Generiert jede Ableitung in einer Grammatik $G$ ein Terminalwort aus $L(G)$?

2. Die Grammatiken sind nichtdeterministische Generierungsmechanismen. Wo überall tritt der Nichtdeterminismus auf?

3. Welche Grammatiktypen kennen wir und nach welchen Kriterien werden sie klassifiziert?

4. Wir können die Nichtterminale regulärer Grammatiken als Informationsträger deuten, die die wichtigsten Merkmale des bisher abgeleiteten Präfixes repräsentieren. Dies bietet uns eine ähnliche Entwurfsmethode von regulären Grammatiken wie wir sie durch die Zuordnung der Bedeutung zu einzelnen Zuständen für den Entwurf endlicher Automaten gewonnen haben. Nutzen Sie diese Strategie, um reguläre Grammatiken für die regulären Sprachen aus Aufgabe 3.7 zu entwerfen. Beweisen Sie die Korrektheit für mindestens eine der entworfenen Grammatiken.

5. Welche Abgeschlossenheitseigenschaften der Klasse $\mathcal{L}_3 = \mathcal{L}_{EA}$ kann man einfach mittels regulärer Grammatiken beweisen? Für welche Operationen über Sprachen würde man eher die endlichen Automaten benutzen?

6. Beschreiben Sie Algorithmen, die Folgendes tun, sodass die erzeugte Sprache sich nicht ändert:

   (i) Entfernung aller nutzlosen Symbole aus einer Grammatik.

   (ii) Entfernung aller Kettenregeln aus einer regulären Grammatik.

   (iii) Entfernung aller Regeln $X \to \lambda$ (für $X \neq S$) aus einer regulären Grammatik.

7. Obwohl endliche Automaten ein Maschinenmodell sind und reguläre Grammatiken einen Generierungsmechanismus darstellen, haben diese Modelle eine starke Ähnlichkeit in ihrer Arbeitsweise. Wie würden Sie diese Ähnlichkeit spezifizieren und wie nutzt man sie zur gegenseitigen Simulation aus?

8. Entwerfen Sie kontextfreie Grammatiken für folgende Sprachen:

   (a) $\{a^i b^j c^k d^l \mid i, j, k, l \in \mathbb{N}, \ i \neq j \ \text{und} \ k = 2l\}$,

   (b) $\{a^i b^j c^k d^l \mid i, j, k, l \in \mathbb{N}, \ j \neq k \ \text{oder} \ i \neq l\}$,

   (c) $\{a^i b^j c^k d^l \mid i, j, k, l \in \mathbb{N}, \ j \neq k \ \text{und} \ i \neq l\}$,

   (d) $\{0^n 1^{2n} 2^i \mid n, i \in \mathbb{N}\}$,

   (e) $\{0^i 1^j 2^k \mid i, j, k \in \mathbb{N}, \ i + k = j\}$,

   (f) $\{w000111w^R \mid w \in \{0,1\}^*\}$.

   Wandeln Sie die entworfenen kontextfreien Grammatiken in die Chomsky-Normalform um.

9. Entwerfen Sie eine kontextfreie Grammatik für die Sprache
$$L = \{a^n b^i c^j \mid n, i, j \in \mathbb{N}, \ i + j = n\},$$
die für jedes Wort aus $L$ mindestens zwei unterschiedliche Ableitungsbäume hat.

10. Welche der folgenden Sprachen ist kontextfrei? Beweisen Sie ihre Behauptung:

(a) $\{w0^n1^nw^R \mid w \in \{0,1\}^*, \; n \in \mathbb{N}\}$,

(b) $\{ww^Rw \mid w \in \{0,1\}^*\}$,

(c) $\{0^n1^{n!} \mid n \in \mathbb{N}\}$,

(d) $\{ww^Ruu^R \mid u,w \in \{0,1\}^*\}$,

(e) $\{a^ib^jc^kd^l \mid i,j,k,l \in \mathbb{N}, \; i+l=j+k\}$,

(f) $\{a^nb^mc^{2n}d^{2m} \mid n,m \in \mathbb{N}\}$.

11. Führen Sie den Beweis des Pumping-Lemmas für kontextfreie Sprachen, indem Sie annehmen, dass Sie eine Grammatik in Chomsky-Normalform haben. Wie wird durch diese Annahme der Beweis vereinfacht?

    Wäre es auch eine Erleichterung, eine Grammatik in Greibach-Normalform zu nehmen?

12. Entwerfen Sie nichtdeterministische Kellerautomaten, die die Sprachen aus Kontrollaufgabe 8 akzeptieren. Wandeln Sie mindestens einen dieser Kellerautomaten in einen äquivalenten NPdA um, der nur einen Zustand hat. Konstruieren Sie dann zu diesem NPdA mit einem Zustand eine äquivalente kontextfreie Grammatik.

13. Konstruieren Sie kontextsensitive Grammatiken für die Sprachen $\{0^{2^n} \mid n \in \mathbb{N}\}$ und $\{a^nb^nc^n \mid n \in \mathbb{N}\}$.

# Literaturverzeichnis

[AB09]      S. Arora and B. Barak. *Computational Complexity*. Cambridge University Press, 2009.

[ACG+99]   G. Ausiello, P. Crescenzi, G. Gambosi, V. Kann, A. Marchetti-Spaccamela, and M. Protasi. *Complexity and Approximation. Combinatorial Optimization Problems and their Approximability Properties*. Springer-Verlag, 1999.

[BC94]      D.P. Bovet and P. Crescenzi. *Introduction to the Theory of Complexity*. Prentice-Hall, 1994.

[BDG88]    J.L. Balcázar, J. Díaz, and J. Gabarró. *Structural Complexity I*. Springer-Verlag, 1988.

[BDG90]    J.L. Balcázar, J. Díaz, and J. Gabarró. *Structural Complexity II*. Springer-Verlag, 1990.

[Ben64]     V. Beneš. Permutation groups, complexes and rearrangable multistage connecting networks. *Bell System Technical Journal*, 43:1619–1640, 1964.

[Ben65]     V. Beneš. *Mathematical Theory of Connecting Networks and Telephone Traffic*. Academic Press, 1965.

[Boc58]     F. Bock. An algorithm for solving "traveling-salesman" and related network optimization problems: Abstract. *Bulletin of the 14th National Meeting of the Operations Research Society of America*, page 897, 1958.

[Čer85]     V. Černý. A thermodynamical approach to the traveling salesman problem: An efficient simulation algorithm. *Journal of Optimization Theory and Applications*, 45:41–55, 1985.

[Cha66]     G.J. Chaitin. On the length of programs for computing finite binary sequences. *Journal of the ACM*, 13:407–412, 1966.

[Cha69]     G.J. Chaitin. On the simplicity and speed of programs for computing definite sets of natural numbers. *Journal of the ACM*, 16:407–412, 1969.

[Cha74]     G.J. Chaitin. Information-theoretic limitations of formal systems. *Journal of the ACM*, 13:403–424, 1974.

[Chu36]     A. Church. An undecidable problem in elementary number theory. *American Journal of Mathematics*, 58:345–363, 1936.

[CLR90]     T. Cormen, C. Leiserson, and R.L. Rivest. *Introduction to Algorithms*. MIT Press and McGraw-Hill, 1990.

[Coo71]    S. Cook. The complexity of theorem-proving procedures. In *Proceedings of 3rd ACM Symposium on Theory of Computing*, pages 151–157, 1971.

[Cro58]    G.A. Croes. A method for solving traveling-salesman problems. *Operations Research*, 6:791–812, 1958.

[DH76]    W. Diffie and M. Hellman. New directions in cryptography. *IEEE Transactions on Information Theory*, 22(6):644–654, 1976.

[DK02]    H. Delfs and H. Knebl. *Introduction to Cryptography*. Springer-Verlag, 2002.

[EP00]    K. Erk and L. Priese. *Theoretische Informatik (Eine umfassende Einführung)*. Springer-Verlag, 2000.

[GJ79]    M. Garey and D. Johnson. *Computers and Intractability*. Freeman, 1979.

[GKP94]    R. Graham, D. Knuth, and O. Patashnik. *Concrete Mathematics*. Addison-Wesley, 2nd edition, 1994.

[GMR85]    S. Goldwasser, S. Micali, and C. Rackoff. Knowledge complexity of interactive proofs. In *Proceedings of the 17th ACM Symposium on Theory of Computation*, pages 291–304. ACM, 1985.

[Göd31]    K. Gödel. Über formal unentscheidbare Sätze der Principia Mathematica und verwandter Systeme. *Monatshefte für Mathematik und Physik*, 38:173–198, 1931.

[Gra66]    R. Graham. Bounds for certain multiprocessor anomalies. *Bell System Technical Journal*, 45:1563–1581, 1966.

[Har93]    D. Harel. *Algorithmics. The Spirit of Computing*. Addison-Wesley, 1993.

[HKMP96] J. Hromkovič, R. Klasing, B. Monien, and R. Peine. Dissemination of information in interconnection networks. In *Combinational Network Theory*, pages 125–212, 1996.

[HKP+05] J. Hromkovič, R. Klasing, A. Pelc, P. Ružička, and W. Unger. *Dissemination of Information in Communication Networks. Broadcasting, Gossiping, Leader Election and Fault-Tolerance*. Springer-Verlag, 2005.

[HMU06]    J.E. Hopcroft, R. Motwani, and J.D. Ullman. *Introduction to Automata Theory, Languages, and Computation*. Addison-Wesley, 3rd edition, 2006.

[Hoc97]    D.S. Hochbaum. *Approximation Algorithms for NP-hard Problems*. PWS Publishing Company, 1997.

[Hro97]    J. Hromkovič. *Communication Complexity and Parallel Computing*. Springer-Verlag, 1997.

[Hro04a]    J. Hromkovič. *Algorithmics for Hard Problems. Introduction to Combinatorial Optimization, Randomization, Approximation and Heuristics.* Springer-Verlag, 2nd edition, 2004.

[Hro04b]    J. Hromkovič. *Randomisierte Algorithmen. Methoden zum Entwurf von zufallsgesteuerten Systemen für Einsteiger.* B.G. Teubner, 2004.

[HS65]    J. Hartmanis and R.E. Stearns. On the computational complexity of algorithms. *Transactions of AMS*, 117:285–306, 1965.

[HSL65]    J. Hartmanis, R. Stearns, and P. Lewis. Hierarchies of memory limited computations. In *Proceedings of 6th IEEE Symposium on Switching Circuit Theory and Logical Design*, pages 179–190, 1965.

[HU79]    J.E. Hopcroft and J.D. Ullman. *Introduction to Automata Theory, Languages, and Computation.* Addison-Wesley, 1979.

[IK74]    O.H. Ibarra and C.E. Kim. Fast approximation algorithms for the knapsack and sum of subsets problem. *Journal of the ACM*, 21:294–303, 1974.

[Kar72]    R.M. Karp. Reducibility among combinatorial problems. In R. Miller, editor, *Complexity of Computer Computation*, pages 85–104. Plenum Press, 1972.

[Kar91]    R.M. Karp. An introduction to randomized algorithms. *Discrete Applied Mathematics*, 34:165–201, 1991.

[KGV83]    S. Kirkpatrick, P.D. Gellat, and M.P. Vecchi. Optimization by simulated annealing. *Science*, 220:671–680, 1983.

[Kle36]    S.C. Kleene. General recursive functions of natural numbers. *Mathematische Annalen*, 112:727–742, 1936.

[Kol65]    A.N. Kolmogorov. Three approaches for defining the concept of information quantity. *Probl. Information Transmission*, 1:1–7, 1965.

[Kol68]    A.N. Kolmogorov. Logical basis for information theory and probability theory. *IEEE Transactions on Information Theory*, 14:662–664, 1968.

[Lei92]    F.T. Leighton. *Introduction to Parallel Algorithms and Architectures: Arrays, Trees, Hypercubes.* Morgan Kaufmann Publ. Inc., 1992.

[Lev73]    L.A. Levin. Universal sorting problems. *Problems of Information Transmission*, 9:265–266, 1973.

[LP78]    H.R. Lewis and Ch.H. Papadimitriou. The efficiency of algorithms. *Scientific American*, 238(1), 1978.

[LV93]    M. Li and P.M.B. Vitányi. *An Introduction to Kolmogorov Complexity and Its Applications.* Springer-Verlag, 1993.

[MPS98]   E.W. Mayr, H.J. Prömel, and A. Steger, editors. *Lectures on Proof Verification and Approximation Algorithms*. Number 1967 in Lecture Notes in Computer Science. Springer-Verlag, 1998.

[MR95]    R. Motwani and P. Raghavan. *Randomized Algorithms*. Cambridge University Press, 1995.

[MRR$^+$53] N. Metropolis, A.W. Rosenbluth, M.N. Rosenbluth, A.H. Teller, and E. Teller. Equation of state calculation by fast computing machines. *Journal of Chemical Physics*, 21:1087–1091, 1953.

[Pap94]   Ch.H. Papadimitriou. *Computational Complexity*. Addison-Wesley, 1994.

[Pos36]   E. Post. Finite combinatory process-formulation. *Journal of Symbolic Logic*, 1:103–105, 1936.

[Pos46]   E. Post. A variant of a recursively unsolvable problem. *Transactions of AMS*, 52:264–268, 1946.

[PS82]    Ch.H. Papadimitriou and K. Steiglitz. *Combinatorial Optimization: Algorithms and Complexity*. Prentice-Hall, 1982.

[Rei90]   R. Reischuk. *Einführung in die Komplexitätstheorie*. B.G. Teubner, 1990.

[Ric53]   H.G. Rice. Classes of recursively enumerable sets and their decision problems. *Transactions of AMS*, 89:25–59, 1953.

[Rog67]   H. Rogers. *Theory of Recursive Functions and Effective Computability*. McGraw-Hill, 1967.

[RSA78]   R.L. Rivest, A. Shamir, and L. Adleman. A method for obtaining digital signatures and public-key cryptosystems. *Communications of the ACM*, 21:120–12, 1978.

[Sal73]   A. Salomaa. *Formal Languages*. Academic Press, 1973.

[Sal96]   A. Salomaa. *Public-Key Cryptography*. Springer-Verlag, 1996.

[SC79]    L.J. Stockmeyer and A.K. Chandra. Intrinsically difficult problems. *Scientific American*, 240(5), 1979.

[Sch95]   U. Schöning. *Perlen der Theoretischen Informatik*. BI-Wissenschaftsverlag, 1995.

[Sch01]   U. Schöning. *Algorithmik*. Spektrum Akademischer Verlag, 2001.

[Sha92]   A. Shamir. IP = PSPACE. *Journal of the ACM*, 39:869–877, 1992.

[Sip97]   M. Sipser. *Introduction to the Theory of Computation*. PWS Publishing Company, 1997.

[Tra63]    B.A. Trakhtenbrot. *Algorithms and Automatic Computing Machines.* D.C. Heath & Co., 1963.

[Tur36]    A.M. Turing. On computable numbers with an application to the Entscheidungsproblem. In *Proceedings of the London Mathematical Society,* volume 42 of *2,* pages 230–265, 1936.

[Vaz01]    V. Vazirani. *Approximation Algorithms.* Springer-Verlag, 2001.

[Wak68]    A. Waksman. A permutation network. *Journal of the ACM,* 15:159–163, 1968.

[Weg05]    I. Wegener. *Theoretische Informatik – eine algorithmenorientierte Einführung.* B.G. Teubner, 2005.

# Index